Dreamweaver CS4

Styles CSS
Composants Spry-XML
Comportements JavaScript
Comportements serveur PHP-MySQL

Thierry Audoux
Jean-Marie Defrance

EYROLLES

ÉDITIONS EYROLLES
61, bd Saint-Germain
75240 Paris Cedex 05
www.editions-eyrolles.com

Table des matières

PARTIE II

Les CSS avec Dreamweaver CS4

CHAPITRE 8

Introduction à la conception XHTML/CSS

Avant-propos

Objectif de l'ouvrage

Ce livre décrit les différentes fonctionnalités de Dreamweaver en s'attardant sur les nouveautés de la version CS4. Il est destiné à la fois aux professionnels qui désirent perfectionner leurs connaissances et aux débutants qui souhaitent créer leur premier site Web.

Contenu de l'ouvrage

Le présent ouvrage est découpé en quatre grandes parties.

- La première partie est consacrée aux principales fonctionnalités de Dreamweaver en concordance avec le langage XHTML. Notre souci principal est de vous permettre de réaliser des pages Web qui seront conformes aux spécifications du W3C et notamment aux DTD 1.0 Transitional et Strict. Il est nécessaire de comprendre les balises XHTML, la structure d'une page, le concept des blocs, etc., pour réaliser une page avec Dreamweaver.

  Les techniques de mise en forme à l'aide de tableaux et l'usage des jeux de cadres sont également présentés dans cette partie, même s'ils ne sont plus conseillés aujourd'hui dans la conception de pages Web. Les formulaires, et surtout les nouveaux types de validation Spry de ses éléments, seront aussi détaillés dans cette partie.

- La deuxième partie rappelle les connaissances de base en matière de règles de CSS et détaille leur usage avec l'interface visuelle de Dreamweaver. Toutes les propriétés CSS intégrées à Dreamweaver sont détaillées ici. Le chapitre 9 servira de référence car il présente toutes les propriétés des styles accessibles depuis la boîte de dialogue « Définition des règles de CSS » de Dreamweaver. La conception de pages XHTML/CSS relevant souvent d'une bonne connaissance des règles de styles et plus particulièrement des positionnements, nous avons consacré le chapitre 10 à ces notions. Les chapitres 11, 12 et 13 détaillent la mise en pratique des notions développées au cours des chapitres précédents. Ils abordent notamment la conception d'une page, la mise en forme des tableaux et des formulaires, ainsi que la création de menus verticaux et horizontaux avec et sans image d'arrière-plan.

- La troisième partie concerne les fonctionnalités avancées de Dreamweaver CS4, particulièrement les nombreux comportements JavaScript et effets Spry qui permettent de créer des pages interactives sans avoir à saisir la moindre ligne de code JavaScript. L'intégration des différents types de médias (animation Flash, vidéo, son...) est aussi détaillée dans cette partie.

- La quatrième partie aborde la gestion des données dynamiques côté serveur avec les comportements serveur PHP/MySQL. Ces derniers permettent de gérer des informations stockées dans une base de données, également côté client, à l'aide des outils XML Spry avec lesquels on peut traiter en local des données issues d'un fichier XML. Malgré la puissance des fonctionnalités générées, les différentes réalisations proposées ne nécessitent aucune connaissance en programmation car elles seront entièrement réalisées en mode visuel.

Fichiers source

Tous les fichiers des exercices de cet ouvrage sont disponibles en téléchargement sur le site Internet de l'éditeur à l'adresse suivante : `http://www.editions-eyrolles.com`.

Sur l'écran d'accueil du site, saisissez le nom de l'un des deux auteurs de cet ouvrage dans le champ de recherche situé en haut à gauche. Dans la liste des résultats proposés, cliquez ensuite sur le lien correspondant à ce livre pour visualiser sa fiche. Une fois cette dernière affichée à l'écran, cliquez sur le lien de téléchargement (dans la colonne de droite) pour accéder aux fichiers source mentionnés dans cet ouvrage.

Partie I

Les bases de Dreamweaver CS4

1

Présentation de Dreamweaver CS4

Les nouveautés de Dreamweaver CS4

D'une version à l'autre, Dreamweaver complète et optimise sa palette d'outils visuels de conception et de mise en forme de pages Web afin de mieux répondre aux attentes des créateurs de sites Web et d'exploiter pleinement les apports des nouvelles technologies Internet. Parmi les nombreuses nouveautés de la version CS4, nous vous en avons sélectionné quelques-unes qui devraient vous convaincre quant à l'intérêt de cet outil dans vos futures créations.

Une nouvelle interface utilisateur

L'interface utilisateur est similaire aux autres produits de la gamme CS4 et permet une meilleure adaptation de vos besoins et une ergonomie remarquable. Plusieurs environnements de travail sont disponibles auxquels s'ajouteront vos propres dispositions des fenêtres et des panneaux. Dans le cadre de cet ouvrage, nous utiliserons l'espace de travail Designer qui est la configuration du logiciel par défaut.

Un nouveau panneau des propriétés

Le panneau des propriétés a été totalement revu et offre à présent une parfaite compatibilité avec les styles CSS. Les différentes options permettent de créer facilement des sélecteurs de style de balise, de classe, d'identifiant ou des sélecteurs plus complexes. Le panneau a été divisé en deux parties. L'une est réservée à la conception de la structure

HTML de la page ; elle permet d'y insérer des balises. L'autre permet de créer des styles pour les différents éléments ou bien pour une partie sélectionnée. L'usage du site CSS Advisor, accessible depuis l'interface de Dreamweaver, permettra aux développeurs novices et chevronnés d'améliorer leurs connaissances des navigateurs et de leurs bogues. Créer un site avec Dreamweaver CS4 garantit désormais une bonne conformité aux recommandations du W3C.

Un accès aux styles plus rapide

La fenêtre Navigation vers le code permet de visualiser rapidement les propriétés de style appliquées à un élément sélectionné dans la page en mode Création. Cette fenêtre affichant les différentes règles de style, l'accès à la règle dans la feuille de style est d'autant plus rapide.

Une prévisualisation facilitée avec l'affichage en direct

Ce nouveau mode d'affichage de la page permet de simuler le rendu de la page courante dans un navigateur en mode Création (ce nouveau mode remplace en partie le mode appelé Live Data de la version CS3). Vous ne pourrez pas interagir avec les fonctionnalités de la page comme dans un véritable navigateur, mais ce mode vous rendra de grands services et vous évitera la prévisualisation systématique dans un navigateur. Une option supplémentaire, l'affichage du code en direct, vous permet de visualiser le code de la page en temps réel, c'est-à-dire en tenant compte des éventuelles modifications lors d'événements JavaScript ou générés par une technologie serveur (comme PHP par exemple).

Une meilleure intégration des autres logiciels Adobe

Dreamweaver CS4 est totalement intégré à la suite Adobe CS4 et a subi des modifications notoires permettant par exemple d'intégrer des documents au format natif Photoshop, le format PSD. Dreamweaver transforme ces documents issus de Photoshop en fichiers JPEG, GIF ou PNG et conserve un lien vers le document original. Ces images sont des objets dynamiques qui permettent de modifier l'image intégrée à partir du fichier original. Dreamweaver CS4 conserve en outre toutes les fonctionnalités de la version précédente de copier-coller des images ou des portions d'image depuis leur application de traitement ainsi que les fonctionnalités de modification intégrées (modification du cadrage, de luminosité/contraste ou de la netteté).

Le framework Spry pour Ajax

Spry est une bibliothèque JavaScript qui permet de créer des interfaces enrichies, d'exploiter des flux de données XML dans une page XHTML, de créer des contrôles de formulaire instantanés ou encore d'actualiser certaines parties d'une page XHTML sans avoir à recharger toute la page (comme le fait Ajax).

Dreamweaver, depuis la version CS3, exploite cette bibliothèque (ou framework) Spry dans plusieurs modules qui offrent la possibilité de créer des interfaces enrichies avec des barres de menus déroulants ou des panneaux à onglets, par exemple, sans avoir à développer de programmes complexes qui nécessitent des connaissances avancées de JavaScript et des technologies associées (DOM, CSS, XML…). Avec la nouvelle version CS4, d'autres applications viennent enrichir les bibliothèques Spry de Dreamweaver. Voici un petit aperçu des différentes bibliothèques Spry pour lesquels nous préciserons les nouveaux composants de la version CS4 :

- Créer d'impressionnants effets visuels Spry – Ces effets vous permettront d'appliquer des transitions visuelles à certains objets de vos pages pour les agrandir, les rétrécir, les faire disparaître ou encore les surligner pour les mettre en évidence.

- Réaliser rapidement des éléments d'interfaces enrichies Spry – Les widgets du framework Spry vous permettront d'insérer rapidement des éléments d'interfaces enrichies dans les pages Web. De nombreux widgets sont disponibles. Citons, en guise d'exemples, les barres de menus déroulants, les panneaux à onglet, les zones réductibles ou accordéons, etc.

- Valider dynamiquement les formulaires Spry – Les éléments de validation Spry permettent de contrôler si un champ de formulaire a bien été renseigné, ou encore s'il s'agit d'un champ destiné à un e-mail et si la structure du mail est correcte. Si la validation n'est pas possible, un message rappelant les données attendues apparaîtra à côté du champ concerné. La procédure de validation pourra être déclenchée lors de la soumission finale du formulaire ou au fil de la saisie des données.

  Trois nouveaux composants de validation Spry sont disponibles dans la nouvelle version CS4 :

  – validation Spry de mot de passe ;

  – validation Spry de confirmation ;

  – validation Spry de groupe de boutons radio.

- Gérer les données XML Spry – Avec les outils de gestion des données dynamiques Spry, il est désormais très facile d'incorporer dans une page Web du contenu issu d'un fichier XML. En effet, il suffit pour cela de créer un schéma de données issu d'un fichier XML ou encore d'un fil RSS pour que Dreamweaver puisse gérer son contenu. Vous pouvez ensuite les afficher dans de nombreux types de listes ou dans des tableaux qui permettront de trier le contenu sans le moindre problème.

  Désormais, avec Dreamweaver CS4, la création de tableaux de données issues d'un fichier XML ou HTML peut être programmée dès la création du schéma de données par le choix d'options d'insertion. Voici les quatre nouvelles options d'insertion disponibles depuis CS4 :

  – insérer un tableau ;

  – insérer un bloc d'affichage principal/détail ;

  – insérer des conteneurs empilés ;

  – insérer des conteneurs empilés avec colonne focalisable.

L'espace de travail

Configurer l'espace de travail

Comme nous vous l'avons annoncé dans les nouveautés de la version CS4, désormais plusieurs environnements de travail sont préconfigurés (menu Fenêtre>Présentation de l'espace de travail). Vous pourrez aussi définir vos propres dispositions de fenêtres et de panneaux et les enregistrer dans la liste des environnements. Pour cet ouvrage, nous avons choisi d'utiliser la configuration de l'espace de travail par défaut : l'espace de travail Designer.

Présentation de l'espace de travail

Au démarrage de Dreamweaver CS4, un écran d'accueil s'affiche, composé de trois menus regroupant différents liens :

- Le premier menu permet d'accéder rapidement aux derniers documents utilisés (voir repère ❶ de la figure 1-1).

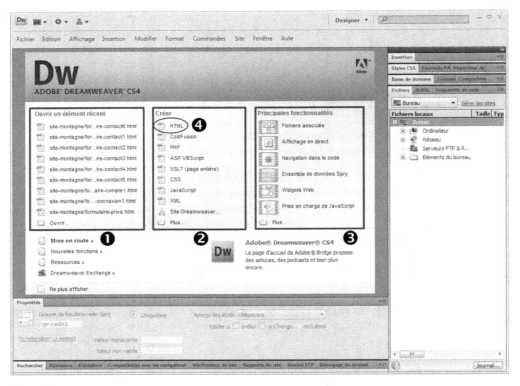

Figure 1-1

Écran d'accueil de Dreamweaver

- Le deuxième menu vous invite à créer une nouvelle page vierge en sélectionnant son type (voir repère ❷ de la figure 1-1).

- Le troisième menu permet d'accéder à de nombreuses démonstrations vidéo (voir repère ❸ de la figure 1-1) sur l'usage de Dreamweaver, disponibles depuis un site Internet du canal TV d'Adobe (http://tv.adobe.com).

Si vous cliquez, par exemple, sur le lien HTML de la rubrique Créer (voir repère ❹ de la figure 1-1), une page vierge s'ouvre alors dans Dreamweaver (si cette page s'affiche en mode Code, cliquez sur le bouton Création pour basculer en mode Création, voir repère ❶ de la figure 1-2), elle correspond à la fenêtre Document.

L'espace de travail de Dreamweaver CS4 (voir figure 1-2) est doté de nombreux panneaux que vous pouvez regrouper à votre convenance (voir repère ❻ de la figure 1-2). Pour déplacer un panneau, cliquez sur son onglet (zone blanche de l'onglet de chaque panneau, voir repère ❶ de la figure 1-3) et déplacez-le à l'endroit souhaité tout en maintenant le bouton gauche de la souris enfoncé.

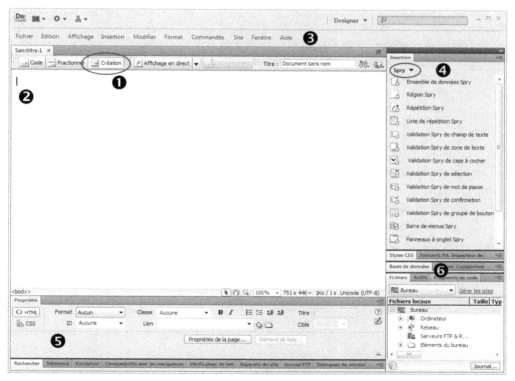

Figure 1-2

Espace de travail de Dreamweaver

Figure 1-3

Pour déplacer rapidement un panneau, il suffit de cliquer dans la zone blanche de son onglet, puis de faire un glisser-déplacer vers l'endroit désiré.

Les panneaux sont regroupés dans des blocs selon leur fonction. Pour passer d'un panneau à l'autre, cliquez simplement sur l'onglet du panneau souhaité. Pour déplier/replier un panneau afin d'afficher/masquer son contenu, faites un double clic sur l'onglet du panneau. Pour fermer définitivement les différents panneaux d'un même bloc et les faire disparaître de l'espace de travail, cliquez sur le menu local situé à droite du bloc et sélectionnez l'option Fermer le groupe d'onglets. Pour l'afficher de nouveau, sélectionnez le menu Fenêtre et choisissez le panneau souhaité.

L'interface de Dreamweaver CS4 est composée d'une fenêtre Document (voir repère ❷ de la figure 1-2), surmontée de deux barres d'outils et de trois boutons de sélection du mode d'affichage (Code, Fractionner et Création). Dans le cadre de cet ouvrage, nous travaillerons très souvent en mode Création (voir repère ❶ de la figure 1-2). En haut de l'interface, on retrouve une barre de menus (voir repère ❸ de la figure 1-2) et à droite un panneau Insertion dans lequel il est possible de sélectionner plusieurs catégories à l'aide d'une liste déroulante (voir repère ❹ de la figure 1-2). Chacune de ces catégories donne accès à des boutons qui permettront d'insérer rapidement de nombreux objets dans la fenêtre Document. En bas de l'écran, le panneau Propriétés est ancré par défaut (voir repère ❺ de la figure 1-2), alors que tous les autres panneaux visibles sont regroupés dans la partie droite de l'interface (voir repère ❻ de la figure 1-2).

Présentation des barres d'outils et des panneaux

Les différentes barres d'outils qui composent l'espace de travail de Dreamweaver CS4 seront détaillées au chapitre 2 de cet ouvrage, quant aux nombreux panneaux, ils seront présentés au cours des différents chapitres lors de leur utilisation.

2

Réaliser un premier document avec Dreamweaver

Dreamweaver permet de réaliser aussi bien une simple page Web qu'un site complet pouvant intégrer des bases de données, des pages XML, des scripts JavaScript, PHP ou encore ColdFusion. La création d'une page Web seule sera facilitée par l'utilisation des propriétés de création de page, de sélection ainsi que le recours aux modèles prédéfinis. La facilité de conception et de gestion d'un projet comprenant de nombreuses pages s'avère aussi un atout majeur de Dreamweaver. Il est donc essentiel de définir un site, au sens Dreamweaver du terme, dès le démarrage. La création de documents de base, de mises en page identiques, l'automatisation de l'écriture des entités HTML et les outils de la fenêtre Document, permettront de réaliser, très rapidement, des sites de qualité professionnelle.

Préparer un site

Créer un site Web est une tâche qui nécessite de nombreux types de ressources et qui génère des pages liées dont le contenu l'est également. Il est donc très important d'organiser votre travail dès le début du projet. Vous devez impérativement distinguer les documents de travail des documents du site. Pour cela, créez un premier répertoire portant le nom du site Web ; celui-ci contiendra deux dossiers : le premier sera nommé, par exemple, `Documents de travail` ou `Brut`, et le deuxième, `Site`. Dans ce dossier, créez enfin un sous-dossier `images`. Écrivez le nom de ce répertoire en minuscule, cela évitera de nombreuses erreurs par la suite. Plus tard, vous pourrez être amené à créer d'autres dossiers portant des noms généraux, tels que `videos` ou `documents`, ou bien des noms plus explicites, comme randonnees, flore, faune, restaurants, etc. Cela vous permettra d'organiser facilement votre site Web, mais aussi de l'indexer efficacement en spécifiant explicitement son arborescence aux moteurs de recherche.

Figure 2-1

L'organisation des fichiers de travail et des documents d'un site

Dans la suite de votre travail, vous devrez toujours placer les documents destinés au Web, c'est-à-dire les documents terminés, dans le dossier Site ou dans l'un de ses sous-répertoires. Voici les différents formats de documents que l'on pourra y trouver : .htm, .html, .jpeg, .gif, .png, .swf, .css, .js, .mp3 et .flv.

Les documents de base, en cours de travail, seront placés dans le dossier Documents de travail. Voici les différents formats de documents que l'on devra y placer : .psd, .ai, .jpeg, .mov, les fichiers provenant de logiciels tels que Microsoft Word ou Excel, Adobe InDesign, Quark Xpress, les documents de travail des montages vidéo ou des extraits sonores. Les documents Flash, ayant pour extension .fla, seront, quant à eux, placés dans l'un des dossiers du site. En effet, pour être lisibles sur le Web, ces fichiers doivent être publiés. Le document créé lors de la publication porte l'extension .swf et doit être placé à côté du fichier original. Ainsi, en plaçant les fichiers .fla dans le même dossier que les fichiers du site, le résultat de chaque publication sera déjà dans le bon dossier. La technique du « voilage », présentée dans ce chapitre, section « Définir un nouveau site avec l'onglet Avancé — Voilage », permettra de masquer les fichiers .fla lors de la mise en ligne et, ainsi, de ne pas les transférer sur le serveur distant.

Définir un site

Quel que soit le travail à effectuer, il est recommandé de toujours définir un site. Il sera ainsi très facile de placer l'ensemble des éléments sur un serveur Web, de les renommer tout en conservant les liens entre les pages ou encore de remplacer automatiquement une chaîne de caractères sur l'ensemble des pages. Bien d'autres possibilités vous seront offertes grâce à la définition du site et notamment l'enregistrement des pages directement dans le dossier choisi.

Pour définir un nouveau site, Dreamweaver propose plusieurs possibilités afin d'ouvrir la fenêtre de définition de site. Depuis l'écran de démarrage, cliquez sur le bouton Site Dreamweaver, placé dans la partie centrale nommée Créer.

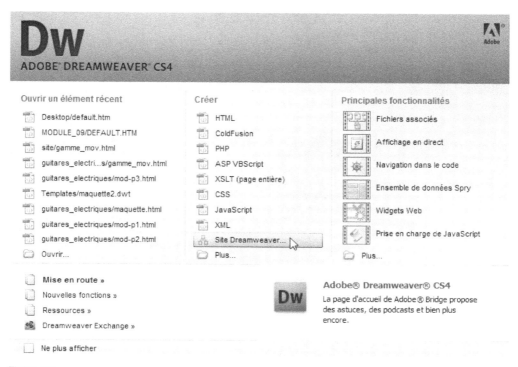

Figure 2-2

Le bouton Site Dreamweaver... permettant de définir un nouveau site depuis l'écran de démarrage

Si un document est déjà ouvert, sélectionnez le menu Site>Nouveau site ou Site>Gérer les sites (voir repère ❶ de la figure 2-3) et cliquez sur le bouton Nouveau site pour définir un site.

Figure 2-3

Les menus de définition d'un nouveau site

Vous pouvez aussi cliquer sur l'icône représentant une arborescence (voir repère ❷ de la figure 2-3) pour accéder aux commandes de création et de gestion de sites.

Définir un nouveau site avec l'onglet Elémentaire

La fenêtre de définition de site présente deux onglets nommés respectivement Elémentaire et Avancé. L'onglet Elémentaire permet la définition du site de manière assistée. Le passage d'un écran à l'autre se fait en cliquant sur le bouton Suivant. Les lignes qui suivent proposent un paramétrage de base. Ces options aident à démarrer un site simplement.

Toutes les différentes options seront détaillées à la section suivante, « Définir un nouveau site avec l'onglet Avancé ».

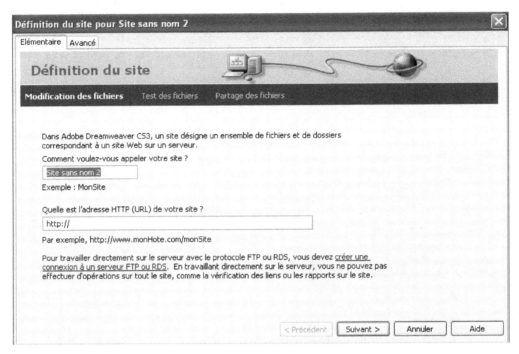

Figure 2-4

Fenêtre Définition du site

Dans le premier écran, indiquez le nom que vous souhaitez donner à votre site pour le retrouver facilement parmi ceux qui sont gérés dans Dreamweaver (figure 2-4). Ce nom peut être quelconque, il n'y a pas de restriction particulière. Si vous ne connaissez pas l'adresse URL de votre futur site, ne remplissez pas le champ d'adresse HTTP et cliquez sur le bouton Suivant.

L'écran suivant permet de choisir une technologie de serveur particulière. Si aucun de ces langages ou technologies ne sont employés dans le site, sélectionnez « Non, je ne veux pas utiliser de technologie serveur » et cliquez sur Suivant.

Le troisième écran vous demande d'indiquer la méthode d'enregistrement des fichiers pendant le développement du site. La première option est généralement toujours choisie car une version du site est alors conservée sur l'ordinateur de travail et, de plus, elle ne nécessite pas d'être connecté en permanence à un serveur. Choisissez ensuite l'emplacement du dossier de travail sur votre machine en saisissant manuellement le chemin ou en sélectionnant le dossier grâce à l'icône située à droite du champ. Ce choix est très important car il permettra d'automatiser de nombreuses tâches par la suite.

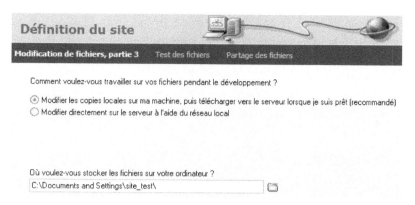

Figure 2-5

Sélection du mode d'enregistrement des fichiers au cours du développement du site

Le quatrième écran permet de choisir la méthode de transfert des fichiers sur le serveur Web. Pour un site ne nécessitant aucune technologie particulière, choisissez FTP et renseignez ensuite les différents champs qui sont alors proposés. Les renseignements demandés vous ont été fournis par votre hébergeur.

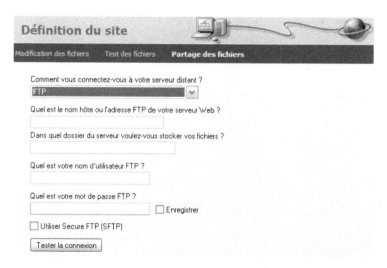

Figure 2-6

Sélection du mode de transfert des fichiers sur le serveur Web

Le dernier écran présente un récapitulatif des paramètres choisis. Vérifiez-les attentivement et cliquez, éventuellement, sur le bouton Précédent pour modifier un choix. Lorsque toutes les options sont correctes, cliquez sur le bouton Terminé.

Définir un nouveau site avec l'onglet Avancé

Depuis la fenêtre de définition de site, cliquez sur l'onglet Avancé. Vous accédez alors à une fenêtre présentant simultanément toutes les options. Les différentes rubriques de l'arborescence Catégorie permettent de paramétrer l'ensemble du site (figure 2-7).

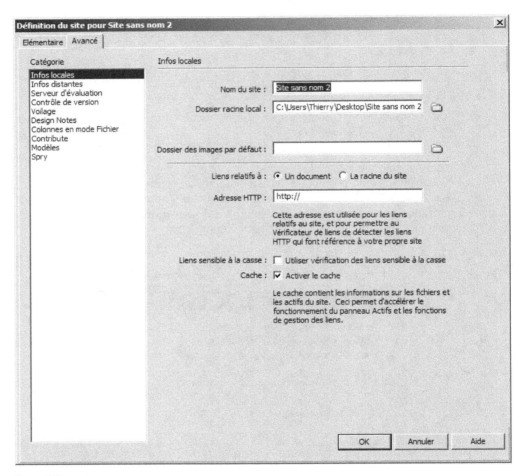

Figure 2-7
L'onglet Avancé de la fenêtre de définition de site

Voici une description détaillée des différentes catégories.

La catégorie Infos locales

Cette catégorie concerne uniquement les informations locales. Dans les deux premiers champs, indiquez le nom du site et l'emplacement du répertoire (sur votre ordinateur) dans lequel sont stockés les fichiers du site. En cliquant sur l'icône de dossier placée à côté du champ Dossier racine local, vous indiquez à Dreamweaver l'emplacement de ce dossier. Ces deux renseignements sont indispensables. Le champ suivant, nommé Dossier des images par défaut, permet de définir l'emplacement des images. Ce champ n'est pas obligatoire, mais il est utile car les commandes d'insertion d'images de Dreamweaver en autoriseront l'accès automatique. Le champ Liens relatifs à facilite l'automatisation de l'écriture de liens relatifs à la racine du site. Si vous cochez l'option La racine du site, vous devrez renseigner l'adresse HTTP du site. Vous devrez aussi insérer une balise `<base>` dans l'en-tête du document.

Voici un exemple de lien relatif au document. Nous considérons que les deux pages sont placées dans le même répertoire, nommé `monts`. Le lien est placé sur la page A et affiche la page B.

```
<a href="B.html">Lien vers la page B</a>
```

Voici le même exemple avec un lien relatif à la racine du site. L'adresse HTTP du site est `http://www.montagne-65.com`. Le lien relatif commence après le nom de domaine du site.

```
<a href="/monts/B.html">Lien vers la page B</a>
```

L'adresse HTTP permettra également à Dreamweaver de vérifier la validité des hyperliens intégrés dans le site.

> **Remarque**
>
> Pour afficher les liens réalisés avec l'option Liens relatifs à la racine du site en utilisant le menu Fichier>Aperçu dans le navigateur, vous devez cocher l'option Aperçu à l'aide d'un fichier temporaire, située dans le menu Préférences>Aperçu du navigateur. Si cette option n'est pas cochée, les documents liés, notamment les limages, ne s'afficheront pas.

La case Liens sensibles à la casse fait que Dreamweaver vérifie que la casse des liens correspond à celle des noms des documents. Cette vérification s'effectue en lançant la commande de vérification de liens.

La case Cache permet de mémoriser les informations du site et d'accélérer ainsi les différents traitements.

La catégorie Infos distantes

Dans cette catégorie, sont renseignés la méthode et les codes associés pour le transfert des pages et de tous les éléments du site sur le serveur Web. Les codes de connexion sont délivrés par votre hébergeur. Choisissez un type d'accès depuis le menu local Accès. La fenêtre propose alors les champs spécifiques à l'option choisie.

- Aucun – Aucun serveur n'est spécifié. C'est l'option par défaut.
- FTP – Il s'agit de l'option la plus courante. Elle permet de transférer facilement l'ensemble des éléments d'un site. Voici le détail des paramètres à renseigner.
  - Hôte FTP – Adresse Web du serveur FTP, par exemple `ftp.monsite.net` ou `217.194.194.174`.

- Répertoire de l'hôte – Ce champ est optionnel. Il spécifie le répertoire dans lequel charger les éléments du site, par exemple `/web/`.

- Nom d'utilisateur – Ce nom est donné par l'hébergeur du site.

- Tester – Ce bouton permet de tester les paramètres de connexion. Si les paramètres sont corrects, le message suivant apparaît : « Adobe Dreamweaver s'est connecté avec succès à votre serveur web ».

- Mot de passe – Le mot de passe est fourni par l'hébergeur du site.

- Enregistrer – Décochez cette case si vous souhaitez que Dreamweaver vous demande votre mot de passe à chaque connexion au serveur FTP.

- Utiliser FTP Passif – En mode FTP Passif, c'est le client FTP (donc Dreamweaver) qui configure la connexion à la place du serveur distant. Le FTP Passif est très souvent utilisé en présence d'un pare-feu. Cette option doit généralement être cochée.

- Utiliser le mode de transfert IPV6 – Permet d'employer un serveur FTP compatible IPV6. À l'heure actuelle, très peu de FAI (Fournisseur d'accès à Internet) proposent ce protocole.

- Utiliser un pare-feu – Choisissez cette option si le serveur distant est protégé par un pare-feu. Si tel est le cas, l'hébergeur ou l'administrateur vous en informera. Vous devrez alors cliquer sur le bouton Paramètres du pare-feu pour entrer l'adresse de l'hôte du pare-feu ainsi que son port.

- Utiliser Secure FTP (SFTP) – Permet de se connecter en mode FTP sécurisé si le serveur distant a été configuré ainsi.

- Conserver les informations de synchronisation – Pour synchroniser automatiquement les fichiers locaux et distants. Cette option est cochée par défaut.

- Télécharger autom. les fichiers vers le serveur lors de l'enregistrement – Place les fichiers enregistrés directement sur le serveur Web. Cette option nécessite une connexion permanente.

- Activer l'archivage et l'extraction de fichier – Permet de travailler en équipe sur le même serveur distant. Si vous cochez cette case, vous devez renseigner les deux champs qui apparaissent, à savoir votre identifiant et votre adresse e-mail.

• Local/réseau – Spécifie le dossier du site sur le réseau lorsque l'on exécute un serveur d'évaluation depuis son ordinateur.

• WebDav – Permet de se connecter à un serveur en utilisant le protocole WebDav (Web-based Distributed Authoring and Versoning).

• RDS – Pour se connecter à un serveur Web par RDS (Remote Development Services). L'ordinateur serveur doit exécuter Macromedia ColdFusion.

• Microsoft® Visual SourceSafe® – Permet de se connecter à un serveur Web par Microsoft Visual SourceSafe.

La catégorie Serveur d'évaluation

Cette catégorie permet de choisir une technologie de serveur ainsi que son accès. Elle doit être renseignée lors de l'utilisation du couple PHP/MySQL. Pour plus de renseignements, reportez-vous au chapitre 20.

La catégorie Contrôle de version

Le contrôle de version autorise un travail collaboratif en employant un serveur distant Subversion (abrégé svn). Si vous avez un tel serveur à disposition, renseignez les différents champs. L'installation d'un serveur Subversion demande de bonnes connaissances informatiques et réseau.

La catégorie Voilage

Le voilage consiste à spécifier un dossier ou bien un ou plusieurs types de fichiers qui seront exclus de toute opération sur le site. Depuis cette catégorie, vous pouvez spécifier les types de fichiers à voiler, par exemple les fichiers ayant pour extension `.fla`. Ainsi, lors du transfert des fichiers sur le serveur Web, ces fichiers ne seront pas pris en compte.

La catégorie Design Notes

Cette catégorie est relative à la gestion du comportement des notes écrites dans un document. Les notes seront utiles dans le cas d'un travail collectif ou pour la conservation de messages.

La catégorie Colonnes en mode Fichier

Cette catégorie gère l'affichage des colonnes dans la fenêtre Fichiers. Pour afficher/masquer une colonne, cliquez sur son nom, puis cochez/décochez l'option Afficher. Pour ajouter un type de colonne, cliquez sur le bouton Plus. Les modifications s'appliqueront dans les deux fenêtres Fichiers locaux et Site distant.

La catégorie Contribute

Concerne la compatibilité avec le logiciel Contribute, qui doit être installé sur l'ordinateur de travail.

La catégorie Modèles

Cette catégorie vise à conserver le comportement des liens de modèles des anciennes versions de Dreamweaver. Lorsque cette option est cochée, Dreamweaver ne met pas à jour les liens vers les fichiers situés dans le dossier Template.

La catégorie Spry

Cette catégorie permet de spécifier le nom et l'emplacement du dossier dans lequel seront placés les documents de script Spry. Par défaut, ce dossier se nomme SpryAssets et se situe à la racine du site.

Créer un nouveau document

Pour créer un nouveau document, allez dans le menu Fichier>Nouveau. Dans la fenêtre d'invite, choisissez Page vierge, puis HTML comme type de page et <aucun(e)> pour la mise en forme. La fenêtre de document s'ouvre alors sur une page vierge avec les caractéristiques choisies dans les préférences des nouveaux documents.

Une autre méthode de création de document consiste à utiliser le raccourci clavier Ctrl + N (Cmd + N sur Mac). Dans ce cas, selon les préférences choisies, c'est un nouveau document vierge qui s'ouvre, ou alors la fenêtre d'invite, pour choisir un type de page et sa mise en forme. Pour activer/désactiver la fenêtre d'invite lors de l'utilisation du raccourci clavier de création de nouveau document, sélectionnez le menu Edition> Préférences. Choisissez alors la catégorie Nouveau document, puis cochez/décochez l'option Afficher la boîte de dialogue Nouveau document si Ctrl + N est utilisé.

Depuis la page d'invite de nouveau document, Dreamweaver CS4 propose de nombreuses mises en forme pour les documents HTML. Elles peuvent constituer un bon point de départ pour la création de pages valides XHTML/CSS. Cliquez sur chacune des mises en forme pour en afficher un modèle et une courte description (figure 2-8, repère ❶) dans la partie droite de la fenêtre.

La zone Type de document (figure 2-8, repère ❷), permet de choisir une DTD particulière (voir plus loin dans ce chapitre).

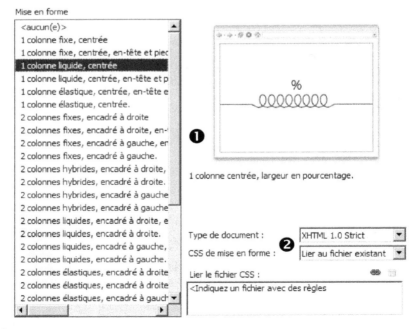

Figure 2-8

Les options d'un nouveau document

Le champ CSS de mise en forme est actif uniquement lorsque l'on choisit un modèle de mise en forme. Il propose de placer les styles dans la page. Il faut pour cela choisir l'option Ajouter à l'en-tête. La deuxième option, Créer un nouveau fichier, place les styles dans une page externe. Lier au fichier existant permettra d'insérer les styles dans un document CSS déjà créé. Pour ce dernier choix, cliquez sur l'icône de lien afin d'ouvrir la boîte de dialogue de sélection du fichier à lier à cette nouvelle page. Une fois le fichier souhaité sélectionné, cliquez sur le bouton Créer. Enregistrez le nouveau document créé dans le dossier Site via le menu Fichier>Enregistrer. L'enregistrement de ce document est très important car il permet, d'une part, de le conserver en cas de dysfonctionnement de la machine et, d'autre part, d'autoriser Dreamweaver à créer des liens par rapport à la position de ce document dans l'arborescence du site.

Liquide ou élastique ?

Lorsque l'on souhaite utiliser l'un des modèles de pages proposés par Dreamweaver, quatre dénominations permettent d'identifier le comportement des gabarits : fixe, liquide, élastique et hybride. Les pages fixes ont des structures déterminées en pixels. Leurs tailles sont donc fixes. Les blocs des pages liquides sont exprimés en pourcentage. Ces pages ont des tailles modifiables. Les pages élastiques s'agrandissent ou se réduisent par une combinaison de touches du clavier. Les tailles des blocs des pages élastiques sont exprimées en unité « em ». Les pages hybrides sont à la fois liquides et élastiques. Les paragraphes suivants donnent une définition plus précise de ces deux derniers termes.

Le terme « liquide » signifie que la taille de la colonne sera modifiée en fonction de la taille de la fenêtre du navigateur. La taille de la colonne est spécifiée en pourcentage (%). Le texte placé dans cette colonne « coule » vers le bas ou la droite selon la taille de la fenêtre. L'exemple de la figure 2-9 présente la même page, dans le navigateur Firefox, affichée avec des tailles de fenêtre différentes. Les tailles des colonnes se sont adaptées à la taille de la fenêtre du navigateur.

Figure 2-9

Deux aspects d'une fenêtre liquide en fonction de la taille de la fenêtre du navigateur

L'exemple de la figure 2-10 présente la même page, dans le navigateur Firefox, affichée avec des tailles de caractères différentes. La taille des colonnes est restée fixe. En cas de forts grossissements, le texte ne s'affichera pas dans sa totalité.

Figure 2-10

Deux aspects d'une fenêtre liquide en fonction de la taille de la police de caractères

Le terme « élastique » signifie que la taille de la colonne dépend de la taille des caractères du texte. La taille de la colonne est définie en unité em. Ces types de pages sont particulièrement adaptés aux personnes à déficience visuelle. Elles permettent de modifier la taille des caractères tout en conservant la mise en page.

L'exemple de la figure 2-11 présente la même page que précédemment, dans le navigateur Firefox, affichée avec des tailles de fenêtre différentes. Les tailles des colonnes sont restées fixes, masquant une partie du texte car la taille de fenêtre a été réduite.

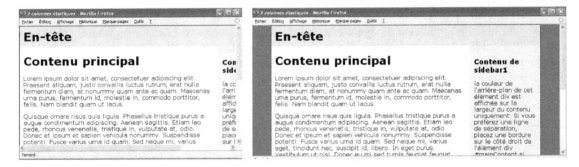

Figure 2-11

Deux aspects d'une fenêtre élastique en fonction de la taille de la fenêtre du navigateur

L'exemple de la figure 2-12 présente la même page, dans le navigateur Firefox, affichée avec des tailles de caractères différentes. Dans ce cas, nous avons un bon exemple de l'utilisation de l'élasticité des colonnes. Elles se sont adaptées à la taille demandée.

Note

Pour modifier la taille du texte dans Internet Explorer ou Firefox, choisissez le menu Affichage>Taille du texte et sélectionnez l'une des options proposées.

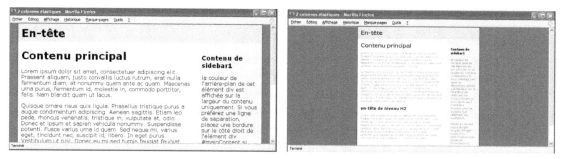

Figure 2-12

Deux aspects d'une fenêtre élastique en fonction de la taille de la police de caractères

Les propriétés de la page

Les propriétés de la page rassemblent les styles disponibles pour l'ensemble du document. Ces propriétés permettent de choisir l'aspect des textes, avec deux possibilités (HTML ou CSS), l'aspect de l'arrière-plan, des liens et d'autres attributs spécifiques à la page.

Pour accéder aux propriétés de la page, sélectionnez le menu Modifier>Propriétés de la page ou cliquez, selon la sélection active, sur le bouton Propriétés de la page situé dans la palette Propriétés. La boîte de dialogue de la figure 2-13 apparaît.

Figure 2-13

Les propriétés de la page

Cliquez sur les catégories situées à gauche de la fenêtre pour en afficher les propriétés.

La catégorie Aspect (CSS)

La catégorie Aspect (CSS) permet de définir l'aspect par défaut des textes et de la page, ainsi que sa couleur ou son image d'arrière-plan. Les aspects seront définis en tant que styles CSS internes à la page. Ces styles pourront, ultérieurement devenir externes.

Choisissez la police par défaut parmi celles qui vous sont proposées. La liste est universelle et s'applique à toutes les plateformes. L'emploi d'une police particulière implique que cette dernière soit installée sur l'ordinateur de l'utilisateur final, c'est pourquoi il est fortement déconseillé de choisir l'option Modifier la liste des polices.

Dans le champ Taille, spécifiez une valeur. Une valeur de 12 ou 14 pixels est généralement un bon compromis. Il s'agit ici de la taille par défaut des textes.

Choisissez la couleur du texte à l'aide de la palette de couleurs ou saisissez son code hexadécimal précédé du caractère # (dièse).

De la même manière que pour le texte, choisissez la couleur de l'arrière-plan de la page (facultatif). Si vous ne précisez aucune couleur, l'arrière-plan sera blanc.

Dans la zone Image d'arrière-plan, spécifiez un chemin vers une image pour l'afficher en arrière-plan (facultatif). Cliquez sur le bouton Parcourir pour sélectionner une image enregistrée sur votre ordinateur.

La répétition spécifie la méthode d'affichage de l'image d'arrière-plan lorsque ses dimensions sont inférieures à celles de la page. La liste déroulante de ce champ propose quatre options :

- No-repeat – L'image ne sera pas répétée. Si sa taille est inférieure à la taille de la fenêtre du navigateur, elle ne couvrira pas tout l'arrière-plan de la page.

- Repeat – L'image se répète pour remplir toute la page.

- Repeat-y – L'image se répète uniquement sur la ligne verticale.

- Repeat-x – L'image se répète uniquement sur la ligne horizontale.

Figure 2-14

Les différents modes de répétition d'une image en arrière-plan

Les marges spécifient la distance entre le bord de la fenêtre du navigateur et le début du document. La figure 2-15 présente une image insérée dans une page. Sur la figure supérieure, les marges n'ont pas été renseignées, une bordure de la couleur d'arrière-plan apparaît entre le navigateur et les bords de l'image placée dans la page. Sur la figure inférieure, les marges sont égales à zéro.

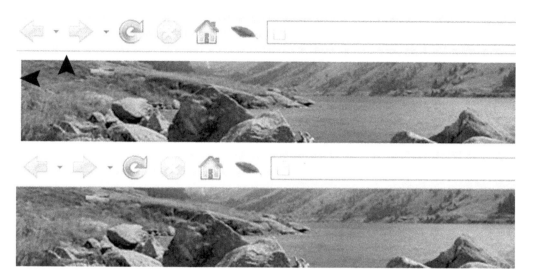

Figure 2-15

Exemple de spécification des marges pour une image

La catégorie Aspect (HTML)

Cette catégorie permet de définir l'aspect par défaut des textes et de la page, ainsi que sa couleur ou son image d'arrière-plan. La couleur des liens est également déterminée ici. Les aspects seront précisés en tant qu'attributs de la balise body. N'utilisez pas cette catégorie si vous souhaitez réaliser des pages aux standards du XHTML 1.0 Strict.

Dans la zone Image d'arrière-plan, spécifiez un chemin vers une image pour l'afficher en arrière-plan (facultatif). Cliquez sur le bouton Parcourir pour sélectionner une image enregistrée sur votre ordinateur.

La zone Arrière-plan concerne la couleur d'arrière-plan de la page

Texte, Liens, Liens visités, Liens actifs permettent successivement de choisir la couleur des textes, des liens, des liens dont la page a déjà été visionnée, de l'aspect des liens au moment du clic.

Les valeurs de marge précisent la marge entre le bord de la page et le début de son contenu.

Le code généré par cette catégorie est le suivant :

```
<body bgcolor="#CCCCCC" text="#000000" link="#FF9900" vlink="#FFCC66"
 alink="#FF3333" leftmargin="0" topmargin="0" marginwidth="0" marginheight="0">
```

La catégorie Liens (CSS)

La figure 2-16 présente les propriétés de la catégorie Liens qui définit la police et la couleur par défaut des liens de la page. Choisissez une police dans la liste déroulante correspondante et une taille pour les textes présentant des liens. Les autres options de cette fenêtre concernent la couleur des différents états des liens. Cette catégorie crée des styles CSS internes à la page. Ces styles pourront, ultérieurement devenir externes.

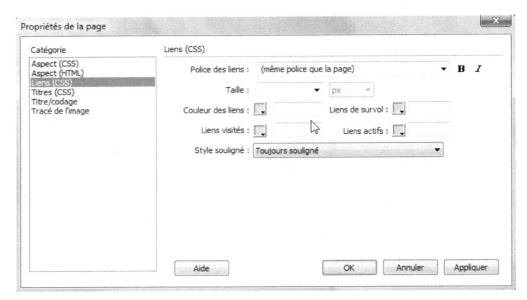

Figure 2-16
La catégorie Liens des propriétés de la page

- Couleur des liens – Il s'agit de la couleur des liens qui n'ont pas encore été visités.

- Liens de survol – Il s'agit de la couleur des liens lorsque le curseur de la souris les survole.

- Liens visités – Spécifie la couleur des liens visités.

- Liens actifs – Précise la couleur du lien lorsque l'internaute clique dessus.

La catégorie Titres (CSS)

La catégorie Titres (CSS) spécifie la police, la taille et les couleurs des titres définis comme en-têtes (voir chapitre 8). Les aspects de cette catégorie seront définis en tant que styles CSS internes à la page. Ces styles pourront, ultérieurement devenir externes. La figure 2-17 présente cette catégorie.

Figure 2-17
La catégorie Titres des propriétés de la page

La catégorie Titre/codage

Cette catégorie des propriétés de la page autorise de modifier la DTD du document courant, ainsi que son codage (voir section « Choisir la DTD » dans ce chapitre).

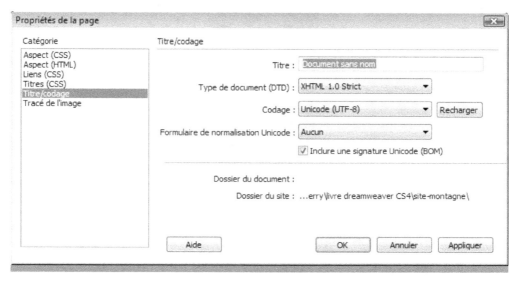

Figure 2-18
La catégorie Titre/codage des propriétés

Elle permet aussi de saisir le titre de la page même si celui-ci est généralement écrit depuis la fenêtre du document. Le titre est un élément indispensable à la page. Pour plus de renseignement sur les différentes options de cette page, consultez la section « Les préférences pour les nouveaux documents », dans ce chapitre.

La catégorie Tracé de l'image

Cette catégorie permet d'insérer dans la page une image qui s'assimile à un calque de positionnement des éléments. Cette image n'apparaîtra pas lors de l'aperçu de la page dans un navigateur. Elle est uniquement visible dans un document Dreamweaver. L'échelle de transparence définit son opacité. Une application de l'utilisation d'une image en arrière-plan est donnée au chapitre 10, dans la section « Utiliser un élément PA pour une composition simple ».

La fenêtre Document

La fenêtre Document est votre principale fenêtre de travail car elle affiche les pages sur lesquelles vous travaillez. Elle est composée de plusieurs barres d'outils, accessibles depuis le menu Affichage>Barres d'outils. Par défaut, celles-ci sont situées en haut de la fenêtre Document, mais il est possible de les déplacer. Pour cela, cliquez sur la partie grise en pointillés, située sur la gauche de la barre, et déplacez-la tout en maintenant le bouton de la souris enfoncé. La figure 2-19 illustre le déplacement d'une barre d'outils. Pour replacer la barre d'outils en haut de la fenêtre Document, procédez de la même manière.

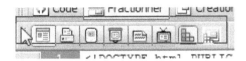

Figure 2-19
Déplacement d'une barre d'outils

Les barres d'outils disponibles sont les suivantes :

- Rendu du style ;
- Document ;
- Standard ;
- Codage.

La barre d'outils Rendu du style

La barre d'outils Rendu du style s'ouvre depuis le menu Affichage>Barres d'outils> Rendu du style. Elle vous sera utile lorsque vous créerez une ou plusieurs feuilles de style dépendantes d'un média particulier. Les choix proposés ici permettent d'afficher la page en cours de travail dans un rendu adapté à différents types de médias auxquels vos feuilles de style font référence – impression, téléphone mobile, écran, navigateurs Web. Ces utilisations sont génériques et ne reflètent pas les différences possibles entre les logiciels qui affichent ces médias.

La liste des types de médias proposée ici n'est pas exhaustive car certains d'entre eux, comme les médias prévus pour le braille, ne peuvent pas s'afficher dans Dreamweaver.

Figure 2-20
La barre d'outils Rendu du style

Voici une courte description des différentes icônes de la barre d'outils Rendu du style :

- Rendu pour le type de support Écran (voir repère ❶ de la figure 2-20) – Rendu pour les feuilles de style importées ou liées au document courant et spécifiées pour l'écran (`media="screen"`).

- Rendu pour le type de support Impression (voir repère ❷ de la figure 2-20) – Rendu pour les feuilles de style importées ou liées au document courant et spécifiées pour l'impression (`media="print"`).

- Rendu pour le type de support Téléphone mobile (voir repère ❸ de la figure 2-20) – Rendu pour les feuilles de style importées ou liées au document courant et spécifiées pour les téléphones mobiles (`media="handheld"`).

- Rendu pour le type de support Projection (voir repère ❹ de la figure 2-20) – Rendu pour les feuilles de style importées ou liées au document courant et spécifiées pour la projection (`media="projection"`).

- Rendu pour le type de support TTY (voir repère ❺ de la figure 2-20) – Rendu pour les feuilles de style importées ou liées au document courant et spécifiées pour les appareils télétypes (`media="TTY"`).

- Rendu pour le type de support TV (voir repère ❻ de la figure 2-20) – Rendu pour les feuilles de style importées ou liées au document courant et spécifiées pour les écrans de télévision (`media="TV"`).

- Intervertir l'affichage des Styles CSS (voir repère ❼ de la figure 2-20) – Permet de désactiver toutes les feuilles de style de la page.

- Feuilles de style à la conception… (voir repère ❽ de la figure 2-20) – Ouvre une boîte de dialogue où est spécifiée une feuille de style dont les effets seront visibles uniquement pendant la création de la page. Une feuille de style à la conception n'a aucun effet dans un navigateur.

La barre d'outils Document

La barre d'outils Document s'ouvre depuis le menu Affichage>Barres d'outils>Document. Nous vous recommandons de l'afficher en permanence car elle est essentielle. En effet, elle permet, par exemple, de passer facilement du mode Code au mode Création ou encore de fractionner l'écran pour afficher ces deux modes simultanément. Cette barre d'outils propose également un champ Titre que vous devrez toujours renseigner car il s'agit du titre de votre page HTML, élément essentiel pour le référencement. L'icône Vérifier la compatibilité avec les navigateurs vous permettra de visualiser le rendu de votre page dans les différents navigateurs sélectionnés.

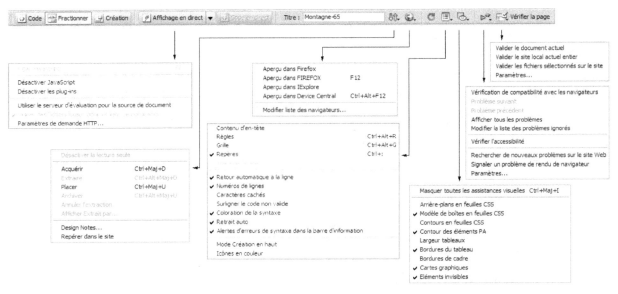

Figure 2-21

La barre d'outils Document

Voici une courte description des différentes icônes de la barre d'outils Document :

- Code – Bascule l'affichage de la page en mode Code.

- Fractionner – Affiche le mode Code et le mode Création sur la même page. Le code est affiché par défaut dans la partie supérieure. Cette position peut être inversée en cochant l'option Mode Création en haut, accessible en cliquant sur l'icône Afficher les options de cette même barre d'outils.

- Création – Bascule l'affichage en mode Création.

- Affichage en direct – Le mode Affichage en direct permet d'afficher la page courante selon un rendu de navigateur. Ce mode ne remplace pas son affichage dans un navigateur, mais il aide à se faire une idée rapide et plus précise du rendu, et notamment du bon fonctionnement des éléments interactifs comme les boutons survolés (rollover), qu'ils soient réalisés en JavaScript ou en CSS. Le mode Affichage en direct n'admet pas que l'on travaille dans la fenêtre de création. En outre, il autorise la modification du code, depuis la fenêtre Code, et une actualisation pour afficher directement le résultat dans la fenêtre Création. L'actualisation avec le bouton Actualiser n'est pas toujours efficace. Désactivez et réactivez l'Affichage en direct. L'activation du mode Affichage direct activera le mode Code en direct.

- Code en direct – Ce mode présente le code qui affiche la page en cours. Par exemple, dans le cas du survol d'une image réalisé en JavaScript, le code affiche réellement le changement d'image. Cela permet de trouver rapidement l'origine d'un dysfonctionnement. Le code n'est pas modifiable en mode Code en direct.

- Titre – Permet de saisir le titre de la page HTML. Ce renseignement est indispensable pour son référencement.

- Gestion des fichiers – Pour réaliser différentes opérations sur le site distant, notamment y placer le document courant. Le paramétrage des définitions de site doit être correct.

- Aperçu/Débogage dans le navigateur – Permet de choisir un navigateur parmi ceux que vous avez indiqué par le menu Edition>Préférences>Aperçu dans le navigateur.

- Actualiser le mode Création (F5) – Cette icône est similaire au bouton Actualiser qui apparaît lorsque l'on modifie une page dans le code. Elle force l'affichage en mode Création.

- Afficher les options – Ce menu local se présente de différentes manières suivant le mode de travail choisi (Code, Fractionner ou Création). Il permet d'afficher les options visuelles pour ces différents modes. La figure 2-21 présente l'affichage en mode Fractionner, qui s'avère être le plus complet.

- Assistances visuelles – Cette icône correspond au menu Affichage>Assistances visuelles. Elle affiche de nombreux assistants en mode Création.

- Valider le marqueur – Permet de vérifier la validité du document selon la DTD choisie. Les menus de cette icône lancent la commande d'exécution de vérification de la fenêtre Validation.

- Vérifier la compatibilité avec les navigateurs – Vérifie la compatibilité du document avec les navigateurs. Les menus de cette icône lancent la commande d'exécution de vérification de la fenêtre Vérification de la compatibilité avec les navigateurs.

La barre d'outils Standard

La barre d'outils Standard s'ouvre depuis le menu Affichage>Barres d'outils>Standard. Elle offre les outils classiques d'édition de fichier (Nouveau, Ouvrir, Parcourir dans Bridge…, Enregistrer, Enregistrer tout, Imprimer le code, Couper, Copier, Coller, Annuler et Répéter).

Figure 2-22

La barre d'outils Standard

Les différents modes d'affichage de la fenêtre Document

La fenêtre Document s'affiche de trois manières différentes en fonction du mode de travail sélectionné :

- Le mode Code – Accessible en cliquant sur le bouton Code ou via le menu Affichage>Code. Ce mode permet de travailler directement dans le code de la page.

- Le Mode Création – Accessible en cliquant sur le bouton Création ou via le menu Affichage>Création. Il permet de travailler sans écrire de code et de créer facilement des textes, des tableaux ou encore des formulaires.

- Le mode Fractionner – Accessible en cliquant sur le bouton Fractionner ou via le menu Affichage>Fractionner. Il permet d'afficher simultanément les deux modes précédents.

- Le mode Affichage en direct – Accessible depuis la barre de document ou bien depuis le menu Affichage>Affichage en direct. Il permet de visualiser la page avec le rendu d'un navigateur.

- Le mode Code en direct – Accessible depuis la barre de document ou bien depuis le menu Affichage>Code en direct lorsque le mode Affichage en direct est actif. Il permet de visualiser le code en cours d'affichage, comme, par exemple, la modification d'un code lors d'un événement JavaScript ou un événement serveur.

Le sélecteur de balise

L'affichage en mode Création ou Fractionner permet de travailler directement dans la page HTML. Il est souvent nécessaire de vérifier la balise sur laquelle on travaille ou de sélectionner une balise sans pour autant ouvrir le mode Code. Le sélecteur de balise, situé en bas de la fenêtre de Création, vous indique le nom de la balise sélectionnée et s'avère fort utile pour en sélectionner facilement le contenu. La figure 2-23 représente le sélecteur de balise.

Figure 2-23

Le sélecteur de balise

Sur la figure 2-23, la dernière balise est <p>. Il s'agit de la balise que nous avons sélectionnée en cliquant dessus. La navigation d'une balise à une autre dans le sélecteur de balise s'effectue en appuyant sur les flèches de direction du clavier. Ainsi, si l'on appuyait sur la flèche gauche, c'est la balise `<div#contenu>` qui serait sélectionnée et si l'on appuyait sur la flèche droite, alors que la balise `<p>` serait sélectionnée, on placerait le curseur de la souris à l'extérieur de `<p>`.

La fenêtre Navigation vers le code

L'icône d'ouverture de la fenêtre Navigation vers le code s'affiche lorsque le pointeur survole un élément lié à un style CSS ou bien à d'autres codes. Un clic sur cette icône ouvre la fenêtre Navigation vers le code. L'icône apparaît ou bout de deux secondes, lorsque le pointeur de la souris est placé au-dessus d'un élément.

Figure 2-24

L'icône d'ouverture de la fenêtre Navigation vers le code

La fenêtre Navigation vers le code peut aussi s'ouvrir en cliquant sur un élément tout en appuyant sur la touche Alt (Windows) ou Commande + Option (Macintosh). Lorsque la fenêtre est ouverte, un clic (voir repère ❶ de la figure 2-25) sur l'un des éléments de code permet d'y accéder (voir repère ❷ de la figure 2-25).

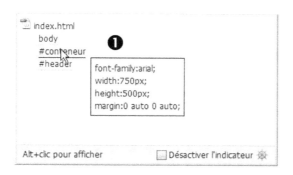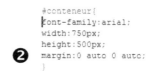

Figure 2-25

La fenêtre Navigation vers le code

Le panneau Insertion

Le panneau peut s'ouvrir depuis le menu Fenêtre. Il propose de nombreux outils et son affichage est indispensable car il permet d'accéder aux commandes essentielles de Dreamweaver. Le panneau Insertion est composé de huit catégories (détaillées ci-après) sur lesquelles vous reviendrez tout au long de cet ouvrage. Les catégories du panneau Insertion sont dynamiques. Lorsque vous choisissez une option une première fois, elle apparaît ensuite au premier plan. Le panneau Insertion peut s'afficher sous forme d'onglets ou lorsque l'on choisit l'environnement de travail Classique, par exemple, Affiché sous la forme d'onglets. Ce panneau peut aussi prendre l'aspect d'une autre forme de menu. Lorsque vous êtes dans l'environnement Classique, pour passer d'un affichage onglet à un affichage menu, cliquez sur le mot Insertion avec le bouton droit de la souris (ou Ctrl + clic sur Mac), puis sélectionnez Afficher en tant que menu, ou bien, lorsque l'affichage est sous forme de menus, sélectionnez Afficher en tant qu'onglets dans le menu de la barre d'insertion. Dans la suite de cet ouvrage, nous resterons dans l'environnement Designer.

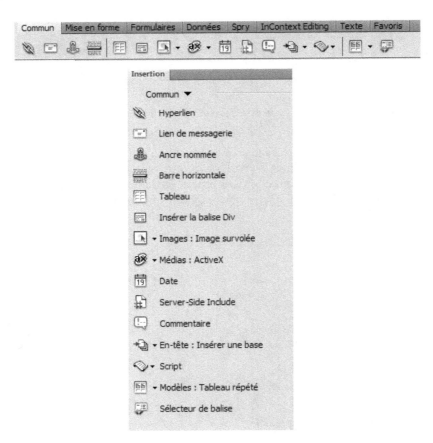

Figure 2-26

Deux aspects du panneau Insertion

Le menu Commun

Ce menu regroupe les outils HTML les plus courants que nous allons détailler en partant du haut.

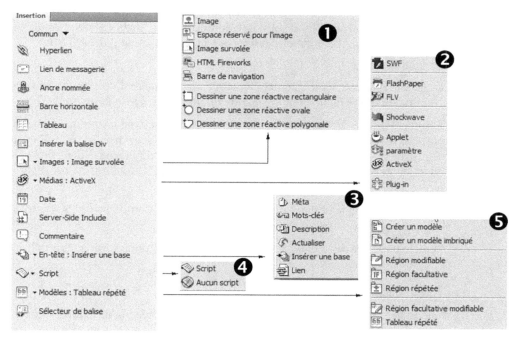

Figure 2-27
Les outils du menu Commun

- Hyperlien – Permet de réaliser un hyperlien en précisant des options d'accessibilité.

- Lien de messagerie – Permet de créer un lien qui ouvre le logiciel de messagerie électronique de l'internaute.

- Ancre nommée – Pour créer une ancre nommée. Cela permettra, par la suite, de créer des liens internes à la page ou bien de cibler précisément l'affichage d'une page.

- Tableau – Ouvre la boîte de dialogue de création de tableaux.

- Insérer la balise div – Ouvre une boîte de dialogue pour l'insertion d'un élément div.

- Images – Ouvre la boîte de dialogue d'insertion d'une image. Cette commande ouvre également le sous-menu du repère ❶ de la figure 2-27.

- Médias – Permet l'intégration d'objets multimédias. Cette commande ouvre également le sous-menu du repère ❷ de la figure 2-27.

- Date – Pour insérer la date courante dans la page. Attention, il ne s'agit pas d'un script d'affichage de la date. Vous pouvez cocher la case Mettre à jour lors de l'enregistrement pour que cette date se modifie à chaque modification de la page.

- Server-side Include – Permet d'insérer un code d'inclusion de script placé sur un serveur.

- Commentaire – Insertion d'un commentaire HTML dans les deux modes de travail, Code et Création. Le code ci-dessous présente un commentaire HTML :

```
<!-- commentaire html -->
```

- En-tête – Propose les différents éléments à placer dans l'en-tête du document. Cette commande ouvre également le sous-menu du repère ❸ de la figure 2-27.

- Script – Permet de lier une feuille de script au document courant. Cette commande place le lien du script à l'endroit où se trouve le curseur dans le code. Il est préférable d'utiliser ici le mode Code et de placer le pointeur de la souris dans la zone d'en-tête du document. Cette commande ouvre également le sous-menu du repère ❹ de la figure 2-27.

- Modèle – Donne accès aux différents outils de création de modèles. Cette commande ouvre aussi le sous-menu du repère ❺ de la figure 2-27.

- Sélecteur de balise – Ouvre le sélecteur de balise pour insérer une balise en mode Création ou Code.

Le menu Mise en forme

Ce menu regroupe tous les éléments permettant de créer la structure d'une page Web. Seront disponibles ici les éléments div et les éléments div en position absolue, les tableaux et leurs outils de modification, les cadres, les éléments frame et iframe. Vous remarquerez la présence d'une étoile sur quatre des icônes de cet onglet. Ceci indique qu'il s'agit de composants Spry qui ajoutent de nombreuses fonctionnalités aux pages. Ces quatre icônes sont également présentes dans l'onglet Spry.

Voici une courte description des différents outils du menu Mise en forme :

- Standard – Ce bouton est actif uniquement en mode Création. L'affichage des tableaux s'effectue normalement.

- Développé – Ce bouton est actif uniquement en mode Création. Il permet d'afficher le contour des cellules des tableaux et de visualiser un tableau dont les contours sont réduits à zéro. Ce mode de travail n'est pas recommandé car on ne peut pas visualiser réellement la mise en forme du tableau.

- Insérer la balise div – Ouvre une boîte de dialogue pour insérer un élément div. Cette icône est la même que celle du menu Commun.

- Tracer un div pour un élément PA – Permet de dessiner les éléments en mode Création. Cette icône correspond à la création de calques dans les versions précédentes de Dreamweaver.

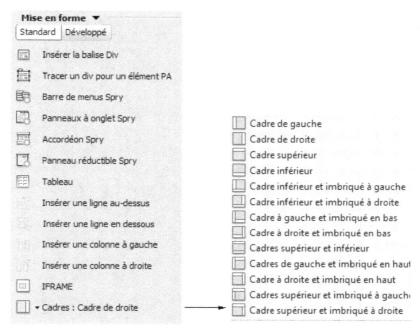

Figure 2-28
Les outils du menu Mise en forme

- Barre de menus Spry – Insère un composant Spry pour créer une barre de menus.

- Panneaux à onglet Spry – Insère un composant Spry afin de créer un panneau à onglets.

- Accordéon Spry – Insère un composant Spry pour créer un ensemble de panneaux rétractables.

- Panneau réductible Spry – Insère un composant Spry pour créer un panneau rétractable.

- Tableau – Ouvre la boîte de dialogue de création de tableaux. Cette icône est la même que celle du menu Commun.

- Insérer une ligne au-dessus/Insérer une ligne en dessous/Insérer une colonne à gauche/Insérer une colonne à droite – Pour ajouter une ligne au tableau à la position précisée.

- IFRAME – Pour la création de cadres incorporés. Les cadres incorporés affichent, dans une partie de la page, des documents extérieurs liés. Cette icône ouvre la zone Code de la fenêtre Document. Vous devez y spécifier le lien vers le fichier externe.

- Cadres – Ce menu local permet de transformer une page simple en une page divisée. De nombreuses possibilités de mise en page sont offertes par ces différentes options.

Le menu Formulaires

Ce menu regroupe tous les outils nécessaires à la réalisation de formulaires. Suivant les préférences choisies dans Dreamweaver, la majorité de ces boutons ouvre une boîte de dialogue où l'on peut écrire les attributs d'accessibilité.

Figure 2-29

Les outils du menu Formulaires

Voici une courte description des différents outils du menu Formulaires :

- Formulaire – Crée un conteneur de formulaire.

- Champ de texte – Insère un champ de texte.

- Champ masqué – Insère un champ de texte invisible.

- Zone de texte – Insère une zone de texte.

- Case à cocher – Insère un élément case à cocher.

- Groupe de case à cocher – Ouvre une boîte de dialogue permettant l'insertion de plusieurs cases à cocher, formant un groupe.

- Bouton radio – Insère un bouton radio seul.

- Groupe de boutons radio – Ouvre une boîte de dialogue pour insérer des boutons radio groupés. Les boutons groupés n'autorisent qu'un seul choix parmi plusieurs propositions.

- Liste/Menu – Crée des listes ou des menus de choix.

- Menu de reroutage – Ouvre la boîte de dialogue de création d'un menu de reroutage.

- Champ d'image – Insère un bouton représenté par une image que vous choisirez sur votre poste de travail.

- Champ de fichier – Insère un champ de texte et un bouton Parcourir permettant à l'internaute de choisir un fichier sur son poste de travail. Cet élément ne s'accompagne pas du script de gestion du fichier.

- Bouton – Insère un bouton pour envoyer ou effacer le formulaire en cours.

- Etiquette – Insère une balise d'étiquette `<label>`. Cet outil s'utilise de deux manières : si vous cliquez simplement dessus, le mode Code s'ouvrira, alors que si vous cliquez dessus en ayant au préalable sélectionné un élément de formulaire, une étiquette sera ajoutée à cet élément.

- Ensemble de champs – Regroupe des champs et ainsi de créer des zones plus lisibles pour l'utilisateur. Ce bouton génère la balise `<fieldset>`.

- Validation Spry de champ texte – Crée un champ de texte, similaire au champ de texte courant, avec un script de vérification des types de données écrites par l'utilisateur.

- Validation Spry de zone de texte – Création d'une zone de texte, similaire à une zone de texte courante, avec un script de vérification des types de données écrites par l'utilisateur.

- Validation Spry de case à cocher – Permet de créer une ou plusieurs cases à cocher, similaires aux cases à cocher courantes, ceci avec un script de vérification pour le nombre de cases que l'utilisateur doit cocher.

- Validation Spry de sélection – Pour créer une liste ou un menu de choix, similaires aux listes ou aux menus courants, avec un script de vérification. Ce script Spry ne vérifie pas les listes à sélection multiple.

- Validation Spry de mot de passe – Insère un champ de type mot de passe. Le texte écrit par d'internaute est ainsi masqué, il s'écrit avec des petits points. Ce Spry mot de passe possède de nombreuses options de vérification.

- Validation Spry de confirmation – Permet la vérification du mot de passe écrit dans le champ Spry de mot de passe.

- Validation Spry de groupe de bouton – Insère un groupe de bouton radio. Ce Spry permettra, par exemple de spécifier un nombre minimum de cases devant être cochées.

Le menu Données

Le menu Données de la barre du panneau Insertion vise à la création de sites dynamiques.

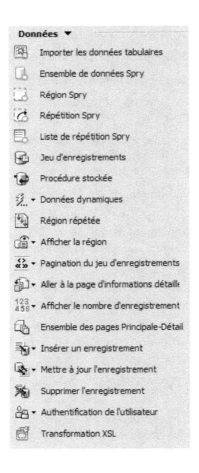

Figure 2-30

Les outils du menu Données

Voici une courte description des différents outils du menu Données :

- Importer les données tabulaires – Permet d'importer dans une page des données issues d'un document Excel ou directement d'une base de données.

- Ensemble de données Spry – Permet de lier un fichier XML ou HTML à une page Web afin d'en exploiter les données. Les éléments de données seront ensuite disponibles dans le panneau Liaisons (pour découvrir des applications Spry utilisant cette fonctionnalité, reportez-vous au chapitre 21).

- Région Spry – Une région Spry doit être créée avant d'ajouter un élément de données Spry dans la page (pour découvrir des applications Spry utilisant cette fonctionnalité, reportez-vous au chapitre 22).

- Répétition Spry – Permet de répéter des éléments de données Spry (pour découvrir des applications Spry utilisant cette fonctionnalité, reportez-vous au chapitre 21).

- Liste de répétition Spry – Permet d'afficher des éléments de données Spry dans une liste ordonnée, à puces ou déroulante (pour découvrir des applications Spry utilisant cette fonctionnalité, reportez-vous au chapitre 21).

- Jeu d'enregistrements – Permet de créer un jeu d'enregistrements issu d'une base de données. Les éléments dynamiques ainsi créés seront ensuite disponibles depuis le panneau Liaisons (pour découvrir des applications PHP utilisant cette fonctionnalité, reportez-vous au chapitre 20).

- Procédure stockée – Permet de créer une requête SQL de base de données réutilisable. Cette fonctionnalité n'est disponible que si vous utilisez des technologies serveur ASP ou JSP.

- Données dynamiques – Permet d'insérer différents types d'éléments HTML dynamiques (exploitant des données issues d'une base de données). Il est ainsi possible de créer des éléments dynamiques, tels que des tableaux, des textes, des champs de texte, des cases à cocher, des groupes de boutons radio ou encore des listes de sélection (pour découvrir des applications PHP utilisant cette fonctionnalité, reportez-vous au chapitre 20).

- Région répétée – Permet de répéter automatiquement un élément de la page (ou une partie de celui-ci) en se référant à un jeu d'enregistrements disponible dans le panneau Liaisons (pour découvrir des applications PHP utilisant cette fonctionnalité, reportez-vous au chapitre 20).

- Afficher la région – Permet de conditionner l'affichage d'une région particulière de la page. La condition peut tester si un jeu d'enregistrements est vide ou non ou s'il s'agit de la première ou dernière page dans le cas d'un affichage de données paginé (pour découvrir des applications PHP utilisant cette fonctionnalité, reportez-vous au chapitre 20).

- Pagination du jeu d'enregistrements – Permet d'insérer une barre de navigation pour un jeu d'enregistrements (pagination des données) ou un de ses éléments (pour découvrir des applications PHP utilisant cette fonctionnalité, reportez-vous au chapitre 20).

- Aller à la page d'informations détaillées – Permet d'ouvrir une page associée en lui transmettant des paramètres existants. Cette fonctionnalité n'est disponible que si vous utilisez des technologies serveur ASP ou JSP.

- Afficher le nombre d'enregistrements – Permet d'accéder à un menu déroulant afin d'insérer une barre d'état de navigation pour afficher la pagination (texte dynamique qui indique les numéros d'enregistrements affichés).

- Ensemble des pages Principale-Détails – Permet de créer rapidement une structure de pages comprenant une page principale (affichant en général une liste des enregistrements) liée à une page de détails correspondant à l'enregistrement sélectionné (pour découvrir des applications PHP utilisant cette fonctionnalité, reportez-vous au chapitre 20).

- Insérer un enregistrement – Permet de créer une page d'insertion d'un enregistrement dans une base de données. Pour cela, il est possible d'utiliser un assistant qui prendra en charge la création du formulaire ou un simple comportement qui nécessitera d'avoir créé le formulaire au préalable (pour découvrir des applications PHP utilisant cette fonctionnalité, reportez-vous au chapitre 20).

- Mettre à jour l'enregistrement – Permet de créer une page de mise à jour d'un enregistrement dans une base de données. Pour cela, il est possible d'utiliser un assistant qui prendra en charge la création du formulaire ou un simple comportement qui nécessitera d'avoir créé le formulaire au préalable (pour découvrir des applications PHP utilisant cette fonctionnalité, reportez-vous au chapitre 20).

- Supprimer l'enregistrement – Permet de créer un système de suppression d'un enregistrement dans la base de données (pour découvrir des applications PHP utilisant cette fonctionnalité, reportez-vous au chapitre 20).

- Authentification de l'utilisateur – Permet de créer les différentes fonctionnalités qui permettront de mettre en œuvre un système complet d'authentification d'un utilisateur par login et mot de passe (pour découvrir des applications PHP utilisant cette fonctionnalité, reportez-vous au chapitre 20).

- Transformation XSL – Permet de créer un programme de transformation des données issues d'un document XML.

Le menu Spry

Ce menu regroupe tous les widgets Spry proposés dans Dreamweaver CS4. Vous retrouverez ici les mêmes widgets que dans les menus Mise en forme, Formulaires et Données. Reportez-vous aux définitions de ces différentes catégories.

Figure 2-31

Les menu du panneau Spry

Le menu InContext Editing

InContext Editing est un service (gratuit pour le moment) qui permet de modifier certaines parties de page d'un site Internet, sans connaissances particulières du HTML ou des CSS. L'internaute se connecte sur le site InContext Editing, entre un identifiant et un mot de passe, puis se connecte sur son site qui est référencé InContext Editing. Il peut alors modifier les régions des pages qui ont étés conçues avec les différents outils InContext Editing dans Dreamweaver CS4.

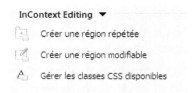

Figure 2-32

Les outils du menu InContext Editing

Voici une courte description des différents outils du menu InContext Editing :

- Créer une région répétée – Permet de créer une région à répéter.

- Créer une région modifiable – Permet de créer une région modifiable.

- Gérer les classes CSS disponibles – Permet de rendre disponibles des classes de propriétés CSS pour la modification des régions modifiables.

Le menu Texte

Ce menu regroupe les outils permettant d'organiser la structure des textes.

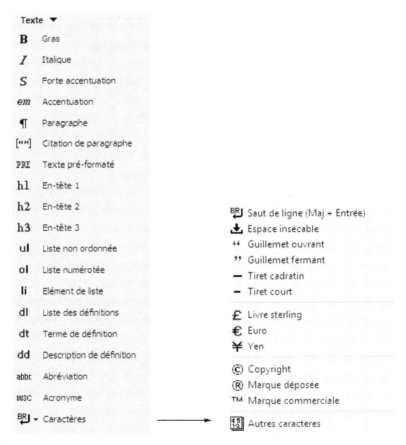

Figure 2-33

Les outils du menu Texte

Voici une courte description des différents outils du menu Texte :

- Les quatre premières icônes permettent, de gauche à droite, de mettre le texte sélectionné en gras, en italique, de lui appliquer une forte accentuation ou une accentuation.

- Paragraphe – Permet de créer ou de transformer une sélection en paragraphe.

- Citation de paragraphe – Permet de créer ou de transformer une sélection en citation.

- Texte pré-formaté – Permet de créer un paragraphe pré-formaté qui conservera les espaces, tabulations et sauts de ligne inclus dans le texte (voir chapitre 8).

- En-tête 1, En-tête 2, En-tête 3 – Permettent de créer ou de transformer une sélection en niveaux de titre.

- Liste non ordonnée et Liste numérotée – Permettent respectivement de créer des listes non ordonnées et ordonnées.

- Elément de liste – Crée ou transforme une sélection en élément de liste.

- Liste des définitions, Terme de définition et Description de définition – Permettent de créer une liste de définitions.

- Abréviation – Ouvre une boîte de dialogue permettant d'entrer une forme complète du mot sélectionné. Cet outil s'utilise avec les mots abrégés.

- Icône Acronyme – Ouvre une boîte de dialogue permettant d'entrer une forme complète du mot sélectionné. Cet outil s'utilise avec les mots écrits sous forme d'acronymes.

- Caractères – Ouvre un sous-menu pour l'insertion de caractères particuliers (euros, yen, guillemets, copyright…).

Différence entre un mot abrégé et un acronyme

Un mot abrégé est un mot qui n'est pas écrit complètement ou qui est écrit au moyen de quelques lettres, par exemple « px » pour « pixel » ou « ppp » pour « point par pouce ».

Un acronyme est un mot abrégé qui peut se prononcer, par exemple « Ajax » pour « Asynchronous JavaScript and XML ».

Le menu Favoris

Ce menu est vide par défaut car c'est vous qui le remplirez par la suite en y ajoutant les outils dont vous vous servez le plus. Il est vivement conseillé, après la prise en main du logiciel, de placer ici les objets de mise en page que vous utilisez fréquemment. Voici la marche à suivre pour ajouter un outil dans le menu Favoris.

1. Cliquez sur l'icône de l'outil souhaité avec le bouton droit de la souris ou sélectionnez-le via le menu Insertion>Personnaliser les favoris.

2. Dans la boîte de dialogue qui s'ouvre, à gauche, sélectionnez les outils disponibles et déplacez-les à droite à l'aide du bouton représentant deux chevrons (>>), situé entre les deux cadres de la boîte de dialogue.

3. Pour supprimer un élément des Favoris, sélectionnez-le dans le cadre Objets favoris, puis cliquez sur l'icône représentant une corbeille située au-dessus du cadre.

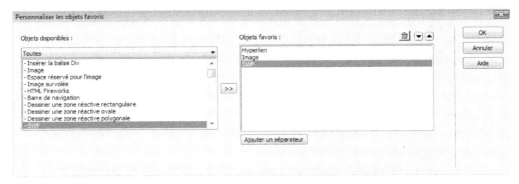

Figure 2-34
La boîte de dialogue pour personnaliser les objets favoris

Les préférences pour les nouveaux documents

Les préférences de nouveaux documents permettent d'obtenir automatiquement des documents de base homogènes. Pour accéder à ces préférences, sélectionnez le menu Edition>Préférences… (ou Dreamweaver>Préférences sur Mac) et cliquez sur la catégorie Nouveau document, située à gauche de la fenêtre Préférences. Depuis cette fenêtre, vous pourrez choisir le type de document par défaut (document HTML ou tout autre format reconnu par Dreamweaver), ainsi que son extension. Pour de nombreux types de documents, ce champ ne sera pas modifiable. Dans le cas d'un document HTML, vous pourrez choisir entre l'extension .html ou .htm.

Spécifiez la DTD (Définition de Type de Document) des nouveau documents. Pour les documents HTML, ce choix est très important car il détermine le langage et la grammaire utilisée. Consultez la section suivante pour déterminer la meilleure DTD en fonction de vos documents.

Le codage par défaut du document est aussi un choix déterminant pour la parfaite compatibilité de la page sur les différentes plateformes et navigateurs. Le choix du codage permet de spécifier au navigateur les caractères utilisés dans la page. Ainsi, le codage Japonais (décalage – JIS) permettra l'affichage des caractères japonais, moyennant le téléchargement d'un module linguistique. La page sera ainsi parfaitement lisible. Si le codage n'est pas indiqué, un navigateur en langue française affichera de nombreux points d'interrogations à la place des caractères japonais. Le codage le plus courant pour un document écrit en langue française est Unicode (UTF-8). Ce codage par défaut étant très universel (au moins pour les langues occidentales), vous pouvez l'utiliser pour l'ouverture de page ne spécifiant aucun codage. Un autre codage peut néanmoins être utilisé c'est le codage Europe de l'ouest. Si vous le choisissez, Dreamweaver transformera tous les accents et autres caractères particuliers en entités HTML. Le code ci-dessous montre un texte écrit avec des entités html remplaçant les caractères accentués.

```
Un &eacute ;t&eacute ; &agrave ; la montagne
```

Les formulaires de normalisation, spécifiques au format Unicode, permettent d'affiner davantage l'encodage des caractères. En effet, le caractère â peut être écrit au moyen d'un unique codage de lettre : la lettre â ou par la combinaison des caractères a et ^. Le formulaire de normalisation permet d'écrire tous les caractères â d'une même page de manière identique. Choisissez les types Aucun ou C (Décomposition canonique suivie d'une composition canonique) car ce sont les plus couramment utilisés pour les pages Web.

La signature Unicode (BOM) représente l'ordre de codage des caractères, BOM signifiant *Bytes Order Mark*. Cette signature n'est pas toujours prise en compte, notamment lors de l'utilisation du langage PHP. Décochez cette option car elle pose très souvent des problèmes d'affichage de caractères.

Choisir la DTD

La DTD, c'est-à-dire la définition ou déclaration de type de document, définit la structure d'un document. Pour un document HTML, il s'agit de son dictionnaire et de sa grammaire. La DTD définit les éléments (balises) et les attributs autorisés, et donc ce que le navigateur est en droit d'attendre. Pour une même DTD, les différents navigateurs devraient idéalement se comporter de manière identique, mais cela n'est malheureusement pas encore le cas aujourd'hui. Quoiqu'il en soit, vous devez spécifier une DTD pour vos documents.

La DTD est un document placé sur le Web auquel les pages font référence. Une DTD peut être créée pour une utilisation spécifique, c'est le cas lorsque l'on travaille avec des fichiers XML. Lorsque vous travaillez avec des pages HTML, les DTD sont déjà créées et vous devez simplement y faire référence. Elles sont placées sur le site du W3C et vous devrez choisir la DTD qui conviendra le mieux à vos pages.

Dans une page HTML, le lien vers la DTD se présente de la manière suivante :

```
<!DOCTYPE html PUBLIC "-//W3C//DTD XHTML 1.0 Strict//EN"
  "http://www.w3.org/TR/xhtml1/DTD/xhtml1-strict.dtd">
```

La liste déroulante située à droite de l'option Type de document par défaut (DTD) propose plusieurs DTD. La préférence pour telle ou telle DTD dépendra d'une part d'un souci de compatibilité entre les navigateurs et de bonne tenue dans le temps, et d'autre part d'un souci de lisibilité de votre code. L'utilisation d'une DTD particulière vous autorisera ou vous interdira certaines écritures. Le choix d'une DTD, et son respect, dépendra uniquement des contraintes que vous vous imposez. Voici la liste des DTD proposées dans Dreamweaver avec leurs principales caractéristiques :

- HTML 4.01 transitionnel – Cette DTD autorise tous les éléments présents dans les spécifications du langage HTML.

- HTML 4.01 Strict – C'est la DTD du langage HTML avec quelques restrictions supplémentaires.

- XHTML 1.0 transitionnel – Cette DTD possède pratiquement les mêmes caractéristiques que le HTML 4.01 transitionnel à ceci près qu'elle doit respecter la syntaxe grammaticale du XHTML.

- XHTML 1.0 Strict – C'est la DTD la plus courante aujourd'hui, avec la DTD XHTML 1.0 transitionnel. Choisissez-la par défaut et modifiez éventuellement les pages qui ne peuvent pas la respecter.

- XHTML 1.1 – Cette DTD est encore peu utilisée aujourd'hui car de nombreux navigateurs (dont IE 6) n'en reconnaissent pas certaines caractéristiques (les pages du W3C sont encore en XHTML 1.0 Strict).

- XHTML Mobile 1.0 – Cette DTD est spécifique aux téléphones mobiles.

- XHTML 1.0 Frameset – Cette DTD est utilisée pour le document de définition de cadres. Dreamweaver la propose automatiquement lors de la création d'un jeu de cadre.

Configurer Dreamweaver pour la DTD XHTML 1.0 Strict

Pour ceux qui le souhaitent, voici une liste d'actions à entreprendre dans les différentes catégories des préférences pour se conformer aux recommandations de la DTD XHTML 1.0 Strict. De nombreuses options sont déjà activées par défaut et il n'est pas nécessaire de les désactiver si cela n'est pas précisé.

- Dans la catégorie Général, cochez les préférences suivantes :
  - Utiliser `<strong>` et `<em>` au lieu de `<b>` et `<i>` ;
  - Centrage – Utiliser une balise `<div>`. Cette option n'est apparemment plus utilisée par Dreamweaver CS4. La palette des propriétés n'ayant plus d'option de centrage HTML.

- Dans la catégorie Correction du code, choisissez les préférences suivantes :
  - Corriger le code – Corriger les balises incorrectement imbriquées et non fermées et Renommer les éléments de formulaire lors du collage ;
  - Caractères spéciaux – Coder <, >, & et " dans les valeurs d'attributs à l'aide de & ;
  - Codage URL – Ne pas coder les caractères spéciaux ;

- Dans la catégorie Format de code, choisissez les préférences suivantes :
  - Casse de balise par défaut – <minuscules> ;
  - Casse d'attribut par défaut – minuscules="valeur" ;
  - Remplacer la casse de, cochez les deux options.

- Dans la catégorie Nouveau document, choisissez les préférences suivantes :
  - Document par défaut – HTML ;
  - Extension par défaut .html ;

– Type de document par défaut (DTD) – XHTML 1.0 Strict ;

– Codage par défaut – Unicode (UTF-8) ;

– Cochez la case – Utiliser à l'ouverture de fichiers ne spécifiant pas de codage ;

– Formulaire de normalisation Unicode – C ;

– Décochez la case Inclure une signature Unicode (BOM).

• Dans la catégorie Programme de validation, cochez la case XHTML 1.0 Strict.

Saisir du texte et le mettre en forme

Vous allez à présent apprendre à créer un premier document contenant du texte. Dreamweaver étant un éditeur avancé, il possède de nombreuses fonctionnalités permettant de gérer des flux de production importants. Vous verrez tout d'abord comment saisir et insérer du texte par copier-coller, puis vous mettrez ce texte en forme grâce à la palette des propriétés.

Dreamweaver permet de saisir du texte de plusieurs manières différentes. En effet, vous pouvez le rédiger directement dans la page ou utiliser la technique du copier-coller depuis un autre document Dreamweaver ou depuis un fichier ouvert dans un logiciel de traitement de texte.

Copier-coller un texte depuis une autre application

Voici la marche à suivre pour copier-coller un texte depuis un document ouvert dans une autre application :

1. Ouvrez le document dans son application d'origine.

2. Sélectionnez le texte, puis copiez-le via le menu Edition>Copier ou le raccourci clavier Ctrl + C (Cmd + C sur Mac).

3. Ouvrez un nouveau document HTML dans Dreamweaver ou un document existant.

4. Placez le pointeur de la souris à l'endroit où vous souhaitez insérer le texte précédemment copié.

5. Collez le texte via le menu Edition>Coller ou le raccourci clavier Ctrl + V (Cmd + V sur Mac).

Le format de fichier texte le plus correct pour réaliser un copier coller de texte vers Dreamweaver est le format .txt.

Utilisation avec OpenOffice

Le copier-coller depuis l'application OpenOffice Writer insère du code html impropre. Il ajoute des balises Doctype, html et body qui sont inutiles. N'utilisez pas cette méthode depuis cette application.

Ouvrir un document texte dans Dreamweaver

Une solution très simple consiste à enregistrer tous les documents texte au format .txt. Tous les logiciels, de traitement de texte propose ce format.

Depuis Dreamweaver, choisissez alors le menu Fichier>Ouvrir et ouvrez le document texte. Vous pouvez copier ce texte et le coller dans une page HTML ouverte dans Dreamweaver en mode Création.

Copier-coller un texte d'un document Dreamweaver dans un autre

Voici la marche à suivre pour copier-coller un texte issu d'un document Dreamweaver dans un autre document Dreamweaver :

1. En mode Création, sélectionnez une portion de texte déjà formaté.

2. Copiez le texte via le menu Edition>Copier ou le raccourci clavier Ctrl + C (Cmd + C sur Mac).

3. Ouvrez un nouveau document ou un document existant et placez le curseur de la souris à l'endroit où vous souhaitez coller le texte précédemment sélectionné.

4. Collez le texte via le menu Edition>Collage spécial... ou le raccourci clavier Ctrl + Maj + V (Cmd + Maj + V sur Mac). La boîte de dialogue de la figure 2-35 apparaît.

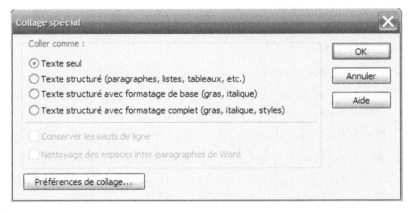

Figure 2-35
La boîte de dialogue Collage spécial

Celle-ci permet de choisir le mode de collage :

• Texte seul – Colle le texte sans aucun formatage.

• Texte structuré (paragraphes, listes, tableaux, etc.) – Colle le texte et sa structure, c'est-à-dire les balises HTML, telles que `<p>`, `<div>` ou `<br />`.

- Texte structuré avec formatage de base (gras, italique) – Colle le texte et sa structure, ainsi que les balises <b>, <strong> ou <i>.

- Texte structuré avec formatage complet (gras, italique, styles) – Colle tout le code HTML copié. Attention, le formatage complet ne prend pas en compte les feuilles de style externes.

Copier du code et coller du texte formaté

Voici la marche à suivre pour copier du code et coller du texte formaté dans un document Dreamweaver :

1. En mode Code, sélectionnez le texte souhaité et copiez-le (Ctrl + C, Cmd + C sur Mac).

2. Placez le curseur à l'endroit de la page où vous souhaitez coller le texte.

3. Collez le texte (Ctrl + V, Cmd + V sur Mac).

4. Cliquez sur le bouton Actualiser situé dans le panneau Propriétés en bas de l'écran. En mode Création, le texte apparaît déjà formaté.

Figure 2-36

Actualisation de la fenêtre de création lorsque l'on travaille en mode Code.

Copier-coller du code

Voici la marche à suivre pour copier-coller du code dans un document Dreamweaver :

1. Afficher le document Dreamweaver en mode Code via le menu Affichage>Code ou Affichage>Code et création.

2. Sélectionnez le code souhaité et copiez-le (Ctrl + C, Cmd + C sur Mac).

3. Passez en mode Création via le menu Affichage>Création ou en cliquant sur le bouton Création.

4. Collez le code (Ctrl + V, Cmd + V sur Mac) précédemment copié à l'endroit souhaité.

5. Dans la page, tout le code apparaît et Dreamweaver se charge du codage des caractères spéciaux (< et >). Vous avez ainsi collé les balises HTML dans votre page.

Mettre en forme du texte avec le panneau Propriétés

Le panneau Propriétés permet de mettre en forme un texte sélectionné. Voici la marche à suivre :

1. Sélectionnez le texte à formater.

2. Appliquez-lui le formatage souhaité grâce au panneau Propriétés.

3. Cliquez en dehors du panneau Propriétés ou appuyez sur la touche Entrée pour valider vos choix.

Le panneau des propriétés des textes

La figure 2-37 montre le panneau des propriétés tel qu'il se présente pour formater les textes avec des balises HTML. L'aspect et l'utilisation de ce panneau ont beaucoup changé par rapport aux versions précédentes de Dreamweaver. Les outils de ce panneau sont maintenant parfaitement utiles et fonctionnels pour réaliser des pages aux standards XHTML 1.0 Strict. Dans ce chapitre, nous abordons les outils de la catégorie HTML. Consultez le chapitre 8 pour la partie CSS.

Sur la gauche de ce panneau, au niveau du repère ❶ de la figure 2-37, sont placés deux boutons HTML et CSS. Ils permettent d'afficher les outils du panneau pour travailler sur les balises HTML ou bien pour créer des styles CSS. Voici une description des différents outils avec leur usage courant.

Figure 2-37

Le panneau des propriétés des textes

- Format ❷ – Permet de sélectionner le format à appliquer au texte sélectionné. Les différents formats proposés génèrent tous des balises de type bloc (voir chapitre 8). Le format Paragraphe permet d'insérer le texte dans un paragraphe de type <p>…</p>. Ce formatage vous permettra de l'isoler physiquement d'un autre bloc de texte. Vous pouvez également générer des sauts de paragraphe en appuyant sur la touche Entrée de votre clavier avant, après ou entre deux textes.

  Les formats En-tête 1 à En-tête 6 permettent de transformer un paragraphe ou bloc de texte continu (pas simplement la sélection) en un titre de niveau 1 à 6. Les balises générées sont <h1> à <h6>.

  Le format Pré-formaté introduit l'élément <pre> et permet de conserver la saisie des espaces de la ligne. Cette option est affichée dans une police à espacement fixe.

Pour utiliser ce format Pré-formaté, dans le mode Création, vous devez modifier les préférences par défaut de Dreamweaver. Choisissez Préférences > Général et cochez la case Autoriser plusieurs espaces consécutifs. Créez ensuite un nouveau document qui intégrera ces modifications. Dans cette page, avant de créer le texte pré-formaté, choisissez l'option Pré-formaté depuis le menu format. Vous pourrez ainsi écrire des textes, des mots ou des lettres avec plusieurs espaces ou tabulations.

- ID ❸ – Permet d'attribuer un identifiant à une balise. La marche à suivre est la suivante. Cliquez dans le texte contenu dans la balise que vous souhaitez nommer. Sélectionnez l'ensemble de la balise en cliquant sur celle-ci dans le sélecteur de balise. Écrivez ensuite le nom de l'identifiant dans la zone ID.

- Classe ❹ – Permet d'attribuer une classe déjà créée ou bien d'ajouter une feuille de style externe.

- Les balises de formatage ❺ – Ces deux boutons fonctionnent comme des interrupteurs. Un clic sur l'un d'eux formate le texte avec la balise choisie, un autre clic supprime le format. Pour les utiliser, sélectionner la portion de texte ou bien le mot cliquez sur l'un des boutons. Dreamweaver ajoute alors, dans le texte, la balise correspondante à votre choix. N'hésitez pas à les utiliser pour renforcer certain mot. Le bouton B entoure le mot ou le groupe de mot avec la balise `<strong>…</strong>`, le bouton I entoure avec la balise `<em>…</em>`.

- Liste simple ❻ – Permet de créer une liste dite « simple » (à puce). Pour cela, rédigez tout d'abord votre texte, soit les éléments de la future liste, en les séparant d'un saut de paragraphe (appuyez sur la touche Entrée entre chaque élément de la liste). Sélectionnez ensuite toutes les lignes à inclure dans la liste et cliquez sur l'icône pour convertir la sélection en liste.

- Liste à numéros ❻ – Permet de créer une liste numérotée par ordre croissant. La procédure est la même que pour la création d'une liste simple.

  Vous pouvez imbriquer les listes autant que vous le souhaitez.

- Retrait du texte ❻ – Permet de créer une marge à gauche du bloc actif. Ce bouton insère la balise `<blockquote>…</blockquote>`. Vous pouvez modifier cette marge à l'aide d'une feuille de style pour la balise `<blockquote>`.

- Retrait négatif du texte ❻ – Permet de soustraire le retrait effectué sur un bloc. Cette option ne peut être appliquée que si l'option Retrait du texte a préalablement été activée.

- Lien ❼ – Permet de créer un lien sur la portion de texte sélectionné (voir chapitre 4).

- Titre ❼ – Écrivez un texte dans cette zone se rapportant à l'action du lien. L'internaute qui approchera le pointeur de la souris sur le lien comportant cet attribut en aura une description plus précise dans une info bulle. Cet attribut est également utile pour les utilisateurs de navigateur non graphique

- Cible ❼ – Permet de choisir une zone d'un système de frames (voir chapitre 6). Cette option n'est pas compatible XHTML 1.0 Strict.

- Propriétés de la page ❽ – Permet d'accéder aux propriétés de la page en cours (voir les Propriétés de la page dans ce même chapitre).

Aperçu dans un navigateur

Lorsque vous réalisez une page dans Dreamweaver, celui-ci génère du code HTML et des styles CSS, visibles en mode Code, Fractionner ou en Affichage en direct. L'internaute visionnera cette page avec Internet Explorer, Firefox, Safari, Opera ou tout autre navigateur. Il existe souvent des différences d'interprétation du code selon le navigateur utilisé, sa version et la plateforme sur laquelle il est installé. Le concepteur du site doit donc s'assurer de la compatibilité de ses pages avec les principaux navigateurs dans leurs versions les plus courantes. C'est pourquoi Dreamweaver offre la possibilité de vérifier facilement le bon affichage des pages dans les différents navigateurs.

Avant de configurer Dreamweaver pour qu'il ouvre tel ou tel navigateur, vous devez au préalable installer ces différents navigateurs sur votre ordinateur. Une fois cela fait, cliquez sur la catégorie Aperçu dans le navigateur de la fenêtre Préférences (menu Edition>Préférences…). La figure 2-38 présente les options de la catégorie Aperçu dans le navigateur.

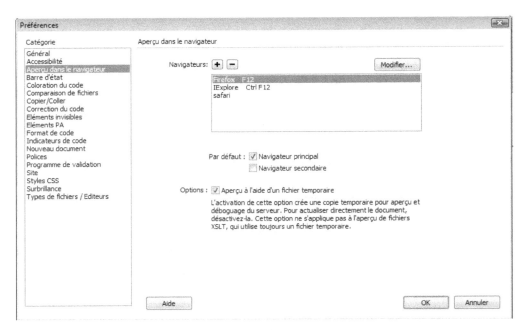

Figure 2-38

Les options de la catégorie Aperçu dans le navigateur

Cliquez sur le bouton + situé en haut de la fenêtre et à droite de Navigateurs pour ajouter un nouveau navigateur. Dans la fenêtre qui s'ouvre, donnez-lui un nom et cliquez sur le bouton Parcourir pour déterminer son emplacement. Déterminez éventuellement ce navigateur comme navigateur principal, il s'ouvrira en appuyant sur la touche F12 du clavier, ou comme navigateur secondaire, il s'ouvrira alors en appuyant sur la combinaison de touches Ctrl + F12 (Cmd + F12 sur Mac). Les autres navigateurs seront accessibles depuis la barre d'outils Document de la fenêtre Document (voir la section « La fenêtre Document », dans ce chapitre).

Conclusion

Dreamweaver est un logiciel simple et efficace si vous respectez bien quelques règles d'organisation avant de commencer votre travail et lors de la création d'une nouvelle page ou d'un nouveau site. N'omettez pas de placer vos éléments prêts à l'intégration dans un répertoire prévu à cet usage et n'oubliez pas de définir un nouveau site dans Dreamweaver. Lors de la création d'une nouvelle page, choisissez avec soin le DOCTYPE et l'encodage des textes. Définissez ensuite ses préférences en utilisant les propriétés de la page dans la palette Propriétés. Enregistrez vos pages et testez-les souvent, dans différents navigateurs. Dreamweaver CS4 facilite l'usage de la palette des propriétés en par l'ajout de balise à l'intérieur même du code.

3

Insérer et traiter les images dans Dreamweaver

Tous les médias présentent des images et le Web ne déroge pas à la règle. Depuis sa première version, Dreamweaver permet une intégration simple des images et les versions récentes du logiciel se sont dotées d'outils de plus en plus performants pour modifier et optimiser les images. Avec la version CS4, l'intégration se réalise encore plus facilement, par simple copier-coller depuis le logiciel Adobe Photoshop. Une nouveauté dans cette version CS4 permet l'intégration d'un document au format psd qui sera lié au document d'origine. Une modification dans Photoshop se répercutera automatiquement dans la page HTML. Dans ce chapitre, vous aborderez les points suivants :

- insérer une image déjà enregistrée ;
- insérer une image depuis Adobe Photoshop ;
- insérer une image dynamique ;
- modifier les propriétés d'une image ;
- éditer une image ;
- optimiser une image ;
- recadrer une image depuis Dreamweaver ;
- modifier la luminosité, le contraste et la netteté d'une image ;
- rééchantillonner une image.

Insérer une image

Un document dans lequel on insère une image ne contient pas physiquement cette image. Dreamweaver, et par la suite le navigateur Internet, ne fait que représenter l'image qui est physiquement stockée indépendamment du document lui-même. Cette dernière est généralement placée dans un dossier images préalablement créé (voir chapitre 2).

La méthode d'insertion d'une image est très simple. Il suffit, en effet, de cliquer dans un document à l'endroit où vous souhaitez l'insérer, en mode Création, puis de sélectionner le menu Insertion>Image. Vous pouvez également cliquer sur l'icône Images, représentée par un arbre, de la catégorie Commun du panneau Insertion et sélectionner Image dans le menu contextuel qui s'affiche. Une fenêtre s'ouvre alors, vous invitant à choisir le fichier image. Après validation, l'image est insérée à l'endroit sélectionné préalablement.

Notez que vous ne pourrez pas choisir précisément la position de l'image : dans un document vierge, elle se placera toujours en haut et à gauche du document.

En pratique, si vous avez choisi de travailler avec un DOCTYPE XHTML 1.0 Strict, vous devrez toujours placer vos images dans un bloc. Pour plus de renseignements sur les éléments, les types et les spécifications XHTML 1.0 Strict/CSS, reportez-vous au chapitre 8.

Voici les différentes étapes à suivre pas à pas pour insérer une image.

1. Créez un nouveau document.

2. Enregistrez ce document. Cela permettra à Dreamweaver de repérer sa place dans l'arborescence du site et ainsi de créer un chemin correct pour l'image que vous allez insérer.

3. Cliquez dans le document ou appuyez sur la touche Entrée pour revenir à la ligne. Cette action permet de créer, dans la page, une balise <p> de type bloc. Cliquez ensuite sur l'icône Images de la catégorie Commun du panneau Insertion. La fenêtre de la figure 3-1 s'ouvre pour vous permettre de choisir l'image.

4. Cochez l'option Système de fichiers (proposée par défaut).

5. Naviguez à l'intérieur de l'arborescence de votre site et sélectionnez une image. Attention, celles-ci doivent impérativement être placées dans votre site afin que Dreamweaver puisse créer correctement le chemin liant votre page à votre image. Dans le cas contraire, lorsque vous validerez, un message d'alerte vous demandera de copier l'image dans votre site ; acceptez.

6. Si l'option Prévisualiser les images, située en bas de la fenêtre, est cochée, un aperçu de l'image sélectionnée s'affichera à droite de la fenêtre, avec ses propriétés (dimensions, format d'enregistrement, poids et temps de téléchargement).

7. Cliquez sur OK pour valider le choix de l'image.

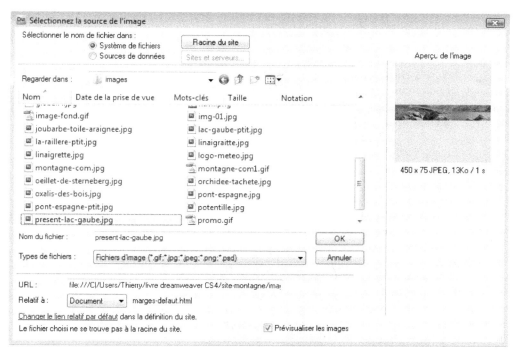

Figure 3-1

Sélection de la source de l'image

8. La boîte de dialogue Attributs d'accessibilité des balises d'image s'ouvre alors (figure 3-2). Renseignez le champ nommé Texte secondaire car c'est lui qui fournira une description de l'image dans les navigateurs ne les affichant pas. Il offrira une meilleure accessibilité de ce contenu aux personnes malvoyantes. Le champ Description longue permet de spécifier l'URL d'un document contenant une description complète de l'image. Les navigateurs actuels n'intègrent pas cette fonctionnalité.

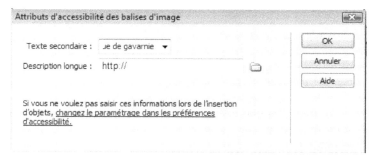

Figure 3-2

Les attributs d'accessibilité des balises d'image

Insérer une image depuis Adobe Photoshop

La version CS4 de Dreamweaver offre une meilleure souplesse avec le logiciel Adobe Photoshop. Il est désormais possible de copier un ou plusieurs calques de Photoshop pour les insérer dans Dreamweaver, ou bien de choisir un fichier au format .psd et de l'intégrer directement dans la page HTML, après avoir précisé son format d'enregistrement dans la fenêtre d'optimisation des images. Le document ainsi intégré sera relié dynamiquement au document psd. Son édition ouvrira le fichier Photoshop original.

Copier-coller depuis Adobe Photoshop

1. Ouvrez votre image dans Photoshop. Si votre document comporte des calques, affichez/masquez les calques à copier. Sur la figure 3-3, les calques nommés titre 2 et bandeau sont masqués. Ils n'apparaîtront donc pas sur l'image finale. Vous allez à présent copier tous les calques visibles de l'image.

Figure 3-3

Les calques à copier depuis Adobe Photoshop

2. Toujours dans Photoshop, cliquez sur l'un des calques visibles pour le rendre actif. Cette action est très importante car il est impossible de copier une série de calques si le calque actif est masqué.

3. Depuis le menu Edition, choisissez Copier avec fusion. Cette action permet de copier le contenu de plusieurs calques.

4. Dans Dreamweaver, activez le document dans lequel vous souhaitez coller le(s) calque(s).

5. Placez le curseur de la souris à l'endroit où l'image doit être insérée.

6. Collez l'image via le menu Edition>Coller ou le raccourci clavier Ctrl + V. La fenêtre Aperçu de l'image s'ouvre, vous permettant de choisir un format d'enregistrement de cette image. Après validation, Dreamweaver vous invite à enregistrer l'image dans le dossier des images du site. Après l'enregistrement du fichier, l'image apparaît dans le document.

Insérer une image PSD

La version CS4 de Dreamweaver permet d'insérer des documents au format psd dans une page HTML. Au moment de l'intégration, Dreamweaver crée un fichier au format que vous aurez choisi dans la fenêtre Aperçu de l'image. Il insère cette image dans le document HTML et crée un lien vers le fichier Photoshop (.psd) original. Cela crée ainsi un objet dynamique qui peut être édité sans crainte de perte de qualité puisque c'est le document psd qui s'ouvrira.

1. Cliquez sur l'icône Images de la catégorie Commun du panneau Insertion ou choisissez le menu Insertion>Image.

2. Dans la fenêtre de sélection de l'image, sélectionnez le document .psd à insérer.

3. La fenêtre Aperçu de l'image s'ouvre. Choisissez le format d'enregistrement souhaité. Après validation, Dreamweaver vous invite à enregistrer l'image dans le dossier des images du site. Enregistrez l'image en prenant bien soin d'ajouter l'extension du format du fichier car cette boîte de dialogue ne la propose pas par défaut.

4. Lorsque la fenêtre d'accessibilité s'ouvre, renseignez au moins le champ Texte secondaire.

5. Après l'enregistrement du fichier, l'image apparaît dans le document. Elle est dotée d'une icône de double flèche placée en haut et à gauche.

Figure 3-4

Un objet dynamique inséré dans Dreamweaver

Modifier un objet dynamique

Pour modifier une image dynamique insérée dans Dreamweaver, sélectionnez-la, puis cliquez sur l'icône Photoshop placée dans la palette des propriétés. L'image s'ouvre dans l'éditeur (pour changer d'éditeur, voir, dans ce chapitre, la section « Choisir le logiciel d'édition des images »). Modifiez, puis enregistrez cette image. Pour une image au format Photoshop, enregistrez-la en psd. Revenez alors sous Dreamweaver. L'icône de double flèche de l'image a changé. La flèche inférieure est maintenant de couleur rouge. Dreamweaver vous indique ainsi que l'image a été modifiée. Pour mettre à jour cette modification, cliquez sur l'icône Mettre à jour depuis l'original. Dreamweaver enregistre à nouveau l'image qui est insérée dans le document et conserve le lien vers le document psd, original.

Figure 3-5
L'icône de mise à jour d'une image dynamique

Les propriétés d'une image

Lorsqu'une image est placée dans le document, un clic sur celle-ci la sélectionne et le panneau Propriétés en affiche les caractéristiques. La figure 3-6 présente ce panneau.

Figure 3-6
Les propriétés des images

❶ Cliquez sur le triangle pour agrandir ou réduire le panneau Propriétés.

❷ Cette zone permet d'obtenir des renseignements sur l'image. Elle présente une vignette d'aperçu, le poids de l'image et un champ permettant de lui donner un nom. Ce champ, également appelé ID de l'élément, sera particulièrement employé lors de compositions utilisant le langage JavaScript ou bien pour créer un style particulier pour cette image.

❸ Les champs L et H indiquent les dimensions de l'image en largeur et en hauteur. Une flèche circulaire apparaît à droite de ces champs dans deux cas (figure 3-7) : si les dimensions ne sont pas renseignées ou si les dimensions de l'image originale ont été modifiées. Dans ce cas, l'une des valeurs, ou les deux, apparaissent en gras. Un clic sur la flèche permet, dans le premier cas, d'afficher les dimensions de l'image et dans le second cas, de rétablir les dimensions originales.

Figure 3-7

Absence de dimensions ou dimensions modifiées

❹ Le champ Src correspond au chemin de l'image. Vous pouvez changer ici l'accès à l'image si elle a été déplacée. Cette manipulation est réservée aux utilisateurs avertis. Le champ Lien permet d'affecter un lien à l'image pour qu'elle soit cliquable (voir chapitre 4) et permettre d'ouvrir une nouvelle page.

❺ Le champ Sec. correspond au champ Texte secondaire de la fenêtre Attributs d'accessibilité des balises d'image. Vous pouvez donc modifier vos choix ici. La zone Modifier donne accès aux outils de modification de l'image (voir plus loin dans ce chapitre).

❻ Choisissez ici une classe pour le style de l'image (voir chapitre 8).

❼ Cette zone permet de définir une carte d'image (voir la section « Créer des liens sur une image », au chapitre 4).

❽ Les espaces V et H créent une marge entre l'image et le contenu suivant. La figure 3-8 illustre cela : sur l'image de gauche, les marges sont égales à zéro et sur celle de droite, elles sont de 20 pixels. L'utilisation de ces attributs n'est pas valide en XHTML 1.0 Strict, préférez la création d'un style (voir chapitre 8).

Figure 3-8

L'espace vertical et horizontal d'une image

❾ Le champ Cible est actif lorsqu'un lien est indiqué dans le champ Lien. Ce champ permet de cibler un cadre lorsqu'on utilise des pages avec un système de cadres (voir chapitre 6).

❿ Cette zone regroupe des propriétés visibles de l'image, à savoir sa bordure et son alignement. Ces caractéristiques ne sont pas valides en XHTML 1.0 Strict, préférez la création d'un style (voir chapitre 8). Voici néanmoins leurs descriptions.

– Le champ Bordure permet de créer un filet autour de l'image de la taille indiquée en pixels. L'image de la figure 3-9 présente une bordure de 12 pixels. La couleur par défaut est le noir.

– Le champ Aligner permet d'aligner l'image par rapport à un texte. Sélectionnez les options Gauche ou Droite dans la liste déroulante pour obtenir un texte placé à côté de l'image.

Figure 3-9

Une image centrée avec une bordure noire de 12 pixels

Éditer une image

L'édition d'une image permet de la modifier dans un logiciel spécialement conçu pour cela, comme Photoshop, Fireworks, Gimp ou tout autre logiciel d'édition d'images de votre choix. L'enregistrement du fichier modifié est alors immédiatement pris en compte dans Dreamweaver. Cette pratique n'est pas très recommandée pour la qualité de l'image modifiée, surtout dans le cas d'un format « destructeur » comme le JPEG.

Pour éditer une image :

1. Sélectionnez l'image sur le document Dreamweaver.

2. Choisissez le menu Modifier>Image>Modifier avec >Photoshop (ou Fireworks si ce logiciel est installé sur votre ordinateur) ou Parcourir. Vous pouvez également cliquer sur les icônes Ps ou fw situées du panneau des propriétés de l'image. Ces icônes changent d'aspect suivant le type d'image sur laquelle vous avez cliqué et les préférences d'édition associées à son extension.

3. Le logiciel de traitement d'images s'ouvre alors. Modifiez l'image, puis enregistrez-la.

4. Retournez dans Dreamweaver et activez le document contenant l'image. Les modifications sont immédiatement prises en compte.

Choisir le logiciel d'édition des images

Pour choisir le logiciel d'édition des images, sélectionnez le menu Edition>Préférences… et cliquez sur la catégorie Types de fichiers/Editeurs. Dans le cadre Extensions, sélectionnez le type de fichier à associer à un éditeur puis, dans le cadre Editeurs, cliquez sur l'éditeur désiré. S'il n'est pas présent dans la liste, cliquez sur le bouton + situé au-dessus du cadre pour l'ajouter dans la liste. La boîte de dialogue permettant de choisir un nouvel éditeur externe s'ouvre alors. Sélectionnez le programme à ajouter et validez. Il apparaît ensuite dans la liste. Pour le désigner comme éditeur par défaut, cliquez sur le bouton Rendre Principal.

Cette préférence permet de choisir tous les éditeurs associés aux éléments placés dans une page de Dreamweaver.

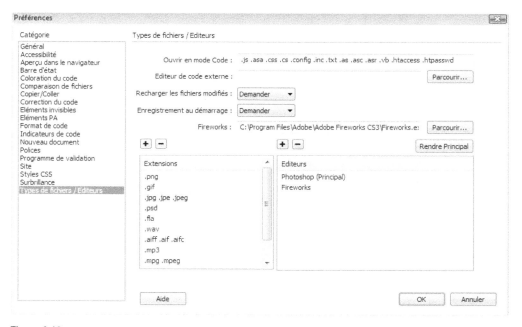

Figure 3-10
Les préférences Types de fichiers/Editeurs

Optimiser une image

La fenêtre Aperçu de l'image permet d'effectuer de multiples modifications sur l'image, notamment son optimisation. Cette fenêtre apparaît automatiquement lors de l'insertion d'une image au format .psd ou lors d'un copier-coller depuis Photoshop. Lorsqu'une image est placée dans la page, vous pouvez ouvrir cette fenêtre en sélectionnant l'image et en cliquant sur l'icône Modifier les paramètres de l'image, située à droite de l'icône de Photoshop ou de Fireworks dans le panneau Propriétés. Lorsqu'une image est déjà insérée dans la page, l'optimisation affecte le fichier lié. La fenêtre Aperçu de l'image (figure 3-11) présente deux onglets dans sa partie gauche : Options et Fichier.

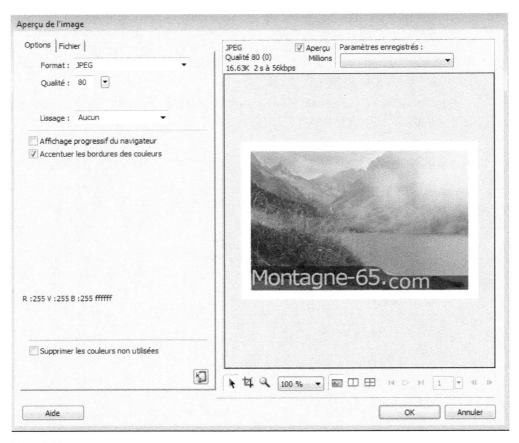

Figure 3-11

La fenêtre Aperçu de l'image

L'onglet Options permet de choisir le format d'enregistrement de l'image. Cliquez sur la liste déroulante du champ Format pour choisir le format de l'image parmi ceux proposés : PNG, GIF ou JPEG. Suivant le format choisi, différentes options sont disponibles.

La zone d'aperçu à droite de la fenêtre permet d'estimer immédiatement le rendu des paramètres choisis. Comme dans Photoshop et Fireworks, vous pouvez afficher simultanément plusieurs fenêtres d'aperçu. Cliquez sur l'une des icônes situées en bas de la fenêtre (voir figure 3-12) pour afficher plusieurs vues différentes de l'image. Trois options sont disponibles : Aperçu : 1 fenêtre, Aperçu : 2 fenêtres et Aperçu : 4 fenêtres.

Figure 3-12

Les outils de la fenêtre Aperçu de l'image

Vous pouvez comparer différentes optimisations en choisissant des réglages différents depuis le menu local de chacune des fenêtres. Cliquez sur l'une des vues pour en afficher les paramètres dans la zone de gauche et pouvoir ainsi les modifier. Conservez la vignette sélectionnée et validez votre choix.

Les outils (figure 3-12) permettent de sélectionner une vignette (icône Pointeur) ou de grossir/réduire la visualisation des vignettes. La loupe utilisée avec la touche Alt enfoncée réduit la taille des vignettes. L'outil de recadrage permet de réaliser un recadrage sur une vignette. Cet outil n'étant pas d'une utilisation aisée, préférez-lui celui du panneau des propriétés. Vous pouvez aussi recadrer l'image via l'onglet Fichier.

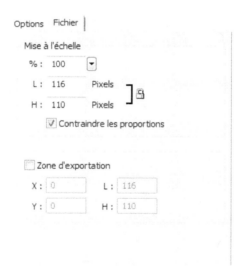

Figure 3-13

L'onglet Fichier de la fenêtre Aperçu de l'image

L'onglet Fichier permet de modifier la taille du document en pixels ou bien en pourcentages. Pour cela, on entre des valeurs dans la zone Mise à l'échelle. On peut aussi modifier le cadrage de l'image en entrant de nouvelles valeurs dans la partie Zone d'exportation. Vous pouvez également changer le cadrage directement sur l'image en agissant sur le filet pointillé qui apparaît dès que l'on coche la case Zone d'exportation.

Lorsque tous les paramètres sont choisis, cliquez sur le bouton OK. Vous êtes alors invité à enregistrer votre image dans le dossier images du site.

Optimiser un document GIF ou PNG

Les formats GIF et PNG 8 optimisent les images par rapport à une palette comprenant 256 couleurs. Pour convertir une image en tons continus (depuis le format JPEG par exemple) au format GIF, vous devez choisir quelles seront les couleurs de l'image. La majorité des images en tons continus n'est pas exploitable au format GIF. Le format GIF ou PNG 8 étant sélectionné, choisissez une palette de couleurs qui s'adaptera le mieux à l'image grâce à la liste déroulante Palette.

Voici les différentes palettes de couleurs disponibles :

- Adaptative – Adapte la palette aux couleurs de l'image. La palette contiendra au maximum 256 couleurs.

- WebSnap Adaptative – Transforme les couleurs de l'image dans la palette de couleurs Web sécurisée la plus proche.

- Web 216 – Transforme les couleurs de l'image dans la palette de couleurs Web sécurisée.

- Exacte – Essaie de conserver chacune des couleurs de l'image.

- Macintosh – Transforme les couleurs de l'image dans la palette de couleurs Macintosh.

- Windows – Transforme les couleurs de l'image dans la palette de couleurs Windows.

- Niveaux de gris – Utilise une palette en niveaux de gris. L'image résultante sera en niveaux de gris.

- Noir et blanc – Utilise une palette Noir et blanc. L'image sera convertie dans ces deux couleurs. L'option de tramage peut ici être utile.

- Palette Uniforme – Cette palette est créée à partir des trois composantes : rouge, vert et bleu. Le logiciel prélève 6 niveaux de chacune des couleurs dans l'image et les combine pour créer une palette ayant au plus 216 couleurs.

- Personnalisée – Permet de choisir une palette personnelle sur votre ordinateur.

Les outils de la figure 3-14 se trouvent sous la palette des couleurs de l'image. Ils s'activent lorsqu'une couleur est sélectionnée. Voici une description de ces icônes, de gauche à droite :

- L'icône Modifier une couleur permet de transformer une couleur.

- L'icône Transparent permet de transformer la couleur sélectionnée en couleur transparente.

- L'icône Magnétisme des couleurs sécurisé change la couleur sélectionnée dans la couleur Web sécurisée la plus proche.

- L'icône Verrouiller la couleur verrouille la couleur (retrouvez les principes de l'optimisation des images dans Photoshop à l'annexe C).

Figure 3-14
Les outils d'optimisation des images au format GIF

- Les icônes Ajouter une couleur et Supprimer une couleur permettent respectivement de créer une nouvelle couleur et de supprimer une couleur de la palette.

- Les trois outils pipettes permettent de transformer des couleurs en couleurs transparentes directement sur l'image. La pipette + ajoute une couleur de transparence et la pipette – la supprime.

- La liste déroulante permet de choisir des transparences : Pas de transparence, Transparence d'index et Transparence Alpha. La transparence d'index représente la transparence des couleurs sélectionnées avec la pipette. La transparence Alpha utilise la couche alpha des images au format PNG 8 ce qui permet d'obtenir des images ayant une transparence dégradée (consultez l'annexe C pour plus de renseignements sur les images PNG).

- L'option Matage permet d'attribuer une couleur de fond aux images PNG 32 et PNG 8 ayant une couche alpha de transparence.

- Supprimer les couleurs non utilisées retranche les couleurs qui ne sont pas dans l'image. Cette situation peut se présenter lorsque l'on choisit d'ajouter des couleurs à la palette ou bien lorsque l'on importe une palette personnalisée.

- Affichage entrelacé du navigateur. Dans un navigateur, l'image s'affichera d'abord en définition très basse, puis sa définition s'améliorera progressivement. Cela permet un affichage plus rapide puisque, au départ, l'image n'est pas présentée dans sa qualité optimale.

- Assistant d'optimisation à la taille. Un clic sur cette icône située en bas à droite permet de spécifier un poids cible pour l'optimisation de l'image. De cette manière, vous maîtriserez parfaitement le poids du fichier image, mais vous n'en contrôlerez pas la qualité.

Optimiser un GIF animé

Lorsque vous ouvrez une image au format GIF animé dans la fenêtre d'aperçu, utilisez les outils situés sur la droite de la fenêtre qui permettent de commander la lecture ou l'arrêt de l'animation (voir figure 3-15). Ils permettent aussi de naviguer d'une image à une autre. Vous pouvez optimiser la palette de chacune des images d'une animation.

Figure 3-15
Les commandes de lecture d'un GIF animé

Recadrer une image

Dans Dreamweaver, l'outil Recadrer est symbolisé par la même icône que dans Photoshop : deux moitiés d'un même carré qui s'entrecroisent.

Pour recadrer une image :

1. Sélectionnez une image.

2. Cliquez sur l'outil Recadrer situé à droite de la zone Bordure dans le panneau Propriétés.

3. Une boîte d'avertissement vous met en garde des modifications apportées avec cet outil. En effet, celles-ci affecteront le fichier image lié à l'image représentée dans la page. (Dreamweaver, comme le navigateur Internet, n'intègre pas les images mais en donne une représentation). Après le recadrage, il sera impossible de revenir en arrière. Toutefois, vous pourrez annuler une action tant que le recadrage n'est pas validé. Pour cela, appuyez sur la touche Echap du clavier ou cliquez à l'extérieur de l'image.

4. Des poignées de recadrage apparaissent autour de l'image. Déplacez-les pour modifier son cadrage (voir figure 3-16).

Figure 3-16
Recadrage d'une image

Modifier la luminosité, le contraste et la netteté d'une image

Le panneau des propriétés de l'image présente deux icônes permettant de modifier la luminosité, le contraste (icône Luminosité et contraste) et la netteté (icône Accentuer) de l'image sélectionnée (figure 3-17). Comme pour l'outil Recadrer, l'utilisation de ces réglages affecte de manière permanente votre fichier original.

Figure 3-17

Les icônes Luminosité et contraste et Accentuer

Pour modifier ces propriétés :

1. Sélectionnez l'image.

2. Cliquez sur l'icône souhaitée.

3. Une fenêtre d'alerte apparaît, cliquez sur OK.

4. La boîte de dialogue de réglages de l'outil choisi apparaît. Effectuez les modifications souhaitées et validez.

5. Sur le document Dreamweaver, l'image est automatiquement modifiée.

Rééchantillonner une image

L'outil Rééchantillonner (figure 3-18) est actif uniquement lorsque la taille de l'image a été modifiée. Pour modifier la taille d'une image, saisissez de nouvelles dimensions dans les champs L et H du panneau des propriétés ou déplacer l'une des poignées de l'image, directement sur le document.

Figure 3-18

L'outil Rééchantillonner

Après modification de la taille de l'image sur le document Dreamweaver, cliquez sur cet outil pour transformer la taille du fichier lié et ainsi obtenir une image liée qui correspond bien à la taille souhaitée. Cette opération affecte le fichier lié et est irréversible.

Conclusion

L'intégration des images dans une page HTML se réalise, avec Dreamweaver, plus simplement et plus rapidement que si vous deviez écrire le code HTML nécessaire, directement dans la page. De nombreux outils permettent d'affiner cette intégration, notamment le calcul automatique de la taille des images et l'affichage d'un avertissement si l'image à été modifiée. Dreamweaver propose aussi de nombreux outils de traitement des images qui vous serviront en complément de votre logiciel de traitement d'images. Soyez prudent lorsque vous utilisez les outils de modification des images et lisez attentivement les messages d'alerte affichés lors d'actions irréversibles.

4

Créer des hyperliens

Les pages d'un site Web sont reliées par des hyperliens placés sur des textes ou des images. Les hyperliens constituent la base de toute interactivité. Dans ce chapitre, vous apprendrez, à travers l'interface de Dreamweaver, à créer tous les liens de base. Voici les principaux thèmes abordés dans ce chapitre :

- comprendre les hyperliens ;
- créer un lien relatif sur un texte ou une image ;
- créer un lien absolu ;
- créer un lien d'accessibilité ;
- créer des liens avec des ancres ;
- créer des liens de messagerie ;
- créer des liens nuls ou vides ;
- créer des liens sur une image (*image map*).

Comprendre les liens

Dans le chapitre 2, vous avez appris à organiser votre site sur votre ordinateur. Si ce n'est pas encore fait, reportez-vous, dans ce chapitre, à la section « Préparer un site ». Pour la création des liens, comme pour l'insertion des images, l'emplacement des documents est très important. En effet, un lien représente l'adresse du document à charger ou à ouvrir.

Si l'adresse change au cours du développement du site, le document est introuvable. Pour éviter cela, tout document doit être enregistré dans son répertoire définitif. Par exemple, vous devez placer les images dans le dossier nommé images et les pages HTML dans le répertoire Site.

Un lien représente le chemin entre deux documents. Ce chemin peut être relatif, il correspondra alors au cheminement entre le premier document et le second. Prenons pour exemple le dossier d'un site à l'intérieur duquel se trouvent deux documents HTML : A.html et B.html. Pour créer un lien relatif dans la page A.html vers le document B.html, il suffira d'écrire B.html pour le lien d'un texte ou d'une image de la page A.

Le chemin peut également être absolu. Dans ce cas, le point de départ n'est plus le premier document mais tout simplement le Web et vous écrirez l'adresse complète du document sur le Web. Si vous reprenez l'exemple précédent, pour créer un lien dans la page A.html vers le document B.html, il faudra écrire : http://www.eyrolles.fr/B.html. Dans ce cas, la page B.html doit être placée au premier niveau (également dit racine) dans le site dont le nom de domaine est eyrolles.fr.

Créer un lien relatif sur un texte ou une image

Pour un texte ou une image, le principe de création d'un lien reste toujours le même. Tout d'abord, on écrit le texte ou on insère l'image dans la page, on sélectionne ensuite cet élément et on écrit le lien. En pratique, voici étape par étape les différentes mises en œuvres dans Dreamweaver.

Lien par saisie

1. Ouvrez un document Dreamweaver en mode Création et saisissez un ou plusieurs mots. Vous pouvez aussi écrire une phrase complète.

2. Enregistrez le document à son emplacement définitif. Cela permettra à Dreamweaver de repérer la position du document.

3. Sélectionnez un ou plusieurs mots (voire une phrase complète). Dans le cas d'une image, cliquez dessus pour la sélectionner. Tout ce qui est sélectionné deviendra actif et sera cliquable par la suite.

4. Si le panneau des propriétés n'est pas visible à l'écran, sélectionnez le menu Fenêtre> Propriétés pour l'afficher. Si vous avez sélectionné un texte, cliquez sur le bouton HTML situé sur la gauche de la palette pour activer ce mode de travail.

5. Dans le champ Lien du panneau Propriétés, indiquez le chemin entre le document actuel et le document à charger. Dans la majorité des cas, vous écrirez un lien relatif (figure 4-1).

Figure 4-1

Création d'un lien par saisie

Lien par pointage

Voici une autre méthode, proposée par Dreamweaver, pour réaliser un lien. Elle impose la définition d'un site (voir chapitre 2) car ici le lien se fait par pointage sur un fichier.

1. Sélectionnez le menu Fenêtre>Fichiers pour afficher le panneau des fichiers et des documents du site.

2. Sur le document de travail, sélectionnez un ou plusieurs mots ou encore une image.

3. Si vous avez sélectionné un texte, cliquez sur le bouton HTML situé sur la gauche de la palette Propriété pour activer ce mode de travail. Cliquez sur l'icône Pointer vers un fichier, située à droite du champ Lien dans le panneau Propriétés. Tout en maintenant le bouton de la souris enfoncé, déplacez le curseur sur le fichier à lier dans le panneau Fichiers. Une flèche apparaît. Relâchez le bouton de la souris lorsque la flèche pointe sur le document désiré (figure 4-2). Le lien vers le fichier sélectionné s'inscrit automatiquement dans le champ Lien du panneau des Propriétés.

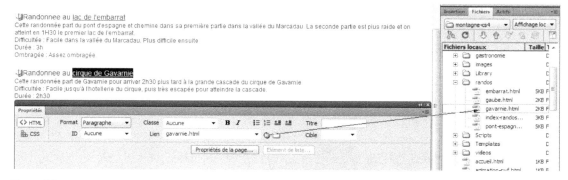

Figure 4-2

Création d'un lien par pointage

Lien par recherche

La méthode de création de lien par recherche permet de choisir un document n'importe où sur le disque dur ou sur le réseau.

1. Sur le document de travail, sélectionnez un ou plusieurs mots ou encore une image.

2. Si vous avez sélectionné un texte, cliquez sur le bouton HTML situé sur la gauche de la palette pour activer ce mode de travail. Cliquez sur l'icône Rechercher le fichier située à droite du champ Lien dans le panneau Propriétés. La fenêtre Sélectionner un fichier s'ouvre (figure 4-3).

3. Sélectionnez le document désiré et cliquez sur le bouton OK. Le lien s'inscrit automatiquement dans le champ Lien du panneau Propriétés.

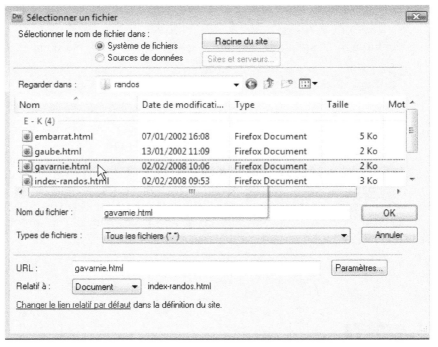

Figure 4-3
Création d'un lien par recherche

Créer un lien absolu

Pour la création d'un lien absolu, seule la méthode de création de lien par saisie est vraiment adaptée. Vous devez connaître l'adresse Web où sera hébergée la page et écrire l'adresse complète qui comprend le protocole HTPP et le nom de serveur du domaine, par convention www. Voici la marche à suivre :

1. Ouvrez un document en mode Création et saisissez un ou plusieurs mots. Vous pouvez aussi écrire une phrase complète.

2. Sélectionnez un ou plusieurs mots ou encore une image.

3. Si vous avez sélectionné un texte, cliquez sur le bouton HTML situé sur la gauche de la palette pour activer ce mode de travail. Dans le champ Lien du panneau Propriétés, saisissez l'adresse complète de la page (figure 4-4), par exemple `http://www.montagne-65.com/randos/gavarnie.html`. La page que vous recherchez est la page nommée `gavarnie.html`, placée dans le dossier `randos` faisant partie du site de nom de domaine `montagne-65.com`, lui-même hébergé sur un serveur Web (`www`).

Figure 4-4

Création d'un lien absolu

Créer un lien d'accessibilité

Dreamweaver propose une boîte de dialogue permettant de définir des options supplémentaires pour les liens à créer. Les liens accessibles sont dotés de plusieurs attributs supplémentaires qui leur donnent une meilleure ergonomie, notamment auprès des personnes ayant une déficience visuelle. Ces liens comporteront une description, un raccourci clavier et un ordre de tabulation. Voici la marche à suivre pour mettre en œuvre des liens d'accessibilité.

1. Affichez la fenêtre Document en mode Création.

2. Placez le curseur de la souris à l'endroit où vous souhaitez saisir le texte du lien accessible. Si le texte est déjà écrit, sélectionnez le texte du lien. Dans le cas présent, il n'est pas nécessaire d'écrire le texte au préalable.

3. Sélectionnez le menu Insertion>Hyperlien ou cliquez sur l'icône Hyperlien de la catégorie Commun du panneau Insertion. La boîte de dialogue Hyperlien apparaît (figure 4-5). Renseignez les différents champs de cette boîte de dialogue selon les indications suivantes :

   – Dans le champ Texte, conservez le texte sélectionné ou saisissez le texte de votre choix.

   – Dans le champ Lien, indiquez le lien relatif ou absolu.

   – Le champ Cible permet de choisir l'emplacement d'affichage du document appelé. Cet emplacement est surtout utilisé lorsque le site est basé sur un jeu de cadres. Vous pouvez néanmoins choisir l'option `_blank`, qui permet d'ouvrir le document dans une nouvelle fenêtre du navigateur. Cependant, cette option utilise l'attribut `target` qui n'est pas autorisé pour la création d'un site valide XHTML 1.0 Strict. On préférera donc la solution qui consiste à ne spécifier aucune cible.

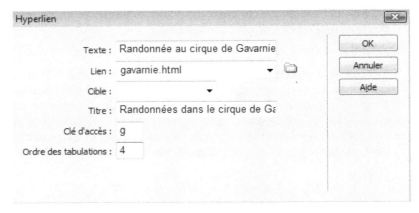

Figure 4-5
La boîte de dialogue Hyperlien

- Dans le champ Titre, saisissez le texte qui sera restitué sous plusieurs formes selon le navigateur. Dans un navigateur standard, ce texte apparaîtra dans une infobulle lors du passage de la souris. Dans un navigateur vocal, ce texte sera lu. Ce champ Titre est donc très important.

- Le champ Clé d'accès permet d'écrire une lettre qui servira de raccourci clavier lorsque la page sera affichée dans un navigateur. Dans Firefox, le raccourci clavier sera accessible via la combinaison de touches Alt + Maj + lettre_clé. Dans Internet Explorer, le raccourci clavier sera accessible via la combinaison de touches Alt + lettre_clé et la pression sur la touche Entrée permettra l'affichage du document.

- Dans le champ Ordre des tabulations, indiquez un chiffre. Lorsque la page sera affichée dans un navigateur, la pression de la touche Tab permettra de passer d'un lien à un autre dans l'ordre inscrit dans ce champ. Si aucun ordre de tabulation n'est indiqué, l'ordre des liens correspondra par défaut à l'ordre d'apparition des liens dans la page.

4. Cliquez sur OK pour valider.

5. Pour modifier l'une de ces options, il est malheureusement impossible d'ouvrir à nouveau la boîte de dialogue Hyperlien. Celle-ci affiche uniquement le texte et non les options. Deux méthodes sont alors possibles : soit vous recommencez la saisie complète dans la boîte de dialogue Hyperlien, soit vous sélectionnez le texte en mode Création, puis vous passez en mode Fractionner. Le code est ainsi surligné et vous pouvez apporter facilement de petites modifications. Cliquez sur le bouton Actualiser du panneau Propriétés pour valider les changements.

Créer des liens avec des ancres

Les liens courants permettent d'afficher une nouvelle page dans la fenêtre du navigateur. Cette page s'affiche à partir de son bord supérieur et ne laisse pas voir les contenus inférieurs lorsque la page s'étend sur une grande hauteur. Pour résoudre ce problème, vous pouvez recourir aux ancres nommées. En effet, un lien comportant une ancre nommée permet d'afficher la page à partir d'un endroit précis. Ainsi, lorsque la page s'étend sur une grande hauteur, le contenu demandé est directement affiché. Ceci est donc très utile pour cibler un endroit précis de la page en cours et aussi d'une page nouvelle. Voici les différentes étapes pour créer un lien vers une ancre nommée.

1. Les ancres sont des repères dans la page qui seront ensuite appelés depuis le lien. Il s'agit d'éléments invisibles, repérables dans la page par des petites icônes (voir figure 4-7) représentant une ancre. Pour les afficher, sélectionnez le menu Affichage>Assistances visuelles>Éléments invisibles.

2. Vous allez maintenant pouvoir définir les ancres nommées. Pour cela, placez le curseur de la souris à l'endroit où vous souhaitez insérer une ancre.

3. Choisissez le menu Insertion>Ancre nommée. La boîte de dialogue Ancre nommée s'ouvre. Vous pouvez aussi cliquer sur l'icône d'ancre de la catégorie Commun du panneau Insertion.

4. Indiquez le nom de l'ancre (figure 4-6). Saisissez un mot simple, sans espace, sans accent et suffisamment explicite pour symboliser le contenu adjacent. Cliquez sur OK pour valider.

Figure 4-6
La boîte de dialogue de création d'une ancre

5. En mode Création, l'ancre nommée est symbolisée par une icône jaune représentant une ancre. Elle est placée à l'endroit où vous avez précédemment positionné le curseur de la souris (figure 4-7).

6. Si vous souhaitez insérer plusieurs ancres nommées, recommencez cette opération autant de fois que nécessaire.

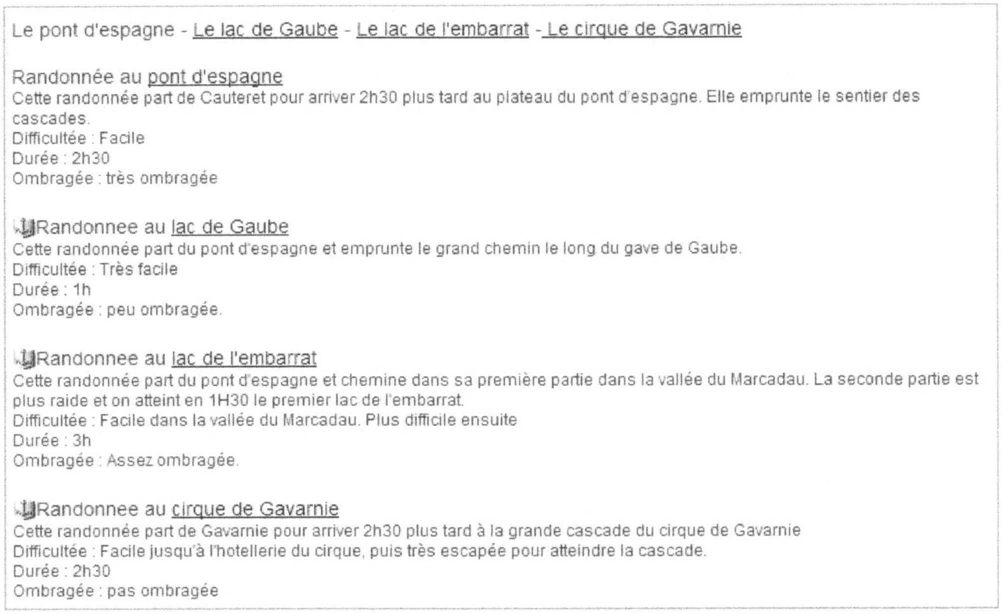

Le pont d'espagne - Le lac de Gaube - Le lac de l'embarrat - Le cirque de Gavarnie

Randonnée au pont d'espagne
Cette randonnée part de Cauteret pour arriver 2h30 plus tard au plateau du pont d'espagne. Elle emprunte le sentier des cascades.
Difficultée : Facile
Durée : 2h30
Ombragée : très ombragée

Randonnee au lac de Gaube
Cette randonnée part du pont d'espagne et emprunte le grand chemin le long du gave de Gaube.
Difficultée : Très facile
Durée : 1h
Ombragée : peu ombragée.

Randonnee au lac de l'embarrat
Cette randonnée part du pont d'espagne et chemine dans sa première partie dans la vallée du Marcadau. La seconde partie est plus raide et on atteint en 1H30 le premier lac de l'embarrat.
Difficultée : Facile dans la vallée du Marcadau. Plus difficile ensuite
Durée : 3h
Ombragée : Assez ombragée.

Randonnee au cirque de Gavarnie
Cette randonnée part de Gavarnie pour arriver 2h30 plus tard à la grande cascade du cirque de Gavarnie
Difficultée : Facile jusqu'à l'hotellerie du cirque, puis très escapée pour atteindre la cascade.
Durée : 2h30
Ombragée : pas ombragée.

Figure 4-7

L'ancre nommée insérée dans le document en mode Création

7. Vous devez à présent créer le lien qui appellera cette ancre. Deux méthodes pour cela :

   – La première méthode utilise le champ Lien du panneau Propriétés. En mode Création, sélectionnez dans la page le texte qui servira de lien vers l'ancre (repère ❶ de la figure 4-8). Attention, ne confondez pas le texte à sélectionner et l'ancre, il s'agit de deux éléments distincts qui ne sont normalement pas situés au même endroit dans la page. Après avoir sélectionné le texte (ou l'image), saisissez le nom de l'ancre dans le champ Lien (repère ❷ de la figure 4-8) du panneau des propriétés en le faisant précéder du caractère # (dièse).

   – La seconde méthode utilise la technique du pointage. En mode Création, sélectionnez le texte du lien. Utilisez l'ascenseur horizontal ou vertical pour vous déplacer dans la page et faire apparaître l'ancre souhaitée. Cliquez sur l'icône Pointer vers un fichier située à droite du champ Lien dans le panneau Propriétés. Tout en maintenant le bouton de la souris enfoncé, glissez la cible du lien sur l'ancre puis relâchez le bouton de la souris. Le nom de l'ancre s'inscrit automatiquement dans le champ Lien précédé du caractère # (dièse).

8. Enregistrez la page et testez-la dans un navigateur.

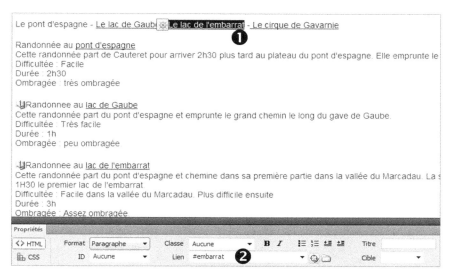

Figure 4-8

Le texte du lien, l'ancre nommée et le lien

Créer des liens de messagerie

Un lien de messagerie permettra à vos visiteurs d'ouvrir, par un simple clic sur un texte ou une image, l'application de messagerie présente sur leur ordinateur. La fenêtre de nouveau message qui s'ouvrira comportera automatiquement l'adresse du destinataire, évitant ainsi sa saisie par l'internaute.

Voici en détail les différentes étapes pour créer un lien de messagerie s'adressant au webmaster du site montagne-65.com.

1. Ouvrez un document en mode Création et saisissez le texte *Contacter le Webmaster*.

2. Enregistrez le document à son emplacement définitif. Cela permettra à Dreamweaver de repérer la position du document.

3. Sélectionnez ce groupe de mots à l'aide de la souris. Vous pouvez également cliquer sur une image pour la sélectionner. Tout ce qui est sélectionné deviendra actif et sera cliquable.

4. Si le panneau Propriétés n'est pas visible à l'écran, sélectionnez le menu Fenêtre> Propriétés.

5. Dans le champ Lien du panneau Propriétés, saisissez mailto:, sans espace entre *mailto* et les deux points. Indiquez ensuite l'adresse e-mail, par exemple webmaster@montagne-65.com. La figure 4-9 présente le lien saisi dans le champ Lien.

Figure 4-9

Saisie d'un lien de messagerie

Lorsque l'internaute cliquera sur ce lien, le logiciel de messagerie installé sur son ordinateur s'ouvrira sur un nouveau message. La figure 4-10 présente le nouveau message dans Outlook Express.

Figure 4-10

Le nouveau message dans Outlook Express

Une même adresse électronique reçoit généralement de nombreux e-mails. Pour séparer les messages, il est utile, voire obligatoire, d'indiquer l'objet de votre message. Lorsque vous créez un lien de messagerie, vous pouvez aussi imposer l'objet de l'e-mail. Cela évitera à l'internaute la saisie de l'objet et vous permettra de connaître immédiatement la provenance du message. Pour cela, ajoutez l'expression `?subject=objetdumessage` en remplaçant le terme `objetdumessage` par votre propre objet. Pour notre exemple précédent, vous obtenez alors dans le champ Lien : `webmaster @montagne-65.com?subject= renseignements randos`.

Pour aider à la gestion des messages, vous pouvez aussi adresser votre message à d'autres destinataires. Pour cela, ajoutez l'expression `?cc=autrecontact@montagne-65.com`. Remplacez `autrecontact@montagne-65.com` par une adresse valide. Le message sera envoyé aux deux destinataires, le webmaster et autrecontact. Pour notre exemple, vous obtenez `webmaster@montagne-65.com?cc=autrecontact@montagne-65.com` dans le champ Lien du panneau Propriétés.

Vous pouvez aussi aider l'internaute dans la saisie du corps du message en lui proposant un texte. Pour cela, saisissez `?body=letexte`. Remplacez `letexte` par le texte à écrire à cet emplacement. Vous obtenez alors dans le champ Lien : `webmaster@montagne-65.com?body= Envoyez moi le catalogue des randonn%E9es en montagne.`

Si vous souhaitez ajouter deux éléments ou tous les éléments précédemment cités en même temps, vous devez les séparer par le signe `&` et supprimer les signes `?` à l'exception du premier qui doit être conservé. Pour être compatible avec les spécifications du W3C XHTML 1.0 Strict, vous devez saisir le caractère `&` sous la forme `&amp;`. Vous obtenez alors dans le champ Lien : `mailto:webmaster@montagne.com?subject=renseignements randos&amp;cc=autrecontact@montagne-65.com&amp;body=Envoyez moi le catalogue des randonn%E9es en montagne.`

La figure 4-11 présente la fenêtre de Outlook Express avec tous les éléments cités.

Figure 4-11

La fenêtre du logiciel de messagerie avec tous les éléments

Vous avez certainement remarqué l'écriture particulière du caractère é du mot *randon-nées*. Les lettres accentuées et les caractères particuliers doivent être codés avec le codage URL pour être correctement interprétés par les logiciels de messagerie. Le tableau ci-dessous présente les principaux caractères spéciaux. De nombreux sites proposent des tables de codage, consultez la liste de ces sites Internet en fin d'ouvrage.

Tableau 4-1 – Codage URL

Caractère	Codage URL	Caractère	Codage URL
é	%E9	É	%C9
è	%E8	È	%C8
à	%E0	À	%C0
ê	%EA	Ê	%CA
â	%E2	Â	%C2
î	%EE	%	%25
ô	%F4	<	%3C
ù	%F9	>	%3E

Créer des liens nuls ou vides

Les liens nuls ou vides sont des liens qui ne pointent sur aucun document. Les textes ou les images qui comportent un lien vide ont l'aspect d'un lien. Le curseur de la souris se transforme lorsque l'on passe au-dessus d'eux, mais si vous les cliquez, il ne se passe rien. Ces liens sont principalement employés avec des événements JavaScript car ces derniers n'appliquent généralement pas les modifications courantes des liens, à savoir le changement du curseur de la souris et éventuellement celui de l'aspect du texte.

Pour créer un lien vide, sélectionnez tout d'abord un texte ou une image. Dans le champ Lien du panneau Propriétés, saisissez uniquement le signe # (dièse). La figure 4-12 présente le lien vide créé dans le champ Lien.

Figure 4-12
Un lien vide

Créer des liens sur une image (image map)

Une image peut très facilement être transformée en lien en utilisant les mêmes méthodes que pour les textes : sélection de l'image, puis définition du lien dans le champ Lien du panneau Propriétés. Une image possède cependant une autre caractéristique. En effet, vous pouvez y définir des zones cliquables sans la découper. Lorsque vous passez le curseur de la souris sur une image traitée de la sorte, le lien est différent selon l'endroit survolé. Avec cette technique, vous réaliserez, par exemple, des menus avec une seule image. Son découpage en zones permettra de créer des liens différents. Vous pourrez aussi créer des liens dont le contour s'adaptera précisément à une forme de l'image, créant ainsi un lien détouré.

Le découpage d'une image en différentes zones cliquables s'effectue via le panneau Propriétés (cliquez éventuellement sur la flèche située en bas à droite de ce panneau si sa partie inférieure n'est pas visible). Lorsqu'une image est sélectionnée, ce panneau présente, dans sa partie gauche, des outils de forme réactive (rectangulaire, ronde et polygonale) sur lesquels vous cliquerez pour découper l'image (figure 4-13).

Figure 4-13

Les outils de zone réactive pour créer une carte d'image

- Carte – Ce champ permet d'identifier les descriptions des zones de l'image. Vous pouvez lui attribuer un nom. Si aucun nom n'est donné, Dreamweaver en propose un que vous pouvez conserver ou modifier.

- Icône Outil Zone réactive pointeur – Cette icône permet de sélectionner les zones déjà créées pour modifier le lien. Le pointeur permet également la modification d'un tracé.

- Icône Outil Zone réactive rectangulaire – Cet outil permet de tracer des zones réactives rectangulaires. Pour cela, cliquez sur son icône et placez le curseur de la souris sur l'image. Appuyez sur le bouton gauche de la souris et, tout en le maintenant enfoncé, déplacez le curseur jusqu'à obtenir le rectangle souhaité.

Figure 4-14

La création d'une zone réactive rectangulaire sur l'image

Pour créer un véritable lien sur cette zone, saisissez-le dans le champ Lien du panneau des propriétés qui s'affiche pour la zone réactive (figure 4-15).

Figure 4-15

Le panneau Propriétés d'une zone réactive

- Icône Outil Zone réactive ovale – Cet outil permet de créer des zones réactives ovales. Pour cela, cliquez sur l'icône pour sélectionner l'outil et placez le curseur de la souris sur l'image. Appuyez sur le bouton gauche de la souris et, tout en le maintenant enfoncé, déplacez le curseur jusqu'à obtenir la zone souhaitée. Pour créer un véritable lien sur cette zone, saisissez le lien dans le champ Lien du panneau des propriétés qui s'affiche pour la zone réactive.

- Icône Outil Zone réactive polygone – Cet outil permet de créer des zones réactives polygonales. Pour cela, cliquez sur l'icône pour sélectionner l'outil et placez le curseur de la souris sur l'image. Cliquez sur l'image en différents points pour dessiner une forme polygonale. Pour créer un véritable lien sur cette zone, saisissez-le dans le champ Lien du panneau des propriétés qui s'affiche pour la zone réactive.

Pour chacun des outils de traçage de zone réactive, une boîte de dialogue apparaît pour vous rappeler de placer une description du lien dans le champ Sec.

Conclusion

La lecture de ce chapitre vous a permis de comprendre et d'élaborer tous les types de liens hypertextes qui sont à la base de l'interactivité. Ces liens constituent une base indispensable à maîtriser pour réaliser vos pages et votre site Internet. D'autres syntaxes de liens sont présentées dans ce livre, notamment au chapitre 14, avec la présentation des événements des comportements et au chapitre 20 avec la création de pages dynamiques avec PHP/MySQL.

5

Mise en page avec des tableaux

Pendant de nombreuses années, la mise en page au moyen de tableaux fut la règle. L'apprentissage de la conception d'une page Web passait immanquablement par de longues heures de manipulation des cellules des tableaux car les mises en page graphiques étaient réalisées à l'aide d'un ou plusieurs tableaux. Mais une meilleure implémentation dans les navigateurs des règles du W3C, concernant les DTD, et une sensibilisation des concepteurs aux problèmes d'accessibilité ont rapidement rendues obsolètes les mises en page graphiques tabulaires. Aussi, ce chapitre s'attachera à vous présenter les différentes structures de tableaux, les différentes méthodes de conception et de modification en vue de créer des tableaux destinés à recevoir des données. Il ne s'agit pas de bannir les tableaux, mais seulement de les utiliser dans leur fonction première : la présentation de données, chiffrées ou non. Dans ce chapitre, vous aborderez les points suivants :

- créer un tableau ;
- modifier la mise en page d'un tableau ;
- importer des données tabulaires.

Créer un tableau

Définir un tableau

De manière générale, un tableau est constitué de lignes et de colonnes. L'intersection d'une ligne et d'une colonne constitue une cellule. En HTML, un tableau est constitué de lignes dans lesquelles se trouvent des cellules. Le positionnement de plusieurs lignes les unes au-dessus des autres, comportant un nombre égal de cellules, crée des colonnes. Un tableau est une structure rigide. Les différentes cellules qu'il contient ne peuvent pas être placées n'importe où. Par exemple, une cellule ne peut pas se superposer au-dessus d'une autre. Chaque cellule doit s'inscrire par rapport aux cellules environnantes. Ainsi, les cellules de chaque ligne d'un tableau dépendront des cellules des autres lignes.

Théorie de conception

Concevoir un tableau est une tâche très simple car il suffit de déterminer un nombre de lignes et de cellules dans ces lignes. Dans la suite de ce chapitre, on assimilera les cellules de lignes à des colonnes. Ainsi, pour réaliser un tableau qui présente les horaires des trains Paris-Tarbes, il suffira de créer un tableau à deux colonnes : la première affichera les horaires des trains au départ de Paris et la seconde, les horaires d'arrivée à Tarbes. Le nombre de lignes sera déterminé par le nombre d'horaires à y inscrire. Pour ce type de données, il est courant d'utiliser une base de données, le tableau est alors créé dynamiquement. La figure 5-1 présente ce tableau.

Horaires des trains Paris-Tarbes

Paris	Tarbes
9h20	19h
10h05	19h15

Figure 5-1

Exemple de tableau de données

Le problème devient plus complexe dans le cas d'un tableau tel que celui présenté à la figure 5-2. En effet, nous avons ici deux types de données dans chaque entrée ainsi qu'un titre de cellule. Il faudra créer un tableau comportant quatre lignes et quatre colonnes, puis fusionner certaines cellules pour obtenir la présentation souhaitée.

Préférence selon les marques - 2002

		Marques	
		KIT Kit	Super Royal
animaux de compagnie	Chat	73%	27%
	Chien	16%	84%

Figure 5-2

Un tableau avec des cellules fusionnées

Enfin, un tableau tel que celui présenté par la figure 5-3 sera réalisé avec deux, voire trois tableaux si l'on souhaite que la structure se maintienne, quel que soit le navigateur et la taille de la fenêtre.

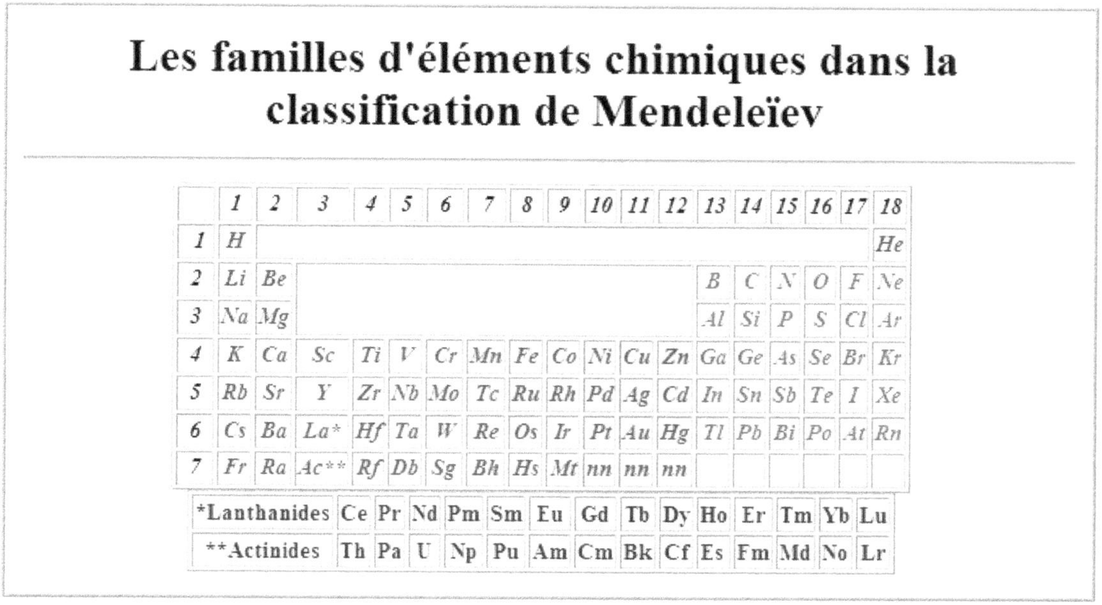

Les familles d'éléments chimiques dans la classification de Mendeleïev

	1	2	3	4	5	6	7	8	9	10	11	12	13	14	15	16	17	18
1	H																	He
2	Li	Be											B	C	N	O	F	Ne
3	Na	Mg											Al	Si	P	S	Cl	Ar
4	K	Ca	Sc	Ti	V	Cr	Mn	Fe	Co	Ni	Cu	Zn	Ga	Ge	As	Se	Br	Kr
5	Rb	Sr	Y	Zr	Nb	Mo	Tc	Ru	Rh	Pd	Ag	Cd	In	Sn	Sb	Te	I	Xe
6	Cs	Ba	La*	Hf	Ta	W	Re	Os	Ir	Pt	Au	Hg	Tl	Pb	Bi	Po	At	Rn
7	Fr	Ra	Ac**	Rf	Db	Sg	Bh	Hs	Mt	nn	nn	nn						

*Lanthanides	Ce	Pr	Nd	Pm	Sm	Eu	Gd	Tb	Dy	Ho	Er	Tm	Yb	Lu
**Actinides	Th	Pa	U	Np	Pu	Am	Cm	Bk	Cf	Es	Fm	Md	No	Lr

Figure 5-3

Tableaux imbriqués

Le tableau XHTML

Dreamweaver transforme toutes les mises en page créées en mode graphique en code XHTML. L'affichage de la fenêtre en mode Fractionner vous aidera dans l'apprentissage des différentes balises. Un tableau XHTML se définit avec la balise `<table>` et se termine par `</table>`. La balise `<caption>` permet de définir le titre du tableau et doit être insérée immédiatement après la balise de début de l'élément `<table>`. Cette balise n'est pas obligatoire.

Un tableau est constitué de lignes et de colonnes. En XHTML, on définit d'abord les lignes, puis les colonnes. Chaque ligne du tableau est introduite par l'élément `<tr>` et chaque cellule de la ligne peut être assimilée à une colonne, amenée par l'élément `<td>`. Il existe une exception à cette règle : les cellules de la première ligne ou de la première colonne peuvent être différentes, `<th>` pour signifier des titres de colonnes ou de lignes. Voici le code correspondant au tableau décrit ci-dessus, présentant les horaires des trains Paris-Tarbes.

```
<table summary="Ce tableau pr&eacute;sente les horaires des trains du matin."
  width="30%" border="1" cellspacing="0" cellpadding="0">
<Caption>Horaires des trains Paris-Tarbes</caption>
<tr><th>Paris</th><th>Tarbes</th></tr>
<tr><td>9h20</td><td>19h</td></tr>
<tr><td>10h05</td><td>19h15</td></tr>
</table>
```

Ce tableau présente cinq attributs dans la balise `<table>`. L'attribut `summary` permet aux navigateurs vocaux et braille de lire et d'interpréter le sujet du tableau. L'attribut `"width"`, de valeur 30 %, permet de donner une taille au tableau, proportionnelle à la largeur de la fenêtre du navigateur. L'attribut `border`, de valeur 1, entoure le tableau et les cellules d'un filet de 1 pixel. Les attributs `cellspacing` et `cellpadding` permettent respectivement de créer ou de supprimer des espaces entre les cellules ou dans les cellules.

La mise en forme plus graphique de ce tableau sera réalisée en utilisant des styles CSS (voir chapitre 11).

Voici les principales balises définissant les tableaux simples :

- `<table>…</table>` — Introduit un tableau.

- `<caption>…</caption>` — Affiche le titre du tableau.

- `<tr>…</tr>` — Introduit une ligne.

- `<th>…</th>` — Introduit une cellule d'en-tête de ligne ou de colonne. Cette balise remplace la balise `<tr>`.

- `<td>…</td>` — Introduit une cellule.

Créer un tableau

Avec Dreamweaver, il n'est pas utile, dans un premier temps, de connaître les codes XHTML pour réaliser un tableau. Il suffit de suivre une procédure simple et de savoir interpréter les options proposées dans les boîtes de dialogue. Pour illustrer cette procédure, nous allons réaliser le tableau présentant les horaires des trains Paris-Tarbes (figure 5-1).

1. Commencez par choisir les options d'affichage des tableaux. Pour cela, cliquez sur la catégorie Mise en forme du panneau Insertion, puis sur le bouton Standard. En principe, cette option devrait déjà être active. Sélectionnez ensuite le menu Affichage>Assistances visuelles>Largeur tableaux.

2. Cliquez ensuite sur l'icône Tableau de la catégorie Mise en forme du panneau Insertion. La boîte de dialogue de création de tableau s'ouvre (figure 5-4).

3. Renseignez les différents champs, puis validez. Pour plus de précisions concernant cette boîte de dialogue, consultez la section « La boîte de création de tableau » de ce chapitre.

4. Le tableau s'affiche dans la page selon les caractéristiques choisies. Son titre apparaît et ses cellules sont vides (figure 5-5).

Figure 5-4

La création d'un tableau

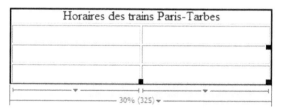

Figure 5-5

Affichage du tableau dans la page

5. Cliquez dans chacune des cellules et saisissez le contenu. Les cellules de la première ligne ont un aspect différent de celles de la deuxième ligne car l'option d'en-tête a été sélectionnée.

Horaires des trains Paris - Tarbes

Paris	Tarbes
9h20	19h
10h05	19h15

Figure 5-6

Le tableau terminé

Créer un tableau à partir d'éléments PA

Une autre méthode pour créer un tableau consiste à dessiner les cellules à l'aide de l'outil « Tracer un div pour un élément PA », puis à les convertir en tableau. Dreamweaver interprétera les cellules et leur emplacement et ajoutera, au besoin, des cellules supplémentaires pour constituer un tableau rectangulaire. Cette technique était utilisée par Macromedia pour simplifier la construction des mises en page graphiques. Elle est aujourd'hui un peu désuète pour la création de tableaux contenant des données et les tableaux qu'elle génère ne respectent pas les spécifications XHTML 1.0 Strict. Voici néanmoins la procédure :

1. Depuis la catégorie Mise en forme du panneau Insertion, activez l'outil « Tracer un div pour un élément PA ».

2. Placez le curseur de la souris à l'endroit souhaité sur la page. Cliquez et, tout en maintenant le bouton de la souris enfoncé, déplacez le curseur de manière à dessiner un rectangle correspondant à une cellule de tableau. Relâchez le bouton de la souris.

3. Pour dessiner une autre cellule, cliquez de nouveau sur l'outil « Tracer un div pour un élément PA » et tracez un autre rectangle.

4. Une fois toutes les cellules créées, choisissez le menu Modifier>Convertir> Divs PA en tableau. La boîte de dialogue de conversion s'ouvre. Appliquez les options suivantes :

   - La plus précise dessine un tableau identique aux cellules dessinées.

   - La plus petite ne prend pas en compte les cellules et les espaces inférieurs au chiffre indiqué. Cette option est utile pour supprimer les espaces laissés entre les cellules.

   - L'option Utiliser Gifs transparents insère, pour chaque colonne, une ligne supplémentaire de 1 pixel dans laquelle est placée une image GIF transparente permettant de conserver la taille du tableau.

   - L'option Centrer dans la page, centre le tableau.

   - Les autres options proposées affichent des assistances visuelles.

La boîte de création de tableau

Voici le détail de la boîte de dialogue Tableau.

- Dans la zone Taille du tableau (figure 5-4), entrez les caractéristiques physiques du tableau :

   - Lignes – Indique le nombre de lignes du tableau sans tenir compte de la ligne de légende (voir ci-dessous).

   - Colonnes – Indique le nombre de colonnes du tableau.

   - Largeur du tableau – Définit la largeur du tableau qui peut être exprimée en pixels ou en pourcentage. Ces deux approches donnent un résultat bien différent. Une taille exprimée en pixels est fixe, alors qu'une taille exprimée en pourcentage dépend de la taille de la fenêtre du navigateur. Dans ce cas, les cellules du tableau s'agrandissent ou se réduisent proportionnellement.

– Largeur de la bordure – Détermine l'épaisseur en pixels de la bordure extérieure du tableau. Les bordures intérieures resteront à une taille de 1 pixel. En revanche, attribuer la valeur zéro à la largeur de bordure annulera la taille des bordures extérieure et intérieure.

– Marge intérieure des cellules – Correspond à l'espace entre le bord de la cellule et le début de son contenu. En XHTML, la marge intérieure correspond à l'attribut cellpadding. Dans le tableau de la figure 5-6, les marges intérieures ont été définies à zéro. La figure 5-7 présente une cellule de ce tableau avec une marge intérieure de 10 pixels. Dans de nombreux cas, la marge intérieure est égale à zéro.

Figure 5-7
Marge intérieure d'une cellule

– Espacement entre les cellules – Indique l'espace entre deux cellules. En XHTML, l'espacement entre les cellules correspond à l'attribut cellspacing. La figure 5-8 présente une cellule de ce tableau avec un espacement des cellules de 10 pixels. Dans de nombreux cas, l'espacement entre les cellules est égal à zéro.

Figure 5-8
Espacement entre les cellules

• Dans la zone En-tête, cliquez sur l'une des représentations pour en choisir une qui correspond à l'organisation de votre tableau. Les cellules grisées de chacune de ces vignettes représentent l'emplacement des titres de lignes ou de colonnes.

• Renseignez la zone Accessibilité :

– Légende – Correspond au titre du tableau. Indiquez dans ce champ le nom de votre tableau. Par défaut, le titre au-dessus du tableau. La légende correspond à la balise <caption>.

– Résumé – Saisissez un bref résumé du contenu du tableau pour permettre une meilleure accessibilité aux navigateurs vocaux et braille. Cette option correspond à l'attribut summary de la balise <table>.

Insérer du contenu dans un tableau

Une fois le tableau créé, vous allez pouvoir ajouter du contenu dans ses cellules. Pour cela, sélectionnez une cellule en cliquant à l'intérieur et saisissez le contenu. Vous pouvez aussi insérer une image en cliquant sur l'icône Images de la catégorie Commun du panneau Insertion. Si la taille de l'image est plus grande que celle de la cellule, celle-ci s'adaptera pour présenter l'ensemble de l'image.

Vous pouvez aussi insérer un autre tableau dans l'une des cellules. L'usage des tableaux imbriqués est courant car il évite des manipulations de fusion de cellules qui sont parfois instables avec certains navigateurs. Après avoir cliqué dans la cellule, insérez un nouveau tableau en utilisant les procédures décrites précédemment.

Modifier la mise en page du tableau

Lorsqu'un tableau est créé dans la page, il est généralement indispensable de lui apporter des modifications de taille ou de mise en forme. La mise en forme CSS des tableaux est aussi traitée au chapitre 11 de cet ouvrage.

Le mode Développé et les assistances visuelles

Les options présentées ci-dessous permettront une meilleure appréciation des modifications des tableaux.

Le mode Développé

Pour activer le mode Développé, cliquez sur le bouton Développé de la catégorie Mise en forme du panneau Insertion. Vous devez, au préalable, avoir cliqué dans la page en mode Création. Le mode Développé agrandit les marges des cellules pour une meilleure manipulation des lignes et des colonnes. Les navigateurs n'affichent pas le tableau tel qu'il est présenté dans ce mode, mais uniquement les modifications des lignes et des colonnes. Ce mode peut être utile dans le cas de tableaux imbriqués qui ont des marges, des espaces entre cellules et des bords dont les valeurs sont égales à zéro.

Les assistances visuelles Largeur tableaux et Bordures du tableau

Depuis le menu Affichage>Assistances visuelles, vous pourrez accéder à deux options visuelles pour les tableaux : Largeur tableaux et Bordures du tableau. L'assistance Largeur tableaux ajoute des indications de largeur concernant le tableau et ses colonnes dans une zone semi-transparente située sous le tableau. La figure 5-9 présente cette option. Vous remarquerez que deux chiffres sont placés au niveau des colonnes. Ce tableau a subi une modification de taille (voir plus loin dans ce chapitre). Lorsque l'on modifie la taille d'un tableau, Dreamweaver ne met pas à jour les tailles des colonnes dans le code HTML. L'assistant affiche entre parenthèse les nouvelles valeurs des colonnes.

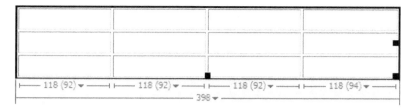

Figure 5-9

L'assistant Largeur tableaux

Pour mettre à jour les nouvelles valeurs, cliquez sur l'icône « Convertir largeurs de tableau en pixels » située dans le panneau Propriétés. Attention, la modification de la hauteur du tableau entraîne la création de l'attribut `height` qui n'existe pas en DTD XHTML 1.0 Strict.

Figure 5-10

Conversion des valeurs du tableau

L'assistant Bordures du tableau est actif par défaut. Il affiche les bordures du tableau en pointillés lorsqu'elles ont pour valeur zéro. La figure 5-11 présente l'aspect du tableau avec cet assistant. Sans l'assistant, le tableau serait entièrement blanc car il ne contient aucune valeur.

Figure 5-11

L'assistant Bordures du tableau

Ajouter des éléments au tableau

Lorsqu'un tableau est créé, vous pouvez facilement sélectionner ses lignes et ses colonnes et en ajouter ou en supprimer.

Sélectionner le tableau ou une cellule

Pour sélectionner une ligne ou une colonne d'un tableau, placez le curseur de la souris sur la gauche de la ligne ou bien en haut de la colonne. Lorsqu'une flèche, pointée vers la ligne ou la colonne apparaît, cliquez. La ligne ou la colonne est alors sélectionnée.

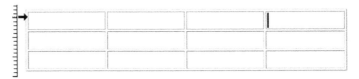

Figure 5-12
Sélection d'une ligne ou d'une colonne de tableau

Vous pouvez aussi sélectionner une ligne en cliquant dans une cellule de cette ligne puis en cliquant sur la balise <tr> placée dans le sélecteur de balise de la fenêtre Document (figure 5-13). Les colonnes ne peuvent pas être sélectionnées de cette manière car elles n'ont pas de balises HTML.

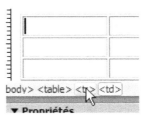

Figure 5-13
Sélection d'une ligne depuis le sélecteur de balise

Pour sélectionner l'ensemble du tableau, cliquez sur le bord droit ou inférieur du tableau, ou dans l'une des cellules, puis cliquez sur la balise <table> placée dans le sélecteur de balise de la fenêtre Document.

Ajouter des lignes et des colonnes

Il existe plusieurs méthodes pour ajouter des lignes ou des colonnes en fonction de ce que vous souhaitez obtenir et des éléments sélectionnés.

Si aucune mise en forme particulière n'est appliquée au tableau :

1. Sélectionnez le tableau en cliquant sur la balise <table> dans le sélecteur de balise.

2. Spécifiez le nombre de lignes ou de colonnes dans les champs Lignes et Cols du panneau Propriétés.

3. Appuyez sur la touche Entrée du clavier pour valider. Les lignes s'ajouteront en bas du tableau, les colonnes sur la droite.

Si une mise en forme est appliquée au tableau :

1. Sélectionnez une cellule dans une ligne ou une colonne.

2. Choisissez le menu Modifier>Tableau>Insérer une ligne/Insérer une colonne ou Insérer des lignes ou des colonnes.

   – Insérer une ligne – Ajoute une ligne au-dessus de la ligne sélectionnée.

   – Insérer une colonne – Ajoute une colonne à gauche de la colonne sélectionnée.

   – Insérer des lignes ou des colonnes – Ouvre une fenêtre qui vous permet d'insérer autant de lignes que de colonnes souhaitées (figure 5-14).

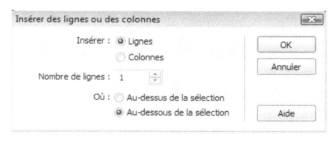

Figure 5-14
Insérer des lignes ou des colonnes

Fusionner des cellules

Pour réaliser le tableau de la figure 5-15, il est nécessaire de transformer certaines cellules. Le tableau de départ est composé de 4 lignes et de 4 colonnes.

	CA Toulouse	CA Tarbes	CA Lourdes
Juin	200.000	120.000	80.000
Juillet	145.000	67.000	60.000
Août			

Figure 5-15
Tableau présentant des cellules fusionnées

Pour fusionner les cellules de deux lignes, sélectionnez les cellules en question, puis cliquez sur l'icône « Combiner la sélection rectangulaire des cellules » du panneau Propriétés (figure 5-16). Les cellules doivent être adjacentes et sélectionnées sur une seule ligne ou une seule colonne. Vous ne pouvez pas réaliser de fusion avec une sélection en forme de L.

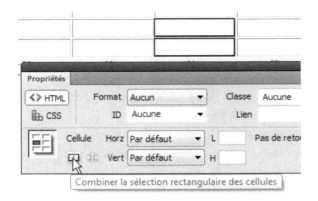

Figure 5-16
Fusionner des cellules

Modifier l'aspect du tableau

Couleurs d'arrière-plan

Pour améliorer la lisibilité de certains tableaux ou en augmenter l'attrait, vous pouvez attribuer une couleur d'arrière-plan à une ou plusieurs cellules du tableau. N'utilisez pas cette possibilité si vous souhaitez rester compatible XHTML 1.0 Strict car l'attribution d'une couleur ajoute l'attribut bgcolor à la cellule. Cet attribut ne figure pas dans la spécification. Dans ce cas, préférez l'usage d'une feuille de style.

Pour attribuer une couleur à une cellule. Sélectionnez cette cellule en cliquant dessus. Dans le panneau Propriétés, indiquez une couleur d'arrière-plan dans le champ Ar-pl.

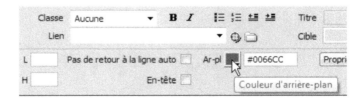

Figure 5-17
Sélection d'une couleur d'arrière-plan pour une cellule

Vous pourrez améliorer l'aspect du tableau par l'ajout de règles de style pour les balises <table>, <th>, <td>. Pour cela consultez le chapitre 11.

Bordure

Par défaut, les tableaux ont une valeur de bordure, qui est généralement de 1 pixel. Si vous ne spécifiez aucune valeur dans le champ Bordure du panneau Propriétés, c'est cette valeur qui sera affichée. Il est prudent de spécifier une valeur, même 1 pixel, car certains navigateurs peuvent afficher des valeurs par défaut différentes.

L'ajout de bordures au tableau et à ses cellules en améliore également la lisibilité. Pour ajouter une bordure extérieure au tableau, cliquez n'importe où dans ce dernier, sélectionnez la balise <table> dans le sélecteur de balise du document ou cliquez le bord gauche ou droit du tableau. Indiquez une taille pour la bordure dans le champ Bordure. La bordure créée entourera le tableau et affichera aussi un filet de 1 pixel autour des cellules. Si vous spécifiez une taille de bordure égale à 0, c'est toutes les bordures du tableau qui seront supprimées. La figure 5-18 présente, à gauche, un tableau avec une bordure sur la balise <table> de 5 pixels, ses cellules ont une bordure de 1 pixel. Sur la droite, la bordure de la balise <table> est de 0 pixel. Les cellules n'ont plus de bordures. L'attribut border de la balise <table> figure dans les spécifications XHTML 1.0 Strict.

A	B
1	2
3	4
5	6

Figure 5-18

Les bordures d'un tableau

Espaces entre et dans les cellules

Par défaut, les tableaux ont une valeur d'espace et de remplissage entre les cellules. Cette valeur est généralement de 1 pixel. Si vous ne spécifiez aucune valeur, l'espace entre et dans les cellules sera de 1 pixel. Il est prudent de spécifier une valeur pour ces paramètres car certains navigateurs peuvent afficher des valeurs par défaut différentes.

Les valeurs de remplissage et d'espace entre les cellules sont applicables à l'ensemble du tableau. Vous ne pourrez donc pas spécifier une valeur particulière pour une seule cellule. Le remplissage représente une marge à l'intérieur de la cellule. La figure 5-19 présente deux tableaux : la valeur de remplissage du tableau supérieur est de 10 pixels, celle du tableau inférieur est de 0 pixel.

Tableau 1	Espace dans la cellule : cellpadding = 10

Tableau 2	Espace dans la cellule : cellpadding = 0

Figure 5-19

Valeurs de remplissage des cellules

Pour attribuer une valeur de remplissage à un tableau, sélectionnez-le en cliquant n'importe où à l'intérieur de ce dernier, sélectionnez la balise `<table>` dans le sélecteur de balise du document ou cliquez sur l'un des bords du tableau. Saisissez une valeur dans le champ Remplissage (figure 5-20) du panneau Propriétés.

Figure 5-20

Les champs Remplissage et Espac. de cellule

Pour spécifier l'espacement des cellules, saisissez un chiffre dans le champ Espac. de cellule du panneau Propriétés (voir figure 5-20). La figure 5-21 présente l'espacement des cellules des deux tableaux précédents ; il est de 10 pixels pour le tableau supérieur et de 0 pixel pour le tableau inférieur.

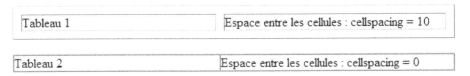

Figure 5-21

L'espace entre les cellules

Les propriétés des tableaux et des cellules

Au cours des sections précédentes, nous vous avons présenté de nombreuses propriétés relatives aux tableaux et aux cellules. Voici cependant un récapitulatif des différentes propriétés proposées dans Dreamweaver. Celles-ci s'afficheront différemment en fonction de l'élément sélectionné dans la page, à savoir le tableau entier ou une ou plusieurs cellules.

Les propriétés des tableaux

Figure 5-22

Les propriétés des tableaux

❶ Le champ ID de tableau permet de donner un nom au tableau. Cette option est particulièrement utile lors de l'utilisation d'une feuille de style.

❷ Les champs Lignes, Cols et L permettent d'indiquer le nombre de lignes et de colonnes composant le tableau ainsi que la largeur de ce dernier (en pixels ou pourcentage).

❸ Le champ Remplissage permet d'attribuer une valeur de remplissage dans les cellules du tableau. Si vous ne souhaitez aucun remplissage, saisissez 0.

❹ Le champ Espac. de cellule permet d'attribuer une valeur d'espacement des cellules. Si vous ne souhaitez aucun espacement, saisissez 0.

❺ La liste déroulante Aligner spécifie l'alignement du tableau (Par défaut, Gauche, Centrer ou Droite). Cet attribut n'est pas conforme aux spécifications XHTML 1.0 Strict.

❻ Le champ Bordure permet de spécifier l'épaisseur de la bordure du tableau. Si vous ne souhaitez aucune bordure, saisissez 0.

❼ Ces quatre icônes permettent de gérer les valeurs de taille du tableau :

– effacer les largeurs de colonne ;

– convertir les largeurs de tableau en pixels ;

– convertir les largeurs de tableau en pourcentage ;

– effacer les hauteurs de ligne.

❽ La liste déroulante Classe permet de choisir une classe (Aucun, Renommer ou Joindre la feuille de style…) pour le style du tableau (voir chapitre 8).

Les propriétés des cellules de tableaux

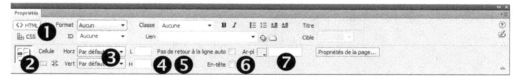

Figure 5-23

Les propriétés des cellules de tableaux

Lorsque l'on sélectionne une cellule de tableau, la palette des Propriétés peut se présenter sous deux aspects suivant que l'on active l'option HTML ou bien l'option CSS. Ces différences se situent dans la partie supérieure de la palette. L'option HTML permettra de choisir les propriétés HTML du texte placé dans la cellule. Ces propriétés insèrent des balises pour donner un nouveau caractère au contenu de la cellule. L'option CSS permettra de choisir ou de créer de nouvelles règles de style pour le contenu de la cellule. Voici la liste des différentes propriétés des cellules de tableaux. Dans cette description nous nous attacherons à présenter la partie inférieure de la palette des Propriétés des cellules de tableaux.

❶ La partie supérieure du panneau Propriétés comporte les différents attributs des textes.

❷ Ces deux icônes permettent respectivement de fusionner des cellules ou de les séparer.

❸ Les listes déroulantes Horiz et Vert spécifient respectivement l'alignement horizontal et vertical des éléments dans la cellule. Notez que les attributs `align` et `valign` sont compatibles XHTML 1.0 Strict.

❹ Les champs L et H permettent de spécifier la hauteur et la largeur de la cellule. Ces attributs ne sont pas compatibles XHTML 1.0 Strict.

❺ La case à cocher « Pas de retour à la ligne auto » permet d'afficher ou non les textes sur une seule ligne, sans retour à la ligne. L'attribut `nowrap` n'est pas compatible XHTML 1.0 Strict.

❻ La case à cocher En-tête spécifie que la cellule est une cellule d'en-tête dont la balise sera `<th>` (au lieu de `<td>`). Le contenu de cette cellule sera, par défaut, centré et en gras. Cet aspect peut être facilement modifié en utilisant une feuille de style.

❼ Le champ Ar-pl permet de spécifier la couleur d'arrière-plan de la cellule. Cet attribut n'est pas compatible XHTML 1.0 Strict.

Importer des données tabulaires

Dreamweaver propose une commande permettant d'importer des données issues de logiciels tels que Microsoft Excel. Depuis ces logiciels tableurs, enregistrez le document au format Excel ou bien exportez les données au format texte seul tabulés. Ce genre d'exportation existe généralement dans le menu d'enregistrement.

Pour importer ensuite les données, choisissez le menu Fichier>Importer>Données tabulaires ou bien Document Excel. Le tableau est alors créé automatiquement.

Figure 5-24

Les commandes d'importation de données Excel et textes tabulés

Conclusion

La création de tableaux fût, depuis la création de Dreamweaver, un moyen de mise en page très usité. Les outils intégrés dans Dreamweaver ont été créés pour faciliter la tâche de l'intégrateur. La tendance actuelle préconise l'usage des blocs pour la mise en page, les tableaux étant utilisés uniquement pour la présentation de données. Dreamweaver a conservé l'ensemble des outils développés pour la création de tableaux complexes, ce qui vous permettra de concevoir et de réaliser très facilement des tableaux présentant de nombreuses données.

6

Les jeux de cadres
et les cadres flottants

Les jeux de cadres et les cadres flottants permettent d'intégrer des contenus de différentes pages HTML dans un seul et même écran et d'éviter ainsi le rechargement de certaines de ces pages à chaque transition. Ils ont été très utilisés dans les années passées comme méthode de mise en page, mais les inconvénients inhérents à leur structure, l'évolution de l'infrastructure d'Internet (haut débit...) et la généralisation de la mise en page à l'aide de feuilles de style, ont incité les créateurs de pages Web à les délaisser de plus en plus. Cependant, on les utilise toujours, surtout les cadres flottants, pour certaines applications, et c'est la raison pour laquelle nous leur avons consacré ce chapitre.

Principe des jeux de cadres et des cadres flottants

Les jeux de cadres permettent de diviser la fenêtre du navigateur en plusieurs cadres ayant chacun un fonctionnement indépendant. Chaque cadre peut afficher une page différente possédant sa propre URL. En général, un jeu de cadres définit une zone de navigation et une zone de contenu. Ainsi, vous pourrez par exemple découper la surface de l'écran du navigateur en deux cadres : le premier (cadre du haut ou latéral), affiche un menu contenant des liens permettant d'accéder aux différents contenus du site, alors que le second affiche les différentes pages de contenu correspondant aux cibles de ces liens. L'avantage d'une pareille structure évite le rechargement du menu à chaque changement de page, seule la page Web de contenu est rechargée.

Structure d'un jeu de deux cadres

Pour créer une structure minimale d'un jeu de deux cadres, vous devez disposer d'au moins trois fichiers. Le premier représente le jeu de cadres proprement dit. Il ne comporte pas de balise `<body>`, mais une balise `<frameset>` qui définit le nombre, l'emplacement et la taille de chaque cadre, ainsi que l'URL de la page qui s'y affiche initialement. C'est aussi dans ce fichier que les noms des cadres seront nommés afin de pouvoir ensuite s'y référer pour cibler les pages de contenu. Les deux autres fichiers correspondent à des pages Web traditionnelles (avec des balises `<body>`) qui seront affichées à l'intérieur des cadres et qui matérialisent la partie visible du système.

L'une de ces pages peut être, par exemple, un menu dans lequel nous aurions intégré des liens vers des pages de contenu qui s'afficheraient dans le second cadre, alors que la seconde page peut être la page Web de contenu par défaut (voir la figure 6-1).

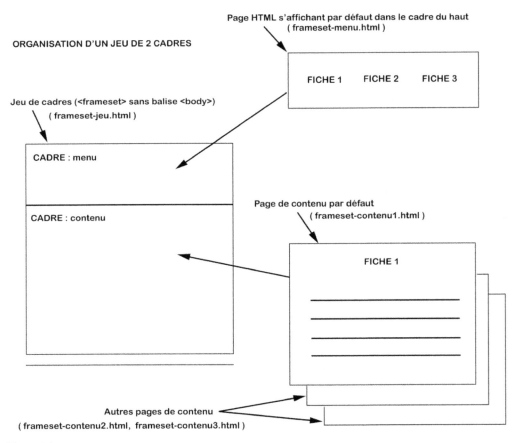

Figure 6-1

Organisation d'un système de jeu de cadres minimaliste

Structure d'un cadre flottant

La structure d'un jeu de cadres nécessite que le fichier comportant la balise `<frameset>` soit prévu initialement dans l'organisation des fichiers du site. Il est donc souvent difficile d'ajouter une structure de ce type dans un site existant. D'autre part, le découpage en cadres de la fenêtre du navigateur doit être réalisé sur toute la largeur ou sur toute la hauteur de l'écran.

La structure d'un cadre flottant (*iframe*) permet de dépasser ces limites. En effet, si la gestion du contenu affiché dans l'iframe peut être contrôlée de la même manière qu'avec un jeu de cadres. Le cadre flottant est inclus dans une page HTML classique (avec une balise `<body>`) ce qui permet ainsi d'insérer un cadre dans une page Web existante. D'autre part, le cadre étant flottant, le découpage de la fenêtre du navigateur peut être partiel, contrairement aux jeux de cadres traditionnels (voir la figure 6-2).

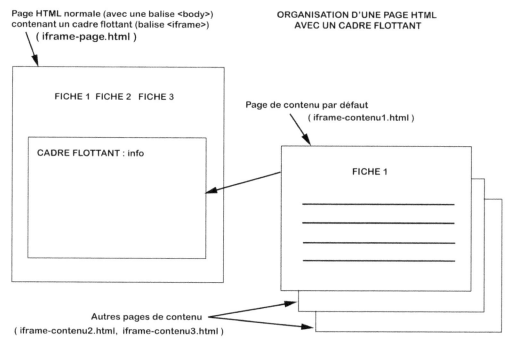

Figure 6-2

Organisation d'un système de cadre flottant (iframe)

Créer un jeu de cadres

Pour illustrer la création d'un jeu de cadres, nous allons recréer le site Montagne-65 et ses différentes rubriques (Histoires, Randonnées, Flore et Nous contacter). Le jeu de cadres sera constitué de deux cadres : un cadre supérieur dans lequel sera placé l'image d'en-tête des pages et le menu de navigation, et un cadre inférieur dans lequel viendront s'afficher les contenus des différentes pages du site accessibles depuis le menu.

La DTD des jeux de cadres

Un jeu de cadres se compose de deux types de documents : les documents constituant les pages HTML affichées dans le navigateur et un ou plusieurs documents qui définissent les cadres de la page. Les pages de documents peuvent être réalisées en utilisant un DOCTYPE XHTML 1.0 Strict puisqu'elles contiennent les mêmes éléments HTML qu'une page classique. En revanche, la page définissant les cadres ne peut pas utiliser un DOCTYPE XHTML 1.0 Strict puisqu'elle ne comporte pas de balise `<body>`.

Soyez rassuré, lorsque vous créez un jeu de cadres avec Dreamweaver, le fichier contenant la définition du jeu de cadres, transforme automatiquement son DOCTYPE en DTD HTML 4.01 Frameset ou bien en DTD XHTML 1.0 Frameset, suivant qu'il est issu d'un document avec un DOCTYPE en 4.01 ou en XHTML 1.0 Strict ; vous n'avez donc pas à vous soucier du DOCTYPE de votre jeu de cadres.

Cependant, il est intéressant de noter qu'afin de rendre vos mises en forme plus agréables, Dreamweaver autorise certains attributs de la balise `<frameset>`, qui ne font pourtant pas partie des spécifications de la W3C des deux DOCTYPE de frameset citées plus haut. Ainsi, pour votre information, sachez que les attributs `frameborder`, `framespacing` et `border` de `<frameset>`, créés automatiquement par Dreamweaver, ne sont pas compatibles avec ces spécifications, de même que l'écriture de la valeur `"No"` de l'attribut `scrolling` de la balise `frame` n'est pas conforme car cette valeur devrait apparaître en lettres minuscules (`"no"`).

Pour créer la structure du jeu de cadres, nous vous proposons de partir d'un document HTML existant dans lequel nous aurons préalablement intégré l'image d'en-tête et le menu (vous trouverez ce document dans les ressources en ligne du chapitre 6).

1. Ouvrez la page `frameset-menu_base.html` et enregistrez-la sous le nom `frameset-menu.html`.

2. Ouvrez la catégorie Mise en forme dans le panneau Insertion (voir repère ❶ de la figure 6-3), puis cliquez sur la petite flèche située à droite de l'icône Cadres en bas de la liste (voir repère ❷ de la figure 6-3).

3. Sélectionnez Cadre inférieur (voir repère ❸ de la figure 6-3) parmi les différents choix proposés afin que le contenu de la page courante conserve sa place dans le cadre supérieur et qu'un nouveau cadre s'ajoute dans la partie basse de la page (la partie bleue des découpes prédéfinies correspond à la page en cours alors que les parties blanches représentent les nouveaux cadres qui seront ajoutés).

4. La boîte de dialogue Attributs d'accessibilité des balises de cadre s'ouvre alors, vous invitant à renseigner le titre de chacun des cadres. Sélectionnez `bottomFrame` (cadre inférieur) dans la liste déroulante Cadre et saisissez `Contenu de la page` (voir repère ❹ de la figure 6-3) dans le champ Titre. Sélectionnez ensuite `mainFrame` (cadre supérieur) dans la liste déroulante Cadre et renseignez le champ Titre avec `Menu de navigation`. Cliquez sur OK pour valider vos choix.

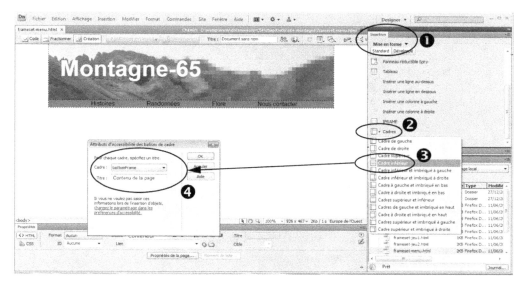

Figure 6-3

Création d'un jeu de cadres prédéfini

5. Dans le panneau Propriétés du jeu de cadres (les informations du jeu doivent s'afficher dès la validation de la boîte de dialogue, sinon cliquez sur la bordure du cadre pour les faire apparaître), sélectionnez Non dans la liste déroulante Bordures. Le jeu n'ayant pas de bordure, il est donc inutile de renseigner la couleur de bordure, ainsi que sa largeur, pour laquelle nous conserverons la valeur par défaut, soit 0 (voir repère ❶ de la figure 6-4).

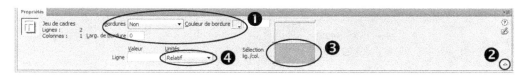

Figure 6-4

Configuration du panneau Propriétés d'un jeu de cadres

6. Assurez-vous que la partie basse du panneau Propriétés est bien visible. Dans le cas contraire, cliquez sur la flèche située en bas à droite du panneau (voir repère ❷ de la figure 6-4) pour pouvoir accéder au sélecteur de cadre. Cliquez sur le cadre inférieur dans le sélecteur (la zone grisée doit s'afficher en bas, voir repère ❸ de la figure 6-4), puis sélectionnez l'option Relatif dans la liste déroulante Unités (voir repère ❹ de la figure 6-4). Le cadre inférieur s'ajustera ainsi à la zone qui sera encore disponible dans l'écran du navigateur une fois que la taille du cadre supérieur sera définie.

Bordures de cadre

Vous pouvez choisir d'afficher ou de masquer les bordures d'un cadre. Si vous souhaitez qu'elles soient visibles, vous devrez alors préciser de quelle façon elles le seront (taille, couleur). Pour cela, renseignez les propriétés Bordures, Larg. de bordure et Couleur de bordure du panneau Propriétés du jeu de cadres ou paramétrez ces options au niveau de chaque cadre. En cas de conflit, ce sont les choix de la bordure du cadre qui seront prioritaires et les paramètres de bordures du jeu de cadres seront ignorés.

Paramètres des bordures d'un jeu de cadres

Pour paramétrer les bordures d'un jeu de cadres, vous devez avoir préalablement sélectionné le jeu de cadres en cliquant sur la bordure d'un cadre dans la fenêtre Document ou sur la bordure qui entoure les cadres dans la fenêtre Cadres, accessible depuis le menu Fenêtre>Cadres (voir figure 6-5). Dans le panneau Propriétés d'un jeu de cadres, trois paramètres peuvent être configurés :

*   Liste déroulante Bordures – Permet de configurer le type de bordure du jeu de cadres. Trois choix sont disponibles :
    *   Oui – La bordure sera affichée en 3D et en couleur ;
    *   Non – Les cadres seront affichés en 2D et en niveaux de gris ;
    *   Par défaut – Le choix du type de bordure sera confié au paramétrage du navigateur (en général, Oui).
*   Champ Couleur de bordure – Permet de définir la couleur de toutes les bordures du cadre concerné. Si une autre couleur de bordure est spécifiée dans un des cadres du jeu, elle sera prioritaire.
*   Champ Larg. de bordure – Permet de préciser la largeur des bordures du jeu de cadres concerné. Pour n'afficher aucune bordure, conservez la valeur par défaut, soit 0.

Paramètres des bordures d'un cadre particulier

Pour paramétrer les bordures d'un cadre particulier, vous devez au préalable le sélectionner en cliquant sur le cadre en rapport dans la fenêtre Cadres (voir figure 6-5, si la fenêtre Cadres n'est pas visible, vous pouvez l'afficher depuis le menu Fenêtre>Cadre ou encore avec le raccourci clavier Maj + F12). Dans le panneau Propriétés d'un cadre, deux paramètres peuvent être configurés :

*   Liste déroulante Bordures – Permet de paramétrer le type de bordure pour un cadre particulier. Les options sont les mêmes que pour le jeu de cadres (Oui, Non et Par défaut). À noter que pour désactiver une bordure, tous les autres cadres adjacents doivent être paramétrés sur Non.
*   Champ Couleur de bordure – Permet de définir une couleur de bordure spécifique pour toutes les bordures du cadre concerné.

---

7. Sélectionnez le cadre du haut dans le sélecteur et choisissez cette fois Pixels dans la liste déroulante Unités. Si vous connaissez la valeur de l'image d'en-tête et de son menu, saisissez-la dans le champ Ligne, sinon indiquez une valeur approximative dans un premier temps (par exemple, 200) avant d'ajuster sa taille à l'aide de la souris en suivant la procédure ci-après. Dans la fenêtre Document, cliquez sur la barre de séparation des deux cadres et, tout en maintenant le bouton de la souris enfoncé, déplacez-la sur le bas du menu. L'unité Pixels que nous avons sélectionné définit la taille de la ligne (soit la hauteur du cadre s'il s'agit d'un cadre horizontal) ou la taille de la colonne (soit la largeur du cadre s'il s'agit d'un cadre vertical) suivant une valeur absolue.

Unités de la taille des cadres

Pour paramétrer la taille des différents cadres et leur allouer ainsi un espace réservé, vous devez renseigner les propriétés Unités et Valeur du panneau Propriétés du jeu de cadres. Pour cela, vous devez préalablement sélectionner le jeu de cadres en cliquant sur la bordure d'un cadre dans la fenêtre Document ou sur la bordure qui entoure les cadres dans la fenêtre Cadres (voir figure 6-5). Trois unités différentes sont disponibles :

- Pixels – Permet de paramétrer la taille du cadre (colonne ou ligne) avec une valeur absolue en pixels. Cette option est bien adaptée pour un cadre dont la taille ne doit pas varier en fonction de la dimension totale du jeu de cadres (correspond en général à celle de la fenêtre du navigateur). Ce choix est souvent associé avec un autre cadre configuré en Relatif afin que ce dernier puisse combler la différence entre la taille totale du jeu de cadres et la taille du cadre configuré en pixels.

- Pourcentage – Permet de paramétrer la taille du cadre (colonne ou ligne) avec une valeur relative à la taille totale du jeu de cadres. En général, les autres cadres du même jeu doivent aussi être configurés en pourcentage afin que la somme des valeurs soit égale à 100 %. Cependant, si des valeurs en pixels sont attribuées aux autres cadres, elles seront prioritaires aux valeurs en pourcentage.

- Relatif – Permet de paramétrer la taille d'un cadre (colonne ou ligne) afin de combler l'espace encore disponible par rapport à la dimension totale du jeu de cadres (correspond en général à celle de la fenêtre du navigateur). Si vous choisissez cette unité, Dreamweaver indiquera automatiquement la valeur 1 dans le champ Valeur. Cette valeur sera ensuite traduite dans le code source du jeu de cadres par un caractère * en lieu et place de la valeur correspondante.

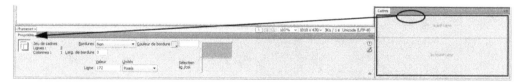

Figure 6-5

Sélection du jeu de cadres en cliquant sur le contour des cadres dans la fenêtre Cadres

8. Vous allez à présent utiliser la fenêtre Cadre pour configurer notre jeu de cadres. Si elle n'est pas visible, affichez la via le menu Fenêtre>Cadres ou à l'aide du raccourci clavier Maj + F2 (ou Shift + F2 sur Mac). Dans cette fenêtre, cliquez alors dans le cadre supérieur `mainFrame` (voir repère ❶ de la figure 6-6), puis renseignez son nom dans le panneau Propriétés, soit `menu` pour notre exemple (voir repère ❷ de la figure 6-6).

9. Sélectionnez Non dans la liste déroulante Bordures et ne spécifiez aucune valeur dans le champ Couleur de bordure (voir repère ❸ de la figure 6-6) de manière à confirmer le choix que nous avons pris pour le paramétrage du jeu de cadres (ne pas afficher les barres de séparation des cadres).

10. Choisissez Non dans la liste déroulante Défiler de manière à masquer la barre de défilement du cadre quelle que soit la taille du contenu. Cochez l'option « Ne pas redimens. » afin que l'utilisateur ne puisse pas redimensionner le cadre depuis le navigateur (voir repère ❹ de la figure 6-6).

11. En bas du panneau Propriétés, deux champs vous permettent de configurer les marges internes du cadre sélectionné (voir repère ❺ de la figure 6-6) :

– Champ Largeur de marge – Permet de configurer la taille en pixels d'une marge intérieure du cadre, de manière que le contenu du cadre puisse être décalé par rapport à son bord gauche.

– Champ Hauteur de marge – Permet de configurer la taille en pixels qui séparera le contenu du cadre du bord haut du cadre.

Pour notre exemple, il n'est pas utile de renseigner ces champs car ces informations sont gérées par un style appliqué aux pages qui s'afficheront dans les cadres. Dans un tout autre contexte, il pourra être intéressant de contrôler directement ces marges depuis le panneau Propriétés du cadre concerné, notamment si l'on désire appliquer les mêmes marges internes quelle que soit la page affichée dans le cadre.

Paramétrage d'un cadre

Pour accéder aux paramètres d'un cadre, vous devez au préalable le sélectionner dans la fenêtre Cadres ou en cliquant dessus tout en maintenant la touche Alt enfoncée depuis la fenêtre Document. En plus du paramétrage de la bordure et de sa couleur (voir encadré précédent « Bordures de cadre »), le panneau Propriétés d'un cadre propose d'autres paramètres :

- Champ Nom du cadre – Permet de renseigner le nom du cadre. Même si celui-ci n'est pas obligatoire, il est cependant recommandé de l'indiquer car il peut être repris comme référence dans un script ou comme cible dans un lien hypertexte (attribut `target`). Le nom du cadre ne doit comporter qu'un seul mot, être constitué exclusivement de caractères alphanumériques sans accent ou du caractère de soulignement (_) et commencer par une lettre.

- Champ Src – Permet d'indiquer l'URL de la page Web qui sera affichée par défaut dans le cadre lors de l'appel initial du jeu de cadres. Pour cela, il suffit de cliquer sur l'icône Rechercher le fichier et de sélectionner la page correspondante. À noter que l'URL renseignée dans ce champ peut être relative par rapport à l'emplacement du jeu de cadres ou absolue (par exemple, `http://www.eyrolles.com`) si vous désirez afficher dans la page de votre site un contenu situé dans un autre site.

- Liste déroulante Défiler – Permet d'indiquer si la barre de défilement doit apparaître ou non. Plusieurs options sont proposées :

  – Oui – Permet de forcer l'apparition ;

  – Non – Permet de bloquer son apparition ;

  – Auto – Permet de conditionner son apparition si la taille du contenu est supérieure à celle du cadre ;

  – Par défaut – Permet d'utiliser la valeur par défaut du navigateur (en général, Auto).

- Case à cocher Ne pas redimens. – Permet d'empêcher l'utilisateur de redimensionner lui-même la taille d'un cadre depuis le navigateur.

- Champ Largeur de marge – Permet de configurer la marge latérale qui séparera le contenu de la page affichée dans le cadre du bord gauche du jeu de cadres.

- Champ Hauteur de marge – Permet de configurer la marge verticale qui séparera le contenu de la page affichée dans le cadre du bord haut du jeu de cadres.

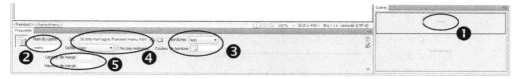

Figure 6-6

Configuration du panneau Propriétés d'un cadre

12. Cliquez à présent sur le cadre inférieur dans la fenêtre Cadres et saisissez `contenu` dans le champ Nom du cadre du panneau Propriétés. Attribuez-lui les mêmes paramètres que le cadre `menu` pour les propriétés Bordures, Couleur de bordure et Ne pas redimens. Sélectionnez cette fois Auto dans la liste déroulante Défiler afin que la barre de défilement apparaisse automatiquement si le contenu de la page est plus important que la taille du cadre.

13. Vous avez certainement remarqué que le cadre `menu` était déjà lié avec la page du menu (`frameset-menu.html`) ouverte au début de la procédure (voir repère ❹ de la figure 6-6). Il n'en est pas de même pour le cadre `contenu` dont la propriété `src` est associée à une valeur provisoire attribuée automatiquement par Dreamweaver. Il convient donc maintenant de relier une page Web avec le contenu du cadre par défaut `contenu`. Pour cela, cliquez sur l'icône Rechercher le fichier et sélectionnez la page `frameset-contenu1.html`. Le jeu de cadres n'étant pas encore enregistré, un message d'alerte vous avertit que Dreamweaver utilisera un chemin provisoire pour ce fichier en attendant l'enregistrement définitif du jeu de cadres. Cliquez sur OK.

14. Avant d'enregistrer le jeu de cadres, activez-le en cliquant sur la bordure d'un cadre dans la fenêtre Document ou sur la bordure qui entoure les cadres dans la fenêtre Cadres (le panneau Propriétés du jeu de cadres doit alors apparaître en bas de la fenêtre Document, voir figure 6-5). Sélectionnez ensuite le menu Fichier>Enregistrer le jeu de cadres et enregistrez le jeu de cadres sous le nom `frameset-jeu.html`.

Enregistrement d'un cadre et d'un jeu de cadres

Vous pouvez enregistrer un jeu de cadres et ses cadres de façon individuelle (un cadre à la fois) ou groupée :

- Enregistrement individuel d'un jeu de cadres – Assurez-vous que le jeu de cadres est bien sélectionné et choisissez le menu Fichier>Enregistrer le jeu de cadres. Pour l'enregistrer dans un nouveau fichier, choisissez Fichier>Enregistrer le jeu de cadres sous.

- Enregistrement individuel d'un cadre – Assurez-vous que le cadre est bien sélectionné et choisissez le menu Fichier>Enregistrer le cadre ou Fichier>Enregistrer le cadre sous pour le sauvegarder dans un nouveau fichier.

- Enregistrement de l'ensemble du jeu de cadres et de ses cadres – Pour effectuer cette opération, il est recommandé de fermer au préalable les autres fichiers et de ne laisser ouvert que les fichiers appartenant au jeu de cadres. Sélectionnez ensuite le menu Fichier>Enregistrer tout. À chaque enregistrement, une zone grisée apparaîtra autour de l'élément (cadres ou jeu de cadres) en cours d'enregistrement. Observez bien cette assistance visuelle avant de nommer vos fichiers en conséquence.

15. Tous les fichiers du jeu de cadres sont maintenant enregistrés. Appuyez sur la touche F12 (ou Option + F12 sur Mac) pour tester le jeu de cadres dans le navigateur. Le menu doit s'afficher correctement dans le cadre supérieur et la page de contenu par défaut (`frameset-contenu1.html`) doit apparaître dans le cadre inférieur. Les liens du menu ne fonctionnent pas car ils n'ont pas encore été configurés pour gérer le contenu du cadre inférieur. La section suivante présente la marche à suivre pour paramétrer les liens.

Configurer les liens d'un jeu de cadres

La page ciblée par un lien hypertexte s'affiche par défaut dans le cadre en cours. Dans la majorité des cas, les liens hypertextes intégrés dans un jeu de cadres doivent interagir (en changeant le contenu du cadre, par exemple) dans un cadre différent de celui dans lequel ils sont placés. Il convient donc de configurer la cible (attribut `target` de la balise `<a>`) de chaque lien hypertexte afin de spécifier dans quel cadre la page correspondante à l'URL du lien devra s'ouvrir.

Pour notre exemple, nous désirons afficher les différentes pages Web correspondant aux rubriques du site Montagne-65 dans le cadre contenu (cadre inférieur du jeu de cadres). Il convient donc de configurer la cible des liens hypertextes du menu de sorte que la page paramétrée dans l'URL de chaque lien hypertexte s'affiche dans le cadre `contenu`.

1. Ouvrez le jeu de cadres `frameset-jeu.html` réalisé précédemment.

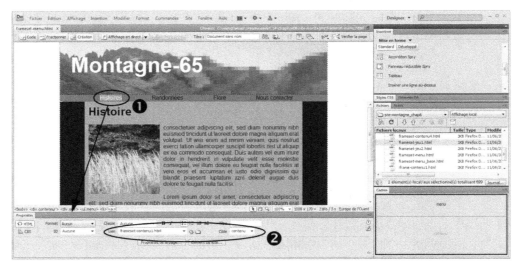

Figure 6-7

Configuration d'un lien hypertexte d'un jeu de cadres

2. Dans le cadre supérieur, sélectionnez le premier lien du menu, soit Histoires, pour notre exemple (voir repère ❶ de la figure 6-7). Dans le panneau Propriétés, cliquez

sur l'icône Rechercher le fichier et sélectionnez la page correspondante à cette rubrique, soit `frameset-contenu1.html` pour notre exemple.

3. Sélectionnez ensuite le cadre `contenu` dans la liste déroulante Cible, il s'agit du cadre que nous avions attribué au cadre inférieur lors de la création du jeu de cadres (voir repère ❷ de la figure 6-7).

4. Procédez de la même manière pour les autres liens du menu en choisissant toujours le cadre `contenu`, mais en sélectionnant pour chaque lien la page correspondante (pour notre exemple, `frameset-contenu2.html`, `frameset-contenu3.html`...).

5. Assurez-vous que le cadre `menu` est bien sélectionné (dans le cas contraire, cliquez dessus) et enregistrez la page `frameset-menu.html` via le menu Fichier>Enregistrer le cadre ou à l'aide du raccourci clavier Ctrl + S (Cmd + S sur Mac). Testez ensuite le jeu de cadres dans le navigateur en appuyant sur la touche F12 (ou Option + F12 sur Mac). Vous devriez désormais pouvoir changer le contenu du cadre inférieur en cliquant sur le lien hypertexte de chaque rubrique depuis le menu du cadre supérieur.

Cibles génériques

La cible d'un lien hypertexte (attribut `target`) correspond au cadre dans lequel va s'ouvrir le fichier configuré dans le lien. Les différents noms de cadre renseignés lors de la création du jeu de cadres sont automatiquement ajoutés à la liste déroulante Cible d'un lien placé dans un cadre. Il existe cependant quatre cibles génériques qui seront toujours présentes dans la liste déroulante Cible :

- `_blank` – Permet d'ouvrir le fichier dans une nouvelle fenêtre du navigateur, la fenêtre en cours restant ouverte en arrière-plan.

- `_parent` – Permet d'ouvrir le fichier dans le jeu de cadres parent du lien en remplaçant le jeu de cadres par le nouveau fichier.

- `_self` – Permet d'ouvrir le fichier dans le même cadre que celui où se trouve le lien en remplaçant le contenu en cours par le nouveau fichier (comportement par défaut en l'absence de cible).

- `_top` – Permet d'ouvrir le fichier dans le jeu de cadres le plus haut dans la hiérarchie du cadre courant en remplaçant tous les cadres et jeux de cadres en cours (cette option est surtout utilisée en présence de cadres imbriqués).

Configurer du contenu sans cadre (noframe)

Lorsque les jeux de cadres ont été créés, certains navigateurs ne pouvaient pas les interpréter et la solution était alors d'ajouter une balise `<noframe>` contenant le code HTML d'une page alternative. Désormais, tous les navigateurs récents sont capables d'interpréter les jeux de cadres. Cependant, certains robots de moteur de recherche (dont le comportement est semblable à celui des anciens navigateurs) ne peuvent toujours pas interpréter correctement les contenus des jeux de cadres (ou ne le font que partiellement). Il est donc recommandé de continuer de renseigner le contenu de la balise `<noframe>` en y insérant des mots-clés et des liens hypertextes menant aux différentes pages de contenu afin d'améliorer la visibilité de votre jeu de cadres sur Internet.

Dans Dreamweaver, lorsque vous créez un jeu de cadres, cette balise `<noframe>` est automatiquement insérée entre les balises `</frameset>` et `</html>` de la page du jeu de cadres (pour s'en convaincre il suffit d'afficher le code du jeu de cadres créé précédemment dans Dreamweaver).

Le contenu de cette balise `<noframe>` étant destiné initialement à être affiché comme une page Web alternative au jeu de cadres, il sera structuré comme le corps d'une page HTML traditionnelle et sera donc placé, comme il se doit, dans une balise `<body>`.

Bien entendu, vous pourriez créer le contenu de la page alternative en mode Code, mais Dreamweaver dispose d'une fonctionnalité qui vous permettra de le faire en mode Création. Voici la marche à suivre pour cela :

1. Sélectionnez le jeu de cadres et enregistrez-le dans un nouveau fichier via le menu Fichier>Enregistrer le jeu de cadres sous. Pour notre exemple, nommez ce fichier `frameset-jeu2.html` pour le dissocier du précédent qui n'aura pas de contenu alternatif.

2. Sélectionnez le menu Modifier>Jeu de cadres>Modifier le contenu sans cadres (voir repères ❶, ❷ et ❸ de la figure 6-8).

3. Une page blanche doit alors s'afficher dans la fenêtre Document. Il suffit maintenant d'y ajouter le contenu de la page alternative de la même manière que pour une page Web traditionnelle. Vous pourriez, par ailleurs, mettre en forme ce contenu avec des règles CSS, mais étant donné que cette page est principalement destinée aux robots, une structure HTML contenant une hiérarchie de balises `<h>` (`<h1>`, `<h2>`, etc., voir repères ❹ et ❺ de la figure 6-8) et des liens hypertextes pointant sur les pages des différentes rubriques (voir repère ❻ de la figure 6-8) devrait suffire pour que les robots puissent recueillir les mots-clés nécessaires à l'indexation de la page et accéder aux autres pages de contenu afin de les indexer à leur tour.

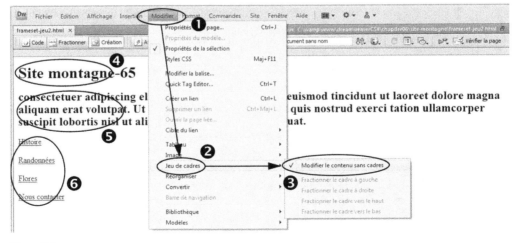

Figure 6-8

Configuration du contenu de la balise <noframe>

4. Enregistrez la nouvelle page du jeu de cadres via le menu Fichier>Enregistrer le jeu de cadres ou à l'aide du raccourci clavier Ctlr + S (Cmd + S sur Mac) et testez-la dans le navigateur en appuyant sur la touche F12 (ou Option + F12 sur Mac) (pour votre test, affichez le code source du fichier du jeu de cadres afin de vous assurer de la présence de la balise `<noframe>` et de son contenu).

Créer un cadre flottant (iframe)

Comme nous l'avons déjà indiqué précédemment, les cadres flottants (*iframes*) peuvent être intégrés dans une page HTML traditionnelle (contenant une balise `<body>`) et permettent d'insérer facilement dans une page Web le contenu d'une autre page du même site ou d'un site différent (il faudra utiliser dans ce cas un lien absolu, par exemple `http://www.eyrolles.com/mapage.html`).

Si le cadre flottant est correctement nommé, il est possible de configurer un menu placé dans la page Web parent de la même manière que pour un jeu de cadres traditionnel afin de commander l'affichage de différentes pages de contenu dans la fenêtre du cadre flottant.

Pour insérer un cadre flottant dans une page Web, Dreamweaver met à votre disposition l'outil IFRAME, accessible depuis la catégorie Mise en forme de la barre Insertion. Pour illustrer son utilisation, nous vous proposons de créer une page dans laquelle nous intégrerons deux images cliquables qui permettront d'afficher le titre et le descriptif de chaque image dans un cadre flottant (les informations des images doivent au préalable être enregistrées dans deux pages Web qui seront appelées dans le cadre flottant).

1. Créez tout d'abord les deux pages de contenu qui contiendront le titre et le descriptif des deux images (pour notre exemple, nous nommerons les pages `iframe-contenu1.html` et `iframe-contenu2.html`).

2. Ouvrez une troisième page HTML standard (avec une balise `<body>`), enregistrez-la sous le nom `iframe-page.html` et insérez deux images cliquables à gauche (voir repères ❶ et ❷ de la figure 6-9). Pour disposer les éléments dans la page, vous pouvez utiliser la mise en forme de votre choix (à l'aide des tableaux ou des règles de CSS), cela n'aura aucune incidence sur le fonctionnement du système.

   Si vous utilisez une mise en forme à l'aide de tableaux, placez le curseur de la souris dans la cellule du tableau destinée à recevoir le cadre flottant. Si vous utilisez une mise en forme à l'aide des règles de CSS, placez-le dans le coin supérieur gauche de la page (vous associerez ensuite un style de positionnement à la balise `<iframe>` une fois qu'elle sera en place dans le code de la page).

3. Une fois le curseur en place au point d'insertion du cadre flottant dans la page, cliquez sur l'icône IFRAME de l'onglet Mise en forme du panneau Insertion (voir repère ❸ de la figure 6-9). Dreamweaver ajoute automatiquement la balise `<iframe>` au point d'insertion et l'affichage bascule en mode Code.

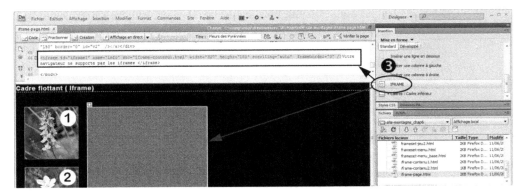

Figure 6-9

Configuration d'une balise <iframe>

4. Placez le curseur de la souris dans la balise <iframe> (juste avant le caractère >) et saisissez les attributs du code suivant en vous aidant de l'assistant à la saisie (Ctrl + Espace).

```
<iframe id="iframe1" name="info" src="iframe-contenu1.html" width="327" height="150"
  scrolling="auto" frameborder="0" >Votre navigateur ne supporte pas les iframes
  </iframe>
```

Principales propriétés d'un cadre flottant (iframe)

Hormis les attributs height et width qui permettent de définir la hauteur et la largeur du cadre flottant, les propriétés de la balise <iframe> sont semblables à celles des jeux de cadres :

- Attribut src – Chemin conduisant à la page Web (URL) qui sera affichée par défaut dans le cadre flottant.

- Attribut name – Nom attribué au cadre flottant et qui pourra être repris ensuite par des programmes JavaScript et comme valeur de l'attribut target d'un lien hypertexte placé dans la page parent pour cibler le cadre concerné.

- Attribut frameborder – Permet de contrôler l'affichage de la bordure du cadre flottant. Cette propriété peut être configurée avec la valeur 1 afin d'afficher une bordure autour du cadre ou avec la valeur 0 pour masquer la bordure.

- Attribut scrolling – Permet de contrôler l'affichage des barres de défilement dans le cadre flottant. La valeur yes force l'affichage d'une barre de défilement horizontale et verticale, la valeur no le bloque. Quant à la valeur auto, elle permet d'afficher une barre de défilement uniquement si la taille de la page affichée à l'intérieur du cadre est supérieure à la taille de ce dernier.

- Attribut height – Hauteur du cadre en pixels.

- Attribut witdh – Largeur du cadre en pixels.

À noter que si le navigateur ne peut par interpréter les cadres flottants, ce sont les informations saisies entre les balises <iframe> et </iframe> qui seront affichées dans la page Web.

5. Une fois la saisie du code terminée, revenez en mode Création et sélectionnez la première image (voir repère ❶ de la figure 6-10). Dans le panneau Propriétés, cliquez ensuite sur l'icône Rechercher le fichier et sélectionnez le fichier iframe-contenu1.htm réalisé précédemment (voir repère ❷ de la figure 6-10).

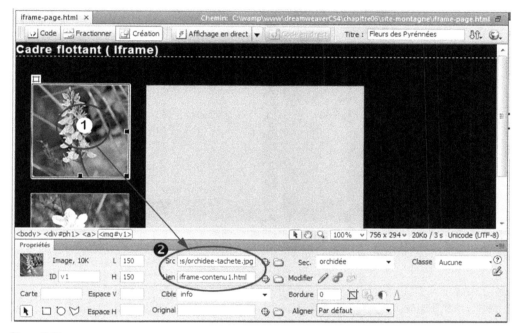

Figure 6-10
Configuration des liens vers le cadre flottant

6. Dans le champ Cible, saisissez la valeur de l'attribut name que nous avons configuré dans le code de la balise <iframe>, soit info pour notre exemple.

7. Sélectionnez la seconde image et paramétrez également la propriété Cible avec la valeur info mais, cette fois, sélectionnez le fichier iframe-contenu2.htm dans le champ Lien.

8. Enregistrez la page et testez-la dans le navigateur en appuyant sur la touche F12 (ou Option + F12 sur Mac). Lors du premier affichage, le cadre flottant doit afficher le contenu de la page par défaut correspondant à la première image, soit iframe-contenu1.htm. Cliquez ensuite sur la seconde image (voir repère ❶ de la figure 6-11) afin de vérifier que la page Web affichée dans le cadre flottant change bien et affiche désormais la seconde page de contenu, soit iframe-contenu2.htm (voir repère ❷ de la figure 6-11).

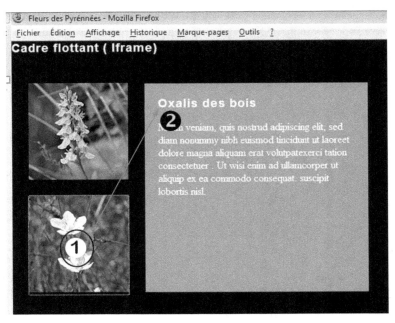

Figure 6-11
Test du cadre flottant dans le navigateur

Les inconvénients des jeux de cadres et des cadres flottants

Le référencement des structures de cadres

Les jeux de cadres, un frein au référencement

Les jeux de cadres sont souvent mal interprétés par les robots des moteurs de recherche et constituent un frein au référencement. Si vous utilisez une structure de jeu de cadres pour la page d'index d'un site, il est alors vivement conseillé d'ajouter une balise `<noframe>` contenant les différents liens hypertextes vers les pages de contenu, sans quoi vous risquez de bloquer l'indexation de toutes les autres pages du site.

Le problème de l'indexation isolée d'une page de contenu

Dans une structure de jeu de cadres ou de cadres flottants dont le contenu est géré par un menu, l'indexation isolée des pages de contenu peut poser des problèmes lors de leur affichage dans un navigateur. En effet, si une page de contenu isolée est rappelée depuis les résultats d'un moteur de recherche, elle s'affichera alors dans le navigateur sans son cadre parent (et donc sans son menu de navigation dans le cas présent) ce qui peut être très déroutant pour l'internaute, bloquant du même coup l'accès aux autres pages de contenu du site.

Il existe cependant un moyen pour qu'une page de contenu s'affiche avec son cadre parent. En effet, il suffit pour cela d'insérer dans chaque page de contenu le code Java-Script ci-dessous (remplacez `page-parent.html` par le nom du jeu de cadres ou de la page Web contenant l'iframe dans le cas d'un cadre flottant). Ainsi, si l'on appelle une page de contenu isolée, son jeu de cadres parent rappelant le menu de navigation s'affichera automatiquement et permettra ainsi à l'internaute d'accéder aux autres pages du site (en guise de démonstration, vous pouvez appeler la page `iframe-contenu1.html` dans laquelle a été intégré ce script).

```
<SCRIPT LANGUAGE="JavaScript">
if (parent.frames.length < 1)
{
  document.location.href = 'page-parent.html';
}
</SCRIPT>
```

L'enregistrement dans les Favoris

L'enregistrement des pages affichées dans une structure à jeux de cadres dans les Favoris d'un navigateur peut aussi poser des problèmes car c'est URL du jeu de cadres (ou celle de la page parent de l'iframe) avec sa page de contenu par défaut qui sera enregistrée dans les signets du navigateur, et non le contenu visible au moment de l'enregistrement.

Ainsi, par la suite, lorsque l'internaute désirera afficher de nouveau la page mémorisée dans ses favoris, il affichera la page du jeu de cadres avec le contenu du cadre par défaut et non celui affiché lors de l'enregistrement dans ses favoris.

Conclusion

Même si les jeux de cadres sont de moins en moins utilisés aujourd'hui, cette technique reste néanmoins incontournable pour quelques applications. Dans ce cas, il convient de bien connaître leurs inconvénients et de mettre en place des solutions adaptées pour y remédier. Ainsi, il est recommandé de renseigner la balise `<noframe>` avec du contenu HTML alternatif et des liens hypertextes (qui permettront aux robots d'accéder à toutes les pages du site). De même, si une page HTML destinée à s'afficher dans un cadre spécifique vient à être appelée seule dans le navigateur (c'est-à-dire lorsque l'URL de cette page est saisie directement), et cela au risque de priver l'internaute du menu de navigation, il faut alors ajouter un code JavaScript pour le conteneur parent soit appelé automatiquement.

7

Les formulaires et leur validation Spry

Principe d'un formulaire

Les formulaires publiés sur le Web présentent beaucoup de similitudes avec ceux au format papier. Leur objectif commun est de recueillir des informations en vue de les analyser, puis de les traiter. Sur le Web, le traitement sera réalisé par un programme serveur vers lequel sera dirigé le flux d'informations issu de la saisie de l'internaute. Ce programme peut être réalisé par un script CGI ou avec une technologie serveur telle que PHP, par exemple. Les informations que le formulaire récupérera doivent être méticuleusement organisées et chaque donnée doit être liée à un intitulé qui la caractérise (en général, il s'agit du nom attribué au champ de saisie concerné).

Délimiter les frontières d'un formulaire

Au même titre qu'un formulaire papier est souvent délimité par un cadre, ou à défaut par la feuille de papier sur lequel il est imprimé, les « frontières » d'un formulaire Web doivent être, elles aussi, précisément définies. Ainsi, chaque élément qui le constitue doit se trouver à l'intérieur de ses frontières, matérialisées par une balise spécifique, nommée <form>.

Les méthodes GET ou POST

Comme pour la plupart des applications Web, le transfert des différents couples intitulé/valeur issus du formulaire vers le programme serveur qui en assurera le traitement, utilise le protocole HTTP (_HyperText Transfer Protocol_). L'envoi de cette requête serveur peut être réalisé selon deux méthodes :

- La première méthode, GET, ajoutera les couples d'informations à la suite du nom du programme de traitement selon le format d'URL (par exemple : `contact.php?nom=Toto&prenom=jean`). L'inconvénient de cette méthode est que les informations sont visibles de tous, dans la barre d'adresse du navigateur, et que le nombre total de caractères dans l'URL est limité à 255.

- La seconde méthode, POST, regroupera les mêmes couples d'informations dans une variable d'environnement placée dans le corps de la requête. Les données envoyées sont ainsi invisibles pour l'utilisateur et leur nombre n'est plus limité comme avec la méthode GET.

En pratique, le type de méthode utilisée doit être déclaré dans tous les formulaires Web. À cet effet, un attribut spécifique nommé `method` est configuré dans chaque balise `<form>`.

La cible du formulaire

Le destinataire d'un questionnaire papier doit être clairement identifié, notamment si le formulaire doit lui être envoyé par courrier. Il en est de même pour le formulaire Web, pour lequel le chemin menant au programme chargé de traiter les informations doit être clairement spécifié.

En pratique, l'URL du programme destinataire des informations est déclarée dans un attribut spécifique nommé `action` de la balise `<form>` du formulaire.

La zone de formulaire

L'indispensable balise de formulaire

La première action à mener pour créer un formulaire consiste à matérialiser la zone du formulaire en créant une balise `<form>`. Celle-ci délimitera les bornes au-delà desquelles l'insertion d'éléments de formulaire ne sera pas possible. En d'autres termes, un élément de formulaire doit être obligatoirement intégré à l'intérieur d'une balise `<form>`. Si vous tentez d'ajouter un élément de formulaire avant d'avoir défini la zone du formulaire, une boîte de dialogue s'affichera dans Dreamweaver, vous rappelant à l'ordre et vous invitant à ajouter au préalable une balise `<form>`.

Les attributs de la balise de formulaire

Nous avons vu précédemment que deux attributs de la balise `<form>` sont nécessaires à son usage, mais il en existe d'autres dont voici la description :

❶ Le champ Nom du formulaire configure l'attribut `id` et permet d'identifier précisément le formulaire. Même s'il n'est pas fréquent que plusieurs formulaires partagent la même page Web, ceci est cependant possible et l'identifiant du formulaire permettra dans ce cas de les distinguer.

❷ Le champ Action configure l'attribut `action` et permet de spécifier l'URL du programme qui prendra en charge le traitement des données. L'URL peut être relative ou absolue, dans le second cas, le chemin devra commencer par `http://` (exemple : `http://www.eyrolles.fr`).

❸ La liste déroulante Cible configure l'attribut `target` et permet de préciser dans quelle fenêtre doit être appelé le programme de traitement. Par défaut, celui-ci s'ouvrira dans la fenêtre active, mais si vous travaillez avec un jeu de cadres, il vous sera alors possible de préciser le nom d'un cadre spécifique.

❹ La liste déroulante Méthode configure l'attribut `method` et permet de transférer les données vers le programme de traitement. Vous pouvez choisir d'utiliser soit la méthode GET, soit la méthode POST (voir la section « Méthodes GET ou POST » dans ce chapitre). Le champ Méthode (voir repère ❹ de la figure 7-1) permet de définir l'option choisie.

❺ La liste déroulante Enctype configure l'attribut `enctype` et permet de définir le type MIME qui sera utilisé pour encoder les données envoyées au programme de traitement. Par défaut, le type `application/x-www-form-urlencoded` est utilisé, mais si vous désirez joindre des fichiers à l'envoi de vos données, il faudra alors choisir le type `multipart/form-data`. À noter que Dreamweaver configure automatiquement ce champ dès que vous ajoutez un champ de fichier dans le formulaire.

❻ La liste déroulante Classe configure l'attribut `class` et permet d'appliquer une classe à tout le formulaire.

Figure 7-1

Panneau Propriétés d'une balise de formulaire

Insérer et configurer une balise de formulaire

Pour insérer une balise de formulaire dans une page, cliquez sur de la catégorie Formulaires du Panneau Insertion, puis sur le bouton Formulaire. En mode Création, dès que la balise de formulaire est ajoutée à la page, elle est matérialisée par un cadre en pointillés rouges. Sélectionnez-la afin d'afficher ses caractéristiques dans le panneau Propriétés (s'il n'est pas visible, activez-le depuis le menu Fenêtre>Propriétés ou via le raccourci clavier Ctrl + F3).

Pour illustrer notre propos, nous vous proposons de créer un formulaire de contact pour le site Montagne-65.

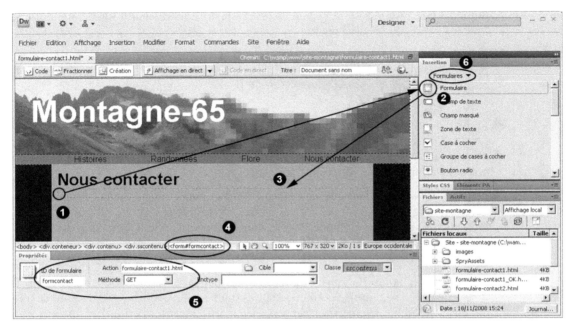

Figure 7-2

Création et configuration d'une balise de formulaire

1. Ouvrez la page `contact.html` du site Montagne-65 et enregistrez-la sous `formulaire-contact1.html`. Supprimez ensuite le contenu actuel de la page et changez son titre en `Nous contacter`.

2. Placez votre curseur dans la page, en dessous du titre (voir repère ❶), puis sélectionnez la catégorie Formulaires dans le menu placé en haut du panneau Insertion (voir repère ❻ de la figure 7-2), enfin cliquez sur le bouton Formulaire (voir repères ❷ et ❸ de la figure 7-2).

3. Assurez-vous que le formulaire est bien sélectionné et, si besoin, cliquez sur la balise du formulaire dans le sélecteur de balise (voir repère ❹ de la figure 7-2) pour afficher les caractéristiques du formulaire dans le panneau Propriétés (voir repère ❺ de la figure 7-2).

4. Renseignez l'identifiant du formulaire en saisissant `formcontact` dans le champ Nom du formulaire (voir repère ❺ de la figure 7-2).

5. Sélectionnez la méthode GET pour cette première application, cela permettra de vérifier que les informations saisies sont bien envoyées au format d'URL dans la barre d'adresse. À noter qu'en production, le choix de la méthode doit s'appuyer sur les exigences du programme de traitement vers lequel seront envoyées les données et qu'en pratique, la méthode POST est souvent utilisée pour des formulaires de ce genre.

6. Pour notre démonstration (comme nous ne disposons pas de programme de traitement serveur), nous nous contenterons d'envoyer les informations dans la page même où se trouve le formulaire. Pour cela, cliquez sur l'icône Rechercher le fichier, située à droite du champ Action, afin de sélectionner le fichier `formulaire-contact1.html`. En pratique, la valeur du champ Action doit correspondre à une page contenant un programme serveur capable de traiter les informations saisies. Celui-ci peut être intégré dans la même page que celle du formulaire ou être disponible dans un fichier serveur spécifique, par exemple une page PHP dans laquelle nous aurions inséré un script d'ajout de données dans une base. Pour plus de détails sur ce type de programme, reportez-vous au chapitre 21 de cet ouvrage.

7. Pour cette première application, il est inutile de renseigner les autres champs du panneau Propriétés, mais sachez qu'ils pourront être modifiés ultérieurement si besoin.

L'accessibilité pour les formulaires

Pour favoriser l'utilisation d'un formulaire par des personnes souffrant d'un handicap, il est important de respecter certaines contraintes. En effet, certains internautes ne voient pas ou mal les intitulés des différents champs d'un formulaire et utilisent des loupes d'écran, des synthétiseurs vocaux ou d'autres outils d'aide à la navigation (lecteur braille...). Dans ce cas, le contrôle de l'interface se fait souvent par le biais des touches du clavier et il convient alors d'aider l'internaute dans sa navigation pour passer d'un champ à l'autre ou de l'informer de l'intitulé de chacun des champs par un message sonore. Pour cela, nous devons construire le formulaire logiquement (en regroupant les éléments par thèmes, encadrés par des balises `<fieldset>`) ou associer une étiquette (balise `<label>`) à chaque élément du formulaire. Les étiquettes seront ensuite interprétées par les outils d'aide à la navigation.

Regrouper des éléments de formulaire

Un formulaire conforme aux contraintes de l'accessibilité doit être découpé en différentes parties selon des thèmes en rapport avec le contexte. Ces parties doivent être délimitées par des balises `<fieldset>`. À l'intérieur de cette première balise, une seconde balise `<legend>` doit encadrer un texte indiquant le thème du regroupement (voir exemple ci-dessous).

```
<fieldset>
  <legend> Coordonnées du contact </legend><br />
  Nom : <input type="text" name="nomcontact" id="nomcontact" />
  Adresse : <input type="text" name="adrcontact" id="adrcontact" />
</fieldset>
```

Associer une étiquette à chaque élément de formulaire

Pour informer l'internaute de l'intitulé de chaque champ, une balise `<label>` doit être ajoutée et contenir un texte explicatif. Cette information est bien plus qu'un simple texte, elle sera reprise par les systèmes à lecture vocale et permettra aux personnes malvoyantes de connaître l'intitulé du champ.

Par ailleurs, avec la balise `<label>`, le texte explicatif devient actif avec les cases à cocher et les boutons radio. Ainsi, pour sélectionner une option, l'internaute pourra cliquer à un endroit quelconque de ce texte au lieu de devoir cliquer exactement dans la case ou le bouton radio correspondant.

Il existe deux alternatives pour mettre en place cette balise : par enveloppement ou par jointure à l'aide d'un attribut `for`.

Enveloppement par la balise d'étiquette

La première méthode consiste à placer la balise `<label>` comme conteneur de l'élément de formulaire et de son texte explicatif. Cette première alternative présente cependant un inconvénient car elle contraint l'élément de formulaire et son texte explicatif à être accolés. Ainsi, il ne sera pas possible de séparer les deux éléments par une balise `div` ou par une cellule de tableau, interdisant du même coup la mise en page par tableaux et certaines structures de mise en page CSS.

```
<label>Nom : <input type="text" name="nomcontact" id="nomcontact" accesskey="n"
 tabindex="1" /></label>
```

Balise d'étiquette jointe par l'attribut for

La seconde méthode est plus souple car elle permet de dissocier le texte explicatif de l'élément de formulaire auquel il se rapporte. Pour cela, un attribut `for` dont la valeur fait référence à l'identifiant de l'élément de formulaire est ajouté à la balise `<label>`. Cette dernière peut ainsi envelopper séparément le texte explicatif lié à l'élément de formulaire sans être pour autant accolée.

```
<label for="nomcontact">Nom : </label>
<input type="text" name="nomcontact" id="nomcontact" accesskey="n" tabindex="1" />
```

Aide à la navigation dans les éléments de formulaire

Pour les internautes dont la navigation dans un formulaire est réduite à l'utilisation du clavier, il est peut être utile de pouvoir accéder rapidement à un élément de formulaire particulier ou encore de passer d'un élément à un autre à l'aide de la touche Tab du clavier.

La mise en place de ces assistants est très simple car il suffit d'ajouter des attributs spécifiques dans la balise de l'élément de formulaire.

Ainsi, pour accéder directement à un élément particulier, l'attribut `accesskey` doit être ajouté à la balise de l'élément avec pour valeur une lettre qui permettra d'y accéder. Cette lettre devra ensuite être combinée avec la touche Alt (ou Control sur Mac) pour accéder directement à l'élément de formulaire concerné mais permettra aussi de valider une option directement si la lettre est rattachée à une case à cocher ou à un bouton radio.

Pour gérer la navigation inter-élément, il faut ajouter l'attribut `tabindex` avec pour valeur un numéro d'ordre qui permettra de passer d'un élément à l'autre à l'aide de la touche Tab (voir exemple de code ci-dessous). Avec ce système, il est ainsi possible de spécifier l'ordre du parcours des éléments, ce qui peut être appréciable si vous désirez que l'utilisateur suive un chemin différent de celui par défaut.

```
<input type="text" name="nomcontact" id="nomcontact" accesskey="n" tabindex="1" />
```

Créer un formulaire accessible avec Dreamweaver

Pour vous faciliter la tâche, Dreamweaver vous accompagne dans la mise en place de ces balises. Ainsi, pour chaque création d'élément de formulaire, Dreamweaver affichera une boîte de dialogue Attributs d'accessibilité dans laquelle il suffira de choisir l'option d'association d'étiquette que vous désirez mettre en place (voir repère ❹ de la figure 7-4) ou encore de renseigner le nom de la touche d'accès direct et le numéro d'ordre de tabulation (voir repère ❺ de la figure 7-4). De la même manière, il est aussi possible de définir un regroupement d'éléments de formulaire à l'aide du bouton Ensemble de champs dans la catégorie Formulaires du panneau Insertion.

Utiliser la fonction loupe

La fonction loupe d'écran permet, sur la plupart des navigateurs, d'augmenter ou de diminuer la taille des textes de la page avec les touches Ctrl et +/− ou encore Ctrl + molette (pour revenir à la taille par défaut du navigateur, il suffit ensuite d'utiliser la combinaison de touches Ctrl + 0). Même si cette fonction loupe n'est pas propre aux formulaires, elle doit pouvoir être exploitée par l'internaute sur toutes les pages du site, formulaire compris.

Pour que cette fonction puisse être correctement exploitée par l'internaute, il conviendra d'utiliser l'unité du cadratin `em` (et non `px` ou `pt`) pour définir la taille des textes du formulaire. En effet, cette unité permet de définir la taille d'un texte de manière relative. Un `em` correspond à la taille du texte de l'élément parent (par exemple, `font-size:0.8em` correspondra à une taille de texte de 80 % de celle du texte de l'élément parent).

Les éléments standards d'un formulaire

Une fois la balise de formulaire insérée et configurée dans la page, vous pouvez commencer à ajouter les éléments de formulaire à l'intérieur de cette balise.

La catégorie Formulaires du panneau Insertion

Vous trouverez ci-après les fonctions des différentes icônes de la catégorie Formulaires du panneau Insertion (voir figure 7-3).

Figure 7-3

Les différentes icônes de la catégorie Formulaires du panneau Insertion

❶ Icône Formulaire – Permet d'ajouter une balise de formulaire dans la page. C'est la première chose qu'il faut faire avant de commencer à ajouter des éléments de formulaire.

❷ Icône Champ de texte – Permet d'ajouter un élément de formulaire de type Champ de texte, le plus couramment utilisé dans les formulaires. Le champ de texte est constitué d'une seule ligne. Il existe néanmoins une option multiligne accessible depuis son panneau Propriétés, mais, si cette option est activée, le champ de texte se transformera en Zone de texte (voir descriptif ci-après). À noter qu'il existe aussi une autre option, nommée Mot de passe, qui remplace les caractères saisis par des étoiles.

❸ Icône Champ masqué – Permet d'ajouter un élément de formulaire de type Champ masqué. Contrairement aux autres éléments, le champ masqué ne sera pas visible (et donc non modifiable par l'internaute). Ce type de champ est souvent utilisé dans les sites dynamiques pour envoyer l'identifiant de l'enregistrement qui doit être mis à jour dans une base de données.

❹ Icône Zone de texte – Permet d'ajouter un élément de formulaire de type Zone de texte. Le nombre de lignes et le nombre de caractères par ligne peuvent être configurés afin de redimensionner la zone de saisie en fonction des besoins.

❺ Icône Case à cocher – Permet d'ajouter un élément de formulaire de type Case à cocher. Les cases à cocher permettent de choisir une ou plusieurs options dans une liste (contrairement aux boutons radio pour lesquels le choix sera toujours unique).

❻ Icône Groupe de cases à cocher – Permet d'ajouter un groupe d'éléments de formulaire de type Case à cocher en une seule action.

❼ Icône Bouton radio – Permet d'ajouter un élément de formulaire de type Bouton radio. Les boutons radio permettent de choisir une option unique parmi une liste de choix. Une fois les boutons radio ajoutés dans le formulaire, il faudra nommer les différents boutons appartenant à un même groupe avec un nom identique.

❽ Icône Groupe de boutons radio – Permet d'ajouter un groupe d'éléments de formulaire de type Bouton radio en une seule action. Une fois les boutons radio ajoutés dans le formulaire, il faudra ajouter manuellement les attributs d'accessibilité `accesskey` et `tabindex` à chaque bouton (voir figure 7-8).

❾ Icône Liste/Menu – Permet d'ajouter un élément de formulaire de type Liste ou Menu selon la configuration effectuée dans le panneau Propriétés une fois l'élément en place dans le formulaire. La liste permet de sélectionner une ou plusieurs options dans une fenêtre alors que le menu permet de choisir une seule option dans un menu déroulant.

❿ Icône Menu de reroutage – Permet d'ajouter un élément de formulaire de type Menu de reroutage. Contrairement à un menu déroulant traditionnel, le menu de reroutage permet de rediriger automatiquement l'utilisateur (dès la sélection d'une option) vers une URL relative ou absolue.

⑪ Icône Champ d'image – Permet d'ajouter un élément de formulaire de type Champ d'image. Les champs d'image permettent de créer des boutons de formulaire personnalisés.

⑫ Icône Champ de fichier – Permet d'ajouter un élément de formulaire de type Champ de fichier. Les champs de fichier permettent de créer un champ couplé avec un bouton Parcourir afin de sélectionner un fichier en vue de son téléchargement sur le serveur.

⑬ Icône Bouton – Permet d'ajouter un bouton de formulaire. Selon leur configuration, les boutons permettent de soumettre le formulaire ou de le réinitialiser.

⑭ Icône Etiquette – Permet d'ajouter la balise d'accessibilité `<label>` qui englobera automatiquement le texte préalablement sélectionné.

⑮ Icône Ensemble de champs – Permet d'ajouter la balise d'accessibilité `<fieldset>` afin de regrouper plusieurs éléments de formulaire sous une même thématique (revoir si besoin la section précédente « Regrouper des éléments de formulaire »). Une balise `<legend>` sera aussi ajoutée afin d'indiquer le nom du thème commun.

⑯ Icône Validation Spry de champ de texte – Permet d'ajouter un widget Spry qui affichera les états de validation d'un champ de texte (format non valide, valeur obligatoire…) lors de la saisie de l'utilisateur.

⑰ Icône Validation Spry de zone de texte – Permet d'ajouter un widget Spry qui affichera les états de validation d'une zone de texte (nombre maximal de caractères dépassé, valeur obligatoire…) lors de la saisie de l'utilisateur.

⑱ Icône Validation Spry de case à cocher – Permet d'ajouter un widget Spry qui affichera les états de validation d'une case à cocher (ou d'un groupe de cases à cocher) lors du choix de l'utilisateur (nombre minimal de sélection, veuillez effectuer une sélection…).

⑲ Icône Validation Spry de sélection – Permet d'ajouter un widget Spry qui affichera les états de validation d'un menu déroulant (veuillez sélectionner un élément, veuillez sélectionner un état valide…) lors de la sélection par l'utilisateur d'une option dans le menu déroulant.

⑳ Icône Validation Spry de mot de passe – Permet d'appliquer des règles de saisie sur la présence et le format du mot de passe.

㉑ Icône Validation Spry de confirmation – Permet de s'assurer que l'utilisateur a bien saisi des informations identiques dans deux champs texte similaires (pour la confirmation de saisie d'un mot de passe ou d'un e-mail par exemple).

㉒ Icône Validation Spry de groupe de boutons radio – Permet de gérer la validation de leur sélection (état obligatoire, invalide…)

Mettre en forme un formulaire

Pour placer les éléments de formulaire dans la page, vous pouvez opter pour une mise en forme par tableaux ou par CSS. Pour ce premier exemple de formulaire, nous utiliserons une mise en forme traditionnelle à l'aide des tableaux (voir chapitre 5). Nous présenterons ensuite d'autres formulaires dont la mise en forme sera réalisée par CSS (la structure ne sera pas détaillée ici car la mise en forme à l'aide des CSS sera abordée au chapitre 11).

Insérer et configurer un champ de texte

Le champ de texte est l'élément de formulaire le plus couramment utilisé. Il permet de saisir un texte sur une seule ligne et correspond à la majorité des informations demandées dans un formulaire (Nom, E-mail…).

Si le champ de texte est utilisé pour saisir un mot de passe (dans un formulaire de login, par exemple), il faut alors valider l'option Mot de passe afin que les caractères saisis dans le champ soient masqués (dans ce cas, les caractères sont transformés en étoiles).

Voici la marche à suivre pour insérer et configurer un champ de texte dans un formulaire :

1. Positionnez le curseur à l'endroit où vous souhaitez insérer le champ de texte (voir repère ❶ de la figure 7-4) et cliquez sur le bouton Champ de texte de la catégorie Formulaires du panneau Insertion (voir repère ❷ de la figure 7-4).

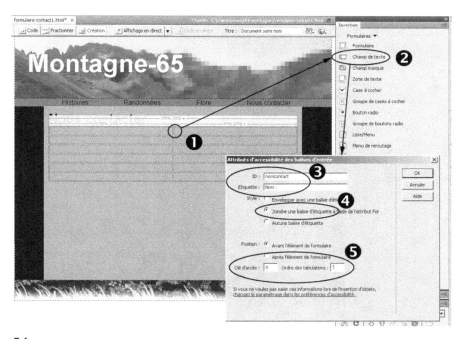

Figure 7-4

Insertion d'un champ de texte dans le formulaire et configuration de ses paramètres d'accessibilité

2. Dans la boîte de dialogue Attributs d'accessibilité des balises d'entrée, renseignez l'identifiant (valeur attribuée à l'attribut id et name de la balise d'entrée), puis l'étiquette (texte explicatif qui sera placé à côté de l'élément du formulaire, voir repère ❸ de la figure 7-4).

Comme nous l'avons vu dans la section précédente, l'étiquette d'un élément de formulaire peut être liée à ce dernier grâce à une balise <label> qui englobera l'étiquette et l'élément, ou avec une balise <label> liée à l'élément avec un attribut for (revoir si besoin la section précédente « L'accessibilité pour les formulaires »). Dans notre exemple, nous choisirons la seconde solution afin de pouvoir ensuite les séparer et ainsi placer l'étiquette dans une autre cellule que celle de l'élément (voir repère ❹ de la figure 7-4).

3. La rubrique Position de la boîte de dialogue permet de placer l'étiquette avant ou après l'élément de formulaire. Pour notre exemple, nous conserverons l'option par défaut car nous serons amenés à déplacer l'étiquette par la suite.

4. Les champs Clé d'accès et Ordre des tabulations permettent respectivement de choisir la touche qui permettra d'accéder directement à l'élément et l'ordre de tabulation de l'élément. Dans notre exemple, nous choisirons la lettre n pour accéder au champ de saisie du nom et nous attribuerons l'ordre 1 afin de commencer la saisie par ce champ (voir repère ❺ de la figure 7-4).

5. Une fois le paramétrage effectué, cliquez sur le bouton OK pour valider vos choix. Le champ de saisie, précédé de son étiquette, doit alors apparaître au point d'insertion dans la colonne de droite du tableau.

6. Afin que les différents champs soient alignés, nous allons déplacer l'étiquette du champ dans la colonne de gauche. Pour cela, cliquez n'importe où dans le texte de l'étiquette et sélectionnez la balise <label> dans le sélecteur de balise (voir repère ❶ de la figure 7-5) afin de bien sélectionner l'ensemble de la balise d'accessibilité et le texte qu'elle contient. Faites ensuite glisser la sélection dans la première colonne (voir repère ❷ de la figure 7-5).

7. Procédez de la même manière pour ajouter un second champ de texte destiné à la saisie de l'e-mail de l'internaute. Pour ce second champ, l'identifiant sera mailcontact, l'étiquette E-mail :, la clé d'accès m et l'ordre de tabulation 2.

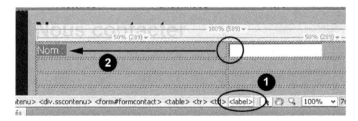

Figure 7-5

Déplacement de l'étiquette du champ de texte

8. Une fois le champ intégré, il est possible d'accéder au panneau Propriétés pour en modifier la taille (champ Larg. de caract.) ou configurer un nombre maximal de caractères pour la saisie (champ Nb max. de caract.). À noter que la taille du champ est quantifiée en nombre de caractères de la même manière que le nombre maximal de caractères saisis. La valeur de ce dernier peut d'ailleurs être supérieure à celle de la taille du champ et permettre ainsi de conserver une présentation des champs de texte homogène en acceptant, pour certains d'entre eux, un nombre de caractères supérieur à celui du champ visible.

9. Nous allons à présent augmenter la taille du champ destiné à la saisie de l'adresse e-mail à 50 caractères (voir repère ❸ de la figure 7-6). Pour cela, sélectionnez le champ en question dans la fenêtre Document (voir repères ❶ et ❷ de la figure 7-6), puis saisissez la valeur 50 dans le champ Larg. de caract. (voir repère ❸ de la figure 7-6).

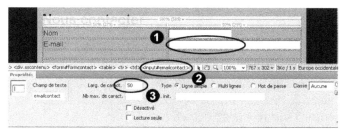

Figure 7-6

Configuration du champ de texte destiné à la saisie de l'adresse e-mail

10. Le champ Val. init. permet de mémoriser un texte qui sera affiché par défaut directement dans le champ de saisie lors de l'appel du formulaire dans un navigateur (vous pourriez, par exemple, le configurer avec le texte Saisissez votre nom). L'utilisateur devra ensuite supprimer ce texte du champ pour le remplacer par son nom.

11. Le panneau Propriétés vous permet aussi de choisir un type. Par défaut, il est configuré en ligne simple et correspond aux champs de texte les plus courants. Si vous désirez utiliser ce champ pour saisir un mot de passe, vous pouvez masquer la saisie de ce dernier en sélectionnant le type Mot de passe. Le type Multi lignes permet, quant à lui, de convertir l'élément de formulaire Champ de texte en un élément de formulaire Zone de texte, que nous présenterons par la suite. La case Désactivé permet de bloquer complètement l'accès à la zone de texte si elle est cochée, alors que la case Lecture seule permet de transformer la zone de texte en une zone à lecture seule, mais en permettant toutefois d'y accéder avec le curseur (ces deux dernières options peuvent être notamment utilisées lorsque vous créez un formulaire de modification de données et que vous ne désirez pas que certaines d'entre elles soient changées).

Insérer et configurer des boutons radio

Les boutons radio permettent de sélectionner un élément unique parmi les choix proposés. Ils se caractérisent par le fait que chaque élément d'une même série porte le même nom (contrairement aux autres éléments de formulaire). Ainsi, lorsque l'utilisateur choisit un élément d'une série, c'est la valeur de l'élément sélectionné qui est associé au nom de la série.

Pour insérer une série de boutons radio dans un formulaire, Dreamweaver propose deux alternatives. La première consiste à ajouter individuellement chacun des boutons, alors que la seconde permet d'ajouter la série complète en une seule et même action. Avec la première méthode, tous les paramètres d'accessibilité seront configurés dans la boîte de dialogue de chaque bouton, mais il faudra modifier individuellement leur nom en les remplaçant par le nom commun de la série. À l'inverse, avec la seconde méthode, le nom commun de la série sera automatiquement configuré pour chaque élément, mais il faudra, en revanche, régler manuellement leurs paramètres d'accessibilité.

Pour illustrer l'insertion de boutons radio, nous allons ajouter une série de deux boutons afin que l'internaute puisse indiquer son niveau de randonneur. Pour cela, nous utiliserons la seconde méthode (insertion d'un groupe de boutons).

1. Positionnez le curseur à l'endroit où vous souhaitez insérer les boutons radio et cliquez sur l'icône Groupe de boutons radio de la catégorie Formulaires du panneau Insertion (voir repère ❽ de la figure 7-3).

2. Dans la boîte de dialogue Groupe de boutons radio, saisissez le nom qui sera attribué à chaque bouton de cette même série, soit niveau dans notre exemple (voir figure 7-7).

3. Dans le cadre Bouton radio de cette boîte de dialogue, cliquez sur chacune des étiquettes par défaut et renommez-les Débutant et Expérimenté (voir repère ❶ de la figure 7-7). À noter que ces noms seront ensuite affichés à droite de chaque bouton.

   Procédez de la même manière pour modifier les valeurs correspondantes à ces deux boutons en remplaçant les valeurs par défaut en debutant et experimente (voir repère ❶ de la figure 7-7). Il est important de noter que, contrairement aux étiquettes pour lesquelles vous pouvez saisir le texte de votre choix sans contrainte, la valeur du bouton ne doit pas comporter de caractères accentués ni d'espace, de manière à permettre leur traitement par le programme destinataire du formulaire.

4. Cochez ensuite l'option Sauts de ligne (Balises <br>) pour la méthode de mise en forme à utiliser afin de disposer les boutons de la série sur des lignes différentes sans recourir à un tableau (voir repère ❷ de la figure 7-7).

5. Si vous désirez ajouter d'autres boutons radio, cliquez simplement sur le bouton + situé au-dessus du cadre central de la boîte de dialogue. Pour supprimer des boutons, cliquez sur le bouton –. Enfin, utilisez les flèches situées à droite de ces deux boutons pour classer les boutons radio dans un ordre spécifique. Une fois la configuration terminée, cliquez sur OK pour valider vos choix.

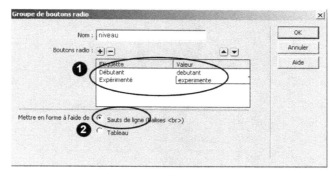

Figure 7-7

Configuration d'un groupe de boutons radio

6. Les deux boutons radio doivent désormais être ajoutés au point d'insertion. Cependant, en ce qui concerne l'accessibilité de chaque bouton radio, si la balise <label> et son étiquette ont bien été ajoutées automatiquement, il n'en est pas de même de la configuration des attributs accesskey et tabindex qui permettent d'accéder directement à l'élément concerné à l'aide d'un raccourci clavier et de passer d'un élément à l'autre selon un ordre déterminé. Pour ajouter ces deux attributs, sélectionnez le premier bouton de la série, puis appuyez sur Ctrl + T (ou Cmd + T sur Mac) pour ouvrir l'éditeur de balise rapide (voir repère ❶ de la figure 7-8). Placez ensuite le curseur juste avant les caractères de fermeture de la balise (/>) et saisissez le code accesskey="d" tabindex="3" (voir repères ❷ et ❸ de la figure 7-8). Appuyez sur la touche Entrée pour valider votre modification. Procédez de la même manière pour le second bouton radio du groupe en choisissant une autre lettre et un ordre supérieur au précédent.

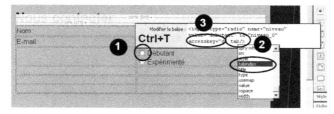

Figure 7-8

Configuration des attributs d'accessibilité accesskey et tabindex d'un bouton radio

Les boutons radio sont désormais opérationnels. Si vous désirez configurer l'un d'entre eux pour qu'il soit activé par défaut, sélectionnez-le dans la fenêtre Document (voir repère ❶ de la figure 7-9) avant de cocher la case Activé dans le panneau Propriétés de l'élément (voir repère ❷ de la figure 7-9).

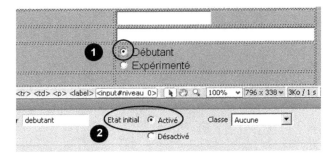

Figure 7-9
Configuration de l'état initial d'un bouton radio dans le panneau Propriétés

Insérer et configurer des cases à cocher

Les cases à cocher permettent de sélectionner un ou plusieurs éléments parmi les choix proposés. Contrairement aux boutons radio, chaque case à cocher doit avoir son propre nom. Ainsi, lorsque l'utilisateur coche une ou plusieurs cases à cocher, les informations envoyées seront composées d'autant de couples nom/valeur qu'il y aura de cases cochées.

Depuis la version CS4, Dreamweaver propose aussi la création groupée de plusieurs cases à cocher (voir le repère ❻ de la figure 7-3). La démarche pour créer un groupe de cases à cocher est similaire à celle des boutons radio que nous venons de présenter, hormis le fait qu'il faudra ensuite personnaliser individuellement la valeur de chaque attribut name des différentes cases créées de cette manière.

Pour illustrer leur insertion, nous allons ajouter une case à cocher afin que l'internaute puisse indiquer s'il aimerait recevoir les dates des prochaines randonnées.

1. Reprenez la page précédente et positionnez le curseur dans la cellule située en dessous de celle contenant les boutons radio. Cliquez sur l'icône Case à cocher de la catégorie Formulaires du panneau Insertion (voir repère ❺ de la figure 7-3).

2. Dans la boîte de dialogue Attributs d'accessibilité des balises d'entrée qui s'ouvre alors, saisissez comme identifiant randonnees et comme étiquette Je désire recevoir la liste des prochaines randonnées (voir repère ❶ de la figure 7-10).

3. Dans la rubrique Style, cochez l'option Joindre une balise d'étiquette à l'aide de l'attribut 'for', mais sachez que nous aurions également pu choisir la première option (Envelopper avec une balise d'étiquette) car nous ne déplacerons pas l'étiquette par la suite (voir repère ❷ de la figure 7-10).

4. Dans la rubrique Position, cochez l'option Après l'élément de formulaire afin de placer le texte explicatif à droite de la case à cocher (voir repère ❸ de la figure 7-10).

5. Saisissez la lettre r dans le champ Clé d'accès et la valeur 5 dans le champ Ordre des tabulations (voir repère ❸ de la figure 7-10).

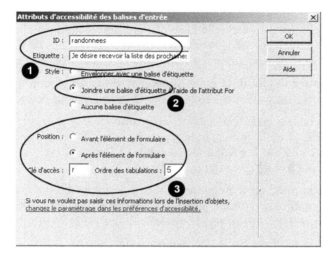

Figure 7-10
Configuration des paramètres d'accessibilité de la case à cocher

6. Cliquez sur OK pour valider vos paramètres d'accessibilité. La case à cocher, accompagnée de son texte explicatif, doit alors apparaître au point d'insertion préalablement choisi (voir repère ❶ de la figure 7-11).

7. Sélectionnez-la en la cliquant dans la fenêtre Document ou en sélectionnant la balise `<input>` en rapport dans le sélecteur de balise. Dans le panneau Propriétés, assurez-vous que l'identifiant de la case est bien randonnees et saisissez oui dans le champ Valeur (voir repère ❷ de la figure 7-11). À noter que dans le panneau Propriétés, vous pourriez aussi configurer votre case pour qu'elle soit précochée par défaut en validant l'option Activé.

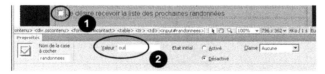

Figure 7-11
Configuration de la valeur de la case à cocher dans le panneau Propriétés

Insérer et configurer une liste ou un menu

Le menu déroulant de formulaire permet de sélectionner une option unique parmi celles proposées et matérialise le même type de sélection que celui d'une série de boutons radio, mais en s'accaparant moins d'espace, notamment dans le cas d'un grand nombre d'options.

Ce même élément de formulaire peut aussi être présenté sous forme de liste (fenêtre de plusieurs lignes dans laquelle la sélection d'une option est réalisée par un clic). Dans ce cas, si l'option Autoriser plusieurs du panneau Propriétés de l'élément est activée, il sera alors possible de sélectionner à la fois plusieurs des options proposées.

Pour illustrer l'ajout d'un menu déroulant, nous demanderons à l'internaute d'indiquer comment il a découvert le site (sites partenaires, moteur de recherche ou par un ami).

1. Reprenez la page précédente et positionnez le curseur dans la cellule située en dessous de celle contenant les cases à cocher. Cliquez ensuite sur l'icône Liste/Menu de la catégorie Formulaires du panneau Insertion (voir repère ❾ de la figure 7-3 et repères ❶ et ❷ de la figure 7-12).

2. Dans la boîte de dialogue Attributs d'accessibilité des balises d'entrée qui s'ouvre alors, saisissez comme identifiant `origine` et comme étiquette `Comment avez-vous connu ce site ?` (voir repère ❸ de la figure 7-12).

3. Dans la rubrique Style de cette boîte de dialogue, sélectionnez l'option Joindre une balise d'étiquette à l'aide de l'attribut `for` (voir repère ❹ de la figure 7-12).

4. Dans la rubrique Position, cochez l'option Avant l'élément de formulaire, bien que nous allons être amené à déplacer le texte explicatif par la suite (voir repère ❺ de la figure 7-12).

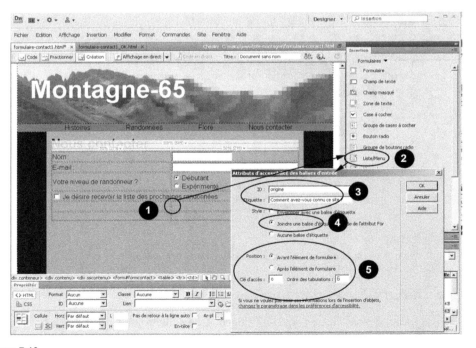

Figure 7-12

Configuration des paramètres d'accessibilité d'un menu déroulant

5. Saisissez la lettre o dans le champ Clé d'accès et la valeur 6 pour le champ Ordre des tabulations (voir repère ❺ de la figure 7-12).

6. Cliquez sur OK pour valider vos paramètres d'accessibilité. Le menu déroulant, accompagné de son texte explicatif, doit alors apparaître à l'endroit du point d'insertion choisi au préalable.

7. Cliquez dans le texte explicatif situé pour l'instant à gauche du menu déroulant et sélectionnez la balise <label> dans le sélecteur de balise. Déplacez ensuite le texte dans la cellule de gauche par un simple glisser-déplacer.

8. Sélectionnez à présent le menu déroulant en cliquant dessus dans la fenêtre Document (voir repère ❶ de la figure 7-13) ou en sélectionnant la balise <select> en rapport dans le sélecteur de balise. Dans le panneau Propriétés, assurez-vous que l'identifiant du menu est bien origine et que le type est bien Menu. À noter que dans le cas d'une configuration de l'élément de formulaire en liste, il faudrait sélectionner l'option Liste et en renseigner la hauteur (l'option Autoriser plusieurs peut être cochée ou non selon que l'on désire autoriser les sélections multiples d'options).

9. Cliquez sur le bouton Valeurs de la liste… (voir repère ❷ de la figure 7-13). Dans la fenêtre qui s'ouvre alors, cliquez sur le bouton + afin d'ajouter une première option dans la liste (voir repère ❸ de la figure 7-13). Saisissez l'étiquette qui apparaîtra dans le menu déroulant, ainsi que la valeur en rapport qui sera envoyée au programme de traitement. Appuyez ensuite sur la touche Tab de votre clavier (ou de nouveau sur le bouton +) afin de saisir la deuxième option. Procédez de la même manière pour la troisième option et cliquez sur OK pour valider vos choix.

10. Les différentes options doivent ensuite apparaître dans une fenêtre située en bas du panneau Propriétés qui permet de choisir l'option qui sera initialement sélectionnée lors du premier affichage du menu. Pour cela, il suffit simplement de cliquer sur l'option désirée dans cette liste.

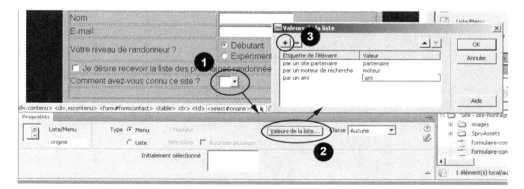

Figure 7-13

Configuration des différentes options d'un menu déroulant

Insérer et configurer un bouton de formulaire

Une fois que l'internaute a terminé de renseigner le formulaire, il doit disposer d'un bouton de soumission pour pouvoir l'envoyer au programme de traitement. Un formulaire peut aussi comporter un bouton Réinitialiser afin qu'il puisse être de nouveau affiché avec toutes ses valeurs initiales. Quel que soit le type de bouton désiré, la démarche est la même : il suffira simplement de configurer l'option Action selon l'usage que l'on désire faire du bouton (Envoyer ou Rétablir le formulaire).

Pour illustrer l'insertion d'un bouton, nous allons maintenant ajouter un bouton de soumission pour terminer ce premier formulaire.

1. Reprenez la page précédente et positionnez le curseur dans la cellule située en dessous de celle contenant le menu déroulant. Cliquez ensuite sur l'icône Bouton de la catégorie Formulaire du panneau Insertion (voir repère ⓭ de la figure 7-3 et repère ❶ de la figure 7-14).

2. Dans la boîte de dialogue Attributs d'accessibilité des balises d'entrée qui s'ouvre alors, saisissez comme identifiant valider et comme étiquette Envoyer vos informations (voir repère ❷ de la figure 7-14).

3. Dans la rubrique Style de cette boîte de dialogue, sélectionnez l'option Joindre une balise d'étiquette à l'aide de l'attribut for (voir repère ❸ de la figure 7-14).

4. Dans la rubrique Position, cochez l'option Avant l'élément de formulaire (voir repère ❹ de la figure 7-14).

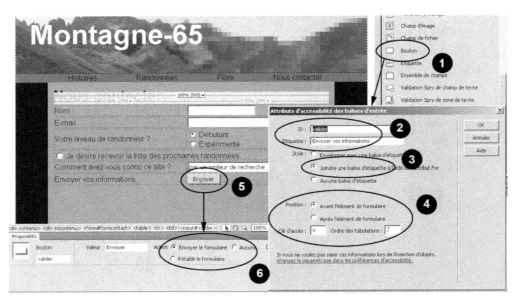

Figure 7-14

Configuration des paramètres d'accessibilité et de l'action d'un bouton de formulaire

5. Saisissez la lettre v dans le champ Clé d'accès et la valeur 7 dans le champ Ordre des tabulations (voir repère ❹ de la figure 7-14).

6. Cliquez sur OK pour valider vos paramètres d'accessibilité. Le bouton, accompagné de son texte explicatif, doit alors apparaître au point d'insertion préalablement choisi.

7. Cliquez dans le texte explicatif situé pour l'instant à gauche du bouton et sélectionnez la balise `<label>` dans le sélecteur de balise. Déplacez le texte dans la cellule de gauche par un simple glisser-déplacer.

8. Sélectionnez le bouton en le cliquant depuis la fenêtre Document (voir repère ❺ de la figure 7-14) ou en sélectionnant la balise `<input>` en rapport dans le sélecteur de balise. Dans le panneau Propriétés, assurez-vous que l'identifiant du bouton est bien `valider` et que sa valeur est `Envoyer`. Sélectionnez ensuite l'une des deux options proposées pour le type d'action du bouton : soumission ou réinitialisation (voir repère ❻ de la figure 7-14). Pour cet exemple, nous garderons l'option par défaut, Envoyer le formulaire.

9. Le formulaire est désormais opérationnel et nous allons pouvoir le tester dans un navigateur. Pour cela, appuyez sur la touche F12 de votre clavier afin d'ouvrir le navigateur configuré par défaut dans Dreamweaver pour les tests d'affichage. Dans le navigateur, remplissez les différents champs du formulaire et cliquez sur le bouton de soumission Envoyer (voir figure 7-15). Comme nous avons configuré le formulaire avec la méthode GET, les différents couples intitulé/valeur doivent apparaître dans la barre d'adresse du navigateur, à la suite du nom du programme de traitement des informations (qui est aussi le nom du formulaire dans notre exemple).

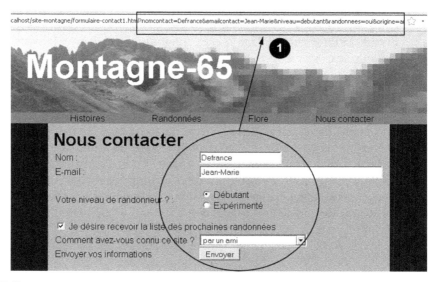

Figure 7-15

Test du formulaire dans un navigateur

Insérer et configurer une zone de texte

L'élément de formulaire Zone de texte permet de saisir un texte complet sur plusieurs lignes. Le nombre de caractères par ligne et le nombre de lignes de la zone pouvant être configurés depuis le panneau Propriétés, la taille de la zone de saisie peut ainsi être facilement adaptée au contexte.

Depuis l'interface de Dreamweaver en mode Création, le panneau Propriétés d'une zone de texte n'est ni plus ni moins le même que celui d'un champ de texte pour lequel nous aurions choisi le type Multi lignes. Cependant, en mode Code, il est intéressant de remarquer que les noms de balises de ces deux éléments de formulaire sont différents (le champ de texte correspond à la balise `<input>`, alors que la zone de texte correspond à la balise `<textarea>`).

Pour illustrer l'insertion d'une zone de texte, nous allons créer un nouveau formulaire. À la différence du précédent, la mise en forme de ce formulaire sera réalisée par CSS et la méthode choisie sera POST.

La présentation des CSS étant abordée au chapitre 11, nous ne détaillerons pas les différents styles utilisés ici pour mettre en forme les éléments du formulaire. Nous vous invitons à vous reporter au chapitre 11 pour plus de précisions sur les CSS appliqués aux formulaires.

1. Ouvrez la page `contact.html` du site Montagne-65 et enregistrez-la sous `formulaire-contact2.html`. Supprimez ensuite le contenu actuel de la page et renommez le titre en `Nous contacter`, comme nous l'avions fait pour le premier formulaire.

2. Insérez une balise de formulaire dans la page en cliquant sur l'icône Formulaire de la catégorie Formulaires du panneau Insertion. Configurez cette fois le champ Méthode avec POST (le champ Action est configuré ici aussi avec le nom de la page dans laquelle se trouve le formulaire, soit : `formulaire-contact2.html`).

3. Placez le curseur à l'intérieur de la zone de formulaire et ajoutez un conteneur `div` afin de respecter les contraintes de la DTD XHTML 1.0 Strict. En effet, en mode Strict, un élément HTML de type `inline`, un champ de texte par exemple, ne peut pas être inclus directement dans la zone de formulaire. Il faut donc créer un premier conteneur (de type bloc) à l'intérieur de la zone de formulaire (ce conteneur peut être une balise `div` ou une balise de regroupement `fieldset`) avant d'y ajouter les éléments de formulaire. Insérez ensuite les deux champs texte Nom et E-mail dans ce conteneur, avec le même paramétrage que pour le premier formulaire. Appliquez un style au formulaire afin de positionner correctement ses éléments dans la page. Dans notre exemple, nous avons appliqué la classe `champ` préalablement défini aux deux champs de texte (voir le résultat du positionnement de ces deux champs dans la figure 7-16).

4. Placez le curseur après le champ de texte E-mail et avant la balise de fin du conteneur `div` que nous avons ajouté précédemment. Cliquez sur l'icône Zone de texte de la catégorie Formulaires du panneau Insertion (voir repère ❹ de la figure 7-3 et

repère ❶ de la figure 7-16), puis complétez les paramètres d'accessibilité en vous référant à la figure 7-16 (repères ❷, ❸ et ❹). Validez vos choix en cliquant sur OK.

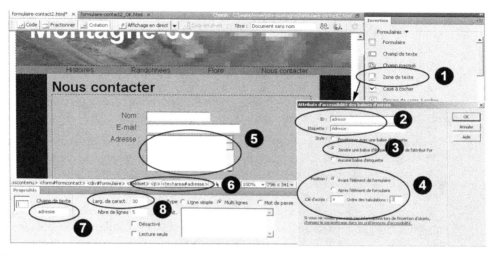

Figure 7-16

Insertion d'une zone de texte dans un formulaire

5. Sélectionnez la zone de texte et assurez-vous que le nouvel élément est bien inséré à l'intérieur de la balise div grâce au sélecteur de balise (voir repère ❻ de la figure 7-16). Si besoin, déplacez la balise de l'élément en mode Code pour la positionner à l'intérieur de la balise conteneur. Dans le panneau Propriétés, vérifiez que l'identifiant de la zone est bien adresse, puis modifiez le nombre de caractères par ligne en le réduisant à 30 pour l'adapter au formulaire (voir repère ❽ de la figure 7-16). Le champ Nbre de lignes permet de paramétrer le nombre de lignes affichées par la zone de texte. Le champ Val. init. (valeur initiale) permet, quant à lui, de paramétrer un texte qui s'affichera par défaut dans la zone de texte lorsque le formulaire sera appelé dans un navigateur.

6. Les deux cases à cocher placées en bas du panneau Propriétés permettent de désactiver le champ de texte ou de lui attribuer l'état Lecture seule qui aura pour effet d'interdire la modification du contenu du champ par l'utilisateur.

Mise en forme de formulaire avec les CSS

La mise en forme de ce nouveau formulaire est réalisée à l'aide des CSS. Pour cela, nous avons créé des styles spécifiques et attribué des classes à certains éléments. Si vous connaissez déjà les mises en forme par CSS, vous pouvez alors récupérer ces styles dans les codes source mis à votre disposition sur le site de l'éditeur, mais sachez que tous les exemples que nous présenterons dans ce chapitre peuvent aussi être mis en forme à l'aide de tableaux.

Insérer et configurer un ensemble de champs

Comme nous l'avons déjà indiqué à la section « L'accessibilité pour les formulaires » de ce chapitre, il est possible de regrouper ensemble différents champs en leur attribuant une étiquette commune (exemple : Coordonnées, Questions…). L'intérêt d'une telle organisation est qu'elle permet de renseigner les synthétiseurs vocaux et autres outils d'aide à la navigation. Ainsi, l'utilisateur pourra parcourir le formulaire en passant d'un ensemble de champs à l'autre, tout en étant informé sur leur contenu grâce à leur étiquette.

Pour délimiter les différents champs à regrouper, il faut utiliser la balise `<fieldset>` à laquelle viendra se joindre la balise `<legend>` ayant pour fonction d'indiquer l'étiquette qui définira le regroupement.

Si vous affichez le formulaire dans un navigateur, une fois ces balises en place, vous constaterez qu'un cadre entoure désormais les champs inclus dans la balise `<fieldset>` et que l'étiquette de la balise `<legend>` s'affiche sur le bord supérieur du cadre (voir figure 7-21).

Pour illustrer une utilisation des ensembles de champs, nous allons regrouper dans un ensemble, nommé Coordonnées, les trois éléments de formulaire déjà présents dans notre page (Nom, E-mail et Adresse). Nous ajouterons ensuite un second ensemble de champs, nommé Questions, à la suite du premier afin d'y inclure une série de questions matérialisées par des cases à cocher.

1. Théoriquement, un ensemble de champs doit être créé avant les éléments de formulaire qu'il doit contenir. Néanmoins, nous vous proposons ici une méthode simple qui permet d'ajouter un ensemble de champs dans un formulaire déjà créé. Pour cela, nous allons devoir passer en mode Code pour sélectionner le contenu complet du formulaire actuel (voir repère ❶ de la figure 7-17) afin que le début de la balise `<fieldset>` vienne se placer juste après le div d'identifiant formulaire.

2. Une fois ce contenu du formulaire sélectionné, cliquez sur l'icône Ensemble de champs de la catégorie Formulaires du panneau Insertion (voir repère ⓯ de la figure 7-3 et repère ❷ de la figure 7-17). Renseignez le champ Légende de la boîte de dialogue qui s'ouvre avec la valeur Coordonnées. Cliquez sur OK pour valider (voir repère ❸ de la figure 7-17). Un cadre et son étiquette Coordonnées doivent alors apparaître au-dessus du champ Nom, en mode Création (voir repère ❶ de la figure 7-18).

3. Nous allons maintenant ajouter le second ensemble de champs en dessous du premier. La mise en place de ce second ensemble sera plus facile car, contrairement au cas précédent, nous commencerons par créer l'ensemble de champs, pour ensuite y inclure les champs. Nous n'aurons donc pas à passer en mode Code pour agir directement sur les balises. Avant d'ajouter ce nouvel élément, il faut commencer par se positionner au point d'insertion du futur ensemble de champs. Ce positionnement peut être facilement réalisé en mode Code (en plaçant le curseur juste avant la balise de fermeture du div d'identifiant formulaire), mais nous vous proposons ci-dessous de l'effectuer en mode Création. Commencez par cliquer après la zone de texte

Adresse dans le formulaire puis sélectionnez la balise `<fieldset>` en cliquant dessus dans le sélecteur de balise (voir repère ❷ de la figure 7-18). Appuyez ensuite sur la flèche droite de déplacement de votre clavier, vous devez alors être au même endroit que si vous l'aviez fait en mode Code.

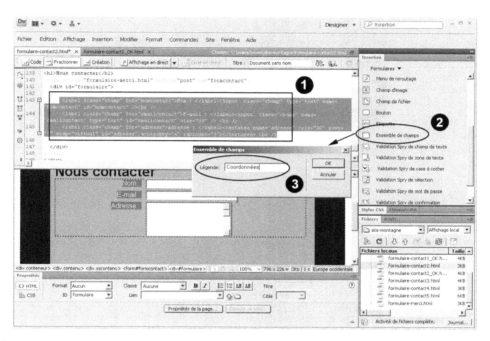

Figure 7-17

Sélection du contenu du formulaire et création de l'ensemble de champs Coordonnées

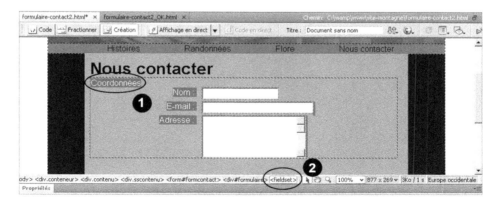

Figure 7-18

Représentation du document en mode Création après l'insertion de l'ensemble de champs Coordonnées dans le formulaire

4. Maintenant que le curseur est correctement placé dans le document, cliquez sur l'icône Ensemble de champs de la catégorie Formulaires (voir repère ❶ de la figure 7-19). Saisissez Questions dans le champ Légende et cliquez sur OK (voir repère ❷ de la figure 7-19).

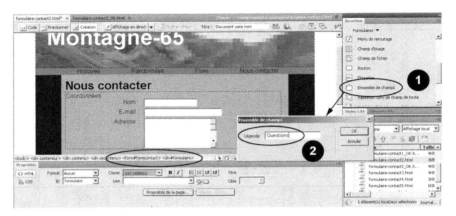

Figure 7-19

Création de l'ensemble de champs Questions

5. Le cadre et son étiquette doivent alors apparaître dans la fenêtre Document de Dreamweaver. Placez le curseur à l'intérieur du cadre, puis insérez deux cases à cocher en suivant la même procédure que dans l'exemple du premier formulaire (voir repère ❶ de la figure 7-20).

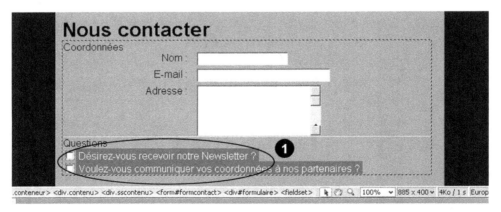

Figure 7-20

Formulaire organisé avec deux ensembles de champs, Coordonnées et Questions

6. Il ne reste plus maintenant qu'à insérer un bouton de soumission dans le formulaire. Pour cela, placez votre curseur en dessous du précédent ensemble de champs et

cliquez sur l'icône Bouton de la catégorie Formulaires. Renseignez ensuite les paramètres d'accessibilité, comme nous l'avons déjà fait dans le précédent formulaire (revoir si besoin la figure 7-14), puis cliquez sur le bouton OK. Le bouton doit ensuite prendre place en bas du formulaire. Le formulaire est maintenant terminé. Enregistrez-le et appuyez sur la touche F12 afin de le tester dans un navigateur (voir repère ❶ de la figure 7-21).

Ensembles de champs avec une mise en forme par tableaux

Si vous désirez utiliser une mise en forme par tableaux tout en intégrant des ensembles de champs, il suffit de créer un tableau à l'intérieur de chaque ensemble de champs. La structure globale du formulaire pourra être assurée par un troisième tableau parent.

Figure 7-21

Test du formulaire dans le navigateur

Insérer et configurer un champ de fichier

Le champ de fichier permet d'envoyer un fichier au programme de traitement du formulaire. En général, lors de la réception du formulaire, le programme de traitement sauvegarde le fichier envoyé dans un répertoire de téléchargement côté serveur et enregistre le nom du fichier dans une base de données. Le type et la taille maximum du fichier peuvent être imposés par le programme de traitement et, dans ce cas, il est judicieux d'indiquer ces contraintes dans le formulaire pour en informer l'utilisateur.

Pour insérer un champ de fichier dans un formulaire, celui-ci doit être configuré avec la méthode POST. Le type d'encodage MIME (champ Enctype du panneau Propriétés du formulaire) doit avoir la valeur `multipart/form-data`. Dans Dreamweaver, vous n'aurez pas à vous en préoccuper car le type d'encodage MIME sera automatiquement configuré avec la bonne valeur dès que vous ajouterez un champ de fichier dans le formulaire.

Pour illustrer l'utilisation d'un champ de fichier dans un formulaire, nous vous proposons de remplacer les cases à cocher du précédent formulaire par un champ de fichier qui permettra à l'internaute de télécharger un document.

1. Ouvrez le formulaire précédent et enregistrez-le sous le nom `formulaire-contact3.html`.

2. Renommez l'étiquette de l'ensemble de champs Questions par `Fichier joint`, puis supprimez les deux cases à cocher afin de libérer la place pour le champ de fichier.

3. Placez le curseur à l'intérieur de l'ensemble de champs Fichier joint puis cliquez sur l'icône Champ de fichier de la catégorie Formulaires du panneau Insertion (voir repère ❷ de la figure 7-3 et repère ❶ de la figure 7-22).

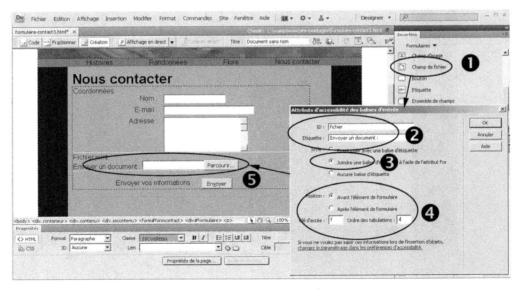

Figure 7-22

Insertion d'un champ de fichier dans un formulaire

4. Renseignez les paramètres d'accessibilité en vous référant à la figure 7-22 (repères ❷, ❸ et ❹), puis cliquez sur OK pour valider vos choix.

5. Le champ de fichier et son étiquette doivent alors apparaître au point d'insertion préalablement choisi. Cliquez sur le champ de fichier pour le sélectionner. Le panneau Propriétés doit alors afficher les paramètres du champ. Son identifiant ayant déjà été configuré dans la boîte de dialogue Attributs d'accessibilité des balises d'entrée, vous n'aurez pas à le resaisir dans le champ Champ fichier (voir repère ❻ de la figure 7-22). Les champs Largeur de caractère et Nb. max. de caract. permettent de configurer la largeur du champ et le nombre maximum de caractères comme pour un champ de texte traditionnel.

6. Enregistrez le nouveau formulaire et appuyez sur la touche F12 pour le tester dans un navigateur. Dans ce dernier, cliquez sur le bouton Parcourir du champ de fichier (voir repère ❶ de la figure 7-23), puis sélectionnez un fichier de votre choix sur votre ordinateur. Après validation, le chemin menant à votre fichier doit être copié dans le champ de fichier (voir repère ❸ de la figure 7-23). Le fichier ainsi localisé sur votre ordinateur grâce à son chemin pourra ensuite être envoyé au programme de traitement dès la soumission du formulaire.

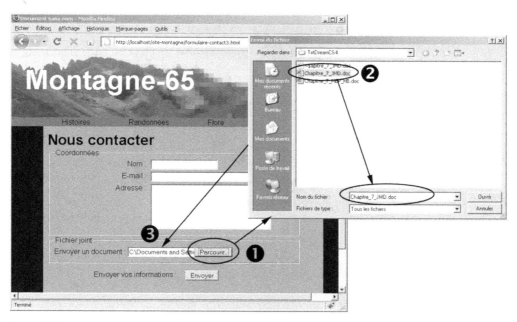

Figure 7-23

Test du champ de fichier dans un formulaire

Insérer et configurer un champ d'image

Pour adapter vos formulaires à la charte graphique de votre site, il peut être intéressant de pouvoir remplacer le bouton standard de validation par une image spécialement créée pour cet usage. Pour cela, Dreamweaver met à votre disposition le champ d'image.

Il ne s'agit pas d'une balise d'insertion d'image, mais d'un élément de formulaire (semblable au bouton) qui permet de remplacer le visuel du traditionnel bouton par une image de votre choix tout en conservant la fonction de soumission du formulaire.

Pour illustrer l'utilisation de ce champ, nous vous proposons de remplacer le bouton de soumission de notre formulaire actuel par un champ d'image. Vous devez avoir préparé au préalable le visuel qui matérialisera le bouton.

1. Ouvrez la page du formulaire précédent, soit le fichier `formulaire-contact3.html`.

2. Supprimez le bouton actuel et son étiquette.

3. Placez le curseur à l'emplacement de l'ancien bouton et cliquez sur l'icône Champ d'image de la catégorie Formulaires du panneau Insertion (voir repère ⓫ de la figure 7-3 et repère ❶ de la figure 7-24).

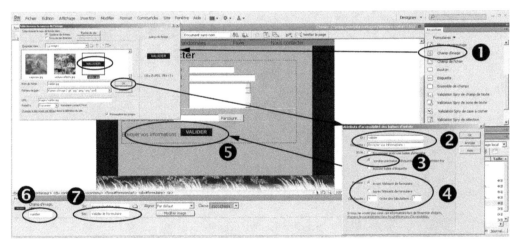

Figure 7-24

Insertion d'un champ d'image dans un formulaire

4. Sélectionnez le visuel qui fera fonction de bouton de soumission et validez votre choix (voir figure 7-24).

5. Remplissez les paramètres d'accessibilité en vous référant à la figure 7-24 (repères ❷, ❸ et ❹), puis cliquez sur OK pour valider vos choix.

6. L'image bouton et son étiquette doivent alors apparaître au point d'insertion préalablement choisi (voir repère ❺ de la figure 7-24).

7. Sélectionnez l'image et vérifiez ses paramètres dans le panneau Propriétés. L'identifiant de l'élément de formulaire doit déjà être configuré car il a été renseigné dans la boîte de dialogue Attributs d'accessibilité des balises d'entrée (voir repère ❻ de la figure 7-24). Renseignez le champ Sec. correspondant au texte secondaire, c'est-à-dire le texte qui sera affiché à la place de l'image si celle-ci n'est pas visible ou est désactivée (voir repère ❼ de la figure 7-24).

8. Enregistrez la page et appuyez sur la touche F12 pour tester le nouveau bouton de soumission dans un navigateur.

Insérer et configurer un champ masqué

Le champ masqué est inclus dans la zone de formulaire comme tous les autres éléments de formulaire sans pour autant être visible lorsque l'internaute consultera la page dans un navigateur. Ce champ permet d'envoyer au programme de traitement du formulaire des informations nécessaires, mais qui ne seront pas renseignées par l'internaute. Il est souvent utilisé dans les formulaires de mise à jour d'un jeu d'enregistrements afin de communiquer l'identifiant du jeu à actualiser. On le retrouve aussi fréquemment dans les formulaires de contact dont les informations doivent être envoyées par e-mail au webmaster. Dans ce cas, le champ masqué est utilisé pour communiquer l'adresse du destinataire afin de paramétrer le programme d'envoi d'e-mail.

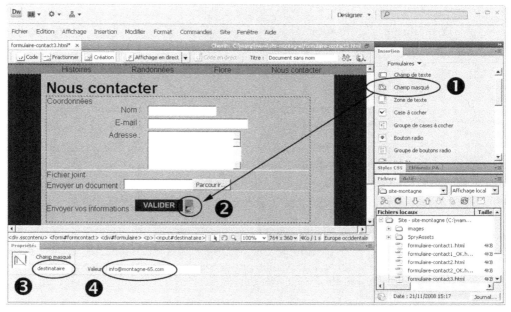

Figure 7-25

Insertion d'un champ masqué dans un formulaire

Pour illustrer l'utilisation d'un champ masqué, nous vous proposons d'en ajouter un dans le formulaire précédent afin de communiquer l'adresse e-mail de la personne qui devra réceptionner les messages envoyés par le biais du formulaire.

1. Ouvrez la page du formulaire précédent, soit le fichier `formulaire-contact3.html`.

2. Placez le curseur à l'intérieur de la zone de formulaire à l'endroit de votre choix, puis cliquez sur l'icône Champ masqué de la catégorie Formulaires du panneau Insertion (voir repère ❸ de la figure 7-3 et repère ❶ de la figure 7-25).

3. Le champ masqué doit alors apparaître à l'endroit souhaité. Cliquez dessus pour le sélectionner (voir repère ❷ de la figure 7-25). Dans le panneau Propriétés, saisissez `destinataire` dans le champ Champ masqué et `info@montagne-65.com` dans le champ Valeur (voir repères ❸ et ❹ de la figure 7-25). Ainsi, lors des prochaines soumissions du formulaire, ce couple intitulé/valeur sera envoyé avec les autres informations renseignées par l'internaute.

Insérer et configurer un menu de reroutage

Le menu de reroutage permet de rediriger l'utilisateur vers une URL relative ou absolue dès qu'une option du menu est sélectionnée. Il peut être utilisé sur la page d'accueil d'un site pour choisir la langue, orienter le visiteur vers une page spécifique en fonction de ce qu'il recherche, établir un lien de messagerie (`mailto:`) vers l'interlocuteur que l'on désire contacter ou encore sélectionner des photos.

Pour illustrer l'utilisation d'un menu de reroutage, nous allons l'employer pour diriger l'internaute vers le formulaire adapté à ses besoins.

1. Ouvrez le formulaire précédent et enregistrez-le sous le nom `formulaire-contact4.html`.

2. Sélectionnez tout le formulaire en vous aidant du sélecteur de balise et supprimez-le. Saisissez à la place un texte explicatif introduisant le menu de reroutage que nous allons insérer dans la page.

3. Placez le curseur en dessous de ce texte et cliquez sur l'icône Menu de reroutage de la catégorie Formulaires sans ajouter préalablement de zone de formulaire (voir repère ❿ de la figure 7-3 et repère ❶ de la figure 7-26).

4. Dans la boîte de dialogue Insérer menu de reroutage, remplacez l'item par défaut dans le champ Texte par un texte invitant l'internaute à choisir une option du menu. L'ajout de cette invite de sélection est important dans le cas d'un menu de reroutage car la redirection ne sera déclenchée que si le menu change d'état. Par conséquent, si nous avions ajouté directement la première redirection en première position, il ne serait pas possible d'y accéder car, dans ce cas, le menu ne changerait pas d'état.

5. Cliquez ensuite sur le bouton + situé au-dessus du cadre Eléments du menu (voir repère ❷ de la figure 7-26) afin d'ajouter une seconde entrée dans le menu. Cette fois, saisissez dans le champ Texte un descriptif de cette option, puis cliquez sur le bouton Parcourir… pour sélectionner la page vers laquelle sera redirigé l'internaute

s'il sélectionne cette option (voir repère ❸ de la figure 7-26). Procédez de la même manière pour ajouter la seconde redirection.

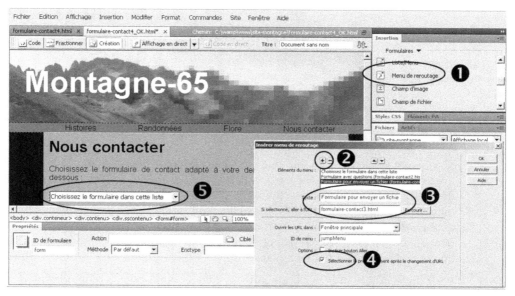

Figure 7-26

Insertion d'un menu de reroutage dans un formulaire

6. Si nous avions voulu insérer le menu de reroutage sur les pages vers lesquelles l'internaute sera redirigé, il aurait fallu cocher l'option Sélectionner le premier élément après le changement d'URL (voir repère ❹ de la figure 7-26) afin que l'invite de sélection du menu que nous avons ajouté précédemment soit toujours sélectionnée par défaut. Voici un bref descriptif des autres options de cette boîte de dialogue :

– Ouvrir les URL dans – Cette option est intéressante si on travaille dans un système de jeu de cadres car elle permet de choisir dans quel cadre s'affichera la page de l'URL sélectionnée.

– Insérer bouton Aller – Permet d'ajouter un bouton de validation manuel du choix effectué dans le menu. Cela peut être une autre alternative à l'ajout de l'invite pour résoudre le problème de la sélection de la première option ou encore si le code JavaScript, qui gère la validation automatique, n'est pas activé dans le navigateur (ce qui est de moins en moins fréquent).

– ID de menu – Permet de configurer l'identifiant qui sera lié au menu de reroutage.

7. Cliquez sur OK pour valider vos choix. Le menu de reroutage entouré d'une zone de formulaire doit alors apparaître dans la fenêtre Document (voir repère ❺ de la figure 7-26). Enregistrez la page et appuyez sur la touche F12 pour tester son fonctionnement dans un navigateur (voir figure 7-27).

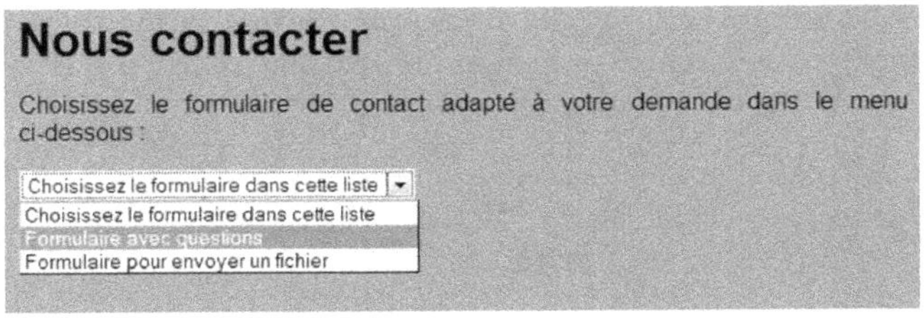

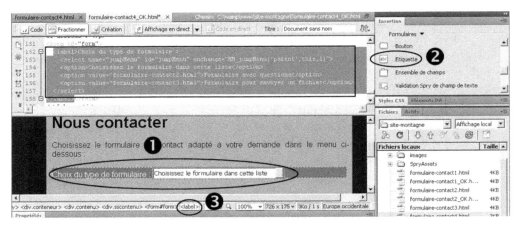

Figure 7-27

Test du menu de reroutage dans un navigateur

Insérer et configurer une étiquette

L'étiquette permet d'englober une valeur saisie préalablement dans la fenêtre Document avec une balise <label>. Même si la plupart des éléments de formulaire présentés précédemment disposent déjà de cette balise d'accessibilité (si la configuration de la boîte de dialogue Attributs d'accessibilité des balises d'entrée a été correctement effectuée), il est quelquefois nécessaire d'ajouter des balises <label> à d'anciens formulaires ou à un élément qui ne possède pas de paramétrage d'accessibilité, comme le menu de reroutage que nous venons de mettre en place.

Pour illustrer l'ajout d'une étiquette, nous vous proposons de reprendre le formulaire de reroutage précédent afin de le rendre compatible avec les normes d'accessibilité.

1. Ouvrez la page du formulaire précédent, soit le fichier formulaire-contact4.html.

2. Placez le curseur juste devant le menu déroulant et saisissez un texte descriptif de cet élément de formulaire, par exemple, Choix du type de formulaire (voir repère ❶ de la figure 7-28).

Figure 7-28

Insertion d'une étiquette pour le menu de reroutage

3. Sélectionnez ensuite le texte et le menu déroulant puis cliquez sur l'icône Etiquette de la catégorie Formulaires du panneau Insertion (voir repère ⑬ de la figure 7-3 et repère ❷ de la figure 7-28).

4. La balise `<label>` doit alors être automatiquement ajoutée (voir repère ❸ de la figure 7-28). Passez éventuellement en mode Code pour vous assurer qu'elle englobe bien le texte descriptif et le menu déroulant.

Les éléments de validation Spry d'un formulaire

Nous venons de vous présenter les éléments de formulaire standards, mais depuis la version CS3 de Dreamweaver, des composants Spry destinés aux formulaires sont aussi disponibles. Chaque composant Spry contient un élément de formulaire standard (un champ de texte, par exemple) et un composant Spry qui assurera la validation de l'élément.

Il existe sept éléments de formulaire disposant d'une version de validation Spry, à savoir Champ de texte, Zone de texte, Case à cocher, Menu/Liste, Champ de mot de passe, Champ de confirmation et Groupe de boutons radio. La procédure d'insertion d'un élément de validation Spry dans le formulaire est semblable à celle de l'élément standard à partir duquel il a été décliné. Une fois en place dans le formulaire, les fonctionnalités de validation Spry doivent être paramétrées depuis le panneau Propriétés du composant Spry (pour accéder à ce panneau, survolez l'élément avec la souris et cliquez sur la catégorie bleu du composant Spry en rapport).

Ces éléments de validation Spry permettront de contrôler si le champ a bien été renseigné ou, s'il s'agit d'un champ destiné à un e-mail, si la structure de l'e-mail est correcte. Si la validation n'est pas possible, un message rappelant les données attendues apparaîtra à côté du champ concerné. De même, la procédure de validation pourra être déclenchée lors de la soumission finale du formulaire (`onSubmit`), au fil de la saisie des données (`onChange`) ou lorsque l'utilisateur sort de l'objet du formulaire concerné (`onBlur`).

Comportement JavaScript Valider le formulaire

Il existe aussi un système de contrôle des données d'un formulaire à l'aide d'un comportement JavaScript nommé Valider le formulaire. Ce comportement JavaScript est présenté dans la partie concernant les comportements JavaScript dans ce même ouvrage. À la différence des validations Spry qui sont appliquées localement à chaque élément du formulaire et qui permettent d'afficher un message d'erreur contextuel, le comportement JavaScript Valider le formulaire sera appliqué globalement au niveau du formulaire et les messages seront tous regroupés dans une petite fenêtre.

Insérer et configurer une validation Spry de champ de texte

La validation Spry de champ de texte permet de contrôler la présence d'une donnée dans le champ lors de la soumission du formulaire, mais aussi de vérifier son type au cours de la saisie des données. Le composant Spry propose de nombreux types de données à contrôler : nombre, date, heure, e-mail, URL, code postal, téléphone, carte de crédit…

Pour mettre en œuvre un composant Spry pour champ de texte, plusieurs états devront être configurés :

- Initial – État du champ de texte lors du chargement initial de la page.

- Obligatoire – État du champ de texte si l'utilisateur n'a saisi aucun texte lors de la validation.

- Format non valide – État du champ de texte lorsque l'utilisateur a saisi des informations dont le type est incorrect.

- Valide – État du champ de texte lorsque l'utilisateur a saisi des informations dont le type est correct (si celui-ci est défini).

Validation Spry de champ de texte obligatoire

Dans un premier temps, nous allons utiliser une validation Spry de champ de texte afin de s'assurer qu'une donnée a bien été saisie dans le champ Nom (et donc sans contrôle du type). Le contrôle de type sera présenté dans un second exemple sur le champ E-mail du même formulaire.

1. Ouvrez le formulaire `formulaire-contact2.html` et enregistrez-le sous le nom `formulaire-contact5.html`.

2. Supprimez le premier champ de texte et son étiquette en haut du formulaire. Placez le curseur au même emplacement et cliquez sur l'icône Validation Spry de champ de texte de la catégorie Formulaires du panneau Insertion (voir repère ❻ de la figure 7-3 et repère ❶ de la figure 7-29).

3. Renseignez les paramètres d'accessibilité et cliquez sur OK pour valider vos choix (voir repère ❷ de la figure 7-29). Le nouveau champ de texte doit alors apparaître au même endroit que celui que nous venons de supprimer (voir repère ❸ de la figure 7-29).

4. Pour le moment, le champ de texte standard ne présente aucune différence avec celui de sa version avec validation Spry que nous venons de mettre en place. C'est lors du test dans le navigateur que nous apprécierons les fonctionnalités de la validation Spry, mais, avant cela, il faut commencer par configurer le composant Spry. Pour accéder au panneau de configuration du composant, survolez le champ de texte avec la souris pour faire apparaître un onglet bleu au-dessus du champ nommé Champ de texte Spry. Cliquez ensuite dans cet onglet bleu pour afficher le panneau Propriétés du composant Spry (voir repère ❹ de la figure 7-29).

5. Dans le panneau Propriétés, saisissez un texte de recommandation qui apparaîtra dans le champ lui-même (voir repère ❺ de la figure 7-29). Dans ce premier exemple, nous désirons simplement que le champ Nom soit obligatoire et nous y indiquerons le message suivant `Nom obligatoire`. Assurez-vous que l'option Obligatoire est bien cochée (voir repère ❼ de la figure 7-29).

6. Dans la liste déroulante Aperçu des états, sélectionnez Obligatoire (voir repère ❻ de la figure 7-29). Dans la fenêtre Document, le champ de texte doit prendre maintenant l'apparence qu'il aurait si le champ Nom restait vide lors de la soumission du formulaire. Le champ doit être rouge et un message par défaut doit s'afficher à sa droite. Sélectionnez ce message et remplacez-le par celui qui vous semble le plus pertinent (dans notre exemple, nous avons indiqué `Votre nom est obligatoire`).

7. Revenez dans le panneau Propriétés et sélectionnez maintenant Valide dans la liste déroulante Aperçu des états. Vous constatez alors que le champ de texte est maintenant de couleur verte. Cela illustre, ici aussi, l'apparence que prendra le champ si, lors du contrôle, un nom a été préalablement saisi dans l'élément de formulaire concerné. Cependant, le contrôle s'effectue par défaut lors de la soumission du formulaire et vous ne verrez donc pas cet état Valide (sauf si d'autres données sont incorrectes) car en général l'internaute est redirigé vers une page de remerciement lors de l'envoi d'un formulaire. Il existe néanmoins une solution pour que le contrôle se fasse au fil de la saisie. Pour cela, il suffit de cocher la case `onBlur` de l'option Valider si (voir repère ❽ de la figure 7-29). Ainsi, dès que l'internaute quittera le champ (en appuyant sur la touche Tab ou en cliquant à l'extérieur du champ), le processus de contrôle Spry se déclenchera et, si vous avez saisi un nom dans le champ, il deviendra alors vert.

8. Enregistrez la page et testez-la dans un navigateur (touche F12) pour vous initier au fonctionnement des validations Spry. Lors de l'enregistrement de la page, une fenêtre Copier les fichiers dépendants s'affichera avec le chemin des fichiers nécessaires au bon fonctionnement du composant Spry. Validez cette boîte de dialogue, mais il faudra vous rappeler que lorsque vous mettrez votre page en ligne, il faudra aussi y copier ces fichiers en conservant la même structure pour les répertoires.

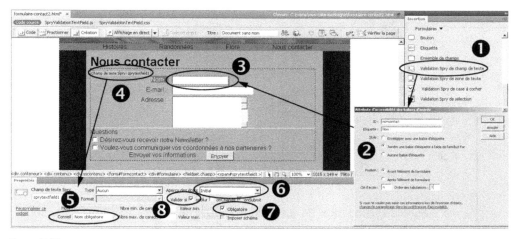

Figure 7-29

Insertion d'une validation Spry de champ de texte

Validation Spry de champ de texte obligatoire avec contrôle du type

Dans ce premier exemple, nous avons uniquement vérifié si le champ n'était pas vide. Cependant, les composants Spry de formulaire permettent également de contrôler le type d'informations saisies (code postal, e-mail…). Aussi, pour illustrer cette fonctionnalité, nous allons l'appliquer au second champ du formulaire (E-mail).

1. Comme précédemment, commencez par supprimer le champ E-mail et son étiquette. Placez le curseur au même endroit et cliquez sur l'icône Validation Spry de champ de texte de la catégorie Formulaires. Remplissez les paramètres d'accessibilité et cliquez sur OK pour valider vos choix.

2. Pour accéder au panneau de configuration du composant Spry, survolez le champ de texte avec la souris pour faire apparaître un onglet bleu au-dessus du champ nommé Champ de texte Spry. Cliquez dans cet onglet bleu pour afficher le panneau Propriétés du composant Spry.

3. Renseignez le champ Conseil en saisissant, par exemple, `Saisir un mail valide`. Vérifiez que l'option Obligatoire est bien cochée et activez l'option `onBlur`.

4. Sélectionnez ensuite Obligatoire dans la liste déroulante Aperçu des états, puis modifiez le message par défaut dans la fenêtre Document, comme dans l'exemple précédent.

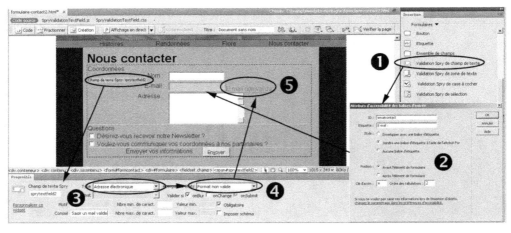

Figure 7-30

Insertion d'une validation Spry de champ de texte avec contrôle du type des données

5. Pour ce champ destiné à accueillir des e-mails, nous allons sélectionner l'option Adresse électronique dans la liste déroulante Type du panneau Propriétés (voir repère ❸ de la figure 7-30). De ce fait, un nouvel état nommé Format non valide devient disponible dans la liste Aperçu des états. Sélectionnez-le (voir repère ❹ de la figure 7-30) et passez dans la fenêtre Document pour en modifier le message d'erreur

comme nous l'avons fait précédemment pour l'état Obligatoire. Remplacez par exemple le texte par défaut par E-mail non valide (voir repère ❺ de la figure 7-30).

6. La configuration du composant Spry est maintenant terminée. Enregistrez votre page et testez-la dans un navigateur en appuyant sur la touche F12 de votre clavier. Saisissez une adresse invalide puis une autre, valide cette fois, afin de vérifier le bon affichage des messages d'erreur (voir figure 7-31).

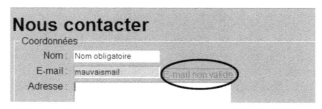

Figure 7-31
Test d'une validation Spry de champ de texte avec contrôle du type, Adresse électronique pour cet exemple

Insérer et configurer une validation Spry de zone de texte

Le fonctionnement de la validation Spry de zone de texte est semblable à celui du composant Spry pour champ de texte que nous venons de présenter. Cependant, avec une zone de texte, le nombre d'états à configurer sera plus important en raison de la gestion des nombres de caractères minimaux et maximaux préalablement configurés dans le composant Spry (pour mémoire, ces états sont visibles dans la liste déroulante Aperçu des états du panneau Propriétés du composant Spry). Voici la liste des différents états possibles :

• Initial – État de la zone de texte lors du chargement initial de la page.

• Obligatoire – État de la zone de texte si l'utilisateur n'a saisi aucun texte lors du contrôle.

• Nombre minimal de caractères – État de la zone de texte lorsque l'utilisateur a saisi un nombre de caractères inférieur à celui du minimum configuré dans le panneau Propriétés du composant Spry (champ Nbre min. de caract.).

• Nombre maximum de caractères – État de la zone de texte lorsque l'utilisateur a saisi un nombre de caractères supérieur à celui du maximum configuré dans le panneau Propriétés du composant Spry (champ Nbre max. de caract.).

• Valide – État de la zone de texte lorsque l'utilisateur a saisi des informations correspondantes aux contraintes de la zone de texte (présence de données, nombre de caractères minimal dépassé, nombre de caractères maximal non dépassé)

Pour illustrer la configuration d'une validation Spry de zone de texte, nous allons l'ajouter dans le formulaire précédent en remplacement de la zone d'adresse actuelle.

1. Supprimez la zone de texte actuelle et son étiquette. Placez le curseur au même endroit et cliquez sur l'icône Validation Spry de zone de texte de la catégorie Formulaires (voir repère **⑰** de la figure 7-3 et repère **❶** de la figure 7-32). Renseignez les paramètres d'accessibilité (voir repère **❷** de la figure 7-32) et cliquez sur OK pour valider vos choix.

2. Pour accéder au panneau de configuration du composant Spry, survolez la zone de texte avec la souris pour faire apparaître un onglet bleu, nommé Zone de texte Spry. Cliquez dans cet onglet pour afficher le panneau Propriétés du composant Spry en rapport (voir repère **❸** de la figure 7-32).

3. Renseignez le champ Conseil du panneau Propriétés en indiquant, par exemple, `Saisir votre adresse complète`. Vérifiez que l'option Obligatoire est bien cochée par défaut. En ce qui concerne le déclenchement du processus de validation, nous cocherons cette fois `onChange` pour l'option Valider si (voir repère **❺** de la figure 7-32) afin que celui-ci soit relancé à chaque nouveau caractère saisi.

4. Sélectionnez ensuite Obligatoire dans la liste déroulante Aperçu des états, puis modifiez le message par défaut dans la fenêtre Document (saisissez, par exemple, `Adresse obligatoire`).

5. Comme indiqué précédemment, la zone de texte vous permet de gérer un nombre de caractères minimum et maximum. Dans notre exemple, nous configurerons ces deux paramètres avec `5` pour le minimum et `50` pour le maximum (voir repère **❹** de la figure 7-32).

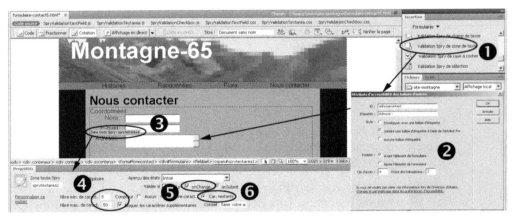

Figure 7-32

Insertion d'une validation Spry de zone de texte

6. Il est aussi possible d'afficher un compteur de caractères à droite de la zone de texte. Celui-ci peut être configuré pour afficher le nombre de caractères déjà saisis (mode compteur) ou le nombre de caractères restant à saisir (mode décompteur). Dans notre

exemple, nous opterons pour le mode décompteur et nous cocherons pour cela l'option Car. restant (voir repère ❻ de la figure 7-32).

7. Une fois ces premiers réglages effectués, il faut maintenant configurer les messages d'erreur des états Nombre minimal de caractères et Nombre maximal de caractères qui sont désormais disponibles dans la liste déroulante Aperçu des états. La procédure est semblable à la configuration des messages d'erreur des états précédents. Sélectionnez l'état Nombre minimal de caractères dans la liste Aperçu des états et modifiez le texte du message par défaut dans la fenêtre Document. Procédez de la même manière pour l'état Nombre maximal de caractères (dans notre exemple, nous avons saisi les textes `Pas assez de caractères` et `Trop de caractères` pour ces deux états).

8. La configuration du composant Spry de zone de texte est maintenant terminée. Enregistrez votre page, puis confirmez la boîte de dialogue Copier les fichiers dépendants qui vous rappelle que des fichiers sont nécessaires au bon fonctionnement de ce composant Spry. Appuyez sur la touche F12 pour afficher le formulaire dans un navigateur, puis testez les différents états de la zone de texte afin de vous assurer qu'ils sont conformes à la configuration que vous venez de réaliser (voir figure 7-33).

Figure 7-33

Test d'une validation Spry de zone de texte avec décomptage du nombre de caractères

Insérer et configurer une validation Spry de case à cocher

La validation Spry de case à cocher permet de contrôler qu'une case isolée est bien cochée. Dans le cas d'un groupe de plusieurs cases, il est aussi possible de contrôler si un nombre minimum de cases a bien été coché et si le nombre maximum de cases à cocher n'a pas été atteint.

Dans notre exemple, nous allons utiliser le comportement Spry pour vérifier qu'une case confirmant que l'internaute a bien consulté les conditions de vente a été préalablement cochée lors de la soumission du formulaire.

1. Supprimez les deux cases à cocher actuelles. Placez le curseur au même endroit et cliquez sur l'icône Validation Spry de case à cocher de la catégorie Formulaires (voir

repère ⑱ de la figure 7-3 et repère ❶ de la figure 7-34). Renseignez les paramètres d'accessibilité (voir repère ❷ de la figure 7-34) et cliquez sur OK pour valider vos choix.

2. Pour accéder au panneau de configuration du composant Spry, survolez la case à cocher avec la souris pour faire apparaître un onglet bleu au-dessus de l'élément de formulaire nommé Case à cocher Spry. Cliquez dans cet onglet pour afficher le panneau Propriétés du composant Spry en rapport (voir repère ❸ de la figure 7-34).

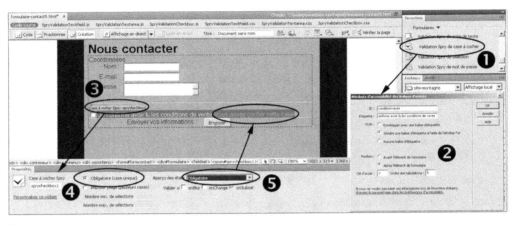

Figure 7-34

Insertion d'une validation Spry de case à cocher

3. Vérifiez que l'option Obligatoire est bien cochée par défaut. En ce qui concerne le déclenchement du processus de validation, nous laisserons cette fois le paramétrage par défaut pour l'option Valider si, soit `onSubmit`, afin que celui-ci soit déclenché lors de la soumission du formulaire.

4. Sélectionnez Obligatoire dans la liste déroulante Aperçu des états (voir repère ❺ de la figure 7-34), puis dans la fenêtre Document, modifiez le message d'erreur par défaut en le remplaçant par `Vous devez cocher cette case`.

5. La programmation de votre composant Spry est maintenant terminée. Vous pouvez enregistrer votre page, puis confirmer la boîte de dialogue Copier les fichiers dépendants qui vous rappelle que des fichiers sont nécessaires au bon fonctionnement de ce composant Spry. Appuyez ensuite sur la touche F12 pour visualiser le formulaire dans le navigateur. Assurez-vous que si la case n'est pas cochée lors de la soumission du formulaire, le message d'erreur précédemment configuré s'affiche correctement à droite du texte descriptif de la case à cocher.

Figure 7-35

Test d'une validation Spry de case à cocher obligatoire

Insérer et configurer une validation Spry de sélection

La validation Spry de sélection permet de contrôler qu'une option du menu a bien été sélectionnée ou que l'option sélectionnée est bien valide. Pour pouvoir détecter qu'une option a été sélectionnée, il faut que le menu dispose d'une première entrée d'invite dont le champ Valeur n'est pas renseigné (voir figure 7-36 en guise d'exemple). Ainsi, si l'utilisateur ne sélectionne aucune option dans le menu, c'est cette invite du menu qui restera sélectionnée par défaut et le composant Spry détectera alors l'absence de valeur, ce qui entraînera l'affichage d'un message d'erreur.

Figure 7-36

Configuration des informations du menu déroulant

1. Placez le curseur après la zone de texte et cliquez sur l'icône Validation Spry de sélection (voir repère ❾ de la figure 7-3 et repère ❶ de la figure 7-37). Renseignez les paramètres d'accessibilité (voir repère ❷ de la figure 7-37) et cliquez sur OK pour valider vos choix.

2. Avant de configurer le composant Spry, nous allons cette fois devoir renseigner les informations qui seront visibles dans le menu déroulant. Pour cela, cliquez sur le menu (et non sur la catégorie bleu pour l'instant) afin d'afficher le panneau Propriétés correspondant à cet élément. Cliquez ensuite sur le bouton Valeurs de liste... et saisissez une invite pour commencer, Sélectionnez une randonnée par exemple, sans lui adjoindre de valeur, puis deux noms de randonnée de votre choix dans la boîte de

dialogue du même nom (par exemple, Randonnée du pont d'Espagne et Randonnée des cascades, voir figure 7-36). Cliquez sur OK pour valider.

3. Le contenu du menu étant désormais paramétré, nous allons pouvoir accéder au panneau de configuration du composant Spry. Pour cela, survolez le menu déroulant avec la souris pour faire apparaître un onglet bleu au-dessus de l'élément de formulaire nommé Sélection Spry. Cliquez dans cet onglet pour afficher le panneau Propriétés du composant Spry en rapport (voir repère ❸ de la figure 7-37).

4. Assurez-vous que l'option Valeur vide est bien cochée par défaut. Pour le déclenchement du processus de validation, sélectionnez onChange pour l'option Valider si, afin que celui-ci soit déclenché lors de la modification du menu. À noter que l'option onSubmit reste active bien que onChange soit cochée. Ainsi, le composant Spry de validation pourra être déclenché lorsque l'utilisateur choisira une valeur dans le menu, mais aussi lors de la soumission finale du formulaire.

5. Sélectionnez Obligatoire dans la liste déroulante Aperçu des états (voir repère ❻ de la figure 7-37) puis dans la fenêtre Document, modifiez le message d'erreur par défaut en le remplaçant par Vous devez choisir une randonnée (voir repère ❼ de la figure 7-37).

6. La programmation de votre composant Spry est maintenant terminée. Vous pouvez enregistrer votre page, puis confirmer la boîte de dialogue Copier les fichiers dépendants qui vous rappelle que des fichiers sont nécessaires au bon fonctionnement de ce composant Spry. Appuyez ensuite sur la touche F12 pour visualiser le formulaire dans le navigateur. Assurez-vous que si l'utilisateur ne sélectionne pas de randonnée dans le menu déroulant, le message d'erreur précédemment configuré s'affiche correctement à droite du menu déroulant.

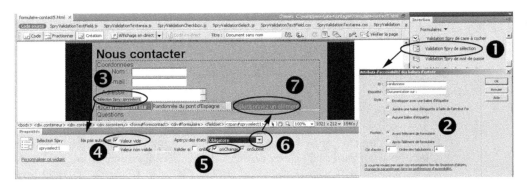

Figure 7-37
Insertion d'une validation Spry de sélection

Insérer et configurer une validation Spry de mot de passe

La validation Spry de mot de passe s'applique à un champ texte de mot de passe et permet d'appliquer des règles de saisie sur la présence et le format du mot de passe.

Ainsi, il est possible de contrôler la présence du mot de passe, un nombre de caractères minimaux et maximaux ou encore le type de ces caractères (nombre, lettre, majuscule ou minuscule) et d'afficher un message en rapport avec cet état.

Comme pour les autres validations Spry présentées précédemment, ces états doivent être préalablement configurés dans le composant Spry (pour mémoire, ils sont visibles dans la liste déroulante Aperçu des états du panneau Propriétés du composant Spry). Voici la liste des différents états possibles :

- Initial – État du champ de mot de passe lors du chargement initial de la page.

- Actif – État du champ de mot de passe lorsque l'utilisateur place son curseur dans le champ de saisie.

- Obligatoire – État du champ de mot de passe si l'utilisateur n'a saisi aucun mot de passe.

- Nombre minimal de caractères – État du champ de mot de passe lorsque l'utilisateur a saisi un nombre de caractères inférieur à celui du minimum configuré dans le panneau Propriétés du composant Spry (champ Nbre min. de caract.).

- Nombre maximal de caractères – État du champ de mot de passe lorsque l'utilisateur a saisi un nombre de caractères supérieur à celui du maximum configuré dans le panneau Propriétés du composant Spry (champ Nbre max. de caract.).

- État de résistance non valide – État du champ de mot de passe lorsque l'utilisateur a saisi une information qui ne correspond pas aux critères de résistance du champ de mot de passe (présence minimum d'un nombre de majuscule par exemple).

- Valide – État du champ de mot de passe lorsque l'utilisateur a saisi des informations correspondantes aux contraintes du champ de mot de passe.

Pour illustrer la configuration d'une validation Spry de mot de passe, nous allons l'intégrer dans un nouveau formulaire destiné à la connexion de l'utilisateur dans une page soumise à un contrôle d'accès. Cependant, nous attirons votre attention sur le fait que, dans cette section, nous ne traiterons que la validation du format du mot de passe en local. Par la suite, vous devrez ajouter un comportement serveur d'authentification pour que ce formulaire soit opérationnel (le chapitre 20 explique comment faire).

1. Ouvrez le formulaire `formulaire-connexion1.html` ou créez un formulaire de connexion contenant un premier champ destiné à l'identifiant de l'utilisateur (`identifiant`).

2. Positionnez ensuite le curseur au point d'insertion du champ destiné au mot de passe, puis cliquez sur l'icône Validation Spry de mot de passe dans la catégorie Spry du panneau Insertion (voir repère ❶ de la figure 7-38). Complétez la fenêtre Attributs d'accessibilité des balises d'entrée en saisissant `motdepasse` dans le champ ID (voir repère ❷ de la figure 7-38) et cliquez sur OK pour valider vos choix.

3. Pour configurer le composant Spry survolez le champ de texte avec la souris pour faire apparaître un onglet bleu au-dessus du champ nommé Mot de passe Spry (voir repère ❸ de la figure 7-38). Cliquez ensuite dans cet onglet bleu pour afficher le panneau Propriétés du composant Spry (voir repère ❹ de la figure 7-38).

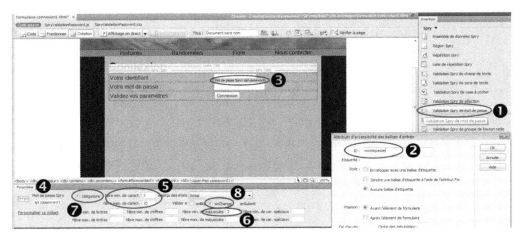

Figure 7-38

Insertion d'une validation Spry de mot de passe

4. Dans le panneau Propriétés, saisissez le chiffre 3 dans le champ Nbre min. de caract. et 20 dans le champ Nbre max. de caract. (voir repère ❺ de la figure 7-38). Saisissez ensuite le chiffre 2 dans le champ Nbre min. de majuscules (voir repère ❻ de la figure 7-38). Assurez-vous que l'option Obligatoire est bien cochée (voir repère ❼ de la figure 7-38) et cochez la case onChange (voir repère ❽ de la figure 7-38) afin que le contrôle se fasse au fil de la saisie du mot de passe.

6. Dans la liste déroulante Aperçu des états, sélectionnez Obligatoire (voir repère ❶ de la figure 7-39). Dans la fenêtre Document, le champ de texte doit prendre maintenant l'apparence qu'il aurait si le champ de mot de passe restait vide lors de la soumission du formulaire. Le champ doit être rouge et un message par défaut doit s'afficher à droite ou en dessous du champ (voir repère ❷ de la figure 7-39). Sélectionnez ce message et remplacez-le par celui qui vous semble le plus pertinent (dans notre exemple, nous avons indiqué Pass obligatoire).

7. Revenez dans le panneau Propriétés et sélectionnez maintenant Niveau de complexité non valide dans la liste déroulante Aperçu des états. Vous constatez alors que le texte rouge situé à droite du champ de mot de passe est maintenant différent. Sélectionnez-le et remplacez-le par 2 majuscules obligatoires pour signaler à l'utilisateur que le mot de passe doit comporter au moins 2 majuscules. Dans la liste déroulante Aperçu des états, sélectionnez maintenant l'option Nombre min. de caractères non atteint, passez de nouveau dans la fenêtre Document et modifier le texte rouge à droite du champ de mot de passe par 3 caractères min. Procédez de la même manière avec l'état Nombre max. de caractères dépassé et saisir cette fois 20 caractères max à la place du texte en rouge.

8. La configuration du composant Spry de mot de passe est maintenant terminée. Enregistrez votre page, puis confirmez la boîte de dialogue Copier les fichiers dépendants

qui vous rappelle que des fichiers sont nécessaires au bon fonctionnement de ce composant Spry. Appuyez sur la touche F12 pour afficher le formulaire de connexion dans un navigateur afin de vérifier l'affichage des différents messages d'alerte. Commencez par saisir un premier mot de passe de 2 caractères et assurez-vous que le message 3 caractères min s'affiche bien à côté du champ. Continuez votre saisie avec des chiffres ou des lettres minuscules et assurez-vous que le message 2 majuscules obligatoires s'affiche bien dès que le mot de passe dépasse 3 caractères. Saisissez maintenant 2 majuscules pour vérifier que le message précédent s'efface et continuer la saisie jusqu'à 20 caractères pour voir apparaître le dernier message 20 caractères max (voir repère ❶ la figure 7-40).

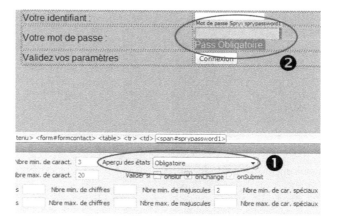

Figure 7-39

Configuration des états de validation Spry de mot de passe

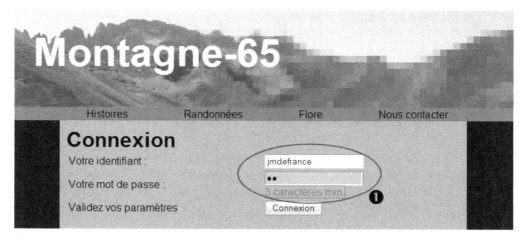

Figure 7-40

Test d'une validation Spry de mot de passe

Insérer et configurer une validation Spry de confirmation

Le fonctionnement de la validation Spry de confirmation est souvent utilisé en complément du précédent Spry de mot de passe. En effet, la validation Spry de confirmation permet de s'assurer que l'utilisateur a bien saisi des informations identiques dans deux champs texte similaires. Si ce dernier ne parvient pas à saisir exactement la même information dans le second champ, un message d'erreur sera alors affiché à proximité des champs. L'application pratique de cette fonction est d'éviter des erreurs de frappe lorsque l'utilisateur saisit son e-mail ou encore lorsqu'il renseigne son mot de passe dans un formulaire de création de compte utilisateur, par exemple.

Comme pour les autres validations Spry présentées précédemment, les messages correspondants aux différents états doivent être préalablement configurés dans le composant Spry (pour mémoire, ces états sont visibles dans la liste déroulante Aperçu des états du panneau Propriétés du composant Spry). Voici la liste des différents états possibles :

- Initial – État de la validation Spry lors du chargement initial de la page.

- Obligatoire – État de la validation Spry si l'utilisateur n'a saisi aucun texte dans le champ de confirmation.

- Actif – État de la validation Spry lorsque l'utilisateur place son curseur dans le champ de confirmation.

- Etat non valide – État de la validation Spry lorsque l'utilisateur a saisi dans le champ de confirmation un texte qui ne correspond pas exactement à celui saisi dans le premier champ.

- Valide – État de la validation Spry lorsque l'utilisateur a saisi dans le champ de confirmation la même information que dans le premier champ.

Pour illustrer la configuration d'une validation Spry de confirmation, nous allons l'intégrer dans un formulaire de création d'un compte utilisateur en demandant à l'internaute de saisir une seconde fois son mot de passe afin de s'assurer qu'il n'a pas effectué d'erreur de frappe.

1. Ouvrez le formulaire précédent destiné à la connexion `formulaire-connexion1.html` et enregistrez le sous `formulaire-compte1.html` ou recréez un formulaire de création de compte utilisateur contenant un premier champ destiné à l'identifiant de l'utilisateur suggéré (`identifiant`) et un second pour la première saisie de son mot de passe (`motdepasse`).

2. Positionnez ensuite le curseur au point d'insertion du champ destiné à la confirmation du mot de passe puis cliquez sur l'icône Validation Spry de confirmation dans la catégorie Spry du panneau Insertion (voir repère ❶ de la figure 7-41). Complétez la fenêtre Attributs d'accessibilité des balises d'entrée en saisissant `confirmation` dans le champ ID (voir repère ❷ de la figure 7-41) et cliquez sur OK pour valider vos choix.

3. Pour configurer le composant Spry, survolez le champ de texte avec la souris pour faire apparaître un onglet bleu au-dessus du champ nommé Mot de passe Spry (voir

repère ❸ de la figure 7-41). Cliquez ensuite dans cet onglet bleu pour afficher le panneau Propriétés du composant Spry (voir repère ❹ de la figure 7-41).

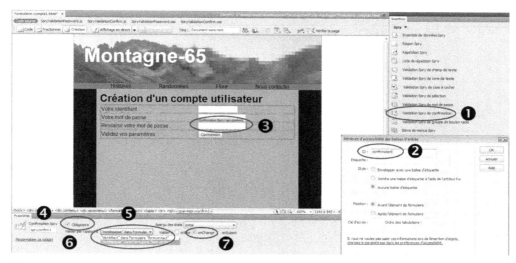

Figure 7-41

Insertion d'une validation Spry de confirmation

4. Dans le panneau Propriétés, sélectionnez le champ « motdepasse » afin d'indiquer que le contenu du champ de confirmation devra être identique à celui du premier champ de mot de passe (voir repère ❺ de la figure 7-41). Assurez-vous que l'option Obligatoire est bien cochée (voir repère ❻ de la figure 7-41) et cochez la case onChange (voir repère ❼ de la figure 7-41) afin que le contrôle se fasse au fil de la saisie du second mot de passe.

6. Dans la liste déroulante Aperçu des états, sélectionnez Obligatoire. Dans la fenêtre Document, sélectionnez le message et remplacez-le par celui qui vous semble le plus pertinent (dans notre exemple, nous avons indiqué Confirmation obligatoire).

7. Revenez dans le panneau Propriétés et sélectionnez maintenant Non valide dans la liste déroulante Aperçu des états. Sélectionnez le texte dans la fenêtre Document et remplacez-le par Le mot de passe est différent pour signaler à l'utilisateur que le second mot de passe doit être identique à celui du premier champ.

8. La configuration du composant Spry de confirmation est maintenant terminée. Enregistrez votre page, puis confirmez la boîte de dialogue Copier les fichiers dépendants qui vous rappelle que des fichiers sont nécessaires au bon fonctionnement de ce composant Spry. Appuyez sur la touche F12 pour afficher le formulaire de création de compte utilisateur dans un navigateur afin de vérifier le fonctionnement du Spry de confirmation. Commencez par saisir un premier mot de passe dans le premier champ Votre mot de passe. Saisissez ensuite le second mot de passe et assurez-vous que le

message d'erreur s'affiche tant que le texte n'est pas exactement identique au premier mot de passe saisi (voir repère ❶ la figure 7-42).

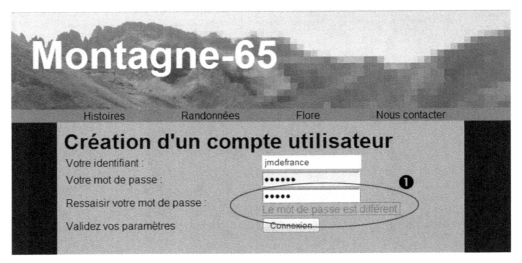

Figure 7-42

Test d'une validation Spry de confirmation

Insérer et configurer une validation Spry de groupe de boutons radio

La validation Spry de groupe de boutons radio permet d'intégrer rapidement un groupe de boutons radio et de gérer la validation de leur sélection. Rappelons qu'avec les boutons radio, l'utilisateur ne peut sélectionner qu'un seul choix lors de la soumission, contrairement aux cases à cocher qui permettent de sélectionner autant d'options que désiré.

Comme pour les autres validations Spry présentées précédemment, ces états doivent être préalablement configurés dans le composant Spry (pour mémoire, ils sont visibles dans la liste déroulante Aperçu des états du panneau Propriétés du composant Spry). Voici la liste des différents états possibles :

- Initial – État du groupe de boutons radio lors du chargement initial de la page.

- Obligatoire – État du groupe de boutons radio si l'utilisateur n'a pas effectué de sélection.

- Etat non valide – État du groupe de boutons radio lorsque l'utilisateur sélectionne un bouton radio non valide.

- Valide – État du groupe de boutons radio lorsque l'utilisateur a sélectionné un bouton radio valide qui permet l'envoi du formulaire.

Dans notre exemple, nous allons utiliser la validation Spry de groupe de boutons radio pour permettre à l'internaute d'indiquer le moyen qui lui permis de trouver le site Internet sur lequel se trouve le formulaire de contact. Il pourra ainsi choisir entre trois alternatives : par un journal, par Internet ou par des amis (le choix d'une de ces options étant obligatoire).

1. Ouvrez le formulaire de contact précédent destiné à la présentation des cases à cocher `formulaire-contact2.html` et enregistrez le sous `formulaire-contact6.html`. Supprimer les deux cases à cocher et placez votre curseur à ce même endroit.

2. Cliquez sur l'icône Validation Spry de groupe de boutons radio dans la catégorie Spry du panneau Insertion (voir repère ❶ de la figure 7-43). Complétez la fenêtre Groupe de boutons radio Validation Spry en saisissant `referant` dans le champ Nom afin d'attribuer un nom au groupe de boutons radio (voir repère ❷ de la figure 7-43). Cliquez ensuite sur le bouton + de la zone Boutons radio pour insérer une troisième ligne et sélectionnez ensuite dans la fenêtre les étiquettes et les valeurs provisoires afin de les remplacer par les informations suggérées dans la figure 7-43 (voir repère ❸ de la figure 7-43). Deux mises en forme des boutons radio sont disponibles ; par saut de ligne ou à l'aide d'un tableau. Dans notre exemple, nous conserverons la mise en forme par défaut (soit le saut de ligne, voir repère ❹ de la figure 7-43). Cliquez sur OK pour valider vos choix et faire apparaître les trois boutons radio au point d'insertion (voir repère ❺ de la figure 7-43).

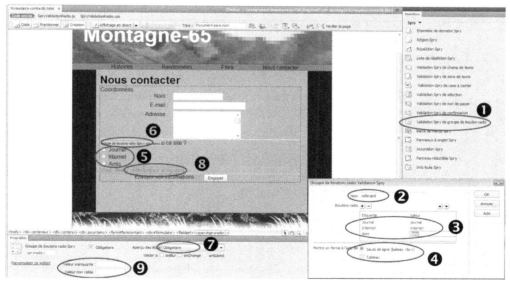

Figure 7-43

Insertion d'une validation Spry de groupe de boutons radio

3. Pour accéder au panneau de configuration du composant Spry, survolez le groupe de boutons radio avec la souris pour faire apparaître un onglet bleu au-dessus de l'élément de formulaire nommé Groupe de boutons radio Spry. Cliquez dans cet onglet

pour afficher le panneau Propriétés du composant Spry en rapport (voir repère ❻ de la figure 7-43).

4. Dans le panneau Propriétés, vérifiez que l'option Obligatoire est bien cochée par défaut. En ce qui concerne le déclenchement du processus de validation, le groupe de boutons radio étant le dernier élément du formulaire, nous laisserons cette fois le paramétrage par défaut pour l'option Valider si, soit onSubmit, afin que celui-ci soit déclenché lors de la soumission du formulaire.

5. Sélectionnez Obligatoire dans la liste déroulante Aperçu des états (voir repère ❼ de la figure 7-43), puis dans la fenêtre Document, modifiez le message d'erreur par défaut en le remplaçant par Vous devez sélectionner un bouton (voir repère ❽ de la figure 7-43).

6. À noter qu'il est aussi possible de gérer les états Valeur vide et Valeur non valide pour chaque bouton. Dans ce cas, il convient de commencer par attribuer aux boutons concernés l'une de ces deux valeurs optionnelles (vous pouvez par exemple, saisir comme valeur de bouton aucune et non valide). Il faudra ensuite reporter ces mêmes valeurs dans les deux champs Valeur manquante et Valeur non valide placés en bas du panneau des Propriétés du composant Spry. Ainsi, si l'utilisateur sélectionne ensuite un bouton dont la valeur est aucune, le message d'erreur « Vous devez effectuer une sélection » s'affichera, de même s'il sélectionne un bouton dont la valeur est non valide, c'est le message « Vous devez sélectionner une valeur valide » qui s'affichera à son tour. Dans le cadre de cet exemple, nous n'aurons pas de bouton de ce type et nous laisserons donc vides les deux champs en rapport du panneau Propriétés (voir repère ❾ de la figure 7-43).

7. La programmation de votre composant Spry est maintenant terminée. Vous pouvez enregistrer votre page puis confirmer la boîte de dialogue Copier les fichiers dépendants qui vous rappelle que des fichiers sont nécessaires au bon fonctionnement de ce composant Spry. Appuyez ensuite sur la touche F12 pour visualiser le formulaire dans le navigateur. Assurez-vous que si aucun bouton n'est validé lors de la soumission du formulaire, le message d'erreur précédemment configuré s'affiche correctement à droite du groupe de boutons radio.

Conclusion

Dans les versions antérieures, Dreamweaver disposait déjà du comportement JavaScript « Valider le formulaire », qui permettait de contrôler la présence et le type d'informations saisies lors de la soumission du formulaire en indiquant les éventuelles erreurs dans une fenêtre pop-up. Avec la version CS4, des éléments de formulaire Spry peuvent désormais être intégrés dans les formulaires pour valider progressivement la saisie des informations. En cas de problème, les éléments de formulaire concernés deviendront rouges et un avertissement sera ajouté à proximité pour rappeler les contraintes de saisie liées à l'élément.

Figure 7-44

Test d'une validation Spry de groupe de boutons radio

Partie II

Les CSS avec Dreamweaver CS4

8

Introduction à la conception XHTML/CSS

Dans un document XHTML/CSS bien conçu, la mise en forme doit être séparée du fond. On a ainsi d'un côté la page XHTML, comportant les données, les textes et les images, et de l'autre, la feuille de mise en forme. Cette organisation est nécessaire pour permettre une meilleure lisibilité du code pour le programmeur, une plus grande facilité de modification (toutes les caractéristiques de mise en forme étant regroupées en un seul document), ainsi qu'un meilleur référencement car les moteurs de recherche seront moins perturbés par du code parasite. De plus, si la page est correctement conçue en blocs sémantiquement corrects, elle sera accessible au plus grand nombre. Cette introduction à la conception XHTML/CSS a pour but de vous faire découvrir l'envers du décor. Pour concevoir des pages XHTML/CSS vraiment performantes, vous devrez connaître un peu de code car Dreamweaver ne réalise que ce que vous lui demandez. Un logiciel ne peut déterminer si un texte est un titre ou un paragraphe, il ne peut choisir lui-même l'ordre des balises ou encore le nom des styles ou des identifiants. Dans ce chapitre, vous aborderez les points suivants :

- la conception sémantique ;
- introduction au XHTML ;
- introduction aux styles.
- comprendre les CSS.

La conception sémantique

Sous ce terme un peu abstrait se cache tout simplement le plan de votre page. Une fois rédigé sur papier, vous devrez le traduire en balises XHTML. La conception sémantique consiste à sélectionner ces balises en fonction de ce qu'elles contiendront. Une bonne conception sémantique permettra un meilleur référencement auprès des moteurs de recherche. En effet, le titre « La flore des montagnes », formaté en tant que titre de premier niveau, est fortement évocateur, alors que ces quatre mots placés dans un paragraphe peuvent faire partie d'une phrase qui compare rapidement la flore des montagnes et celle des plaines. Dans ce dernier cas, ces mots sont beaucoup moins importants. Une bonne conception sémantique permettra un code clair. Il est courant de voir dans le code des pages Web des titres formatés en tant que paragraphes auxquels on a ajouté une mise forme CSS adéquate. Ces pratiques sont totalement erronées car il n'est alors plus possible pour un moteur de recherche, un navigateur vocal ou braille, ou même un programmeur, de réellement faire la différence entre un véritable titre et un petit paragraphe. La conception sémantique en XHTML/CSS2 est essentiellement basée sur le sens des balises contenant du texte. C'est la raison pour laquelle nous allons décrire ces balises. Les autres contenus sont généralement placés dans des balises ayant peu de sens. La balise div est celle qui est la plus souvent utilisée pour décrire des blocs dans la page et la balise span sert à modifier une partie de texte pour lequel l'aspect visuel apporte peu de sens.

Pour la conception sémantique du texte, vous devrez choisir les balises qui correspondront aux types d'explications que vous souhaitez afficher dans la page. Un titre devra toujours être placé dans l'une des balises En-tête 1, En-tête 2…, un paragraphe dans une balise de paragraphe. Les différentes balises sont accessibles via la liste déroulante Format du panneau Propriétés et grâce aux différentes icônes permettant de créer des listes. Pour plus de détails sur ces options, reportez-vous au chapitre 2. Les types de formatage disponibles sont :

- Formatage des différents niveaux de titres

  Il s'agit des six niveaux d'en-tête de la liste déroulante Format. Un en-tête de niveau 1 correspond à un titre de premier niveau ou un titre de page. Les en-têtes de niveau 2 à 6 représentent des sous-titres. Vos pages doivent contenir au moins un titre identifié comme tel. Certains moteurs de recherche attribuent une valeur particulière à ces différents niveaux de titres. En XHTML, ces formats correspondent respectivement aux éléments : <h1>…</h1>, <h2>…</h2>, <h3>…</h3>, <h4>…</h4>, <h5>…</h5> et <h6>…</h6>. Pour que ces éléments conservent tout leur sens, vous ne devez pas utiliser un élément <h3>…</h3>, s'il n'y a pas d'élément <h2>…</h2> ni <h1>…</h1> dans la page. La figure 8-1 présente les trois premiers niveaux de titres ainsi qu'un paragraphe. Chaque niveau possède un style par défaut qu'il sera aisé de modifier par l'usage d'une feuille de style.

- Formatage des paragraphes

  Selon la définition donnée dans le dictionnaire du Petit Robert, un paragraphe consiste en une *division d'un écrit en prose, offrant une certaine unité de pensée ou de composition*. Les paragraphes seront donc de grands blocs de texte portant sur une même idée.

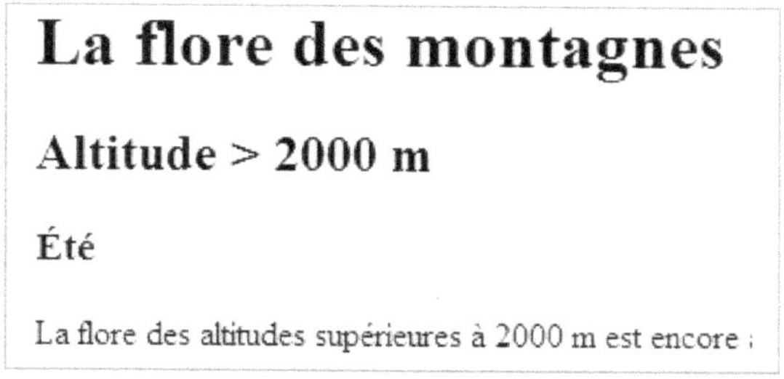

La flore des montagnes

Altitude > 2000 m

Été

La flore des altitudes supérieures à 2000 m est encore ...

Figure 8-1

Les trois premiers niveaux d'en-tête

En XHTML, ils sont définis par l'élément `<p>`...`</p>`. La fin d'un paragraphe est toujours suivie d'un saut de ligne. La figure 8-2 présente deux paragraphes ainsi séparés.

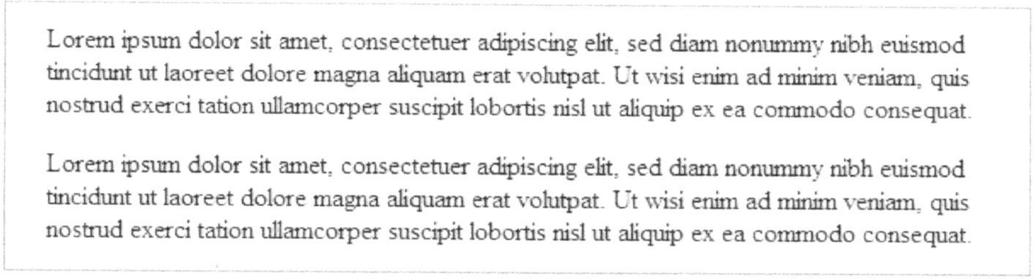

Lorem ipsum dolor sit amet, consectetuer adipiscing elit, sed diam nonummy nibh euismod tincidunt ut laoreet dolore magna aliquam erat volutpat. Ut wisi enim ad minim veniam, quis nostrud exerci tation ullamcorper suscipit lobortis nisl ut aliquip ex ea commodo consequat.

Lorem ipsum dolor sit amet, consectetuer adipiscing elit, sed diam nonummy nibh euismod tincidunt ut laoreet dolore magna aliquam erat volutpat. Ut wisi enim ad minim veniam, quis nostrud exerci tation ullamcorper suscipit lobortis nisl ut aliquip ex ea commodo consequat.

Figure 8-2

Deux paragraphes séparés par un saut de ligne

- Formatage des listes numérotées, à puces ou de définitions

  Les listes sont de trois types. Les listes numérotées permettent d'énumérer des éléments ordonnés. Ces éléments seront écrits les uns au-dessous des autres et seront précédés d'un chiffre. Les listes à puces servent à écrire des éléments les uns au-dessous des autres de manière non ordonnée. Enfin, les listes de définitions permettent de réaliser des paires comportant le mot et sa définition. En outre, les listes permettent aussi de réaliser des menus et plus généralement des éléments de navigation. En effet, cliquer sur un élément de menu revient à choisir parmi une liste. Pour plus de détails sur la mise en page des listes en CSS, reportez-vous au chapitre 12. En XHTML, les trois types de listes sont définies par des balises différentes :

  – Les listes non numérotées sont créées par l'élément `<ul>`...`</ul>`. Chacun des items de la liste est créé avec l'élément `<li>`...`</li>`.

  – Les listes numérotées sont créées par l'élément `<ol>`...`</ol>`. Chacun des items de la liste est créé avec l'élément `<li>`...`</li>`.

  – Les listes de définitions sont créées par l'élément `<dl>`...`</dl>`. Chacun des titres de définition est créé avec l'élément `<dt>`...`</dt>` et les définitions sont, quant à elles, créées avec l'élément `<dd>`...`<dd>`.

- Formatage des textes préformatés

  Il s'agit d'éléments qui conservent tous les espaces et toutes les indentations écrites dans la page. On les utilise généralement dans le cas de tableaux formatés avec des tabulations. Pour écrire plusieurs espaces dans la fenêtre Document en mode Création, vous devez cocher l'option Autoriser plusieurs espaces consécutifs des préférences générales (menu Edition>Préférences…, catégorie Générale). En XHTML, un bloc de texte préformaté est introduit par l'élément <pre>…</pre> (voir figure 8-3). Il y a conservation des espaces entre le code et le rendu visuel.

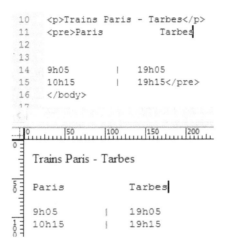

Figure 8-3

Code d'un texte préformaté et son rendu visuel

- Formatage des citations

  Ces blocs permettent de définir une zone de texte en tant que citation. Par défaut, les blocs de citation sont décalés sur la droite par rapport au texte, mais il sera facile de modifier cette mise en page par l'usage d'une feuille de style. En XHTML, les citations sont introduites par l'élément <blockquote>…</blockquote>. Dans Dreamweaver, vous insérez la balise blockquote en choisissant le menu Insertion>HTML>Objets de texte>Citation de paragraphe, ou bien en cliquant sur l'icône de retrait de texte placée dans la palette Propriétés (voir chapitre 2, section « Mettre en forme du texte avec le panneau Propriétés »).

- Formatage des adresses e-mail ou postales

  Ces blocs permettent de définir des adresses postales ou e-mail. En XHTML, les adresses sont introduites par l'élément <address>…</address>. Dreamweaver ne propose cet élément qu'en mode Code. Pour insérer un bloc d'adresse, cliquez à l'endroit où vous souhaitez insérer cet élément et saisissez l'adresse entre les balises <address>… </address>. Le mode code propose généralement la balise dès que vous commencez son écriture.

Introduction au XHTML

Une page XHTML est constituée de balise qui la structurent. Ces balises, également appelées *tags*, sont toujours encadrées par les signes < et > (<body> par exemple). On trouve des balises d'ouverture ou de fermeture. La balise de fermeture est identique à celle d'ouverture, mais elle est précédée d'une barre oblique (/), par exemple </body>.

Dans une balise, on écrit parfois des mots, appelés attributs, qui permettent d'ajouter des informations supplémentaires au « comportement » de la balise. De nombreux attributs ne sont plus utilisés en XHTML, et principalement en XHTML 1.0 Strict, car ils donnent à la balise un caractère spécifique. Voici un exemple d'attribut employé en XHTML, l'attribut class : <div class="engras">.

La structure générale d'un document XHTML est définie par les balises de type bloc ; la structure des textes est déterminée par les balises de type « en ligne », aussi nommées balises *inline*.

Les balises blocs

Les balises de type bloc permettent de structurer la page XHTML en plusieurs grandes parties. Elles peuvent contenir d'autres balises de type bloc et des balises dites en ligne (*inline*). Ainsi, on pourra par exemple facilement séparer une zone de menu d'une zone de contenu en utilisant deux éléments <div> correctement positionnés. La zone de contenu pourra elle aussi être subdivisée en d'autres blocs. Il est par ailleurs possible de spécifier une largeur et une hauteur pour les balises de type bloc. À noter également qu'elles génèrent toutes au minimum un retour à la ligne auquel s'ajoutera parfois une marge. Le tableau ci-dessous résume les différentes balises disponibles pour créer des blocs dans la page.

Tableau 8-1 – Les balises de type bloc

Balise	Utilisation
<address>	Pour créer un bloc d'adresse (postale ou e-mail).
<blockquote>	Pour créer un bloc de citation.
<div>	Pour créer un bloc neutre de séparation.
<dl>	Pour créer une liste de définitions.
<fieldset>	Pour créer un bloc avec un filet de contour par défaut. Cette balise est principalement utilisée pour les formulaires.
<form>	Pour créer un formulaire.
<h1> à <h6>	Pour créer des titres de six niveaux différents (indispensable).
<hr>	Pour introduire une ligne horizontale.
<ol>	Pour créer une liste ordonnée.
<p>	Pour créer un bloc de paragraphe.
<pre>	Pour créer un bloc de texte préformaté. Cette balise est peu utilisée.
<table>	Pour créer un tableau.
<ul>	Pour créer une liste non ordonnée.

Définition d'une balise inline

Les balises de type en ligne (*inline*) s'utilisent pour ajouter ou renforcer des textes. Elles ne peuvent pas contenir de balises bloc, mais uniquement des balises du même type qu'elles. Le style de ces balises peut être entièrement modifié par les feuilles de style. Dans un texte, la bonne attribution de ces balises améliore considérablement la maintenance du site, chaque élément de même type étant identifié par une balise. Les balises inline ne pourront pas avoir de taille en largeur et en hauteur et elles ne génèrent aucun retour à la ligne. Le tableau ci-dessous présente les principales balises en ligne.

Tableau 8-2 – Les balises inline

Balise	Utilisation	Balise	Utilisation
`<a>`	Pour créer une ancre ou un lien.	`<s>`	Pour barrer un texte, semblable à la balise `<strike>`.
`<abbr>`	Pour créer une abréviation.	`<samp>`	Pour introduire un exemple dans le texte.
`<acronym>`	Pour créer un acronyme.	`<select>`	Pour créer un champ de formulaire de type `<select>`. Cette balise doit être dans une balise `<form>`.
`<b>`	Pour mettre un texte en gras. Préférez la balise `<strong>`.	`<small>`	Pour écrire des caractères plus petits.
` `	Pour insérer un retour à la ligne.	`<span>`	Balise neutre, semblable à la balise `<div>` pour les éléments inline.
`<cite>`	Pour créer une courte citation dans le texte.	`<strike>`	Pour barrer un texte.
`<code>`	Pour insérer une ligne de code dans le texte.	`<strong>`	Pour mettre un texte en gras.
`<em>`	Pour mettre en valeur du texte.	`<sub>`	Pour écrire un texte en indice.
`<i>`	Pour mettre un texte en italique. Préférez la balise `<em>`.	`<sup>`	Pour écrire un texte en exposant.
`<img>`	Pour introduire une image.	`<textarea>`	Pour créer un champ de formulaire de type texte multi lignes.
`<input>`	Pour créer un champ de formulaire de type input. Cette balise doit être dans une balise `<form>`.	`<tt>`	Pour écrire un texte en télétype.
`<kbd>`	Pour écrire en caractères clavier.	`<u>`	Pour souligner un texte.
`<label>`	À utiliser avec la balise `<fieldset>`.	`<var>`	Pour introduire un texte de type variable.
`<q>`	Pour introduire une courte citation dans le texte, semblable à la balise `<cite>`.		

Le modèle des boîtes CSS

En CSS, les balises de types bloc et inline sont définies comme des boîtes. Elles présentent un contenu, une bordure, une marge entre le contenu et la bordure et sont espacées entres elles. Une boîte possède quatre bords : haut, bas, droit et gauche. La figure 8-4 présente le modèle des boîtes CSS.

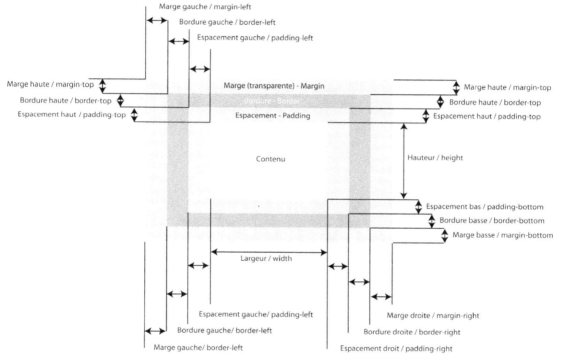

Figure 8-4

Le modèle de boîte CSS

La différence entre une boîte de type bloc et une boîte en ligne est la possibilité de donner une largeur et une hauteur aux blocs, ce qui constitue le principal travail du développeur. En effet ce que nous déterminons comme la largeur et la hauteur ne représente en fait que la taille du contenu, sans tenir compte des marges, des bordures et de l'espacement. Pour connaître l'encombrement total, il faut additionner toutes les dimensions attribuées. Pour connaître la taille générale de la boîte, il faut additionner toutes les dimensions, sauf la marge qui reste toujours transparente mais qui contribue malgré tout à l'encombrement général. Voici un exemple pratique qui vous permettra de mieux aborder ce sujet.

Nous voulons réaliser un menu vertical qui s'inscrira dans un bloc de type `<div>`. Ce bloc aura une largeur de contenu de 150 pixels. Pour que les intitulés du menu soient correctement positionnés, nous attribuons un remplissage intérieur de 20 pixels à gauche et de

10 pixels à droite. Une bordure de 1 pixel entourera le menu et une marge droite de 20 pixels évitera que les éléments adjacents ne collent le menu, enfin nous avons ajouté un arrière-plan de couleur gris.

La figure 8-5 présente ce menu dans un navigateur, ainsi qu'une zone de texte ajoutée sur la droite.

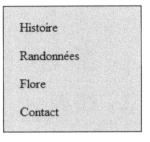

Ut wisi enim ad minim veniam, quis nostrud exerci tation ullamcorper suscipit lobortis nisl ut aliquip ex ea commodo consequat. Duis autem vel eum iriure dolor in hendrerit in vulputate velit esse molestie consequat, vel illum dolore eu feugiat nulla facilisis at vero eros et accumsan et iusto odio dignissim qui blandit praesent luptatum zzril delenit augue duis dolore te feugait nulla facilisi. Lorem ipsum dolor sit amet, consectetuer adipiscing elit, sed diam nonummy nibh euismod tincidunt ut

Figure 8-5
Encombrement d'une boîte

On calculera la largeur totale du menu en additionnant la largeur de la boîte, les deux remplissages les bordures droite et gauche et la marge de droite. La taille de cette boîte sera donc de 202 pixels. Si cette boîte possède un style qui lui attribue un remplissage, la marge droite ne sera pas prise ne compte pour le remplissage car elle est toujours transparente.

Un cas particulier doit cependant être présenté. En effet, Internet Explorer 5.0 et 5.5 n'affichent pas les boîtes de la même manière. Pour notre exemple, la taille totale de la boîte serait égale à 150 pixels et la largeur du contenu serait de 118 pixels. Dans ces deux versions d'Internet Explorer, la taille totale de l'encombrement est la taille spécifiée en largeur (et en hauteur) et la taille disponible pour le contenu est réduite. C'est ce que l'on appelle le mode Quirks, mode de calcul propre à IE 5.0 et 5.5. Attention toutefois, IE 6 et les versions plus récentes peuvent passer en mode Quirks dans les cas suivants :

• la page HTML est sans DOCTYPE (donc non valide) ;

• la page HTML possède un DOCTYPE incomplet ;

• la page HTML contient des caractères avant la DTD ou elle est précédée du prologue XML ;

• la page HTML possède une DTD dont la version est inférieure à la version 4.

Les règles XHTML – conformité 1.0 Strict

Le XHTML étant un langage, il suit certaines règles d'écriture. Avec Dreamweaver, vous n'aurez normalement pas à vérifier les règles d'orthographe et de syntaxe de vos pages.

Cependant, certaines manipulations insèrent des attributs qui ne sont pas conformes aux règles XHTML 1.0 Strict. Voici les principales règles de syntaxe du XHTML :

- Tout en minuscule – Les balises et attributs doivent être saisis en bas de casse (minuscule).

- Guillemets pour les valeurs d'attributs – La valeur des attributs doit être indiquée entre guillemets. Exemple : `<img src="dossier/image1.jpg" />`.

- Pas d'attributs sans valeur – Alors qu'en HTML il existe des attributs minimisés (sans valeur), cela n'est pas concevable en XHTML. Il faut donc doubler le codage même si cela paraît étrange. Exemple : `<input checked="checked"/>` et non `<input checked>`.

- Toutes les balises doivent être fermées – En HTML, il est parfois toléré de ne pas fermer une balise. En XHTML, même les balises d'insertion (`<br>`, `<meta>`, `<img>`, etc.) doivent avoir une syntaxe de fermeture (`<br/>`).

- Encodage des caractères < et & – Les signes <, > et & étant porteurs de sens en XHTML, il faut les coder respectivement avec les entités `&lt;`, `&gt;` et `&amp;` (ne pas oublier le point-virgule à la fin de l'entité).

En plus de ces règles « officielles », vous devez toujours garder à l'esprit que la balise utilisée doit être la plus générique possible. Son style sera donné par la feuille de style et non par un attribut interne. Voici un exemple de code XHTML non valide :

```
<p align="center" id="relief">En relief</p>
```

L'écriture de cette balise a été réalisée dans Dreamweaver. L'attribut d'alignement `align="center"` a été obtenu en choisissant le menu Format>Aligner>Centrer. Avec cette commande, Dreamweaver a incorporé l'attribut de centrage de l'élément. L'écriture `align="center"` est erronée car elle donne un caractère spécifique de centrage à l'élément. La modification, pour un alignement à gauche, obligera le concepteur à modifier le code de la page. Une règle de style, plus adaptée, ne modifiera pas le code XHTML. L'usage de la palette des Propriétés de style est, pour cela, recommandée avec Dreamweaver CS4.

Vérifier votre code

Pour vous aider dans l'écriture des balises et des attributs, Dreamweaver dispose d'un outil permettant de vérifier la bonne syntaxe du code, ainsi que le bon respect des règles XHTML et notamment l'usage d'attributs non conformes.

1. Sélectionnez le menu Fenêtre>Résultats>Validation afin d'afficher le panneau Résultats en bas de l'écran..

2. Pour paramétrer la validation, cliquez droit dans le panneau Résultats pour afficher le menu contextuel et sélectionnez Paramètres… Vous pouvez également cliquer sur la flèche verte située à gauche de ce panneau et choisir Paramètres…

3. Dans la fenêtre Préférences qui s'ouvre alors, cochez la case XHTML 1.0 Strict, ou éventuellement, un autre DOCTYPE. Cliquez sur OK pour valider vos choix.

Figure 8-6

L'onglet Validation du panneau Résultats permettant de valider le code XHTML

4. Pour lancer la vérification, cliquez ensuite sur la flèche verte du panneau Résultats et choisissez « Valider le document actuel » ou l'une des deux autres options concernant les pages du site.

Le résultat de la vérification s'affiche alors dans le panneau Résultats. La figure 8-7 présente une vérification comportant une erreur : la balise <p> comporte un attribut align= "center" non valide.

Figure 8-7

Le résultat de la vérification du code dans Dreamweaver

Vérifier votre code avec le W3C

Pour valider le code de vos pages, vous pouvez également utiliser l'outil mis à disposition gratuitement par le consortium W3C à l'adresse suivante : http://validator.w3.org/.

Cet outil permet de valider vos documents de trois manières :

- Onglet Validate by URL – Indiquez l'URL d'une page Web ou d'un site mis en ligne.

- Onglet Validate by File Upload – Permet de télécharger une page Web depuis votre machine en vue de sa validation.

- Onglet Validate by Direct Input – Permet de copier le code à valider dans le champ prévu à cet effet.

Une fois votre choix effectué, cliquez sur le bouton Check. Le résultat (en anglais) est pratiquement immédiat.

Introduction aux styles CSS

Une page XHTML bien conçue doit être lisible par tous les navigateurs graphiques, vocaux, braille, en mode texte, mais également par les téléphones portables. L'affichage des textes doit être le plus propre possible. La majorité des internautes utilise des navigateurs graphiques, aussi, c'est sur ce mode de présentation que se portent généralement les efforts. Les feuilles de style ont considérablement amélioré le travail graphique, en dehors du graphisme pur des images, bien entendu. Elles vous aideront pour la mise en page de vos documents et leur rendu graphique. Elles vous permettront également, avec les mêmes pages XHTML, de créer des mises en page pour l'impression, pour les téléphones portables, ainsi que d'autres médias. Si votre document XHTML est bien conçu, vous pourrez ainsi le diffuser sur de nombreux médias.

Placer les styles

Les styles peuvent se placer à différents endroits : dans la zone d'en-tête du document, à l'intérieur des balises en tant qu'attributs ou encore dans un document externe. Dans la suite de ce chapitre, nous ne détaillerons que deux méthodes de placement des styles : dans la zone d'en-tête du document et dans un document externe. La troisième méthode est peu évidente à mettre en œuvre et génère un code en contradiction avec la séparation du fond et de la forme.

Les styles placés dans la zone d'en-tête

Lorsque le style est utilisé uniquement sur une seule page, il est possible de placer sa définition dans la page elle-même. Ceci permet d'identifier rapidement le style d'un élément et de le modifier facilement. Il est d'usage de placer les styles à l'intérieur de commentaires `<!-- -->` afin de les masquer pour les (très) anciens navigateurs. Les styles sont placés dans la balise `<style type="text/css">`. L'attribut `type="text/css"` permet de préciser à la page HTML quels type de styles seront écrit ici. Cet attribut est obligatoire. L'exemple suivant vous permettra de découvrir deux styles, en mode Code, placés dans la zone d'en-tête d'un document XHTML.

```
<head><title>Page d'exemple</title>
<style type="text/css">
<!--
h1{
  font-size:20pt;
  font-family:"times";
}
body{
  background-color:yellow;
}-->
</style>
</head>
```

Les styles placés dans une feuille externe

En général, les styles que vous allez créer devront s'appliquer à plusieurs pages XHTML. Pour simplifier la gestion des styles de vos pages, vous pouvez donc les regrouper dans un document unique qui sera appelé par chacune des pages XHTML. Pour lier un fichier externe CSS à une page XHTML, vous pouvez :

- utiliser la balise `<link/>`, placée dans l'en-tête de la page, à laquelle sera ajouté l'attribut `href` pour créer le lien vers la feuille de style ;
- utiliser la balise `<style>` accompagnée de la directive `@import`.

Voici une illustration de ces deux méthodes d'appel de feuille de style externe :

Avec la directive `@import` :

```
<style type="text/css">
@import url(dossierStyle/style1.css)screen;
@import url(dossierStyle/styleImpression.css)print;
</style>
```

Avec la balise `<link>` placée dans l'en-tête de la page :

```
<head><title>Page d'exemple</title>
<style type="text/css">
<!--
<link rel="stylesheet" type="text/css" href=" dossierStyle/style1.css"
➡ media="screen">
<link rel="stylesheet" type="text/css" href=" dossierStyle/styleImpression.css"
➡ media="print">
</style>
</head>
```

Ces deux exemples font tous les deux appel à deux feuilles de style : l'une pour le média `screen`, l'autre pour le média `print`. Cette méthode de séparation des feuilles de style selon les médias est couramment utilisée car elle permet d'obtenir des mises en page différentes selon le média courant. La feuille de style `print` est appelée dès que l'on choisit la commande Impression de la page.

L'emploi de ces deux méthodes est assez semblable lorsque l'on souhaite lier une feuille de style à une page XHTML pour une utilisation écran. La différence se fait surtout lorsque l'on souhaite spécifier des médias différents. Dans ce cas, la méthode qui recourt à la balise `<link>` s'avère la plus universelle pour tous les navigateurs.

Comprendre les CSS

Une page XHTML est organisée grâce aux balises qui permettent de différencier, par exemple, les titres de paragraphes et les listes du texte courant. Chaque balise étant différente, il est aisé de lui appliquer un style propre. Les premières règles de styles, facilement réalisables, seront donc les règles applicables directement aux balises. Ce seront les sélecteurs de balise qui permettent donc de redéfinir l'aspect du contenu d'une balise, telle que la balise ‹p›, par exemple. Ainsi, dans la page, tous les blocs ‹p› auront un aspect identique.

Si votre page XHTML est très grande, vous souhaiterez sans doute appliquer des styles différents aux balises afin de structurer la page. Ainsi, vous pourrez, par exemple, appliquer des styles différents aux textes placés dans des balises ‹p›. Cela permettra de différencier les paragraphes entre eux. Pour réaliser cela, il vous suffira d'ajouter un attribut ID à ces balises. Les balises ‹p› porteront ainsi un signe distinctif et vous pourrez choisir des propriétés différentes pour chacun des paragraphes. Les attributs ID doivent être uniques et s'écrivent en un seul mot, sans caractère particulier. L'usage de ces attributs sera donc la deuxième possibilité d'attribuer un style à un élément de la page. Ce seront les sélecteurs d'ID.

Les attributs ID étant uniques, il ne sera pas facile d'appliquer un même style à plusieurs balises différentes. Ainsi, si nous souhaitons attribuer temporairement le même style à une balise ‹h4› et à un paragraphe, nous devrons créer un même style, attribué à des ID différents pour chacune des balises. L'utilisation d'une classe permet d'attribuer un même style à plusieurs éléments de la page. Une classe peut être attribuée à n'importe quel élément de la page. Ce seront les sélecteurs de classe.

Enfin, la grammaire des feuilles de style étant assez riche, il existe d'autres sélecteurs et d'autres combinaisons de sélecteurs qui permettront, par exemple, de s'adresser à toutes les balises de la page, à plusieurs balises ou identifiants simultanément ou encore à des éléments imbriqués dans d'autres éléments.

Les paragraphes suivants détaillent les principaux sélecteurs, ainsi que les bases de la grammaire définissant les styles.

La grammaire

Les feuilles de style, qu'elles soient internes à la page ou externes, suivent des règles d'écriture très strictes. Toute erreur d'écriture entraînera la non-reconnaissance de l'instruction. Si vous utilisez Dreamweaver pour créer vos pages Web, vous n'aurez pas besoin de connaître ces règles par cœur, mais elles vous seront utiles pour vérifier la syntaxe de certains documents (en mode Code).

Dans une page XHTML, un style est créé dans l'élément ‹style type="text/css"›…‹/style›.

Dans une feuille de style externe, le style est directement écrit dans la page.

Dans une page HTML ou une feuille externe, un style s'écrit de la manière suivante :

```
Selecteur{
  Propriété:valeur;
}
```

On écrit le sélecteur, puis on ouvre une accolade. La première instruction est écrite avec une paire propriété:valeur, suivie d'un point-virgule. Lorsque toutes les instructions sont écrites, on ferme l'accolade.

Un sélecteur de classe doit être précédé d'un point (.).

Un sélecteur d'ID doit être précédé d'un caractère dièse (#).

Créer un nouveau style

Dans Dreamweaver CS4, la création d'un nouveau style s'effectue de deux manières : depuis la palette des styles CSS et depuis la palette des Propriétés en activant le bouton CSS lorsque cela est possible.

Créer un style avec le panneau des Styles CSS

Pour afficher le panneau des styles, sélectionnez le menu Fenêtre>Styles CSS. Cliquez ensuite sur le bouton Tous (voir le chapitre 9 pour une description de la palette des Styles CSS). Voici la marche à suivre pour créer un nouveau style :

1. Depuis le panneau des Styles CSS, cliquez sur l'icône Nouvelle règle de CSS située en bas de la palette (voir figure 8-8).

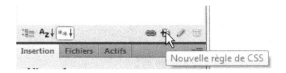

Figure 8-8
Icône Nouvelle règle de style CSS

La boîte de dialogue Nouvelle règle de CSS s'ouvre alors (voir figure 8-9), permettant de choisir le sélecteur qui définira le style.

2. L'option Définition de règle, placée dans la partie inférieure de la boîte, vous permet d'indiquer l'emplacement du nouveau style. Par défaut, Dreamweaver vous propose d'enregistrer cette nouvelle règle dans le document courant. C'est l'option Ce document uniquement. Si vous sélectionnez l'option Nouveau fichier Feuille de style, après avoir cliqué sur le bouton OK, une boîte de dialogue s'ouvrira vous demandant de choisir un nom et un emplacement pour la nouvelle feuille de style. Enregistrez-la avec l'extension .css. Elle sera ensuite automatiquement liée au document en cours, mais vous devrez en revanche la lier à tous les nouveaux documents, comme aux anciens. Si vous choisissez Seulement ce document, les règles de styles se placeront dans la zone d'en-tête du document, dans la balise <style>.

3. Vous devez à présent choisir un type de sélecteur et, le cas échéant lui attribuer un nom. Consultez la suite de ce chapitre et le chapitre 9.

4. Cliquez sur OK pour valider vos choix. La fenêtre de définition des règles de CSS s'ouvre alors. Reportez-vous au chapitre 9 pour de plus amples informations sur les règles CSS.

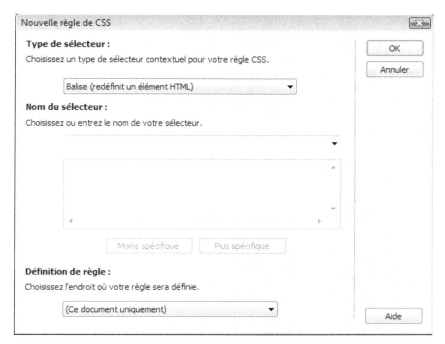

Figure 8-9

Choix du sélecteur

Créer un style avec la palette des Propriétés

Pour afficher la palette des Propriétés, sélectionnez le menu Fenêtre>Propriétés. Voici la marche à suivre pour créer un nouveau style :

1. Depuis la palette des Propriétés, cliquez sur l'icône du bouton CSS. Dans la zone Règle cible, choisissez <Nouvelle règle de CSS>.

2. Cliquez ensuite sur le bouton Modifier la règle. La boîte de dialogue Nouvelle règle de CSS s'ouvre alors (voir figure 8-9), permettant de choisir le sélecteur qui définira le style.

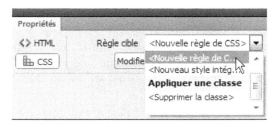

Figure 8-10

Menu cible Nouvelle règle de CSS

Les sélecteurs de balise

Les sélecteurs de balise portent le nom d'une balise. Ainsi, on pourra, par exemple, redéfinir la balise `<body>` représentant la page visible dans le navigateur. On pourra spécifier une couleur d'arrière-plan, un style et une couleur pour tous les textes. Pour définir le style d'une balise, il suffira d'écrire son nom dans la zone réservée aux styles, suivi de la syntaxe courante des styles.

Voici un exemple de redéfinition de la balise `<body>` :

```
<style type="text/css">
body {
  background-color: #CCCCCC;
  font-family: Times New Roman, Times, serif;
  color: #FF0000;
}
</style>
```

Pour redéfinir une balise dans Dreamweaver, créez un nouveau style (voir la section précédente « Créer un nouveau style »), choisissez le type de sélecteur Balise dans l'option Type de sélecteur de la boîte de dialogue Nouvelle règle de CSS, puis sélectionnez le nom de la balise à définir dans le champ Balise :

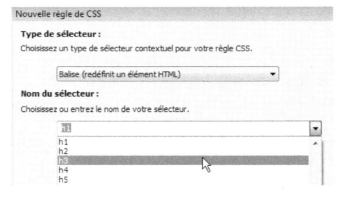

Figure 8-11
Sélection d'une balise en vue de sa redéfinition

Les sélecteurs de classe

Les sélecteurs de classe permettent d'attribuer leurs règles de styles à tous les éléments présentant un attribut `class` de la valeur du sélecteur. Ils s'écrivent avec un point (.) suivi du nom du sélecteur. Ce nom peut être quelconque et doit être écrit en un seul mot, sans caractère particulier.

Voici un exemple de classe définie dans les styles de la page :

```
<style type="text/css">
.texteEncadre {
```

```
    font-family: "Times New Roman", Times, serif;
    font-size: 18px;
    color: #003399;
    border: 1px solid #006699;
}</style>
```

Voici un exemple de cette classe affectée à une balise <p> :

```
<p class="texteEncadre">Le texte placé ici est encadré</p>
```

Pour générer un sélecteur de classe dans Dreamweaver, créez un nouveau style (voir la section précédente « Créer un nouveau style »), choisissez le type de sélecteur Classe dans l'option Type de sélecteur de la boîte de dialogue Nouvelle règle de CSS et indiquez le nom du sélecteur dans le champ Nom du sélecteur. Il est inutile de faire précéder le nom de la classe d'un point (.) car celui-ci sera automatiquement ajouté.

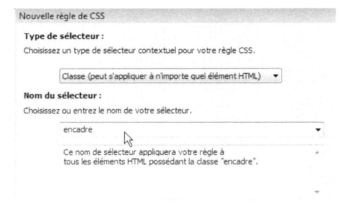

Figure 8-12
Création d'un sélecteur de classe

Les sélecteurs d'ID

Un attribut ID permet d'identifier un élément unique dans la page. Un sélecteur d'ID s'adressera donc à un seul élément de la page. Il s'écrit avec le caractère dièse (#) suivi du nom du sélecteur. Ce nom peut être quelconque et doit être écrit en un seul mot, sans caractère particulier.

Voici un exemple de sélecteur d'ID défini dans les styles de la page :

```
<style type="text/css">

#texteEncadreVert {
    font-size: 18px;
    color: #00FFFF;
    border: 1px solid #00FF00;
}
</style>
```

Voici un exemple de cet identifiant placé dans une balise <p> :

```
<p id="texteEncadreVert">Ce texte est encadré en vert</p>
```

Pour créer un sélecteur d'ID dans Dreamweaver, créez un nouveau style (voir la section précédente « Créer un nouveau style »), choisissez l'option ID dans l'option Type de sélecteur de la boîte de dialogue Nouvelle règle de CSS, et indiquez le nom du sélecteur dans le champ Nom du sélecteur. Il n'est pas utile d'ajouter le caractère # car Dreamweaver CS4 l'ajoute automatiquement.

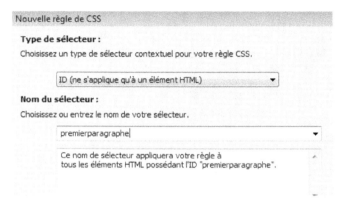

Figure 8-13
Création d'un sélecteur d'ID

Les sélecteurs de pseudo-classe

Le concept des pseudo-classes permet aux CSS de créer une mise en forme à partir d'informations absentes de la structure du document. Les pseudo-classes les plus courantes sont : :link, :visited, :hover et :active. Elles ajoutent des fonctionnalités à l'élément d'hyperlien <a>. En principe, ces pseudo-classes pourraient être ajoutées à d'autres éléments, mais Internet Explorer ne le supporte pas.

Voici un exemple de deux sélecteurs de pseudo-classe :

```
<style type="text/css">
<!--
a:link {
  color: #FF0000;
}
a:visited {
  color: #CC9900;
}
-->
</style>
```

Dans le cas présent, rien n'est précisé dans la page car le sélecteur s'adresse en fait à la balise <a>.

Pour créer un sélecteur de pseudo-classe dans Dreamweaver, créez un nouveau style (voir la section précédente « Créer un nouveau style »), choisissez l'option Composé (selon votre sélection) dans la boîte de dialogue Nouvelle règle de CSS et indiquez le nom de la pseudo-classe dans le champ Nom du sélecteur (voir figure 8-14).

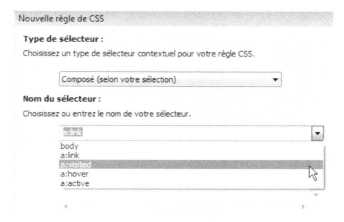

Figure 8-14

Création d'un sélecteur de pseudo-classe

- a:link – Définit l'aspect des liens.
- a:visited – Définit l'aspect des liens visités.
- a:hover – Définit l'aspect des liens lorsqu'ils sont survolés par le curseur .
- a:active – Définit l'aspect des liens cliqués.

Autres syntaxes des règles CSS

Définir une même règle pour plusieurs sélecteurs

Si vous souhaitez attribuer le même style à plusieurs sélecteurs, vous devrez les écrire les uns à la suite des autres en les séparant par une virgule (,).

Pour définir une même règle pour plusieurs sélecteurs dans Dreamweaver, créez un nouveau style, choisissez l'option Composé de la boîte de dialogue Nouvelle règle de CSS et saisissez les différentes balises, séparées par une virgule, dans le champ Nom du sélecteur. Cliquez sur OK pour valider vos choix et définissez les règles de CSS.

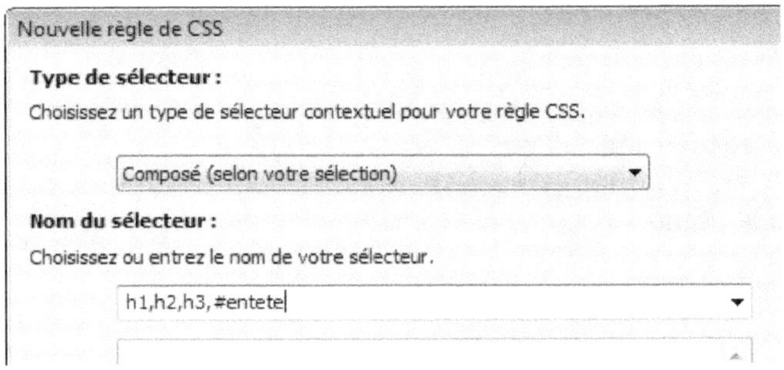

Figure 8-15
Attribution d'une même règle de style à plusieurs sélecteurs

Voici un exemple du résultat obtenu dans la balise `<style>` de la page HTML :

```
<style type="text/css">
<!--
h1, h2, h3, p, #contenu {
   font-family: "Courier New", Courier, monospace;
   font-size: 18px;
   color: #0000FF;
}
-->
</style>
```

Sélecteur contextuel parent-descendant

Un sélecteur contextuel parent-descendant permet d'atteindre un élément placé dans un autre élément.

Voici un exemple de code XHTML :

```
<p>consectetuer <em>adipiscing</em> elit, <strong>sed <em>diam</em></strong>
➥ nonummy <strong>nibh</strong> euismod</p>
```

En utilisant un sélecteur parent-descendant, nous allons pouvoir atteindre uniquement le mot diam, placé dans un élément `<em>`, lui-même placé dans un élément `<strong>`.

La syntaxe d'un sélecteur parent-descendant est la suivante : les sélecteurs sont séparés par un caractère blanc et sont de la forme A B. Le code pour atteindre le contenu d'un élément `<em>` placé dans un élément `<strong>` sera :

```
strong em {
   color: #FF0000;
}
```

Pour créer un sélecteur contextuel parent-descendant dans Dreamweaver, créez un nouveau style, choisissez l'option Avancé dans la boîte de dialogue Nouvelle règle de CSS et indiquez le nom du sélecteur parent-descendant dans le champ Nom du sélecteur (voir figure 8-16).

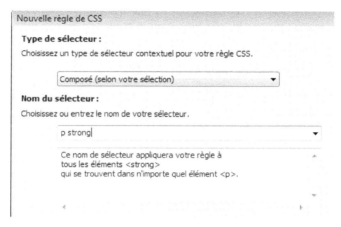

Figure 8-16
Création d'un sélecteur parent-descendant

Sélecteur universel

Pour appliquer un style à tous les éléments, vous utiliserez le sélecteur universel * (étoile).

Pour créer un sélecteur universel dans Dreamweaver, créez un nouveau style, cochez l'option Avancé dans la boîte de dialogue Nouvelle règle de CSS et saisissez le caractère * dans le champ Nom du sélecteur. Cliquez sur OK pour valider vos choix et définissez les règles de CSS.

Dans l'exemple suivant, tous les éléments seront écrits en police Arial :

```
*{font-family:"arial";}
```

Lorsqu'un tel style est créé, vous pouvez attribuer un autre style à un élément particulier et utiliser le phénomène de cascade. Dans l'exemple précédent, tous les textes inclus dans toutes les balises de cette page s'afficheront en Arial, sauf si vous spécifiez une autre police pour une balise particulière. Le code ci-après présente cet exemple auquel nous avons ajouté une règle de style pour les balises p. Ainsi, les paragraphes s'afficheront en Times.

```
*{font-family:"arial";}
p{font-family:"times";}
```

Les unités de mesure

La fenêtre de définition des règles CSS (voir chapitre 9) vous propose systématiquement une unité de mesure lorsque cela est nécessaire. La valeur par défaut dans Dreamweaver est le pixel, mais vous pouvez également choisir une autre unité de mesure. Si vous souhaitez modifier des valeurs en mode Code, vous devrez toujours indiquer l'unité, faute de quoi la règle ne s'appliquera pas. Une exception cependant : le zéro. Lorsque vous attribuez cette valeur, il n'est pas utile de préciser l'unité car 0 est toujours 0, quelle que soit l'unité choisie.

Les unités peuvent être négatives ou positives.

Les unités décimales s'écrivent avec un point (.), même lorsqu'il s'agit de cm ou de mm. Par exemple : 0.5 cm.

Les unités proposées en CSS se classent en deux catégories : les unités absolues et les unités relatives.

Les unités absolues

Les unités absolues sont des unités « connues ». Elles ne dépendent pas de la résolution de l'écran, de la taille de la police ou encore de la taille de la fenêtre du navigateur. La valeur 1 dans une unité absolue aura toujours la même valeur.

L'utilisation des unités absolues n'est pas préconisée car elles sont mal restituées à l'écran. Elles sont néanmoins utiles si les propriétés physiques du média de sortie sont connues. On pourra utiliser les unités absolues, comme le cm, dans une feuille de style destinée au média `print`.

Les unités relatives

Les unités relatives dépendent d'autres propriétés et sont donc relatives puisqu'une même valeur aura une représentation différente suivant la valeur de sa propriété de référence. Elles sont très utilisées en multimédia car il n'est pas possible de connaître à l'avance la résolution de l'écran de l'utilisateur. L'unité la plus connue est le pixel.

Description des unités proposées dans Dreamweaver

Voici une courte description des différentes unités de mesure disponibles dans Dreamweaver :

- Pixels (px) – Le pixel est une unité relative, c'est l'unité de base en multimédia. Les développeurs l'utilisent pratiquement comme une unité absolue. On définit la taille des pages et des images en pixels. L'unité est relative car elle dépend de la résolution du système de restitution : écran, imprimante…

- Point (pt) – Le point est une unité de mesure absolue, c'est une mesure typographique que l'on utilise pour l'impression (ne l'utilisez pas en multimédia). 1 point vaut 1/72 pouces. Vous pourrez, par ailleurs, utiliser cette unité pour une feuille de style destinée à l'impression.

- Pouce (in) – Le pouce est une unité de mesure absolue de longueur anglo-saxonne. Elle ne signifie rien en multimédia, ne l'utilisez pas. 1 pouce vaut 2,54 cm. Vous pourrez, par ailleurs, utiliser cette unité pour une feuille de style destinée à l'impression.

- Centimètre (cm) – Le centimètre est une unité de mesure absolue. Elle n'est pas utilisée en multimédia car elle ne représente rien à l'écran, lequel est constitué de pixels de tailles variables. Vous pourrez, en revanche, utiliser cette unité pour une feuille de style destinée à l'impression.

- Millimètre (mm) – Le millimètre est une unité de mesure absolue, c'est une division du cm.

- Pica (pc) – Le pica est une unité de mesure absolue de mesure typographique. 1 pica vaut 12 points.

- Cadratin (em) – Cette unité de mesure est relative. Elle correspond à la valeur calculée pour la propriété `font-size` de l'élément. Lorsque cette unité est spécifiée dans la propriété `font-size`, elle se réfère à la taille de la police de l'élément parent. Lorsque l'on utilise cette unité dans une page, on fixe généralement la balise `<body>` avec un `font-size` de 100 % ou 62,5 %, ou bien on ne fixe pas de taille. Dans ce dernier cas, le navigateur utilise soit ses préférences par défaut, soit la feuille de style de l'utilisateur. Cette unité permet de réaliser des documents fluides.

- Exs (ex) – Cette unité de mesure est relative. Elle est définie par rapport à la valeur de la propriété `x-height`. Cette valeur correspond à la hauteur du caractère « x » minuscule. Elle est définie même pour les polices qui n'en contiennent pas. Cette unité est similaire à l'unité em.

- Pourcentage (%) – Le pourcentage est une unité de mesure relative à la taille de l'élément ou à celui de son parent. Il est courant d'utiliser le pourcentage pour positionner ou régler la taille d'un élément.

Les couleurs

Dans les feuilles de style, comme dans tout le document XHTML, les couleurs ont trois syntaxes possibles :

- avec le nom de la couleur en anglais ;

- en code hexadécimal ;

- en RVB (*Rouge, Vert, Bleu*).

Parmi ces trois systèmes, le code hexadécimal reste le plus employé par les concepteurs. Le code nominatif est facilement utilisable pour les couleurs courantes.

Les couleurs nominatives

Officiellement, seules 16 couleurs nominatives sont définies pour les feuilles de style CSS2 bien que de nombreuses couleurs soient implémentées dans les navigateurs (voir annexe D). Voici les 16 couleurs qui pourront être utilisées sans problème de compatibilité entre navigateurs : aqua, black, blue, fuchsia, gray, green, lime, maroon, navy, olive, purple, red, silver, teal, white et yellow.

Les couleurs hexadécimales

La méthode la plus utilisée, et qui offre une palette de couleurs complète, est l'utilisation du code hexadécimal. Dans cette notation, la couleur est définie par deux chiffres hexadécimaux pour chacune des composantes rouge, vert et bleu. Le code couleur est précédé du caractère dièse (#). En mode hexadécimal, la notation des chiffres s'échelonne de 0 à 9, puis de A à F. Nous obtenons ainsi 16 caractères, on dispose donc de 256 possibilités de codage pour chacune des composantes.

Voici des exemples de couleurs hexadécimales :

• blanc : #FFFFFF ;

• noir : #000000 ;

• vert : #00FF00 ;

• bleu : #0000FF ;

• gris : #666666 ;

• orange : #FF6600 ;

• rose : #F25EA8.

Les couleurs hexadécimales peuvent se définir par trois chiffres hexadécimaux, ce qui réduit le choix de la palette de couleurs, mais qui est plus rapide à écrire. Cette écriture revient à écrire deux fois le même chiffre en notation hexadécimale complète.

Voici des exemples de couleurs hexadécimales écrites avec trois chiffres.

• blanc : #FFF ;

• noir : #000 ;

• vert : #0F0 ;

• rouge : #F00.

Les couleurs RGB

La méthode RGB utilise aussi une définition des trois composantes avec, cette fois, des valeurs allant de 0 à 255 (similaire à la notation hexadécimale). Le code couleur doit être de la forme suivante : rgb(r,v,b).

Voici des exemples de couleurs écrites en mode RGB :

• blanc : rgb(255,255,255) ;

• noir : rgb(0,0,0) ;

• rouge : rgb(255,0,0) ;

• gris : rgb(128,128,128) ;

• vert foncé : rgb(0,100,0).

Conclusion

L'utilisation d'un logiciel d'intégration tel que Dreamweaver ne doit pas se substituer à une bonne connaissance des règles permettant de réaliser des pages en XHTML/CSS. Dreamweaver est un logiciel efficace et performant, mais il ne peut deviner quelle règle de style doit s'appliquer à un paragraphe, ni quel style donner à des éléments particuliers.

9

Les règles de styles

Il est nécessaire de bien connaître les règles de styles, mais, pour un usage performant de Dreamweaver, il est aussi utile de bien connaître leurs possibilités, la manière de les créer, de les modifier et de les supprimer. Ce chapitre présente dans le détail les différentes propriétés des styles, ainsi que les moyens en permettant la création et la gestion : le panneau Styles CSS. Dans ce chapitre, vous aborderez les points suivants :

- le panneau Styles CSS ;
- la palette des Propriétés ;
- travailler avec le panneau Styles CSS ;
- les règles de styles ;
- vérifier la compatibilité des styles ;
- attribuer un style à un élément.

Le panneau Styles CSS

Dans Dreamweaver, la création de styles peut s'effectuer au moyen du panneau Styles CSS. Pour l'afficher, sélectionnez le menu Fenêtre>Styles CSS (voir figure 9-1).

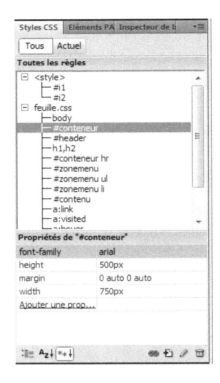

Figure 9-1
La fenêtre Styles CSS

Les boutons Tous et Actuel de l'onglet Styles CSS de cette fenêtre permettent d'en choisir l'affichage.

Les différents modes d'affichage

Le mode d'affichage Tous

Ce mode affiche tous les styles de la page. Le panneau Styles CSS est alors divisé en deux cadres (voir figure 9-1) :

- Cadre Toutes les règles – S'affichent ici toutes les règles de styles utilisées dans la page, y compris les règles placées dans une feuille externe. Les règles situées dans la page sont sous le repère `<style>`, les règles placées dans une feuille de style externe sont sous le nom de la feuille de style. La figure 9-1 présente dans le cadre Toutes les règles les deux types de documents. La feuille de style externe se nomme `feuille1.css`.

• Cadre Propriétés – S'affichent ici les propriétés du style sélectionné. Sur la figure 9-1, le sélecteur sélectionné est `#conteneur`.

Le mode d'affichage Actuel

Ce mode affiche les propriétés qui affectent un élément sélectionné dans la page. Dans la page en cours de création, nous avons sélectionné une balise `<h2>` et son contenu. La figure 9-2 présente la fenêtre Styles CSS en mode Actuel. La zone Résumé de la sélection affiche toutes les propriétés qui affectent la sélection courante. Il s'agit ici du type de police et de marges égales à 0. La zone Règles affiche quatre sélecteurs dont les règles affectent la sélection car ces différentes règles sont placées dans les éléments parents de notre sélection ou bien dans notre sélection elle-même. Les sélecteurs sont classés par ordre croissant d'importance. Celui qui est placé en bas est plus proche de l'élément sélectionné que celui qui est placé en haut. Certaines propriétés sont barrées car elles n'affectent pas la sélection courante, mais font partie de la hiérarchie des styles.

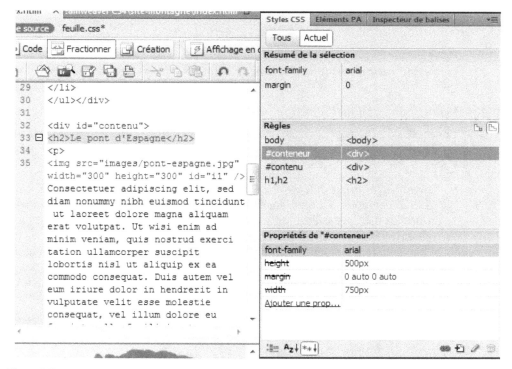

Figure 9-2

Le mode Actuel de la fenêtre Styles CSS affiché en cascade

Grâce aux deux icônes situées à droite du mot « Règles », vous pourrez choisir d'afficher dans cette zone les informations sur la propriété sélectionnée ou d'afficher une cascade de règles pour cette même propriété. Sur la figure 9-2, nous avons sélectionné la cascade de règles, contrairement à la figure 9-3 pour laquelle nous avons choisi d'afficher les informations sur la propriété sélectionnée dans la zone Résumé de la sélection.

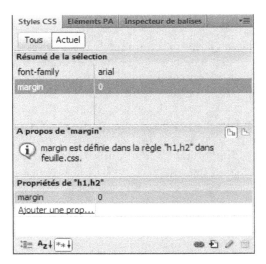

Figure 9-3

Le mode Actuel de la fenêtre Styles CSS affichant les informations sur la propriété sélectionnée

Présentation des propriétés

Les modes d'affichage Tous et Actuel peuvent présenter leurs propriétés de trois manières différentes correspondant aux trois icônes situées en bas à gauche de la fenêtre Styles CSS :

- Afficher la vue par catégorie – Permet d'afficher toutes les propriétés existantes en CSS par catégorie. Cliquez sur le bouton + d'une catégorie pour en afficher toutes les propriétés. Les propriétés faisant partie du style sélectionné se trouvent en haut de la zone Propriétés et sont écrites en bleu. Les catégories présentes ici sont les mêmes que celles de la fenêtre Définitions des règles de CSS, avec toutefois une catégorie supplémentaire : Tableaux, Contenu, Guillemets. Notez que cette présentation des propriétés, tout comme la présentation sous forme de liste, propose toutes les propriétés spécifiées par le consortium W3C.

Cliquez dans la cellule située à droite de la propriété choisie pour l'ajouter au style sélectionné en haut de la fenêtre (ici `#conteneur`).

Suivant le type de propriété, Dreamveaver vous proposera des valeurs particulières, ou une zone dans laquelle vous écrirez un chiffre, par exemple. La figure 9-5 présente deux aspects de ces choix.

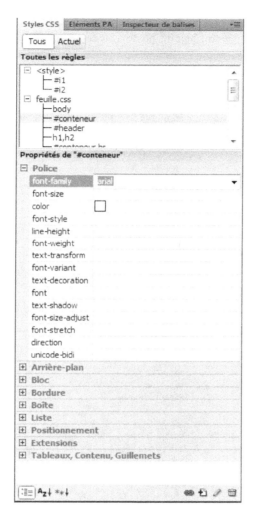

Figure 9-4

Les propriétés de la fenêtre Styles CSS présentées par catégorie

Figure 9-5

La sélection d'une propriété de style

- Afficher la vue sous forme de liste – Permet d'afficher toutes les propriétés existantes en CSS par ordre alphabétique et sous forme de liste. Notez que cette présentation des propriétés, comme la présentation par catégorie, présente toutes les propriétés définies par le consortium W3C.

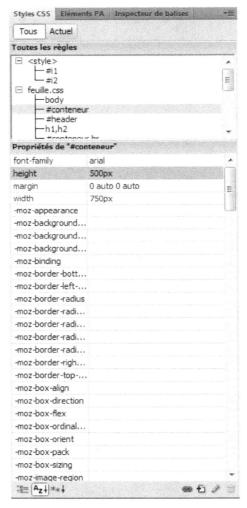

Figure 9-6

Les propriétés de la fenêtre Styles CSS présentées sous forme de liste

Pour spécifier une propriété, cliquez dans la cellule située à sa droite.

- Afficher uniquement les propriétés définies – Permet d'afficher toutes les propriétés du style sélectionné dans la zone supérieure. Avec ce type de présentation, seules les propriétés déjà spécifiées sont affichées. Pour en ajouter, cliquez sur le lien Ajouter une propriété. Dans ce cas, il faudra connaître la propriété car aucune aide n'est disponible. La figure 9-7 présente la fenêtre Styles CSS selon ce mode d'affichage. D'autres méthodes, plus simples, permettront d'ajouter une propriété à un style existant, notamment l'édition d'un style depuis la fenêtre Styles CSS pour ouvrir la fenêtre des règles de styles CSS.

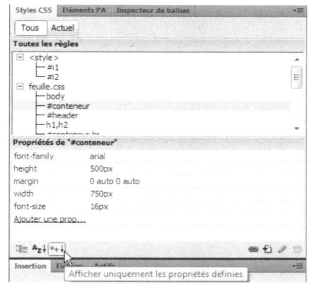

Figure 9-7
La fenêtre Styles CSS n'affichant que les propriétés définies

Si vous ne parvenez pas à afficher les propriétés, cliquez sur la ligne située au-dessus du mot Propriétés et faites-la glisser vers le haut pour ouvrir la zone d'affichage.

Travailler avec le panneau Styles CSS

La création d'un nouveau style a été traitée au chapitre précédent, nous vous invitons à vous y reporter si vous souhaitez en connaître les principes. Dans cette section, nous aborderons les outils de gestion de la fenêtre Styles CSS permettant d'éditer ou de supprimer un style, de lier une feuille de style et d'externaliser des styles.

Les outils de gestion du panneau Styles CSS

Le panneau Styles CSS présente quatre icônes, situées en bas à droite, permettant de lier une feuille de style au document, de créer une nouvelle règle CSS, d'éditer ou de supprimer un style (voir figure 9-8).

Figure 9-8

Les boutons de gestion des styles de la fenêtre Styles CSS

Vous pouvez également utiliser le menu local situé en haut à droite de la fenêtre (voir figure 9-9) pour gérer les styles CSS.

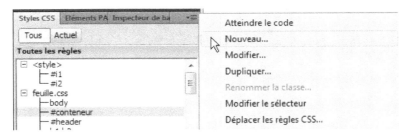

Figure 9-9

Le menu local de la fenêtre Styles CSS

Éditer un style

Pour éditer un style, choisissez l'une des méthodes suivantes depuis la fenêtre Styles CSS :

- Sélectionnez le style, puis cliquez sur l'icône Modifier le style symbolisée par un crayon.

- Double-cliquez sur le style.

- Faites un clic droit (Ctrl + clic sur Mac) pour ouvrir le menu contextuel et choisissez Edition.

Quelle que soit la méthode choisie, la fenêtre de définition des règles CSS s'ouvrira, vous permettant ainsi de modifier le style sélectionné. Attention, un style modifié est automatiquement appliqué à la page HTML.

Supprimer un style

Pour supprimer un style, choisissez l'une des méthodes suivantes depuis la fenêtre Styles CSS :

- Sélectionnez le style et cliquez sur l'icône Supprimer règle de CSS symbolisée par une corbeille.

- Sélectionnez le style, puis appuyez sur la touche Suppr du clavier.

- Faites un clic droit (Ctrl + clic sur Mac) pour ouvrir le menu contextuel et choisissez Effacer.

Lorsqu'un style est supprimé, l'élément auquel il s'adressait est automatiquement remis dans le style par défaut de la page ou bien dans le style de son élément parent.

Lier une feuille de style

Dreamweaver étant là pour vous aider dans la création de vos pages Web, vous n'aurez pas à écrire le code pour insérer une feuille de style. Voici la marche à suivre pour attacher une feuille de style externe (document .css) à une page XHTML ouverte.

Dans un document ouvert

1. Ouvrez la fenêtre Styles CSS via le menu Fenêtre>Styles CSS.

2. Cliquez sur l'icône Attacher une feuille de style afin d'ouvrir la boîte de dialogue « Ajouter une feuille de style externe ».

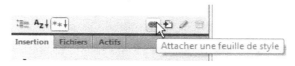

Figure 9-10

L'icône Attacher une feuille de style

Cette fenêtre vous permettra de renseigner un certain nombre de paramètres pour la feuille de style à lier au document :

- Saisissez manuellement le nom de la feuille de style à lier dans le champ Fichier/URL ou cliquez sur le bouton Parcourir… pour la sélectionner sur votre ordinateur (voir figure 9-11).

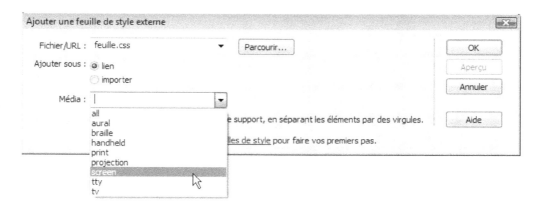

Figure 9-11

La fenêtre Ajouter une feuille de style externe

- Choisissez la méthode du lien grâce à l'option Ajouter sous :
  - Lien, utilise la balise `<link>` ;
  - Importer, utilise la directive `@import` (voir chapitre 8).
- Sélectionnez le type de média correspondant à la feuille de style.

  Ce choix devient essentiel dès lors que des feuilles de style spécifiques ont été créées pour différents médias. La figure 9-11 présente les différents médias proposés. Certaines propriétés sont spécifiques à certains médias.

  - all – Feuille de style destinée à tous les systèmes de visualisation.
  - oral – Feuille de style destinée aux synthétiseurs de parole.
  - braille – Feuille de style destinée aux appareils braille à retour tactile.
  - handheld – Feuille de style destinée aux appareils portatifs comme les téléphones portables ou les PDA.
  - print – Feuille de style destinée à un support paginé opaque et aux documents visualisés à l'écran en mode Aperçu avant impression.
  - projection – Feuille de style destinée aux projections, par exemple avec des projecteurs ou des impressions pour des transparents.
  - screen – Feuille de style destinée principalement aux moniteurs couleurs.
  - tty – Feuille de style destinée aux médias utilisant une grille de caractères fixe, tels les télétypes, les terminaux ou les appareils portatifs aux capacités d'affichage réduites.
  - tv – Feuille de style destinée aux appareils de type téléviseur présentant les caractéristiques suivantes : basse résolution, affichage couleur, défilement des pages limité, son.

Créer un nouveau document avec une feuille de style liée

1. Sélectionnez le menu Fichier>Nouveau.

2. Dans la fenêtre Nouveau document qui s'ouvre alors, cliquez sur l'icône Attacher une feuille de style, située en bas à droite (voir chapitre 2) afin d'ouvrir la boîte de dialogue « Ajouter une feuille de style externe ».

Externaliser des styles

Les styles internes à la page sont disponibles uniquement dans cette page. Pour qu'ils puissent être utilisés par d'autres pages du site, vous devrez les placer dans une feuille de style externe.

1. Depuis la fenêtre Styles CSS, sélectionnez les styles à placer dans une nouvelle feuille de style ou dans une feuille existante. Pour sélectionner plusieurs styles à la fois, cliquez dessus tout en appuyant sur la touche Maj pour des sélections contiguës, ou la touche Ctrl pour des sélections non contiguës.

2. Cliquez sur le menu Local situé en haut à droite de la fenêtre Styles CSS et choisissez Déplacer les règles CSS… (voir repère ❶ de la figure 9-12) La boîte de dialogue Déplacer dans une feuille de sttyle externe s'ouvre alors (repère ❷ de la figure 9-12).

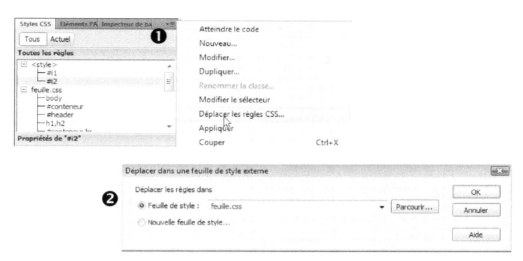

Figure 9-12
La boîte de dialogue Déplacer dans une feuille de style externe

3. Cochez l'option Feuille de style si la feuille de style dans laquelle vous souhaitez placer les styles sélectionnés existe déjà. Saisissez manuellement son nom ou cliquez sur le bouton Parcourir… pour la sélectionner sur votre ordinateur. Cochez l'option Nouvelle feuille de style… si vous souhaitez en créer une nouvelle. Une fenêtre d'invite d'enregistrement s'ouvre alors. Inscrivez le nom de la nouvelle feuille de style à créer dans le champ Nom du fichier et enregistrez-la.

4. Cliquez sur OK pour valider vos choix. Les styles sont alors ajoutés à la nouvelle feuille et affichés séparément dans la fenêtre Styles CSS : les styles de la page se trouvent sous la balise <style> et les styles externes sont sous le nom de la feuille nouvellement créée.

La palette des Propriétés

Dans Dreamweaver CS4, la palette des Propriétés tient une position importante pour la création de styles CSS. C'est la raison pour laquelle elle figure dans ce chapitre.

Pour créer un nouveau style ou bien pour le modifier, cliquez dans le menu déroulant Règle cible. Suivant l'élément sélectionné dans la page en mode Création, le menu affiche des choix un peu différents. Dans l'exemple de la figure 9-13, nous avons sélectionné le contenu d'un élément nommé Entete. Le menu affiche donc cet identifiant, nous permettant d'en modifier les propriétés. Après avoir sélectionné la règle, cliquez sur le bouton Modifier la règle.

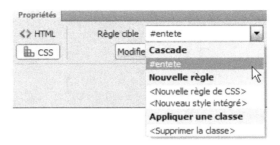

Figure 9-13
Le menu Règle cible de la palette des Propriétés

La création d'une nouvelle règle relève du même principe.

1. Dans la page en mode Création, cliquez sur un élément, un paragraphe par exemple, choisissez Nouvelle règle de CSS dans le menu Règle cible.

2. Cliquez ensuite sur le bouton Modifier la règle. La fenêtre Nouvelle règle de CSS s'ouvre.

3. Choisissez le type de sélecteur, classe, ID, balise. Donnez un nom au sélecteur. Validez en cliquant sur OK.

Après définition des propriétés, cette règle s'appliquera à l'élément sélectionné et celui-ci comportera, le cas échéant, l'attribut de classe ou d'identifiant choisi dans la fenêtre Nouvelle règle de CSS.

Présentation des catégories

Avec Dreamweaver, la création de styles suit toujours la même démarche : création d'un nouveau sélecteur depuis la fenêtre Nouvelle règle de CSS, puis définition des règles depuis la fenêtre Définition des règles de CSS. Cette fenêtre propose presque toutes les propriétés CSS spécifiées par le W3C. Vous pourrez retrouver celles qui n'y figurent pas dans la fenêtre Styles CSS, en activant l'affichage par catégorie ou par ordre alphabétique sous forme de liste. Le cadre de gauche de cette fenêtre présente la liste des catégories disponibles. Il suffit d'en sélectionner une pour en afficher le détail. Voici le descriptif des différentes règles de styles CSS disponibles dans la fenêtre Définition des règles de CSS.

La catégorie Type

Les règles de CSS de la catégorie Type sont présentées à la figure 9-14. Elles permettent de modifier l'aspect des textes.

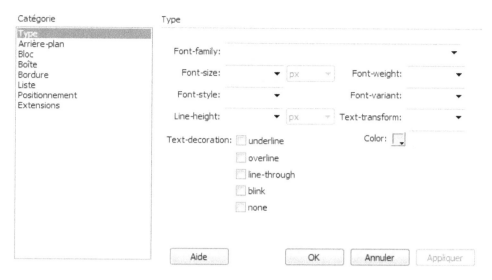

Figure 9-14
La catégorie Type des règles de CSS

- Font-family – Permet de choisir une liste de polices pour le texte. Correspond à la propriété `font-family`.

- Font-size – Indiquez une valeur dans l'une des unités proposées pour la taille du texte. Vous pouvez également choisir l'un des mots-clés proposés, lesquels sont répartis en deux catégories :

  – Les mots-clés de taille absolue : xx-small (très très petit), x-small (très petit), small (petit), medium (moyen), large (grand), x-large (très grand) et xx-large (très très grand). Leurs tailles se réfèrent à la taille par défaut des polices dans le navigateur.

  – Les mots-clés dont la taille est relative : smaller (plus petit), et larger (plus grand). Ils se réfèrent à la taille de police utilisée dans l'élément parent.

  Correspond à la propriété `font-size`.

- Font-style – Permet d'afficher le texte en normal (romain), en italic (italique) ou en oblique (oblique), ces deux derniers choix étant aujourd'hui identiques sur tous les navigateurs. Correspond à la propriété `font-style`.

- Line-height – Permet de spécifier la hauteur minimale de la boîte contenant le texte. Cette hauteur se décompose en un espace au-dessus et au-dessous des lettres. Le choix normal affiche la valeur par défaut. Vous pouvez également indiquer une valeur pour augmenter ou réduire l'interlignage. À noter que la liste déroulante des unités de mesure pour cette valeur propose une entrée multiple, qui est une valeur calculée obtenue en multipliant ce nombre par la taille de la police de l'élément. Correspond à la propriété `line-height`.

- Text-decoration – Cochez les options souhaitées pour appliquer les décorations correspondantes au texte. Vous pouvez sélectionner jusqu'à cinq options simultanément. La figure 9-15 présente un exemple pour lequel les options underline (souligné), overline (ligne supérieure) et line-through (barré) ont été cochées. L'option blink (Clignotant) affiche et masque le texte à intervalles réguliers (ne fonctionne pas sous IE6). Correspond à la propriété `text-decoration`.

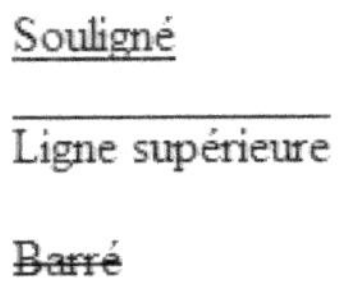

Souligné

Ligne supérieure

~~Barré~~

Figure 9-15
Exemple de décorations ajoutées au texte

- Font-weight – Spécifie la graisse de la police. La valeur 400 correspond à une graisse normale ; 700 équivaut à gras. La valeur bolder (plus gras) assigne une graisse plus forte que celle héritée par la police. Quant à la valeur lighter (plus fin), elle assigne une graisse plus faible que celle héritée par la police. Correspond à la propriété `font-weight`.

- Font-variant – Transforme le texte en petites capitales. L'option normal n'applique aucune transformation Small-cap (petite-maj), transforme les lettres. Correspond à la propriété `font-variant`.

- Text-transform – Permet de passer le texte en majuscules ou en minuscules. Cette propriété possède quatre options :
  - capitalize (mettre en majuscules) transforme la première lettre de chaque mot en majuscule ;
  - uppercase (majuscules) transforme toutes les lettres en majuscules ;
  - lowercase (minuscules) transforme toutes les lettres en minuscules ;
  - none (aucune) n'applique aucun effet.

  Correspond à la propriété `font-transform`.

- Color – Permet d'appliquer une couleur au texte. Sélectionnez-la dans la palette de couleurs ou saisissez manuellement son code hexadécimal. Correspond à la propriété `color`.

La catégorie Arrière-plan

Les règles de CSS de la catégorie Arrière-plan sont présentées en figure 9-16. Elles permettent de spécifier un arrière-plan pour les différents blocs composant la page. Si vous appliquez ces règles à la balise `<body>`, toute la page sera affectée. Les règles apposées ici à `<body>` sont identiques à celles que l'on spécifie depuis les propriétés de la page. Bien entendu, vous pourrez appliquer les règles de la catégorie Arrière-plan à d'autres éléments que `<body>`, par exemple, `<h1>`, `<p>` ou `<div>`.

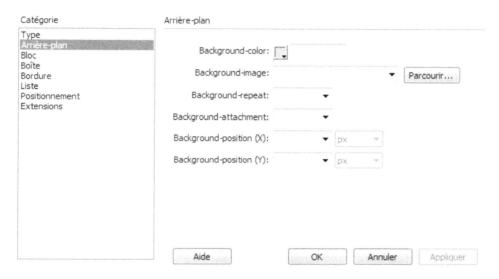

Figure 9-16

La catégorie Arrière-plan des règles de CSS

- Background-color – Permet de sélectionner une couleur d'arrière-plan. Vous pouvez la saisir manuellement ou la choisir via la palette de couleurs. Correspond à la propriété `background-color`.

- Background-image – Permet de spécifier une image d'arrière-plan. Cliquez sur le bouton Parcourir... pour sélectionner une image sur votre ordinateur ou saisissez son nom manuellement. Correspond à la propriété `background-image`.

- Background-repeat – Permet de spécifier le mode d'affichage de l'image d'arrière-plan lorsque ses dimensions sont inférieures à celles de l'élément. Cette propriété possède quatre options (reportez-vous au chapitre 2 pour plus d'informations) :

  – no-repeat (pas de répétition) affiche l'image une seule fois ;

  – repeat (répéter) affiche plusieurs fois l'image de manière à combler toute la page ;

  – repeat-x (répéter-x) affiche l'image plusieurs fois horizontalement ;

  – repeat-y (répéter-y) affiche l'image plusieurs fois verticalement.

  Correspond à la propriété `background-repeat`.

- Background-attachement – Cette propriété possède deux options : fixed (fixe) et scroll (défiler). Lorsqu'une image est placée en arrière-plan d'une page dépassant la hauteur de la fenêtre du navigateur, le défilement à l'aide de l'ascenseur fait également bouger l'image (option scroll). L'option fixed permet de conserver l'image dans sa position et seuls les éléments de la page défilent. Correspond à la propriété background-attachment.

- Background-position (x) – Spécifie la position horizontale de l'image d'arrière-plan : left (gauche), center (centrée) ou right (droite). Il est aussi possible de spécifier une valeur de position par rapport au bord gauche de l'élément dans l'une des unités proposées. Correspond à la propriété background-position.

- Background-position (y) – Spécifie la position verticale de l'image d'arrière-plan : top (haut), center (centrer) ou bottom (bas). Il est aussi possible de spécifier une valeur de position par rapport au bord haut de l'élément dans l'une des unités proposées. Correspond également à la propriété background-position.

La catégorie Bloc

Les règles de CSS de la catégorie Bloc sont présentées en figure 9-17. Elles permettent de spécifier le comportement des textes et des éléments placés dans le bloc.

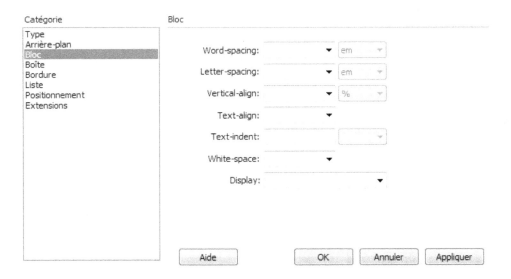

Figure 9-17
La catégorie Bloc des règles de CSS

- Word-spacing – Permet de spécifier une valeur dans l'une des unités proposées pour espacer les mots du bloc pour lequel cette propriété est définie. Une valeur négative rapproche les mots. Correspond à la propriété word-spacing.

- Letter-spacing – Permet de spécifier une valeur dans l'une des unités proposées pour espacer les lettres des mots du bloc pour lequel cette propriété est définie. Une valeur négative rapproche les lettres. Correspond à la propriété `letter-spacing`.

- Vertical-align – Cette propriété est applicable aux éléments en ligne (*inline*) et aux cellules de tableau. Elle permet de gérer l'alignement vertical de l'élément par rapport aux éléments adjacents. Seules les options sub (indice) et super (super) s'affichent dans Internet Explorer 6.0, IE 7.0 et Firefox 2. La figure 9-18, présente les différentes propriétés sous Firefox 3.04. Correspond à la propriété `vertical-align`. Cette propriété ne peut pas être utilisée pour centrer verticalement un élément dans un bloc.

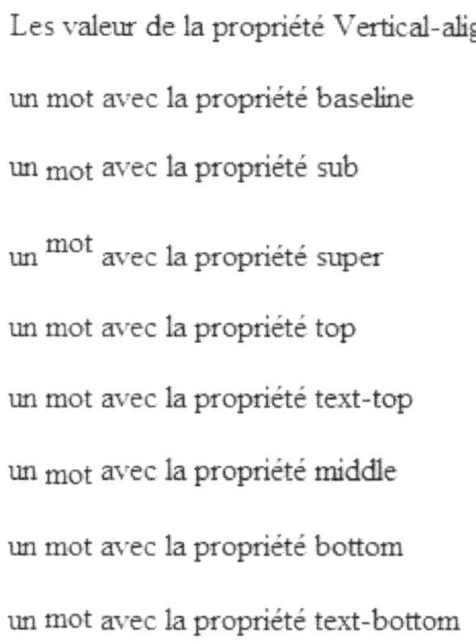

Les valeur de la propriété Vertical-align

un mot avec la propriété baseline

un mot avec la propriété sub

un ^{mot} avec la propriété super

un mot avec la propriété top

un mot avec la propriété text-top

un mot avec la propriété middle

un mot avec la propriété bottom

un mot avec la propriété text-bottom

Figure 9-18

Alignement vertical des éléments inline

- Text-align – Permet de spécifier l'alignement des textes placés dans un élément de type bloc. Quatre valeurs sont proposées :
  - left (gauche) aligne le contenu sur la gauche de l'élément bloc ;
  - right (droite) aligne le contenu sur la droite de l'élément bloc ;
  - center (centrer) centre le contenu dans le bloc ;
  - justify (justifier) justifie le contenu dans le bloc.

  Normalement, cette propriété ne s'applique pas aux blocs imbriqués, mais IE 6 l'accepte (contrairement à Firefox). Correspond à la propriété `text-align`.

- Text-indent – Le retrait du texte représente une valeur de décalage de la première ligne d'un texte long. Cette valeur est généralement positive et décale la ligne vers la droite. Une valeur négative décale la ligne vers la gauche. Le texte de la figure 9-19 est justifié et sa première ligne est décalée de 30 pixels à droite. Correspond à la propriété text-indent.

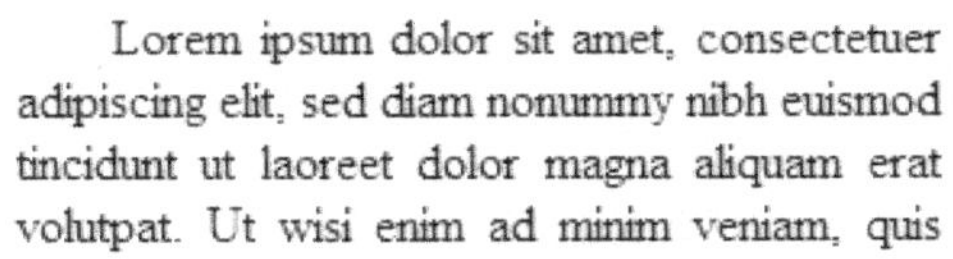

Lorem ipsum dolor sit amet, consectetuer
adipiscing elit, sed diam nonummy nibh euismod
tincidunt ut laoreet dolor magna aliquam erat
volutpat. Ut wisi enim ad minim veniam, quis

Figure 9-19
Exemple d'indentation de texte

- White-space – Permet de gérer l'affichage des espaces blancs multiples. Trois options sont disponibles :
  - normal supprime les éventuels espaces blancs pour n'en garder qu'un seul ;
  - pre conserve tous les espaces blancs insérés dans le texte ;
  - nowrap (pas de retour) interdit tout retour à la ligne automatique. Seuls les retours engendrés par la balise <br/> sont pris en compte.

  Correspond à la propriété white-space.
- Display – Permet de gérer le mode d'affichage du bloc. L'option None (aucune) désactive l'affichage de l'élément laissant la place libre à l'élément suivant dans le flux de la page. L'option block (bloc) transforme le comportement de l'élément en élément de bloc (possibilité d'attribuer une taille, retour à la ligne de l'élément suivant...). Quant à l'option inline (en ligne), elle transforme le comportement de l'élément en élément en ligne. Ces éléments s'affichent sur une même ligne. Correspond à la propriété display.

La catégorie Boîte

Les règles de CSS de la catégorie Boîte sont présentées à la figure 9-20. Elles permettent de spécifier les dimensions et les marges d'un bloc mais également de définir la méthode de placement de l'élément par rapport aux autres dans l'espace de la page.

- Width (Largeur) – Permet de spécifier une valeur dans l'une des unités proposées pour la largeur de la boîte. Correspond à la propriété width.
- Height (Hauteur) – Permet de spécifier une valeur dans l'une des unités proposées pour la hauteur de la boîte. Correspond à la propriété height.
- Float (Flottante) – Permet de préciser le comportement des éléments adjacents. Cette propriété possède trois valeurs :
  - left (gauche), le contenu des éléments placés, dans le flux de la page, après l'élément portant cette propriété, se place autour de lui, sur sa droite ;
  - right (droite), le contenu des éléments placés, dans le flux de la page, après l'élément portant cette propriété, se place autour de lui, sur sa gauche ;

Catégorie
Type
Arrière-plan
Bloc
Boîte
Bordure
Liste
Positionnement
Extensions
Boîte
Width:
px
Float:
Height:
px
Clear:
Padding
Idem pour tous
Margin
Idem pour tous
Top:
Right:
Bottom:
Left:
Aide
OK
Annuler
Appliquer

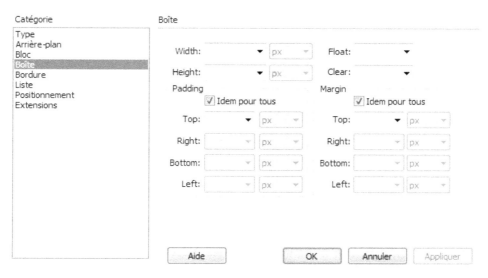

Figure 9-20

La catégorie Boîte des règles de CSS

– none (aucune), revient à ne rien spécifier (voir le chapitre 10 consacré aux positionnements des blocs).

Correspond à la propriété `float`.

- Clear (Effacer) – Permet d'indiquer quels côtés d'une ou des boîtes d'un élément ne doivent pas être adjacents à une boîte flottante précédente. Cette propriété annule le flottement de l'élément. Correspond à la propriété `clear`.
- Padding (Remplissage) – Permet de définir une marge intérieure au bloc qui peut être de même taille sur les quatre côtés du bloc si l'option Idem pour tous est cochée. Décochez cette option pour saisir des valeurs différentes pour chacun des côtés. La figure 9-21 présente un texte inséré dans un élément `<p>` dont le remplissage est de 50 px. Correspond à la propriété `padding`.

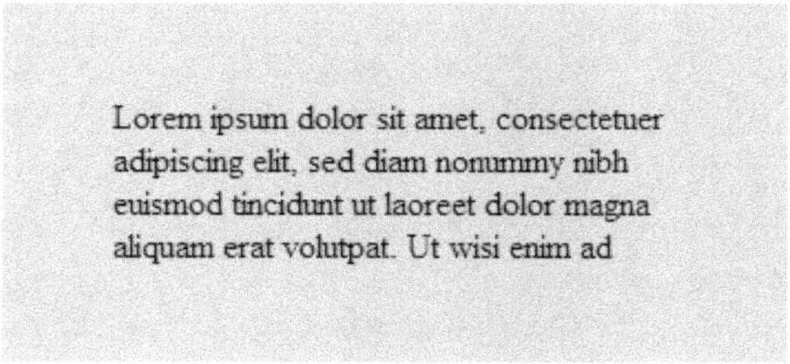

Lorem ipsum dolor sit amet, consectetuer
adipiscing elit, sed diam nonummy nibh
euismod tincidunt ut laoreet dolor magna
aliquam erat volutpat. Ut wisi enim ad

Figure 9-21

Exemple d'utilisation de la propriété Remplissage

- Margin (Marge) – Permet de définir une marge extérieure au bloc qui peut être de même taille sur les quatre côtés du bloc si l'option Idem pour tous est cochée. Décochez cette option pour saisir des valeurs différentes pour chacun des côtés. La figure 9-22 présente un texte inséré dans un élément `<p>` dont la marge est définie à 50 pixels. Cette dernière est toujours transparente. Correspond à la propriété `margin`.

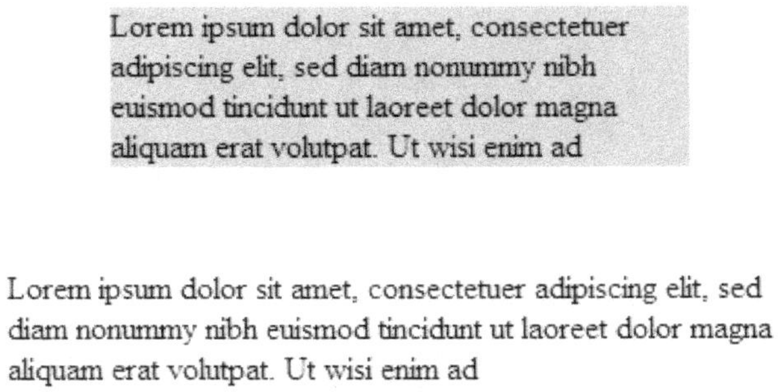

Lorem ipsum dolor sit amet, consectetuer adipiscing elit, sed diam nonummy nibh euismod tincidunt ut laoreet dolor magna aliquam erat volutpat. Ut wisi enim ad
Lorem ipsum dolor sit amet, consectetuer adipiscing elit, sed diam nonummy nibh euismod tincidunt ut laoreet dolor magna aliquam erat volutpat. Ut wisi enim ad

Figure 9-22
Exemple d'utilisation de la propriété Marge

La catégorie Bordure

Les règles de CSS de la catégorie Bordure sont présentées en figure 9-23. Elles permettent de spécifier les bordures d'un élément.

Catégorie
Type
Arrière-plan
Bloc
Boîte
Bordure
Liste
Positionnement
Extensions
Bordure
Style
Width
Color
Idem pour tous
Idem pour tous
Idem pour tous
Top:
Right:
Bottom:
Left:
px
Aide
OK
Annuler
Appliquer

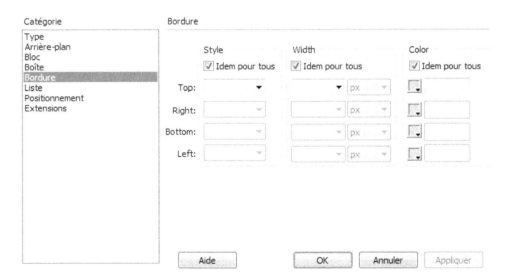

Figure 9-23
La catégorie Bordure des règles de CSS

- Style – Les feuilles de style proposent huit styles de bordure en plus du style Aucune. La figure 9-24 présente les différentes bordures disponibles. Correspond à la propriété `border-style`.

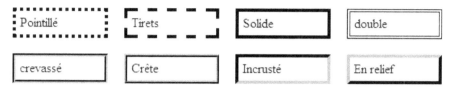

Figure 9-24

Les différentes bordures disponibles

- Width (Largeur) – Permet de spécifier l'épaisseur de la bordure. Saisissez une valeur dans les champs Top (Haut), Right (Droite), Bottom (Bas) et Left (Gauche) pour spécifier la largeur de la bordure pour ces côtés (l'option Idem pour tous doit être décochée pour cela). Correspond à la propriété `border-width`.

- Color (Couleur) – Permet de choisir la couleur de la bordure pour chacun des côtés. Correspond à la propriété `border-color`.

La catégorie Liste

Les règles de CSS de la catégorie Liste sont présentées à la figure 9-25. Elles permettent de spécifier les styles des listes et des éléments qu'elles contiennent.

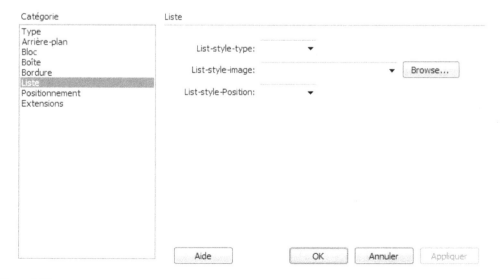

Figure 9-25

La catégorie Liste des règles de CSS

- List-style-type – Permet de spécifier l'aspect de la puce précédant chaque item d'une liste. La puce est indépendante du type de liste créée, aussi vous pourrez choisir d'afficher un chiffre pour une liste ordonnée ou un cercle, par exemple, pour une liste non-ordonnée. Cette propriété possède neuf valeurs, présentées en figure 9-26 (il en existe d'autres, mais elles ne sont pas proposées dans Dreamweaver) :

  – disque affiche une puce ronde ;

  – cercle affiche une puce ronde évidée ;

  – carré affiche une puce carrée ;

  – décimal affiche des chiffres ;

  – romain minusc. affiche des chiffres romains en minuscules ;

  – romain majusc. affiche des chiffres romains en majuscules ;

  – alpha minusc. affiche des lettres minuscules ;

  – alpha majusc. affiche des lettres majuscules ;

  – aucune n'affiche aucune puce.

  Correspond à la propriété `list-style-type`.

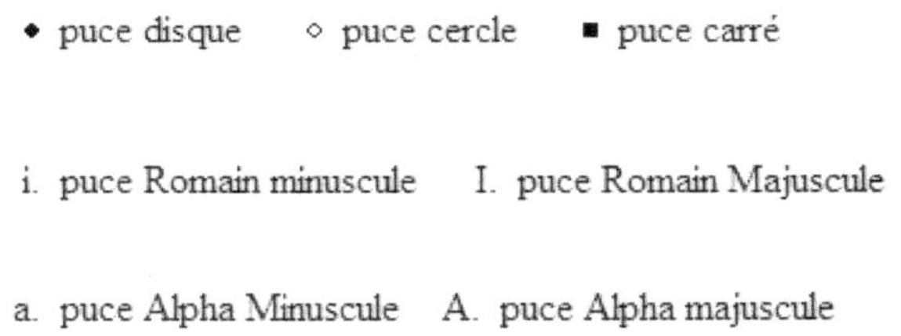

Figure 9-26
Les différents type de puce des listes

- List-style-image – Permet d'insérer une image en guise de puce. Saisissez le nom de l'image manuellement ou cliquez sur le bouton Browse... (Parcourir...) pour sélectionner une image sur votre ordinateur. Correspond à la propriété `list-style-image`.

- List-style-Position – Permet de déterminer la position de la boîte des items par rapport à la boîte principale, laquelle est générée par les balises `<ul>` ou `<ol>`. La boîte des items est générée par la balise `<li>`. Deux options sont possibles :

  – inside (intérieure), les puces des items sont placées à l'aplomb de la boîte principale ;

  – outside (extérieure), les puces des items sont décalées sur la gauche de la boîte principale.

  La figure 9-27 présente les deux styles de positionnement. Correspond à la propriété `list-style-position`.

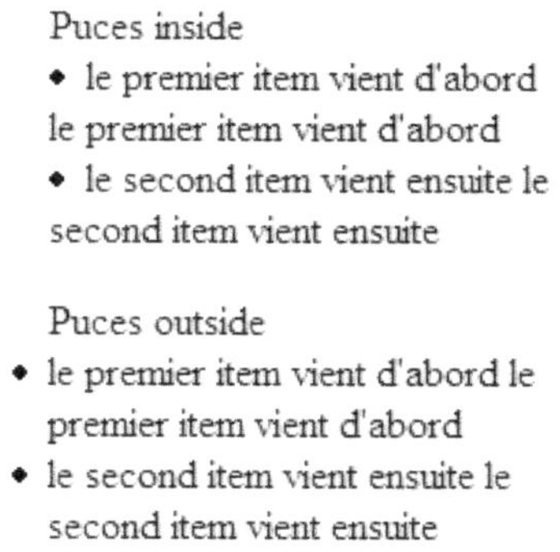

Puces inside
• le premier item vient d'abord le premier item vient d'abord
• le second item vient ensuite le second item vient ensuite
Puces outside
• le premier item vient d'abord le premier item vient d'abord
• le second item vient ensuite le second item vient ensuite

Figure 9-27

Exemples de positionnement des puces d'une liste

La catégorie Positionnement

Les règles de CSS de la catégorie Positionnement sont présentées en figure 9-28. Elles permettent de préciser la position d'un bloc par rapport à son type de positionnement.

Catégorie
Type
Arrière-plan
Bloc
Boîte
Bordure
Liste
Positionnement
Extensions
Positionnement
Position:
Visibility:
Width:
px
Z-Index:
Height:
px
Overflow:
Placement
Clip
Top:
Right:
Bottom:
Left:
Aide
OK
Annuler
Appliquer

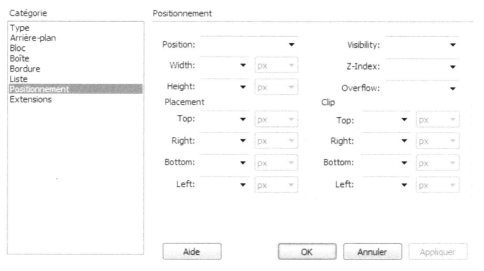

Figure 9-28

La catégorie Positionnement des règles de CSS

- Position – Permet de choisir le type de positionnement du bloc. Quatre options sont proposées :
  - absolute (absolu) – La boîte créée pour l'élément n'apparaît pas dans le flux normal du document et sa position dans celui-ci n'a plus d'importance. Il est alors nécessaire de préciser sa position et utilisant les propriétés Top (Haut), Right (Droite), Bottom

(Bas) et Left (Gauche) de la zone Emplacement. Dans un positionnement absolu, l'élément se positionne par rapport à son élément parent si celui-ci est lui-même positionné. Chaque bloc positionné de manière absolue devient à son tour le conteneur de ses éléments enfants.

– fixed (fixe) – Ce type de positionnement est similaire au positionnement absolu à la différence que l'élément de référence pour le positionnement n'est plus l'élément parent mais la fenêtre du navigateur. Par conséquent, si deux divisions ont été créées, l'une fixe et l'autre absolue, et que l'on fait défiler la page au moyen d'ascenseurs, l'élément absolu passe sous l'élément fixe. On réalise ainsi un pseudo jeu de cadres. La position fixe n'est pas supportée par les versions d'Internet Explorer antérieures à la version 7.

– relative (relatif) – Les éléments sont positionnés en fonction de la place qu'ils devraient occuper dans le flux normal de la page. Si aucune valeur d'emplacement n'est spécifiée, l'élément reste à sa place, sinon il se décale de la valeur indiquée dans les champs Top (Haut), Right (Droite), Bottom (Bas) et Left (Gauche).

– static (statique) – C'est le positionnement par défaut. L'élément est tout simplement placé par rapport au flux du document.

Correspond à la propriété `position`.

• Width – Permet de spécifier une valeur dans l'une des unités proposées pour la largeur de la boîte. Cette propriété est la même que celle de la catégorie Boîte et correspond à la propriété `width`.

• Height – Permet de spécifier une valeur dans l'une des unités proposées pour la hauteur de la boîte. Cette propriété est la même que celle de la catégorie Boîte et correspond à la propriété `height`.

• Z-index – Permet de spécifier une valeur pour déterminer le niveau d'empilement de la boîte :

– la valeur 0 correspond à la page ;

– une valeur positive place le bloc au-dessus ;

– une valeur négative place le bloc en arrière-plan.

Le choix de valeurs négatives peut entraîner une disparition du bloc dans certains navigateurs (Firefox, par exemple). Correspond à la propriété `z-index`.

• Visibility – Permet de rendre le bloc visible ou invisible. Cette propriété laisse un espace vide lorsque l'élément est déclaré invisible. Trois options sont disponibles :

– inherit (hériter) hérite de la propriété de l'élément parent ;

– visible (visible) rend l'élément visible ;

– hidden (masquer) masque l'élément.

Si vous utilisez cette propriété, vous devrez faire des tests de compatibilité entre les navigateurs. Firefox et IE n'ont pas le même comportement avec les éléments en ligne (*inline*). Correspond à la propriété `visibility`.

- Owerflow – Permet de gérer le comportement des textes longs (paragraphes) placés dans un bloc. Le débordement spécifie si le bloc doit ajouter un ascenseur, masquer le texte qui dépasse du bloc ou encore s'il doit le faire déborder. La figure 9-29 présente les trois possibilités de présentation. Cette propriété possède quatre options :
  - visible (visible), le texte déborde du conteneur ;
  - hidden (masquer), le texte supplémentaire est masqué ;
  - scroll (défiler), un ascenseur est toujours présent, même lorsque le texte ne remplit pas l'ensemble du conteneur ;
  - auto, l'ascenseur apparaît si nécessaire.

  Correspond à la propriété `overflow`.

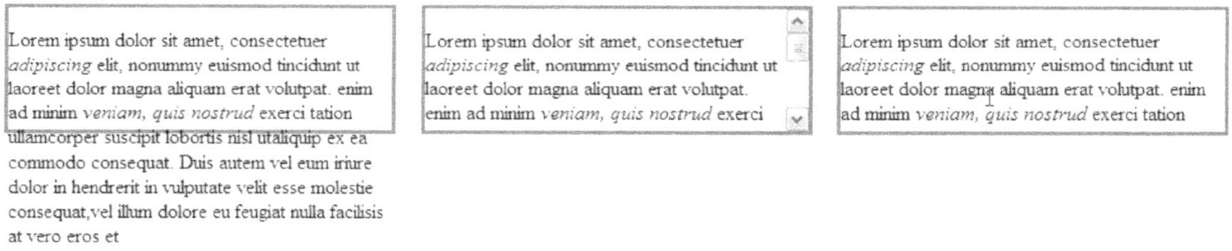

Figure 9-29
Les différents aspects de la propriété Owerflow

- Placement – Permet de préciser la position du bloc. La définition de l'emplacement est souvent indispensable lorsque le bloc est positionné en absolu. En général, on définit alors uniquement les positions Haut et Gauche. Correspond aux propriétés `top`, `right`, `bottom` et `left`.

- Clip – Permet de masquer une partie du contenu du bloc. Saisissez les valeurs souhaitées dans les champs Haut, Droite, Bas et Gauche. Le masque forme un rectangle. La valeur du champ Haut correspond au début du masque sur le haut du bloc. La valeur du champ Droit correspond au début du masque à droite et est calculée par rapport au bord gauche du bloc. La valeur du champ Bas correspond au début du masque en bas et est calculée à partir du haut du bloc. La valeur du champ Gauche correspond au début du masque à gauche du bloc. La propriété Clip, n'est pas supportée par Internet Explorer.

La catégorie Extensions

Les règles de CSS de la catégorie Extensions sont présentées à la figure 9-30. Elles permettent de gérer les sauts de page lors de l'impression, ainsi que l'utilisation de filtres d'effets.

- Page-break-before – Cette propriété s'applique uniquement aux éléments de type bloc. Elle permet d'insérer un saut de page avant l'élément lors de l'impression. Correspond à la propriété `page-break-before`.

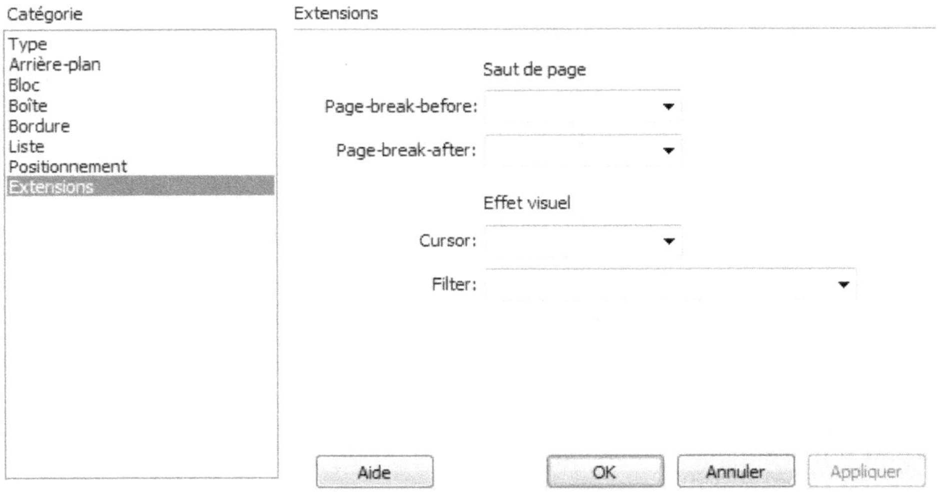

Figure 9-30
La catégorie Extensions des règles de CSS

- Page-break-after – Cette propriété s'applique uniquement aux éléments de type bloc. Elle permet d'insérer un saut de page après l'élément lors de l'impression. Correspond à la propriété `page-break-after`.

  À noter que vous ne pouvez pas sélectionner ces deux options simultanément.

- Cursor – Permet de changer l'aspect du curseur de la souris. Choisissez un type de curseur dans la liste proposée. Correspond à la propriété `cursor`.

- Filter – Cette propriété n'est pas prise en compte par beaucoup de navigateurs. Elle permet d'appliquer un filtre à une image. Choisissez l'un des filtres, puis remplacez les points d'interrogation par des valeurs comprises entre 0 et 100. Correspond à la propriété `filter`.

Vérifier les styles

L'onglet Compatibilité avec les navigateurs du panneau Résultats permet de tester la page courante ou le site entier afin de déceler les éventuelles incompatibilités ou manques de compatibilité avec certains navigateurs. On ouvre cet onglet en choisissant le menu Fenêtre>Résultats>Compatibilité avec les navigateurs. Pour tester efficacement une page, vous devrez tout d'abord choisir les navigateurs cibles dans lesquels le test s'effectuera. Pour cela, cliquez sur le menu local situé en haut à droite du panneau Résultats et sélectionnez Paramètres… Vous pouvez également cliquer sur la flèche verte située à gauche du panneau Résultats. La boîte de dialogue de la figure 9-31 s'ouvre alors.

Indiquez la version de chacun des navigateurs qui vous servira de cible pour la vérification des styles et cliquez sur OK pour valider vos choix.

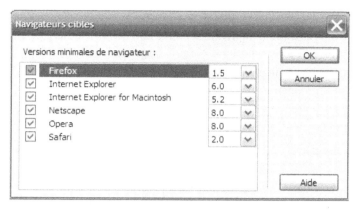

Figure 9-31

La boîte de dialogue Navigateurs cibles

Pour vérifier la compatibilité de vos styles, cliquez sur la flèche verte du panneau Résultats, et choisissez Vérification de compatibilité avec les navigateurs (voir figure 9-32).

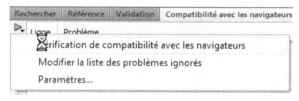

Figure 09-32

Le menu local du panneau Résultats

Après vérification, un résumé des résultats est affiché dans la fenêtre. Cliquez sur l'un des problèmes pour en afficher une description (voir figure 9-33).

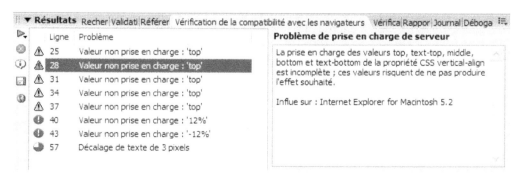

Figure 9-33

Affichage des résultats d'une vérification

Les problèmes décelés s'affichent, précédés d'une icône :

- un triangle signale un avertissement. Le code n'est pas pris en charge mais ne posera, en principe, pas de problème d'affichage ;

- un cercle avec un point d'exclamation signale une erreur pouvant causer des problèmes d'affichage ;

- un cercle divisé en quatre quartiers signale un problème ou un bogue identifié, visible au niveau de l'affichage.

Pour enregistrer les résultats de votre vérification, cliquez sur l'icône Enregistrer les résultats…, symbolisée par une disquette.

Si de nombreux bogues se produisent, cliquez sur l'icône Plus d'infos… pour accéder au site Adobe France – CSS Advisor afin de consulter la liste des bogues répertoriés et les solutions proposées.

Cliquez sur l'icône Ouvrir les résultats dans le navigateur, symbolisée par une mappemonde, pour afficher un rapport détaillé des résultats.

Vérifier les styles avec le W3C

Vous pouvez également vérifier en ligne vos feuilles de style externes et internes grâce à un outil développé par le W3C, disponible à l'adresse suivante : `http://jigsaw.w3.org/css-validator/`.

Vous pourrez vérifier vos documents de trois manières différentes :

- en soumettant l'URL d'une page ou d'un site mis en ligne. Dans ce cas, les styles internes et externes sont pris en compte ;

- en téléchargeant une page depuis votre ordinateur. Dans ce cas, vous devez uniquement télécharger la feuille de style externe ;

- en copiant-collant votre code dans le champ de saisie prévu à cet effet. Dans ce cas, vous devrez uniquement copier ce qui se trouve à l'intérieur de l'élément `<style>`… `</style>` (sans les deux balises) si les styles sont placés dans une page XHTML, sinon copiez simplement tous les styles inclus dans la feuille de style externe.

Cliquez ensuite sur le bouton Vérifier. Le résultat est pratiquement immédiat.

Attribuer un style

Les styles se définissent dans une feuille de style externe ou dans l'élément `<style>`… `</style>` de la page. Chacun des styles est défini par un sélecteur de balise, de classe d'ID ou tout autre type de sélecteur. Pour appliquer un style, il faut que l'élément y soit relié. Le lien se crée par l'intermédiaire des sélecteurs. Les styles attribués aux balises n'ont pas besoin d'être reliés car ils affectent de fait la balise considérée. En revanche, les classes et les identifiants doivent être reliés aux éléments de la page. Ces trois sélecteurs de base (ID, classe et balise) peuvent se combiner entre eux. Vous pourrez ainsi cibler une balise placée dans un élément portant un identifiant précis, comme, par exemple, cibler une balise <li> placée dans un bloc <div> portant l'identifiant menuVertical. Cela donnerait le sélecteur suivant : #menuVertical li.

Attribuer un ID

En mode Code, l'ID est un attribut qui se place après le nom de la balise. Sa valeur doit toujours être écrite entre guillemets. L'exemple suivant correspond à un élément doté d'un attribut ID.

```
<p id="texteEncadre">texte écrit dans un paragraphe</p>
```

Attribuer un ID à partir d'un style d'identifiant déjà existant

Dans Dreamweaver, l'attribution d'un style créé avec un sélecteur d'identifiant peut se réaliser de deux manières : écriture de l'attribut ID dans la balise de l'élément ou création d'une zone contenant l'attribut ID. Ces deux concepts sont différents. Dans le premier cas, l'attribut est saisi dans une balise existante, alors que dans le second, vous ajoutez une balise dans le code. Cette dernière est généralement la balise <span> qui est neutre. Qu'elle que soit la méthode choisie, vous devrez au préalable créer le style du sélecteur d'ID.

Attribuer un ID à une balise déjà présente dans la page

Le nom d'identifiant d'un élément peut généralement être donné dans la palette de Propriétés de cet élément, dans la zone ID. D'autres méthodes existent, notamment depuis la fenêtre Inspecteur de balises. Pour un bloc <div>, vous pourrez, par exemple, attribuer son nom d'identifiant dans la fenêtre Insérer la balise div, depuis le panneau Propriétés ou encore depuis la fenêtre Inspecteur de balises, sous l'onglet Attributs.

Voici la méthode courante dans Dreamweaver CS4 pour définir un nom d'identifiant à un élément placé dans la page.

1. Dans la page, en mode Création, cliquez sur l'élément.

2. Cliquez sur la balise depuis le sélecteur de balise.

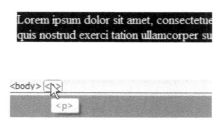

Figure 9-34

Le sélecteur de balise et l'élément sélectionné

3. Donnez un nom à l'élément dans la zone ID de la palette des propriétés affichée en mode HTML. Validez en appuyant sur la touche entrée du clavier. L'attribut id est automatiquement ajouté à la balise sélectionnée.

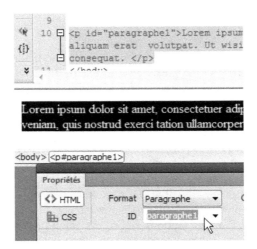

Figure 9-35
La zone ID de la palette des propriétés

Rappel

L'attribut ID définit une zone de la page qui est unique. Vous ne devez jamais créer deux zones portant le même ID.

Attribuer une classe

Pour l'attribution d'une classe, deux cas peuvent se présenter : vous souhaitez attribuer une classe à une partie d'un élément, un paragraphe par exemple, ou alors vous souhaitez attribuer la classe à tout l'élément. Dans les deux cas, il est préférable de créer le sélecteur de classe au préalable.

Pour attribuer une classe à tout l'élément, il suffit de cliquer dans l'élément sans rien sélectionner ou de sélectionner tout l'élément. Pour attribuer une classe à une sélection particulière, celle-ci doit être sélectionnée.

Voici les différentes méthodes permettant d'attribuer une classe :

- En mode Création, cliquez droit sur la zone sélectionnée (Ctrl + clic sur Mac), sélectionnez Styles CSS dans le menu local et choisissez le nom de la classe à appliquer.

- Depuis le panneau Propriétés, choisissez le nom de la classe dans la liste déroulante Style, suivant le type de balise sélectionnée.

- Ouvrez la fenêtre Styles CSS et cliquez sur le bouton Tous. Cliquez droit sur le style souhaité et choisissez Appliquer dans le menu local.

- Cliquez droit (Ctrl + clic sur Mac) sur la balise de l'élément dans le sélecteur de balise du document, sélectionnez Définir la classe et choisissez le nom de la classe à attribuer.

- Sélectionnez le menu Texte>Styles CSS, puis choisissez le style à appliquer.

Attribuer une classe ou un ID à un élément de la page avec l'inspecteur de balises

Pour les balises <div>, l'attribution de l'identifiant ou d'une classe peut se réaliser depuis la fenêtre Insérer la balise div, depuis le panneau Propriétés ou encore depuis la fenêtre Inspecteur de balises, sous l'onglet Attributs, ce que nous allons voir ci-après. Pour les balises de texte comme <h1> ou <p>, l'attribution d'une classe ou d'un identifiant peut aussi se réaliser depuis la fenêtre Propriétés de balises. La fenêtre Inspecteur de balises, qui s'ouvre depuis le menu Fenêtre, permet d'attribuer de nombreux attributs à une balise et notamment l'attribut de classe. Dans cette fenêtre, cliquez sur l'onglet Attributs, puis ouvrez la catégorie CSS/Accessibilité, écrivez alors le nom de la classe ou de l'identifiant dans les zones portant le nom de ces attributs.

Figure 9-36

Attribution d'un identifiant ou d'une classe depuis la fenêtre Inspecteur de balises

Attribuer un ID ou une classe depuis la fenêtre Editeur de balises

1. En mode Création, cliquez dans l'élément à transformer.

2. Sélectionnez la balise de l'élément dans le sélecteur de balise.

3. Sélectionnez le menu Modifier>Modifier la balise... La fenêtre Editeur de balises s'ouvre alors, cliquez sur la catégorie Feuille de style/Accessibilité du cadre de gauche.

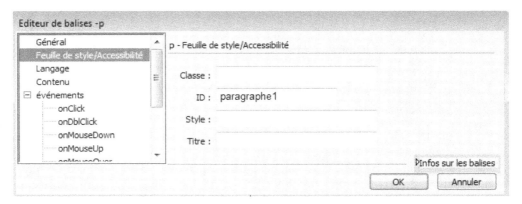

Figure 9-37
La fenêtre Editeur de balises

4. Dans le champ ID, donnez un nom d'identifiant à cette balise, puis, dans le champ Classe, donnez le nom d'une classe. Cliquez sur OK pour valider. L'élément possède à présent un identifiant, ou une classe, grâce auquel il sera très simple d'attribuer un style CSS en cliquant sur le bouton Nouvelle règle de style depuis la fenêtre Styles CSS.

Conclusion

Dreamweaver est un outil remarquable pour réaliser les feuilles de style internes ou externes aux pages de votre site. Il vous évitera d'avoir à retenir toutes les propriétés de styles. Néanmoins, il reste indispensable de savoir précisément ce qu'il est possible d'effectuer, Dreamweaver ne vous aidant pas pour la conception, mais bien pour la réalisation. Vous devrez, en effet, connaître parfaitement les principaux sélecteurs et la concordance des noms des propriétés proposées dans Dreamweaver avec ceux des règles de styles, le résultat et le comportement des différentes propriétés.

10

Le positionnement avec les CSS

L'un des aspects les plus spectaculaires et aussi les plus difficiles dans la mise en forme avec les styles CSS est le positionnement des éléments. En effet, à partir d'un même document XHTML, les différents positionnements permettront des mises en pages très variées. Ce chapitre présente les méthodes permettant de positionner des éléments :

- le flux ;
- le positionnement relatif ;
- le positionnement absolu ;
- le positionnement fixe ;
- le flottement ;
- les éléments PA ;
- les balises div ;
- les assistances visuelles.

Le flux

Le langage XHTML est structuré par un certain nombre de balises. Celles de type bloc permettent de structurer la page et celles dites en ligne d'ajouter certaines informations de mise en forme dans la ligne.

Les principaux éléments permettant de créer des boîtes de type bloc sont :

- l'élément div ;
- les titres h1, h2, h3, h4, h5 et h6 ;
- le paragraphe p ;
- les listes et éléments de liste ul, ol, li, dl et dd ;
- le bloc de citation blockquote ;
- le texte préformaté pre ;
- l'adresse address.

Tous ces éléments structurent la page et se positionnent par défaut les uns en dessous des autres, avec ou sans espacement.

Les éléments en ligne sont d'autres éléments qui mettent en valeur une portion de texte. Par exemple, la balise <strong>, ou la balise <span>, qui permet d'appliquer localement des styles divers. Les éléments en ligne modifient une partie d'un élément et restent sur la même ligne. Les balises <a> et <img> sont des balises en ligne.

Une page XHTML affichée dans un navigateur présente les éléments dans leur ordre d'apparition dans le code. Dans l'exemple présenté ci-après, le navigateur affichera le titre « Les fleurs des montagnes », puis, à la ligne, le sous-titre « Les orchidées », puis, encore à la ligne, l'image, et enfin le paragraphe en dernière ligne (voir figure 10-1). Les éléments se positionnent les uns au-dessous des autres car ce sont des éléments de type bloc. L'élément <em>…</em>, entourant le mot Orchidaceae n'a engendré aucun retour car il est de type en ligne.

```
<body>
<h1>Les fleurs des montagnes</h1><h2>Les orchidées</h2>
<div id="contenu">
<img id="i1" src="orchidees-1jpg.jpg" alt="orchidees" width="150" height="150"/>
<p>La famille des <em>Orchidaceae</em> compte plus de 30 000 espèces botaniques...
➥ </p>
</div>
</body>
```

L'organisation des éléments, telle que décrite ci-dessus, se nomme le flux. Dans un flux normal, les boîtes appartiennent à un contexte de mise en forme, bloc ou en ligne, mais pas aux deux en même temps.

L'exemple présenté ne possède aucune mise en forme, mais il serait très facile d'améliorer cette présentation en utilisant des styles CSS. C'est à ce stade que le couple XHTML/CSS devient très performant. Pour améliorer cette mise en page, on pourra modifier les propriétés graphiques de chacun des éléments et les changer d'emplacement en utilisant les différents positionnements disponibles qui sont répartis en quatre modes : relatif, absolu, flottant ou fixe. Il existe un cinquième mode, dit statique ; il s'agit du mode par défaut.

Les fleurs des montagnes

Les orchidées

La famille des *Orchidaceae* compte plus de 30000 espèces botaniques ...

Figure 10-1

Les éléments en flux normal

Le positionnement relatif

Dans le positionnement relatif, l'élément est décalé par rapport à sa position dans le flux normal. Les éléments qui le suivent restent à leur position d'origine, ce qui peut engendrer des zones vides car l'espace laissé par l'élément en position relative n'est pas comblé. La figure 10-2 présente l'exemple précédent dans lequel l'image, placée en position relative, a été décalée de 350 pixels sur la droite et de 90 pixels vers le haut. La zone précédemment occupée par l'image, est restée vide. Les titres et le paragraphe n'ont pas été déplacés.

Les fleurs des montagnes

Les orchidées

La famille des *Orchidaceae* compte plus de 30000 espèces botaniques ...

Figure 10-2

Exemple de positionnement relatif

Dans le cas présenté, le positionnement relatif a permis de déplacer l'image, mais, le déplacement étant assez important, la place laissée libre n'améliore pas la mise en page. Dans de nombreux cas, le positionnement relatif sera utilisé pour faire bouger légèrement l'élément. Il sera également employé pour sa capacité à devenir facilement un bloc conteneur, sans modifier la structure de la page.

La mise en œuvre XHTML du positionnement relatif se réalise grâce à la propriété position à laquelle on donne la valeur relative. Les éléments positionnés de manière relative doivent avoir une largeur, une hauteur, une position haute ou basse, et droite ou gauche par rapport à la place qu'ils auraient dû occuper en flux normal. Le code XHTML de l'exemple précédent est présenté ci-après.

```
img#i1 {
  position: relative;
  height: 150px;
  width: 150px;
  top: -90px;
  left: 400px;
}
```

La position top est négative car l'image doit remonter par rapport à sa position initiale.

Le positionnement relatif dans Dreamweaver

Dans Dreamweaver, comme pendant la conception de page directement dans le code, vous devez placer les éléments comme s'ils devaient conserver leurs places initiales, sans positionnement.

1. En mode Création, cliquez sur l'élément pour lequel vous souhaitez créer une règle de style. Dans le cas présent, il s'agit de l'image. Depuis la palette des propriétés de cette image, écrivez un nom dans la zone ID (nous avons écrit : i1)

2. Depuis le panneau Styles CSS, créez une nouvelle règle de CSS en cliquant sur l'icône du même nom.

3. Dreamweaver CS4 vous propose de créer une règle pour l'élément sélectionné, dans le cas présent : le sélecteur #contenu #i1.

4. Cliquez sur OK pour valider. La fenêtre Définition des règles de CSS s'ouvre alors. Cliquez sur la catégorie Positionnement.

5. Dans la liste déroulante Position, choisissez relative.

6. Indiquez ensuite la Largeur (Width) et la Hauteur (Height) de l'élément dans l'unité de mesure choisie.

7. Paramétrez ensuite le déplacement de l'élément en renseignant les valeurs souhaitées dans la zone placement. Il est fortement conseillé de ne spécifier qu'une seule valeur Haut (Top) ou Bas (Bottom) et une seule valeur Droite (Right) ou Gauche (Left). En effet, si vous indiquez une valeur Haut et une valeur Bas, vous pourrez rencontrer des contradictions de position.

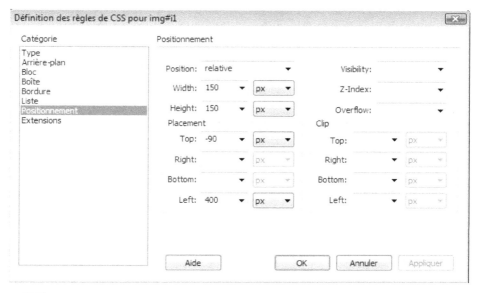

Figure 10-03

Paramétrage d'un positionnement relatif dans Dreamweaver

Le positionnement absolu

En position absolue, un élément sort totalement du flux du code XHTML. Il est totalement indépendant et les autres blocs l'ignorent. Ainsi, les éléments placés dans le flux occupent la place des éléments positionnés en absolu. Contrairement au positionnement relatif, aucun espace vide n'apparaît. La figure10-4 présente le code de la page présentée en début de chapitre dans lequel l'image est à présent en position absolue. Elle est placée à 0 pixel du bord haut de la page et à 400 pixels de son bord gauche. L'élément <p> de paragraphe, qui suit l'image dans le flux normal, a été déplacé à l'endroit précédemment occupé par l'image. Le positionnement ne tenant pas compte des éléments adjacents, l'image recouvre partiellement le paragraphe.

La mise en œuvre XHTML du positionnement absolu se réalise grâce à la propriété position à laquelle on attribue la valeur absolute. Les éléments positionnés de manière absolue doivent avoir une largeur (Width), une hauteur (Height), une position haute (Top) ou basse (Bottom) et droite (Right) ou gauche (Left) par rapport au bloc conteneur. Le code XHTML de l'exemple précédent est présenté ci-après.

```
img#i1 {
   position: absolute;
   height: 150px;
   width: 150px;
   top: 0px;
   left: 400px;
}
```

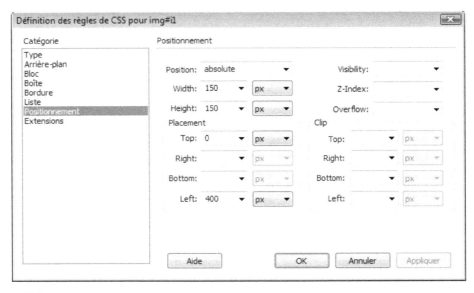

Figure 10-4

Exemple de positionnement absolu

Le bloc conteneur

Un élément positionné en absolu se place par rapport à son élément parent positionné le plus proche. Autrement dit, la référence d'un élément en position absolue est soit un autre élément en position absolue, soit un élément en position relative, soit un élément en position fixe.

Un élément est parent d'un autre lorsqu'il contient cet élément. Le code XHTML ci-dessous vous aidera à mieux comprendre cette notion.

```
<div id="apDiv1">
  <div id="apDiv2"></div>
</div>
```

L'élément d'identifiant apDiv2 est ici un enfant de l'élément apDiv1, qui est le parent le plus proche de apDiv2.

Dans le cas présent, pour positionner correctement l'élément apDiv2 en absolu par rapport à apDiv1, il faut que ce dernier soit positionné en absolu, en relatif ou en fixe. La méthode fréquemment utilisée est le positionnement de apDiv1 en relatif, pour lequel aucune position n'est alors indiquée. Cela ne change rien à la mise en page, mais permet de positionner apDiv2 par rapport à apDiv1.

L'élément <body> étant le premier élément d'une page HTML, c'est par rapport à lui que sera positionné un élément qui n'a pas de parent. Dans l'exemple précédent, dans lequel l'image est déplacée en haut de la page, l'élément de l'image <img> est positionné en absolu. Ses coordonnées Haut et Gauche ont pour origine le bord haut gauche de la page.

Le positionnement absolu dans Dreamweaver

Un élément en position absolue étant totalement en dehors du flux normal, il peut être placé n'importe où dans le code, ce qui peut entraîner une certaine confusion. Dans la pratique, le développeur s'attachera à placer les éléments positionnés en absolu dans la suite logique de leur apparition. Dreamweaver propose un outil particulièrement utile pour créer des éléments en position absolue : l'outil Tracer un div pour un élément PA, accessible depuis la catégorie Mise en forme du panneau Insertion (voir la section « Les éléments PA » de ce chapitre, pour plus de détails sur cet outil).

Voici une méthode permettant de transformer un élément placé dans le flux normal en élément positionné de façon absolue.

1. En mode Création, cliquez sur l'élément pour lequel vous souhaitez créer une règle de style. Dans le cas présent, il s'agit de l'image.

2. Depuis la fenêtre Styles CSS, créez une nouvelle règle de CSS en cliquant sur l'icône du même nom.

3. Dreamweaver CS4 vous propose de créer une règle pour l'élément sélectionné. Dans le cas présent Dreamweawer nous propose le sélecteur #contenu #i1.

4. Cliquez sur OK pour valider. La fenêtre Définition des règles de CSS s'ouvre alors. Cliquez sur la catégorie Positionnement.

5. Dans la liste déroulante Position, choisissez absolu.

6. Indiquez ensuite la largeur (Width) et la hauteur (Height) de l'élément.

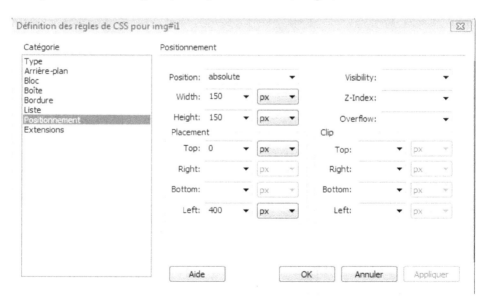

Figure 10-5

Paramétrage d'un positionnement absolu dans Dreamweaver

7. Paramétrez la position de l'élément par rapport à son bloc conteneur dans la zone Placement. Là encore, il est fortement conseillé de ne spécifier qu'une seule valeur Haut ou Bas et une seule valeur Droite ou Gauche.

Le positionnement fixe

Le positionnement fixe est une variante du positionnement absolu. Un élément positionné de la sorte n'est plus dans le flux et n'est plus dépendant d'un élément parent placé dans la page, mais de la fenêtre du navigateur. Ainsi, lorsque l'internaute fait défiler la page vers le bas ou vers le haut, l'élément en position fixe reste à sa place, toujours présent à l'écran. Nous obtenons ainsi une mise en page similaire à celle générée par un jeu de cadres. Le positionnement fixe n'est pas supporté par les versions d'Internet Explorer antérieures à la version 7, aussi cette possibilité a été très peu exploitée jusqu'à présent. Il est à noter que le mode Création de Dreamweaver donne également une représentation erronée de ce positionnement. La figure 10-6 présente deux vues du navigateur avec une position différente des éléments de la page. L'image, qui est en position fixe, n'a pas bougé.

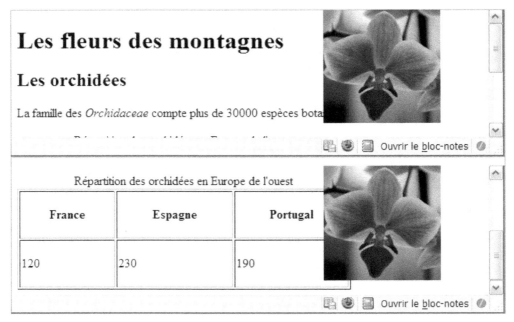

Figure 10-6

Exemple de positionnement fixe

La mise en œuvre XHTML du positionnement fixe se réalise grâce à la propriété `position` à laquelle on attribue la valeur `fixed`. Les éléments positionnés de manière fixe doivent avoir une largeur, une hauteur, une position haute ou basse, et droite ou gauche par rapport au bloc conteneur. Le code XHTML de l'exemple précédent est présenté ci-dessous.

```
img#i1 {
  position: fixed;
  height: 150px;
  width: 150px;
  top: 0px;
  left: 400px;
}
```

Le positionnement fixe dans Dreamweaver

Comme pour les éléments en position absolue, un élément en position fixe peut être placé n'importe où dans le code XHTML. La méthode pour transformer un élément placé dans le flux normal en élément à position fixe est identique à celle présentée pour le positionnement absolu. La seule différence étant que vous devez choisir l'option fixe dans la liste déroulante Position dans la catégorie Positionnement de la fenêtre Définition des règles de CSS.

Le flottement

Lorsqu'un élément est flottant, sa boîte est sortie du flux normal de la page. Elle est déplacée horizontalement sur la droite ou sur la gauche, suivant le flottement choisi. Son positionnement vertical est celui du haut de la ligne (dans le flux) qui contient l'élément ou le bas de la ligne qui le précède. Le contenu des éléments qui le suivent dans le flux, « coulent » autour de lui, pour remplir l'espace laissé vacant. La figure 10-7 présente une image déclarée comme élément flottant à droite. L'image est restée sur la ligne horizontale de son flux, mais a été décalée à droite sur cette ligne. Les éléments qui sont placés dans le flux à sa suite l'entourent et ont pris la place qu'elle occupait précédemment.

Un élément flottant n'est pas positionné car aucune indication de position Haut ou Gauche n'est nécessaire (même si elles étaient précisées, elles ne seraient pas prises en compte).

Le flottement est très utilisé pour placer des éléments de type bloc les uns à côté des autres et non les uns en dessous des autres comme c'est le cas normalement. Ces mises en forme permettront d'obtenir des pages dites fluides. L'usage des éléments flottants est aussi très courant pour la réalisation de menus. Une autre utilisation des flottants, sans doute la plus simple, est de faire couler le texte autour d'une image lorsque celle-ci est flottante.

Le flottement dans Dreamweaver

Voici une méthode permettant de transformer un élément placé dans le flux normal en élément flottant.

Les fleurs des montagnes

Les orchidées

La famille des *Orchidaceae* compte plus de 30000 espèces botaniques ...

Répartition des orchidées en Europe de l'ouest

France	Espagne	Portugal
80	230	190

Figure 10-7

Image en flottement à droite

1. En mode Création, cliquez sur l'élément pour lequel vous souhaitez créer une règle de style. Dans le cas présent, il s'agit de l'image.

2. Depuis la fenêtre Styles CSS, créez une nouvelle règle de CSS en cliquant sur l'icône du même nom.

3. Dreamweaver CS4 vous propose de créer une règle pour l'élément sélectionné. Dans le cas présent Dreamweawer nous propose le sélecteur #contenu #i1.

4. Cliquez sur OK pour valider. La fenêtre Définition des règles de CSS s'ouvre alors. Sélectionnez la catégorie Boîte.

5. Dans la liste déroulante Float, choisissez droite (right) ou gauche (left).

6. Indiquez la largeur et la hauteur de l'élément.

Annuler le flottement

Lorsqu'un élément est flottant, tous les éléments qui le suivent dans le flux se déplacent pour l'entourer. Reprenons l'exemple précédent (voir figure 10-7). Nous souhaitons à présent que le tableau ne subisse pas les effets du flottement et qu'il se replace dans le flux de la page.

Pour supprimer les effets du flottement sur le tableau, nous allons lui attribuer la propriété clear qui indique de quel côté cet élément ne doit pas être adjacent à la boîte flottante, ici le côté droit. La propriété clear aura donc pour valeur right.

Depuis la fenêtre Définition des règles de CSS, choisissez la catégorie Boîte. La liste déroulante Clear propose quatre options :

• right annule un flottement à droite ;

• left annule un flottement à gauche ;

- both annule tous les flottements ;
- none revient à ne pas spécifier de propriété `clear`.

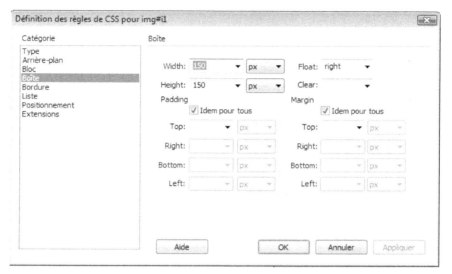

Figure 10-8

Paramétrage du flottement dans Dreamweaver

Figure 10-9

Le flottement est annulé pour le tableau.

Pour annuler des éléments flottants, on peut aussi utiliser un élément supplémentaire que l'on place dans la page HTML, après les éléments flottants. Cet élément peut être une balise `<hr />`, une balise `<br />` ou `<div>`. On attribue alors à cet élément une classe contenant la propriété `clear`. Cette approche offre l'avantage de toujours bien fonctionner, de ne pas attribuer la propriété à un élément visible de la page et de permettre une utilisation autonome de la propriété `clear`.

Les éléments PA

Les éléments PA (Calques dans les précédentes versions de Dreamweaver) sont des éléments de la page placés en position absolue (PA). Ils constituent des blocs indépendants qui peuvent être placés n'importe où dans la page en mode Création et sont facilement déplaçables. Les éléments PA peuvent contenir des textes, des liens ou encore des images. Il n'est pas recommandé d'y placer des animations Flash ou des tableaux car certains navigateurs supportent mal ces combinaisons.

Dreamweaver propose un outil qui permet de dessiner directement sur la page des blocs div placés en position absolue. L'usage de cet outil peut constituer une bonne approche pour réaliser des sites sans tableau. De par la nature de leur positionnement « hors flux », ils génèrent beaucoup de règles de styles, parfois peu utiles, aussi le concepteur expérimenté préférera généralement utiliser l'insertion d'élément `div`.

Pour créer un bloc div pour un élément PA :

1. Cliquez dans la page en mode Création. Si la fenêtre de travail n'est pas en mode Création, l'outil n'apparaîtra pas.

2. Cliquez sur la catégorie Mise en forme du panneau Insertion, puis sur l'icône Tracer un div pour un élément PA.

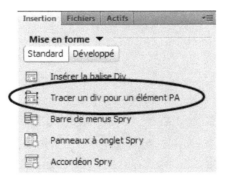

Figure 10-10
L'outil Tracer un div pour un élément PA

3. Cliquez dans la page et, tout en maintenant le bouton de la souris enfoncé, tracez un bloc rectangulaire.

4. Relâchez le bouton de la souris, le curseur est automatiquement positionné à l'intérieur du rectangle dessiné. Vous pouvez alors saisir un texte, insérer une image ou d'autres éléments. Pour déplacer le bloc, cliquez sur l'un de ses bords et faites-le glisser à l'endroit souhaité (voir figure 10-11).

Figure 10-11
Le déplacement d'un élément PA

La fenêtre Eléments PA

Dès qu'un élément PA est dessiné, il apparaît dans le panneau Eléments PA (voir figure 10-12). Pour ouvrir ce panneau, sélectionnez le menu Fenêtre>Eléments PA.

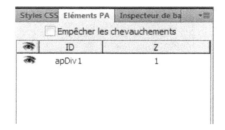

Figure 10-12
La fenêtre Eléments PA

La fenêtre Eléments PA ne propose pas beaucoup d'options. L'œil placé à gauche du nom de l'élément correspond à la propriété `visibility` et peut avoir trois aspects :

- il n'est pas affiché, dans ce cas, aucune propriété d'affichage n'est spécifiée ;
- œil ouvert, pour afficher l'élément `div` ;
- œil fermé, pour masquer l'élément `div`.

Cette propriété correspond au champ Visib. du panneau Propriétés des éléments PA.

Dans la fenêtre Eléments PA, vous pourrez facilement modifier le nom de l'élément qui correspond à son identifiant ID. Pour cela, double-cliquez sur le nom et renommez-le. Cette méthode est recommandée car cette opération modifie aussi le nom du style attribué à l'élément. En utilisant cette méthode, vous serez assuré de conserver le lien entre l'élément et sa règle de style.

La case à cocher Empêcher les chevauchements vous permettra de dessiner des éléments juxtaposés. L'usage de cette option est recommandé si vous dessinez des éléments PA en vue de les transformer en tableaux.

La colonne Z permet, quant à elle, de gérer l'ordre d'empilement des éléments PA.

Les propriétés des éléments PA

Pour afficher les propriétés d'un élément PA, procédez selon l'une des quatre méthodes suivantes :

- Cliquez dans l'élément pour l'activer, puis sur sa bordure extérieure ou sur la poignée blanche située en haut à gauche du bloc.

- Cliquez sur le marqueur flottant de l'élément, matérialisé par une icône jaune placée à l'arrière-plan dans votre page. Si elle n'est pas visible, sélectionnez le menu Edition>Préférences…, sélectionnez Eléments invisibles dans la liste des catégories disponibles et cochez l'option Points d'ancrage des éléments PA. L'affichage de ces marqueurs permettra d'avoir un meilleur aperçu des éléments imbriqués.

Figure 10-13
Les points d'ancrage des éléments PA

- Cliquez dans l'élément, puis sélectionnez la balise <div> correspondante dans le sélecteur de balise.

- Dans la fenêtre Eléments PA, cliquez sur le nom de l'élément que vous souhaitez sélectionner.

Quelle que soit la méthode choisie, cela aura pour effet d'afficher le panneau Propriétés de l'élément PA (voir figure 10-14).

Les propriétés proposées permettent de créer, ajouter ou modifier le style de l'élément PA sélectionné. Les règles de styles de l'élément sont accessibles depuis la fenêtre Style CSS. Celles créées ici peuvent aussi l'être depuis la fenêtre Définition des règles de CSS (le chapitre 9 fournit davantage de précisions sur les différentes propriétés).

Figure 10-14

Le panneau Propriétés d'un élément PA

- Champ Elément CSS-P – Inscrivez dans ce champ le nom que vous voulez attribuer à l'élément. Ce nom vous permettra par la suite d'identifier l'élément pour les styles ou dans les comportements et les scénarios. Il est identique à celui indiqué dans la fenêtre Eléments PA et correspond normalement à un style. Ce champ représente l'identifiant de l'élément PA.

- Champs G et S – Ces champs permettent d'indiquer la position gauche et haute de l'élément. Vous pouvez également modifier cette valeur de manière intuitive, en déplaçant manuellement l'élément dans la scène.

- Champs L et H – Ces champs permettent de spécifier la largeur et la hauteur en pixels de l'élément par rapport à ses bords gauche et haut. Vous pouvez également modifier cette valeur de manière intuitive, en déformant manuellement l'élément dans la scène. Pour cela, déplacez ses poignées d'étirement.

- Champ Index Z – Permet de gérer la position d'empilement de l'élément. Inscrivez un chiffre positif ou négatif.

- Liste déroulante Visib. – Permet de renseigner la propriété visibility de l'élément (default, inherit, visible ou hidden). Cette propriété correspond à l'œil de la fenêtre Eléments PA ainsi qu'à l'option Visibilité de la catégorie Positionnement de la fenêtre Définition des règles de CSS.

- Champ Image ar-pl – Permet d'attribuer une image d'arrière-plan à l'élément. Pour cela, saisissez manuellement son nom ou cliquez sur l'icône Rechercher le fichier pour la sélectionner sur votre ordinateur. L'image sera alors affichée en mosaïque et répétée à l'infini, selon ses dimensions et celles de l'élément. On peut modifier cette répétition par la modification des propriétés de styles attribué à cet élément.

- Champ Couleur ar-pl – Permet d'attribuer une couleur d'arrière-plan à l'élément. Pour cela, saisissez manuellement son code hexadécimal ou sélectionnez-la grâce à la palette de couleurs.

- Liste déroulante Débord. – Permet de gérer les contenus importants placés dans l'élément. Cette propriété ajoute automatiquement (auto) un ascenseur pour afficher le contenu non visible de l'élément.

- Champs Déc. G, D, S et B – Ces champs correspondent à la propriété Clip de la catégorie Positionnement de la fenêtre Définition des règles de CSS. Cette propriété n'est pas supportée par tous les navigateurs. Elle permet de recadrer l'élément en indiquant des valeurs par rapport à la position gauche, droite, par rapport au sommet et la position basse.

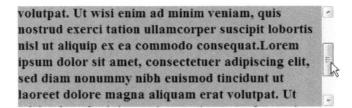

Figure 10-15
La propriété Débord. D'un élément PA

Utiliser un élément PA pour une composition simple

Les éléments PA permettent de créer facilement des mises en page simples n'utilisant pas les tableaux. Une autre méthode (voir la section « Les balises div » dans ce chapitre) consiste à insérer des balises `<div>` en mode Création.

Voici un exemple simple de réalisation obtenue avec les éléments PA. Certaines manipulations sont traitées dans les chapitres précédents. Les images ont ici une taille de 150 pixels de côté, le bloc de texte à une taille de 325 pixels de côté. Les éléments sont séparés de 25 pixels et sont téléchargeables depuis le site de l'éditeur au chapitre 10, Exercice–composition–simple.

1. Ouvrez un nouveau document et sélectionnez le menu Modifier>Propriétés de la page…

2. Choisissez la catégorie Aspect et le noir comme couleur d'arrière-plan. Sélectionnez la catégorie Tracé de l'image et indiquez le nom de l'image JPEG de référence. Celle-ci vous permettra de conserver à l'écran une référence de votre mise en page. Réglez l'option Transparence à 30 %. Cliquez sur OK pour valider vos choix.

3. Réglez ensuite les assistants visuels des éléments PA en sélectionnant tout d'abord le menu Préférences…>Eléments invisibles, puis en cochant l'option Points d'ancrage des éléments PA. Affichez également les contours des éléments PA en sélectionnant le menu Affichage>Assistances visuelles>Contour des éléments PA.

4. Pour créer le premier élément PA, cliquez dans la page en mode Création afin de l'activer. Cliquez ensuite sur la catégorie Mise en forme du panneau Insertion, puis sur l'icône Tracer un div pour un élément PA.

5. Tracez ce premier élément de manière qu'il soit de la même taille que le modèle placé au-dessous. Cliquez ensuite sur l'un de ses bords pour le sélectionner et faire apparaître le panneau Propriétés lui correspondant. Ajustez éventuellement la taille de l'élément.

6. Procédez de la même manière pour créer les trois autres éléments des images. Ajustez éventuellement leur position respective depuis le panneau Propriétés. Les éléments du haut sont placés à 65 pixels, les éléments du bas à 240 pixels.

7. Créez enfin l'élément qui recevra le texte, ayant pour taille 325 pixels de côté.

Figure 10-16
Exemple de réalisation obtenue grâce aux éléments PA

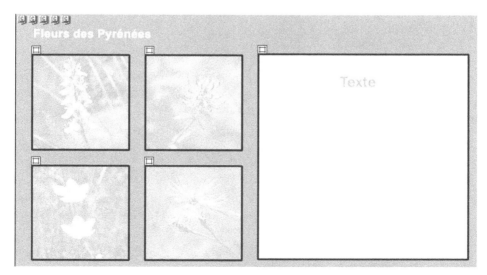

Figure 10-17
La composition des éléments PA

8. Insérez ensuite les images. Pour cela, cliquez dans l'élément, puis sur l'icône Images de la catégorie Commun du panneau Insertion. Sélectionnez sur votre ordinateur la première image et renseignez le champ Texte secondaire de la boîte de dialogue Attributs d'accessibilité des balises d'image qui s'ouvre alors.

Sélection des éléments PA et des images

Il est difficile de sélectionner un élément PA contenant une image. Pour résoudre ce problème, sélectionnez tout d'abord l'image en cliquant simplement dessus, puis cliquez sur la bordure de l'élément PA. Une image possède trois poignées, un élément PA en possède huit.

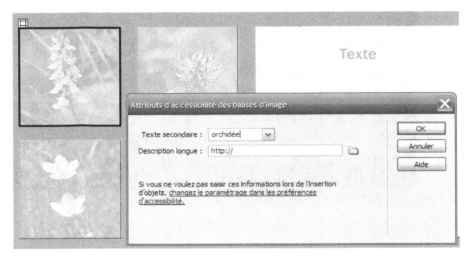

Figure 10-18
Insertion d'une image dans un élément PA

9. Ouvrez ensuite le fichier `texte-latin.txt` via le menu Fichier>Ouvrir. Le texte s'ouvre dans un nouveau document. Copiez-le via le menu Edition>Copier et collez-le dans l'élément PA (Edition>Coller).

10. Repérez au milieu du texte les mots « Lorem Ipsum ». Placez le curseur de la souris juste avant le « L » de « Lorem ». Appuyez sur la touche Entrée pour insérer un retour à la ligne et ainsi séparer le texte en deux parties. Si vous analysez le code généré pour cette partie de texte, vous constatez que deux paragraphes ont été créés.

Le texte ainsi écrit est illisible sur un fond noir, n'est pas justifié et la partie supérieure présente une marge. Pour modifier ces paramètres, vous allez créer un style pour le texte.

11. Placez le curseur n'importe où dans le texte et cliquez sur l'icône Nouvelle règle de CSS de la fenêtre Styles CSS. Dreamweaver propose automatiquement un sélecteur Avancé d'ID parent-descendant et le nom de l'élément est suivi de la lettre p du paragraphe. Cliquez sur OK pour valider.

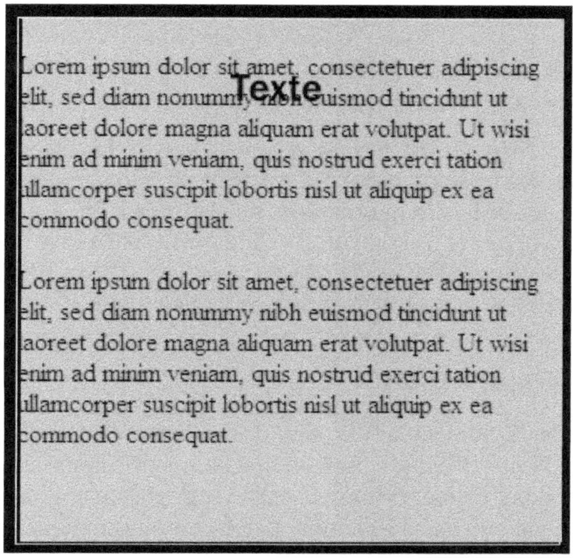

Figure 10-19

Le texte séparé en deux paragraphes

12. Dans la fenêtre Définition des règles de CSS qui s'ouvre alors, choisissez la catégorie Type, puis la police Times en corps 16 ainsi que la couleur blanc. Sélectionnez ensuite la catégorie Bloc et justifier pour l'option Alignement du texte. Cliquez enfin sur la catégorie Boîte et réglez les marges à 0. Après validation, le texte est correctement placé.

13. Ajoutez un titre selon les mêmes principes : créez un élément PA dans lequel vous saisirez le texte « Fleurs des Pyrénées ». Afin de conserver une cohérence sémantique, sélectionnez-le et attribuez-lui le format En-tête 1 via le panneau Propriétés. La taille du titre qui s'affiche alors est trop grande mais vous allez pouvoir la réduire avec une règle de style. Pour cela, cliquez dans le texte puis sur l'icône Nouvelle règle de CSS de la fenêtre Styles CSS. Vous pouvez aussi utiliser la palette des Propriétés et cliquez sur Modifiez la règle. Dreamweaver propose automatiquement un sélecteur Avancé parent-descendant avec le nom de l'élément et la balise h1.

Nom du sélecteur :

Choisissez ou entrez le nom de votre sélecteur.

#apDiv1 h1

Figure 10-20

Dreamweaver propose automatiquement le sélecteur parent-descendant

14. Dans la fenêtre Définition des règles de CSS qui s'ouvre alors, choisissez la catégorie Type, puis la police (Font-family) Arial en corps 18 ainsi que la couleur blanc. Sélectionnez ensuite la catégorie Bloc et un espacement des lettres (Letter-spacing) de 1 pixel. Cliquez enfin sur la catégorie Boîte et réglez les marges à 0.

15. La mise en page est terminée, vous pouvez la tester dans différents navigateurs. L'image d'arrière-plan qui nous a servi de modèle peut être conservée. Elle ne sera pas placée sur le site Internet lors du transfert FTP. À noter toutefois que vous devrez la supprimer si vous souhaitez valider votre page avec les outils du W3C. Pour cela, ouvrez les propriétés de la page depuis le panneau Propriétés, sélectionnez la catégorie Tracé de l'image et supprimez l'image.

Imbriquer des éléments PA

L'imbrication d'éléments PA permet de rendre un (ou plusieurs) élément(s) dépendant(s) d'un autre. Nous obtenons ainsi une relation parent-enfant. Dans une telle relation, le déplacement de l'élément parent entraîne le déplacement du ou des enfants. Pour la même raison, un style attribué à l'élément parent est automatiquement attribué aux enfants, par héritage, à moins que les enfants ne possèdent un style différent.

L'imbrication d'éléments PA est très utilisée, notamment pour créer des blocs de blocs, ce que nous pourrions réaliser avec les quatre images de l'exemple précédent. L'imbrication d'éléments est aussi l'un des principes de base pour créer un bloc conteneur global qui pourra être centré dans la fenêtre du navigateur.

Nous allons voir dans cette section la méthode interne à Dreamweaver pour imbriquer des éléments PA. Pour cela, reprenons l'exemple précédent et créons un conteneur global qui contiendra tous les éléments PA et qui permettra par la suite de centrer la réalisation.

La figure 10-21 présente la fenêtre Eléments PA au début de la procédure.

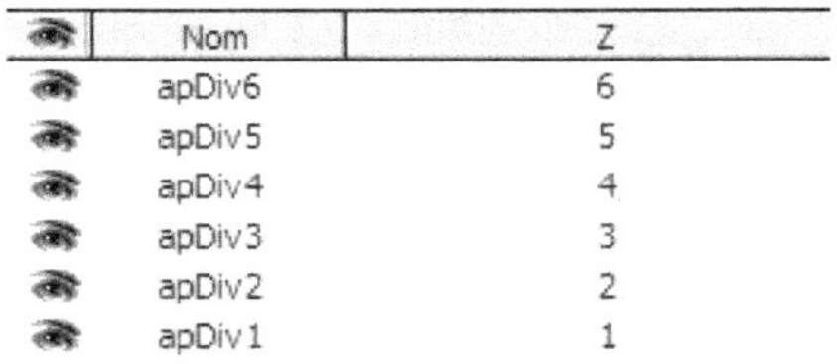

👁	Nom	Z
👁	apDiv6	6
👁	apDiv5	5
👁	apDiv4	4
👁	apDiv3	3
👁	apDiv2	2
👁	apDiv1	1

Figure 10-21

La fenêtre Eléments PA d'origine

1. En mode Création, créez un élément PA englobant tous les autres. Notez qu'il n'est pas nécessaire que l'élément englobe physiquement les autres éléments.

2. Un nouvel élément apparaît alors dans la fenêtre Eléments PA, ici l'élément apDiv7 (voir figure 10-22). Déplacez les six éléments précédents en maintenant la touche Ctrl enfoncée, puis déposez-les sur l'élément PA afin de les imbriquer.

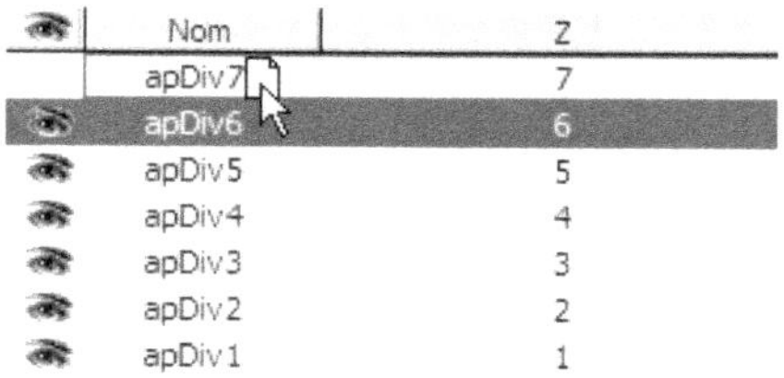

Figure 10-22

Exemple d'imbrication des éléments

Lorsqu'un élément est imbriqué, il est décalé par rapport aux autres. La figure 10-23 présente les six éléments imbriqués dans l'élément apDiv7.

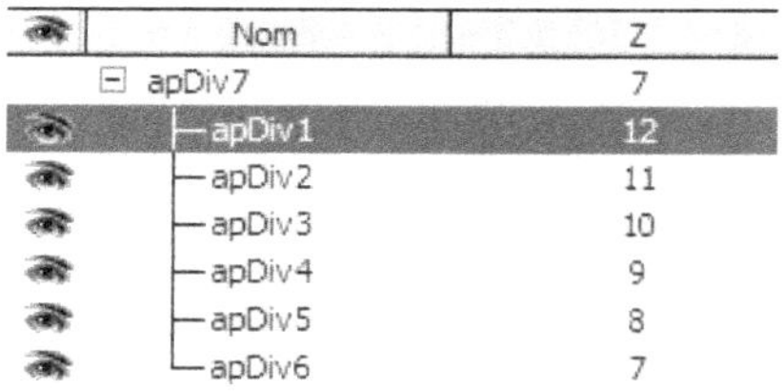

Figure 10-23

Les six éléments imbriqués

Transformer un élément en élément PA

De manière générale, tout élément placé en position absolue est un élément PA. Par exemple, un paragraphe ou une image peuvent être des éléments PA dès lors que leur positionnement est absolu. Voici une méthode pour transformer un élément quelconque en élément à positionnement absolu.

1. Attribuez un identifiant ID à l'élément en utilisant la méthode présentée au chapitre 9.

2. Cliquez dans l'élément en mode Création et créez une nouvelle règle de style.

3. Depuis la fenêtre Définition des règles de CSS, choisissez la catégorie Positionnement et sélectionnez absolu dans la liste déroulante Type. Indiquez les valeurs souhaitées pour les champs Largeur, Hauteur et Haut et Gauche de la zone Emplacement. Validez.

4. L'élément s'affiche dans la fenêtre Eléments PA.

Transformer un élément PA

Un élément PA est un élément qui possède un attribut d'identification ID et qui est positionné en absolu.

La transformation d'un élément PA implique une modification de son mode de positionnement. En théorie, il suffit d'éditer le style de l'élément et de modifier le mode de positionnement en relatif ou statique.

D'un point de vue pratique, la mise en page se trouvera fortement perturbée. Vous devrez certainement modifier aussi le positionnement des éléments adjacents ou repositionner l'élément si le nouveau positionnement est relatif. La figure 10-24 présente l'exemple précédent pour lequel le paragraphe est placé en position statique. Dans ce mode de positionnement, le paragraphe retourne dans le flux normal de la page. Comme les éléments de cette page sont tous en position absolue, le paragraphe se retrouve en haut à gauche. Dans le cas présent, si l'on souhaite conserver ce type de positionnement pour le paragraphe, il faut revoir les positionnements des autres éléments. Cette mise en page pourra également être réalisée en utilisant des positionnements flottants.

Figure 10-24
Modification du mode de positionnement

Gérer le positionnement Index Z

Le positionnement Index Z représente l'ordre d'empilement des éléments sur la page. Cette propriété est utilisable avec les éléments en positionnement absolu ou relatif. La gestion de l'empilement se fait depuis le panneau Propriétés ou depuis la fenêtre Eléments PA, lorsque l'élément est en absolu.

Pour changer l'ordre d'empilement d'un élément, modifiez le chiffre correspondant à cet élément dans la colonne Z de la fenêtre Eléments PA ou dans le champ Index Z du panneau Propriétés. Plus ce chiffre est grand, plus l'élément est devant. 0 correspond au plan de la page.

Dans la fenêtre Eléments PA, vous pouvez aussi déplacer le nom de l'élément vers le haut ou vers le bas. Un élément placé en haut s'affiche toujours devant les autres.

Les balises div

L'insertion de balises div en mode Création constitue une autre solution pour réaliser des mises en page sans tableaux. La conception de ce type de mises en page requiert, au préalable, un petit travail sur la maquette du futur document (organisation, taille et position des blocs). La réalisation du document dans Dreamweaver sera ainsi nettement simplifiée. La figure 10-25 présente la maquette de la page que nous souhaitons réaliser.

Pour la réalisation d'une telle mise en page, nous insérerons au moins cinq balises div et certaines seront imbriquées dans d'autres.

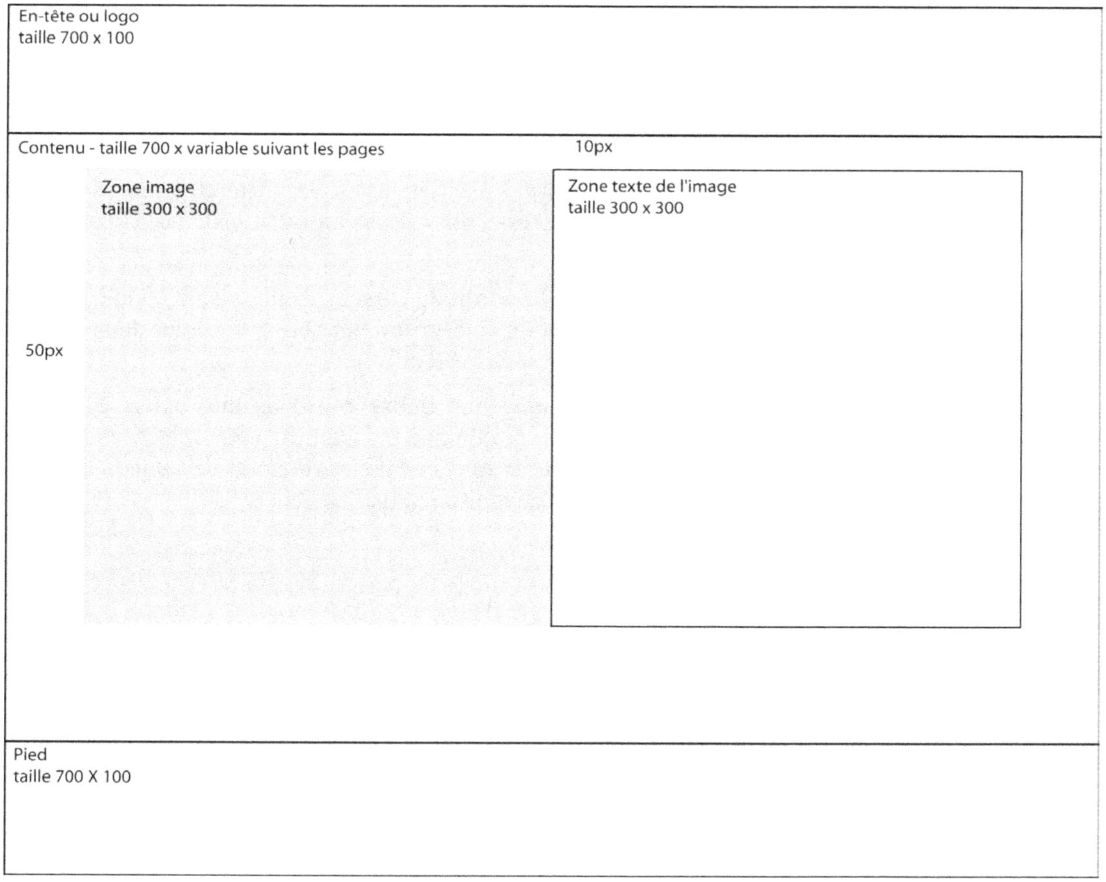

Figure 10-25

Maquette de la page

Insérer une balise div

Pour insérer une balise div, cliquez sur l'icône Insérer la balise div de la catégorie Commun du panneau Insertion.

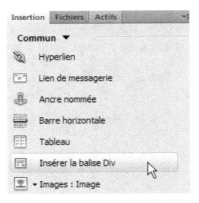

Figure 10-26
L'outil d'insertion d'une balise div

La boîte de dialogue Insérer la balise div s'ouvre alors. La liste déroulante Insérer propose plusieurs choix pour positionner le bloc de la balise div dans la page (voir figure 10-27) :

• Au point d'insertion – Place le bloc à l'endroit du curseur. Pour une page vide, il s'agit du bord haut gauche de la page. Ce point d'insertion peut aussi se situer dans un bloc déjà créé, on réalise alors une imbrication de bloc.

• Après le début de la balise – Imbrique une balise div dans une balise existante. L'insertion se fait juste avant le début du contenu existant. Si vous sélectionnez cette option, un second menu local apparaîtra sur la droite permettant de choisir la balise déjà placée dans la page et destinée à devenir la balise conteneur.

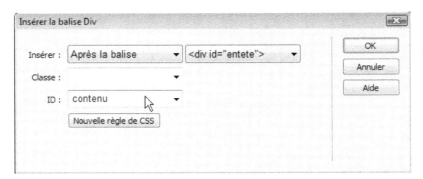

Figure 10-27
La boîte de dialogue Insérer une balise div et le menu de choix de balise

- Avant la fin de la balise – Imbrique une balise `div` dans une balise existante. L'insertion se fait juste avant la fin du contenu existant. Le menu local de droite permet de choisir la balise conteneur.

- Avant la balise et Après la balise – Ces options sont à utiliser si une ou plusieurs balises sont déjà placées dans la page.

- Envelopper la sélection – Cette option est à utiliser lorsque vous réalisez une sélection, d'une portion de texte par exemple. On obtient une balise `div` imbriquée dans la précédente.

L'insertion d'une balise s'accompagne généralement de l'attribution d'une classe ou d'un ID. Dans les deux cas, après les avoir nommés, cliquez sur l'icône Nouvelle règle de CSS pour renseigner les paramètres de la balise nouvellement créée tels que sa taille, sa couleur de fond, éventuellement son type de positionnement et sa position.

Cette méthode d'insertion de balises `div` peut considérablement augmenter le rendement de vos productions tout en gardant une parfaite maîtrise du code.

Exercice pratique de création de div

Pour mettre en pratique l'insertion de balises `div`, voici un petit exercice pas à pas qui réalisera la page dont la maquette est présentée à la figure 10-25. La figure 10-28 correspond au résultat final.

Figure 10-28

Mise en page finale

1. Pour commencer, téléchargez les éléments source depuis le site de l'éditeur, au chapitre 10, Exercice–pont–Espagne.

2. Dans Dreamweaver, ouvrez un nouveau document et paramétrez les marges de la page à 0. Enregistrez le document.

3. Cliquez dans la page en mode Création. Le pointeur se place en haut et à gauche de la page. À ce point d'insertion, insérez une balise `div` en lui attribuant l'ID `en-tete`. Avant de valider cliquez sur le bouton Nouvelle règle de CSS.

4. Dreamweaver vous propose de créer un sélecteur d'identifiant dont le nom est `#en-tete`. Validez en cliquant sur OK. Dans la fenêtre Définition des règles de CSS, sélectionnez la catégorie Boîte et attribuez à l'élément une taille de 700 pixels de largeur par 100 pixels de hauteur. Cliquez sur la catégorie Arrière-plan et choisissez l'image d'arrière-plan nommée `entete-pontespagne.jpg`. Cliquez sur OK pour valider vos choix. Cliquez de nouveau sur OK dans la fenêtre Insérer la balise Div. Sur la page, supprimez la phrase « Placez ici le contenu de id "en-tête" ».

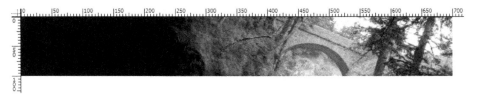

Figure 10-29

L'étape 1 de l'exercice

5. Cliquez dans la partie vide de la page afin de positionner le point d'insertion après l'élément déjà placé. Insérez une nouvelle balise `div` au point d'insertion et nommez-la `contenu`.

6. Créez une nouvelle règle de CSS pour le sélecteur `#contenu`. Attribuez-lui une taille de 700 pixels de largeur et 400 pixels de hauteur. Attribuez aussi un `padding` en haut (top) de 10 px. Cela permettra de décoller le contenu de cette balise. Choisissez l'image d'arrière-plan `fond-rayures.gif`. Validez. Sur la page, supprimez la phrase « Placez ici le contenu de id "contenu" ».

7. Vous allez maintenant créer la zone de pied de page. Pour cela, cliquez sur la partie vide de la page puis sur l'outil de création de balise div. Sélectionnez l'option Après la balise et dans le menu de droite, choisissez `div id="contenu"`. De cette manière, vous serez certain que la balise `div` se placera après la balise de contenu. Nommez cette balise `pied`.

8. Créez une nouvelle règle de CSS pour le sélecteur `#pied`. Attribuez-lui une taille de 700 pixels de largeur et 100 pixels de hauteur. Choisissez l'image d'arrière-plan `fond-degrad.jpg` qui sera répétée en x. Validez. Sur la page, supprimez la phrase « Placez ici le contenu de id "pied" ». La figure 10-30 présente le résultat des trois étapes précédentes.

Figure 10-30

Les trois premières étapes de l'exercice

9. Vous allez maintenant réaliser la zone qui permettra de placer l'image et le texte. Cette zone est prévue pour contenir les deux éléments. Cliquez n'importe où dans la page et insérez une nouvelle balise div. Choisissez l'option Après le début de la balise, puis dans le menu de droite, choisissez Contenu afin d'imbriquer cette nouvelle balise dans la balise #contenu. Nommez cette zone zone1. Créez une nouvelle règle de CSS et attribuez à cet élément une taille de 600 × 300 pixels et le noir comme couleur d'arrière-plan. Cliquez sur OK pour valider.

10. Sur la page, cette zone se place à gauche de la balise contenu. Pour la positionner correctement, éditez son style en double-cliquant sur #zone1. Dans la fenêtre Définition des règles de CSS, sélectionnez la catégorie Boite et indiquez une marge haute de 10 pixels et une marge gauche de 40 pixels. Validez.

11. Cliquez dans la zone # zone1 et insérez l'image pont-espagne.jpg. Pour être certain que vous êtes bien dans le bloc #zone1, vérifiez dans le sélecteur de balise. Au besoin, appuyez sur les touches flèches gauches ou droites du clavier pour placer le pointeur à l'intérieur.

12. Ouvrez le fichier `texte-latin.txt`. Sélectionnez tout le texte et copiez-le. Revenez sur votre document de travail et collez le texte qui se place alors en bas à droite de l'image. Pour que le texte apparaisse complètement à droite de l'image, cliquez sur cette dernière et créez une nouvelle règle de CSS. Validez le sélecteur proposé, soit `#contenu #zone1 img`. Dans la fenêtre Définition des règles de CSS, sélectionnez la catégorie Boîte et choisissez `Left` dans la liste déroulante `Float`.

13. Pour améliorer la mise en forme du texte, vous allez modifier les propriétés de la balise `zone1` puisque le texte en fait partie. Pour cela, double-cliquez sur le style `#zone1` de la fenêtre Styles CSS. Sélectionnez la catégorie Type et choisissez la police Times en corps 16 et de couleur blanche. Dans la catégorie Bloc, choisissez l'alignement du texte `Text-align : justify`. Enfin, dans la catégorie Boîte, choisissez un `Padding` de 10 pixels pour tous les côtés. Le texte reste encore collé à l'image. Éditez le style de l'image et ajoutez une propriété `margin` de 10 pixels à droite.

Figure 10-31
L'image et le texte mis en place

14. Terminez l'exercice en saisissant le texte « Le Pont d'Espagne » dans la zone `en-tete`. Attribuez-lui le format En-tête 1 depuis le panneau Propriétés. Modifiez ensuite le style de la balise `<h1>` (qui correspond au format En-tête 1) en lui attribuant la police Arial, une taille de 36 pt et une couleur blanche. Dans la catégorie Boîte de la fenêtre Définition des règles de CSS, indiquez la valeur 0 pour les marges et 10 pixels pour le champ `top` de la propriété `Padding`.

15. Procédez de la même manière pour saisir le texte « Contactez le webmaster webmaster@montagne-pyrennees.com ». Modifiez le style de la balise d'identifiant `#pied` pour changer la couleur du texte, sa police et son corps.

Les assistances visuelles

En mode Création, plusieurs assistants vous permettront de mieux travailler avec les éléments PA.

Assistant visuel des éléments PA

Si vous travaillez avec des éléments PA sans couleur d'arrière-plan, vous devrez en afficher les contours afin qu'ils restent visibles une fois désélectionnés. Pour cela, sélectionnez le menu Affichage>Assistances visuelles>Contour des éléments PA. La figure 10-32 présente à gauche le mode Création sans assistance visuelle des éléments PA et à droite l'assistance activée.

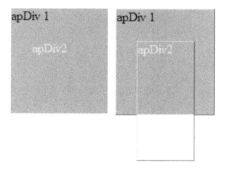

Figure 10-32

L'assistance visuelle des éléments PA

Arrière-plans en feuilles CSS

Tout comme l'assistant visuel, l'assistant Arrière-plans en feuilles CSS permet de mieux visualiser les éléments placés sur la page de travail. Pour l'activer, sélectionnez le menu Affichage>Assistances visuelles>Arrière-plans en feuilles CSS. Une couleur d'arrière-plan différente pour chacun des blocs créés s'affiche alors sur la page, mais elle n'apparaîtra pas dans le navigateur.

Affichage des éléments invisibles

Il est parfois difficile de repérer des éléments PA imbriqués. L'affichage des éléments invisibles permettra de placer sur la page, en mode Création, une icône jaune pour chaque élément PA. Cette icône est toujours placée en haut à gauche de l'élément conteneur, c'est son point d'ancrage. Vous pourrez ainsi facilement repérer les éléments qui en contiennent d'autres. La figure 10-33 montre l'élément `apDiv1` et son icône jaune correspondante, il contient donc un autre élément PA. Pour sélectionner l'élément imbriqué, cliquez sur son icône jaune.

Figure 10-33
Affichage des points d'ancrage

Pour afficher les points d'ancrage des éléments PA, sélectionnez le menu Edition>Préférences… cliquez sur la catégorie Eléments invisibles et cochez la case Points d'ancrage des éléments PA.

Modèle de boîtes en feuilles CSS

L'assistant Modèle de boîtes en feuilles CSS est accessible depuis le menu Affichage>Assistances visuelles>Modèle de boîtes en feuilles CSS. Il permet de visualiser l'encombrement des boîtes en affichant les bordures et les marges dans un style hachuré. Ainsi, les bordures qui n'ont pas de style (solide, pointillés…) et qui apparaissent normalement transparentes, seront visibles. La figure 10-34 présente le mode Création avec l'assistant Modèle de boîtes en feuilles CSS.

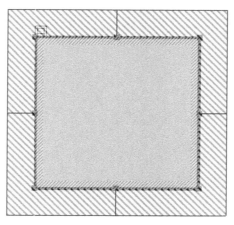

Figure 10-34

L'assistant Modèle de boîtes en feuilles CSS

Conclusion

Dreamweaver propose des outils simples pour la conception des pages Web sans avoir recours à des manipulations de code. Comme pour tous les outils, cela demande un peu de pratique, mais en les employant, vous aurez l'assurance de ne pas faire d'erreurs d'écriture ou de syntaxe. L'utilisation des positionnements CSS, contrairement à l'emploi des structures en tableaux, vous permettra d'obtenir un code HTML simple, clair et facilement modifiable. La séparation totale entre le code de la structure de la page et sa mise en forme oblige le concepteur à prévoir ses différentes actions. Dreamweaver exécute et affiche correctement, en général, les différentes règles de styles écrites. Néanmoins, vous devrez souvent tester vos mises en page dans les navigateurs, car ceux-ci ne réagissent pas tous de la même manière aux différentes règles de styles.

11

Mise en forme des liens, des tableaux et des formulaires

Certains éléments demandent une attention particulière en ce qui concerne leur mise en forme. Il s'agit des tableaux, des liens, des formulaires et des listes. Cette dernière catégorie sera étudiée en détail au chapitre 12. La mise en forme des liens, des tableaux et des formulaires requiert souvent l'utilisation de sous-sélecteurs, d'attributs ou de concepts particuliers qui rendent leur manipulation difficile et peu intuitive. Ce chapitre est consacré à ces mises en page qui posent généralement beaucoup de problèmes aux concepteurs débutants :

- la mise en forme des liens ;
- la mise en forme des tableaux ;
- la mise en forme des formulaires.

Mettre en forme des liens

Si besoin reportez-vous au chapitre 4 pour un rappel sur la création des liens. Cette section présente les différents moyens disponibles pour mettre en forme des liens texte ou image. Le chapitre 12, consacré aux menus, complètera les notions abordées ici.

Mettre en forme des liens texte

Lorsqu'un lien est créé, il s'affiche par défaut dans les navigateurs sous la forme d'un texte bleu souligné. Cette mise en forme, bien que largement acceptée et identifiée par tous, ne présente pas un grand intérêt graphique. Vous pouvez néanmoins modifier cette mise en forme pour la rendre plus esthétique mais également pour faciliter la navigation au sein de vos pages Web. Par exemple, en utilisant des liens dont la couleur change au survol de la souris ou bien, une image placée en arrière-plan du lien qui changera d'aspect lorsque le pointeur de la souris la survolera.

La mise en forme la plus simple des liens texte consiste à en modifier la couleur et à faire en sorte qu'ils changent d'aspect lors du passage de la souris, ce qui est très facilement réalisable grâce aux styles CSS (voir chapitre 9 pour plus d'informations). Aucune propriété n'existe pour les liens, ce sont des sélecteurs de pseudo-classe qui permettent d'attribuer des couleurs aux liens selon l'événement. Cinq pseudo-classes permettent de gérer l'aspect des liens :

- `:link` – Permet de spécifier l'aspect des liens de la page qui n'ont pas encore été visités.

- `:visited` – Permet de spécifier l'aspect des liens visités.

- `:hover` – Permet de spécifier l'aspect des liens lorsqu'ils sont survolés par le curseur de la souris.

- `:active` – Permet de spécifier l'aspect des liens lorsqu'ils sont cliqués.

- `:focus` – Permet de spécifier l'aspect des liens en utilisant la touche Tab ou un raccourci clavier.

Ces cinq pseudo-classes seront utilisées avec la balise `<a>` pour créer les sélecteurs `a:link`, `a:visited`, `a:hover`, `a:active` et `a:focus`.

Lorsque l'on crée une nouvelle règle de CSS depuis la fenêtre Styles CSS ou bien depuis la palette des propriétés, la fenêtre Nouvelle règle de CSS, propose ces pseudo-classes lorsque l'option Composé est choisie. Vous devrez donc spécifier un style pour chacun des états spécifiés ci-dessus. La figure 11-1 présente les pseudo-classes dans la boîte de dialogue Nouvelle règle de CSS.

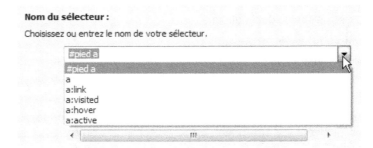

Figure 11-1
Les pseudo-classes des liens

Pour activer la propriété `:focus`, absente de la liste, saisissez simplement `a:focus` dans le champ Sélecteur. Pour chacun des sélecteurs, validez cette boîte de dialogue et choisissez les règles de CSS appropriées. Généralement, on modifie la couleur du texte et on coche la case None pour la liste Text-decoration de la catégorie Type de la fenêtre Définition des règles de CSS. Une fois les différents états de liens paramétrés, ils s'afficheront dans la fenêtre Styles CSS.

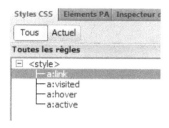

Figure 11-2
Les différents états des liens apparaissent dans la fenêtre Styles CSS

Mettre en forme des liens image

Lorsqu'on affecte un lien à une image, celle-ci présente une bordure, généralement bleue, qui la distingue des autres images sans lien. Vous pouvez choisir de l'afficher ou au contraire de la supprimer. Dans ce cas, vous devez créer une nouvelle règle de CSS pour les balises `<img>` et, dans la catégorie Bordure de la fenêtre Définition des règles de CSS, indiquer 0 dans les champs de la zone Largeur.

Créer des liens réactifs avec des images

Le principe des liens réactifs, également appelés *rollovers*, consiste à remplacer une image par une autre au survol du curseur de la souris. Généralement, un rollover se réalise avec un comportement JavaScript fourni avec Dreamweaver ou en créant son propre code JavaScript.

Il est possible d'obtenir le même effet en utilisant les styles CSS. Les rollovers CSS reposent sur le même principe de remplacement d'une image par une autre. Pour cela, plusieurs méthodes existent. La méthode classique consiste à créer deux images et à remplacer l'une par l'autre. Une autre méthode, plus CSS, consiste à créer une seule image comprenant les deux aspects du lien. L'image est alors simplement décalée horizontalement ou verticalement.

Remplacer une image par une autre

Pour ce type de rollover, vous devez disposer de deux images préalablement créées. L'une des images sera affichée par défaut et remplacée par l'autre lors du survol de la souris. La figure 11-3 présente ces deux images.

Le principe des images survolées créées en CSS repose sur la modification de l'arrière-plan de la balise `<a>`, représentant le lien. En mode Création, un lien ne peut se créer que

Figure 11-3
Les deux images du rollover

s'il y a un élément sur la page. Cela peut paraître logique étant donné qu'un lien est quelque chose sur lequel on clique, mais, dans notre cas, cela oblige à écrire quelque chose dans la page qui n'a rien à voir avec notre image. La figure 11-4 présente le lien fictif.

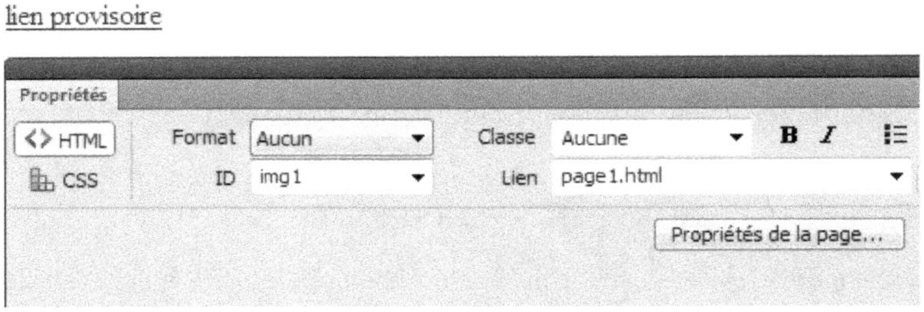

Figure 11-4
Le lien fictif et le champ Lien du panneau Propriétés

1. Dans la page, écrivez un texte fictif.

2. Sélectionnez ce texte et attribuez-lui le format Paragraphe depuis la palette des Propriétés.

3. Sélectionnez le lien en cliquant sur la balise <a> du sélecteur de balise situé en bas de la fenêtre de document. Renseignez le champ Lien du panneau Propriétés est avec le véritable lien qui sera sur l'image. Attribuez un nom d'identifiant img1 au lien en l'écrivant dans la zone ID de la palette des propriétés en mode HTML. Il n'est pas indispensable de créer un identifiant img1 mais cela permettra de créer plusieurs liens d'image en rollover sur la même page. Vous nommerez les éléments suivants img2, img3… et ainsi de suite.

4. Cliquez sur le lien fictif, puis sur l'icône Nouvelle règle de CSS de la fenêtre Styles CSS ou bien sur le bouton Modifier règle depuis la palette des Propriétés en mode CSS.

5. La boîte de dialogue Nouvelle règle de CSS s'ouvre alors. Choisissez le type de sélecteur Composé et saisissez a#img1:link dans le champ Sélecteur (voir figure 11-5). Cliquez sur OK pour valider.

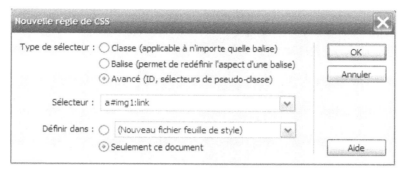

Figure 11-5

Le sélecteur qui permettra d'afficher l'image

6. Dans la fenêtre Définition des règles de CSS qui s'ouvre alors, choisissez la catégorie Arrière-plan et sélectionnez une image d'arrière-plan en cliquant sur le bouton Parcourir… Sélectionnez, éventuellement, pas de répétition dans la liste déroulante Répétition. Cliquez ensuite sur la catégorie Bloc et choisissez block dans la liste Display. Cliquez enfin sur la catégorie Boîte et indiquez la taille de l'image à l'aide des champs Largeur et Hauteur. Validez.

7. Dans la page, l'image apparaît. Vous devez à présent supprimer le texte du lien. Ne le faites pas directement depuis la fenêtre Création car l'image serait également supprimée. Cliquez sur le texte du lien puis sur le bouton Code ou Fractionner. Le curseur de la souris se place automatiquement à l'endroit du code relatif au lien. Supprimez le texte pour ne conserver que l'élément <a> (voir figure 11-6).

```
<p><a href="#" id="img1"></a></p>
```

Figure 11-6

Le texte du lien supprimé en mode Code

8. Vous allez à présent paramétrer l'aspect du lien lorsqu'il sera survolé par le curseur de la souris. La première image étant en place et son lien défini, il suffit de créer une nouvelle règle de CSS avec la pseudo-classe :hover. Pour cela, cliquez sur l'icône Nouvelle règle de CSS de la fenêtre des styles CSS, choisissez l'option Composé et saisissez a#img1:hover dans le champ Sélecteur. Validez.

9. Dans la fenêtre Définition des règles de CSS qui s'ouvre alors, sélectionnez la catégorie Arrière-plan et renseignez le nom de la seconde image dans le champ Image d'arrière-plan. Cliquez sur OK pour valider, le rollover est terminé.

Lien avec une double image

La méthode de remplacement d'une image par une autre est très classique puisqu'elle était déjà utilisée pour la création des premiers CD-Rom. Son principal défaut est le délai temps de chargement de la seconde image lorsque le curseur de la souris survole l'image en place. Une alternative consiste à charger les deux aspects de l'image en une seule fois, ce qui est possible s'ils sont tous les deux contenus dans l'image. La figure 11-7 présente cette « double image », qu'il est possible de télécharger depuis le site de l'éditeur.

Figure 11-7
La double image pour le rollover

La double image de cet exemple mesure 150 pixels de hauteur et 300 pixels de largeur.

Le principe de l'image réactive consiste à déplacer l'image d'arrière-plan du lien de manière horizontale.

1. Reprenez les étapes de la méthode précédente afin de créer le lien sur l'image. La seule différence entre ces deux méthodes se situe au niveau de la définition des règle de CSS pour le sélecteur a:hover.

2. Après validation du sélecteur a:hover, sélectionnez la catégorie Arrière-plan dans la fenêtre Définition des règles de CSS et choisissez de nouveau l'image d'arrière-plan.

3. Dans la liste déroulante Position horizontale, indiquez la taille de l'image totale, divisée par 2 avec un signe négatif, soit – 50 pixels pour notre exemple. Vous pouvez aussi indiquer droite dans la liste déroulante Position horizontale.

Le rollover est terminé.

Mettre en forme des tableaux

L'usage des tableaux est aujourd'hui préconisé pour la présentation de données. Comme tous les éléments XHTML, leur présentation doit être améliorée par l'utilisation de styles CSS. De nombreux attributs de balise peuvent être utilisés et cela, en conservant une parfaite compatibilité XHTML 1.0 Strict.

Un tableau peut être mis en forme de plusieurs manières, pour sa taille et celle de ses cellules :

- par les lignes ;
- par les colonnes ;
- par les zones définies en tant que corps, pied ou en-têtes ;
- par ses bordures générales ou de cellules ;
- par l'espacement entre les cellules ;
- par le remplissage.

Combinés, ces divers attributs contribuent à une meilleure lisibilité et un rendu graphique plus attrayant.

La modification du style des bordures d'un tableau doit normalement se faire depuis une feuille de style. Évitez d'utiliser le panneau Propriétés car certains attributs sont compatibles et d'autres ne le sont pas. Par exemple, l'attribut border est autorisé pour la balise <table>. L'attribut align, ne l'est pas. Pour éviter les hésitations, les tableaux 11-1 et 11-2, ainsi que les figures 11-8 et 11-9, présentent les attributs XHTML 1.0 Strict autorisés pour les balises <table>, <td> et <th>.

Tableau 11-1 – Compatibilité XHTML 1.0 Strict des attributs de la balise <table>

Attribut de la balise <table>	Compatible XHTML 1.0 Strict	Non compatible	Propriétés dans Dreamweaver (voir figure 11-8)
align		x	❹
border	x		❼
class	x		❺
cellpadding	x		❸
cellspacing	x		❻
id	x		❶
summary	x		–
width	x		❷
height		x	–
hspace		x	–
vspace		x	–
frame	x		–
rules	x		–

La figure 11-8 présente le panneau Propriétés de la balise <table> et les attributs correspondants au tableau 11-1.

Figure 11-8

Les propriétés de la balise <table>

Le tableau 11-2 présente les attributs des balises <td> et <th> avec leur compatibilité XHTML 1.0 Strict.

Tableau 11-2 – Compatibilité XHTML 1.0 Strict des attributs des balises <td> et <th>

Attribut de la balise <td> ou <th>	Compatible XHTML 1.0 Strict	Non compatible	Propriétés dans Dreamweaver (voir figure 11-9)
abbr	x		–
align	x		❷
background		x	❼
class	x		Style
colspan	x		❶
height		x	❺
id	x		–
nowrap		x	❽
rowspan	x		❶
scope	x		–
valign	x		❸
width		x	❹

La figure 11-9 présente le panneau Propriétés des balises <td> et <th> et les attributs correspondants au tableau 11-2. Notez que sur cette figure la puce numérotée 6 permettra de transformer une cellule normale (<td>) en cellule d'en-tête (<th>).

Figure 11-9

Les propriétés des balises <td> et <th>

Modifier les bordures

Un tableau est introduit par la balise <table> qui est une balise de type bloc dont la boîte peut être entourée d'une bordure. Lorsque l'on attribue une bordure à la balise <table>, elle s'applique uniquement sur le contour du tableau, les cellules ne sont pas affectées par le style. La figure 11-10, présente un tableau dont la bordure de la balise <table> est de 6 pixels. Des bordures de 2 pixels sont attribuées aux cellules (<td>) pour pouvoir les visualiser. Ces bordures sont réalisées avec des propriétés CSS.

Figure 11-10
Le contour d'un tableau affiché dans Firefox

Voici la marche à suivre pour réaliser une bordure autour d'un tableau.

1. Dans la fenêtre Styles CSS, cliquez sur l'icône Nouvelle règle de CSS. Vous ne pouvez pas créer de nouvelle règle depuis la fenêtre des propriétés lorsque vous avez sélectionné une balise table.

2. Sélectionnez le type de sélecteur Balise et saisissez table dans le champ de Nom du Sélecteur.

3. Cliquez sur OK pour valider. Dans la fenêtre Définition des règles de CSS qui s'ouvre alors, choisissez la catégorie Bordure et sélectionnez le style, la largeur et la couleur de votre choix. La bordure est automatiquement appliquée au tableau.

Un tableau est introduit par la balise <table>, les différentes lignes le constituant par la balise <tr>, et les en-têtes de colonnes et de cellules simples par les balises <th> et <td>. La figure 11-10 présente un tableau dont les cellules sont entourées de différentes bordures réalisées en attribuant un style aux balises <td>. La marche à suivre est la même que celle permettant d'attribuer une bordure au tableau entier. Grâce aux règles de CSS, vous pourrez facilement varier les différentes bordures, les afficher sous forme de pointillés, de tirets…

Supprimer les espaces entre les cellules

Pour supprimer les espaces entre les cellules, saisissez la valeur 0 dans le champ Espac. de cellule (cellspacing) du panneau Propriétés. Les cellules seront alors jointes et placées côte à côte. Il en résulte donc une bordure double puisque chaque cellule conserve sa propre bordure.

Pour obtenir un filet fin et supprimer la bordure proche de la bordure externe du tableau, vous devrez utiliser la propriété CSS border-collapse appliquée au sélecteur table.

Sur la figure 11-10, on distingue nettement la bordure du tableau et celle extérieure des cellules. Le résultat obtenu avec la propriété border-collapse, à partir des mêmes styles que pour la figure 11-10, est visible en figure 11-11. Il n'y a plus qu'un seul filet de séparation entre les cellules et celles-ci commencent immédiatement après la bordure du tableau.

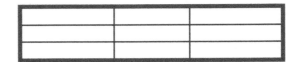

Figure 11-11
Exemple d'utilisation de la propriété border-collapse

La propriété `border-collapse` est uniquement accessible depuis la fenêtre Styles CSS (voir la section « Modifier les bordures des lignes » dans ce chapitre).

Les attributs frame et rules

Ces deux attributs ne figurent pas dans le panneau Propriétés des tableaux. Ils se placent dans la balise `<table>` et sont accessibles depuis la fenêtre Inspecteur de balises. Ces deux attributs sont compatibles XHTML 1.0 strict et permettent d'obtenir des mises en page avancées pour les tableaux.

L'attribut `frame` permet de spécifier sur quels côtés sont placées les bordures de la balise `<table>`. Voici les différentes valeurs de cet attribut :

- `box` entoure le tableau ;
- `above` place la bordure uniquement en haut ;
- `below` place la bordure uniquement en bas ;
- `hsides` place la bordure en haut et en bas ;
- `vsides` place la bordure à gauche et à droite ;
- `lhs` place la bordure uniquement à gauche ;
- `rhs` place la bordure uniquement à droite.

La figure 11-12 présente un tableau dont la bordure extérieure est uniquement placée en bas. Notez qu'il peut y avoir des différences d'affichage selon les navigateurs. Dreamweaver n'affiche pas correctement les valeurs de cet attribut.

Figure 11-12
Le tableau présente une bordure uniquement en bas.

L'attribut `rules` spécifie le comportement des bordures des cellules. Voici les différentes valeurs possibles pour cet attribut :

- `all` place les bordures autour des cellules (c'est le mode normal) ;
- `cols` place les bordures uniquement verticalement ;
- `groups` place les bordures entre l'en-tête, le corps et le pied du tableau ;
- `none` n'affiche aucune bordure ;
- `rows` place les bordures uniquement horizontalement.

La figure 11-13 présente le tableau précédent avec uniquement les lignes séparant les colonnes.

Figure 11-13

Affichage des lignes verticales du tableau

Notez qu'il peut y avoir des différences d'affichage importantes suivant les navigateurs. Dreamweaver n'affiche pas correctement les valeurs de cet attribut.

Pour attribuer l'un de ces deux attributs à un tableau :

1. Cliquez dans le tableau.

2. Sélectionnez la balise `<table>` dans le sélecteur de balise.

3. Ouvrez la fenêtre Inspecteur de balises via le menu Fenêtre>Inspecteur de balises.

4. Indiquez une valeur en regard des attributs `frame` ou `rules`. La figure 11-14 présente la valeur donnée à l'attribut `frame` dans la fenêtre Inspecteur de balises.

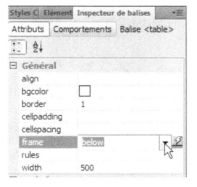

Figure 11-14

Les attributs frame et rules affichés dans la fenêtre Inspecteur de balises

Modifier les bordures des colonnes

Les colonnes des tableaux se modifient en utilisant les sélecteurs de balises <td>, d'identifiants ou de classes.

La sélection des colonnes du tableau depuis la fenêtre Création est très simple et permet l'attribution d'un style. Voici la marche à suivre pour attribuer un style aux colonnes :

1. Cliquez sur l'icône Nouvelle règle de CSS de la fenêtre Styles CSS. Si les colonnes de votre tableau comportent plusieurs cellules, vous devez créer un sélecteur de type Classe. Un sélecteur d'ID ne convient pas car un identifiant doit être unique dans la page HTML.

2. Dans la fenêtre Création, placez le curseur de la souris en haut de l'une des colonnes du tableau. Il se transforme alors en flèche indiquant la direction de la sélection (voir figure 11-15).

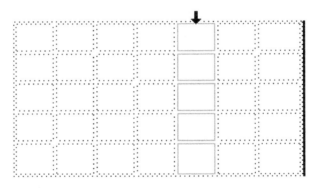

Figure 11-15
La sélection d'une colonne complète

3. Cliquez pour sélectionner la colonne.

4. Dans la fenêtre Styles CSS, cliquez droit (Ctrl + clic sur Mac) sur l'un des styles et choisissez Appliquer dans le menu local. Le style sélectionné est appliqué à la colonne.

Modifier les bordures des lignes

Contrairement aux bordures des colonnes, celles des lignes horizontales ne peuvent pas être modifiées car la balise <tr> n'accepte pas de styles de bordures. Pour créer des bordures horizontales, vous devrez attribuer un style à chacune des cellules de la ligne en spécifiant les bordures hautes ou basses. Voici la marche à suivre pour réaliser un tableau ne comportant que des lignes horizontales de couleur.

1. Depuis la fenêtre Styles CSS, créez une nouvelle règle de CSS pour la balise <td>, vous pourriez aussi créer un sélecteur de classe. Dans la fenêtre Définition des règles de CSS, choisissez la catégorie Bordure et sélectionnez solide dans la liste déroulante

Bas de la zone Style. Choisissez moyen dans la liste déroulante Bas de la zone Largeur et spécifiez une couleur. Cliquez sur la catégorie Arrière-plan et choisissez une couleur d'arrière-plan pour les cellules. Le tableau se met à jour lorsque vous appuyez sur le bouton Appliquer, dans le cas d'un sélecteur de balise `<td>`.

2. Un test dans Firefox ou Internet Explorer montre que les lignes horizontales sont bien affichées, mais les cellules restent séparées à cause des bordures. Pour les rapprocher, utilisez la propriété `border-collapse:collapse`.

3. Créez une nouvelle règle de CSS pour la balise `<table>`. La propriété `border-collapse` n'existe pas dans la fenêtre Définition des règles de CSS pour la balise `<table>`. Pour créer le style et le faire apparaître dans la fenêtre Styles CCS, vous devez choisir une règle. Par exemple, sélectionnez Aucune dans la liste déroulante Style de la catégorie Bordure. Cliquez sur OK pour valider. Le sélecteur `table` s'affiche dans la fenêtre Styles CSS.

4. Cliquez sur le sélecteur `table`, puis sur l'icône Afficher la vue par catégorie. Cliquez sur la catégorie Tableaux, Contenu, Guillemets et sélectionnez la propriété `border-collapse`. Attribuez la valeur : `collapse`.

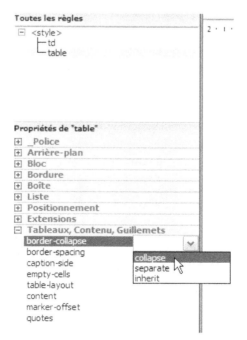

Figure 11-16

La propriété border-collapse de la fenêtre Styles CSS

5. Les cellules n'étant plus séparées, les lignes du tableau sont à présent jointes.

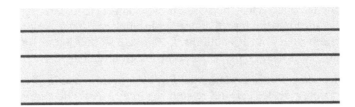

Figure 11-17

Un tableau présentant des bordures de ligne horizontales

Modifier une cellule

La mise en forme d'une cellule se réalise facilement en utilisant un sélecteur d'ID propre à la cellule ou en lui affectant une classe particulière. Un ID ne peut s'appliquer qu'à une seule cellule.

Pour attribuer un ID ou une classe à une cellule d'un tableau, cliquez dedans et dans la fenêtre Styles CSS, cliquez droit (Ctrl + clic sur Mac) sur le style souhaité et choisissez Appliquer.

Autres mises en forme d'un tableau

La mise en forme du contenu d'un tableau se réalise avec les propriétés de styles courantes. Utilisez la procédure suivante :

1. Saisissez les données dans les cellules du tableau sans vous préoccuper de la mise en forme.

2. Créez des styles de polices, couleurs, corps, alignement vertical... en sélecteurs de classe, de balise ou d'identifiant.

3. Cliquez dans la cellule du tableau à mettre en forme. Vous pouvez aussi procéder par sélection multiple en appuyant sur la touche Ctrl dès la première sélection de cellule.

4. Affectez-lui un style depuis la fenêtre Styles CSS.

Positionner la légende du tableau

L'outil de création de tableau de Dreamweaver permet de donner une légende au tableau. Celle-ci est placée dans la balise `<caption>`. Pour modifier l'alignement de la légende, créez un style pour la balise `<caption>` avec une propriété `text-align`.

Mettre en forme des formulaires

La mise en page des éléments de formulaire se réalise souvent à l'intérieur d'un tableau. Cette technique est très simple mais elle rend plus complexe, voire impossible, l'accès aux données pour les personnes utilisant un navigateur autre que graphique. La création de sites XHTML/CSS amène le concepteur à séparer la mise en page du contenu.

Saisir le formulaire

La saisie d'un formulaire se réalise dans une zone de formulaire. Dans Dreamweaver, cette zone est symbolisée par un trait en pointillés rouge. Elle permet de délimiter les éléments à envoyer par le formulaire. Pour une DTD XHTML 1.0 Strict, les spécifications du W3C précisent que cette zone ne peut recevoir que du contenu de type bloc et non de type en ligne. Ainsi, il ne sera pas possible d'écrire ou de placer un élément de formulaire directement dans la zone de formulaire. Vous devrez placer le texte ou l'élément de formulaire dans une balise <p>, <div>, une liste ou toute autre balise bloc acceptant du contenu en ligne. Pour plus d'informations sur les formulaires, reportez-vous au chapitre 7.

La composition d'un formulaire s'effectue donc généralement dans une balise <div>, ce qui permet d'insérer ensuite tous les éléments en ligne du formulaire.

Voici un exemple de mise en page d'un formulaire simple, composé dans un élément <div>, mais sans aucun retour à la ligne ou saut de paragraphe. Il se présente sous la forme d'une suite d'intitulés et de champs. La figure 11-19 présente ce formulaire sans aucune mise en page ni retour à la ligne. Il a été créé avec des étiquettes enveloppées dans une balise <label> grâce à l'option Envelopper avec une balise d'étiquette de la boîte de dialogue Attributs d'accessibilité des balises d'entrée. Le code de ce formulaire est présenté ci-après :

```
<body>
  <form id="form1" method="post" action="">
    <div id="formulaire"><label for="id-nom">Nom :</label>
    <input type="text" name="id-nom" id="id-nom" />
    <label for="id-premon">Prénom :</label>
    <input type="text" name="id-premon" id="id-premon" />
    <label for="id-mail">Adresse mail :</label>
    <input type="text" name="id-mail" id="id-mail" />
  </div></form>
</body>
```

Nom : [   ]   Prénom : [   ]   Adresse mail : [   ]

Figure 11-18

Formulaire sans aucune mise en page

Pour aligner les intitulés et leurs champs correspondants, et insérer un retour à la ligne pour chacun des items, nous utilisons le fait que les intitulés sont placés dans une balise <label>. Nous allons employer un positionnement flottant à gauche pour les balises <label> et leur donner une taille en largeur.

1. Depuis la fenêtre Styles CSS, cliquez sur l'icône Nouvelle règle de CSS. Sélectionnez le type de sélecteur Balise et saisissez label dans le champ Balise. Validez.

2. Dans la fenêtre Définition des règles de CSS, choisissez la catégorie Boîte et indiquez une largeur. Choisissez left dans la liste déroulante de la propriété Float.

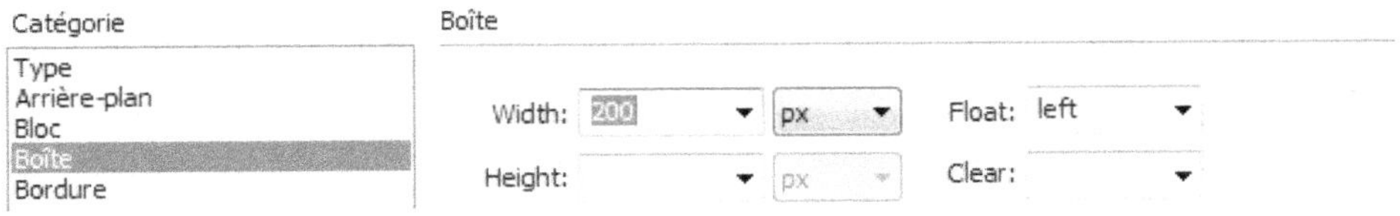

Figure 11-19

Les propriétés des étiquettes (labels)

Le formulaire ne s'affiche pas encore correctement car il n'a pas de taille précise.

3. Cliquez sur le filet rouge du formulaire pour le sélectionner.

4. Cliquez sur l'icône Nouvelle règle de CSS et créer une règle pour l'identifiant de votre formulaire. Validez.

5. Dans la fenêtre Définition des règles de CSS, choisissez la catégorie Boîte et spécifiez une largeur pour le formulaire. Cliquez sur OK pour valider. Notez que dans ce cas, vous auriez aussi pu attribuez une taille au bloc div, placé dans le formulaire et portant l'identifiant formulaire (voir code du formulaire ci-dessus).

Si vous souhaitez espacer un peu la mise en page pour que les champs soient moins serrés, créez une nouvelle règle de CSS pour les balises <input> auxquelles on attribue une marge basse. La figure 11-20 présente le formulaire terminé.

Figure 11-20

Le formulaire terminé

Une balise permet de regrouper plusieurs champs de formulaire afin de mieux séparer les données, la balise <fieldset>. Dans Dreamweaver, cette propriété correspond à l'icône Ensemble de champs de la catégorie Formulaires du panneau Insertion. Pour regrouper plusieurs champs, sélectionnez-les en mode Création et cliquez sur cette icône. Dans la boîte de dialogue qui s'ouvre alors, saisissez l'intitulé de la zone de formulaire. Le résultat est présenté à la figure 11-21.

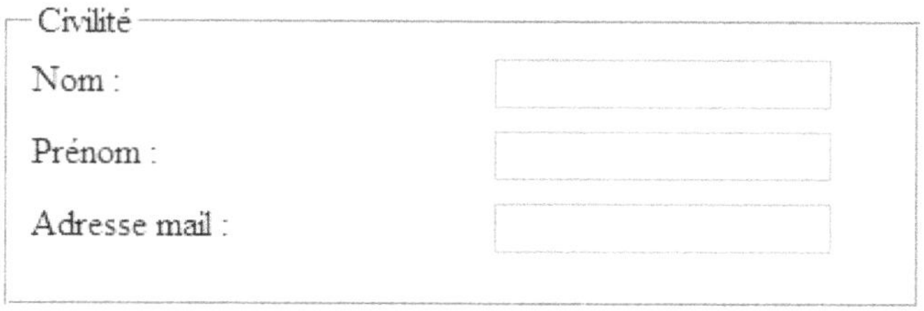

Figure 11-21
Le formulaire avec un ensemble de champs

Conclusion

Toutes les mises en forme CSS requièrent un minimum de savoir et d'apprentissage. En effet, les liens, les tableaux et les formulaires sont des éléments dont la mise en forme est peu intuitive et pour lesquels il faut donc bien connaître les différentes propriétés. En outre, la maîtrise de la mise en forme des liens est indispensable pour réaliser des mises en page graphiques et ergonomiques ; sans compter que les formulaires seront plus accessibles en utilisant une mise en forme avec les CSS plutôt qu'avec les tableaux.

Mise en forme des listes

L'usage des listes est aujourd'hui très répandu. Longtemps utilisées uniquement pour présenter des contenus énumérés, quand elles n'étaient pas simplement remplacées par des retours à la ligne, les listes font aujourd'hui l'unanimité pour la création de menus. Une meilleure implémentation des styles CSS dans les navigateurs et une volonté croissante de réaliser des sites accessibles et facilement modifiables ont donné aux listes ses lettres de noblesses. Ce chapitre leur est spécialement consacré car, dans le contexte XHTML/CSS, elles représentent des éléments incontournables qu'il est nécessaire de maîtriser. Voici les points qui y seront abordés :

- la création des listes ;
- les listes et les CSS ;
- la création de menus avec les listes.

Créer des listes

La liste est un élément important dans la structuration d'un document car elle permet de l'organiser (dans sa totalité ou en partie seulement) pour le rendre le plus compréhensible possible pour le lecteur. Les listes pourront donc être utilisées aussi bien pour diviser le document que pour effectuer des énumérations d'objets. En XHTML, il n'y a pas de numérotation automatique pour des niveaux hiérarchiques différents aussi, pour obtenir des numérotations sur plusieurs niveaux, il faudra créer des listes imbriquées. Ce langage définit deux types de listes : les listes descriptives, typiquement les glossaires, et les listes d'énumération avec ou sans numérotation.

Les listes de définitions

Les listes de définitions permettent de créer des couples de type objet/définition. Elles comportent donc toujours deux éléments : un mot, un groupe de mot, une phrase et une définition. Ces listes affichent la définition en retrait par rapport à l'objet. La figure 12-1 présente une liste de définitions simple constituée de trois éléments.

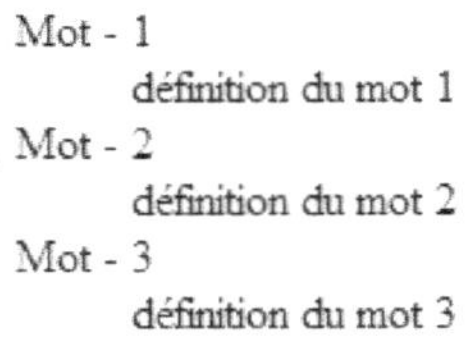

Mot - 1
    définition du mot 1
Mot - 2
    définition du mot 2
Mot - 3
    définition du mot 3

Figure 12-1
Exemple de liste descriptive

Dans Dreamweaver, la création d'une liste de définitions s'effectue via le menu Format> Liste>Liste de définitions. Voici la marche à suivre.

1. Placez le curseur de la souris à l'endroit de la page où vous souhaitez insérer une liste de définitions.

2. Sélectionnez le menu Format>Liste>Liste de définitions.

3. Saisissez le premier objet de la liste et insérez un retour à la ligne en appuyant sur la touche Entrée du clavier.

4. Saisissez la définition de l'objet, vous constatez qu'elle s'affiche avec un léger retrait sur la droite. Appuyez sur la touche Entrée pour insérer un retour à la ligne.

5. Procédez de la même manière pour les autres objets de la liste et leurs définitions.

6. Pour arrêter l'écriture d'une liste de définitions, insérez un retour à la ligne après la dernière définition et sélectionnez à nouveau le menu Format>Liste>Liste de définitions pour désactiver la commande.

Voici les codes XHTML correspondants aux listes de définitions :

- L'élément `<dl>`...`</dl>` ouvre une liste de définitions. Il définit le début de la liste et englobe les balises `<dt>` et `<dd>`.

- L'élément `<dt>`...`</dt>` permet de définir le sujet ; il ne peut avoir qu'une seule ligne.

- L'élément `<dd>`...`</dd>` définit le corps de la définition.

Voici le code correspondant à la figure 12-1 :

```
<dl>
  <dt>Mot - 1</dt>
  <dd>définition du mot 1</dd>
  <dt>Mot - 2</dt>
  <dd>définition du mot 2</dd>
```

```
   <dt>Mot - 3</dt>
   <dd>définition du mot 3</dd>
</dl>
```

Listes non ordonnées et listes ordonnées

Les listes ordonnées et non ordonnées permettent de réaliser des énumérations d'une seule ligne, placées les unes au-dessous des autres, qui seront, selon le style de la liste, numérotées ou non.

Listes non ordonnées

Dans Dreamweaver, il est possible de créer une liste non ordonnée soit depuis le menu Format>Liste>Liste simple, soit en la désignant depuis le panneau Propriétés des textes.

Pour créer une liste via le menu Format>Liste>Liste simple :

1. Placez le curseur de la souris à l'endroit de la page où vous souhaitez insérer une liste non ordonnée.

2. Sélectionnez le menu Format>Liste>Liste simple.

3. Saisissez le premier objet de la liste et insérez un retour à la ligne en appuyant sur la touche Entrée du clavier.

4. Procédez de la même manière pour tous les autres objets de la liste.

5. Pour arrêter l'écriture d'une liste simple, insérez un retour à la ligne après le dernier objet et sélectionnez à nouveau le menu Format>Liste>Liste simple.

Pour la seconde méthode, saisissez les différents items de la liste directement dans la page, en mode Création, en les séparant par un retour à la ligne. Cela crée, au niveau du code, des paragraphes. Une fois tous les objets saisis, sélectionnez les éléments et cliquez sur l'icône Liste simple du panneau Propriétés. La figure 12-2 présente une liste non ordonnée.

- Pommes
- Poires
- Prunes

Figure 12-2

Exemple de liste non ordonnée

En XHTML, les listes non ordonnées sont introduites par l'élément <ul>...</ul>, qui signifie *unordered list*.

Chacun des items est introduit par l'élément <li>...</li>, qui signifie *list item*.

Voici le code correspondant à la figure 12-2 :

```
<ul>
   <li>Pommes</li>
```

```
   <li>Poires</li>
   <li>Prunes</li>
</ul>
```

Listes ordonnées

Les listes ordonnées se construisent de la même manière que les précédentes : via le menu Texte>Liste>Liste numérotée ou en cliquant sur l'icône Liste numérotée du panneau Propriétés.

En XHTML, les listes ordonnées sont introduites par la balise <ol>...</ol>, qui signifie *ordered list*.

Chacun des items est introduit par l'élément <li>...</li>, qui signifie *list item*.

Voici un exemple de code d'une liste numérotée :

```
<ol>
   <li>Pommes</li>
   <li>Poires</li>
   <li>Prunes</li>
</ol>
```

Les listes et les CSS

Grâce à l'utilisation des styles, les listes peuvent être présentées de manières très variées. Par exemple, les listes ordonnées et non ordonnées peuvent s'afficher avec des puces et des chiffres de styles divers. L'usage d'une feuille de style permettra également de modifier toutes les caractéristiques d'une liste (taille du texte, arrière-plan, organisation de la liste en colonnes ou en lignes, etc.). Ces modifications seront abordées à la section suivante « Créer des menus avec les listes ». Cette partie présente de la manière la plus complète possible les différents aspects des puces des listes ordonnées et non ordonnées. Les règles de CSS pour les listes sont présentées au chapitre 9. Voici deux méthodes d'affectation de ces règles aux listes.

La première méthode modifie la balise de création de liste. Toutes les listes créées avec ce type de liste seront modifiées.

1. Créez une nouvelle règle de CSS depuis la fenêtre Styles CSS.

2. Sélectionnez Balise comme type de sélecteur et saisissez ul ou ol dans le champ Nom du sélecteur en fonction du type de liste que vous souhaitez créer.

3. Dans fenêtre Définition des règles de CSS, choisissez la catégorie Liste et indiquez un type dans la liste déroulante List-style-type. Cliquez sur OK pour valider.

La seconde méthode permet de cibler une liste particulière dans la page grâce à l'utilisation d'un identifiant.

1. Créez une nouvelle règle de CSS depuis la fenêtre Styles CSS.

2. Sélectionnez ID comme type de sélecteur et saisissez le nom de l'identifiant, précédé du caractère #.

3. Dans la fenêtre Définition des règles de CSS, choisissez la catégorie Liste et indiquez le type de liste souhaité dans la liste déroulante List-style-type. Cliquez sur OK pour valider.

4. Dans la page en mode Création, cliquez ensuite dans la liste à modifier. Cliquez droit (Ctrl + clic sur Mac) sur la balise `<ul>` du sélecteur de balise et affectez-lui l'identifiant précédemment créé.

La figure 12-3 présente les différents styles et leurs dénominations. Les styles peuvent s'afficher de différentes manières suivant les plateformes, les systèmes d'exploitation et les navigateurs. La capture d'écran de la figure 12-3 a été réalisée dans Firefox sur un ordinateur ayant Windows XP pour système d'exploitation.

Figure 12-3

Les différents styles de puces et de chiffres

Certains styles ne sont pas proposés dans la fenêtre Définition des règles de CSS, mais vous pourrez les modifier depuis les propriétés du style (voir figure 12-4).

Figure 12-4
La modification d'une propriété de style

Si le nom d'un style ne figure pas dans la liste proposée par Dreamweaver, créez un style avec un nom quelconque, puis modifiez la valeur de la propriété list-style-type dans les propriétés du style.

Créer des menus avec les listes

Les menus des pages Web sont souvent réalisés à partir de textes ou d'images sur lesquels les internautes peuvent cliquer. Ces éléments constituent les différents choix qui lui sont proposés. Les principes de la conception de page Web en XHTML/CSS et de l'accessibilité ont conduit peu à peu les concepteurs à créer ces menus sous la forme de listes où chaque item constitue un élément cliquable. La mise en forme de la liste étant réalisée au moyen d'une feuille de style, les navigateurs vocaux ou non graphiques afficheront la liste à son état brut, sans mise en page.

Menu texte vertical

La réalisation d'un menu vertical constitue la manière la plus simple d'aborder les menus créés avec des listes puisque celles-ci placent naturellement les items les uns au-dessous des autres. Voici la marche à suivre pour réaliser un menu vertical.

1. Créez une liste comprenant tous les items de votre menu.

2. Affectez un lien à chacun des items de la liste. Ce lien peut être réel ou vide, dans ce cas saisissez simplement le caractère # dans l'attribut <a>.

3. Cliquez n'importe où dans le menu, puis sur la balise <ul> dans le sélecteur de balise du document.

4. Sélectionnez le menu Modifier>Modifier la balise...

5. Dans la boîte de dialogue qui s'ouvre alors, choisissez Feuille de style/Accessibilité dans le cadre de gauche et saisissez menu dans le champ ID pour attribuer un nom d'identifiant à la balise <ul>. Cliquez sur OK pour valider.

Vous allez à présent supprimer les puces des items de la liste.

6. Cliquez sur la balise <ul#menu> depuis le sélecteur de balise du document et cliquez sur l'icône Nouvelle règle de CSS de la fenêtre Styles CSS ou bien sur le bouton

Modifier la règle de la palette des Propriétés sous l'aspect CSS. Vérifiez que le type de sélecteur sélectionné est bien ID et que le nom d'identifiant est bien #menu. Cliquez sur OK pour valider.

7. Dans la fenêtre Définition des règles de CSS, choisissez la catégorie Liste et sélectionnez Aucune dans la liste déroulante List-style-type.

Modifions maintenant la couleur des liens. Pour cela, vous devez créer une nouvelle règle de CSS pour les liens de la liste.

8. Cliquez sur l'un des items de la liste, puis sur l'icône Nouvelle règle de CSS de la fenêtre Styles CSS. La boîte de dialogue qui s'ouvre alors propose le sélecteur composé #menu li a, sélecteur qui correspond bien aux liens de la liste. Cliquez sur OK pour valider.

9. Dans la fenêtre Définition des règles de CSS, sélectionnez la catégorie Type, modifiez la couleur et cochez la case none pour l'option Text-decoration. Validez.

Pour finir, modifions la couleur des liens survolés par le curseur de la souris.

10. Cliquez sur l'un des items de la liste, puis sur l'icône Nouvelle règle de CSS de la fenêtre Styles CSS. La boîte de dialogue qui s'ouvre alors propose automatiquement le sélecteur composé #menu li a. Remplacez ce nom par #menu a:hover.

11. Dans la fenêtre Définition des règles de CSS, modifiez les attributs de couleur du texte et validez vos choix. Le menu est terminé.

Si vous souhaitez espacer les items du menu, créez une nouvelle règle de CSS pour les éléments <li> (#menu li) et définissez une règle de CSS pour les marges hautes ou basses.

Menu texte horizontal

Pour créer un menu horizontal, vous devez modifier les propriétés des items de la liste, c'est-à-dire transformer la balise <li>, de type Liste Item, en balise de type en ligne.

1. Cliquez n'importe où dans la liste et sélectionnez la balise <li> dans le sélecteur de balise du document.

2. Cliquez sur l'icône Nouvelle règle de CSS de la fenêtre Styles CSS. La boîte de dialogue qui s'ouvre alors propose automatiquement Composé comme type de sélecteur et l'identifiant #menu li. Cliquez sur OK pour valider.

3. Dans la fenêtre Définition des règles de CSS, sélectionnez la catégorie Bloc et choisissez inline dans la liste déroulante Display.

4. Cliquez éventuellement sur la catégorie Boîte pour modifier les marges droite et gauche des éléments. Cliquez sur OK pour valider vos choix.

Si vous souhaitez attribuer une taille à l'élément <li>, utilisez le flottement au lieu de la propriété display :inline. En effet, la méthode précédente ne permet pas de spécifier une taille pour les éléments <li> car ils sont déclarés en ligne et ce type d'éléments n'accepte pas les propriétés de taille.

1. Cliquez dans la liste et sélectionnez la balise <li> dans le sélecteur de balise du document.

2. Cliquez sur l'icône Nouvelle règle de CSS de la fenêtre Styles CSS. La boîte de dialogue qui s'ouvre alors propose automatiquement Composé comme type de sélecteur avec l'identifiant #menu li. Cliquez sur OK pour valider.

3. Dans la fenêtre Définition des règles de CSS, sélectionnez la catégorie Boîte et choisissez Left dans la liste déroulante Float.

Menu d'images

La création d'un menu graphique avec des images repose sur le même principe que la création d'un menu simple à la différence que les items du menu sont ici des images. L'aspect graphique est donné par la feuille de style dans laquelle on spécifie les mêmes propriétés que pour les rollovers (voir chapitre 11). On obtient ainsi un menu sémantiquement correct, avec une mise en forme totalement graphique.

Menu vertical

Voici une méthode pour réaliser un menu réactif graphique. La base de départ est un menu vertical simple, sans spécification de marges basses ou hautes pour les éléments <li>. Vous devez au préalable créer deux images qui serviront par la suite au rollover.

Pour transformer le menu constitué de texte simple en un menu avec un texte et une image, vous allez ajouter une image d'arrière-plan pour chaque item du menu. Le changement d'aspect de l'image au survol du curseur de la souris sera obtenu en modifiant cette image d'arrière-plan.

Pour réaliser cela, vous devrez placer l'image d'arrière-plan dans l'élément <a>, élément de type en ligne pour lequel il est impossible de spécifier une taille. Vous devrez donc ensuite le transformer en élément de type bloc afin de pouvoir lui attribuer une taille et une image d'arrière-plan.

1. Créez ou éditez le style #menu a.

2. Dans la fenêtre Définition des règles de CSS, sélectionnez la catégorie Bloc et choisissez block dans la liste déroulante Display. L'élément <a> est à présent considéré comme un bloc et vous pouvez lui attribuer une taille.

3. Pour cela, choisissez la catégorie Boîte et spécifiez une hauteur (height) et une largeur (width) pour le bloc. Cette taille correspond généralement à la taille de l'image qui sera placée en arrière-plan. Indiquez éventuellement une marge pour espacer les éléments et/ou un padding pour ajuster les textes dans leurs boîtes. Si vous ajoutez un padding, n'oubliez pas de retrancher sa valeur à celle de la taille du bloc.

4. Cliquez sur la catégorie Arrière-plan, sélectionnez l'image d'arrière-plan et indiquez pas de répétition dans la liste déroulante Répétition. Cliquez sur OK pour valider vos choix.

Modifiez également style `#menu a:hover`. Dans la fenêtre Définition des règles de CSS, sélectionnez la catégorie Arrière-plan, choisissez l'image d'arrière-plan et indiquez `no-repeat` dans la liste déroulante `Background-repeat`.

Une variante de cette méthode, très souvent mise en œuvre, consiste à utiliser une même image pour les deux aspects du menu réactif. Reportez-vous au chapitre 11 pour plus de détails sur cette technique. La figure 12-5 présente les deux aspects du menu réactif.

Figure 12-5

Les deux aspects du menu réactif graphique

La dernière étape consiste à spécifier l'aspect du menu au survol du curseur de la souris. Pour cela, choisissez la catégorie Arrière-plan dans la fenêtre Définition des règles de CSS et sélectionnez l'image comportant les deux aspects du rollover. Indiquez la valeur souhaitée pour l'option `Background-position`. La figure 12-6 présente l'image décalée de 35 pixels vers le haut, ce décalage est donc négatif.

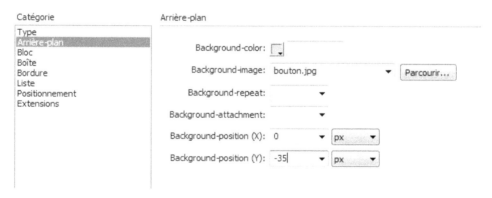

Figure 12-6

Paramétrage de l'image d'arrière-plan au survol du curseur de la souris

Menu horizontal

Pour transformer ce menu vertical en menu horizontal, vous pourriez modifier les balises `<li>` en balises de type en ligne ce qui aurait pour conséquence de placer les items, les images dans notre exemple, les uns à côté des autres. Cette technique ne sera pas retenue ici car les balises `<a>` sont déjà de type bloc et la réalisation du menu horizontal serait donc impossible. Cette technique peut néanmoins être employée lorsqu'il n'y a pas de contrainte de taille ou d'image de fond.

Dans le cas présent, vous devrez modifier le comportement de position de la balise <li> en lui attribuant un flottement à gauche.

1. Créez une nouvelle règle de CSS pour les balises <li> avec comme nom d'identifiant #menu li.

2. Dans la fenêtre Définition des règles de CSS, sélectionnez la catégorie Boîte et indiquez left dans la liste déroulante Float. Spécifiez éventuellement des marges pour séparer les blocs. Cliquez sur OK pour valider.

Menu réactif avec une seule image

Pour réaliser un menu réactif avec une seule image, vous devez au préalable créer une image comportant les deux aspects du menu.

Figure 12-7
Exemple d'image double utilisée pour menu réactif

Dans la page HTML, insérez une balise <div> et saisissez les différents items du menu. Vous obtenez un code similaire à celui-ci :

```
<div id="menu"><ul>
    <li><a id="m1" href="http://www.ici.fr">Item 1</a></li>
    <li><a id="m2" href="http://www.ici.fr">Item 2</a></li>
    <li><a id="m3" href="http://www.ici.fr">Item 3</a></li>
    <li><a id="m4" href="http://www.ici.fr">Item 4</a></li>
</ul></div>
```

Une fois la liste créée, vous devez lui attribuer les différentes règles de CSS que vous souhaitez appliquer au menu.

Pour spécifier l'aspect réactif du menu, placez l'image double préalablement créée en arrière-plan de la balise <div id="menu">. Cette balise doit avoir la même largeur que l'image et une hauteur égale à celle de l'image divisée par 2.

L'aspect du menu au survol du curseur de la souris est déterminé par la modification de la balise <a> avec la pseudo-classe :hover. Dans le cas présent, vous devez placer en arrière-plan de la balise <a> l'image dans l'état survolé. Ici, le problème est que, pour chacune des balises <a>, l'image se positionnera par défaut par rapport à son bord haut et gauche. Toutes les balises <a> auront donc le même aspect. Pour éviter cela, vous devrez appliquer une règle de CSS différente pour chacune des balises <a> et donc créer un identifiant différent pour chacune d'elles (voir code ci-dessous).

Pour chacune des règles de CSS, vous devrez également repositionner l'image par rapport à la position de la balise <a> survolée. Les balises <a> ayant une taille de 160 pixels de largeur, c'est un multiple de cette taille que vous devrez retrancher pour repositionner correctement l'image placée en son arrière-plan.

Le code suivant présente les règles de CSS obtenues :

```css
<style type="text/css">
<!--
* {
  margin: 0px;
  padding: 0px;
}
#menu{
  width:640px;
  height:40px;
  background: url(barre-bouton.jpg) no-repeat top;
}
ul {
  list-style-type: none;
}
a {
  display: block;
  height: 30px;
  width: 160px;
  text-decoration: none;
  padding-top:10px;
}
li {
  float: left;
  text-align:center;
}
#menu #m1:hover {
  background: url(barre-bouton.jpg);   /*tous les hovers ont le changement d'image*/
  background-position: 0 -40px;        /*chaque lien a une position de background
                                        ➥ différente*/
}
#menu #m2:hover {
  background: url(barre-bouton.jpg);
  background-position: -160px -40px;
}
#menu #m3:hover {
  background: url(barre-bouton.jpg);
  background-position:-320px -40px;
}
#menu #m4:hover {
  background: url(barre-bouton.jpg);
  background-position:-480px -40px;
}
-->
</style>
```

Conclusion

Dreamweaver simplifie et accélère la mise en œuvre des listes en vous permettant de vous consacrer uniquement à leur contenu. Vous n'aurez donc pas à vérifier si toutes les balises <li> sont bien fermées, par exemple. La modification des listes se réalise tout aussi simplement. Leur mise en forme est simplifiée par une catégorie particulière de la boîte de dialogue des règles de styles. La catégorie Liste permettant un accès simple et rapide des différents aspects des puces d'une liste. La mise en forme des listes en tant que menu nécessite une connaissance plus approfondie des règles de styles, mais s'inscrit dans l'apprentissage normal de la mise en forme avec les règles CSS. Dreamweaver vous permettra d'éviter de nombreuses erreurs d'écriture.

13

Pratique de la mise en page CSS

Ce chapitre présente une synthèse des différents types de mise en page CSS. Vous pouvez télécharger les fichiers source des exercices de ce chapitre depuis le site de l'éditeur. Cinq mises en page sont ici proposées et leurs réalisations sont commentées pas à pas. Vous aborderez les points suivants :

- centrer une mise en page ;
- la mise en page de base ;
- la mise en page avec des éléments flottants ;
- la mise en page liquide ;
- la mise en page élastique.

Centrer une mise en page

Cette première mise en pratique est assez générale et vous permettra d'aborder les deux techniques pour réaliser des mises en page centrées sur la largeur et sur la hauteur. Ces deux types de centrage faisant appel à des concepts différents, ils seront étudiés séparément.

Centrer une mise en page horizontalement

Centrer une mise en page horizontalement est extrêmement courant et ne pose, généralement, aucun problème. Cette méthode, la plus classique, consiste à déclarer des marges droite et gauche automatiques.

Figure 13-1

La boîte de dialogue Insérer la balise div

1. En mode Création, insérez sur la page une balise ‹div› en cliquant sur l'icône Insérer la balise div de la catégorie Commun du panneau Insertion. Sélectionnez Au point d'insertion dans la liste déroulante Insérer et saisissez un nom dans le champ ID. Cliquez ensuite sur le bouton Nouvelle règle de CSS.

2. Dans la boîte de dialogue Nouvelle règle de CSS qui s'ouvre alors, choisissez de placer cette règle dans le document ou bien dans un document externe. Le choix ici importe peu.

3. Dans la fenêtre Définition des règles de CSS, sélectionnez la catégorie Boîte et attribuez une largeur (width) au bloc, faute de quoi vous ne pourrez pas le centrer par la suite. Spécifiez la valeur auto pour les marges gauche et droite (margin left et right).

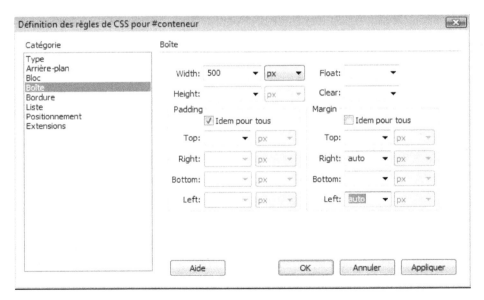

Figure 13-2

Paramétrage de la catégorie Boîte pour centrer le bloc

4. Sélectionnez ensuite la catégorie Bloc et choisissez Centrer (center) dans la liste déroulante Alignement du texte (text-align). Cela permettra à Internet Explorer 5 de

centrer votre page. Cette propriété centrera également tous les textes de la page. Soyez donc vigilant si vous souhaitez des paragraphes alignés à gauche ou à droite. Dans ce cas, vous devrez le spécifier dans l'un des blocs enfants.

5. Normalement, la procédure est terminée. Afin de vérifier que vos paramétrages sont corrects, attribuez une couleur d'arrière-plan au bloc pour le matérialiser sur la page via la catégorie Arrière-plan. Cliquez sur OK pour valider vos choix.

Centrer une mise en page verticalement

Ce type de centrage est généralement utilisé pour les pages d'accueil des sites. La procédure expliquée ici est valable, non seulement pour centrer verticalement un bloc, mais aussi pour centrer horizontalement un bloc placé en position absolue. L'usage du positionnement absolu pour un bloc contenant d'autres blocs est parfois nécessaire pour que ses blocs enfants puissent se positionner eux aussi en absolu par rapport à leur parent. Dans ce cas, la méthode décrite ci-dessus et utilisant des marges automatiques ne pourrait pas être appliquée.

1. En mode Création, insérez sur la page une balise `<div>` en cliquant sur l'icône Insérer la balise div de la catégorie Mise en forme du panneau Insertion. Sélectionnez Au point d'insertion dans la liste déroulante Insérer et saisissez un nom dans le champ ID. Cliquez ensuite sur le bouton Nouveau style CSS.

2. Dans la boîte de dialogue Nouvelle règle de CSS qui s'ouvre alors, choisissez de placer cette règle dans le document ou bien dans un document externe. Le choix ici importe peu.

3. Dans la fenêtre Définition des règles de CSS, choisissez la catégorie Positionnement et attribuez une taille en largeur et en hauteur. Notez que ces deux propriétés sont aussi présentes dans la catégorie Boîte. Sélectionnez Absolute dans la liste déroulante Position et spécifiez une valeur de 50% dans les champs Top et Left de la zone Placement.

Figure 13-3

Paramétrage du positionnement du bloc

Le bloc s'affiche alors au centre de la page mais avec un retrait car il est positionné par rapport aux côtés haut et gauche. Pour le replacer au centre du document, modifiez ses marges et leur attribuant des valeurs négatives égales à la moitié de la largeur de la boîte. Dans le cas présenté sur la figure 13-4, les marges gauche et haute de l'élément sont de −250 pixels.

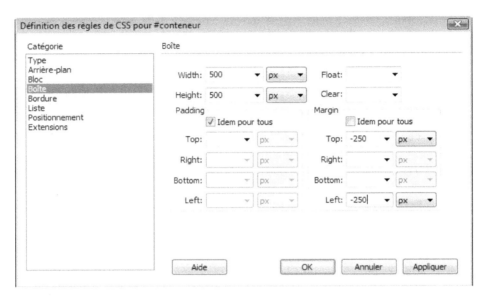

Figure 13-4
Paramétrage du décalage des marges

Mise en page de base

La mise en page que vous allez réaliser est présentée en figure 13-5. Il s'agit d'une mise en page classique comportant une zone d'en-tête, une zone de menu, un contenu et un pied de page. La structure HTML de ce document est très simple et sa mise en forme s'effectue par une feuille de style.

Pour réaliser une telle mise en page, vous devez insérer dans la page, en mode Création, quatre blocs <div>, les uns après les autres et portant des noms d'identifiant distincts. L'insertion de blocs <div> se réalise toujours de la même manière, à savoir en cliquant sur l'icône Insérer la balise div de la catégorie Mise en forme du panneau Insertion. Vous attribuerez à chacun des blocs les noms d'identifiant suivants : entete, menu, contenu et pied. Afin de matérialiser facilement les éléments, attribuez-leur une largeur (width) de 750 pixels et une couleur d'arrière-plan (background-color). Sélectionnez ensuite les quatre blocs et cliquez sur l'icône Insérer la balise div afin d'envelopper la sélection. Cette balise <div> aura pour identifiant conteneur et englobera les quatre éléments précédents. Attribuez-lui une taille de 750 pixels. La figure 13-6 présente le résultat de cette mise en page en mode Fractionner.

Figure 13-5

Mise en page finale

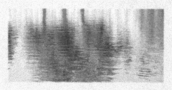

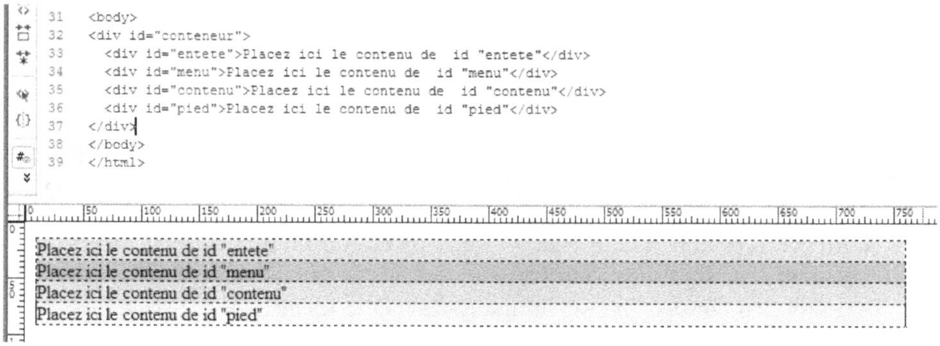

```
31   <body>
32   <div id="conteneur">
33      <div id="entete">Placez ici le contenu de  id "entete"</div>
34      <div id="menu">Placez ici le contenu de  id "menu"</div>
35      <div id="contenu">Placez ici le contenu de  id "contenu"</div>
36      <div id="pied">Placez ici le contenu de  id "pied"</div>
37   </div>
38   </body>
39   </html>
```

```
Placez ici le contenu de id "entete"
Placez ici le contenu de id "menu"
Placez ici le contenu de id "contenu"
Placez ici le contenu de id "pied"
```

Figure 13-6

La structure HTML de la page

Pour que tous les éléments aient des marges et des valeurs de remplissage identiques, soit la valeur 0, cliquez sur l'icône Nouvelle règle de CSS de la fenêtre Styles CSS pour créer un sélecteur de type Composé ayant pour nom de sélecteur le caractère *. Dans la fenêtre Définition des règles de CSS, choisissez la catégorie Boîte et saisissez 0 dans les champs des zones Padding et Margin.

Pour réaliser la zone d'en-tête, commencez par remplacer le texte actuel par « Montagne-65 ». Éditez le style #entete et, dans la fenêtre Définition des règles de CSS, choisissez la catégorie Arrière-plan afin de sélectionner l'image d'arrière-plan bandeauhaut.jpg. Cliquez ensuite sur la catégorie Boîte et spécifiez une hauteur (height) de 150 pixels. Validez.

La mise en forme du texte se réalise aussi depuis le style nommé #entete. Pour cela, éditez le style et, dans la fenêtre Définition des règles de CSS, choisissez la catégorie Type. Sélectionnez la police (font-family) Times, une taille (font-size) de 60 pixels, une épaisseur (font-weight) de 700 pixels et la couleur (color) #FF9900. Cliquez ensuite sur le bouton Appliquer. Pour descendre le texte dans le bloc, vous allez spécifier une valeur de Padding. Pour cela, choisissez la catégorie Boîte et indiquez un Padding de 40 pixels. Le titre descend et le bloc entier s'agrandit. Cela est normal puisque le remplissage (padding) est compris dans la taille totale du bloc. Réduisez la hauteur (height) de 40 pixels pour obtenir 110 pixels. Vous pouvez aussi décaler le texte vers la droite en utilisant un Padding de 20 pixels et en supprimant cette valeur de la largeur du bloc.

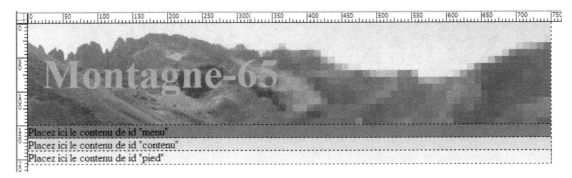

Figure 13-7

La zone d'en-tête terminée

Notez que la zone d'en-tête que nous venons de réaliser avec la balise <div> serait plus correcte avec la balise <h1> car il s'agit bien ici d'un titre de page. Vous pouvez, sans que cela entraîne d'autres modifications, remplacer dans le code de la page la balise <div> par <h1> tout en conservant, évidemment, le même identifiant. Cela est possible car ces deux balises sont de type bloc et parce que nous avons spécifié des marges (margin) et des valeurs de remplissage (padding) égales à 0 pour toutes les balises de la page grâce au sélecteur *.

Pour commencer le menu, placez le curseur de la souris dans la zone #menu et saisissez les quatre items les uns en dessous des autres grâce aux retours à la ligne pour créer des paragraphes. Ne vous inquiétez pas s'il y a une modification de la mise en page, elle se rétablira par la suite. Sélectionnez-les et transformez ces paragraphes en liste en cliquant sur l'icône Liste simple du panneau Propriétés. Pour la réalisation du menu, reportez-vous aux sections « Menu texte vertical » et « Menu texte horizontal » du chapitre précédent. Voici les différentes caractéristiques du menu à créer :

- catégorie Type, Font-family : Times ;

- catégorie Type, Font-size : 20 pixels ;

- catégorie Type, Color : #FF9900 ;

- couleur pour les liens au survol a:hover : #66CCFF ;

- espacement entre les items créé par la propriété Padding ;

- catégorie Boîte, Padding-right : 60 pixels ;

- hauteur de la zone de menu dans la Catégorie Boîte, height : 35 pixels.

La couleur du menu est spécifiée en attribuant une couleur à la zone #menu. Cette couleur est prélevée sur l'image de la zone #entete.

La partie centrale est réalisée avec du texte déjà saisi et enregistré dans un fichier texte. La mise en place des deux images ne présente pas de difficulté particulière. Dans Dreamweaver, ouvrez le fichier latin.txt et copiez-collez son contenu dans la zone contenu de votre page. Sélectionnez le texte et attribuez-lui le format Paragraphe depuis le panneau Propriétés. Sélectionnez les trois premiers mots et insérez un retour à la ligne pour créer un nouveau paragraphe contenant uniquement ces trois mots. Depuis le panneau Propriétés, attribuez à ce nouveau paragraphe le format En-tête 2. Pour la suite de cet exercice, nous nommerons le paragraphe et son titre : titre du paragraphe. Vous allez à présent donner un nom d'identifiant au paragraphe. Pour cela, placez le curseur de la souris dans le paragraphe et cliquez sur la balise <p> en rapport dans le sélecteur de balise du document.

Figure 13-8
Sélection de la balise <p> dans le sélecteur de balise

Sélectionnez ensuite le menu Fenêtre>Inspecteur de balises. Dans l'onglet Attributs de cette fenêtre, choisissez la catégorie CSS/Accessibilité et saisissez p2 en regard du champ id. Appuyez sur la touche Entrée pour valider.

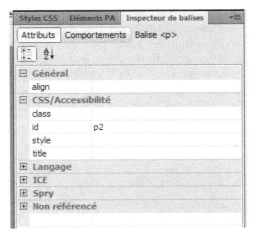

Figure 13-9

Attribution d'un nom d'identifiant depuis la fenêtre Inspecteur de balises

Cliquez ensuite sur l'icône Nouvelle règle de CSS de la fenêtre Styles CSS. La boîte de dialogue qui s'ouvre alors propose par défaut le sélecteur nommé #conteneur #contenu #p2. Cliquez sur OK pour valider et, dans la fenêtre Définition des règles de CSS, spécifiez les propriétés suivantes :

- catégorie Type, Font-family : Times ;
- catégorie Type, Font-size : 14 pixels ;
- catégorie Type, Color : #000033.
- catégorie Bloc, Text-align : justify ;
- catégorie Boîte, Width : 600 pixels ;
- catégorie Boîte, Margin Right et Left : auto ;
- catégorie Boîte, Margin Top et Bottom : 20 pixels.

Le texte est à présent justifié et centré dans le bloc #contenu.

Cliquez sur le titre du paragraphe et créez une nouvelle règle de CSS. Choisissez les propriétés suivantes :

- catégorie Type, Font-family : Times ;
- catégorie Type, Font-size : 24 pixels ;
- catégorie Type, Color : identique au fond du menu ;
- catégorie Boîte, largeur du bloc (Width) : 600 pixels ;
- catégorie Boîte, Margin Right et Left : auto ;
- catégorie Boîte, Padding Top : 20 pixels.

Vous allez à présent placer les images. Pour cela, cliquez à la fin du paragraphe et ajoutez un retour à la ligne pour créer un nouveau paragraphe. Insérez les deux images l'une à côté de l'autre. Dans le sélecteur de balise, sélectionnez la balise <p> contenant les images.

Figure 13-10

Sélection de la balise <p> contenant les deux images

Depuis la catégorie HTML de la fenêtre de Propriétés, attribuez l'identifiant p3 à cette balise dans la zone ID et créez une nouvelle règle de CSS dont les caractéristiques seront les suivantes :

- catégorie Boîte, Width : 600 pixels ;
- catégorie Boîte, Margin Right et Left : auto ;
- catégorie Boîte, Padding Bottom : 50 pixels.

Pour espacer les deux images, créez un identifiant pour l'image de droite et attribuez-lui une valeur de Padding à gauche (left) de 100 pixels.

Pour terminer, spécifiez les propriétés du pied de page. Pour cela, cliquez dans la zone de pied de page et créez une nouvelle règle de CSS dont les caractéristiques seront les suivantes :

- catégorie Boîte, Height : 20 pixels ;
- catégorie Boîte, Width : 750 pixels ;
- catégorie Arrière-plan, Background-color : #000066 ;
- catégorie Type, couleur du texte (color) : identique à celle de l'en-tête ;
- catégorie Type, Font-size : 12 pixels.

Vous centrerez l'ensemble de la composition grâce à des marges automatiques.

Mettre en page avec des éléments flottants

La figure 13-11 présente la mise en page à réaliser. Dans cet exemple, le menu est toujours placé à gauche de la page. La structure de la page est identique à celle de l'exemple précédent, aussi reportez-vous à la section précédente « Mise en page de base » pour sa réalisation. Les éléments principaux constituant cette page porteront les mêmes noms d'identifiant que ceux présentés à la figure 13-6.

La mise en forme se fera donc essentiellement avec les styles. La zone d'en-tête est la même que pour la mise en page précédente et la zone de menu comporte une liste de quatre items placés les uns au-dessous des autres. Reportez-vous à la section « Menu texte vertical » du chapitre précédent pour sa réalisation. L'objectif de cet exercice est de réaliser une mise en page à deux colonnes (voir figure 13-11).

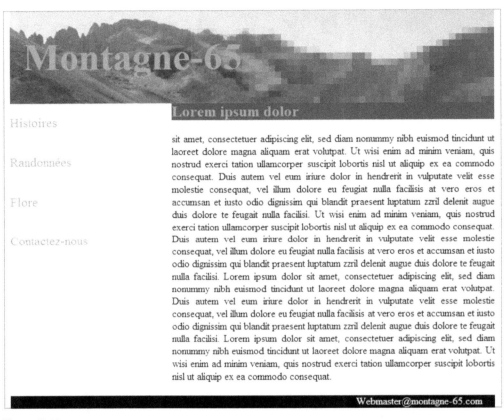

Figure 13-11
Mise en page finale avec des éléments flottants

Cette mise en page sera réalisée avec des éléments flottants dont l'une des caractéristiques est d'autoriser les éléments qui le suivent dans le flux à se placer à côté s'ils sont dotés d'une largeur.

Le code ci-dessous présente le code HTML et la feuille de style de départ :

```html
<body>
<div id="conteneur">
  <div id="entete">Montagne-65</div>
  <div id="menu">
    <ul>
      <li><a href="#">Histoires</a></li>
      <li><a href="#">Randonnées</a></li>
```

```
      <li><a href="#">Flore</a></li>
      <li><a href="#">Contactez-nous</a></li>
    </ul>
  </div>
  <div id="contenu">zone de contenu</div>
  <div id="pied">élément pied de page</div>
</div>
</body>
<style type="text/css">
<!--
* {
  margin: 0px;
  padding: 0px;
}
#conteneur {
  width: 750px;
  margin-right: auto;
  margin-left: auto;
}
#entete {
  background: #000066 url(images/bandeauht.jpg);
  width: 730px;
  height: 110px;
  font-family: "Times New Roman", Times, serif;
  font-size: 60px;
  color: #FF9900;
  font-weight: 700;
  padding-top: 40px;
  padding-left: 20px;
}
#menu ul {
  list-style-type: none;
}
#menu li {
  padding-right: 60px;
  font-family: "Times New Roman", Times, serif;
  font-size: 20px;
}
#conteneur #menu a {
  color: #FF9900;
  text-decoration: none;
}
#menu a:hover {
  color: #66CCFF;
}
-->
</style>
```

Dans Dreamweaver, ouvrez le fichier latin.txt et copiez-collez le texte qu'il contient dans la zone de contenu de votre page. Sélectionnez-le et attribuez-lui le format Paragraphe depuis le panneau Propriétés. Insérez un retour à la ligne après le mot « dolor » pour créer un nouveau paragraphe auquel vous affecterez le format En-tête 2.

Vous allez à présent réaliser le style du menu. Pour cela, cliquez dessus et créez une nouvelle règle de CSS. Si Dreamweaver vous propose par défaut le sélecteur #conteneur #menu ul li a, supprimez ul li a pour obtenir un style attribué à l'ensemble de la zone de menu : #conteneur #menu. Cliquez sur OK pour valider et, dans la fenêtre Définition des règles de CSS, spécifiez les propriétés suivantes :

- catégorie Boîte, Width : 200 pixels ;
- catégorie Boîte, Height : 250 pixels ;
- catégorie Boîte, Float : left.

Figure 13-12

La page après la création du style de menu

Vous allez ensuite réaliser le style pour la zone de contenu. Cette zone contient, pour l'instant, le titre « Lorem ipsum dolor » et le paragraphe. Cliquez dans le paragraphe et créez une nouvelle règle de CSS nommée #conteneur #contenu. Éventuellement, supprimez le p. Dans la fenêtre Définition des règles de CSS, sélectionnez la catégorie Bloc et justify dans la liste déroulante text-align. Choisissez ensuite la catégorie Boîte, indiquez une largeur (width) de 450 pixels et droite (right) dans la liste déroulante Float.

De cette manière, tout le texte est contenu dans la largeur précisée et est placé sur la droite de la composition. Le bloc conteneur permet de bloquer la mise en page.

Figure 13-13

La zone de contenu avec son style et son flottement à droite

Le style créé pour la zone de contenu a engendré une position erronée du pied de page qui s'est alors placé sur la gauche de la zone de contenu. Ce comportement est normal puisqu'un élément placé après un élément flottant entoure ce dernier. Pour corriger cela, attribuez au pied de page la propriété `clear:both`. Pour cela, cliquez à l'intérieur de la zone de pied de page et créez une nouvelle règle de CSS. Dans la fenêtre Définition des règles de CSS, sélectionnez la catégorie Boîte et indiquez `both` dans la liste déroulante `clear`. De cette manière, la zone de pied de page n'est plus affectée par le flottement de la zone de contenu et se replace en bas de la composition. Pour améliorer l'aspect général de la zone de pied de page, sélectionnez la catégorie Arrière-plan et indiquez comme couleur d'arrière-plan (`background-color`) le bleu foncé. Cliquez ensuite sur la catégorie Type et spécifiez le blanc comme couleur (`color`) du texte. Dans la catégorie Bloc, indiquez droite (`right`) dans la liste déroulante Alignement du texte (`text-align`) et dans la catégorie Boîte, 20 pixels dans le champ Droite (`right`) de la zone Remplissage (`padding`).

Pour terminer la composition de la page, attribuez enfin un remplissage (padding) bas (bottom) de 40 pixels pour le style #menu li et un remplissage (padding) haut (top) de 20 pixels pour le style #menu ul. Vous pouvez aussi réaliser un style pour l'en-tête de niveau 2 placé dans la zone de contenu.

Une variante de la composition consiste à insérer deux images après le bloc de contenu (voir figure 13-14). Pour cela, cliquez dans le paragraphe de la zone de contenu et sélectionnez la balise div#contenu dans le sélecteur de balise. Appuyez sur la flèche droite du clavier de manière à sortir de l'élément <div#contenu>. Le curseur de la souris est à présent à l'extérieur de cette zone. Ajoutez un retour à la ligne pour créer un nouveau paragraphe et insérez les deux images nommées image1.jpg et image2.jpg. Celles-ci se placent automatiquement sous le menu car la zone contenu est flottante à droite, les éléments qui la suivent se placent donc sur sa gauche.

Figure 13-14

La composition avec deux images placées après la zone de contenu

Mise en page liquide

Une mise en page liquide s'adapte à la taille de la fenêtre du navigateur. La taille des éléments peut être précisée en pourcentage ou, le cas échéant, non fixée. Dans ce dernier cas, l'élément prendra automatiquement la largeur de son élément parent et sa hauteur dépendra de son contenu. Nous allons réaliser la mise en page de la figure 13-15. Cette figure représente l'un des aspects de la mise en page car la position des éléments est différente suivant la taille de la fenêtre du navigateur.

Figure 13-15

Exemple de mise en page liquide

Le code HTML de la page de départ est toujours le même et correspond à celui de la mise en page de base.

```
<body>
<div id="conteneur">
  <div id="entete">Montagne-65</div>
  <div id="menu">
    <ul>
      <li><a href="#">Histoires</a></li>
      <li><a href="#">Randonnées</a></li>
      <li><a href="#">Flore</a></li>
      <li><a href="#">Contactez-nous</a></li>
    </ul>
  </div>
  <div id="contenu">contenu</div>
```

```
<div id="pied">Webmaster@montagne-65.com</div>
</div>
</body>
```

Vous allez créer la feuille de style qui permettra la mise en page. Pour cela, commencez par écrire un style général qui permettra de supprimer toutes les marges et les remplissages de tous les blocs. Cliquez sur l'icône Nouvelle règle de CSS de la fenêtre Styles CSS, sélectionnez le sélecteur Composé et attribuez-lui le nom d'identifiant *. Validez et, dans la fenêtre Définition des règles de CSS, choisissez la catégorie Boîte. Indiquez la valeur 0 dans les champs des zones `Padding` et `Margin`. Créez ensuite un style pour le bloc #conteneur afin de le centrer. Le centrage d'un bloc n'est possible que s'il a une taille. Pour que la mise en page soit liquide, la largeur de cette zone sera définie en pourcentage. Créez un style pour conteneur avec les propriétés suivantes : `margin-right` et `margin-left` : auto et `width` : 60 %.

Pour cette mise en page, une image d'arrière-plan d'une largeur de quelque pixels et comportant deux couleurs a été réalisée. La couleur de la partie supérieure de l'image s'étend sur une hauteur de 50 pixels, celle de la partie inférieure sur une hauteur de 100 pixels. Créez une nouvelle règle de CSS pour la balise `<body>` et attribuez-lui l'image d'arrière-plan (`background-image`) nommée fd-entete.gif et spécifiez `repeat-x` dans la liste déroulante `background-repeat` de la catégorie Arrière-plan.

Vous allez à présent définir la hauteur de la zone d'en-tête et celle du menu. Pour cela, cliquez dans la zone d'en-tête et créez une nouvelle règle de CSS. Choisissez une hauteur (`height`) de 40 pixels et un remplissage (`padding`) de 10 pixels. Attribuez au texte les propriétés suivantes : `font-size` : 24 pixels, `font-family` : Times et `color` : #000066.

En HTML, le menu est réalisé avec une liste `<ul>` placée dans un bloc dont le nom d'identifiant est #menu. Cliquez dans le menu et créez une nouvelle règle de CSS pour le sélecteur nommé #conteneur #menu auquel vous attribuerez les propriétés suivantes :

- catégorie Boîte, Width : 190 pixels ;

- catégorie Boîte, Height : 90 pixels ;

- catégorie Boîte, Padding-top : 10 pixels ;

- catégorie Boîte, Float : left.

Pour supprimer les puces de liste du menu, cliquez sur l'un de ses items et créez la nouvelle règle de CSS #conteneur #menu ul. Dans la fenêtre Définition des règles de CSS, sélectionnez la catégorie Liste et indiquez none dans la liste déroulante `list-style-type`.

Dans Dreamweaver, ouvrez le fichier latin.txt. Copiez le texte qu'il contient et collez-le dans la zone de contenu de la page. Depuis le panneau Propriétés, attribuez-lui le format Paragraphe. Le texte se place alors à droite du menu car ce dernier est flottant à gauche. Créez une nouvelle règle de CSS pour le texte : #conteneur #contenu. Dans la fenêtre Définition des règles de CSS, spécifiez un alignement du texte justifié (`text-align` : justify) et un remplissage (`padding`) bas (`bottom`) de 20 pixels.

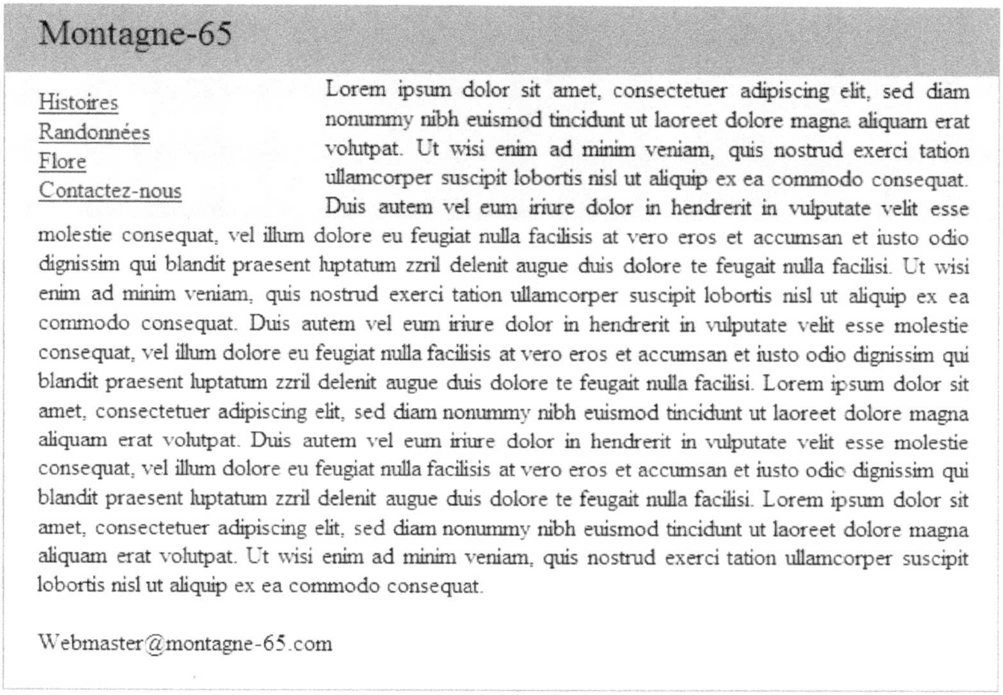

Montagne-65

Histoires
Randonnées
Flore
Contactez-nous

Lorem ipsum dolor sit amet, consectetuer adipiscing elit, sed diam nonummy nibh euismod tincidunt ut laoreet dolore magna aliquam erat volutpat. Ut wisi enim ad minim veniam, quis nostrud exerci tation ullamcorper suscipit lobortis nisl ut aliquip ex ea commodo consequat. Duis autem vel eum iriure dolor in hendrerit in vulputate velit esse molestie consequat, vel illum dolore eu feugiat nulla facilisis at vero eros et accumsan et iusto odio dignissim qui blandit praesent luptatum zzril delenit augue duis dolore te feugait nulla facilisi. Ut wisi enim ad minim veniam, quis nostrud exerci tation ullamcorper suscipit lobortis nisl ut aliquip ex ea commodo consequat. Duis autem vel eum iriure dolor in hendrerit in vulputate velit esse molestie consequat, vel illum dolore eu feugiat nulla facilisis at vero eros et accumsan et iusto odio dignissim qui blandit praesent luptatum zzril delenit augue duis dolore te feugait nulla facilisi. Lorem ipsum dolor sit amet, consectetuer adipiscing elit, sed diam nonummy nibh euismod tincidunt ut laoreet dolore magna aliquam erat volutpat. Duis autem vel eum iriure dolor in hendrerit in vulputate velit esse molestie consequat, vel illum dolore eu feugiat nulla facilisis at vero eros et accumsan et iusto odio dignissim qui blandit praesent luptatum zzril delenit augue duis dolore te feugait nulla facilisi. Lorem ipsum dolor sit amet, consectetuer adipiscing elit, sed diam nonummy nibh euismod tincidunt ut laoreet dolore magna aliquam erat volutpat. Ut wisi enim ad minim veniam, quis nostrud exerci tation ullamcorper suscipit lobortis nisl ut aliquip ex ea commodo consequat.

Webmaster@montagne-65.com

Figure 13-16

Mise en page intermédiaire

Vous allez à présent incorporer les images placées en haut de la zone de contenu. Pour cela, cliquez dans le texte et sélectionnez la balise <p> dans le sélecteur de balise. Appuyez sur la flèche gauche du clavier afin de sortir de l'élément <p>. Ajoutez un retour à la ligne pour créer un nouveau paragraphe et insérez les six images l'une après l'autre. Attribuez ensuite un identifiant au paragraphe contenant les images. Pour cela, cliquez sur une image et sélectionnez l'élément <p> dans le sélecteur de balise. Dans la fenêtre Propriété, cliquez sur l'onglet HTML. Saisissez images en regard du champ ID. Créez ensuite deux règles de CSS, l'une pour la zone globale et l'autre pour les images. Le style attribué à la zone globale doit être réalisé car il permettra de décaler les images qui passent sur les lignes inférieures. La figure 13-17 présente ce décalage.

Pour réaliser ce décalage, attribuez à la zone des images un remplissage de la largeur du menu. Ainsi, même lorsqu'elles passeront sur les lignes inférieures, les images resteront alignées. Pour cela, cliquez sur l'une des images et créez une nouvelle règle de CSS #conteneur #images. Attribuez un remplissage (padding) gauche (left) de 200 pixels. Cette technique est possible car l'élément non flottant, suivant un élément flottant, passe sous ce dernier.

Figure 13-17
Les images coulent autour du menu.

Pour espacer les images, créez une nouvelle règle de CSS `#conteneur #images img` et attribuez-lui une valeur de remplissage (`padding`) droite (`droite`) de 10 pixels et de remplissage (`padding`) bas (`bottom`) de 20 pixels.

Pour réaliser la mise en forme du pied de page, cliquez dans celui-ci et créez une nouvelle règle de CSS pour laquelle vous spécifierez les propriétés suivantes :

- catégorie Boîte, Height : 60 pixels ;
- catégorie Type, background-image : `fd-pied.jpg` ;
- catégorie Arrière-plan, background-repeat : repeat-x ;
- catégorie Arrière-plan, background-position(y) : bottom.

Mise en page élastique

Une mise en page élastique s'agrandit proportionnellement à la taille de la police. La taille des blocs sera définie en em. Ainsi, les dimensions des blocs se référeront à la taille de la police du bloc ou à la taille de la police de l'un de ses blocs parents si aucune taille de police n'est spécifiée à l'intérieur du bloc. La mise en page à réaliser est présentée en figure 13-18. Le code HTML de départ est le même que celui utilisé pour la mise en page précédente. Vous pouvez télécharger le fichier HTML de départ sur le site de l'éditeur.

```
<body>
<div id="conteneur">
  <div id="entete">Montagne-65</div>
  <div id="menu">
```

```
    <ul>
      <li><a href="#">Histoires</a></li>
      <li><a href="#">Randonnées</a></li>
      <li><a href="#">Flore</a></li>
      <li><a href="#">Contactez-nous</a></li>
    </ul>
  </div>
  <p id="images"><img src="images/image-1.jpg"/><img src="images/image-2.jpg" />
➥ <img src="images/image-3.jpg" /><img src="images/image-4.jpg" />
➥ <img src="images/image-5.jpg" /><img src="images/image-6.jpg" /></p>
  <div id="contenu">Contenu</div>
  <div id="pied">Webmaster@montagne-65.com</div>
</div>
</body>
```

Figure 13-18

Mise en page élastique

Pour travailler avec des unités em, il est utile, mais pas indispensable, de définir une taille pour les textes dans la balise `<body>`. Pour cela, créez une règle CSS pour cette balise avec les propriétés suivantes : police (`font-family`) : Times et taille (`font-size`): 80 %. Tous les autres blocs et textes y feront référence. Cette taille de 80 % se réfère à la taille, par défaut, des polices dans le navigateur.

La taille du bloc conteneur sera exprimée en em. Créez une nouvelle règle CSS avec les propriétés suivantes : taille (`width`) : 50 em ; marges droite (`margin-right`) et gauche (`margin-left`) : auto.

La zone d'en-tête possède un texte dont la taille est définie en em. La taille du bloc sera alors proportionnelle à la taille du texte. Créez une nouvelle règle de CSS pour `#entete` et attribuez-lui les propriétés suivantes :

- catégorie Type, Font-size : 2 em ;
- catégorie Type, Color : #CCCCCC ;
- catégorie Arrière-plan, background-color : #333333 ;
- catégorie Boîte, Height : 2 em ;
- catégorie Boîte, padding-left : 3 em ;
- catégorie Boîte, padding-top : 1 em.

Avec ces différentes valeurs, le texte est décalé sur la droite et presque centré sur la hauteur. Essayez de modifier la valeur de la taille du texte. L'ensemble du bloc est alors modifié.

Le menu est réalisé avec trois styles : un premier style pour le bloc contenant la liste, un deuxième style pour l'élément `<ul>` et un troisième style pour l'élément `<li>`. La largeur globale du bloc est de 50 em. Les propriétés du bloc d'identifiant `menu` sont les suivantes :

- catégorie Boîte, Width : 43 em ;
- catégorie Boîte, Height : 3 em ;
- catégorie Boîte, padding-top : 1 em ;
- catégorie Boîte, padding-left : 7 em ;
- catégorie Arrière-plan, background-color : #CCCCCC.

Les propriétés de l'élément `<ul>` sont réduites à la propriété Type spécifiée à Aucune afin de supprimer les puces de la liste. La balise `<li>` possède les propriétés suivantes :

- catégorie Bloc, liste déroulante Display : inline ;
- catégorie Type, font-size : 1,5 em ;
- catégorie Bloc, padding Left : 2 em pour espacer les items.

La couleur du menu est donnée par le style de la balise `<a>`.

Dans le cas présent, les images sont placées les unes à côté des autres. Elles sont incluses dans un bloc `<p>`. Pour que la mise en page reste cohérente lors d'un changement de taille des textes, la largeur et la hauteur des images seront définies en em (7 em). La valeur de remplissage gauche (padding-left) sera de 1 em afin d'espacer les images entre elles. Pour augmenter la valeur d'espacement des images en haut et en bas et centrer la composition, ajoutez un style pour le paragraphe contenant les images. Attribuez-lui des valeurs de padding-top de 2em et padding-bottom de 2 em et de 0,5 em pour la valeur de padding-left.

Le texte de contenu est justifié et possède une valeur de padding-bottom de 2 em.

Le pied de page à une hauteur de 2 em, une couleur d'arrière-plan (background-color) égale à #CCCCCC et une couleur (color) de texte égale à #666666.

La mise en page ainsi créée s'agrandit lorsque l'on utilise la commande d'augmentation de la taille des textes dans le navigateur.

Conclusion

La pratique des mises en page simples est fondamentale. N'hésitez pas à tester plusieurs fois les exemples présentés ici. Ils constituent aussi de bonnes bases pour un projet de site Internet.

Fonctionnalités avancées de Dreamweaver CS4

14

Les comportements JavaScript

Les comportements JavaScript permettent d'intégrer rapidement de petites applications dans une page HTML, souvent nécessaires dans un site Web, et cela sans connaître les méthodes de programmation ni même la syntaxe du langage JavaScript.

Principe des comportements

Pour rendre vos pages plus interactives, il est possible d'intégrer des programmes Java-Script dans le code HTML afin de créer des effets de survol d'image ou de déclencher l'ouverture d'une fenêtre pop-up, par exemple.

Les comportements de Dreamweaver permettent de générer automatiquement des applications JavaScript usuelles de ce type. Pour cela, il vous suffira en général de paramétrer une boîte de dialogue afin de personnaliser rapidement l'application interactive désirée. Dès que les paramètres d'un comportement sont validés, un programme JavaScript est automatiquement ajouté dans le code source de la page. La plupart de ces comportements sont accessibles depuis le panneau Comportements de la fenêtre Inspecteur de balises, mais nous verrons que certains d'entre eux sont également dans le panneau Insertion.

> **Comportements JavaScript ou comportements de serveur**
>
> Le principe des comportements JavaScript et des comportements de serveur est le même. Dans les deux cas, des programmes sont automatiquement générés et insérés dans le code de la page (pour l'un, il s'agit de programmes JavaScript et pour l'autre de programmes serveur comme PHP). Cependant, les comportements JavaScript sont des programmes JavaScript exécutés côté client, donc dans le navigateur, et non du côté serveur comme c'est le cas pour les comportements de serveur.

Les événements et les actions

Les comportements sont constitués de deux composants distincts :

- L'action, qui est spécifique à chaque comportement (comme le remplacement d'une image par une autre dans le cas d'un rollover). Concrètement, cette action est matérialisée par le programme JavaScript qui sera inséré dans le code de la page afin d'effectuer la tâche spécifique du comportement.

- L'événement, qui permet le déclenchement de l'action (comme le survol d'une zone spécifique de la page par le curseur de la souris dans le cas d'un rollover ou le chargement de la page elle-même). Ces événements sont définis pour différents éléments d'une page (par exemple, les événements `onClick` ou `onMouseOver` sont définis pour des éléments de lien, alors que l'événement `onLoad` est défini pour l'élément `<body>` ou `<img>` d'une page). Il conviendra donc de choisir le type d'événement devant être associé à chaque action (voir tableau 14-2).

Tableau 14-1 – Liste des principaux comportements et de leur action associée

Comportement	Action associée
Afficher-Masquer les éléments	Permet d'afficher ou de masquer certains éléments de la page.
Appel JavaScript	Appel d'un programme JavaScript spécifique ou d'une fonction JavaScript préalablement déclarée.
Atteindre l'URL	Permet d'ouvrir une page ciblée par une URL dans la fenêtre principale ou dans celle d'un cadre spécifique dans le cas de jeux de cadres.
Changer la propriété	Permet de changer une propriété particulière d'un élément (`border`, `color`...).
Définir image barre de navigation	Permet de créer individuellement chaque élément d'une barre de navigation à partir d'une image déjà intégrée dans la page active.
Déplacer l'élément PA	Permet de gérer le déplacement d'éléments par l'utilisateur (pour créer des applications de puzzle, par exemple).
Agrandissement/Réduction (*Catégorie Effets*)	Permet de réaliser un effet d'agrandissement ou de réduction en un point central d'un élément PA de la page active.
Apparition/Fondu (*Catégorie Effets*)	Permet de réaliser un effet d'apparition progressive ou de fondu d'un élément PA de la page active.
Écraser (*Catégorie Effets*)	Permet de réaliser un effet d'agrandissement ou de réduction en un point situé dans un des coins d'un élément PA de la page active.

Tableau 14-1 – Liste des principaux comportements et de leur action associée *(suite)*

Comportement	Action associée
Glisser *(Catégorie Effets)*	Permet de réaliser un effet de déplacement d'un élément PA de la page active afin de la faire apparaître ou disparaître progressivement.
Secouer *(Catégorie Effets)*	Permet de réaliser un effet simulant des secousses latérales d'un élément PA de la page active.
Store *(Catégorie Effets)*	Permet de réaliser un effet semblable à celui d'un store qui se baisse ou se lève sur un élément PA de la page active.
Surlignage *(Catégorie Effets)*	Permet de réaliser un effet de surlignage sur un élément PA de la page active.
Menu de reroutage	Permet de rediriger automatiquement le visiteur vers une URL (ou tout autre fichier pouvant s'afficher dans le navigateur) sélectionnée dans un menu déroulant.
Menu de reroutage Aller	Action identique à celle du menu de reroutage, mais avec une soumission manuelle par le biais d'un bouton Aller.
Message contextuel	Permet d'afficher une boîte d'alerte contenant un message ou/et des instructions JavaScript.
Ouvrir la fenêtre Navigateur	Permet d'ouvrir une nouvelle fenêtre dimensionnée à la demande.
Permuter une image	Permet de changer le fichier source d'un élément image.
Précharger les images	Permet de charger une liste d'images dès l'ouverture de la page Web afin d'éviter les temps d'attente liés au chargement ponctuel d'une image lorsque celle-ci doit être manipulée dans un autre comportement.
Restaurer l'image intervertie	Permet de réinitialiser le fichier source initial d'un élément image. Ce comportement est fréquemment couplé avec le comportement Permuter une image.
Texte d'un champ texte *(Catégorie Texte)*	Permet de remplacer le contenu d'un champ texte de formulaire par un texte spécifique.
Texte de la barre d'état *(Catégorie Texte)*	Permet de remplacer le contenu de la barre d'état par un texte spécifique.
Texte du cadre *(Catégorie Texte)*	Permet de remplacer le contenu d'un cadre par un code HTML spécifique.
Texte du conteneur *(Catégorie Texte)*	Permet de remplacer le contenu texte d'un élément par un texte spécifique.
Valider le formulaire	Permet de contrôler la présence et la nature des informations saisies dans les champs d'un formulaire.
Vérifier le plug-in	Permet de vérifier si un plug-in spécifique est installé sur le navigateur client.
Image survolée *(depuis la barre Insertion)*	Permet de créer un lien en rollover (remplacement de l'image initiale d'un lien par une autre avec configuration de la page cible).
Barre de navigation *(depuis la barre Insertion)*	Permet de créer rapidement une barre de navigation horizontale ou verticale complète.

Dreamweaver propose d'autres comportements supplémentaires. Vous pouvez vous les procurer à l'adresse ci-dessous sur le site Web d'Exchange : `www.adobe.com/go/dreamweaver_exchange_fr`.

Tableau 14-2 – Liste des principaux événements et de leur déclenchement associé

Evénement	Déclenchement associé
onAbort	Lorsque l'utilisateur interrompt le chargement d'une image (en cliquant sur le bouton Arrêter du navigateur, par exemple).
onBlur *	Lorsque l'élément associé perd le focus (si l'utilisateur clique hors de l'élément, par exemple).
onChange	Lorsque l'élément associé change de valeur (si l'utilisateur sélectionne une option d'un menu déroulant, par exemple).
onClick *	Lorsque l'utilisateur clique sur l'élément associé.
onDblClick *	Lorsque l'utilisateur double-clique sur l'élément associé.
onFocus *	Lorsque l'utilisateur donne le focus à l'élément associé (si l'utilisateur clique sur un champ de saisie de formulaire, par exemple).
onKeyDown *	Lorsque l'utilisateur appuie sur une touche du clavier.
onKeyPress *	Lorsque l'utilisateur maintient une touche du clavier enfoncée.
onKeyUp *	Lorsque l'utilisateur relâche une touche du clavier.
onLoad *	Lorsque le navigateur charge la page en cours.
onMouseDown *	Lorsque l'utilisateur appuie sur le bouton de la souris.
onMouseMove *	Lorsque l'utilisateur déplace le curseur de la souris.
onMouseOut *	Lorsque l'utilisateur positionne le curseur de la souris au-dessus de l'élément associé.
onMouseOver *	Lorsque le curseur de la souris quitte la zone qui caractérise l'élément associé.
onMouseUp *	Lorsque l'utilisateur relâche le bouton de la souris.
onMove	Lorsque l'élément associé est déplacé.
onReset	Lorsque la fenêtre du navigateur (ou celle d'un cadre) est redimensionnée.
onScroll	Lorsque l'utilisateur agit sur les barres de défilement du navigateur.
onSelect	Lorsque l'élément associé est sélectionné (si l'utilisateur met en surbrillance certains caractères d'un texte, par exemple).
onSubmit	Lorsque l'utilisateur soumet un formulaire (en cliquant sur le bouton Envoyer, par exemple).
onUnload *	Lorsque le navigateur quitte la page en cours.

* Comportement supporté par les navigateurs compatibles HTML 4.01

COMPORTEMENT

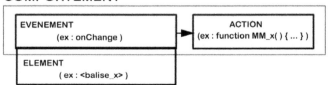

Figure 14-1

Organisation des deux composants d'un comportement Dreamweaver

Le panneau Comportements

Le panneau Comportements de la fenêtre Inspecteur de balises (Fenêtre>Comportements) permet d'ajouter un comportement à une page en spécifiant une action (voir repère ❽ de la figure 14-2), puis l'événement qui déclenche cette action (voir repère ❾ de la figure 14-2). Voici les différentes options proposées par le panneau Comportement (inclus dans la fenêtre Inspecteur de balises, voir repère ❶ de la figure 14-2) :

- Les deux icônes Afficher les repères définis et Afficher tous les événements (voir repères ❷ et ❸ de la figure 14-2) permettent de contrôler l'affichage des événements dans la fenêtre. Si vous cliquez sur l'icône Afficher les repères définis, seuls les événements déjà configurés dans la page active s'afficheront dans la fenêtre. Si vous cliquez sur l'icône Afficher tous les événements, tous les événements disponibles, et éventuellement les comportements qui leur sont déjà associés, s'afficheront dans la fenêtre.

- L'icône Ajouter un comportement (voir repère ❹ de la figure 14-2) permet d'afficher la liste des actions disponibles pouvant être associées à l'élément préalablement sélectionné (les noms grisés indiquent que l'action n'est pas disponible dans ce contexte). Si vous cliquez sur l'une des options de cette liste, la boîte de dialogue qui permettra la configuration de l'action en rapport s'ouvrira.

- L'icône représentant le signe – (voir le repère ❺ de la figure 14-2) permet de supprimer un comportement (donc l'action et son événement associé) déjà configuré. Avant de cliquer sur cette icône, vous devez au préalable sélectionner le comportement à supprimer dans la liste du panneau des comportements.

- Les icônes représentant respectivement une flèche noire vers le haut et une flèche noire vers le bas (voir repères ❻ et ❼ de la figure 14-2) permettent de changer l'ordre d'exécution des comportements si plusieurs actions ont été attribuées à un même événement. Il est ainsi possible de modifier l'ordre d'exécution des différentes actions associées à un même événement (par exemple, onClick), mais elles seront toujours regroupées selon les événements auxquels elles sont associées.

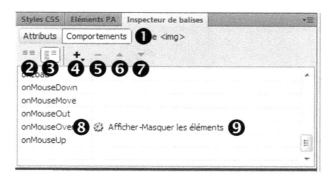

Figure 14-2

Icônes du panneau Comportements de la fenêtre Inspecteur de balises

La plupart des comportements (voir tableau 14-2) sont rassemblés dans le panneau Comportements de la fenêtre Inspecteur de balises. Il existe plus d'une vingtaine d'actions possibles, mais en fonction du contexte, certaines d'entre elles ne seront pas toujours disponibles (leur nom sera alors grisé). En effet, le fait qu'aucun élément pouvant être associé à une action ne soit présent dans la page rendra l'action concernée indisponible (par exemple, le comportement qui consiste à permuter une image ne sera disponible que s'il existe au moins une image dans la page concernée, voir repère ❷ de la figure 14-3). Chaque action disponible peut être associée à un élément spécifique de la page (lien hypertexte, objet de formulaire, image…) ou au document entier (balise <body>).

Renseignez les identifiants des éléments à manipuler

Dans certains cas, l'action du comportement peut interagir avec d'autres éléments de la page (par exemple, dans le cas du comportement Permuter une image). Il est alors nécessaire que ces éléments disposent d'un identifiant afin que JavaScript puisse les manipuler. Il est donc conseillé de renseigner les identifiants des différents éléments concernés à l'aide du panneau Propriétés avant de configurer vos comportements.

Figure 14-3

Le panneau Comportements et sa liste d'actions standards

Une fois l'action choisie et appliquée à un élément de la page, vous pouvez lui associer un événement de votre choix pour la déclencher (à noter que Dreamweaver sélectionne un événement par défaut dès la création du comportement). Pour cela, sélectionnez l'événement souhaité dans la liste déroulante située à gauche de l'action dans le panneau Comportements (voir figure 14-4). Selon le type de navigateur, certains événements ne pourront pas être utilisés. L'option Afficher les événements pour (voir repère ❸ de la figure 14-3) permet de choisir le type de navigateur sur lequel l'action sera utilisée et aura comme conséquence d'afficher une liste plus ou moins réduite des événements correspondant au navigateur sélectionné.

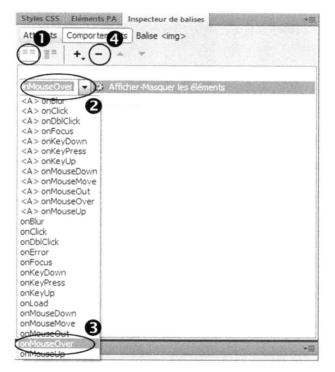

Figure 14-4

Liste des événements pouvant être associés à une action (pour un navigateur compatible HTML 4.01)

Créer un comportement

Voici la procédure à suivre pour créer un comportement.

1. Sélectionnez l'élément de la page qui devra déclencher l'action du comportement. Pour cela, vous pouvez le sélectionner directement dans la page ou choisir la balise correspondante dans le sélecteur de balise de la fenêtre Document.

2. Ouvrez le panneau Comportements (Fenêtre>Comportements ou Maj+F4) et cliquez sur l'icône Afficher les événements définis (voir repère ❶ de la figure 14-4) pour limiter la liste des événements à ceux qui sont déjà attribués à la balise sélectionnée.

Cliquez ensuite sur l'icône Ajouter un comportement, symbolisée par le signe + (voir repère ❶ de la figure 14-3), pour afficher la liste des actions disponibles, puis choisissez l'action désirée.

3. Paramétrez la boîte de dialogue qui s'ouvre alors afin de personnaliser l'action sélectionnée à votre application, puis cliquez sur OK (ces boîtes de dialogue étant propres à chaque action, reportez-vous au descriptif de l'action concernée pour plus de détails sur son paramétrage). Dès que l'action est validée, l'action apparaît dans la liste du panneau Comportement et un événement par défaut lui est attribué. Vous pourrez modifier cet événement déclencheur par défaut en déroulant la liste des événements située à gauche de son action dans la fenêtre Comportements (voir repères ❷ et ❸ de la figure 14-4).

Associer plusieurs comportements à un même élément

Il est possible d'associer plusieurs comportements à un même élément déclencheur. Par exemple, pour un même élément image, vous pourrez associer deux actions : l'une sera déclenchée au survol de l'image par le curseur de la souris, l'autre quand le curseur sortira de l'image (c'est le principe du rollover). Vous pouvez également associer plusieurs actions à un même événement pour un même élément déclencheur. Vous devrez dans ce cas fixer des priorités d'exécution entre ces différents comportements en utilisant les icônes représentées par des flèches noires dans le panneau Comportements (voir repères ❻ et ❼ de la figure 14-2).

Modifier un comportement

Une fois configuré, un comportement peut être très facilement modifié si besoin. Voici la procédure à suivre.

1. Sélectionnez la balise de l'élément déclencheur dans la page active, puis ouvrez la fenêtre Comportements. Les comportements associés à l'élément doivent alors s'afficher si l'option Afficher les événements définis (voir repère ❶ de la figure 14-4) est activée (selon le contexte, un ou plusieurs comportements pouvant être associés à un même élément déclencheur).

2. Si vous désirez modifier le type d'événement du comportement, déroulez les options du menu de la cellule de gauche du comportement concerné (voir repère ❷ de la figure 14-4). Cliquez ensuite sur l'option désirée dans le menu déroulant des différents événements disponibles. Le nouvel événement doit alors remplacer l'ancien dans la fenêtre Comportements.

3. Si vous désirez modifier les paramètres de l'action du comportement, double-cliquez sur le nom de l'action dans la cellule de droite du comportement concerné. La boîte de dialogue de l'action s'ouvre alors. Modifiez les paramètres désirés et cliquez sur OK pour enregistrer la nouvelle configuration.

Supprimer un comportement

Voici la procédure à suivre pour supprimer définitivement un comportement.

1. Sélectionnez l'élément déclencheur dans la page active, puis ouvrez la fenêtre Comportements afin d'afficher les comportements associés à l'élément.

2. Repérez le comportement à supprimer et cliquez sur le nom de l'action de sorte à sélectionner toute la ligne.

3. Cliquez ensuite sur l'icône de suppression, symbolisée par le signe – (voir repère ❹ de la figure 14-4). Le comportement concerné doit alors disparaître du panneau Comportements.

Blocage JavaScript

Si vous utilisez Internet Explorer, il est possible qu'un message vous indiquant que les codes JavaScript sont bloqués apparaisse au-dessus du navigateur. Dans ce cas, il suffit de cliquer sur la barre du message et de choisir l'option Autoriser l'exécution du contenu de la page.

Les comportements du panneau Comportements

Ajoutez des liens factices aux éléments déclencheurs

Dans certaines procédures présentées dans cette section, nous sélectionnerons directement l'élément déclencheur (les déclencheurs sont souvent des images ou des fragments de texte). Même si cette méthode fonctionne avec la plupart des navigateurs récents, vous pouvez améliorer la compatibilité de vos pages avec certains navigateurs anciens en créant une balise de lien factice en guise de balise parent de l'élément déclencheur et en lui associant ensuite le comportement JavaScript (et non plus directement à l'image ou au texte comme avant).

Pour créer une balise de lien factice, vous pouvez saisir le caractère # à la place de l'URL (par exemple, `<a href="#">`), mais pour des raisons de compatibilité, là encore, il est conseillé de faire un appel de fonction JavaScript sans fonction en saisissant le code `javascript:;` (attention à ne pas oublier les deux-points (:) avant le point-virgule (;)) à la place de l'URL (par exemple, `<a href="javascript:;">`). En pratique, si vous désirez ajouter un lien factice JavaScript avec Dreamweaver en mode Création, il suffit de sélectionner l'image, puis de saisir `javascript:;` dans le champ Lien du panneau Propriétés pour qu'un lien factice parent `<a href="javascript:;">` soit automatiquement créé. Une fois la balise `<a>` ajoutée, il suffira ensuite de la sélectionner avec le sélecteur de balise à la place de celle de l'image lors de l'association du comportement (donc juste avant de cliquer sur l'icône Ajouter un comportement de la fenêtre Comportements, si vous vous référez aux différentes procédures de cette section).

Le comportement Afficher-Masquer les éléments

Le comportement Afficher-Masquer les éléments permet de contrôler l'affichage de tous les éléments de la page active dont les identifiants auront été préalablement renseignés.

Pour illustrer l'usage de ce comportement, nous vous proposons de réaliser un système qui affichera le texte descriptif d'une photo dès que celle-ci sera survolée par le curseur de la souris (la page de cet exemple correspond au fichier comportement-AfficherMasquer.html des codes source du site Montagne-65).

1. Placez deux balises <div> à gauche de la page et insérez une image dans chaque balise.

2. Ajoutez deux autres balises <div> à droite des précédentes et au même niveau. Sélectionnez-les et nommez-les afin de renseigner leurs identifiants (par exemple, info1 et info2). Insérez un texte informatif dans chaque balise en rapport avec l'image située à sa gauche.

3. Sélectionnez ensuite la première image et cliquez sur l'icône Ajouter un comportement du panneau Comportements (voir repère ❶ de la figure 14-5). Choisissez l'action Afficher-Masquer les éléments.

4. Dans la boîte de dialogue qui s'ouvre alors, sélectionnez l'élément info1, qui se trouve en bas de la liste des éléments. Le texte de ce dernier devant être visible lorsque le curseur de la souris survolera la première image, cliquez sur le bouton Afficher (le mot « afficher » est alors ajouté entre parenthèses à droite de l'élément concerné, voir repère ❷ de la figure 14-5). Sélectionnez ensuite l'élément info2 et cliquez cette fois sur le bouton Masquer de sorte qu'il ne soit pas visible. Cliquez ensuite sur OK (voir repère ❸ de la figure 14-5) pour enregistrer les paramètres de l'action.

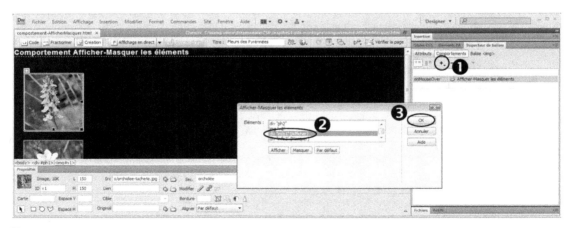

Figure 14-5

Configuration d'un comportement Afficher-Masquer les éléments dans Dreamweaver

5. Afin que les textes informatifs ne soient pas visibles dès le chargement de la page, vous devez encore modifier la valeur initiale du style visibility des éléments info1 et info2. Pour cela, sélectionnez le menu Fenêtre>Eléments PA et cliquez devant les éléments info1 et info2 jusqu'à ce que l'icône représentant un œil fermé s'affiche

(voir figure 14-6). Après cette manipulation, les deux textes ne doivent plus être visibles dans la page active.

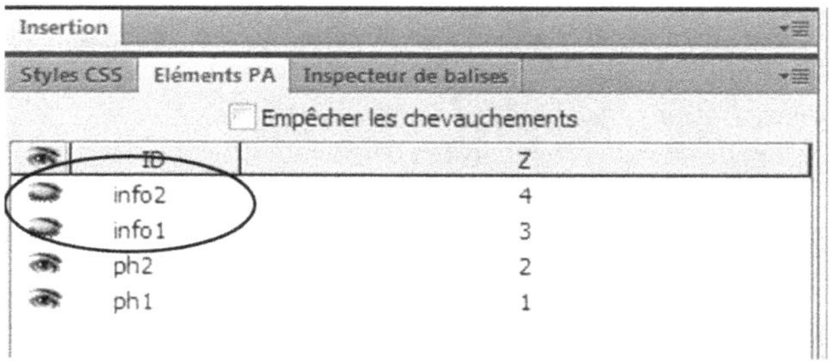

Figure 14-6
Configuration de la valeur du style visibitity dans la fenêtre Eléments PA de Dreamweaver

La configuration du système est maintenant terminée. Pour tester votre page dans le navigateur, appuyez sur la touche F12 du clavier (voir figure 14-7). Vérifiez que le texte informatif de la première image s'affiche correctement lorsque celle-ci est survolée par le curseur de la souris et qu'il disparaît si le curseur survole la seconde image (le second texte doit alors apparaître).

Figure 14-7
Test du comportement Afficher-Masquer les éléments dans le navigateur

Si vous désirez que le texte disparaisse dès que le curseur sort de l'image, il suffit d'ajouter un second comportement à chacun des éléments image qui servent de déclencheur.

Ces nouveaux comportements seront déclenchés par un événement `onMouseOut` et ils seront aussi configurés avec des actions Afficher-Masquer les éléments, mais, cette fois, les deux éléments contenant les textes informatifs devront être masqués.

Dans cet exemple, les textes sont contenus dans des balises `<div>` placées à droite de l'image à laquelle elles sont associées, toutefois sachez que la démarche restera la même si vous désirez superposer toutes les balises `<div>` des textes dans une même zone d'affichage afin optimiser l'espace de la page.

Le comportement Appel JavaScript

Le comportement Appel JavaScript permet d'exécuter un petit programme JavaScript ou d'appeler une fonction JavaScript déclarée préalablement.

Pour illustrer le fonctionnement de ce comportement, vous allez ajouter à une page de votre choix un bouton d'impression qui appellera automatiquement la fenêtre d'impression de votre ordinateur (la page de cet exemple correspond au fichier `comportement-AppelJS.html` des codes source du site Montagne-65).

1. Ouvrez la page dans laquelle vous désirez mettre en place le bouton d'impression et ajoutez une balise `<div>` afin de positionner le bouton dans la page. Dans cette balise, insérez ensuite une image représentant, par exemple, une imprimante.

2. Sélectionnez l'image (voir repère ❶ de la figure 14-8) et ouvrez la fenêtre Comportements. Cliquez sur l'icône Ajouter un comportement (voir repère ❷ de la figure 14-8) et choisissez Appel JavaScript dans la liste proposée.

3. Dans la boîte de dialogue qui s'ouvre alors, saisissez `print();` dans le champ Java-Script afin de définir le programme JavaScript à appeler (voir repère ❸ de la figure 14-8).

Figure 14-8

Configuration d'un comportement Appel JavaScript dans Dreamweaver

4. Assurez-vous que l'événement associé par défaut à l'action correspond à vos attentes et cliquez sur OK (voir repère ❹ de la figure 14-8). Dans le cas contraire, cliquez sur le nom de l'événement affiché à gauche du comportement et sélectionnez l'événement `onClick` (déclenchement de l'action par un clic de souris) dans la liste.

5. Appuyez ensuite sur la touche F12 pour tester votre page dans le navigateur. Si vous cliquez sur le bouton du déclencheur, une fenêtre d'impression doit alors automatiquement s'ouvrir et vous n'aurez plus qu'à valider les options pour lancer l'impression de la page en cours (voir figure 14-9).

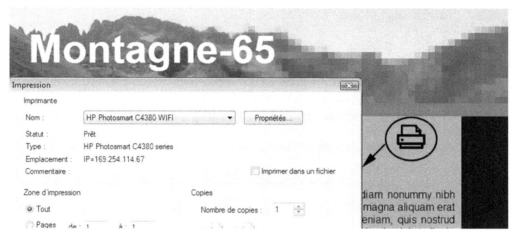

Figure 14-9

Test du comportement Appel JavaScript dans le navigateur

Le programme utilisé dans cet exemple est très simple, mais la même procédure peut être employée pour un programme plus complexe. Toutefois, si le programme devient trop compliqué, il est conseillé de créer au préalable une fonction dans laquelle sera inséré le programme et de remplacer les instructions saisies dans le champ JavaScript par l'appel de cette fonction (par exemple, `imprimePage()`). Pour créer rapidement une fonction dans Dreamweaver, cliquez sur l'icône Script de la catégorie Commun du panneau Insertion (voir repère ❶ de la figure 14-10). Saisissez ensuite le code de votre fonction dans le champ Contenu de la fenêtre Script (voir repère ❷ de la figure 14-10), puis cliquez sur le bouton OK pour valider votre saisie (voir repère ❸ de la figure 14-10).

Le comportement Atteindre l'URL

Pour créer un lien hypertexte, nous sélectionnons habituellement le texte (ou l'image) qui servira de lien et paramétrons l'URL cible à l'aide du panneau Propriétés (champ Lien). La création de ce lien HTML a l'avantage d'être très simple à mettre en œuvre mais dans certains cas, il sera nécessaire de faire appel à un programme JavaScript (et donc aux comportements).

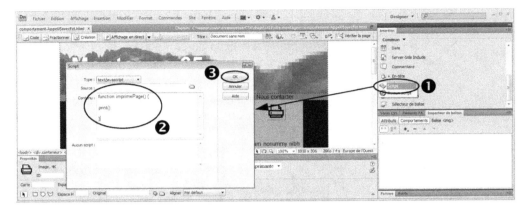

Figure 14-10

Création d'un programme JavaScript dans Dreamweaver

En effet, si vous désirez modifier le contenu de plusieurs cadres à la fois dans une structure de jeu de cadres, un simple lien HTML sera insuffisant et vous devrez alors utiliser le comportement Atteindre l'URL.

Pour illustrer l'utilisation de ce comportement, nous vous proposons de créer un lien qui modifiera les contenus de deux cadres en même temps (les pages de cet exemple sont disponibles dans le dossier comportement-AtteindreUrl/ des codes source du site Montagne-65).

1. Créez un jeu de cadres composé de trois cadres différents : menu, droite et gauche. Notre objectif est de mettre en place un lien hypertexte dans la page HTML du cadre menu qui affichera à la fois dans le cadre droite la page droite2.html, et dans le cadre gauche la page gauche2.html.

2. Saisissez le texte qui fera office de lien et sélectionnez-le. Cliquez ensuite sur l'icône Ajouter un comportement du panneau Comportements (voir repère ❶ de la figure 14-11). Choisissez le comportement Atteindre l'URL.

3. Dans la boîte de dialogue qui s'ouvre alors, choisissez le cadre droite (voir repère ❷ de la figure 14-11) et cliquez sur le bouton Parcourir... pour sélectionner la page droite2.html (ou saisissez manuellement son chemin dans le champ URL, voir repère ❸ de la figure 14-11). Procédez de la même manière pour le cadre gauche qui doit être modifié simultanément (et pour tous les autres cadres si vous deviez en changer d'autres avec le même événement), mais en choisissant cette fois la page gauche2.html. Une fois le paramétrage effectué, cliquez sur OK pour valider vos choix (voir repère ❹ de la figure 14-11). Le comportement doit alors apparaître dans la fenêtre Comportements. Son événement par défaut étant onClick, il n'est pas nécessaire de modifier ce paramètre pour notre exemple.

4. Testez ensuite le jeu de cadres en appuyant sur la touche F12. Si vous cliquez sur le lien associé au comportement Atteindre l'URL, les cadres droite et gauche doivent alors être modifiés simultanément.

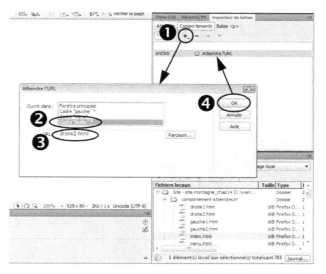

Figure 14-11
Création d'un comportement Atteindre l'URL dans Dreamweaver

Le comportement Changer la propriété

Le comportement Changer la propriété permet de modifier la valeur de l'une des propriétés d'un élément particulier de la page. Vous pourrez ainsi changer la couleur d'un élément ou de son arrière-plan en fonction d'un événement spécifique.

Pour illustrer le fonctionnement de ce comportement, nous vous proposons de créer un système qui permettra de changer la couleur d'arrière-plan d'une zone de texte en cliquant sur des liens en rapport (la page de cet exemple correspond au fichier comportement-ChangerPropriete.html des codes source du site Montagne-65).

1. Placez quatre balises <div> à gauche de la page afin de positionner les noms des couleurs sur lesquels nous allons cliquer pour changer la couleur du texte qui se trouvera à droite de la page. Saisissez le nom de chaque couleur dans les différentes balises (par exemple, BLEU, ROUGE, VERT et JAUNE). Nommez successivement chaque balise <div> à l'aide du panneau Propriétés (par exemple, apDiv1, apDiv2, apDiv3 et apDiv4).

2. Insérez une autre balise <div>, à droite de la page, dans laquelle vous saisirez un texte de votre choix d'une dizaine de lignes. Nommez cette balise à l'aide du panneau Propriétés (par exemple, apDiv5). Par défaut, attribuez le blanc comme couleur d'arrière-plan pour cette zone de texte (attribut background-color de la balise <div>) à l'aide de la fenêtre Styles CSS.

3. Sélectionnez ensuite l'élément apDiv1 et ouvrez la fenêtre Comportements. Cliquez sur l'icône Ajouter un comportement (voir repère ❶ de la figure 14-12) et choisissez Changer la propriété dans la liste proposée.

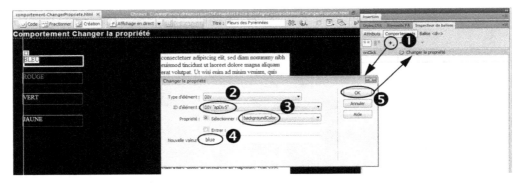

Figure 14-12

Configuration d'un comportement Changer la propriété dans Dreamweaver

4. Dans la boîte de dialogue qui s'ouvre alors, vous constatez que DIV est indiqué par défaut dans la liste déroulante Type d'élément (si ce n'est pas le cas, sélectionnez cette option).

5. Dans la liste déroulante ID d'élément, choisissez l'identifiant de la zone sur laquelle nous désirons modifier une propriété, soit apDiv5 pour notre exemple (voir repère ❷ de la figure 14-12).

6. Cochez ensuite l'option Sélectionner et choisissez backgroundColor (voir repère ❸ de la figure 14-12).

7. Enfin, dans le champ Nouvelle valeur (voir repère ❹ de la figure 14-12), saisissez la couleur que vous désirez affecter à cette propriété lorsque l'événement se produira (blue pour notre exemple). À noter que nous avons choisi ici une couleur standard de la palette normalisée, mais nous pourrions aussi utiliser le code hexadécimal de la couleur si nous voulions appliquer une couleur bien précise (dans ce cas, il faudrait par exemple saisir #66FFFF).

8. Cliquez sur OK pour valider vos choix (voir repère ❺ de la figure 14-12). Le nouveau comportement doit alors apparaître dans la fenêtre Comportements. L'événement onClick étant sélectionné par défaut, nous n'aurons pas à paramétrer cette information car nous désirons que l'action du comportement soit déclenchée par un simple clic de souris sur l'élément concerné.

9. Procédez de la même manière pour les trois autres balises de sélection (apDiv2, apDiv3 et apDiv4), mais en personnalisant chaque comportement avec une couleur en rapport avec le texte placé dans la balise concernée (pour notre exemple, red, green et yellow).

10. Enregistrez votre page et testez-la dans le navigateur en appuyant sur la touche F12 de votre clavier. Si vous cliquez successivement sur l'un des quatre liens préalablement configurés, la couleur du texte situé à droite de la page doit alors changer en rapport.

Le comportement Définir image barre de navigation

Le comportement Définir image barre de navigation permet de créer une barre de navigation en transformant individuellement chaque image la constituant en un bouton à plusieurs états.

La boîte de dialogue de ce comportement est composée de deux onglets.

*   L'onglet Elémentaire permet de paramétrer les différentes images correspondant aux quatre états possibles d'un élément de la barre de navigation (champs Image Haut, Image Dessus, Image Abaissée et Image Au-dessus lorsque Abaissée, voir tableau 14-3 pour plus de détails). Cet onglet permet également de configurer la page cible qui sera affichée en cliquant sur le bouton et éventuellement la fenêtre dans laquelle elle devra s'ouvrir.

*   L'onglet Avancé permet de contrôler l'aspect des autres images de la page active en fonction de l'état du bouton auquel va être appliqué le comportement. À noter que, par défaut, (donc si l'onglet Avancé n'est pas configuré), un clic sur le bouton entraîne automatiquement la restauration des autres images dans leur état initial. L'intérêt de cet onglet est donc de pouvoir modifier ce fonctionnement par défaut en forçant l'affichage d'images différentes de celle par défaut ou en programmant de nouvelles règles pour les autres états du bouton.

> **Le comportement Barre de navigation**
>
> Pour créer plus rapidement une barre de navigation complète, il sera alors plus avantageux d'utiliser le comportement Barre de navigation, accessible depuis le panneau Insertion.

Tableau 14-3 – Les quatre états d'un élément d'une barre de navigation

État	Description
Image Haut	Image initialement affichée par défaut.
Image Dessus	Image qui s'affiche lorsque le curseur de la souris survole l'image.
Image Abaissée	Image qui s'affiche lorsque l'utilisateur clique sur l'élément.
Image Au-dessus lorsque Abaissée	Image qui s'affiche lorsque le curseur de la souris survole l'image sur laquelle l'utilisateur a déjà cliqué.

Pour illustrer le fonctionnement de ce comportement, nous vous proposons de créer un menu composé de quatre rubriques semblable à celui que vous avez déjà créé à l'aide des règles de CSS (la page de cet exemple correspond au fichier `comportement-BarreNavigation.html` des codes source du site Montagne-65).

1. Avant de réaliser la barre de navigation, vous devez au préalable créer une série d'images composée des quatre déclinaisons de l'image initiale pour chacun des quatre éléments du menu. Pour cela, créez 16 images de taille identique que vous nommerez : `btA1.jpg`, `btA2.jpg`, `btA3.jpg`, `btA4.jpg`, `btB1.jpg`, ..., `btC3.jpg`, `btC4.jpg`

(ces images sont disponibles dans le dossier /images/menu/ des fichiers source du site Montagne-65).

2. Ouvrez la page contact.html préalablement créée et supprimez le menu en CSS actuel afin de libérer la place pour la barre de navigation que nous allons créer.

3. Placez les quatre premières images (btA1.jpg, btB1.jpg, btC1.jpg et btD1.jpg) horizontalement dans l'espace précédemment libéré puis sélectionnez la première image (voir repère ❶ de la figure 14-13). Cliquez ensuite sur l'icône Ajouter un comportement du panneau Comportements et sélectionnez Définir image barre de navigation (voir repère ❷ de la figure 14-13).

4. Dans la boîte de dialogue qui s'ouvre alors, cliquez sur l'onglet Elémentaire, puis sur le bouton Parcourir du champ Image Dessus, afin de sélectionner la première déclinaison de l'image Haut nommée btA2.jpg. Procédez de la même manière pour les autres états (Image Abaissée et Image Au-dessus lorsque Abaissée, voir repères ❸ et ❹ de la figure 14-13). Renseignez ensuite le texte secondaire et la page cible qui sera appelée lorsque l'utilisateur cliquera sur ce premier élément de la barre de navigation.

En bas de la boîte de dialogue, deux options sont proposées. La première permet de précharger les images afin d'éviter d'attendre leur chargement lors d'un changement d'état de l'élément de la barre de navigation (aussi, nous vous conseillons de toujours cocher cette case). La seconde permet d'afficher l'image Abaissée lors de l'ouverture de la page. Il peut être intéressant d'utiliser cette option si la page active correspond à celle qui sera appelée par cet élément de la barre de navigation afin d'indiquer à l'utilisateur dans quelle rubrique il se trouve. Pour notre exemple, nous n'avons pas configuré les URL des éléments et il est donc inutile d'utiliser cette option, mais en pratique nous vous conseillons de l'exploiter afin d'améliorer l'ergonomie de votre menu.

5. La configuration de l'action du comportement est terminée. Cliquez sur OK pour valider vos choix (voir repère ❺ de la figure 14-13). Les trois comportements doivent alors apparaître dans la fenêtre Comportements (l'action étant associée à trois événements différents : onClick, onMouseOver et onMouseOut). Par ailleurs, pour matérialiser le préchargement des images, un quatrième comportement doit être ajouté à la balise <body> de la page active.

6. Reprenez les étapes 1 à 5 pour les trois autres éléments images de la barre de navigation. Enregistrez votre page et appuyez sur la touche F12 pour la tester dans le navigateur.

Le comportement Déplacer l'élément PA

Le comportement Déplacer l'élément PA permet d'autoriser et de contrôler le déplacement d'un élément PA, c'est-à-dire en position absolue. Vous pourrez ainsi réaliser facilement des puzzles ou toute autre application nécessitant des éléments mobiles dans une page HTML.

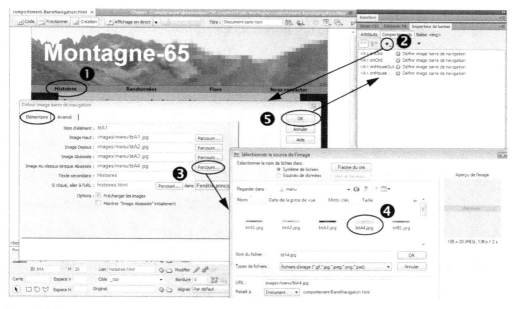

Figure 14-13

Configuration d'un comportement Définir image barre de navigation dans Dreamweaver

Pour illustrer le fonctionnement de ce comportement, nous vous proposons de réaliser un puzzle constitué de quatre pièces (pour simplifier la création des pièces du puzzle, nous découperons une image carrée en quatre parties égales). Une image cible, de taille identique à celle de l'image reconstituée, sera aussi réalisée afin de guider l'utilisateur dans la construction du puzzle (le tracé des quatre pièces est rappelé sur l'image cible).

1. Avant de réaliser le puzzle, vous devez au préalable créer une série d'images matérialisant les quatre pièces du puzzle. Pour cela, découpez une image de votre choix en quatre parties et enregistrez chacune d'elles sous un nom différent (par exemple, a1.jpg, a2.jpg, a3.jpg et a4.jpg). Créez ensuite une autre image (par exemple, cible.jpg) de couleur unie et dont la taille sera identique à celle de l'image initiale avant qu'elle soit découpée (ces images sont disponibles dans le dossier /images/ puzzle/ du site Montagne-65).

2. Ouvrez une page HTML et enregistrez-la sous le nom comportement-DeplacerPA.html.

3. Sélectionnez le menu Insertion>Objets mise en forme>div PA et tracez l'élément à droite de la page à l'aide de la souris. Modifiez ses dimensions grâce aux champs L et H du panneau Propriétés afin que la taille de l'élément soit identique à celle de l'image cible. Nommez cet élément cible et attribuez-lui la valeur 1 dans le champ Index Z de manière que les pièces du puzzle puissent se superposer au-dessus. Sélectionnez ensuite l'élément afin d'y insérer l'image cible.jpg (menu Insertion>Image ou à l'aide de la barre Insertion, onglet Commun, bouton Image).

4. Procédez de la même manière pour créer quatre éléments PA de même taille que les pièces du puzzle afin d'y insérer les quatre images découpées. Attribuez-leur un nom (par exemple, a1, a2, a3 et a4) ainsi que des valeurs différentes, et supérieures à celle de l'élément cible, pour le champ Index Z (par exemple, 2, 3, 4 et 5). Positionnez (en utilisant la croix située dans le coin haut gauche de l'élément PA) ensuite les quatre éléments à leur emplacement définitif de manière à reconstituer l'image originale (aidez-vous des règles de la fenêtre Document, voir figure 14-14).

Figure 14-14

Positionnement des éléments PA sur la cible du puzzle

Une fois l'image originale parfaitement reconstituée avec les quatre pièces du puzzle, vous allez pouvoir associer à chacun des éléments le comportement Déplacer l'élément PA.

5. Vérifiez tout d'abord qu'aucun élément PA n'est sélectionné (sinon le comportement Déplacer l'élément PA sera grisé). Cliquez ensuite sur l'icône Ajouter un comportement du panneau Comportements et sélectionnez Déplacer l'élément PA (voir repère ❶ de la figure 14-15).

6. Cliquez sur l'onglet Elémentaire de la boîte de dialogue qui s'ouvre alors (voir repère ❷ de la figure 14-15). Dans la liste déroulante Elément PA, sélectionnez l'élément PA contenant la première pièce du puzzle, soit a1 (voir repère ❸ de la figure 14-15). Choisissez Sans contrainte dans la liste déroulante Mouvement car nous ne désirons pas imposer de contrainte en ce qui concerne la zone autorisée pour le déplacement des éléments PA dans la mesure où il s'agit d'un puzzle. Si vous aviez voulu ajouter des contraintes de déplacement, pour simuler le déplacement d'un store ou d'un tiroir par exemple, il aurait fallu sélectionner Contraint et renseigner les coordonnées de la zone. L'option Cible de dépôt permet de définir l'endroit précis où peut être déposé l'élément. Pour la configurer, cliquez sur le bouton Obtenir la position courante car les éléments sont actuellement positionnés à leur position cible (voir repère ❹ de la figure 14-15). La définition de la cible est intéressante car elle peut être accompagnée d'un effet de magnétisme dont nous pourrons régler la distance minimale pour que l'effet fonctionne dans le dernier champ de la boîte de dialogue.

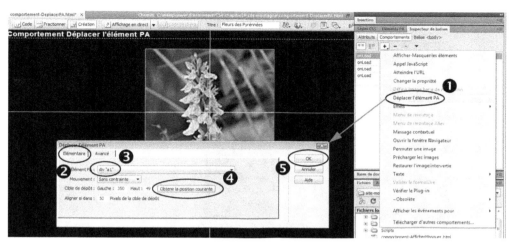

Figure 14-15

Configuration d'un comportement Déplacer l'élément PA dans Dreamweaver (onglet Elémentaire)

Une fois le paramétrage effectué, cliquez sur OK pour valider vos choix (voir repère ❺ de la figure 14-15). Une nouvelle action couplée à un événement onLoad doit alors apparaître dans la fenêtre Comportements.

7. Procédez de la même manière pour paramétrer les autres éléments PA des pièces du puzzle. La démarche sera identique pour chaque élément, il suffira simplement de sélectionner un élément PA différent dans la liste déroulante Eléments PA, soit a2, a3 et a4 (voir repère ❸ de la figure 14-15).

8. Une fois les éléments PA paramétrés, la page active doit comporter quatre actions Déplacer l'élément PA couplées avec des événements onLoad dans la fenêtre Comportements. Il ne vous reste plus qu'à positionner chaque élément PA correspondant aux pièces de puzzle sur une position de départ de votre choix.

9. Enregistrez votre page et testez-la dans le navigateur en appuyant sur la touche F12. Sélectionnez la première pièce et déplacez-la dans la case qui vous semble correspondre (voir figure 14-16). Si l'emplacement est correct, la pièce sera précisément positionnée grâce à l'effet de magnétisme. Dans le cas contraire, essayez un autre emplacement.

Dans cet exemple, nous n'avons pas eu à utiliser l'onglet Avancé (voir figure 14-17). Il est cependant intéressant de s'attarder sur les options complémentaires qu'il permet de mettre en place dans le cas d'applications plus complexes.

• Liste déroulante Poignée de déplacement – Sélectionnez Zone de l'élément pour réduire la possibilité d'accroche de l'élément à une zone définie et non à toute la surface de l'élément comme c'est le cas si vous sélectionnez Tout l'élément (valeur par défaut).

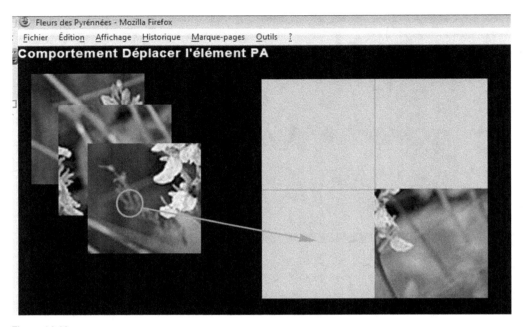

Figure 14-16
Test d'un comportement Déplacer l'élément PA dans le navigateur

- Champ En déplaçant – Permet de gérer le déplacement de l'élément au premier plan avec la possibilité de le conserver ou non lors du dépôt sur la cible.

- Champs Appel JavaScript – Permettent de définir un code JavaScript (ou l'appel à un programme JavaScript préalablement défini, par exemple deplacement()) qui sera appelé pendant le déplacement (En déplaçant) ou au moment de la dépose (En déposant).

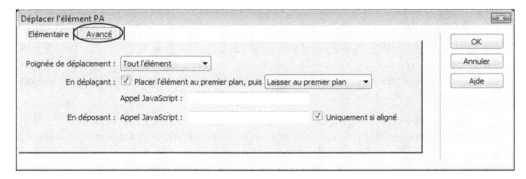

Figure 14-17
Configuration de l'onglet Avancé d'un comportement Déplacer l'élément PA dans Dreamweaver

Les comportements de la catégorie Effets

Depuis la version CS3 de Dreamweaver de nouveaux effets permettent d'améliorer la présentation visuelle d'une page Web. Ces effets sont des comportements pouvant s'appliquer à un élément quelconque de la page et comme la plupart des comportements, ils seront exécutés lors du changement d'état d'un élément déclencheur (matérialisé le plus souvent par une balise spécifique de la page active). À noter que ces nouveaux effets sont basés sur les outils Spry ce qui permet de ne pas avoir à actualiser toute la page lors du déclenchement d'un effet, seul l'élément ciblé sera mis à jour de manière dynamique.

Vous pourrez ainsi souligner un texte, modifier les propriétés d'opacité, d'échelle, de position et de style d'un élément (par exemple sa couleur d'arrière-plan), créer des transitions animées et de nombreux autres effets en les combinant entre eux (voir tableau 14-4).

Renseignez les identifiants des éléments à manipuler

Pour appliquer un effet à un élément, il est nécessaire que ce dernier dispose d'un identifiant valide afin que JavaScript puisse le manipuler. Si ce n'est pas encore le cas, nous vous invitons à le faire avant de commencer la création du comportement.

Tableau 14-4 – Liste des principaux effets de Dreamweaver

Effet	Action associée
Apparition/Fondu	Permet de faire apparaître ou disparaître lentement un élément.
Surligner	Permet de modifier la couleur d'arrière-plan d'un élément.
Glisser vers le haut ou vers le bas	Permet de faire monter ou descendre un élément dans la page active.
Agrandissement/Réduction	Permet d'augmenter ou de diminuer la taille d'un élément.
Secouer	Permet d'animer l'élément en donnant l'impression qu'il est secoué de gauche à droite.
Ecraser	Permet de faire disparaître un élément dans le coin supérieur gauche de la page.

Pour illustrer l'utilisation des effets, nous avons appliqué différents effets à un texte et à une image, regroupés dans une seule et même page. Vous pourrez ainsi rapidement découvrir les spécificités de chacun de ces comportements (la page de cet exemple correspond au fichier comportement-Effets.html des codes source du site Montagne-65).

1. Avant de créer le comportement, nommez les identifiants des éléments cibles (qui seront manipulés) et des éléments déclencheurs (sur lesquels nous allons agir pour déclencher l'effet). Nous utiliserons deux éléments cibles différents : un texte, dont l'identifiant de sa balise conteneur sera monTexte, et une image dont l'identifiant de sa balise conteneur sera monImage. À noter qu'il est possible que l'élément cible soit aussi l'élément déclencheur. Dans ce cas, il suffira de choisir l'option par défaut Sélection actuelle dans le champ Elément cible de la boîte de dialogue du comportement.

2. Sélectionnez l'élément déclencheur (voir repère ❶ de la figure 14-18) puis cliquez sur l'icône Ajouter un comportement du panneau Comportements (voir repère ❷ de la figure 14-18). Choisissez Effets>Agrandissement/Réduction dans la liste proposée.

3. Dans la boîte de dialogue qui s'ouvre alors, sélectionnez l'élément cible dans la liste déroulante du même nom (si l'élément déclencheur est aussi l'élément cible, choisissez Sélection actuelle).

4. Configurez ensuite les autres propriétés de la boîte de dialogue selon l'effet désiré (voir repère ❸ de la figure 14-18). Bien que les paramètres par défaut conviennent dans la plupart des navigateurs, vous pouvez les modifier à souhait (nous vous conseillons de faire des essais dans le navigateur pour choisir les meilleurs paramètres).

L'option Effet de bascule permet d'alterner une fois sur deux les effets Agrandissement et Réduction à chaque clic sur le même élément déclencheur. Dans le cadre de notre exemple, cochez cette option.

6. Cliquez sur OK pour valider vos choix (voir repère ❹ de la figure 14-18) Une action couplée avec un événement `onClick` doit alors apparaître dans la fenêtre Comportements.

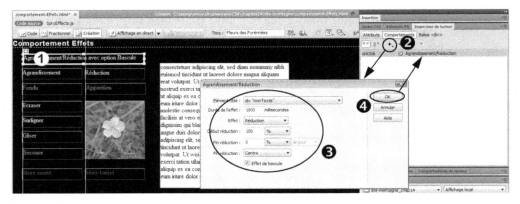

Figure 14-18
Configuration de l'effet Agrandissement/Réduction avec l'option Bascule

7. Procédez de la même manière pour tester les autres effets disponibles. Vous pourrez alterner vos effets sur des cibles différentes (image ou texte) et combiner éventuellement certains effets entre eux en ajoutant plusieurs comportements au même élément cible.

Interaction entre les effets

Certains effets provoquant la disparition de l'élément cible peuvent perturber le fonctionnement d'un autre effet appliqué au même élément cible. Ainsi, par exemple, nous avons remarqué que si vous commencez par appliquer un effet Store remonté faisant disparaître l'élément cible, l'effet Store baissé sera ensuite inopérant (alors que si vous commencez par appliquer un effet Store baissé, l'effet inverse fonctionnera sans problème).

> **Le fichier SpryEffect.js**
>
> Lorsque vous utilisez un effet, le code qui est ajouté dans la page active fait appel à un fichier de bibliothèque JavaScript externe nommé `SpryEffects.js` et placé dans le dossier `/SpryAssets/`. Il conviendra donc de transférer ce dossier avec son fichier sur votre site distant si vous désirez que les effets s'affichent de la même manière en ligne.

Le comportement Menu de reroutage

Le comportement Menu de reroutage est principalement utilisé pour effectuer des modifications sur un menu de reroutage préalablement inséré dans la page grâce à l'icône Menu de reroutage de la catégorie Formulaires du panneau Insertion.

Pour modifier un menu de reroutage, sélectionnez-le dans la page et cliquez sur l'icône Ajouter un comportement du panneau Comportements. Choisissez Menu de reroutage dans la liste proposée. Pour ajouter un menu de reroutage, reportez-vous à la section « Les comportements du panneau Insertion », dans ce chapitre.

Le comportement Message contextuel

Le comportement Message contextuel permet de déclencher un message d'alerte Java-Script avec le texte que vous aurez défini. Les fenêtres d'alerte Java Script s'affichent au premier plan, en superposition de la page active et bloquent le navigateur tant que l'utilisateur n'a pas cliqué sur le bouton OK de la fenêtre. Le texte d'information qui apparaîtra dans la fenêtre peut être un simple texte ou un texte auquel vous aurez ajouté des instructions JavaScript, voire des appels de fonction. Pour incorporer une expression JavaScript au texte, placez-la entre accolades (par exemple, « Nous sommes le {new Date()} » affichera la date du jour à la fin du message).

Pour illustrer le fonctionnement de ce comportement, nous allons créer un petit questionnaire demandant à l'utilisateur d'indiquer qu'elle est l'orchidée des Pyrénées. Pour répondre, l'utilisateur devra cliquer sur l'une des deux photos proposées. Un message d'alerte affichera alors « PERDU » ou « GAGNE » en fonction de la bonne réponse attendue (la page de cet exemple correspond au fichier `comportement-MessageContextuel.html` des codes source du site Montagne-65).

1. Placez deux balises `<div>` dans la page et insérez une image dans chacune d'elles.

2. Sélectionnez la première image (voir repère ❶ de la figure 14-19) et ouvrez la fenêtre Comportements. Cliquez sur l'icône Ajouter un comportement (voir repère ❷ de la figure 14-19) et choisissez Message contextuel dans la liste proposée.

3. Dans le champ Message de la boîte de dialogue qui s'ouvre alors, saisissez le texte de votre message d'alerte (pour notre exemple, saisissez GAGNE, voir repère ❸ de la figure 14-19). Validez ensuite votre choix en cliquant sur le bouton OK (voir repère ❹ de la figure 14-19), l'action et son événement doivent ensuite apparaître dans la fenêtre Comportements.

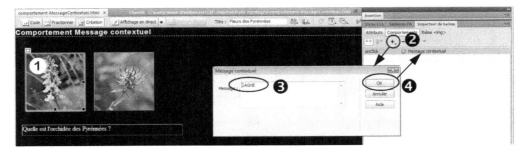

Figure 14-19

Configuration d'un comportement Message contextuel dans Dreamweaver

4. Assurez-vous que l'événement associé par défaut à l'action correspond à vos attentes. Dans le cas contraire, cliquez sur le nom de l'événement affiché à gauche du comportement et sélectionnez l'événement onClick (déclenchement de l'action par un clic de souris) dans la liste.

5. Procédez de la même manière pour la seconde balise en remplaçant le texte du message d'alerte par « PERDU ».

6. Testez la page dans le navigateur en appuyant sur la touche F12. Répondez à la question en cliquant sur l'image qui vous semble correcte (voir repère ❶ de la figure 14-20). Une boîte de dialogue doit alors s'ouvrir et afficher un message différent selon que vous avez gagné ou perdu (voir repère ❷ de la figure 14-20). Cliquez ensuite sur OK pour fermer le message d'alerte (voir repère ❸ de la figure 14-20).

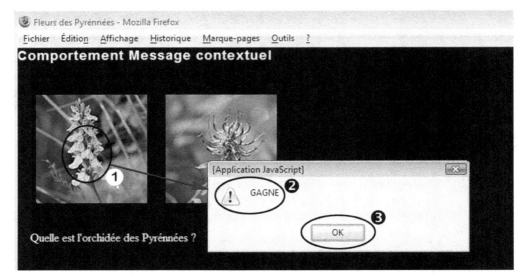

Figure 14-20

Test du comportement Message contextuel dans le navigateur

Le comportement Ouvrir la fenêtre Navigateur

Le comportement Ouvrir la fenêtre Navigateur permet d'ouvrir une page Web dans une nouvelle fenêtre dont vous pourrez paramétrer la taille, le nom et les attributs (option de redimensionnement, affichage de la barre de menus, etc.).

Pour illustrer l'utilisation de ce comportement, nous vous proposons de réaliser un système qui permettra d'afficher des versions agrandies de quatre images dans une nouvelle fenêtre. Celle-ci sera configurée pour s'adapter exactement à la taille de l'image agrandie, sans autre attribut.

1. Avant de créer le comportement, préparez les quatre pages qui contiendront les images agrandies et qui seront appelées dans la nouvelle fenêtre. Pour cela, ouvrez une nouvelle page HTML et enregistrez-la sous le nom `comportement-OuvrirFenetrePh1.html`. Insérez la version agrandie de la première image. Procédez de la même manière pour les trois autres pages en changeant à chaque fois le nom du fichier et l'image agrandie.

2. Ouvrez une nouvelle page HTML et insérez quatre balises `<div>` qui vous permettront de positionner les images dans la page. Enregistrez cette page sous le nom `comportement-OuvrirFenetre.html` dans le même répertoire que les quatre pages précédentes.

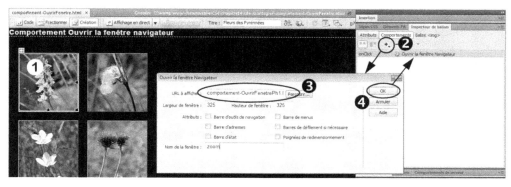

Figure 14-21

Configuration d'un comportement Ouvrir la fenêtre Navigateur dans Dreamweaver

3. Sélectionnez ensuite l'élément déclencheur, soit la première image (voir repère ❶ de la figure 14-21), puis cliquez sur l'icône Ajouter un comportement du panneau Comportements (voir repère ❷ de la figure 14-21). Choisissez Ouvrir la fenêtre Navigateur dans la liste proposée.

4. Dans la boîte de dialogue qui s'ouvre alors, cliquez sur le bouton Parcourir... du champ URL à afficher (voir repère ❸ de la figure 14-21) et sélectionnez la page `comportement-OuvrirFenetrePh1.html`.

5. Configurez ensuite les dimensions de la fenêtre en fonction de la taille de l'image agrandie grâce aux champs Largeur de fenêtre et Hauteur de fenêtre. Pour notre exemple, ne cochez aucun attribut de sorte que la fenêtre soit la plus simple possible. Pour finir, saisissez zoomPh1 dans le champ Nom de la fenêtre.

6. Le paramétrage de la première action est terminé. Cliquez sur OK pour valider vos choix (voir repère ❹ de la figure 14-21). L'action et son événement onClick doivent alors apparaître dans la fenêtre Comportements. Procédez de la même manière pour les trois autres images en conservant les mêmes paramètres, mais en choisissant évidemment la page en rapport avec l'image et en nommant la fenêtre avec un nom différent à chaque fois (par exemple, zoomPh2, zoomPh3 et zoomPh4).

7. Enregistrez la page et appuyez sur la touche F12 pour la tester dans le navigateur. Cliquez sur l'une des images afin d'ouvrir la nouvelle fenêtre, laquelle doit se superposer à la page actuelle et doit être de la même taille que l'image agrandie (voir figure 14-22). Fermez cette fenêtre et testez les comportements des autres images de la même manière.

Figure 14-22

Test du comportement Ouvrir la fenêtre Navigateur dans le navigateur

Le comportement Permuter une image

Le comportement Permuter une image permet de créer rapidement un système d'affichage d'images à un endroit spécifique de la page en fonction d'un événement défini (onClick, onMouseOver...) associé à un élément de cette même page.

La boîte de dialogue de ce comportement permet de générer automatiquement d'autres comportements associés comme Restaurer l'image intervertie ou Précharger les images afin d'améliorer les fonctionnalités de votre application et sa réactivité.

Pour illustrer ce comportement, nous allons créer un système de zoom sur image. Pour cela, une série de quatre vignettes sera placée à gauche de la page et une zone de zoom à sa droite. Lorsque l'utilisateur survolera l'une des quatre vignettes, sa version agrandie s'affichera dans la zone de droite (la page de cet exemple correspond au fichier comportement-PermuterImage.html des codes source du site Montagne-65).

1. Placez quatre balises <div> à gauche de la page afin de positionner les vignettes des images. Insérez les images dans ces balises (une image par balise). Pour notre exemple, les images font 150 × 150 pixels. Nommez ensuite chaque vignette à l'aide du panneau Propriétés (par exemple, v1, v2, v3 et v4).

2. Placez une autre balise <div> à droite de la page dans laquelle vous insérerez une image par défaut dont la taille sera identique aux versions agrandies des vignettes (par exemple, une image de 325 × 325 pixels). Nommez ensuite cette image à l'aide du panneau Propriétés (par exemple, zoom).

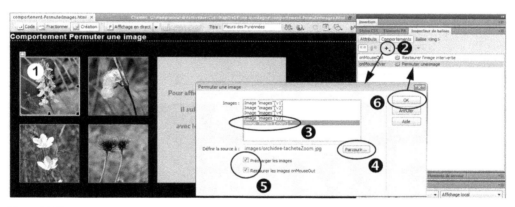

Figure 14-23

Configuration d'un comportement Permuter une image dans Dreamweaver

3. Sélectionnez la première vignette (voir repère ❶ de la figure 14-23) et ouvrez la fenêtre Comportements. Cliquez sur l'icône Ajouter un comportement (voir repère ❷ de la figure 14-23) et sélectionnez Permuter une image.

4. Dans la boîte de dialogue qui s'ouvre alors, sélectionnez l'image dont l'identifiant est « zoom » (voir repère ❸ de la figure 14-23) puis cliquez sur le bouton Parcourir... pour choisir l'image agrandie correspondant à la vignette (voir repère ❹ de la figure 14-23).

L'option Précharger les images (voir repère ❺ de la figure 14-23) permet d'associer automatiquement à l'élément body de la page un comportement qui permettra de précharger automatiquement l'image agrandie dès l'ouverture de la page. Nous vous conseillons de laisser cette case cochée afin d'éviter le temps d'attente du chargement de l'image agrandie lorsque l'utilisateur passera sa souris sur la vignette (vous pourrez cependant accéder ensuite à ce comportement pour le modifier dans cette même fenêtre en sélectionnant au préalable la balise <body> dans le sélecteur de balise). L'option Restaurer les images onMouseOut (voir repère ❺ de la figure 14-23) permet d'ajouter automatiquement un comportement Restaurer les images (remplacement de l'image agrandie par l'image par défaut) dès que la souris de l'utilisateur sortira de la zone de la vignette. Si vous ne désirez pas que l'image par défaut apparaisse à chaque passage d'une vignette à l'autre, décochez cette option.

5. Cliquez sur OK pour valider vos choix (voir repère ❻ de la figure 14-23). Deux comportements doivent ensuite apparaître dans la fenêtre Comportements (si vous n'avez pas décoché la case Recharger les images) : le comportement Restaurer l'image et celui qui permettra de la permuter. Vous pouvez évidemment modifier les événements associés à chaque comportement, pour notre exemple, nous conserverons toutefois les comportements par défaut (onMouseOver pour le comportement Permuter une image et onMouseOut pour le comportement Restaurer l'image).

6. Procédez de la même manière pour les trois autres vignettes en adaptant évidement l'image agrandie à celle de la vignette concernée.

7. Enregistrez la page et testez-la dans le navigateur en appuyant sur la touche F12 (voir figure 14-24)

Figure 14-24

Test du système de zoom d'image dans le navigateur

Le comportement Précharger les images

Le comportement Précharger les images permet de charger une image (ou une série d'images) dès l'ouverture de la page. Ainsi, vous éviterez le temps de chargement de l'image lorsqu'elle sera utilisée avec un comportement tel que Permuter une image. Ce comportement est donc fréquemment couplé avec d'autres comportements qui manipulent des images.

Pour ajouter ce comportement d'une manière isolée ou le modifier une fois qu'il a été ajouté par le biais d'un autre comportement, il suffit de sélectionner la balise <body> dans le sélecteur de balise du document (voir repère ❶ de la figure 14-25), puis de faire un double-clic sur l'action Précharger les images afin d'ouvrir une boîte de dialogue en rapport (voir repère ❷ de la figure 14-25). Vous pourrez ainsi ajouter une nouvelle image au préchargement en la sélectionnant à l'aide du bouton Parcourir…, puis en cliquant sur le bouton +. Pour supprimer une image, il faudra alors cliquer cette fois sur le bouton – après l'avoir sélectionné au préalable dans la fenêtre de la boîte de dialogue.

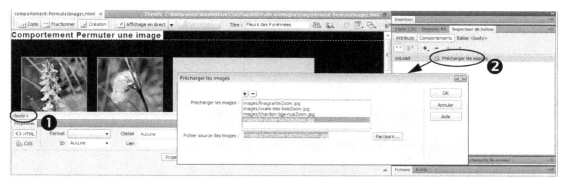

Figure 14-25

Modification d'un comportement Précharger les images dans Dreamweaver

Le comportement Restaurer l'image

Le comportement Restaurer l'image permet de rétablir l'image initialement affichée avant sa permutation. Il est donc très souvent utilisé en complément du comportement Permuter une image comme l'illustre l'exemple de la section « Le comportement Permuter une image ».

Les comportements de la catégorie Texte

Les comportements de la catégorie Texte permettent de remplacer du texte situé dans différents contenus (champ de formulaire, barre d'état, cadre ou balise conteneur) par un autre texte de votre choix.

Tableau 14-5 – Liste des comportements de la catégorie Texte

Comportement	Action associée
Texte d'un champ texte	Permet de remplacer le contenu d'un champ texte de formulaire par un texte spécifique.
Texte de la barre d'état	Permet de remplacer le contenu de la barre d'état par un texte spécifique.
Texte du cadre	Permet de remplacer le contenu d'un cadre par un code HTML spécifique.
Texte du conteneur	Permet de remplacer le contenu texte d'un élément par un texte spécifique.

Pour illustrer l'usage de l'un de ces comportements, nous vous proposons de créer un système qui affichera le chemin de la page courante dès que l'on cliquera dans le conteneur d'affichage (la page de cet exemple correspond au fichier comportement-TexteConteneur.html des codes source du site Montagne-65).

1. Ouvrez une nouvelle page et enregistrez-la sous le nom comportement-Texte Conteneur.html. Insérez ensuite une balise conteneur dans la page.

2. Saisissez un texte de votre choix dans cette balise (pour notre exemple, « Pour connaître le chemin de la page en cours, cliquez ICI »). Sélectionnez la balise conteneur et cliquez sur l'icône Ajouter un comportement du panneau Comportements. Sélectionnez Texte>Texte du conteneur dans la liste proposée (voir repère ❶ de la figure 14-26).

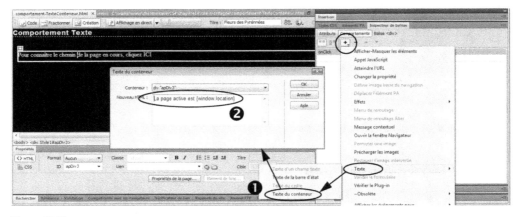

Figure 14-26

Configuration d'un comportement Texte>Texte du conteneur dans Dreamweaver

3. Dans la boîte de dialogue qui s'ouvre alors, la liste déroulante Conteneur permet d'attribuer l'action à un autre élément de la page. Pour notre exemple, nous désirons remplacer le texte de l'élément déclencheur par un nouveau texte, aussi nous conserverons la valeur par défaut du champ Conteneur (qui correspond à l'identifiant de l'élément déclencheur).

Saisissez le texte qui va remplacer le texte initial du conteneur dans le champ Nouveau HTML. Pour notre exemple, nous n'allons pas nous contenter d'utiliser un simple texte de remplacement car nous désirons afficher le chemin de la page en cours en guise de réponse. Pour cela, nous allons devoir ajouter une variable Java-Script (`window.location`) qui affichera automatiquement le chemin de la page en cours. Pour qu'elle puisse être insérée dans le texte, cette variable devra être encadrée par des accolades (voir repère ❷ de la figure 14-26).

4. Cliquez ensuite sur OK pour valider vos choix. Dès la création du comportement, une action Texte du conteneur couplée avec une action `onClick` doit apparaître dans la fenêtre Comportements.

5. Enregistrez la page et appuyez sur la touche F12 pour la tester dans le navigateur. Cliquez sur le texte initial pour déclencher l'action, celui-ci doit alors être automatiquement remplacé par le chemin de la page active (voir figure 14-27).

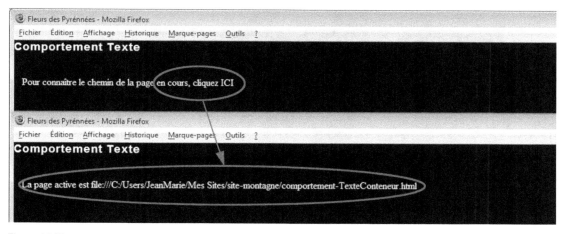

Figure 14-27

Test d'un comportement Texte>Texte du conteneur dans le navigateur

Le comportement Valider le formulaire

Le comportement Valider le formulaire permet de tester le contenu de certains champs d'un formulaire afin de vérifier si les valeurs saisies sont conformes au type de données attendues. On peut ainsi vérifier si la valeur est saisie, si elle est de type numérique, si elle est comprise dans une fourchette spécifique ou encore, dans le cas d'un champ de cour-rier électronique, si la syntaxe de l'adresse est correcte.

Le processus de vérification peut être déclenché par un événement `onBlur` couplé avec chaque élément du formulaire si vous désirez valider chacun des champs au cours de leur saisie, ou par un événement `onSubmit` couplé à l'élément formulaire pour une vérification globale lors de la soumission du formulaire.

Pour illustrer le fonctionnement de ce comportement, nous vous proposons de créer un système de vérification du contenu des champs d'un formulaire lors de sa soumission. Si l'un des champs n'est pas correct, un message d'erreur sera affiché et le formulaire ne pourra pas être envoyé.

1. Ouvrez une nouvelle page et enregistrez-la sous le nom `comportement-ValideForm.html`. Insérez ensuite une balise conteneur dans la page.

2. Placez une zone de formulaire (menu Insertion>Formulaire> Formulaire) dans cette balise conteneur et sélectionnez-la. Dans le panneau Propriétés, spécifiez la méthode GET et indiquez l'URL de la page active. Dans la zone de formulaire, placez un champ de saisie nommé `nom`, un autre champ nommé `mail` et un bouton de soumission. Sélectionnez la balise de formulaire dans le sélecteur de balise du document et cliquez sur l'icône Ajouter un comportement du panneau Comportements (voir repère ❶ de la figure 14-28). Choisissez Valider le formulaire dans la liste proposée (voir repère ❷ de la figure 14-28).

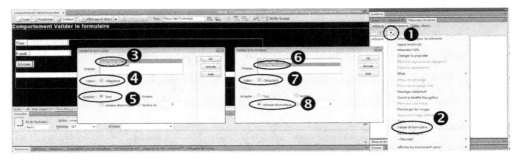

Figure 14-28

Configuration d'un comportement Valider le formulaire dans Dreamweaver

3. Dans la boîte de dialogue qui s'ouvre alors, sélectionnez le champ `nom` dans le cadre Champs (voir repère ❸ de la figure 14-28) et cochez l'option Obligatoire (voir repère ❹ de la figure 14-28). Pour ce premier champ, nous n'imposerons pas de contrainte concernant le type de valeur saisie et nous conserverons l'option par défaut, Accepter Tout (voir repère ❺ de la figure 14-28).

4. Sélectionnez à présent le champ `mail` (voir repère ❻ de la figure 14-28). Cochez l'option Obligatoire pour contraindre l'utilisateur à saisir un e-mail (voir repère ❼ de la figure 14-28) et ainsi que l'option Adresse électronique (voir repère ❽ de la figure 14-28) pour vérifier que la valeur saisie correspond bien à la syntaxe d'un e-mail (présence de l'arobase et du point). Cliquez sur OK pour valider vos choix. Une action apparaît alors dans la fenêtre Comportements, celle-ci doit être couplée avec un événement `onSubmit` qui permettra de déclencher le comportement lors de la soumission du formulaire.

5. Enregistrez la page et appuyez sur la touche F12 pour la tester dans le navigateur. Cliquez sur le bouton de soumission sans rien saisir dans les champs. Un message

doit alors apparaître dans une boîte d'alerte JavaScript vous indiquant que les deux champs sont obligatoires. Saisissez votre nom dans le premier champ et renouvelez la soumission du formulaire, une nouvelle boîte d'alerte doit vous indiquer cette fois que le champ de l'adresse e-mail est obligatoire. Saisissez des caractères quelconques dans le champ E-mail (par exemple, xxx) et appuyez une nouvelle fois sur le bouton de soumission. La boîte de dialogue doit encore apparaître, mais, cette fois, avec un message vous indiquant que le champ E-mail doit contenir une adresse électronique valide. Saisissez votre e-mail et soumettez une dernière fois le formulaire. Les valeurs saisies sont alors envoyées dans l'URL et aucune boîte d'alerte n'apparaît.

Comme vous l'avez certainement remarqué, les messages affichés dans la boîte d'alerte sont en anglais. Pour les traduire en français, il suffit de copier le message affiché dans la boîte d'alerte lors de vos tests dans le navigateur, puis de le rechercher-remplacer dans la fenêtre Document en mode Code en précisant évidemment la traduction en français que vous désirez voir s'afficher à la place. Renouvelez ensuite cette même opération pour les différents messages que vous désirez traduire.

Comme nous l'avons indiqué au début de cette section, il est également possible de vérifier la présence et le type de contenu des champs un à un. Il faudra alors créer un comportement spécifique à chaque champ et le coupler avec un événement onBlur pour qu'il soit exécuté dès que le curseur sortira du champ concerné.

Figure 14-29

Test d'un comportement Valider le formulaire dans le navigateur

Le comportement Vérifier le Plug-in

Le comportement Vérifier le Plug-in permet de tester la présence d'un plug-in particulier sur le navigateur et de rediriger l'utilisateur vers des pages spécifiques selon le résultat du test. Une liste de plug-ins usuels est déjà configurée dans Dreamweaver (Flash, Shockwave, LiveAudio, QuickTime, Windows Media Player), mais il est aussi possible de préciser manuellement le plug-in à tester.

Pour illustrer l'utilisation de ce comportement, nous vous proposons d'ajouter un test qui nous permettra de vérifier la présence du plug-in Flash sur une page. Si ce plug-in n'est pas installé dans le navigateur de l'utilisateur, celui-ci sera redirigé vers la page de l'éditeur Adobe où il pourra le télécharger. Si le plug-in est présent, l'utilisateur restera dans la page en cours.

1. Ouvrez une nouvelle page et enregistrez-la sous le nom `comportement-Verifier Plugin.html`. Ajoutez une animation Flash dans la page via le menu Insertion> Médias>Flash (ou à l'aide de la barre Insertion, onglet Commun, bouton Flash).

2. Sélectionnez la balise `<body>` dans le sélecteur de balises du document et cliquez sur l'icône Ajouter un comportement du panneau Comportements (voir repère ❶ de la figure 14-30). Choisissez Vérifier le Plug-in dans la liste proposée (voir repère ❷ de la figure 14-30).

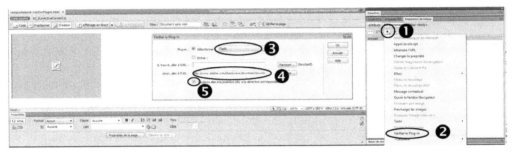

Figure 14-30

Configuration d'un comportement Vérifier le Plug-in dans Dreamweaver

3. Dans la boîte de dialogue qui s'ouvre alors, sélectionnez Flash dans le menu déroulant Plug-in (voir repère ❸ de la figure 14-30). N'indiquez rien dans le champ Si trouvé, aller à l'URL de façon que l'utilisateur ne soit pas redirigé et reste dans la page en cours si le plug-in est déjà en place. Dans le champ « sinon, aller à l'URL », saisissez l'adresse de la page de téléchargement du plug-in Flash Player d'Adobe : `http://www.adobe.com/fr/products/flashplayer/` (voir repère ❹ de la figure 14-30).

4. L'option Toujours aller à la première URL si la détection est impossible permet de forcer la redirection vers la première URL dans le cas ou la détection du plug-in n'est pas possible par le navigateur (cette option concerne les anciennes versions de Internet Explorer pour lesquels la détection est impossible). Si la détection est impossible, l'utilisateur sera par défaut redirigé vers la seconde URL. Selon le contexte, vous pourrez cocher/décocher cette option. Pour notre exemple, elle doit être cochée (voir repère ❺ de la figure 14-30).

5. Cliquez sur OK pour valider et appuyez sur la touche F12 pour tester le fonctionnement du système dans le navigateur (voir figure 14-31).

Internet Explorer sur Mac OS

Ce comportement de détection ne fonctionne pas avec le navigateur Internet Explorer sur Mac OS.

Figure 14-31
Test d'un comportement Vérifier le Plug-in dans le navigateur

Les comportements du panneau Insertion

La fenêtre Comportements n'est pas le seul endroit où vous pouvez choisir un comportement. En effet, certaines icônes du panneau Insertion vous permettront également d'accéder à certains comportements avancés (constitués d'un ensemble de comportements) remplissant une fonctionnalité courante comme la création d'une image survolée ou d'une barre de navigation.

Le comportement Image survolée

Le comportement Image survolée est certainement l'un des plus utilisés de Dreamweaver. Il permet de réaliser très facilement un rollover. D'autres comportements, plus complexes, peuvent aussi s'y substituer, comme le comportement Permuter une image (permet d'interagir sur toutes les images de la page et non uniquement sur l'image qui sert de déclencheur) ou encore le comportement Définir image barre de navigation (permet de gérer quatre états différents de l'élément déclencheur et non le simple survol). Notez cependant que, dans la majorité des cas, le comportement Image survolée suffit.

Pour illustrer son fonctionnement, nous vous proposons de créer un menu composé de quatre rubriques, semblable à celui que vous avez déjà créé à l'aide des règles de CSS (la page de cet exemple correspond au fichier comportement-SurvolerImage.html des codes source du site Montagne-65).

1. Avant de réaliser le menu, préparez pour chaque comportement deux versions de même taille de l'image originale affichée par défaut (ces images sont disponibles dans le dossier /images/menu/ du site Montagne-65).

2. Ouvrez la page contact.html réalisée préalablement et supprimez le menu en CSS actuel afin de libérer la place pour la barre de navigation que nous allons créer. Enregistrez la page sous le nom comportement-SurvolerImage.html.

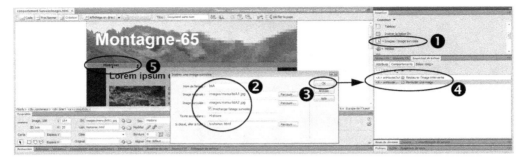

Figure 14-32

Configuration d'un comportement Image survolée dans Dreamweaver

3. Placez le curseur de la souris à l'endroit où vous désirez placer votre première image survolée, puis cliquez sur l'icône Images>Image survolée de la catégorie Commun du panneau Insertion (voir repère ❶ de la figure 14-32).

4. Dans la boîte de dialogue qui s'ouvre alors, saisissez btA dans le champ Nom de l'image, puis cliquez successivement sur les boutons Parcourir... des champs Image originale et Image survolée afin de sélectionner les deux versions de l'image (voir repère ❷ de la figure 14-32).

5. Cochez l'option Précharger l'image survolée afin d'améliorer la réactivité du système et éviter les temps d'attente lorsque l'action sera déclenchée.

6. Indiquez ensuite un texte secondaire en rapport avec la page ciblée qui sera affiché lorsque l'affichage des images est désactivé ainsi qu'au survol de l'image dans une infobulle pour certains navigateurs.

7. Dans le champ Si cliqué, aller à l'URL, saisissez manuellement le chemin de la page cible ou cliquez sur le bouton Parcourir... pour la sélectionner dans les fichiers du site.

8. Cliquez sur OK pour valider les paramètres de l'action (voir repère ❸ de la figure 14-32). Dès la création du comportement, l'image originale doit prendre place à l'endroit précédemment déterminé (voir repère ❺ de la figure 14-32) et deux comportements doivent apparaître automatiquement dans la fenêtre Comportements (voir repère ❹ de la figure 14-32).

9. Enregistrez la page et appuyez sur la touche F12 pour tester le fonctionnement de ce premier comportement Image survolée dans le navigateur.

10. Procédez de la même manière pour les autres éléments survolés que vous désirez ajouter à la page.

Le comportement Barre de navigation

Le comportement Barre de navigation permet de créer très rapidement un menu horizontal ou vertical constitué de plusieurs éléments images. Contrairement au comportement

Définir image barre de navigation présenté précédemment, le comportement Barre de navigation ne nécessite pas que les images des éléments de la barre soient préalablement intégrées dans la page active. Par ailleurs, il ne sera pas nécessaire de configurer une boîte de dialogue différente pour chaque élément de la barre, la configuration complète de la barre pouvant être effectuée depuis une fenêtre unique de paramétrage.

Pour illustrer le fonctionnement de ce comportement, nous vous proposons de créer un menu composé de quatre rubriques, semblable à celui que vous avez créé à l'aide des règles de CSS. Pour commencer, vous programmerez une première page modèle nommée index.html. Vous dupliquerez ensuite cette page pour créer les quatre pages correspondant aux rubriques du menu : historiques.html, randonnees.html, flore.html et contact.html (les différentes pages de cet exemple se trouvent dans le dossier comportement-BarreMenu/ des codes source du site Montagne-65).

1. Avant de créer la barre de navigation, vous devez au préalable réaliser une série d'images constituée de versions différentes de l'image initiale pour chacun des quatre éléments du menu. Vous devez donc créer 16 images de tailles identiques que vous nommerez btA1.jpg, btA2.jpg, btA3.jpg, btA4.jpg, btB1.jpg, ..., btC3.jpg, btC4.jpg (voir repère ❸ de la figure 14-33) (ces images sont disponibles dans le dossier /images/menu/ des fichiers source du site Montagne-65).

2. Ouvrez la page contact.html préalablement créée et supprimez le menu en CSS actuel afin de libérer la place pour la barre de navigation que nous allons créer. Enregistrez la page sous le nom index.html dans un dossier spécifique de votre choix (pour notre exemple, nous avons nommé ce dossier comportement-BarreMenu/, voir repère ❹ de la figure 14-33)

3. Placez le curseur de la souris à l'endroit où vous désirez créer la barre de navigation (voir repère ❶ de la figure 14-33) et cliquez sur l'icône Images>Barre de navigation de la catégorie Commun de la barre Insertion (voir repère ❷ de la figure 14-33).

4. Dans la boîte de dialogue qui s'ouvre alors, saisissez btA dans le champ Nom d'élément puis cliquez successivement sur les boutons Parcourir... de chacun des quatre types d'images de l'élément afin de sélectionner les images correspondantes.

5. Indiquez le texte secondaire qui se substituera aux images si leur affichage est désactivé ainsi qu'au survol de l'image dans une infobulle pour certains navigateurs. Cliquez sur le bouton Parcourir... du champ « Si cliqué, aller à l'URL » pour sélectionner la page cible qui s'affichera lorsque l'utilisateur cliquera sur l'élément.

6. Nous vous conseillons de toujours cocher l'option Précharger les images afin d'obtenir un système réactif et d'éviter les temps d'attente lors du changement d'état d'un élément de la barre.

7. Cochez l'option Montrer « Image Abaissée » initialement, uniquement si l'élément en cours de configuration cible la page active (par exemple, le premier élément btA ciblant la page historiques.html, vous devrez cocher cette option lorsque vous programmerez la page active du même nom, sinon laissez la case décochée). Pour notre exemple, nous avons opté pour créer une page qui servira de modèle, nommée

index.html, et qui sera ensuite dupliquée, aussi nous vous conseillons de ne cocher aucune des deux options pour les quatre éléments (nous aurons l'occasion de le faire lors la personnalisation des pages après leur duplication).

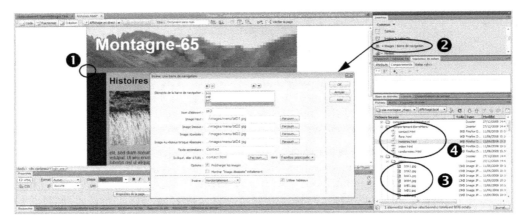

Figure 14-33

Configuration d'un comportement Barre de navigation dans Dreamweaver

8. Vous venez de programmer le premier élément de la barre de navigation. Cliquez à présent sur le bouton + de la boîte de dialogue Modifier la barre de navigation afin d'ajouter un nouvel élément et de le programmer en suivant la procédure expliquée précédemment. Procédez de la même manière pour les deux autres éléments de la barre.

9. Une fois les quatre éléments programmés, deux options communes à l'ensemble de la barre de navigation doivent être configurées en bas de la boîte de dialogue. La première permet de choisir si les éléments de la barre devront être disposés horizontalement ou verticalement (pour notre exemple, sélectionnez Horizontalement). La seconde permet d'indiquer si la structure de la barre de navigation devra utiliser des tableaux ou non (pour notre exemple, ne cochez pas cette option car nous préférons éviter d'utiliser des tableaux pour la mise en page).

10. La configuration de l'action est désormais terminée. Cliquez sur OK pour valider vos choix. La barre de navigation apparaît alors à l'endroit préalablement déterminé (l'endroit où était placé l'ancien menu CSS). Enregistrez la page et testez-la dans le navigateur en appuyant sur la touche F12. Attention, les différentes pages des rubriques n'étant pas encore créées, vous ne pourrez tester pour l'instant que les effets de rollover.

11. Revenez dans Dreamweaver et réalisez une première duplication de cette page en l'enregistrant dans un premier temps sous le nom histoires.html (voir repère ❹ de la figure 14-33). Personnalisez le contenu de la page (changer le titre du texte, par exemple) et ouvrez le comportement Barre de navigation en cliquant à nouveau sur l'icône correspondante de la barre Insertion (lors de cette opération, un message

d'alerte doit vous avertir qu'une barre de navigation existe déjà et vous demande si vous désirez procéder à la modification de la barre existante, cliquez sur OK pour valider).

12. La configuration des quatre éléments de la barre est identique pour les quatre pages des différentes rubriques, la seule modification que vous devez effectuer est de cocher l'option Montrer « Image Abaissée » initialement (voir repère ❷ de la figure 14-34) après avoir sélectionné l'élément qui cible la page active que vous êtes en train de personnaliser. À noter que pour accéder à la fenêtre Modifier la barre de navigation (figure 14-34), il suffit de cliquer une nouvelle fois sur l'icône Barre de navigation, une boîte de dialogue vous informera alors qu'une barre de navigation est déjà créée dans la page et vous invitera à la modifier. Par exemple, pour cette première page historiques.html, vous devrez sélectionner l'élément btA (voir repère ❶ de la figure 14-34), ciblant cette même page, puis cocher l'option. Nous vous rappelons que cette option permettra d'afficher l'image Abaissée correspondante à la rubrique dans laquelle se trouve le visiteur. Validez ensuite la boîte de dialogue pour enregistrer votre modification. Un quatrième comportement (avec cette fois avec un événement onLoad) apparaît alors dans la fenêtre Comportements.

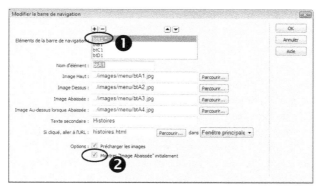

Figure 14-34

Modification d'un comportement Barre de navigation dans Dreamweaver

13. Répétez ces deux dernières étapes pour les pages des autres rubriques (randonnees.html, flore.html et contact.html), puis testez de nouveau votre système dans le navigateur en appuyant sur la touche F12 depuis la page de votre choix. Le système doit désormais être complètement opérationnel et vous devez pouvoir passer d'une page à l'autre grâce aux boutons du menu. Pour chaque page des quatre rubriques, l'élément correspondant à la rubrique en cours doit être mis en évidence (Image Abaissée affichée) afin de renseigner le visiteur.

Le comportement Menu de reroutage

Un menu de reroutage a l'apparence d'un menu déroulant traditionnel à la différence près qu'il ne sera pas utilisé dans un formulaire pour choisir une option, mais directement dans la page, pour orienter le visiteur vers des pages du site ou des pages externes, tous types de fichiers pouvant être ouverts dans le navigateur (PDF, JPEG, etc.), ou encore vers des e-mails de contact (en `mailto:`).

Pour illustrer une utilisation d'un menu de reroutage, nous vous proposons de créer un système de lien interactif vers des sites de partenaires. Pour cela, vous ajouterez un menu de reroutage en haut d'une page et vous configurerez les options du menu pour que le visiteur puisse aller directement sur le site du partenaire dès qu'il aura fait son choix.

1. Placez deux balises `<div>` dans la page afin de positionner un texte invitant à visiter les sites de partenaires et le menu de reroutage.

2. Placez le curseur de la souris dans la seconde balise et cliquez sur l'icône Menu de reroutage de la catégorie Formulaires de la barre Insertion (voir repère ❶ de la figure 14-35).

3. Dans le champ Texte de la boîte de dialogue qui s'ouvre alors, saisissez `Sélectionnez un partenaire` sans compléter le champ de l'URL (voir repère ❷ de la figure 14-35). Cliquez ensuite sur le bouton + (voir repère ❸ de la figure 14-35) pour ajouter un item supplémentaire. Complétez cette fois le champ Texte avec le nom du premier partenaire (pour notre exemple, `ADOBE`) et saisissez `http://www.adobe.com` dans le champ « Si sélectionné, aller à l'URL ». Procédez de la même manière pour les autres partenaires.

4. Une fois que la liste des items est complète, assurez-vous que l'identifiant est bien renseigné. L'option Ouvrir les URL dans pourra être utilisée pour définir le cadre dans lequel devra s'ouvrir la page cible mais pour notre exemple, conservez la valeur par défaut. L'option Insérer bouton Aller devra être configurée uniquement si vous désirez que la soumission de votre sélection soit validée manuellement par un bouton Aller. Par défaut, dès qu'une option du menu est sélectionnée, le fichier cible est automatiquement appelé. Enfin, l'option Sélectionner le premier élément après le changement d'URL permet de toujours réinitialiser le menu avec sa première option. Ceci est intéressant lorsqu'on a configuré une invite en guise de premier item du menu, comme c'est le cas pour notre exemple. Vous validerez donc cette option en la cochant.

Figure 14-35

Configuration d'un comportement Menu de reroutage dans Dreamweaver

5. Cliquez sur OK pour valider vos choix. Dès la création du comportement, une action Insérer un menu de reroutage couplée avec un événement onChange apparaît dans la fenêtre Comportements. Le menu déroulant apparaît quant à lui à l'endroit déterminé avant la création du comportement (voir repère ❹ de la figure 14-35).

6. Enregistrez la page et appuyez sur la touche F12 pour la tester dans le navigateur. Par défaut, le menu doit être positionné sur l'invite. Sélectionnez alors le partenaire de votre choix. Dès la sélection effectuée, vous devez être automatiquement redirigé sur le site en rapport.

Conclusion

Les comportements de Dreamweaver permettent de générer automatiquement des programmes JavaScript qui réalisent de petites applications côté client. Lors de l'intégration de la plupart des comportements, le script est ajouté directement dans la balise <head> de la page, ce qui lui permet de rester autonome. En revanche, les nouveaux comportements des effets Spry sont inclus dans un fichier externe : il conviendra donc de les transférer sur le serveur distant en conservant la même arborescence si vous désirez que ces effets puissent continuer à fonctionner en ligne.

15

Les widgets Spry

Grâce aux techniques de mise en page CSS utilisant des listes couplées à des styles, il est possible de créer des éléments de navigation très interactifs. L'usage des widgets Spry de Dreamweaver facilite la mise en œuvre de ces éléments de navigation avancés. Ce chapitre se propose de vous apprendre à créer ces menus contextuels de nouvelle génération.

Les widgets (ou gadgets) Spry permettent d'ajouter à vos sites des éléments d'interface enrichie, tels que des barres de menus déroulants, des panneaux à onglets, des zones rétractables, etc. Couplés à des feuilles de style, ces éléments seront ainsi facilement personnalisables ou adaptables à la charte graphique de votre projet.

L'utilisation des widgets Spry est proche de celle des comportements JavaScript déjà présentés. Elle consiste simplement à configurer une boîte de dialogue qui générera ensuite le code ad hoc dans la page pour réaliser la fonction désirée. La plupart des interventions se feront donc en mode Création, mais, dans certains cas, il sera aussi possible de basculer en mode Code afin de modifier les programmes Spry de manière à les adapter au contexte de votre application.

Les widgets Spry sont accessibles depuis la catégorie Mise en forme de la barre Insertion. Ils sont facilement identifiables grâce au petit cercle rouge situé en bas à droite de chacune des icônes correspondant aux différents éléments de Dreamweaver utilisant la technologie Spry. À noter que nous retrouverons aussi d'autres applications utilisant cette technologie dans les onglets Formulaires (pour leur contrôle) et Données. La catégorie Spry du panneau Insertion regroupe toutes les applications utilisant la technologie Spry.

Voici un bref descriptif des widgets Spry de la catégorie Mise en forme du panneau Insertion (voir figure 15-1) :

- Widget Barre de menus Spry – Permet d'insérer un menu de navigation déroulant pouvant aller jusqu'à trois niveaux de choix (voir repère ❶ de la figure 15-1).

- Widget Panneaux à onglet Spry – Permet d'insérer un système d'affichage de différents contenus en cliquant sur un menu à onglets (voir repère ❷ de la figure 15-1).

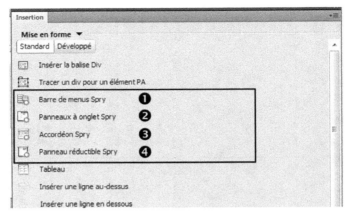

Figure 15-1

Widgets Spry de la catégorie Mise en forme de la barre Insertion

- Widget Accordéon Spry – Permet d'insérer un système composé de plusieurs panneaux réductibles qui s'ouvrent lorsque qu'une barre horizontale est sélectionnée (voir repère ❸ de la figure 15-1).

- Widget Panneau réductible Spry – Permet d'insérer un panneau réductible à panneau unique (voir repère ❹ de la figure 15-1).

Les sections suivantes présentent en détail ces différents widgets Spry.

Le Widget Barre de menus Spry

Pour illustrer l'utilisation de la barre de menus Spry, nous vous proposons de créer un système de navigation permettant d'afficher différentes informations relatives à une série de fleurs des montagnes. L'utilisateur pourra sélectionner dans un menu déroulant à un ou deux niveaux (uniquement pour les Chardons) la fiche de la fleur qu'il désire consulter. Chaque fiche de fleur comportera un titre (le nom de la fleur), un descriptif (provisoire pour notre exemple) et une photo de la fleur.

1. Ouvrez une nouvelle page HTML et enregistrez-la sous le nom `widget-BarreMenu Spry-p1.html`.

2. En utilisant une mise en page CSS, placez un premier conteneur destiné à accueillir la barre de menus Spry en haut de la page. De la même manière, insérez sous ce premier conteneur les différents éléments de la page (voir figure 15-2).

3. Placez ensuite le curseur de la souris dans le conteneur prévu pour accueillir le menu, ouvrez la catégorie Mise en forme (ou la catégorie Spry) et cliquez sur l'icône Barre de menus Spry (voir repères ❶ et ❷ de la figure 15-2). Dans la boîte de dialogue

qui s'ouvre alors, sélectionnez la mise en forme Horizontale (voir repère ❸ de la figure 15-2), puis cliquez sur OK.

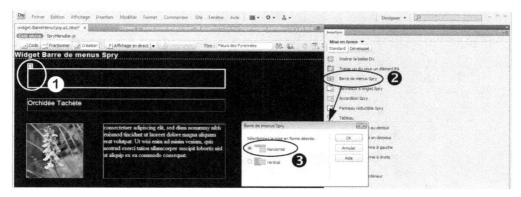

Figure 15-2

Création du widget Barre de menus Spry

4. La barre de menus doit alors prendre place dans le conteneur prévu à cet effet. Assurez-vous que le widget menu est sélectionné dans le panneau Propriétés (voir si besoin l'encadré ci-après dédié à la sélection d'un widget). Choisissez le premier item du menu dans le premier cadre (correspondant au premier niveau du menu, voir repère ❷ de la figure 15-3) et modifiez le contenu du champ Texte (voir repère ❸ de la figure 15-3) en remplaçant le nom par défaut par celui que vous désirez voir apparaître dans le menu. Cliquez ensuite sur l'icône Rechercher le fichier du champ Lien et sélectionnez la page active (voir repères ❹ et ❺ de la figure 15-3). Cliquez sur OK pour valider vos choix.

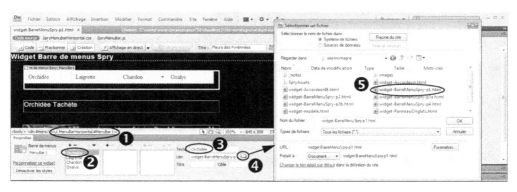

Figure 15-3

Configuration du premier item de la Barre de menus Spry

Sélection d'un widget

Une fois le widget inséré dans la page, vous pourrez le sélectionner de deux manières afin d'accéder à ses paramètres dans le panneau Propriétés :

- En le survolant avec le curseur de la souris jusqu'à ce que l'étiquette bleue du widget apparaisse dans le coin supérieur gauche. Vous n'aurez alors qu'à cliquer sur cette étiquette pour sélectionner le Widget en rapport.
- En le cliquant et en sélectionnant la balise en rapport dans le sélecteur de balise (voir repère ❶ de la figure 15-3).

---

5. Dans cette première rubrique du menu, nous ne désirons pas avoir de sous-menus. Vous allez donc devoir paramétrer le widget pour y supprimer les sous-menus configurés par défaut. Pour cela, le premier item toujours sélectionné, choisissez le premier élément du deuxième cadre (Elément 1.1) et cliquez sur le signe – situé en haut de ce cadre (voir repères ❶ et ❷ de la figure 15-4) afin de le supprimer de la liste. Procédez de la même manière pour les deux autres éléments de ce cadre.

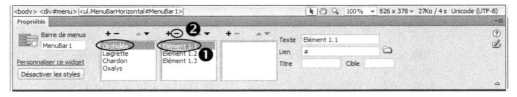

Figure 15-4
Suppression des items du menu de niveau 2 configurés par défaut dans la barre de menus Spry

6. Sélectionnez à présent le second item du premier cadre et modifiez de la même manière le contenu du champ Texte, mais en insérant cette fois le nom de la seconde fleur, soit Laigrette pour notre exemple. Cliquez ensuite sur l'icône Rechercher le fichier et sélectionnez le nom du fichier actuel. Modifiez son nom en remplaçant p1 par p2 (la page widget-BarreMenuSpry-p2.html, sera créée ultérieurement).

7. La configuration du troisième item est un peu différente car nous aurons cette fois deux déclinaisons d'une même fleur, le Chardon bleu et le Chardon tige. Il conviendra donc d'indiquer ces deux noms dans le cadre central correspondant aux items du menu de niveau 2 (voir repère ❶ figure 15-5). En ce qui concerne les pages liées à chacune de ces deux déclinaisons, nous utiliserons cette fois les suffixes p3a et p3b, soit widget-BarreMenuSpry-p3a.html et widget-BarreMenuSpry-p3b.html, pour notre exemple (voir repère ❷ figure 15-5).

8. La procédure pour créer le quatrième du menu est identique à celle employée pour le deuxième item, mis à part que la fleur sera une Orchidée et que le suffixe de la page liée sera cette fois p4, soit widget-BarreMenuSpry-p4.html pour notre exemple.

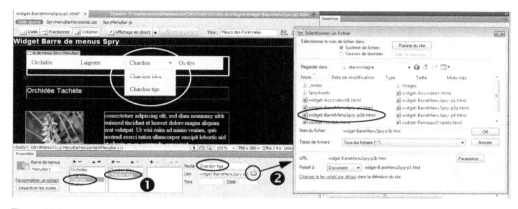

Figure 15-5

Configuration du sous-menu du troisième item de la barre de menus Spry

9. Une fois la barre de menus entièrement personnalisée, enregistrez la page en cours, puis déclinez-la avec les différents suffixes (p2, p3a, p3b et p4) attribués selon les types de fleurs en modifiant à chaque fois le titre, la photo et le descriptif de chaque page. Testez ensuite l'ensemble du système dans le navigateur en appuyant sur la touche F12.

À noter que lors de l'enregistrement de la page, la fenêtre Copier les fichiers indépendants vous rappellera que le fonctionnement du widget nécessite la présence sur votre serveur distant de plusieurs fichiers de bibliothèque externes. Il conviendra donc de penser à les transférer sur votre serveur distant dans le répertoire /SpryAssets/ afin que le widget puisse fonctionner en ligne.

Facilitez la maintenance avec les modèles de Dreamweaver

Si vous désirez utiliser cette barre de navigation en production, nous vous conseillons de créer une page modèle intégrant la barre de menus une fois configurée en définissant comme zones modifiables les conteneurs de titre, du descriptif et de la photo. Ainsi, si par la suite vous désirez ajouter un nouvel item au menu, les modifications seront automatiquement répercutées sur toutes les pages issues de ce modèle (pour plus de détails, reportez-vous au chapitre 16 dédié aux modèles).

Modification des styles du widget Barre de menus Spry

La procédure présentée dans cette section vous a montré comment configurer le widget pour que sa structure puisse répondre à vos attentes. Il est cependant possible d'aller plus loin dans la personnalisation du widget en changeant les couleurs d'arrière-plan, le style du texte des onglets, la taille des éléments du menu ou encore la position des sous-menus. Pour cela, sélectionnez le widget et cliquez sur le lien Personnaliser ce Widget dans le panneau Propriétés. Vous aurez alors accès à toutes les informations utiles pour modifier à votre convenance les styles du widget.

Le Widget Panneaux à onglet Spry

Pour illustrer l'utilisation des panneaux à onglet Spry, nous proposons de créer un système de navigation alternatif à celui de la barre de menus précédente. L'utilisateur pourra ainsi sélectionner depuis un panneau à onglet la fiche de la fleur qu'il désire consulter (le contenu de chaque fiche sera identique à celui de la démonstration précédente).

1. Ouvrez une nouvelle page HTML et enregistrez-la sous le nom widget-Panneau Onglets.html.

2. En utilisant une mise en page CSS, insérez un premier conteneur destiné à accueillir le panneau à onglet Spry en haut de la page. Placez ensuite le curseur de la souris à l'intérieur de ce conteneur et cliquez sur l'icône Panneaux à onglet Spry de la catégorie Mise en forme du panneau Insertion (voir repère ❶ de la figure 15-6).

3. Un menu préconfiguré avec deux onglets apparaît alors dans la page au point d'insertion. Assurez-vous que le widget est bien sélectionné (revoir si besoin l'encadré précédent « Sélection d'un widget ») et cliquez deux fois de suite sur le signe + du cadre Panneaux du panneau Propriétés (voir repère ❷ de la figure 15-6) afin d'obtenir quatre panneaux au total (voir repère ❸ de la figure 15-6).

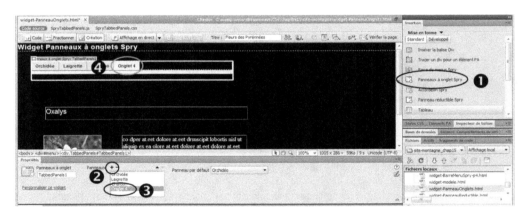

Figure 15-6

Configuration des onglets du panneau et de leur étiquette

4. Dans la fenêtre Document, sélectionnez l'étiquette du premier onglet avec son nom par défaut (Onglet 1, Onglet 2…) et renommez-la (pour notre exemple, nommez-la Orchidée). Procédez de la même manière pour renommer chaque étiquette avec les noms des fleurs que vous désirez afficher par la suite, soit Laigrette, Chardon et Oxalys (voir repère ❹ figure 15-6).

5. Sélectionnez le texte provisoire Contenu 1 situé sous le panneau et remplacez-le par le contenu que vous désirez voir apparaître dans la fiche du premier onglet (si, toutefois, il n'est pas possible de procéder à son remplacement en mode Création, basculez en

mode Code et remplacez Contenu 1 par le code source complet de la fiche, voir figure 15-7).

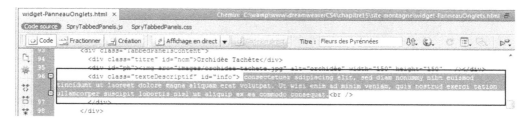

Figure 15-7

Remplacement du contenu d'un panneau en mode Code

6. En mode Création, survolez les onglets avec le curseur de la souris. Vous voyez alors apparaître un œil à droite de chaque onglet (voir repère ❷ de la figure 15-8). Si vous cliquez dessus, l'onglet devient grisé et le contenu en rapport s'affiche dans la fenêtre Document (voir repère ❶ de la figure 15-8). Comme vous pouvez maintenant accéder au contenu provisoire de chaque onglet, il ne vous reste plus qu'à appliquer la même procédure que celle utilisée pour le premier onglet afin de personnaliser les contenus de toutes les fiches de fleur.

Figure 15-8

Sélection des contenus des différents panneaux à onglet Spry

7. Une fois le contenu des quatre panneaux personnalisés, parcourez de nouveau les onglets en cliquant successivement sur chaque œil. Si tout est correct, enregistrez la page et testez-la dans le navigateur en appuyant sur la touche F12.

À noter que lors de l'enregistrement de la page, la fenêtre Copier les fichiers indépendants vous rappellera que le fonctionnement du widget nécessite la présence de plusieurs fichiers de bibliothèque externes sur votre serveur distant. Il conviendra donc de penser à les transférer sur votre serveur distant dans le répertoire /SpryAssets/ afin que le widget puisse fonctionner en ligne.

Modification des styles du widget Panneaux à onglet Spry

La procédure présentée dans cette section vous a montré comment configurer le widget pour que sa structure puisse répondre vos attentes. Il est cependant possible d'aller plus loin dans la personnalisation du widget en changeant les couleurs d'arrière-plan, le style du texte des onglets ou encore la largeur du panneau à onglet. Pour cela, sélectionnez sa balise dans le sélecteur de balise et cliquez sur le lien Personnaliser ce widget dans le panneau Propriétés. Vous aurez alors accès à toutes les informations utiles pour modifier à votre convenance les styles du widget.

Le Widget Accordéon Spry

Pour illustrer l'emploi de ce widget, nous vous proposons de créer un système de navigation alternatif à celui de la barre de menus précédente. L'utilisateur pourra ainsi sélectionner depuis un ensemble de barres horizontales la fiche de la fleur qu'il désire consulter (le contenu de chaque fiche sera identique à celui de la démonstration précédente). L'affichage s'effectuera alors avec un effet accordéon (déploiement ou repli vertical du panneau de contenu).

1. Ouvrez une nouvelle page HTML et enregistrez-la sous le nom widget-Accordeon.html.

2. En utilisant une mise en page CSS, insérez un premier conteneur destiné à accueillir le système de navigation en accordéon (augmenter éventuellement la hauteur et la largeur du conteneur selon l'espace que vous désirez utiliser pour afficher le contenu de chaque panneau). Placez ensuite le curseur de la souris à l'intérieur de ce conteneur et cliquez sur l'icône Accordéon Spry de la catégorie Mise en forme du panneau Insertion (voir repère ❶ de la figure 15-9).

3. Par défaut, Dreamweaver affiche un système de deux panneaux en accordéon, ainsi que le contenu provisoire du panneau supérieur. Assurez-vous que le widget est bien sélectionné (revoir si besoin l'encadré précédent « Sélection d'un widget ») et cliquez deux fois de suite sur le signe + du cadre Panneaux afin d'ajouter deux autres panneaux en accordéon (voir repère ❷ de la figure 15-9).

4. Cliquez sur la première étiquette du cadre Panneaux et sélectionnez ensuite le texte de l'étiquette correspondante dans la fenêtre Document en mode Création. Remplacez-le par le nom de la première fleur, soit Orchidée pour notre exemple. Procédez de la même manière pour renommer chaque étiquette avec les noms des fleurs que vous désirez afficher par la suite, soit Laigrette, Chardon et Oxalys (voir figure 15-10).

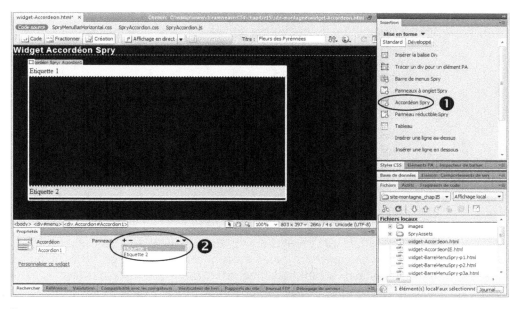

Figure 15-9

Création et configuration du nombre de panneaux d'un widget Accordéon Spry

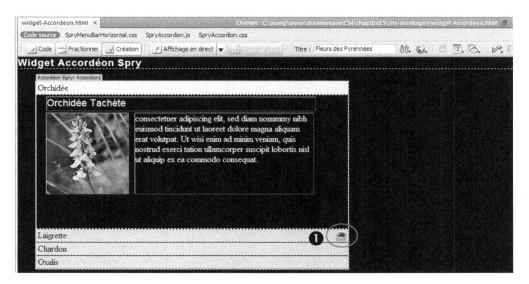

Figure 15-10

Configuration du contenu d'un widget Accordéon Spry

5. Assurez-vous que la première étiquette est toujours activée dans le cadre Panneaux et sélectionnez le texte du contenu provisoire dans le premier panneau de la fenêtre Document, soit `Contenu 1` (attention, si la couleur de fond est noire, vous risquez de ne pas voir ce texte en mode Création). Remplacez-le par le contenu que vous souhaitez voir apparaître dans ce premier panneau (si toutefois, il n'est pas possible de procéder à ce remplacement en mode Création, basculez en mode Code et remplacez `Contenu 1` par le code source complet de la fiche concernée).

6. En mode Création, survolez l'onglet du second panneau afin de faire apparaître l'œil et cliquez dessus pour afficher le contenu du second panneau (voir repère ❶ de la figure 15-10). Sélectionnez le texte provisoire `Contenu 2` et remplacez-le par le contenu de la seconde fiche. Procédez de la même manière pour configurer les contenus des deux autres panneaux.

7. Enregistrez la page et testez-la dans le navigateur en appuyant sur la touche F12.

À noter que lors de l'enregistrement de la page, la fenêtre Copier les fichiers indépendants vous rappellera que le fonctionnement du widget nécessite la présence de plusieurs fichiers de bibliothèque externes sur votre serveur distant. Il conviendra donc de penser à les transférer sur votre serveur distant dans le répertoire /SpryAssets/ afin que le widget puisse fonctionner en ligne.

Modification de l'ordre des panneaux

Pour modifier l'ordre des panneaux, sélectionnez le widget, puis le panneau pour lequel vous souhaitez changer l'ordre dans le cadre Panneaux du panneau Propriétés. Cliquez ensuite sur les flèches situées en haut à droite de ce cadre pour modifier l'ordre d'un panneau par rapport aux autres (voir repère ❷ de la figure 15-9).

Modification des styles du widget Accordéon Spry

La procédure présentée dans cette section vous a montré comment configurer le widget pour que sa structure puisse répondre à vos attentes. Il est cependant possible d'aller plus loin dans la personnalisation du widget en changeant les couleurs d'arrière-plan ou encore la largeur d'un accordéon. Pour cela, sélectionnez le widget et cliquez sur le lien Personnaliser ce widget dans le panneau Propriétés. Vous aurez alors accès à toutes les informations utiles pour modifier à votre convenance les styles du widget.

Le Widget Panneau réductible Spry

Un widget Accordéon Spry, présenté à la section précédente, comporte au minimum deux panneaux réductibles. Aussi, si vous désirez mettre en œuvre le même type d'interactivité mais avec un seul panneau, vous devrez employer le widget Panneau réductible Spry.

Pour illustrer l'utilisation du panneau réductible Spry, nous vous proposons de créer un système qui déploiera ou masquera le contenu de la fiche Chardon bleu.

1. Ouvrez une nouvelle page HTML et enregistrez-la sous le nom `widget-Panneau Reductible.html`.

2. En utilisant une mise en page CSS, insérez un premier conteneur destiné à accueillir le système de navigation. Placez ensuite le curseur de la souris à l'intérieur de ce conteneur et cliquez sur l'icône Panneau réductible Spry de la catégorie Mise en forme du panneau Insertion (voir repère ❶ de la figure 15-11).

3. Sélectionnez le texte de l'étiquette de l'onglet du panneau dans la fenêtre Document en mode Création et remplacez-le par le nom de la fleur que l'on désire afficher, soit `Chardon bleu`.

4. Sélectionnez ensuite le texte de contenu provisoire dans le panneau de la fenêtre Document (`Contenu`) et remplacez-le par le contenu de la fiche (si toutefois, il n'est pas possible de procéder à ce remplacement en mode Création, basculez en mode Code et remplacez `Contenu` par le code source complet de la fiche correspondante).

5. Dans le panneau Propriétés du widget, il est aussi possible de configurer l'état du panneau lors du premier affichage (Ouvert ou Fermé) et de contrôler l'ouverture ou la fermeture du panneau en mode Création (fonctionnalité alternative à l'utilisation de l'œil qui s'affiche au survol du curseur, voir repère ❷ de la figure 15-11).

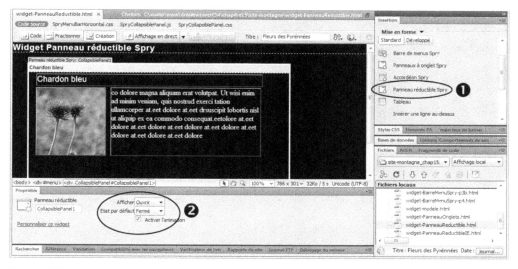

Figure 15-11

Configuration du widget Panneau réductible Spry

6. Enregistrez la page et testez-la dans le navigateur en appuyant sur la touche F12.

   À noter que lors de l'enregistrement de la page, la fenêtre Copier les fichiers indépendants vous rappellera que le fonctionnement du widget nécessite la présence de plusieurs fichiers de bibliothèque externes sur votre serveur distant. Il conviendra donc de penser à les transférer sur votre serveur distant dans le répertoire `/SpryAssets/` afin que le widget puisse fonctionner en ligne.

Modification des styles du widget Panneau réductible Spry

La procédure présentée dans cette section vous a montré comment configurer le widget pour que sa structure puisse répondre à vos attentes. Il est cependant possible d'aller plus loin dans la personnalisation du widget en changeant les couleurs d'arrière-plan ou encore la largeur du panneau. Pour cela, sélectionnez le widget et cliquez sur le lien Personnaliser ce widget dans le panneau Propriétés. Vous aurez alors accès à toutes les informations utiles pour modifier à votre convenance les styles du widget.

Conclusion

Les widgets Spry permettent désormais de créer très rapidement des applications avancées sans pour autant maîtriser la programmation JavaScript. Toutefois, pour les personnaliser, il vous faudra bien connaître les CSS si vous souhaitez adapter leur dimension ou leur couleur à leur environnement. Les scripts Spry des widgets étant insérés dans un ou plusieurs fichiers externes, il convient de les transférer sur le serveur distant pour que les widgets puissent fonctionner en ligne.

16

Bibliothèque et modèles

Dreamweaver CS4 vous sera d'une très grande aide pour créer des pages HTML et des feuilles de style. En effet, le logiciel peut s'utiliser comme un simple éditeur de code ou devenir un élément déterminant pour la gestion de production d'un site. La fenêtre Actifs vous permettra d'améliorer le flux de production car elle affiche tous les éléments présents dans le répertoire et les sous-répertoires du site. Les modèles permettront aussi un gain de productivité lors de la création de nombreuses pages ayant la même structure. Dans ce chapitre, nous aborderons les points suivants :

- la fenêtre Actifs ;
- la bibliothèque ;
- l'utilisation des modèles.

La fenêtre Actifs

La fenêtre Actifs s'ouvre depuis le menu Fenêtre>Actifs. Elle contient tous les éléments placés dans le répertoire du site de la page HTML courante. L'usage de cette fenêtre peut faciliter l'intégration d'éléments placés dans des sous-dossiers en évitant l'ouverture de la fenêtre d'invite de recherche de fichiers. Son usage est recommandé pour tout projet présentant une structure de répertoires complexe.

Description

La fenêtre Actifs est composée d'une série d'icônes placées sur sa gauche et de deux boutons radios situés en haut de la fenêtre. Les différentes icônes proposées permettent d'accéder à tous les documents du site. On considère qu'un document fait partie du site dès lors qu'il est placé dans l'un des répertoires de la zone identifiée comme Site dans Dreamweaver. Les actifs présentés dans cette fenêtre correspondent donc à tous les documents inclus ou non dans l'une des pages déjà créées. Les deux boutons radio permettent de visualiser, soit tous les documents du site des différentes catégories, soit uniquement les documents déclarés comme favoris.

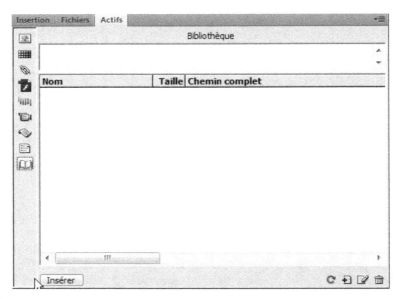

Figure 16-1
La fenêtre Actifs de Dreamweaver

Cliquez sur l'une des icônes pour visualiser l'ensemble des documents de la catégorie placés dans tous les répertoires du site. Voici un bref descriptif de ces icônes permettant d'accéder aux différentes catégories de documents :

• Icône Images – Permet d'accéder aux images du site enregistrées aux formats JPEG, GIF et PNG.

• Icône Couleurs – Permet d'accéder aux couleurs définies pour le site. L'usage de cette catégorie est très utile et évite souvent la recherche et la réécriture d'une couleur déjà créée.

• Icône URL – Permet d'accéder aux liens externes présents dans le site sous les formats `http`, `https`, `ftp`, `mailto`, `gopher` et `file`. Les liens de type `contact.html` ne sont pas présentés.

• Icône Flash – Permet d'accéder aux documents `.swf` du site. Les documents qui s'affichent sont aussi issus du logiciel Flash, mais également des outils internes à Dreamweaver permettant de créer notamment des boutons, des textes Flash ou des diaporamas.

- Icône Shockwave – Permet d'accéder aux documents Shockwave issus du logiciel Director.

- Icône Films – Permet d'accéder aux documents vidéo. Tous les types de vidéos sont placés ici.

- Icône Scripts – Permet d'accéder aux fichiers JavaScript et VBScript externes. Il sera ainsi très facile de créer un lien vers un document de ce type.

- Icône Modèles – Permet d'accéder aux modèles du site.

- Icône Bibliothèque – Permet d'accéder aux fichiers du site ayant été définis ainsi. Il s'agit, par exemple, des blocs de textes utilisés dans de nombreuses pages du site. La modification d'un élément de bibliothèque se répercute sur l'ensemble des pages l'ayant incorporé (voir section « La bibliothèque »).

Utiliser les Actifs

Cette section présente les principales utilisations de la fenêtre Actifs.

Insérer une image ou un document SWF dans une page

1. Sur le document, en mode Création ou Code, placez le curseur de la souris à l'endroit où vous souhaitez insérer l'image ou le document SWF.

2. Ouvrez la fenêtre Actifs et cliquez sur l'icône Images. Sélectionnez l'image à incorporer et cliquez sur le bouton Insérer situé en bas de la fenêtre (en mode Code, vous devrez ensuite cliquer sur le bouton Actualiser pour que l'insertion de l'image soit prise en compte). Si vous souhaitez insérer un document SWF, cliquez sur l'icône Flash et sélectionnez le fichier souhaité. Dreamweaver insère tout le code nécessaire à l'incorporation du document.

Une autre technique pour placer une image ou un document SWF dans une plage consiste à sélectionner le fichier souhaité dans la fenêtre Actifs et à le faire glisser au point d'insertion dans la page.

Choisir une couleur

Deux cas peuvent se présenter : vous souhaitez appliquer une couleur soit directement sur un texte soit sur une valeur de propriété de style.

Voici la marche à suivre pour appliquer une couleur directement sur un texte.

1. Sélectionnez le texte et choisissez la couleur souhaitée dans la fenêtre Actifs.

2. Cliquez ensuite sur le bouton Appliquer. Dreamweaver ouvre alors la boîte permettant de créer une nouvelle règle CSS. Choisissez le type de sélecteur. Pour une portion de texte, on choisira généralement une classe. Pour un paragraphe, on optera soit pour la balise `<p>`, mais cela est un peu général, soit pour un sélecteur composé.

Pour appliquer une couleur en tant que valeur d'une propriété de style :

1. Cliquez sur l'icône Couleurs de la fenêtre Actifs.

2. Éditez ensuite le style depuis la fenêtre Styles CSS et cliquez sur le carré de couleur pour faire apparaître la palette des couleurs. Utilisez la pipette pour sélectionner la couleur souhaitée dans la fenêtre Actifs.

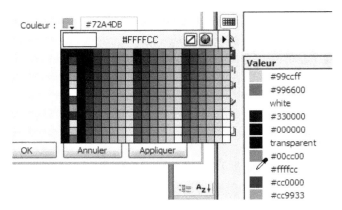

Figure 16-2

Sélection d'une couleur de style depuis la fenêtre Actifs

Placer un lien

1. En mode Création, sélectionnez l'élément sur lequel vous souhaitez appliquer le lien.

2. Cliquez sur l'icône URL de la fenêtre Actifs et sélectionnez le lien. Cliquez ensuite sur le bouton Appliquer, placé en bas de la palette des actifs.

Cette technique est particulièrement utile dans le cas de liens complexes. Elle permet également de remplacer facilement un lien par un autre sans avoir à le saisir manuellement. Notez que la technique du ciblage depuis le panneau Propriétés n'est pas possible avec la fenêtre Actifs.

Placer une vidéo

La catégorie vidéo propose tous les formats. vidéo exploitables dans une page HTML, selon deux types :

- ceux qui ne peuvent s'intégrer que dans une balise `<embed>`, soit les formats classiques `.mov`, `.mpeg`, `.rm`, `.avi` et `.wmv` ;

- ceux qui s'intègrent en tant que contenus actifs, soit le format `.flv`.

Seuls les fichiers `.flv` peuvent être insérés par simple glisser-déplacer ou en cliquant sur le bouton Insérer. Pour les autres formats de documents vidéo, reportez-vous au chapitre 17.

Utiliser des éléments d'autres sites

Depuis la fenêtre Actifs, il est très facile de copier des éléments d'un site vers un autre site, la seule contrainte étant que les deux sites soient identifiés comme tels dans Dreamweaver. Voici la marche à suivre pour accéder à tous les actifs d'un site :

1. Ouvrez l'une des pages du site et sélectionnez le type de document souhaité dans la fenêtre Actifs en cliquant sur son icône.

2. Sélectionnez un ou plusieurs documents, puis cliquez droit dessus ou sur le menu local situé en haut à droite de la fenêtre.

3. Choisissez Copier dans le site et sélectionnez l'un des sites enregistrés sur votre ordinateur.

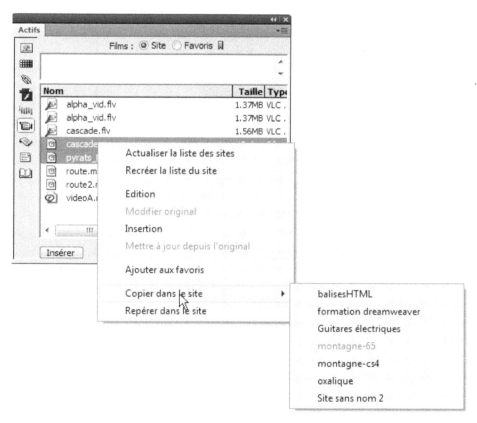

Figure 16-3

Insérer des documents d'un site dans un autre

Les favoris

Les favoris sont des éléments que vous avez déclarés ainsi et qui sont en quelque sorte mis en valeur par rapport aux autres éléments de la liste des actifs. Un élément favori fait partie d'une liste beaucoup plus restreinte que les éléments actifs. Il est donc facilement identifiable et utilisable. Si vous déclarez un élément comme favori, Dreamweaver placera son nom dans une liste de favoris, mais ne modifiera pas et ne copiera pas le document original. Il s'agit simplement d'un alias.

Ajouter un favori

Pour ajouter un ou plusieurs favoris, sélectionnez les éléments concernés dans la liste des actifs et cliquez sur l'icône Ajouter aux favoris située en bas à droite de la fenêtre Actifs. Un message vous informe que les éléments sélectionnés ont bien été placés dans les favoris du site.

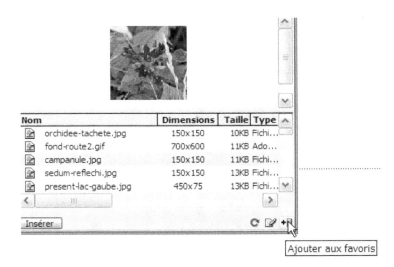

Figure 16-4

Ajout d'un favori

Favoris Couleurs, URL, Modèles et Bibliothèque

Les éléments de ces catégories peuvent s'ajouter de la même manière que les autres éléments aux favoris et ils peuvent aussi être entièrement créés en tant que favoris. Pour cela, cliquez sur le bouton radio Favoris, puis sur l'icône Couleurs, URL, Modèles ou Bibliothèque. Dans la partie inférieure de la fenêtre, cliquez sur l'icône représentant un signe plus.

Si vous ajoutez une nouvelle couleur aux favoris, une palette de couleurs s'affichera vous permettant de sélectionner la couleur. Dans le cas d'une nouvelle URL, vous devrez renseigner l'URL et lui attribuer un nom.

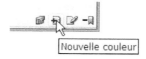

Figure 16-5

Création d'une nouvelle couleur de favori

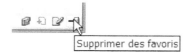

Figure 16-6

Ajout d'une nouvelle URL dans les favoris

Regrouper, renommer et supprimer des favoris

La colonne Surnom de la fenêtre des éléments favoris affiche les surnoms des éléments déclarés comme favoris. Par défaut, ils portent le même nom que les fichiers auxquels ils correspondent mais vous pourrez leur attribuer un surnom afin de faciliter leur identification. Ce surnom ne modifie pas le nom réel du document, il s'agit seulement du nom indiqué pour l'élément dans les favoris.

L'icône Nouveau dossier Favoris, placé en bas de la fenêtre Favoris, permet de réorganiser et de regrouper les éléments d'une catégorie. Pour cela, cliquez dessus et faites glisser les éléments d'une catégorie à l'intérieur. Ce dossier peut bien évidemment être renommé.

Pour supprimer un favori, sélectionnez-le et cliquez sur l'icône Supprimer des favoris.

Figure 16-7

Supprimer un favori

La bibliothèque

La bibliothèque représente un dossier particulier de la fenêtre Actifs car, contrairement aux autres éléments actifs qui sont placés dans les différents dossiers et sous-dossiers du site, elle renferme des éléments ou des groupes d'éléments construits dans la page HTML. Un élément de bibliothèque pourra donc être facilement réintégré dans plusieurs pages HTML du site, sa caractéristique est de pouvoir être modifié depuis la fenêtre Actifs. Les changements seront ensuite répercutés dans toutes les pages dans lesquelles l'élément est incorporé.

Créer un élément de bibliothèque

Les éléments typiques à placer dans la bibliothèque sont les titres, les pieds de page et le menu général du site. En effet, dans la mesure où ces éléments sont à placer sur toutes les pages, il est utile qu'ils soient toujours disponibles pendant la phase de création. Une modification, même mineure, sur le menu obligera le webmaster à ouvrir chacune des pages du site. En revanche, si le menu est déclaré comme élément de bibliothèque, il suffira de le modifier pour que toutes les pages dans lesquelles il est intégré soient mises à jour.

Créer un élément texte

1. Pour créer un élément de bibliothèque, vous devez tout d'abord le créer dans la page HTML.

2. Sélectionnez-le ensuite en mode Création ou Code.

3. Ouvrez la fenêtre Actifs et cliquez sur l'icône Bibliothèque, puis sur l'icône Nouvel élément de la bibliothèque située en bas de la fenêtre.

Figure 16-8
Ajouter un élément à la bibliothèque

4. Renommez l'élément à votre convenance.

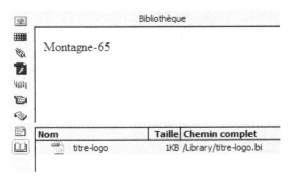

Figure 16-9
Le nouvel élément dans la bibliothèque

Créer un élément menu

Si vous souhaitez placer les éléments constituant un menu en tant qu'élément de bibliothèque, vous devrez placer uniquement les éléments constituant le menu dans la bibliothèque et non les éléments ayant permis de le structurer. La figure 16-10 présente un menu placé dans une page et son code HTML. Il est structuré par un bloc `<div>` et réalisé au moyen d'une liste `<ul>` et d'items `<li>`.

```
<div class="zone-menu">
<ul class="menu">
    <li><a href="histoires.html">Histoires</a></li>
    <li><a href="randos.html">Randonn&eacute;es</a></li>
    <li><a href="/mont/Flore.html">Flore</a></li>
    <li><a href="contact.html">Contactez-nous</a> </li>
  </ul>
  </div>
```

```
50    100    150    200    250    300    350    400    450    500    550    600    650    700    750    800    8
          Histoires          Randonnées          Flore          Contactez-nous
```

Figure 16-10

Le menu et son code

La partie du menu que nous allons placer dans la bibliothèque est uniquement celle qui compose le menu, c'est-à-dire le bloc `<ul>...</ul>`. Si nous placions le bloc `<div>` en tant qu'élément de bibliothèque, son incorporation entraînerait automatiquement l'ajout d'un bloc supplémentaire à la page. L'ajout du bloc `<ul>...</ul>` dans les pages incorporera uniquement le menu et celui-ci pourra, éventuellement, être placé dans des zones différentes suivant les pages.

En mode Code, sélectionnez le bloc `<ul>...</ul>`.

Cliquez sur l'icône Bibliothèque de la fenêtre Actifs, puis sur l'icône Nouvel élément de la bibliothèque.

Renommez l'élément à votre convenance.

Appliquer un élément de la bibliothèque

Pour appliquer un élément de la bibliothèque, faites-le simplement glisser dans la page à l'endroit où vous souhaitez l'incorporer. Cette action modifie un peu le code HTML de la page, car Dreamweaver ajoute des balises propriétaires lui permettant de définir l'emplacement de ce type d'élément. Le code ci-après présente ces balises placées dans la page en tant que commentaires, ce qui les rend invisibles pour les navigateurs.

```
<div class="header">
    <!-- #BeginLibraryItem "/Library/Titre-logo.lbi" -->
    Montagne-65<!-- #EndLibraryItem -->
</div>
```

Modifier un élément de la bibliothèque

Pour modifier un élément, sélectionnez-le dans la bibliothèque et cliquez sur le bouton Modifier. L'élément s'ouvre alors dans une nouvelle fenêtre de Dreamweaver vous permettant de le modifier. Une fois vos modifications effectuées, enregistrez l'élément.

La boîte de dialogue présenté à la figure 16-11 s'ouvre alors et vous propose de mettre à jour les différentes pages du site comprenant cet élément.

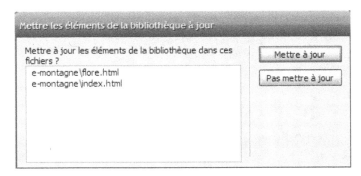

Figure 16-11

La boîte de dialogue Mettre les éléments de la bibliothèque à jour

Cliquez sur le bouton Mettre à jour et validez la seconde boîte de dialogue qui vous propose la mise à jour des éléments de bibliothèque et de modèle ainsi que la recherche de ce type d'éléments parmi d'autres sites reconnus par Dreamweaver.

Utiliser les modèles

Les modèles constituent une spécificité de Dreamweaver car ils ne sont pas représentatifs du langage XHTML. Grâce à eux, vous allez pouvoir définir certaines zones d'une page HTML comme modifiables et d'autres comme non modifiables. Ceci vous permettra d'augmenter votre productivité tout en évitant des erreurs de manipulation. L'usage des modèles incorpore des balises spécifiques dans le code HTML (voir code ci-après) qui sont uniquement reconnues par Dreamweaver. Elles seront ignorées par les navigateurs et les autres éditeurs HTML.

```
<!-- TemplateBeginEditable name="EditRegion1" -->
```

Notez que ces balises peuvent parfois modifier la mise en page en mode Création.

Les modèles simples

Voici la procédure à suivre pour réaliser un modèle simple.

1. Assurez-vous que vous travaillez bien dans le site souhaité. Pour cela, sélectionnez le menu Fenêtre>Fichiers et vérifiez le site en cours.

2. Réalisez la page qui servira de modèle. Veillez à bien placer les styles à l'extérieur de la page, surtout si vous utilisez des règles comportant des images d'arrière-plan.

3. Sélectionnez la zone à définir comme modèle. Si la page est créée avec des balises `<div>`, choisissez la balise correspondante dans le sélecteur de balise du document.

4. Cliquez sur l'icône Modèles de la catégorie Commun du panneau Insertion et choisissez Région modifiable.

Si le document n'est pas encore enregistré en tant que modèle, Dreamweaver vous avertit qu'il sera automatiquement converti en modèle. Cliquez sur OK pour valider.

Figure 16-12

Ajout d'une région modifiable

5. La boîte de dialogue Nouvelle région modifiable s'affiche alors. Saisissez le nom souhaité dans le champ Nom et cliquez sur OK. La région modifiable apparaît sur la page.

Figure 16-13

La région modifiable ajoutée à la page

6. Enregistrez la page en tant que modèle via le menu Fichier>Enregistrer comme modèle…

Après l'enregistrement, le modèle est automatiquement placé dans un nouveau répertoire créé dans le site en cours et nommé `Template`.

Pour supprimer une région modifiable, cliquez droit (Ctrl + clic sur Mac) sur son onglet et choisissez Modèles>Supprimer le marqueur de modèle.

Appliquer un modèle

Pour créer une nouvelle page à partir d'un modèle existant, vous pouvez la réaliser en suivant le modèle à partir de la boîte de création d'un nouveau document ou appliquer le modèle à une page vierge. Les deux méthodes permettent d'obtenir le même résultat final.

La création d'une nouvelle page depuis un modèle se réalise depuis la fenêtre d'invite du nouveau document.

1. Sélectionnez le menu Fichier>Nouveau… et cliquez sur le lien Page issue d'un modèle.

2. Choisissez le site dans lequel se trouve le modèle désiré, puis le modèle en question.

Figure 16-14

Création d'un nouveau document à partir d'un modèle

Notez que cette méthode permet l'ouverture d'un modèle d'un site quelconque et ainsi de l'utiliser et de l'enregistrer dans le site courant.

L'application d'un modèle sur une page s'effectue généralement à partir d'une page vierge bien qu'elle soit possible à partir d'une page existante.

1. Ouvrez un nouveau document ainsi que la fenêtre Actifs.

2. Cliquez sur l'icône Modèles, sélectionnez le modèle souhaité et faites-le glisser sur la page vierge tout en maintenant le bouton de la souris enfoncé.

3. Relâchez le bouton de la souris. Le modèle est mis en place dans la page et vous pouvez commencer à travailler.

Figure 16-15

Application d'un modèle à une page vierge

Changer un modèle

Lorsque vous créez une page à partir d'un modèle, certaines zones seront modifiables et d'autres non. Ceci sera indiqué par l'aspect du curseur de la souris au survol des zones. Si la zone n'est pas modifiable, le curseur se transformera en panneau d'interdiction.

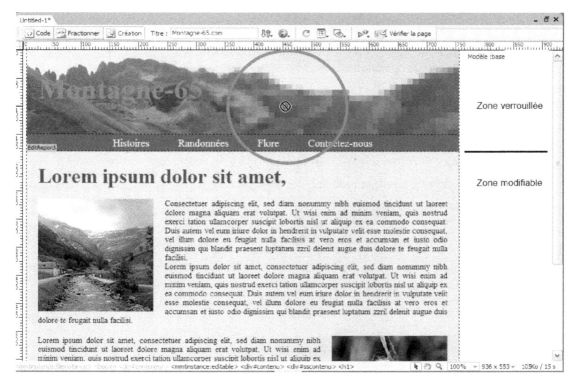

Figure 16-16

L'aspect du pointeur de la souris lors du survol d'une zone non autorisée

Les modèles imbriqués

Lors de la création d'un site, vous pourrez être amené à créer plusieurs modèles différents ayant, néanmoins, une même base ou des éléments communs. Vous utiliserez alors des modèles imbriqués qui sont issus de modèles existants.

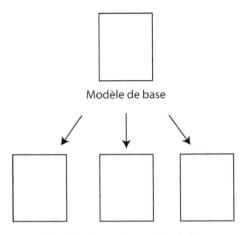

Figure 16-17
Le principe des modèles imbriqués

Voici la marche à suivre pour créer des modèles imbriqués :

1. Créez une nouvelle page et appliquez-lui un modèle de base.

2. Cliquez ensuite sur l'icône Modèles de la catégorie Commun du panneau Insertion et choisissez Créer un modèle imbriqué dans la liste proposée.

3. Enregistrez ce nouveau modèle.

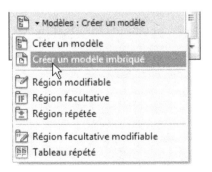

Figure 16-18
Création d'un modèle imbriqué

L'un des atouts des modèles imbriqués est la totale dépendance des zones non modifiables par rapport au modèle de base. Modifier le modèle de base permettra de modifier tous les modèles qui en sont issus, et donc toutes les pages auxquelles il est appliqué.

Les modèles à région répétée

Un modèle à une ou plusieurs régions répétées possède une ou plusieurs zones qui pourront être dupliquées à volonté. Ces zones seront modifiables ou non, suivant le choix que l'on aura effectué. Voici la marche à suivre pour créer une région répétée :

1. Créez une zone dans la page (un bloc `<div>`, `<p>` ou toute autre balise de type bloc). Vous pouvez réaliser une composition quelconque dans ce bloc en utilisant, par exemple, des flottants.

2. Sélectionnez cette zone et cliquez sur l'icône Modèles>Région répétée de l'onglet Commun de la barre Insertion afin de la déclarer comme région répétée.

3. Attribuez-lui un nom et enregistrez le modèle. Lorsqu'il sera appliqué à une page, le modèle apparaîtra alors avec l'onglet présenté sur la figure 16-19.

Figure 16-19
Onglet de région répétée

Cliquez sur le signe + pour dupliquer la région répétée.

Pour supprimer une région répétée, cliquez sur le signe –.

Pour modifier l'emplacement d'une région répétée, cliquez sur l'une des flèches. La zone se déplace alors vers le haut ou vers le bas en fonction du choix effectué.

Mettre en œuvre une région répétée

Nous souhaitons réaliser une page présentant la liste des différentes manifestations régionales ainsi qu'un bref descriptif, le lieu et l'adresse e-mail de l'organisateur. Le modèle à répéter est présenté à la figure 16-20.

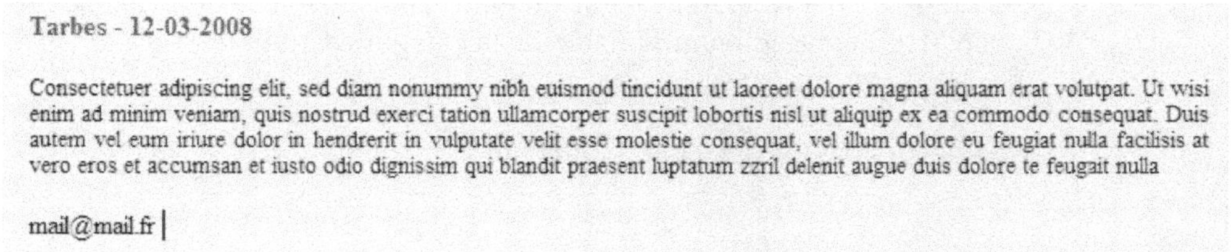

Tarbes - 12-03-2008

Consectetuer adipiscing elit, sed diam nonummy nibh euismod tincidunt ut laoreet dolore magna aliquam erat volutpat. Ut wisi enim ad minim veniam, quis nostrud exerci tation ullamcorper suscipit lobortis nisl ut aliquip ex ea commodo consequat. Duis autem vel eum iriure dolor in hendrerit in vulputate velit esse molestie consequat, vel illum dolore eu feugiat nulla facilisis at vero eros et accumsan et iusto odio dignissim qui blandit praesent luptatum zzril delenit augue duis dolore te feugait nulla

mail@mail.fr |

Figure 16-20
Base pour la région répétée

Sur la page, nous avons créé un bloc `<div>` dans lequel nous avons ajouté un titre, un paragraphe et une zone pour l'adresse e-mail. Ces différentes zones sont mises en forme avec des classes (voir code ci-dessous).

```
<div class="sscontenu">
    <h2>Tarbes - 12-03-2008</h2>
    <p class="p1"> Consectetuer adipiscing elit, …</p>
    <p class="mail">mail@mail.fr</p>
</div>
```

L'usage des classes permet ici de pouvoir appliquer un même style à plusieurs zones distinctes de la page. Nous vous rappelons que l'utilisation de plusieurs identifiants ID de même nom n'est pas autorisée, car un ID est unique.

Voici la marche à suivre pour créer la zone répétée :

1. Placez le curseur de la souris dans le bloc préalablement créé, sélectionnez `<div class="sscontenu">` dans le sélecteur de balise afin de sélectionner tout le bloc.

2. Cliquez sur l'icône Modèles de la catégorie Commun du panneau Insertion et choisissez Région répétée dans la liste proposée.

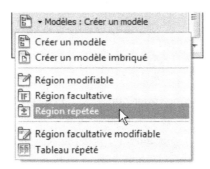

Figure 16-21
Création d'une région répétée

Cette région, bien que duplicable, n'est pas pour autant modifiable. Pour pouvoir travailler dans une zone répétée, vous allez devoir la rendre modifiable.

3. Sélectionnez à nouveau l'ensemble du bloc depuis le sélecteur de balise et cliquez sur l'icône Modèles>Région modifiable de la catégorie Commun.

4. Enregistrez le modèle.

5. Créez une nouvelle page et appliquez-lui le modèle.

Les modèles à tableau répété

Le principe des modèles à tableau répété est identique à celui des modèles à région répétée : une zone du document sera répétée autant de fois que nécessaire. Dans le cas d'un modèle à tableau répété, c'est un tableau qui sera introduit dans la page. L'usage de cette commande permettra de spécifier quelles seront les lignes du tableau à dupliquer.

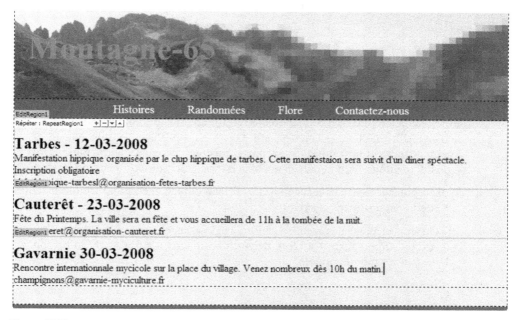

Figure 16-22

Exemple de page composée de régions répétées

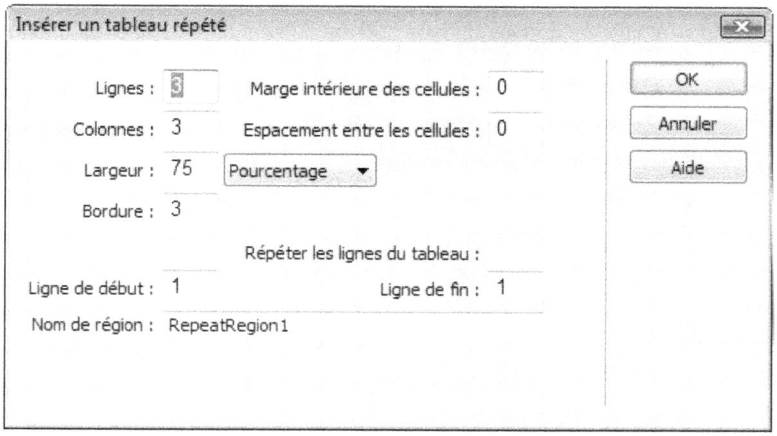

Figure 16-23

Création d'un tableau répété

La figure 16-23 présente la fenêtre de création d'un tableau répété. En plus des différents paramètres de création de tableau, cette fenêtre permet de choisir les lignes qui seront répétées. De cette manière, il sera possible de réaliser facilement des pages comprenant des tableaux similaires, mais avec un nombre variable de lignes de données.

Les modèles à région facultative

Pour travailler facilement avec des régions facultatives, vous devrez généralement réaliser des tableaux. En effet, un modèle à région facultative modifie le code HTML de la page. Ainsi, si vous concevez une structure de page utilisant le flux HTML ou des éléments flottants, la suppression d'un élément modifiera considérablement la structure de la page. L'usage d'un tableau permettra, par exemple, d'afficher ou non une image, sans pour autant affecter l'ensemble de la page puisque la structure du tableau est conservée. Considérez donc bien la pertinence des régions facultatives avant de les créer.

L'exemple suivant ne nécessite pas de tableau puisqu'il consiste simplement à modifier le titre de la page suivant la saison.

1. Ouvrez la page des manifestations régionales créée précédemment pour ajouter le texte « - Spécial ski » au titre de certaines pages. La figure 16-24 présente deux titres issus d'un même modèle.

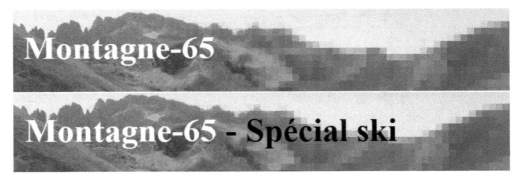

Figure 16-24
Deux titres issus d'un même modèle

2. Depuis le modèle de page des manifestations, ajoutez le texte « - Spécial ski » à la suite du titre de la page. Sélectionnez-le et cliquez sur l'icône Modèles>Région facultative de la catégorie Commun du panneau Insertion. La boîte de dialogue présentée à la figure 16-25 s'ouvre alors.

3. Attribuez éventuellement un nom à cette région et vérifiez que l'option Afficher par défaut est bien cochée. Cliquez sur OK pour valider.

   Une partie du titre est à présent entourée d'une zone nommée `if OptionalRegion1`.

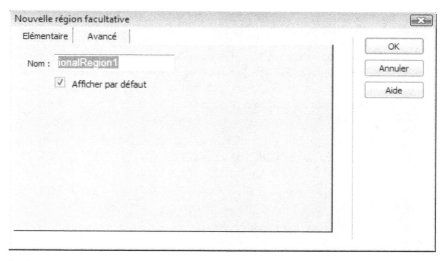

Figure 16-25

La boîte de dialogue Nouvelle région facultative

Lors de l'application de ce modèle à une nouvelle page, le titre complet apparaît puis-que nous avons coché l'option Afficher par défaut. Les pages ne devant pas afficher le titre supplémentaire doivent être modifiées. Pour cela, sélectionnez le menu Modifier>Propriétés du modèle…

4. La boîte de dialogue présentée à la figure 16-26 s'ouvre alors. Décochez l'option Afficher OptionalRegion1. La région facultative est à présent invisible.

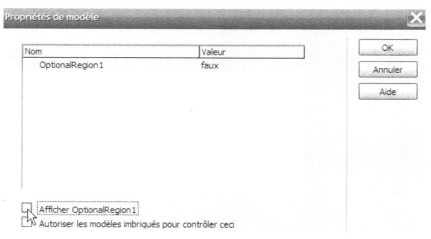

Figure 16-26

Modifier l'affichage de la région facultative

Mettre en ligne des pages issues de modèles

Lorsque vous créez un modèle dans Dreamweaver, il est enregistré dans un dossier nommé `Template` contenant tous les modèles qui pourront être appliqués aux nouvelles pages du site. Le code HTML généré dans les nouvelles pages est totalement autonome et seules des balises spécifiques à Dreamweaver permettent de relier la page à son modèle. La mise en ligne d'une page issue d'un modèle ne nécessite donc pas la mise en ligne du modèle.

En revanche, la modification d'un modèle dans Dreamweaver nécessitera la mise en ligne de toutes les pages issues de ce modèle.

Conclusion

Les modèles sont particulièrement utiles si vous devez partager la réalisation de votre travail avec une personne qui connaît mal les techniques de mise en page pour le Web. Vous pouvez ainsi créer tous les modèles de pages à partir desquels votre assistant réalisera de nouvelles pages dans lesquelles il pourra facilement ajouter du contenu, sans risquer de générer une erreur sur la structure de la page.

Intégration des vidéos

Le média vidéo est de plus en plus présent dans les pages Web. L'augmentation du débit destiné aux internautes non professionnels a permis de rendre ce média attractif et simple. L'essor spectaculaire du format FLV Flash a également contribué au développement de l'usage de la vidéo. Ce chapitre décrit les différentes méthodes d'obtention et d'incorporation des médias vidéos, autres que Flash, dans une page Web. Les points suivants y seront abordés :

- les technologies vidéos ;
- obtenir des vidéos pour le Web ;
- lire une vidéo depuis une page Web ;
- lire une vidéo intégrée à la page ;
- les contenus actifs.

Les technologies vidéos

Le média vidéo est composé de 25 images par seconde et d'une piste sonore. La combinaison de ces éléments fait qu'une minute de vidéo pèse en général 250 Mo, ce qui dépend de la compression du caméscope ayant servi pour l'enregistrement des images. Quel que soit le niveau de compression de base, une vidéo ne peut pas être diffusée directement sur le Web car son poids rendrait le temps de téléchargement trop important, même à haut débit. Il faudra donc appliquer certaines transformations à la vidéo afin de diviser son encombrement sur le disque par un facteur pouvant aller jusqu'à 100 et ainsi réduire la bande passante nécessaire à sa diffusion. Parmi ces transformations, certaines seront mécaniques, comme la réduction de la taille ou du nombre d'images par seconde, et d'autres seront informatiques, comme la compression des images et du son. Quatre acteurs se partagent le domaine de la compression vidéo : Apple avec QuickTime, Real-Networks avec RealMedia, Microsoft avec Windows Media et Adobe avec les vidéos Flash.

La technologie QuickTime

QuickTime est la solution vidéo développée par Apple. Elle est installée par défaut sur tous les Mac et peut facilement être ajoutée à un ordinateur fonctionnant sous Windows. Pour cela, il suffit de télécharger gratuitement QuickTime Player sur le site d'Apple (`http://www.apple.com/fr/quicktime`) et de l'installer sur votre ordinateur.

Le lecteur multimédia QuickTime permet de lire de nombreux types de fichiers audio et vidéo. Pour accéder aux fonctionnalités d'enregistrement et d'exportation des fichiers, vous devrez passer à la version QuickTime Pro en achetant un simple numéro de série sur le site d'Apple (voir section « Obtenir des vidéos QuickTime » de ce chapitre).

Les vidéos QuickTime peuvent être lues en téléchargement, en démarrage rapide ou en streaming. Par rapport à ses concurrents, QuickTime met davantage l'accent sur la qualité de la vidéo plutôt que sur la diffusion en streaming

La technologie RealMedia

RealNetworks est l'un des précurseurs de la vidéo diffusée en streaming. Son lecteur multimédia, RealPlayer, permet de lire les fichiers `.ra`, `.rv`, `.ram`, `.rp` et `.rt`. La technologie RealMedia est longtemps restée leader pour la diffusion de vidéos en streaming, mais elle est aujourd'hui en perte de vitesse suite à l'expansion rapide de la technologie vidéo Flash. Le lecteur RealPlayer est disponible en version gratuite à l'adresse suivante : `http://www.real.com/player/realplayer_intl.html?lang=fr`.

La technologie Windows Media

Windows Media Player est le lecteur multimédia de Microsoft. Il permet de lire les fichiers `.asf`, `.asx`, `.avi`, `.wav`, `.wma`, `.wmv`, `.mpg`, `.mpeg`, `.mid`, `.midi` et `.aif`. Cette liste n'est pas exhaustive, elle présente les formats les plus courants. Vous pouvez télécharger la version gratuite de Windows Media Player à l'adresse suivante : `http://www.microsoft.com/windows/windowsmedia/default.mspx`.

Réaliser des vidéos pour le Web

Une vidéo est constituée de deux médias, à savoir des images et du son. Les quatre technologies concurrentes, présentées aux sections précédentes, utilisent chacune des outils différents pour compresser les images et les sons. Dans le domaine de l'encodage vidéo, il faut distinguer le conteneur de la vidéo et du son et les codecs utilisés pour l'encodage des médias. Le conteneur est représenté par l'extension de la vidéo et s'apparente à ce que nous avons appelé la technologie. Le codec correspond à l'algorithme employé pour compresser la vidéo et le son. Il existe des codecs différents pour chacun de ces médias. Dans chaque technologie, les codecs sont similaires, mais le conteneur est différent, ce qui rend la compatibilité parfois difficile.

Les codecs

Un codec est un algorithme mathématique qui compresse et décompresse les images. En phase de compression, le codec analyse le média et permet, selon l'algorithme, de supprimer des données, de les réorganiser ou d'effectuer simultanément ces deux tâches. En phase de décompression, il restitue l'image en créant les pixels supprimés et en rétablissant l'ordre visuel des pixels. Une séquence d'images compressée est optimisée au maximum et son poids est réduit dans de fortes proportions.

La compression utilisée par les codecs peut être spatiale ou temporelle.

La compression spatiale

Avec ce type de compression, l'image est représentée pixel par pixel. Lorsque plusieurs pixels de même couleur sont disposés sur une même ligne, il est plus intéressant de les décrire comme une liste plutôt qu'un à un. Cette compression est idéale pour les séquences présentant de grandes zones unies.

La compression temporelle

Ce mode de compression prend en compte les parties non modifiées de deux images vidéo successives. Ainsi, entre l'image n et n + 1, seule la zone modifiée sera redessinée, les zones inchangées auront des données communes.

Figure 17-1
Seule la zone surlignée est enregistrée.

La bande passante

La bande passante représente le débit d'informations qu'il est possible d'envoyer ou de recevoir. Elle se mesure en octets par seconde (*byte per second* en anglais).

Lorsque l'on travaille avec le média vidéo et que l'on souhaite le diffuser en streaming, il convient d'encoder le son et l'image pour que l'addition des deux flux, ou bandes passantes, ne dépasse pas la bande passante de l'internaute cible (idéalement, 75 % de la bande passante de l'internaute). Le tableau 17-1 présente les bandes passantes maximales pour trois cibles d'internautes.

Tableau 17-1 – Le débit maximum du son et de la vidéo pour une diffusion en streaming

	Son	Vidéo	Total
56 Kbit/s	14 Kbit/s	20 Kbit/s	34 Kbit/s
512 Kbit/s	40 Kbit/s	350 Kbit/s	390 Kbit/s
2 Mbit/s	128 Kbit/s	1 300 Kbit/s	1 428 Kbit/s

Obtenir des vidéos QuickTime

L'obtention de vidéos QuickTime s'effectue à partir de tous les logiciels de montage vidéo courants. Une solution peu onéreuse consiste à acquérir la version Pro de QuickTime. Il s'agira simplement de vous connecter sur le site d'Apple et de payer votre contribution. Un numéro de série vous sera envoyé par retour de mail. Votre QuickTime deviendra un QuickTime Pro. Une fois cette version installée, sélectionnez le menu Modifier>Préférences>Enregistrer afin de renseigner vos paramètres d'enregistrement (voir figure 17-2).

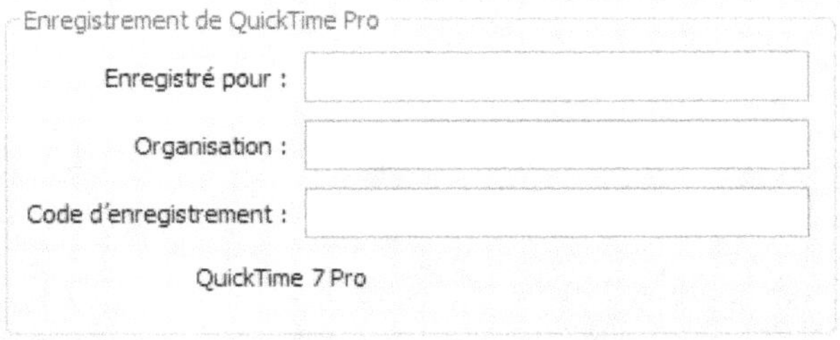

Figure 17-2

Mise à jour QuickTime en QuickTime Pro

Grâce à la version Pro, vous aurez accès aux menus d'enregistrement et d'exportation de QuickTime. Vous pourrez ainsi transformer la vidéo courante dans l'un des formats proposés.

Voici une méthode pour transformer un document, ouvert dans QuickTime Pro, en vidéo prête pour une diffusion sur le Web. N'hésitez pas à consulter le site d'Apple (`http://www.apple.com/fr/quicktime/`) pour plus d'informations sur toutes les fonctionnalités du lecteur QuickTime.

1. Ouvrez la vidéo dans QuickTime Pro.

2. Sélectionnez le menu Fichier>Exporter et dans la boîte de dialogue qui s'ouvre alors, indiquez le nom du nouveau document. Choisissez Séquence vers Séquence Quick-Time et cliquez sur le bouton Options.

3. Une nouvelle boîte de dialogue s'ouvre alors. Cochez l'option Préparer pour l'enchaînement via Internet et choisissez Démarrage rapide. Cliquez sur le bouton Réglages.

3. Choisissez H.264 comme type de compression. De nombreux autres paramètres permettent d'affiner la qualité de compression de la vidéo (voir figure 17-3).

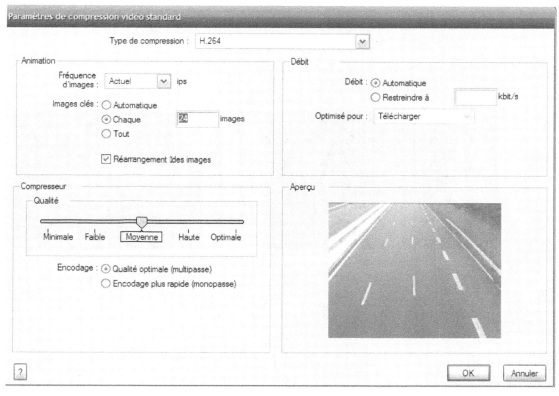

Figure 17-3

Les paramètres d'exportation d'une vidéo en QuickTime

4. Validez toutes les boîtes de dialogue et enregistrez votre fichier au format .mov.

5. Vous obtenez une vidéo correctement formatée pour être lue ou incorporée dans une page HTML avec Dreamweaver.

Obtenir des vidéos RealVideo

RealNetworks met à votre disposition deux solutions pour créer des vidéos au format RealVideo : Real Producer Basic (gratuite) et Real Producer Plus. Ces logiciels vous permettront d'encoder des fichiers en vue de les diffuser en streaming. Vous pouvez les télécharger sur le site de RealNetworks à l'adresse suivante : `http://www.realnetworks.com/products/producer`. La version payante de RealProducer propose de nombreuses options supplémentaires.

Les utilisateurs de Mac OS X 10.2 et versions supérieures pourront télécharger le plug-in Real Export permettant l'exportation au format RealVideo depuis de nombreuses applications de montage vidéo, ainsi que depuis QuickTime Pro.

Voici une procédure simple pour encoder une vidéo au format RealVideo :

1. Au lancement du logiciel, l'interface d'encodage s'ouvre automatiquement. Cliquez sur le bouton Browse… pour sélectionner le fichier à encoder.

Figure 17-4

L'interface de l'encodeur RealProducer

2. Un nom s'affiche alors à droite de la fenêtre, dans la colonne Destination du cadre central. Vous pouvez modifier ce nom ainsi que l'emplacement d'enregistrement. Pour cela, double-cliquez sur le nom et modifiez-le dans la fenêtre d'invite.

3. Cliquez ensuite sur le bouton Audiences. Dans la fenêtre qui s'ouvre alors, sélectionnez le type de fichier audio et de fichier vidéo. Choisissez ensuite le codec à utiliser, la version 10 est sans aucun doute la meilleure à ce jour.

4. Indiquez la cible d'internaute en cliquant dans le cadre Template, puis sur la flèche centrale pour ajouter cette cible dans le cadre Audiences in job. Choisissez 256k DSL or Cable.

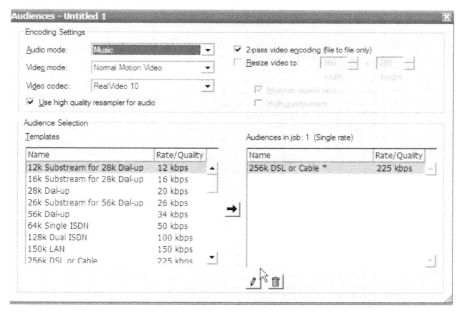

Figure 17-5

Sélection de l'audience

5. Fermez cette fenêtre et cliquez sur le bouton Clip Information. Saisissez les informations relatives au contenu de la séquence. Elles s'afficheront ensuite dans la barre d'informations de RealPlayer et permettront le référencement des vidéos dans les moteurs de recherche. Fermez la fenêtre en cliquant sur la croix située en haut à droite.

6. Pour commencer l'encodage, cliquez sur le bouton Encode. La zone de droite de la fenêtre s'affiche avec un petit décalage de temps et présente la vidéo dans son état final, encodée. La comparaison de qualité est facilitée par l'affichage à gauche de la séquence non compressée.

Les vidéos au format RealVideo doivent être enregistrées avec l'extension .rm ou .rv.

Obtenir des vidéos Windows Media

L'encodeur Windows Media (ne pas confondre avec le lecteur Windows Media Player) de Microsoft permet d'encoder des vidéos au format Windows Media en vue de les diffuser en flux continu ou en téléchargement. Il permet également d'acquérir des séquences vidéos ou des fichiers audio ou encore de créer des séquences de captures d'écran. Vous pouvez télécharger gratuitement le codeur Windows Media à l'adresse suivante : www.microsoft.com/windows/windowsmedia/fr/9series/encoder/default.aspx.

Une fois l'encodeur installé sur votre ordinateur, vous pourrez facilement encoder une vidéo grâce à l'assistant de l'onglet Wizards.

Voici une utilisation simple de l'encodeur avec l'assistant :

1. Dès l'ouverture du logiciel, l'assistant prend en charge la réalisation de l'encodage. Dans l'onglet Wizards, cliquez sur l'icône Convert a file pour convertir un fichier vidéo au format WMV.

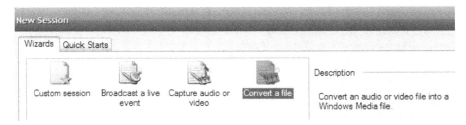

Figure 17-6

L'icône Convert a file de l'onglet Wizards de l'encodeur Windows Media

2. Dans la boîte de dialogue qui s'ouvre alors, cliquez sur le bouton Browse... du champ Source File pour sélectionner le fichier à encoder (voir figure 17-7). Si votre fichier n'apparaît pas dans la fenêtre, modifiez les types de fichiers recherchés.

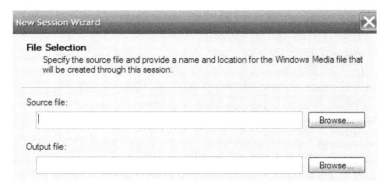

Figure 17-7

La sélection du fichier à encoder

3. Le logiciel propose alors automatiquement un fichier de sortie dans le champ Output File. S'il ne vous convient pas, cliquez sur le bouton Browse… pour le modifier. Cliquez sur Suivant > pour valider vos choix.

4. Sélectionnez ensuite le mode de diffusion souhaité parmi les sept modes proposés. Choisissez Web server (*progressive download*) pour une diffusion depuis un serveur Web courant ou Windows Media server (*streaming*) pour une diffusion en streaming depuis un serveur Windows. Cliquez sur Suivant > pour valider.

Figure 17-8

Sélection du mode de diffusion

5. Choisissez ensuite la qualité de sortie pour la vidéo et le son. Pour cela, sélectionnez VHS quality video (CBR) dans la liste déroulante Video et Audio FM quality audio (CBR) ou Voice quality audio (CBR) dans la liste déroulante Audio. Sélectionnez le débit souhaité et cliquez sur Suivant >.

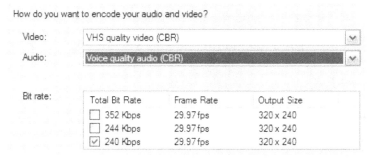

Figure 17-9

Sélection de la qualité de sortie pour le son et la vidéo

6. Renseignez éventuellement les différents champs de la fenêtre suivante relatifs au contenu de la séquence. Ces informations n'ont aucune incidence sur l'encodage. Cliquez sur Suivant > pour valider. Un récapitulatif des choix effectués s'affiche alors.

Title:	
Author:	
Copyright:	
Rating:	
Description:	

Figure 17-10

Les métadonnées de la vidéo

7. Cliquez sur le bouton Terminer. La fenêtre principale de l'encodeur s'ouvre alors et l'encodage du fichier commence. Une fois celui-ci terminé, une boîte de dialogue apparaît présentant le compte-rendu de l'encodage. La séquence peut, à présent, être insérée dans une page HTML. Une vidéo Windows Media doit être enregistrée au format `.wmv`.

Lire une vidéo depuis une page Web

La lecture de vidéo depuis une page Web se réalise généralement par l'intermédiaire d'un simple lien. Cette méthode présente l'avantage d'être très simple à mettre en œuvre et offre une compatibilité proche de 100 % dès lors que l'internaute possède le lecteur approprié. Pour incorporer la vidéo comme élément graphique d'une page HTML, vous devrez utiliser des balises d'insertion de médias. La mise en œuvre de ce type de page, bien que largement simplifiée, nécessite tout de même une attention particulière. Cette section décrit les différentes possibilités de lecture d'une vidéo depuis une page Web, notamment la lecture en streaming et l'incorporation de la vidéo dans la page.

Lire une vidéo depuis un lien

La méthode la plus simple consiste à créer un lien depuis un texte ou une image vers une vidéo placée dans votre site. Lorsque l'internaute cliquera sur le lien, le navigateur ouvrira automatiquement le lecteur approprié au format de votre vidéo. Si le format de la vidéo n'est pas reconnu, le navigateur proposera, soit le téléchargement du lecteur approprié (pour Internet Explorer sur PC), soit l'enregistrement du fichier vidéo pour une lecture ultérieure ou l'ouverture du document avec une application de votre choix parmi celles installées sur votre ordinateur (pour Firefox).

Voici la marche à suivre pour lire une vidéo depuis un lien :

1. Enregistrez une vidéo dans l'un des répertoires de votre site. Elle doit avoir été préalablement encodée pour une diffusion sur Internet.

2. Sur la page, saisissez un texte ou insérez une image qui permettra de réaliser le lien.

3. Sélectionnez le texte ou l'image et indiquez le chemin d'accès à la vidéo dans le champ Lien du panneau Propriétés.

Lire une vidéo en streaming depuis un lien

Depuis une page HTML, le lien vers une vidéo qui sera lue en streaming doit être fait vers le métafichier du fichier vidéo. La procédure est similaire à celle utilisée pour la lecture d'un fichier vidéo en téléchargement (voir section précédente) à la différence que le lien se fait vers le métafichier et non plus vers la vidéo.

Le principe du métafichier

Un métafichier est un document texte qui contient l'adresse, sur le Web, du document vidéo à lire en streaming. Il est placé entre le document HTML et le document vidéo. Le schéma de la figure 17-11 présente le principe du métafichier utilisé pour une vidéo lue en streaming. Si l'internaute clique sur un lien placé dans le document `page1.html`, le métafichier `video1.ram` s'ouvre alors et lance la vidéo `videoA.rm`.

page1.html   video1.ram   videoA.rm

Figure 17-11
Le métafichier est placé entre la page HTML et la vidéo

Les métafichiers sont des documents texte propres à chacune des technologies présentées précédemment et ils sont donc différents pour chacun des conteneurs vidéo.

Métafichier pour QuickTime

QuickTime utilise un métafichier basé sur un fichier XML. La syntaxe de ce document est très importante. Voici la méthode pour créer le métafichier destiné à la lecture d'une vidéo QuickTime en streaming.

1. Dans Dreamweaver, ouvrez un nouveau document XML en choisissant le menu Fichier>Nouveau, puis en sélectionnant Page vierge>XML. L'en-tête de la page qui s'ouvre alors est le suivant :

```
<?xml version="1.0" encoding="utf-8"?>
```

2. En mode Code, insérez un retour à la ligne après cette ligne d'en-tête et saisissez le code suivant :

```
<?quicktime type="application/x-quicktime-media-link"?>
<embed autoplay="true" fullscreen="current" kioskmode="true"
➥ moviename="Première vidéo" playeveryframe="true" quitwhendone="true"
➥ src="http://www.monserveur/video1.mov"/>
```

La première ligne de code permet de préciser l'application qui servira à la lecture de la vidéo. La seconde ligne permet de lier la vidéo au document. Les différents attributs ne sont pas tous obligatoires, à l'exception de l'attribut `src` qui doit indiquer le chemin de la vidéo à lire.

Attention

Le chemin du document indiqué en valeur de l'attribut `src` doit être absolu et non relatif.

- `autoplay` – Indique si la vidéo est lue immédiatement ou non. Cet attribut peut recevoir la valeur `true` ou `false` ;
- `fullscreen` – Indique si la vidéo doit être lue en plein écran. Les valeurs de cet attribut sont `false`, `normal`, `double`, `half`, `full` et `current` ;
- `kioskmode` – Indique l'affichage du menu local de QuickTime ;
- `playeveryframe` – Force l'application à lire toutes les images de la vidéo, au détriment de la fluidité ;
- `quitwhendone` – Ferme l'application QuickTime lorsque la vidéo est terminée.

Ce fichier doit être enregistré au format `.qtl`. Dans Dreamweaver, vous devrez donc supprimer l'extension `.xml`, proposée par défaut.

Ce document peut aussi être généré très facilement depuis QuickTime en version Pro. Pour cela, choisissez Exporter, puis Séquence vers lien de données QuickTime. Cliquez ensuite sur le bouton Options pour effectuer les réglages.

Métafichier pour RealMedia

Pour créer le métafichier permettant de lire une vidéo RealVideo en streaming, un simple éditeur de texte suffira. Vous pouvez également utiliser Dreamweaver. Pour cela, ouvrez un nouveau document de type texte via le menu Fichier>Nouveau…>Autre>Texte.

Voici le texte à saisir :

```
rtsp://chemin/videoA.rm
```

N'ajoutez surtout aucun guillemet et remplacez `chemin` par le chemin absolu de la vidéo sur le Web. Enregistrez ensuite ce fichier en texte seul et avec l'extension `.ram` ou `.rpm`.

Métafichier pour Windows Media

Le métafichier d'une vidéo Windows Media est un simple fichier texte que vous pourrez éditer dans un logiciel de traitement de texte ou Dreamweaver. Pour cela, ouvrez un document texte via le menu Fichier>Nouveau…>Autre>Texte.

Le métafichier doit avoir une syntaxe précise : il doit commencer par la balise `<ASX>` et se terminer par la balise `</ASX>`. La balise `<ENTRY>`, qui permet de déclarer un nouvel élément, et la balise `<REF>`, qui définit ce nouvel élément, sont également indispensables.

Voici un exemple de métafichier Windows Media :

```
<ASX version="3.0">
<Entry>
<Ref href="http://chemin/video1.wmv"/>
</Entry>
</ASX>
```

Si vous placez la vidéo sur un serveur de streaming Windows Media Streaming, vous devrez indiquer le protocole `mms://` dans le métafichier (voir code ci-dessous).

```
mms://chemin/fichier.wmv
```

Si vous placez la vidéo sur un serveur qui n'est pas un serveur de streaming, vous devrez indiquer le protocole `http://` dans le métafichier (voir code ci-dessous) :

```
http://chemin/fichier.wmv
```

Lire une vidéo intégrée à la page

L'intégration de la vidéo dans la page HTML permet de gérer parfaitement sa position et sa mise en forme. La figure 17-12 présente une vidéo avec un habillage, l'image vidéo fait partie de la composition graphique. Plusieurs méthodes permettent d'intégrer une vidéo dans une page :

- avec la balise `<embed>`, balise propriétaire Netscape ;
- avec la balise `<embed>` couplée à la balise `<object>` ;
- avec la balise `<object>` uniquement. Cette dernière méthode, bien qu'un peu plus difficile à mettre en œuvre, permet une compatibilité XHTML 1.0 Strict.

La section suivante se propose de vous apprendre à insérer une vidéo dans une page HTML selon la deuxième méthode de la liste précédente.

Intégrer une vidéo avec les balises *<object>* et *<embed>*

Cette technique est largement utilisée sur de nombreux sites. Elle utilise la balise `<object>`, spécifiée dans les recommandations du W3C, qui permet d'incorporer des éléments non pris en charge de manière native dans les navigateurs. La balise `<object>` autorise par ailleurs l'imbrication d'éléments pour permettre le chargement de contenus alternatifs. C'est cette caractéristique que nous utiliserons ici pour incorporer une vidéo qui sera lisible sur tous les navigateurs récents.

La balise `<embed>` est, quant à elle, une balise propriétaire Netscape. Cependant tous les navigateurs l'ont implémentée. Elle ne fait pas partie des recommandations du W3C.

Figure 17-12
La vidéo est intégrée à la page.

L'imbrication de cette balise dans la balise `<object>` augmentera la compatibilité avec les navigateurs.

Insérer une vidéo QuickTime

1. Ouvrez la vidéo à insérer dans QuickTime Player et choisissez le menu Fenêtre>Afficher les infos de séquence. Notez la taille de la vidéo en largeur et en hauteur.

2. Dans Dreamweaver, ouvrez une nouvelle page HTML et insérez-y une balise `<div>` à laquelle vous donnerez éventuellement un nom de classe ou d'ID (ceci permettra ensuite de créer une règle de CSS). Supprimez au besoin le texte qui apparaît par défaut.

3. Sélectionnez ensuite le menu Insertion>Médias>ActiveX.

4. Dans la boîte de dialogue Attributs d'accessibilité des balises d'objet qui s'ouvre alors, indiquez le titre de la vidéo dans le champ Titre et attribuez-lui éventuellement une clé d'accès et un ordre de tabulation. Cliquez sur OK pour valider.

5. Une icône apparaît alors dans la fenêtre Document au point d'insertion de l'élément. Cette icône représente la position et la taille de votre vidéo. Cliquez-la pour la sélectionner.

6. Dans le panneau Propriétés, cochez l'option Incorporer et cliquez sur l'icône Rechercher le fichier du champ Src pour sélectionner le document vidéo à insérer (sélectionnez Tous les fichiers dans la liste déroulante Fichiers de type si votre fichier n'apparaît pas).

7. Indiquez ensuite la largeur et la hauteur de votre vidéo dans les champs L et H. Ajoutez 15 pixels en hauteur pour que la barre de commandes de la vidéo puisse s'afficher correctement.

8. Dans la liste déroulante ID de classe, choisissez l'ID correspondant au lecteur de votre vidéo. S'il n'apparaît pas, saisissez-le manuellement. Reportez-vous à la section suivante « ID de classe » pour consulter la liste des ID de classe courants.

9. Cliquez ensuite sur le bouton Paramètres... Dans la boîte de dialogue qui s'ouvre alors, saisissez les différents paramètres de contrôle de la vidéo QuickTime. Pour saisir le premier paramètre, cliquez dans la première cellule de la colonne Paramètre et écrivez src. Cliquez à droite de ce champ et saisissez l'adresse relative de votre vidéo.

10. Cliquez sur le bouton + et indiquez le second paramètre, controller, qui détermine si la barre de navigation doit apparaître ou pas. Saisissez true dans le champ de droite pour faire apparaître les boutons de commande de la vidéo ou false pour les masquer.

11. Cliquez sur le bouton + et indiquez le troisième paramètre, autoplay, qui spécifie si la vidéo commence sa lecture immédiatement ou pas. Saisissez true dans le champ de droite pour une lecture automatique ou false pour un démarrage en pause.

12. Cliquez sur le bouton + et indiquez le quatrième paramètre, type, qui permet de décrire le type MIME de l'élément. Dans le champ de droite, saisissez video/quicktime. Reportez-vous à la section « Types MIME » pour consulter la liste des types MIME des différents éléments.

13. Cliquez sur OK pour valider vos choix. Dans le panneau Propriétés, saisissez l'adresse du fichier de classe. Pour QuickTime, cette adresse est la suivante : http://www.apple.com/qtactivex/qtplugin.cab. Reportez-vous à la section « Adresses des fichiers de classe » pour consulter la liste des adresses des différents fichiers de classe pour les autres types de vidéos.

14. Enregistrez le document HTML. Basculez en mode Code pour visualiser le code généré et constater l'imbrication de la balise <embed> dans la balise <object>.

```html
<div class="video">
  <object classid="clsid=02BF25D5-8C17-4B23-BC80-D3488ABDDC6B" codebase="http://
➡ www.apple.com/qtactivex/qtplugin.cab" width="360" height="303" title="vid">
    <param name="src" value="videos/route2.mov" />
    <param name="controller" value="true" />
    <param name="autoplay" value="true" />
    <param name="type" value="video/quicktime" />
    <embed src="videos/route2.mov" width="360" height="303" controller="true"
➡ autoplay="true" type="video/quicktime"></embed>
  </object>
</div>
```

Le tableau 17-2 présente les principaux paramètres pour une vidéo QuickTime.

Tableau 17-2 – Les paramètres pour la balise <object> d'une vidéo QuickTime

	Valeurs	Utilisation
Autoplay	true, false	Lecture automatique de la séquence vidéo.
Controller	true, false	Affichage des boutons de commande de la vidéo.
Kioskmode	true, false	Affichage du menu local de la vidéo.
Loop	true, false	Lecture en boucle.
Pluginspage	http://www.apple.com/quicktime	Adresse du plug-in.
src	URL	Adresse de la vidéo.

Insérer une vidéo Windows Media

La méthode d'intégration d'un document Windows Media est identique à celle présentée à la section précédente pour un fichier QuickTime, seuls les paramètres sont différents (voir tableau 17-3).

Pour connaître la taille d'une vidéo Windows Media, ouvrez-la dans Windows Media Player et choisissez le menu Fichier>Propriétés.

Tableau 17-3 – Les paramètres pour la balise <object> d'une vidéo Windows Media

	Valeurs	Utilisation
autostart	true, false	Lecture automatique de la séquence vidéo.
src	URL	Adresse de la vidéo.
showcontrols	true, false	Affichage des boutons de commande de la vidéo.
url	URL	Adresse de la vidéo.

Insérer une vidéo RealMedia

La méthode d'intégration d'un document RealMedia est identique à celle utilisée pour un fichier QuickTime, seuls les paramètres sont différents (voir tableau 17-4).

Pour connaître la taille d'une vidéo RealVideo, ouvrez-la dans RealPlayer et choisissez le menu Fichier>Propriétés du clip>Origine du clip.

Tableau 17-4 – Les paramètres pour la balise <object> d'une vidéo RealVideo

	Valeurs	Utilisation
autostart	true, false	Lecture automatique de la séquence vidéo.
controls	all, imagewindow, controlpanel	Affichage de tous les éléments, de la fenêtre vidéo uniquement, de la barre de menu uniquement.
src	url	Adresse de la vidéo.

ID de classe

Voici la liste des principaux contrôles ActiveX pour la vidéo :

- QuickTime

  ```
  classid="clsid:02BF25D5-8C17-4B23-BC80-D3488ABDDC6B"
  ```

- RealPlayer

  ```
  classid="clsid:CFCDAA03-8BE4-11cf-B84B-0020AFBBCCFA"
  ```

- Windows Media Player versions 7, 9 et 10

  ```
  classid="clsid:6BF52A52-394A-11D3-B153-00C04F79FAA6"
  ```

- Windows Media Player 6.4

  ```
  classid="clsid:22D6F312-B0F6-11D0-94AB-0080C74C7E95"
  ```

- Shockwave Director

  ```
  classid="clsid:166B1BCA-3F9C-11CF-8075-444553540000"
  ```

- Flash

  ```
  classid="clsid:D27CDB6E-AE6D-11cf-96B8-444553540000"
  ```

Adresses des fichiers de classe

- QuickTime

  ```
  http://www.apple.com/qtactivex/qtplugin.cab
  ```

- Windows Media

  ```
  http://activex.microsoft.com/activex/controls/mplayer/en
  /nsmp2inf.cab#Version=6,4,5,715
  ```

Types MIME

- Fichiers .flv

  Type MIME : `video/x-flv`

- Fichiers .mpeg1

  Type MIME : `video/mpeg`

- Fichiers .mp4

  Type MIME : `video/mp4`

- Fichiers .mov

  Type MIME : `video/quicktime`

- Fichiers .wmv

  Type MIME : `video/x-ms-wmv`

- Fichiers .wmv

  Type MIME : `video/x-ms-wmv`

- Fichiers .asf

  Type MIME : `video/x-ms-asf`

Intégrer une vidéo en streaming dans la page

L'intégration d'une vidéo en streaming dans une page HTML ne pose pas de problème particulier dès lors que vous avez les éléments suivants :

- une vidéo encodée pour le streaming ;
- un métafichier correspondant au type de la vidéo et pointant sur cette vidéo lorsqu'elle sera placée sur le serveur Web ;
- un document XHTML intégrant la vidéo dans lequel vous remplacerez simplement le lien pointant vers la vidéo par un lien pointant vers le métafichier.

Conclusion

Le média vidéo ajoute une dimension multimédia à vos pages Web. Dreamweaver vous permettra de réaliser facilement certaines opérations, notamment si vous souhaitez incorporer les vidéos en tant que contenu actif. Avant d'encoder une séquence vidéo, vous devrez toujours considérer avec attention la cible d'internautes, car c'est elle qui déterminera le choix de la technologie à employer. Actuellement, de nombreux sites utilisent la technologie Flash, présentée au chapitre 19, ce qui s'avère judicieux si d'autres éléments du site fonctionnent également avec cette technologie.

18

Intégration des éléments sonores

Encore aujourd'hui, les sites intégrant des éléments sonores sont peu nombreux : pourquoi ? Tout d'abord, il est plus difficile pour chacun d'entre nous de composer une musique originale que de prendre une photo numérique. Par ailleurs, l'élément musical est souvent perçu comme désagréable par l'internaute s'il n'a pas été correctement configuré par le webmaster. Enfin, l'équipement des internautes (cartes son, enceintes) peut être très varié et il est fréquent que le son soit désactivé sur les ordinateurs (par exemple, au travail). Tous ces facteurs ont très longtemps freiné l'incorporation de sons dans les pages Web. La déferlante podcast a donné un second souffle aux documents sonores qui sont maintenant consultables à la demande. Dans ce chapitre, nous aborderons les points suivants :

- le son numérique ;

- les formats sonores ;

- obtenir des documents formatés pour le Web ;

- intégrer un document sonore dans une page Web ;

- réaliser un podcast.

Le son numérique

Le son est une onde qui se propage dans l'air sous la forme d'une variation de pression. C'est cette variation qui fait vibrer nos tympans et génère le son.

Pour enregistrer numériquement un son, signal analogique, il faut le transformer en un signal numérique. La figure 18-1 présente le principe de la numérisation sonore.

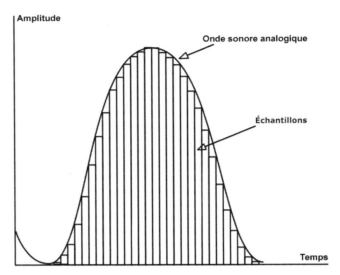

Figure 18-1

La numérisation du son

La qualité de la numérisation, également appelé échantillonnage, dépend de deux valeurs : la fréquence d'échantillonnage et la résolution.

- La fréquence d'échantillonnage représente le nombre d'échantillons mesurés en une seconde, elle est exprimée en Hertz (Hz). Sur la figure 18-1, la fréquence est visualisée par le nombre de barres verticales. La fréquence d'échantillonnage doit être suffisamment grande pour éviter de supprimer certaines informations. La figure 18-1 présente une fréquence d'échantillonnage faible, il en résulte des paliers importants entre chaque mesure.

- La résolution (exprimée en bits) représente la précision de l'échantillon capté. Sur la figure 18-1, la résolution est représentée par la hauteur des barres verticales. Plus la résolution est grande, plus l'échantillon capté est proche du signal d'origine. Il représente le nombre de valeurs possibles que peut prendre un échantillon.

Tableau 18-1 – Valeurs usuelles de numérisation sonore

	Fréquence d'échantillonnage	Résolution
Enregistrement studio pro	192 kHz	32 bits
Cd audio	44,1 kHz	16 bits
Enregistrement speak	22 kHz	8 bits

La numérisation d'un son, d'après les valeurs indiquées dans le tableau 18-1, représente une quantité de données assez importante. Pour information, 1 minute de son en qualité CD audio et en stéréo, représente 10 Mo. Il est donc généralement nécessaire de compresser ces données.

Les formats sonores

Les fichiers sonores sont constitués de deux entités : le format du fichier et le mode de compression, également appelé codec. Le format du fichier sonore s'applique généralement à un type de plateforme, de logiciel ou de technologie. Il contiendra différentes données concernant le document (les métadonnées), ainsi que l'algorithme de compression (le codec). Alors que le format est très souvent dédié, le codec est théoriquement utilisable avec de nombreux formats. Le tableau 18-2 présente les principaux formats sonores avec leur codec.

Tableau 18-2 – Principaux formats sonores avec leur codec et la technologie associée

Format	Codec généralement utilisé	Logiciel/technologie
.aif	PCM	Apple
.wav	PCM	Microsoft et IBM
.mp3	Mpeg-1 Audio Layer 3	–
.wma	WMA (plusieurs versions)	Microsoft
.mp4, .m4a	AAC	Apple
.ra	Real	RealNetworks
.ogg	vorbis	Libre
.mov	Qualcomm	QuickTime
.mov	QDesign	QuickTime
.mov	AAC	QuickTime

Créer des documents sonores formatés pour le Web

La création d'un document peut résulter de trois processus différents :

- l'enregistrement depuis un micro ;

- la conversion de musique sur CD audio ;

- l'utilisation de fichier audio informatique.

La troisième catégorie ne posera généralement pas de problème puisque le document est déjà dans un format lisible par au moins un logiciel informatique. En revanche, l'enregistrement et la conversion résultent de méthodes différentes.

Enregistrer

Vous pouvez facilement réaliser un fichier sonore avec le logiciel gratuit Audacity ou avec QuickTime Pro. Pour cela, vous n'avez besoin que d'un microphone branché. Si vous utilisez Audacity, téléchargez le plug-in Lame pour pouvoir exporter au format .mp3.

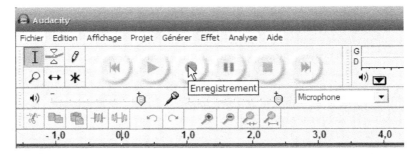

Figure 18-2
L'interface du logiciel Audacity

Depuis l'interface du logiciel Audacity, cliquez sur le bouton Enregistrement et enregistrez votre séquence. Une fois celle-ci terminée, choisissez, depuis le menu Fichier, la commande Exporter comme mp3.

Convertir

La conversion de fichiers sonores placés sur un CD audio doit se faire depuis un logiciel spécialisé tels que iTunes sur Mac ou Windows Media Player sur PC.

> **Attention**
>
> Les fichiers convertis ne peuvent être utilisés que dans un cadre familial. Ils ne peuvent, en aucun cas, être transmis ou diffusés sur un site Web sans l'accord de l'auteur et/ou de la maison de production.

Convertir sous iTunes

1. Insérez un CD audio dans le lecteur de votre ordinateur et ouvrez iTunes (à moins qu'il ne s'ouvre automatiquement).

2. Ouvrez les préférences du logiciel et cliquez sur l'onglet Avancé. Choisissez éventuellement l'emplacement du dossier iTunes Music. C'est à cet endroit que seront placés les fichiers convertis. Cliquez sur l'onglet Importation et choisissez le type d'encodage dans la zone Encoder avec. Utilisez AAC ou MP3 (MP3 étant le plus universel pour les baladeurs). Choisissez une qualité d'importation dans le menu Réglage. Validez ces préférences.

3. Dans iTunes, sélectionnez les pistes à extraire dans la colonne Nom.

4. Depuis l'interface de iTunes, choisissez le menu Avancé>Convertir la sélection en...

Convertir sous Windows Media Player

1. Insérez un CD audio dans le lecteur de votre ordinateur et ouvrez Windows Media Player 11 (à moins qu'il ne s'ouvre automatiquement).

2. Cliquez sur l'onglet Extraire, choisissez Formater dans la liste d'actions proposée et sélectionnez le format d'enregistrement souhaité. Spécifiez également le taux d'échantillonnage via le menu du même nom.

3. Cochez les cases en regard des pistes à extraire, puis cliquez sur le bouton Démarrer l'extraction.

Intégrer des sons

L'intégration de documents sonores dans une page Web est similaire à l'intégration d'une vidéo. Aussi, dans de nombreux cas, nous vous conseillerons de vous reporter au chapitre 18.

Lire un son depuis un lien

Comme pour la vidéo, la lecture d'une musique placée sur un serveur Web peut se réaliser par un simple lien dans la page pointant vers le fichier sonore. Le navigateur analysera le format du document et proposera l'application la mieux adaptée. La fenêtre de l'application sonore se superposera alors à la page Web en cours. L'exemple de code suivant présente un lien vers un document au format .mp3. Lorsque l'utilisateur cliquera sur le lien son placé dans la page, le son se chargera en mémoire et la séquence sonore s'ouvrira ensuite dans une nouvelle page avec le lecteur le plus approprié.

```
<a href="Piste-audio-3.mp3">son</a>
```

Dans le cas d'un lien vers une séquence sonore, le son commence à être joué lorsqu'il est totalement chargé et vous ne maîtrisez ni l'aspect graphique ni la position du lecteur. En revanche l'internaute pourra, très facilement, gérer le volume sonore depuis l'interface du logiciel de lecture.

Lire un son en streaming depuis un lien

Les techniques d'intégration de document sonore en streaming sont les mêmes que celles utilisées pour la vidéo. Reportez-vous au chapitre 17 pour voir précisément les différents codes HTML à insérer dans la page.

Réaliser un document sonore QuickTime pour le streaming

Pour créer un document sonore formaté pour le streaming, celui-ci doit être encodé pour une diffusion « streamée », c'est-à-dire comporter une piste à indication.

Voici la marche à suivre pour créer un document sonore pour le streaming dans Quick-Time Pro :

1. Ouvrez le document sonore à réencoder, puis choisissez Exporter.

2. Choisissez Séquence vers Séquence QuickTime dans la liste déroulante Exporter, puis cliquez sur le bouton Options...

3. Dans la fenêtre Options..., cliquez sur le bouton Réglages... pour modifier le codec d'encodage du son. Sélectionnez ensuite Enchaînement à indications dans la liste déroulante située à gauche de ce bouton. Validez les deux fenêtres. Le fichier est encodé.

Figure 18-3

Les fenêtres Exporter et Options... de QuickTime Pro

Réaliser un document sonore Windows Media pour le streaming

1. Ouvrez Windows Media Encoder.

2. Choisissez Windows Media Server comme mode de diffusion.

3. Placez le fichier résultant sur un serveur Windows Media.

Intégrer un son dans une page HTML

L'intégration d'un son dans une page Web est un moyen nettement plus élégant qui permet une gestion plus efficace du logiciel de lecture. L'intégration se réalise au moyen des balises `<object>` et `<embed>`. Voici le code que vous devriez obtenir pour lire un son au format `.aif` ou `.mp3`. Dans cet exemple, le type MIME pour ce document à été spécifié en `video/quicktime` pour que ce soit le lecteur Quicktime qui se charge de sa lecture.

```
<div class="video">
  <object classid="clsid=02BF25D5-8C17-4B23-BC80-D3488ABDDC6B" codebase="http://
➡ www.apple.com/qtactivex/qtplugin.cab" width="200" height="10" title="vid">
    <param name="src" value="musique.mp3" />
    <param name="controller" value="true" />
```

```
        <param name="autoplay" value="true" />
        <param name="type" value="video/quicktime" />
        <embed src="musique.mp3" width="200" height="10" controller="true"
        ➥ autoplay="true" type="video/quicktime"></embed>
    </object>
</div>
```

Dans cet exemple, le lecteur apparaît à l'endroit souhaité avec une taille de 200 × 10 pixels. Vous pouvez le rendre totalement invisible en indiquant la valeur 0 pour les attributs width et height.

Les types MIME pour les fichiers audio

* Fichier .mp4

    Type MIME : audio/mp4

* Fichier .mp3

    Type MIME : audio/mpeg

* Fichier .m4a

    Type MIME : audio/x-m4a

* Fichier .rm, .ram et .ra

    Type MIME : audio/x-pn-realaudio-plugin

* Fichier .wma

    Type MIME : video/x-ms-wma

Réaliser un podcast pour iTunes

Les podcasts sont des documents sonores ou vidéos téléchargeables et qui pourront être facilement lus depuis un lecteur de type mp3. La particularité du podcast est la possibilité de s'y abonner via un fil RSS. De nombreux blogs et sites Internet proposent de tels documents sonores en téléchargement. Cette section est consacrée à la réalisation et la mise en ligne d'un podcast destiné à être diffusé via iTunes.

Enregistrer un podcast

L'enregistrement du commentaire audio du podcast se réalise avec différents logiciels parmi lesquels on peut citer Audacity et QuickTime Pro. Audacity présente l'avantage d'être gratuit et de s'intégrer parfaitement aux plates-formes Macintosh, Windows et Linux (voir la section précédente « Obtenir des documents sonores formatés pour le Web »). Pour enregistrer un podcast dans Audacity, sauvegardez le document au format .mp3. Si vous utilisez QuickTime Pro, les formats possibles seront le format .mov, propre à Quick-Time, ou le format .m4v, conçu pour le lecteur iPod.

Mettre en ligne

Une fois le document sonore réalisé, déposez-le sur votre serveur Web via la fenêtre Fichier de Dreamweaver. Le document sonore devra être accompagné d'un fichier de description XML.

Le fichier XML

Le document à réaliser pour créer un fil RSS utilisable avec iTunes est un document utilisant les spécifications RSS 2.0.

Pour créer un document XML dans Dreamweaver, sélectionnez le menu Fichier> Nouveau...>Page vierge>XML. Un nouveau document s'ouvre alors avec l'en-tête XML. Le type d'encodage devrait être utf-8.

Pour réaliser un document XML pour iTunes, vous devez utiliser un attribut xmlns dans la balise <rss>. Le code ci-dessous présente les deux premières lignes de code de tout document pour iTunes. Notez que la balise <rss> est obligatoire et doit comprendre l'attribut version.

```
<?xml version="1.0" encoding="UTF-8"?>
<rss xmlns:itunes="http://www.itunes.com/dtds/podcast-1.0.dtd" version="2.0">
```

En plus de ces deux éléments de description, un document XML doit contenir l'élément channel (aussi nommé canal en français), qui permettra de définir le contenu général, et l'élément item, qui définira de manière précise les différents flux disponibles.

- L'élément channel doit impérativement contenir les éléments title, link et description. Il peut se comparer à la pochette d'un disque : il indique le titre et une description du contenu.

  Voici l'exemple de code précédent dans lequel nous avons ajouté l'élément channel :

```
<?xml version="1.0" encoding="UTF-8"?>
<rss xmlns:itunes="http://www.itunes.com/dtds/podcast-1.0.dtd" version="2.0">

<channel>
<title>Musiques du monde</title>
<link>http://www.exemple.fr/podcasts/index.html</link>
<description>Ce podcast présente chaque semaine un extrait des dernières
➡ nouveautés.</description>
```

- L'élément item permet de spécifier le document à télécharger. Techniquement, il n'y a pas d'élément obligatoire, cependant, les éléments permettant de définir le titre et le lien paraissent utiles pour que le podcast ait une réelle utilité.

  Le code ci-dessous, dans lequel nous avons ajouté l'élément item, représente le code minimal à saisir pour réaliser un podcast avec iTunes :

```
<?xml version="1.0" encoding="UTF-8"?>
<rss xmlns:itunes="http://www.itunes.com/dtds/podcast-1.0.dtd" version="2.0">

<channel>
```

```
<title>Musiques du monde</title>
<link>http://www.exemple.fr/podcasts/index.html</link>
<description>Ce podcast présente chaque semaine un extrait des dernières
    nouveautés.</description>
<item>
<title>Breitz music</title>
<enclosure url="http://www.exemple.fr/flux/breton-1.mp3" length="8727310"
    type="audio/mpeg" />
<guid>http://www.exemple.fr/flux/breton-1.mp3</guid>
</item>
</channel>
</rss>
```

La balise `<enclosure>` contient trois attributs : l'URL de la source sonore qui doit être précédée du protocole `http://`, sa taille en octets et son type MIME.

Voici une liste des différents types de documents avec leur type MIME accepté dans iTunes.

Tableau 18-3 – Les types MIME acceptés dans iTunes

Fichier	Type MIME
.mp3	audio/mpeg
.m4a	audio/x-m4a
.mp4	video/mp4
.m4v	video/x-m4v
.mov	video/quicktime
.pdf	application/pdf

La balise `<guid>` est un identificateur unique de l'item. Si elle est spécifiée, iTunes pourra alors déterminer si un item est nouveau ou non.

Intégrer un podcast à la page HTML

L'intégration du lien vers un flux se réalise de trois manières, qui peuvent coexister au sein d'une même page.

- La première méthode consiste à présenter l'adresse du fichier XML. Elle sera copiée par l'internaute qui la collera dans la zone Avancé>S'abonner au podcast du logiciel iTunes.

- La seconde méthode permettra à l'internaute de s'abonner automatiquement au podcast par un simple clic. Pour créer dans une page HTML un lien qui abonne automatiquement le flux au lecteur iTunes, spécifiez un lien sur une image ou un texte avec le protocole `itpc`. Dans l'exemple ci-dessous, un clic sur l'image `musicItunes.jpg` permettra d'installer automatiquement dans iTunes le flux nommé `flux-rss.xml`.

```
<a href="itpc://www.exemple.com/flux/flux-rss.xml"><img src="musicItunes.jpg"></a>
```

- La troisième méthode, valable pour de nombreux navigateurs, sauf Internet Explorer 6, consistera à écrire le lien vers le fichier XML préalablement créé. Sous Firefox, ce lien ouvrira une nouvelle page (voir figure 18-4). L'internaute pourra cliquer sur le lien pour écouter le document sans le télécharger.

Figure 18-4
L'ouverture d'un fichier de flux dans Firefox

Conclusion

Incorporez des liens vers des musiques, proposez des téléchargements, des podcasts, mais n'imposez pas. L'internaute doit faire lui-même le choix de cliquer pour écouter un morceau musical, et à plus forte raison si vous ne pouvez pas modifier le volume sonore ni arrêter le son. Dreamweaver permet d'intégrer du son dans les pages Web via l'utilisation de plug-ins, de contrôles activeX et d'autres applications, mais ceux-ci dépendent directement du niveau d'équipement de l'ordinateur hôte. C'est la raison pour laquelle un document sonore doit toujours être un complément du contenu de la page.

19

Intégration
des éléments Flash

Le logiciel Flash et, par conséquent les formats qu'il génère, constituent aujourd'hui une solution très intéressante pour la création de sites graphiques. Le plug-in Flash étant installé sur la plupart des ordinateurs, l'usage du format .swf n'est donc plus un frein pour la diffusion de vidéos. Plus encore que le format .swf, le format Flash vidéo .flv a permis un véritable essor de la diffusion de vidéos sur Internet et il est aujourd'hui courant de lire des documents dans ce format. Ce chapitre est entièrement consacré aux différents documents Flash générés depuis le logiciel Flash ou depuis Dreamweaver. Nous y aborderons les points suivants :

- obtenir une vidéo .flv ;
- incorporer une vidéo .flv ;
- incorporer un document .swf ;
- les vidéos à fond transparent ;
- incorporer un document FlashPaper.

Créer une vidéo au format .flv

Le format .flv est propre à Flash et il est lisible par tous les navigateurs possédant le plug-in Flash. Le logiciel Adobe Media Encoder est fourni avec de nombreuses suites d'Adobe. Il permet de créer facilement une vidéo au format .flv ou f4v. D'autres solutions existent, notamment le logiciel Riva-flv-encoder sur PC ou ffmpegx sur Mac.

Adobe Media Encoder

Adobe Media Encoder est l'application d'encodage au format `.flv` ou `.f4v` de Flash CS4 Pro. Cette application est fortement conseillée si vous devez encoder de nombreuses vidéos.

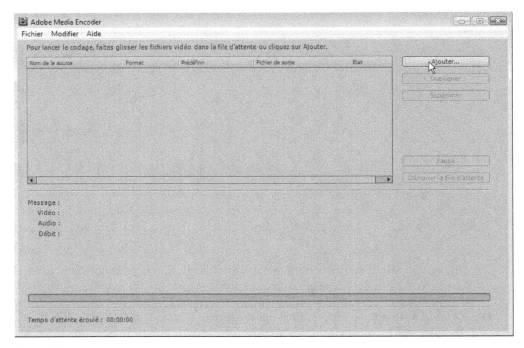

Figure 19-1

L'interface de Flash Video Encoder

Dreamweaver CS4 prend uniquement en charge les fichiers vidéo incorporés au format `flv`. Le format `f4v` est en fait un conteneur pour le codec H264. Si vous souhaitez utiliser des vidéos encodées en H264, utilisez un conteneur, tel que `.mov`, et suivez la procédure d'incorporation décrite au chapitre 17.

Voici la procédure à suivre pour créer une vidéo `.flv` dans Adobe Media Encoder :

1. Lancez l'application Adobe Media Encoder

2. Pour travailler facilement avec cette application, nous allons modifier les réglages par défaut des Préférences. Depuis le menu Modifier (Edit), choisissez Préférences. Dans la catégorie Langue (Language) choisissez Français. Dans la catégorie Format d'affichage (Display Format), choisissez Code temporel de 25 i/s (25 fps). Dans la catégorie Luminosité de l'interface (User Interface Brightness), choisissez Plus clair (Lighter).

3. Validez et redémarrez Adobe Media Encoder pour que ces changements soient pris en compte.

4. Cliquez sur le bouton Ajouter pour importer les différentes vidéos à encoder. Choisissez pour chacune d'elles le format flv/f4v.

5. Choisissez, dans la zone Format, le format flv/f4v en utilisant le menu déroulant.

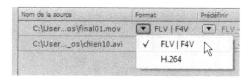

Figure 19-2

Le choix du format flv/f4v

6. Choisissez un réglage prédéfini depuis la zone Prédéfinir, puis l'un des réglages au format flv.

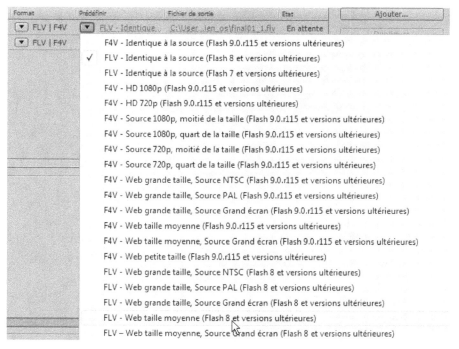

Figure 19-3

Choisir un préréglage

7. Choisissez le nom du document final en cliquant sur le lien hypertexte de la zone Fichier de sortie.

8. Cliquez sur le bouton Démarrer la file d'attente pour commencer l'encodage des vidéos.

Les options avancées d'Adobe Media Encoder

Pour obtenir les options avancées pour chacune des vidéos, cliquez sur le lien hypertexte de la zone Prédéfinir. La fenêtre des réglages d'exportation (figure 19-04) s'ouvre.

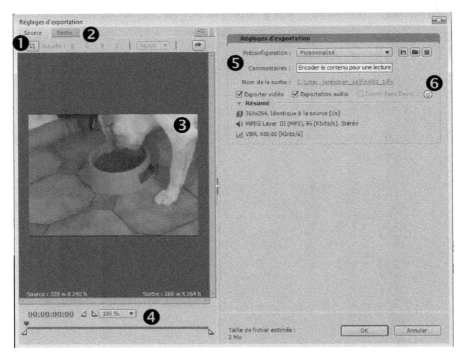

Figure 19-4

La fenêtre des réglages d'exportation

- L'onglet ❶ de la figure 19-4 permet de prévisualiser la source de la vidéo à encoder.
- Le deuxième onglet (repère ❷ de la figure 19-04) permet de prévisualiser la sortie de la vidéo.
- La vidéo en cours d'encodage s'affiche au centre de la fenêtre (repère ❸ de la figure 19-04).
- Situé au bas de la fenêtre, un curseur déplaçable permet de modifier la durée de la séquence (repère ❹ de la figure 19-04). Déplacez les triangles placés à gauche et à droite de la ligne de durée pour modifier la plage de la vidéo à encoder (figure 19-05).
- Cliquez sur le bouton Préconfiguration (repère ❺ de la figure 19-04) pour obtenir les réglages avancés de la préconfiguration choisie.

Les réglages avancés (figure 19-06) permettent de modifier les options par défaut des préréglages. L'onglet vidéo de ces réglages permettra notamment de spécifier l'encodage de la couche A1pha pour obtenir une vidéo sur un fond transparent.

Figure 19-5

Modifier la plage de vidéo à encoder

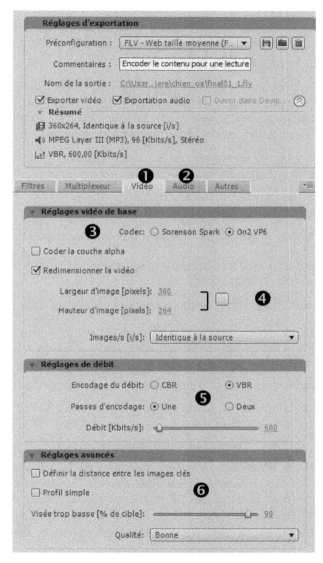

Figure 19-6

L'onglet Vidéo des réglages avancés

- L'onglet Vidéo (repère ❶ de la figure 19-06) permet l'accès aux réglages de l'image vidéo.

- L'onglet Audio (repère ❷ de la figure 19-06) permet l'accès aux réglages audio.

- L'encodage au format Flash video (flv) propose deux Codec Sorenson Spark et On2VP6 (repère ❸ de la figure 19-06). Le Codec On2VP6 est le plus récent et donnera de meilleurs résultats. Il permettra également de conserver la couche Alpha d'une vidéo pour une diffusion avec un fond transparent. Cochez Coder la couche alpha si votre vidéo possède une telle couche permettant la transparence.

- Vous pouvez modifier la taille de l'image vidéo, ainsi que le nombre d'images par seconde (repère ❹ de la figure 19-06).

- L'onglet des réglages de débit (repère ❺ de la figure 19-06) propose plusieurs options. CBR Débit constant permet de choisir un débit cible pour l'encodage de la vidéo. Avec VBR Débit variable, le débit sera différent suivant la vélocité des mouvements de la vidéo. Cette méthode permettra généralement une meilleure optimisation du document.

- Dans la zone des réglages avancés (repère ❻ de la figure 19-06), si vous cochez Définir la distance entre les images clés, vous pourrez choisir l'intervalle entre les images entièrement définies.

Incorporer une vidéo .flv dans une page HTML

Dans Dreamweaver, l'incorporation d'une vidéo au format .flv s'effectue par l'intermédiaire d'une commande spécifique.

Voici la marche à suivre pour incorporer une vidéo .flv dans une page Web :

1. Ouvrez une nouvelle page HTML et insérez-y une balise <div>. Vous pourrez ainsi facilement positionner l'élément vidéo par la suite.

2. Sélectionnez le menu Insertion>Médias>FLV. La fenêtre présentée à la figure 19-7 s'ouvre alors et vous permet de paramétrer les options suivantes :

   - Liste déroulante Type de vidéo – Permet de choisir le type de vidéo, qui doit correspondre à celui spécifié lors de l'encodage de la vidéo.

   - Champ URL – Permet de sélectionner la vidéo à incorporer.

   - Liste déroulante Apparence – Permet de spécifier l'aspect de la barre de commandes de la vidéo. Les enveloppes Clear Skin et Corona Skin se superposent à l'image vidéo, mais la taille globale ne change pas. L'enveloppe Halo Skin se place sous la vidéo et ajoute une bordure autour de l'image. Dans ce cas, la taille globale augmente de 22 pixels en largeur et de 51 pixels en hauteur.

   - Champs Largeur et Hauteur – Permettent de spécifier la taille souhaitée pour l'image vidéo. Ces champs peuvent être renseignés automatiquement en cliquant sur le bouton Détecter la taille.

– Case à cocher Lecture auto. – Permet de lire la vidéo dès l'ouverture de la page.

– Case à cocher Rembob. auto. – Permet d'afficher la première image lorsque la vidéo est terminée.

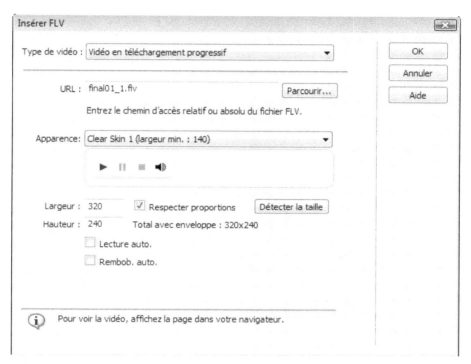

Figure 19-7

La fenêtre Insérer un fichier Flash Video

3. Une fois vos réglages effectués, cliquez sur OK pour les valider. L'emplacement de la vidéo apparaît alors sur la page.

4. Pour lire la vidéo, enregistrez la page et testez-la dans le navigateur en appuyant sur la touche F12.

Incorporer un document .swf dans une page HTML

Dans Dreamweaver, l'incorporation d'un fichier .swf dans une page Web se réalise aussi facilement que dans le cas d'une image.

Voici la marche à suivre pour incorporer un document .swf dans une page Web :

1. Ouvrez une nouvelle page HTML et cliquez sur la catégorie Commun du panneau Insertion. Cliquez sur l'icône Médias et choisissez SWF dans la liste proposée.

2. Dans la boîte de dialogue qui s'ouvre alors, sélectionnez le document `.swf` souhaité.

3. Cliquez sur OK, le document se place alors dans la page à l'endroit choisi.

Cliquez sur l'élément inséré pour en afficher ses propriétés (figure 19-8). Si l'option afficher les éléments invisibles est cochée (Menu Affichage>Assistantes visuelles>éléments invisibles), un onglet de couleur bleu apparaît en haut à gauche de l'élément lors du survol de la souris.

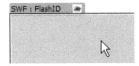

Figure 19-8
L'onglet permettant d'afficher un contenu alternatif

Un clic sur l'œil situé à droite de cet onglet permet d'afficher un contenu alternatif en cas d'absence du plug-in Flash. Ce contenu peut alors être modifié facilement.

Figure 19-9
Le contenu alternatif

Lorsque l'élément swf Flash est inséré, enregistrez la page HTML. Dreamweaver vous informe que deux documents JavaScript (`.js`) seront nécessaires à sa lecture. N'oubliez pas de les transférer sur le serveur web en même temps que la page HTML et que le document swf.

Voici les différentes propriétés applicables à un document swf :

Figure 19-10
Les propriétés des fichiers swf

- Donnez un nom d'identifiant à l'élément swf dans la zone FlashID (repère ❶ de la figure 19-10).

- L et H (repère ❷ de la figure 19-10) permettent d'entrer la taille du document. Un document swf étant de type vectoriel, vous pouvez lui attribuer une taille quelconque.

- Le champ Fichier (repère ❸ de la figure 19-10) permet de spécifier le chemin vers le fichier swf à lire.

- Couleur d'arrière-plan du fichier swf (repère ❹ de la figure 19-10). Cette couleur remplace la couleur attribuée à la scène Flash.

- Le bouton Modifier (repère ❺ de la figure 19-10) ouvre le document courant dans Flash pour y apporter des modifications.

- Classe (repère ❻ de la figure 19-10) permet d'attribuer une classe au document swf.

- Les deux options Boucle et Lecture auto (repère ❼ de la figure 19-10) permettent de lire l'animation de manière continue (Boucle) et de la lire automatiquement lors de l'affichage de la page HTML (Lecture auto).

- Espace V et Espace H (repère ❽ de la figure 19-10) permettent d'attribuer au document swf un espace à droite et à gauche (Espace V) et en haut et en bas (Espace H). N'utilisez pas cette option si vous souhaitez rester compatible XHTML 1.0 Strict.

- Choisissez un niveau de qualité (repère ❾ de la figure 19-10). Un niveau de qualité élevé demande un processeur puissant. L'option Basse automatiquement privilégie la vitesse au départ de l'animation, mais affiche une bonne qualité par la suite si cela est possible. L'option Elevée automatiquement affiche des bonnes qualités de vitesse et de rendu au départ et modifie ensuite, si besoin, la qualité visuelle.

- L'option Echelle (repère ❾ de la figure 19-10) permet de choisir la méthode d'affichage de l'animation suivant les tailles écrites en largeur et hauteur si celles-ci ne sont pas homothétiques à celle de l'animation. L'option Taille exacte déformera l'animation. L'option Aucune bordure ne fera apparaître qu'une partie de l'animation. L'option Afficher tout réduira ou agrandira l'animation de manière proportionnelle.

- L'option Aligner (repère ❿ de la figure 19-10) permet de choisir la méthode d'alignement d'un texte placé à côté du swf. N'utilisez pas cette option si vous souhaitez rester compatible XHTML 1.0 Strict. L'option Wmode (repère ❿ de la figure 19-10) permet de choisir la méthode d'affichage de l'animation dans la page du navigateur. Fenêtre affiche l'animation au premier plan de la page HTML, même si des éléments en position absolue sont placés avec un index supérieur. Opaque est l'option par défaut et permet de placer des éléments en position absolue au-dessus de l'animation. Transparent permet de jouer une animation sur un fond transparent. La couleur de la scène, attribuée dans Flash, disparaît.

- Lire permet de lire l'animation dans l'interface Dreamweaver. Paramètres ouvre la fenêtre des Paramètres (repère ⓫ de la figure 19-10).

Les vidéos à fond transparent

Le format .flv associé au codec On2 VP6 supporte la couche alpha. On peut ainsi tourner une vidéo sur un fond uni et transformer par la suite ce fond en couche alpha transparente. Généralement, ce genre de vidéo est tourné sur un fond vert. Des logiciels de montage ou de *compositing*, tels que Premiere, After Effects ou Final Cut Pro, permettrent de transformer ce fond vert en couche alpha transparente. Dans Dreamweaver, l'incorporation d'une telle vidéo ne peut se réaliser que par l'intermédiaire d'un fichier .swf.

Voici la marche à suivre pour placer une vidéo sur fond transparent dans une page HTML (le logiciel utilisé ici est Adobe Premiere Pro) :

1. Dans Premiere Pro CS4, ouvrez une vidéo tournée sur un fond uni et bien éclairé, généralement un fond vert.

2. Placez cette séquence sur l'échelle de temps, appliquez-lui l'effet Incrustation Chrominance ou Incrustation non rouge. Effectuez les réglages dans les options d'effets pour obtenir la couleur de transparence.

3. Choisissez Exportation Adobe Media Encoder. Dans les réglages d'exportation, sélectionnez Adobe Flash Video. Dans l'onglet Codec, choisissez On2 Vp6 et cochez « coder la couche alpha » dans la zone des réglages vidéo de base.

4. Importez cette vidéo dans le logiciel Flash CS4. Placez la vidéo sur le scénario de Flash, puis exportez la séquence pour obtenir un document .swf.

5. Ouvrez Dreamweaver et importez la séquence Flash selon la méthode présentée précédemment. Dans les propriétés, choisissez Transârent pour l'option Wmode. Le document .swf est à présent sur fond transparent.

À noter que l'attribut wmode n'est pas compatible avec tous les navigateurs.

Incorporer un document FlashPaper

FlashPaper est un outil qui permet de créer des documents consultables et imprimables, aux formats .swf et .pdf. Dans Dreamweaver, l'incorporation d'un document FlashPaper se réalise très facilement et le rendu dans le navigateur présente une zone avec des outils intuitifs. La figure 19-11 présente le rendu d'un document FlashPaper dans Firefox.

Pour incorporer un document FlashPaper, sélectionnez le menu Insertion>Médias>Flash-Paper. Le document se place directement dans la page HTML.

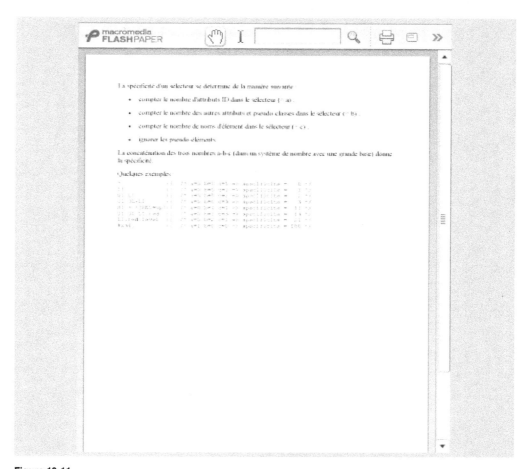

Figure 19-11
Le rendu d'un document FlashPaper dans Firefox

Conclusion

La technologie Flash est très présente sur de nombreux sites Internet. Dreamweaver l'intègre facilement et offre une approche particulièrement intéressante pour inclure des éléments vidéo au format .flv. En effet, avec ce format de vidéos, vous pourrez ajouter une dimension multimédia à vos sites, sans pour cela y consacrer de nombreuses heures de travail et de test dans les différents navigateurs.

Partie IV

Gestion de données

20

Création de pages dynamiques avec PHP/MySQL

La plupart des sites actuels sont reliés à une base de données en ligne afin de mettre en œuvre des applications avancées ou simplement de mettre à jour le contenu du site depuis une interface d'administration en ligne. Dreamweaver permet désormais de développer des sites dynamiques de ce type sans qu'il soit nécessaire d'être développeur ni de maîtriser un langage de programmation serveur (comme PHP). Pour cela, il suffit de configurer des comportements de serveur qui génèreront ensuite le code PHP automatiquement. Dans ce chapitre, vous apprendrez à réaliser certains de ces comportements de serveur, afin de pouvoir intégrer facilement des applications dynamiques à votre site.

Environnement de développement PHP/MySQL

Choisir l'infrastructure serveur

Contrairement à un site statique, un site dynamique manipule des informations enregistrées dans une base de données. Pour cela, il les récupère grâce à une technologie serveur et les intègre ensuite dans la page affichée dans le navigateur. Pour pouvoir utiliser ces technologies, vous devrez disposer d'une infrastructure serveur adéquate car plusieurs applications sont nécessaires à leur fonctionnement côté serveur :

- un serveur Web (le serveur Apache est le plus fréquemment utilisé) ;
- un langage de scripts serveur installé sur le serveur Web (dans cet ouvrage, nous utiliserons PHP) ;

- un serveur de base de données (dans cet ouvrage, nous utiliserons MySQL).

Selon les ressources matérielles dont vous disposez, plusieurs solutions peuvent être exploitées :

- La première solution consiste à utiliser le serveur de production distant. Pour cela, vous devez disposer d'une connexion permanente et rapide à Internet, ainsi que d'un serveur Web distant équipé d'une base de données MySQL et d'un moteur de scripts PHP.

- La deuxième solution est la plus exigeante. Elle consiste à utiliser un serveur de développement installé sur le réseau local. Elle concerne surtout les sociétés de développement Internet qui ont à leur disposition un serveur Web en local, avec PHP et MySQL, en plus de leur serveur distant de production.

- La troisième solution est accessible à tous puisqu'il suffit d'installer sur son poste de développement une infrastructure serveur avec PHP et MySQL qui reproduira en local le même comportement que le serveur Web distant (voir figure 20-1). La publication finale du site sur le serveur de production sera ensuite réalisée à l'aide d'un serveur FTP.

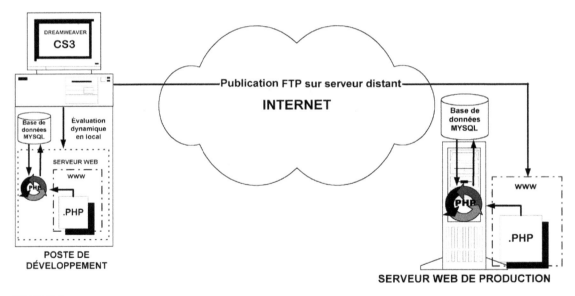

Figure 20-1

Organisation d'une infrastructure serveur

Nous avons retenu la troisième solution pour réaliser nos démonstrations car elle pourra être utilisée par tous les lecteurs de cet ouvrage. À noter que les concepts qui seront développés dans les sections suivantes sont identiques quelle que soit la méthode retenue.

Afin de vous accompagner dans la mise en œuvre de votre plateforme de développement, vous verrez dans la section suivante comment installer une infrastructure serveur locale.

Les protocoles Internet

Internet permet de relier de nombreux ordinateurs distants par un support physique. Cependant, pour que ces derniers puissent dialoguer, ils doivent utiliser un même protocole. Le protocole pour le Web d'Internet est le HTTP, qui permet aux internautes de consulter (ou d'évaluer dans notre cas) des pages Web à l'aide de leur navigateur. Il existe également d'autres protocoles dédiés à des médias spécifiques ou permettant d'accéder à des services en ligne. On peut citer les protocoles SMTP et POP3, qui permettent de gérer les e-mails ou encore le protocole FTP, qui permet le transfert (ou la publication dans notre cas) de fichiers d'un ordinateur à l'autre.

Mettre en œuvre une infrastructure serveur

Infrastructure serveur pour Mac

La suite WampServer 2 présentée dans cette section est destinée aux ordinateurs PC. Les utilisateurs de Mac devront installer une suite équivalente adaptée à leur machine. Dans ce cas, nous vous suggérons de télécharger la suite Mamp à l'adresse `www.mamp.info`. Une fois téléchargée sur votre Mac, il suffira de copier la suite Mamp dans le répertoire des applications pour que les serveurs soient opérationnels. Dans ce cas, la configuration de Dreamweaver, détaillée ci-après, sera semblable, hormis le fait que les adresses des serveurs devront être suivies de leur numéro de port (`localhost:8888` pour le serveur Apache et `localhost:8889` pour le serveur MySQL). Un complément illustré concernant l'utilisation de Mamp est disponible dans les ressources téléchargeables de cet ouvrage sur le site de l'éditeur (`www.editions-eyrolles.com`).

Procédure d'installation de la suite WampServer 2

Pour télécharger gratuitement la dernière version de WampServer 2, consultez le site `http://www.wampserver.com`. Cliquez sur le lien Téléchargement et remplissez le formulaire. Vous serez ensuite redirigé vers la page du site `Sourceforge.net` dédiée à WampServer 2 où vous pourrez télécharger le fichier exécutable sur votre ordinateur.

Une fois le fichier enregistré, lancez l'installation en double-cliquant sur l'installateur. Une première fenêtre apparaît, vous recommandant de fermer toutes les applications actives avant de lancer l'installation. De même, si vous aviez déjà une ancienne version de cette suite (nommée Wamp 5), il faudra alors la désinstaller avant d'installer la nouvelle version WampServer 2. Cliquez sur le bouton Next > pour faire apparaître les conditions d'utilisation (*License Agreement*) qu'il faut valider. Dans l'écran suivant, choisissez le répertoire dans lequel vous souhaitez installer le logiciel. Nous vous suggérons de valider l'option par défaut (`C:\wamp`). La fenêtre suivante vous demande si vous souhaitez créer un raccourci vers WampServer 2 dans la barre de lancement rapide et sur le Bureau. Cochez éventuellement ces options et cliquez sur Next >. Un récapitulatif des paramètres d'installation s'affiche. S'ils vous conviennent, cliquez sur le bouton Install sinon, cliquez sur le bouton < Back pour les modifier.

L'installation démarre et un indicateur affiche l'état d'avancement de la tâche. Si Firefox est installé sur votre ordinateur, un message apparaît vous demandant si vous souhaitez le choisir comme navigateur par défaut. Confirmez cette boîte de dialogue pour utiliser

Firefox par défaut lors de la réalisation de vos pages dynamiques. Choisissez ensuite le serveur SMTP souhaité (indiquez le serveur de messagerie sortant de votre fournisseur d'accès Internet, `smtp.wanadoo.fr`, par exemple). Indiquez également votre e-mail et cliquez sur le bouton Next > pour valider vos choix. L'écran suivant vous indique que l'installation de WampServer 2 s'est correctement déroulée et vous propose de lancer le programme (case précochée par défaut). Cliquez sur le bouton Finish.

WampServer 2 démarre et une icône en forme de demi-cercle apparaît dans la barre des tâches de votre ordinateur. Cette icône peut avoir trois états :

- icône complètement blanche – Les deux serveurs, Apache et MySQL sont en état de marche (voir repère ❶ de la figure 20-2) ;

- les deux premiers tiers du demi-cercle sont jaunes – Au moins l'un des deux serveurs est arrêté (ou pas encore démarré) ;

- le premier tiers du demi-cercle est rouge – Les deux serveurs sont à l'arrêt.

Arrêter et démarrer WampServer 2

Avant d'utiliser WampServer 2, il est utile de rappeler la procédure de gestion des serveurs et du logiciel pour vos futures utilisations. Pour commencer, je vous invite à arrêter les serveurs de WampServer 2. Pour cela, cliquez sur l'icône de WampServer 2 dans la barre des tâches (voir repère ❶ de la figure 20-2), puis dans le menu contextuel qui s'affiche (nommé par la suite manager de WampServer 2). Sélectionnez Stop All Services (voir figure 20-2). L'icône doit alors changer d'état et son premier tiers devient rouge. Pour redémarrer les serveurs de WampServer 2, cliquez à nouveau sur l'icône et sélectionnez Start All Services. À noter que si l'icône de WampServer 2 reste jaune ou rouge après avoir cliqué sur cette commande, cela indique que vos serveurs (ou l'un de vos serveurs) ne sont plus opérationnels. Dans ce cas, cliquez sur la commande Restart All Services du manager pour réactiver le(s) serveur(s) de WampServer 2.

Nous venons de voir la procédure pour gérer l'arrêt et le redémarrage des serveurs de WampServer 2. Si vous désirez complètement arrêter l'application, cliquez droit sur l'icône de la barre des tâches et sélectionnez Exit (l'icône disparaît alors). Pour relancer WampServer 2, cliquez sur Démarrer>Tous les programmes>WampServer>start Wamp-Server. La même démarche devra d'ailleurs être effectuée lors du démarrage de votre ordinateur pour lancer WampServer 2, sauf si vous avez coché la case de démarrage automatique lors de l'installation du logiciel (voir section précédente).

Découvrir le manager de WampServer 2

La liste ci-dessous présente les différentes commandes du manager de WampServer 2 (voir figure 20-2) :

- Locahost – Permet d'accéder au Web local et de tester toutes les pages enregistrées sous la racine `www` (soit `http://localhost/` qui correspond à la racine située à l'emplacement `C:/wamp/www/`).

Figure 20-2

Utilisation de WampServer 2 : dès le démarrage du logiciel, une icône apparaît dans la barre des tâches. Cliquez sur cette icône pour afficher le manager de WampServer 2.

- PhpMyAdmin – Permet d'accéder au gestionnaire de base de données MySQL nommé phpMyAdmin (soit l'alias `http://localhost/phpmyadmin/`).

- SQLiteManager – Permet d'accéder au gestionnaire de base de données intégré à PHP nommé SQLite (soit l'alias `http://localhost/sqlitemanager/`).

- www directory – Donne accès à un explorateur Windows configuré pour s'ouvrir automatiquement dans le répertoire racine `www` (`C:\wamp\www\`).

- Apache – Permet d'accéder à différents sous-menus d'administration du serveur Apache. Vous pourrez ainsi arrêter le serveur (Stop Service) et le redémarrer (Restart Service) depuis le sous-menu Service, accéder à la gestion des modules complémentaires depuis le sous-menu Apache modules, créer des répertoires alias (différents du répertoire par défaut www) depuis le sous-menu Alias directories ou encore accéder aux fichiers mémorisant les dernières erreurs serveur ou permettant la configuration du serveur Apache (`httpd.conf`).

- Apache – Permet d'accéder à différents sous-menus d'administration du module PHP. Vous pourrez ainsi configurer rapidement les options PHP depuis le sous-menu PHP settings, accéder à la gestion des extensions PHP depuis le sous-menu PHP extensions ou encore accéder aux fichiers mémorisant les dernières erreurs PHP ou permettant la configuration du module PHP (`php.ini`).

- MySQL – Permet d'accéder à différents sous-menus d'administration du serveur MySQL. Vous pourrez ainsi arrêter le serveur (Stop Service) et le redémarrer (Restart Service) depuis le sous-menu Service ou encore accéder aux fichiers mémorisant les dernières erreurs MySQL ou permettant la configuration du serveur MySQL (`my.ini`).

- Start All Services – Permet de démarrer tous les services en même temps, soit les serveurs Apache et MySQL.

- Stop All Services – Permet d'arrêter tous les services en même temps, soit les serveurs Apache et MySQL.

- Restart All Services – Permet de redémarrer tous les services en même temps, soit les serveurs Apache et MySQL.

- Put Online – Autorise l'accès du serveur à tous (online) ou le limite à un usage local (offline, option par défaut identifiée par la présence d'un petit cadenas au centre de l'icône en demi-cercle dans la barre des tâches). Si vous exploitez WampServer uniquement pour vos développements, nous vous recommandons de conserver la configuration par défaut afin d'interdire l'accès au serveur aux utilisateurs externes.

D'une version à l'autre

Selon la version du logiciel installée et votre système d'exploitation, les écrans et les procédures détaillées précédemment peuvent être très légèrement différents. En guise de référence, nous avons utilisé la version WampServer 2 pour nos démonstrations. Si vous utilisez une autre version, il est possible que le manager soit organisé différemment. Il n'en demeure pas moins que le fonctionnement de ces logiciels reste identique d'une version à l'autre et que vous n'aurez pas de difficulté à adapter les procédures détaillées dans cet ouvrage.

Tester le serveur local

Pour tester le bon fonctionnement du serveur Web et du moteur PHP, nous allons commencer par créer un script PHP à l'aide d'un simple éditeur de texte. Pour cela, ouvrez le Bloc-notes de Windows via le menu Démarrer>Tous les programmes>Accessoires>Bloc-notes (ou Simple Texte sur Mac). Saisissez ensuite les trois lignes de code suivantes dans l'éditeur. Les balises encadrant l'instruction permettent d'indiquer qu'il s'agit de PHP. L'instruction echo permet d'afficher dans le navigateur le texte placé entre guillemets.

```
<?php
echo "Bonjour, PHP fonctionne" ;
?>
```

Enregistrez le fichier dans le répertoire C:\wamp\www\SITEmontagne sous le nom bonjour.php, en prenant soin de sélectionner le type Tous fichiers et en ajoutant l'extension .php. Le répertoire SITEmontagne sera créé sous www lors de l'enregistrement de ce premier fichier. Ce même répertoire sera utilisé dans les sections suivantes pour tester les exemples de comportements serveurs et d'applications PHP, c'est pourquoi nous vous conseillons d'utiliser les mêmes conventions de nommage.

Dans le Bloc-notes, assurez-vous que la barre de titre du fichier affiche bien le nom que vous venez de lui attribuer (voir repère ❶ de la figure 20-3) et fermez ensuite la fenêtre.

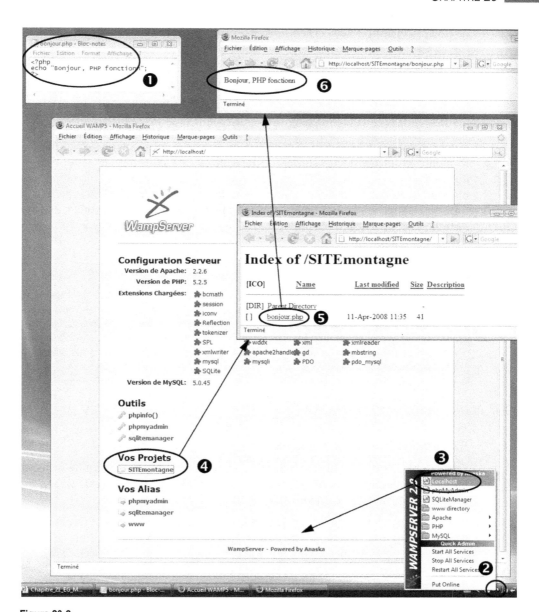

Figure 20-3

La page Web local (option Localhost du manager) permet d'accéder au répertoire SITEmontagne, puis d'ouvrir le fichier bonjour.php dans le navigateur.

Ouvrez maintenant le manager de WampServer 2 en cliquant sur son icône dans la barre d'état (voir repère ❷ de la figure 20-3). Affichez ensuite la page Web local en sélectionnant Localhost depuis le manager (voir repère ❸ de la figure 20-3). Le répertoire SITEmontagne doit alors apparaître dans la rubrique Vos Projets. Cliquez sur le lien SITEmontagne (voir repère ❹ de la figure 20-3) pour ouvrir une fenêtre qui affiche la liste de tous les fichiers contenus dans ce répertoire. Dans le cas présent, seul le fichier bonjour.php apparaît.

Si vous cliquez sur le fichier bonjour.php (voir repère ❺ de la figure 20-3), vous envoyez alors une requête au serveur Apache pour ouvrir le fichier dans le navigateur. Si le serveur Web et le moteur PHP fonctionnent correctement, le message Bonjour, PHP fonctionne doit s'afficher dans le navigateur (voir repère ❻ de la figure 20-3). Il est en outre intéressant d'observer le code source envoyé au navigateur (sélectionnez pour cela le menu Affichage>Code source de la page). Vous constatez en effet que le code ne comporte plus les balises PHP ni l'instruction echo saisies lors de la création du fichier, mais uniquement le message affiché dans le navigateur. Ceci s'explique par le fait que lors de l'appel du fichier, celui-ci est d'abord exécuté par le moteur PHP du serveur Apache et c'est la page résultante en HTML qui est ensuite envoyée au navigateur pour son interprétation finale.

> **Ne jamais supprimer le fichier index.php de la racine www**
>
> La page Web local qui s'affiche quand vous accédez au localhost par le manager de WampServer 2, n'est autre que le fichier index.php qui se trouve à la racine www. Si vous tenez à conserver la page qui affiche les différents répertoires de vos sites, il faudra veiller à ne pas supprimer ce fichier. Enfin, côté organisation, nous vous conseillons de créer un répertoire différent sur cette même racine à chaque fois que vous ajouterez un nouveau site sur votre serveur local. Ainsi, vous pourrez accéder à vos différents sites très facilement depuis la page du Web local.

Gérer des extensions PHP

Extensions installées par défaut

Les extensions PHP sont des bibliothèques de fonction dédiées à une utilisation spécifique. Il existe, par exemple, des extensions dédiées à MySQL (php_mysql), à la gestion des images (php_gd2) ou encore aux fonctions XML (php_domxml).

Lors de l'installation de WampServer 2, certaines extensions PHP ont été installées par défaut et sont donc immédiatement disponibles (php_mysql par exemple), mais il est aussi très simple d'en installer d'autres par le biais du manager de WampServer 2.

Installer une extension

L'installation d'une extension sur WampServer 2 est très simple. Depuis le manager, sélectionnez l'entrée PHP puis PHP extensions (voir repères ❶ et ❷ de la figure 20-4) et sélectionnez l'extension à installer dans la liste proposée (voir repère ❸ de la figure 20-4). Si le nom de l'extension n'est pas précédé d'une coche noire, cela signifie que l'extension n'est pas encore installée. Cliquez alors sur le nom de l'extension pour l'activer. Redémarrez ensuite WampServer 2 en choisissant Restart All services depuis le manager. Réaffichez la liste des extensions PHP afin de vous assurer que l'extension précédemment sélectionnée a bien été installée (elle doit désormais être précédée de la coche noire).

Si vous êtes sur un serveur distant, sachez qu'il est possible de vérifier la présence d'une extension PHP en affichant un fichier `phpinfo.php` (fichier contenant une fonction `phpinfo()`) et en recherchant l'entrée correspondant à l'extension dans les tableaux de cette page. À noter que sur WampServer 2, le fichier `phpinfo()` est directement disponible depuis la page `localhost` accessible depuis l'entrée du même nom dans le manager.

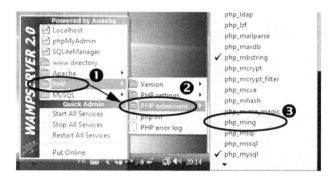

Figure 20-4

Pour installer une extension PHP, affichez la liste des extensions à partir de l'entrée PHP extensions du manager, puis cliquez sur l'extension à installer.

Créer et gérer une base de données MySQL

Notion de base de données

Sans entrer dans des explications avancées sur le fonctionnement d'une base de données, il est important de comprendre comment elle est structurée et de connaître la terminologie employée. Une base de données est constituée d'*enregistrements* qui regroupent un ensemble d'informations (ou *champs*). Le *champ* qui permet de sélectionner un enregistrement spécifique est nommé « clé primaire » (l'information d'une clé primaire doit être unique). L'ensemble des enregistrements partageant les mêmes champs s'appelle une *table* (voir figure 20-5). Si on compare la table à un tableau traditionnel, les colonnes du tableau correspondent aux *champs* de la table et ses lignes aux *enregistrements*. Enfin, une base de données peut contenir plusieurs tables, liées entre elles ou non.

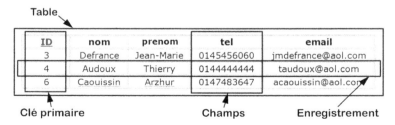

Figure 20-5

Une table est constituée de champs et d'enregistrements.

Cahier des charges de la rubrique *Randonnées*

Pour bien comprendre le concept de la base de données, nous vous proposons de l'illustrer par un exemple. Nous reprendrons pour cela le site Montagne-65, décrit dans les chapitres précédents, et nous allons développer la rubrique Randonnées.

Cette rubrique permettra aux visiteurs de consulter la liste des prochaines randonnées, liste qui sera alimentée par une table de la base de données nommée randonnees (voir repère ❶ de la figure 20-6). Pour chaque randonnée de la liste seront indiqués le nom de la randonnée, le jour et une vignette illustrera le site à visiter. Ces différentes randonnées seront classées par date croissante.

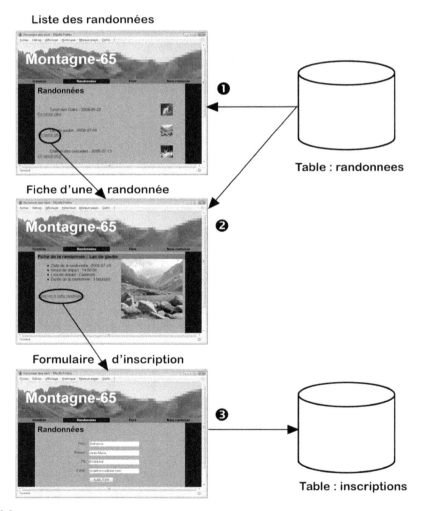

Figure 20-6

Organisation des pages et fonctionnalités de la rubrique Randonnées

Lorsque le visiteur cliquera sur le lien En savoir plus de la randonnée sélectionnée (ou sur sa vignette), une fiche descriptive s'affichera à l'écran, indiquant la destination et le jour de la randonnée ainsi que l'heure, le lieu de départ et la durée. Une photo du site visité illustrera la fiche. Ici aussi les informations de la page seront alimentées par la table randonnees (voir repère ❷ de la figure 20-6).

Si le visiteur désire s'inscrire à la randonnée sélectionnée, il pourra alors cliquer sur un lien pour accéder à un formulaire d'inscription. Ce formulaire rappellera la randonnée concernée et invitera le visiteur à renseigner son nom, prénom, téléphone et e-mail. Dès la validation du formulaire, ces informations iront enrichir une table de la base de données nommée inscriptions (voir repère ❸ de la figure 20-6).

Pour mettre à jour le site, un espace d'administration sera aussi nécessaire. Il devra être sécurisé et l'utilisateur devra s'authentifier avant d'y accéder. Il comportera trois pages qui permettront de lister les différentes inscriptions aux randonnées, de les mettre à jour ou encore de les supprimer.

Ce petit cahier des charges va vous permettre de créer votre première base de données (montagne_db). Celle-ci sera ensuite exploitée dans les sections suivantes pour illustrer les différentes fonctionnalités dynamiques de Dreamweaver CS4.

Structure de la base de données montagne_db

Cette application est structurée autour d'une base de données contenant deux tables, elles-mêmes constituées des champs mentionnés ci-après.

- Table randonnees – Regroupe les champs des informations concernant les différentes randonnées proposées (champs : ID, nom, jour, heure, depart, duree).
- Table inscriptions – Regroupe les champs identifiant les différents visiteurs qui se sont inscrits aux randonnées (champs : ID, nom, prenom, tel, email, randonneesID).

Pour illustrer la notion de base de données, nous vous proposons d'analyser la table randonnees. Dans cette table, le second champ (nom) permet d'identifier le nom spécifique de la randonnée et quatre autres champs (jour, heure, depart et duree) sont destinés à mémoriser les informations caractérisant cette randonnée. Quant au champ ID, il a pour fonction d'identifier d'une manière unique chaque enregistrement. Ce champ, obligatoire dans toutes les tables, s'appelle clé primaire et sa valeur doit toujours être différente d'un enregistrement à l'autre.

En outre, dès qu'un visiteur s'inscrit à une randonnée, des données relatives à la randonnée concernée et aux coordonnées du visiteur sont enregistrées dans les champs d'une table inscription et chaque ajout d'informations constitue, dans la terminologie des bases de données, un *enregistrement* de la table (voir figure 20-7).

En ce qui concerne les clés primaires, elles sont aussi souvent utilisées pour lier les tables entre elles. Dans notre cas, par exemple, le champ randonneesID de la table inscriptions contient la même valeur que la clé primaire ID d'une des randonnées de la table randonnees. Dans ce cas, le champ qui contient une copie de la clé primaire pour lier deux tables s'appelle une *clé étrangère*.

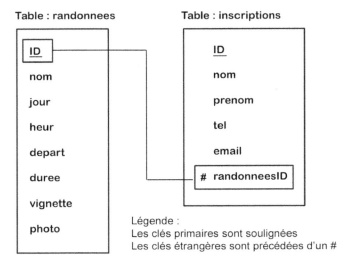

Figure 20-7

Structure de la base de données montagne_db

Pour créer puis administrer une base de données MySQL, vous pouvez utiliser les commandes MySQL en ligne. Cependant, ces commandes nécessitent une connaissance avancée des requêtes SQL et les risques d'erreur sont relativement importants pour un programmeur débutant. Une autre solution consiste à utiliser le gestionnaire phpMyAdmin, présenté à la section suivante.

PhpMyAdmin, un gestionnaire de bases de données convivial

PhpMyAdmin est une interface conviviale permettant de gérer très facilement une base de données, sans nécessiter une connaissance avancée des requêtes SQL. Le fait que l'interface soit développée en PHP la rend parfaitement adaptée à l'utilisation conjointe d'une base MySQL et d'un moteur de scripts PHP. Elle peut donc fonctionner directement sur le serveur Web et être accessible par le biais d'un simple navigateur, ce qui explique sa présence sur la plupart des sites dynamiques distants (actuellement, phpMyAdmin est le gestionnaire de bases de données préconisé par la majorité des hébergeurs proposant des serveurs qui prennent en charge MySQL/PHP). On peut ainsi créer avec la même facilité des bases de données et des tables en local comme sur le serveur distant.

Grâce au gestionnaire de bases de données phpMyAdmin, vous pourrez rapidement :

• créer et supprimer des bases de données ;

• créer, copier, supprimer et modifier des tables ;

• supprimer, éditer et ajouter des champs ;

• exécuter des requêtes SQL ;

- importer et exporter des données au format CSV ;
- créer et exploiter des sauvegardes de tables.

Présentation de l'interface de phpMyAdmin

Comme nous l'avons expliqué précédemment, la suite logicielle WampServer 2 intègre le gestionnaire phpMyAdmin. Pour accéder à l'écran du gestionnaire, assurez-vous que WampServer 2 est bien actif (son icône doit apparaître dans la barre des tâches et elle doit être blanche). Cliquez dessus pour ouvrir le manager et cliquez ensuite sur le lien phpMyAdmin. Le gestionnaire doit alors s'ouvrir dans le navigateur. L'écran d'accueil (voir figure 20-8) est partagé en deux parties : le cadre de gauche permet de sélectionner la base de données désirée, alors que la partie droite est utilisée pour créer une nouvelle base. Un message d'alerte affiché en rouge vous rappelle que l'utilisateur principal (root) est actuellement configuré sans mot de passe et représente évidemment une faille de sécurité si ce serveur devait être accessible de l'extérieur (online). Nous aurons l'occasion de détailler la procédure pour gérer les droits des utilisateurs dans une section suivante. En attendant, nous ne modifierons pas le paramétrage du root, car nous nous limiterons à un usage local de la base de données (offline, revoir la présentation du manager de WampServer 2 pour la configuration de cette option).

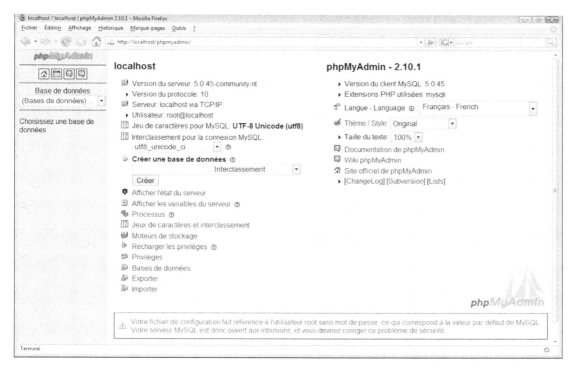

Figure 20-8

L'écran d'accueil du gestionnaire de bases de données phpMyAdmin

> **Pour ceux qui désirent passer directement à l'utilisation de Dreamweaver**
>
> La section suivante traite des fonctions qui vous permettent de créer, modifier ou supprimer une base de données et ses éléments (tables, champs, enregistrements...) grâce à phpMyAdmin. Nous indiquerons également la procédure pour configurer un compte utilisateur et comment définir ses droits pour accéder à une base de données depuis des pages dynamiques. Ces connaissances vous seront indispensables lors de l'élaboration de votre propre base de données par la suite. Cependant, si vous désirez étudier cette partie plus tard, vous pouvez passer directement à l'utilisation de Dreamweaver. Afin de réaliser les démonstrations dans Dreamweaver qui utilisent la base de l'application Montagne-65, vous devrez restaurer la sauvegarde de la base de données (`montagne_db.sql`), disponible sur le site de l'éditeur (`www.editions-eyrolles.com`) de l'installer sur votre serveur MySQL (voir la procédure de restauration d'une base présentée à la section « Restaurer » de ce chapitre). De même, si vous ne créez pas le compte de l'utilisateur `montagne` comme indiqué dans cette section, vous pourrez quand même configurer une connexion à la base (dans Dreamweaver) en utilisant le compte préconfiguré par défaut (remplacer dans ce cas le nom de l'utilisateur `montagne` par `root` et ne spécifier pas de mot de passe).

Si on observe les choix proposés dans la liste des bases à gauche de l'interface phpMy-Admin, on découvre deux bases par défaut :

- `information_schema` — Cette base de données stocke toutes les informations relatives aux bases que le serveur MySQL entretient. Elle contient plusieurs tables en lecture seule.

- `mysql` — Cette base est très importante car elle contient toutes les tables qui permettent de configurer et de gérer les différents droits des utilisateurs pour accéder aux autres bases de données du serveur (nous verrons à la fin de ce chapitre comment créer et configurer un compte utilisateur pour pouvoir avoir accès à la base MySQL depuis vos scripts dynamiques). Il ne faut donc jamais supprimer cette base sous peine de ne plus pouvoir utiliser le serveur MySQL.

Soyez rassuré, dans le cadre de cet ouvrage, vous n'aurez pas à gérer ces différentes bases. En revanche, nous utiliserons souvent ce menu pour accéder à la base de données utilisateur que nous allons créer dans la partie suivante (`montagne_db`).

> **Soyez prudent dans la modification des données**
>
> Les deux bases installées par défaut sont très importantes dans le fonctionnement du serveur de base de données. Aussi, nous vous conseillons d'être très prudent si vous désirez modifier le contenu de l'une de ces bases car une mauvaise manipulation risque de rendre inopérant votre serveur MySQL.

Créer une base de données

Pour vous initier à l'utilisation de phpMyAdmin, vous allez créer une petite base de données en reprenant l'exemple de l'application Montagne-65 présentée précédemment. Cette première base est très simple et comporte seulement deux tables.

Définir le type de chaque champ

Pour chaque table, choisissez au préalable le type de chacun des champs. Pour illustrer ce paramétrage, nous avons utilisé la table randonnees, pour laquelle nous avons détaillé la nature et la taille des six champs qu'elle contient (il convient d'en faire autant avec la seconde table avant de déterminer le type de chaque champ) :

- ID – Identifiant de l'enregistrement (clé primaire), nombre entier positif ;
- nom – Nom de la randonnée, chaîne de caractères (50 caractères au maximum) ;
- jour – Jour de la randonnée, date ;
- heure – Heure de départ, heure et minute ;
- depart – Lieu du départ, chaîne de caractères (50 caractères au maximum) ;
- duree – Durée estimée de la randonnée en heure, nombre à 2 chiffres.

Dans la terminologie des bases de données, on distingue trois grands types de champs :

- numérique (entier ou décimal) ;
- texte (chaîne de caractères) ;
- date et heure.

Pour chacune de ces familles, il existe un nombre important de types de données. Le choix du type de données au sein d'une même famille est important pour l'optimisation de la base car il détermine le meilleur compromis entre les valeurs nécessaires et l'espace mémoire utilisé. Pour notre première base, nous nous limiterons à l'utilisation des principaux types, qui sont résumés dans les tableaux ci-dessous.

Tableau 20-1 – Principaux types de champs numériques

Type	Options (en maigre) et paramètres obligatoires (en gras)	Taille mémoire (en octets)	Description
TINYINT	(M) UNSIGNED	1	Entier entre 0 et 255 en non signé (UNSIGNED) et –128 et +127 en signé (sans option).
SMALLINT	(M) UNSIGNED	2	Entier entre 0 et 65 535 en non signé (UNSIGNED) et –32 768 et +32 767 en signé (sans option).
INT	(M) UNSIGNED	4	Entier entre 0 et 16 777 215 en non signé (UNSIGNED) et –8 388 608 et +8 388 607 en signé (sans option).
DECIMAL	(M,D)	M	Nombre signé enregistré sous forme de chaîne de caractères.

Définition des options et des paramètres obligatoires :
(M) : indique le nombre maximal de chiffres, limité à 255.
(M,D) : indique le nombre maximal de caractères et le nombre de décimales affichées.
UNSIGNED : indique qu'il s'agit d'un nombre positif. Dans ce cas, il n'y a pas de bit de signe et la valeur positive maximale est plus importante.

Tableau 20-2 – Principaux types de champs de texte

Type	Options (en maigre) et paramètres obligatoires (en gras)	Taille mémoire (en octets)	Description
CHAR	(M) BINARY	M<256	Chaîne de caractères d'une longueur fixe de M caractères.
VARCHAR	(M) BINARY	L+1	Chaîne de caractères d'une longueur variable limitée à M caractères. La longueur réelle de la chaîne est L (avec L<256).
TEXT		L+2	Texte de 1 à 65 535 caractères. La longueur réelle du texte est L (avec L<65 536).
ENUM	'valeur1','valeur2' …		Énumération de valeurs avec un maximum de 65 535 valeurs différentes.

Définition des options et des paramètres obligatoires :

(M) : indique le nombre maximal de chiffres, limité à 255.

BINARY : indique que la chaîne de caractères sera sensible à la casse dans les opérations de comparaison et de tri (option à utiliser avec précaution).

Tableau 20-3 – Principaux types de champs dates et heures

Type	Options	Taille mémoire (en octets)	Description
DATETIME		8	Date au format AAAA-MM-JJ HH:MM:SS, de 1000-01-01 00:00:00 à 9999-12-31 23:59:59.
TIME		3	Heure au format HH:MM:SS, de –838:59:59 à 838:59:59.
DATE		3	Date au format AAAA-MM-JJ, de 1000-01-01 à 9999-12-31.
YEAR		1	Année au format AAAA, de 1901 à 2155.

À partir de ces informations, il faut maintenant attribuer à chaque champ des deux tables de la base, le type de données qui lui correspond le mieux selon les exigences formulées dans le cahier des charges.

Les tableaux 20-4 et 20-5 indiquent les choix qui ont été réalisés pour l'application Montagne-65.

Tableau 20-4 – Types des champs de la table randonnees

Table randonnees de la base montagne_db

Nom du champ	Type	Taille/Valeurs	Description
ID	SMALLINT		Petit entier (max. 65 535 en UNSIGNED). Identifiant : **clé primaire de la table.**
nom	VARCHAR	50	Chaîne de caractères (limitée à 50 caractères).

Tableau 20-4 – Types des champs de la table randonnees *(suite)*

jour	DATE		Format date (AAAA-MM-JJ).
heure	TIME		Format heure (HH:MM:SS).
depart	VARCHAR	50	Chaîne de caractères (limitée à 50 caractères).
duree	TINYINT		Très petit entier (max. 255 en UNSIGNED).

Tableau 20-5 – Types des champs de la table inscriptions

Table inscriptions de la base montagne_db

Nom du champ	Type	Taille/Valeurs	Description
ID	TINYINT		Très petit entier (max. 255 en UNSIGNED). Identifiant : **clé primaire de la table**
nom	VARCHAR	50	Chaîne de 50 caractères au maximum.
prenom	VARCHAR	50	Chaîne de 50 caractères au maximum.
tel	INT		Entier.
email	VARCHAR	100	Chaîne de 100 caractères au maximum.
randonneesID	SMALLINT		Petit entier (max. 65 535 en UNSIGNED). Lien : **clé étrangère de la table randonnees.**

Créer de la base de données avec phpMyAdmin

Une fois les types de champs choisis, nous pouvons commencer la création de la base dans phpMyAdmin. Pour cela, ouvrez le manager de WampServer 2 et sélectionnez phpMyAdmin. Le gestionnaire s'ouvre alors dans le navigateur, saisissez le nom de la nouvelle base, soit montagne_db, dans le champ Créer une base de données (voir repère ❶ de la figure 20-9). Cliquez ensuite sur le bouton Créer situé à droite de ce champ. Le nom de la nouvelle base doit alors s'afficher dans le cadre de gauche avec la mention Aucune table n'a été trouvée dans cette base.

Figure 20-9

L'écran d'accueil de phpMyAdmin vous invite à saisir le nom d'une nouvelle base.

Créer une table avec phpMyAdmin

Saisissez le nom de la table à créer (randonnees, par exemple, pour la première table de la base montagne_db) dans le champ Nom (voir repère ❶ de la figure 20-10) et renseignez le nombre de champs, soit 6 pour notre exemple (voir repère ❷ de la figure 20-10). Cliquez sur le bouton Exécuter (voir repère ❸ de la figure 20-10). L'écran suivant est un formulaire destiné à renseigner les noms, types et paramètres des champs à créer (voir figure 20-11). Pour chaque champ à définir, reportez dans les colonnes Champ, Type et Taille/Valeurs de ce formulaire (voir repère ❶ de la figure 20-11) les informations définies précédemment (voir tableau 20-4). Considérons que tous les champs sont indispensables et laissons les informations de la colonne Null de chaque champ avec l'option not null. Il faut ensuite indiquer que le champ ID fait office de clé primaire et cocher à cet effet le bouton radio de la colonne Primaire à l'extrême droite du formulaire (voir repère ❷ de la figure 20-11). Par ailleurs, afin que les données de ce champ soient toujours différentes (une clé primaire doit toujours être unique), sélectionnez auto_increment dans la colonne Extra (le compteur sera ainsi automatiquement incrémenté à chaque ajout d'un nouvel enregistrement). Cliquez sur le bouton Sauvegarder pour créer la table randonnées ainsi paramétrée (voir repère ❸ de la figure 20-11).

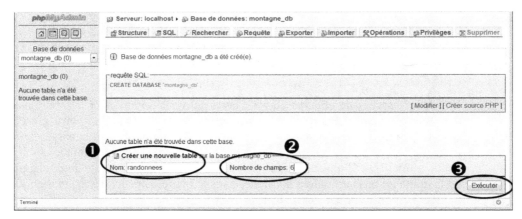

Figure 20-10

Pour créer une nouvelle table, il faut renseigner son nom et indiquer le nombre de champs qu'elle contient

Figure 20-11

Informations relatives aux champs de la nouvelle table

Si vous n'avez pas fait d'erreur, un nouvel écran s'affiche, indiquant la requête SQL automatiquement générée par phpMyAdmin et présentant un tableau récapitulatif des propriétés de la nouvelle table. Vous allez à présent créer la seconde table de la base montagne_db, soit la table inscriptions, en utilisant les informations du tableau 20-5. Pour cela, cliquez sur le nom de la base montagne_db dans le cadre de gauche ou en haut de chaque écran du gestionnaire (voir repères ❶ et ❷ de la figure 20-12). Dans le cadre de droite, saisissez cette fois inscriptions dans le champ Nom et 6 dans le champ Nombre de champs (voir repère ❸ de la figure 20-12). Cliquez sur le bouton Créer et, dans le nouvel écran qui s'affiche, reportez les informations du tableau 20-5 dans le formulaire tout comme vous l'avez fait pour la table randonnees (voir repère ❶ de la figure 20-13) sans oublier de configurer les paramètres de la clé primaire situés à droite du formulaire (voir repère ❷ de la figure 20-13). Cliquez ensuite sur le bouton Sauvegarder pour créer la table inscriptions.

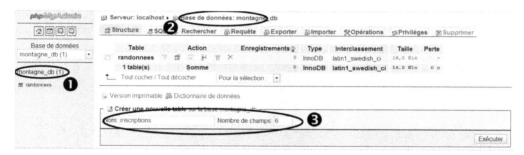

Figure 20-12

Écran du gestionnaire permettant de créer de nouvelles tables et d'accéder à toutes les actions possibles sur chacune des tables déjà créées

Figure 20-13

Formulaire de création de la table inscriptions

Revenir à l'écran de départ...

Si par la suite vous vous perdez dans les différents écrans de phpMyAdmin, souvenez-vous simplement qu'un clic sur le lien portant le nom de la base de données sur laquelle vous travaillez (situé en haut de chaque écran, voir repère ❷ de la figure 20-12) vous permettra de revenir à l'écran affichant toutes les tables de la base et toutes les actions que l'on peut effectuer sur chacune d'entre elles.

Insérer des enregistrements avec phpMyAdmin

Afin d'ajouter quelques enregistrements dans les nouvelles tables, nous allons utiliser la fonction Insérer de phpMyAdmin (par la suite, avec Dreamweaver, nous développerons des formulaires dédiés à l'ajout d'enregistrements qui seront accessibles dans l'espace administrateur du site Montagne-65). Pour illustrer la procédure, nous allons détailler les étapes d'ajout d'enregistrements dans la table randonnees. En ce qui concerne la table inscriptions, nous la laisserons vide dans un premier temps ; elle sera complétée ultérieurement, directement avec le formulaire d'inscription proposé dans la rubrique Randonnées du site.

Cliquez sur le nom de la base (montagne_db) dans le cadre de gauche. Dans la partie droite, un tableau récapitule les tables présentes dans la base (voir figure 20-14). Sur la même ligne que la table concernée, plusieurs actions sont proposées dans la colonne Action. Survolez les différentes icônes pour afficher une infobulle précisant le type d'action correspondant. Par la suite, nous identifierons toujours une action par le libellé de son icône correspondante afin d'éviter toute confusion. Voici les différentes actions possibles :

- Afficher – Affiche tout le contenu de la table et donc ses différents enregistrements. Cette icône n'est pas disponible si la table ne contient aucun enregistrement.

- Sélectionner – Affiche une sélection de champs selon certains critères. Cette icône n'est pas disponible si la table ne contient aucun enregistrement.

- Insérer – Insère un nouvel enregistrement dans la base.

- Structure – Affiche les propriétés de la base dans un tableau. À utiliser si on désire modifier la structure de la table (ajouter ou supprimer des champs, par exemple).

- Supprimer – Supprime la table et son contenu.

- Vider – Vide uniquement le contenu de la table (et donc tous les enregistrements qu'elle contient), sa structure est conservée.

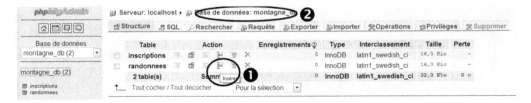

Figure 20-14
Pour chaque table de la base, vous pouvez rapidement réaliser des actions en cliquant simplement sur le lien en rapport.

Dans notre cas, nous désirons ajouter les deux premiers enregistrements de la table randonnees (pour les valeurs à saisir dans les champs, reportez-vous au tableau 20-6). Pour cela, cliquez sur l'icône Insérer (voir repère ❶ de la figure 20-14). Un double formulaire de saisie s'affiche alors (voir figure 20-15). Ne saisissez pas de valeur dans le premier champ ID puisqu'il est incrémenté automatiquement et renseignez les autres champs (voir repères ❶ et ❷ de la figure 20-15). Nous vous conseillons de saisir les mêmes valeurs que celles indiquées au tableau 20-6 afin d'obtenir par la suite des résultats identiques à ceux des visuels de cet ouvrage.

Si vous souhaitez réaliser une série d'ajouts d'enregistrements, sélectionnez Insérer un nouvel enregistrement dans la liste déroulante située à droite de « et ensuite » afin de revenir directement au formulaire d'une saisie à l'autre (voir repère ❸ de la figure 20-15). Cliquez ensuite sur le bouton Exécuter pour enregistrer vos données (voir repère ❹ de la figure 20-15). Procédez de la même manière pour ajouter le deuxième enregistrement (voir tableau 20-6) de la table randonnees.

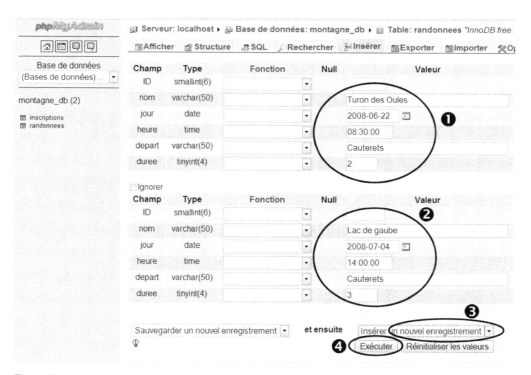

Figure 20-15
Le formulaire d'insertion de phpMyAdmin permet d'ajouter directement des enregistrements dans la table.

Si vous n'avez pas opté pour l'affichage d'un nouveau formulaire après la sauvegarde, un message doit apparaître indiquant le nombre d'enregistrements insérés et rappelant la requête SQL automatiquement générée par phpMyAdmin pour effectuer cette action. Si vous affichez la page centrale du gestionnaire en cliquant sur le nom de la base, vous constatez que le nombre d'enregistrements indiqué pour la table randonnees est maintenant de 2 et que les liens Afficher et Sélectionner sont désormais actifs.

Afin de pouvoir manipuler plusieurs enregistrements dans la suite des démonstrations, procédez de la même manière pour ajouter les quatre autres enregistrements de la table randonnees (voir tableau 20-6). Une fois tous les enregistrements insérés, cliquez sur l'icône Afficher de la table randonnees pour afficher la liste des enregistrements (voir figure 20-16).

Tableau 20-6 – Enregistrements de la table randonnees

ID	nom	jour	heure	depart	duree
1	Turon des Oules	2008-06-22	08:30:00	Cauterets	2
2	Lac de gaube	2008-07-04	14:00:00	Cauterets	3
3	Chemin des cascades	2008-07-13	10:00:00	Cauterets	2
4	Lac de l'embarrat	2008-08-25	07:30:00	Pont d'Espagne	3
5	Cascade du Cirque de Gavarnie	2008-08-25	07:30:00	Gavarnie	6
6	Refuge des Oulettes	2008-08-25	07:30:00	Pont d'Espagne	4

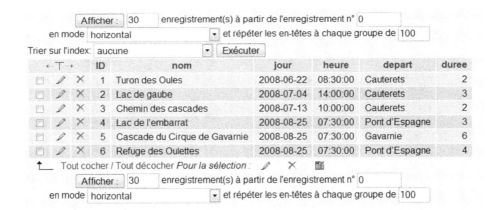

Figure 20-16

Le bouton Afficher permet de lister les enregistrements de chaque table, d'afficher le contenu d'une table et de modifier ou supprimer l'un de ses enregistrements.

Modifier un enregistrement

Si vous vous trompez lors de la saisie d'un enregistrement, vous pourrez le modifier en cliquant sur l'icône Afficher de la table correspondante (par exemple, randonnees). Un écran affichant les différents enregistrements de la table apparaît (voir figure 20-16). Deux actions sont alors disponibles pour chaque enregistrement :

• Modifier – Affiche de nouveau un formulaire de saisie permettant de modifier le contenu de l'enregistrement sélectionné.

• Effacer – Efface complètement l'enregistrement concerné de la table.

Pour notre exemple, cliquez sur l'icône Modifier (l'icône avec le crayon) de l'enregistrement Lac de gaube. Le formulaire qui s'affiche alors dans l'écran suivant (voir figure 20-17) présente les informations renseignées lors de l'enregistrement initial (revoir figure 20-15). Vous pouvez constater que le champ ID de la clé primaire a été automatiquement initialisé à 3 lors de l'enregistrement précédent grâce à sa propriété d'auto-incrémentation. Modifiez la valeur erronée et validez en cliquant sur le bouton Exécuter. Dans notre cas, nous allons saisir une nouvelle valeur dans le champ jour, soit 2008-07-17 au lieu de 2008-07-04. Le tableau d'affichage du contenu de la table doit maintenant tenir compte de cette modification.

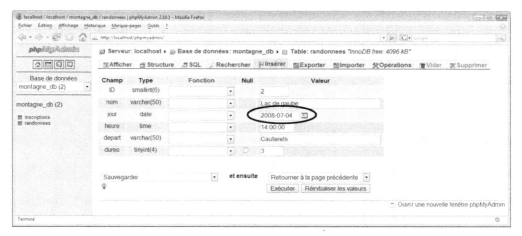

Figure 20-17
Dans la procédure de modification d'un enregistrement, nous retrouvons le même formulaire que celui utilisé lors de l'insertion d'un enregistrement.

Modifier les propriétés d'une table

Pour modifier les propriétés d'une table (ajout ou suppression d'un champ, par exemple), revenez sur l'écran central du gestionnaire en cliquant sur le nom de la base montagne_db en haut de chaque écran (voir repère ❷ de la figure 20-14). Cliquez ensuite sur l'icône Structure de la table à modifier, soit la table randonnees pour notre exemple (deuxième icône en partant de la gauche).

Modifier ou supprimer un champ

L'écran des propriétés (voir figure 20-18) permet d'intervenir sur les caractéristiques de chaque champ de la table. Pour cela, cliquez sur l'une des icônes de la colonne Action :

• Modifier – Modifie les caractéristiques du champ sélectionné.

• Supprimer – Supprime le champ sélectionné de la table.

• Primaire – Définit le champ sélectionné comme clé primaire de la table.

- Unique – La valeur du champ sélectionné doit obligatoirement être différente pour chacun des enregistrements.

- Index – Définit le champ sélectionné comme clé d'index qui permet d'augmenter les performances d'un tri ou d'une recherche si le champ est utilisé comme critère.

- Texte entier – Permet l'indexation et la recherche sur l'ensemble d'un champ contenant un texte (FULLTEXT). Les index FULLTEXT sont utilisés avec les tables MyISAM et peuvent être créés pour des colonnes de types CHAR, VARCHAR ou TEXT.

Pour illustrer la modification d'un champ, vous allez rendre facultatif le champ duree. Pour cela, cliquez sur l'icône Modifier du champ duree de la table randonnees (voir repère ❶ de la figure 20-18). Sélectionnez null dans la colonne du même nom (voir repère ❶ de la figure 20-19), puis cliquez sur le bouton Sauvegarder pour enregistrer votre modification (voir repère ❷ de la figure 20-19).

En ce qui concerne la suppression d'un champ, la démarche est encore plus simple car il suffira cette fois de cliquer sur l'icône Suppression du champ pour le supprimer (voir repère ❷ de la figure 20-18).

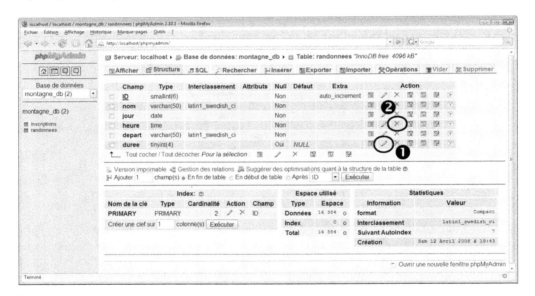

Figure 20-18

L'écran des propriétés permet d'intervenir sur la structure de la table.

Figure 20-19

Le formulaire de modification des propriétés d'un champ vous permet d'intervenir facilement sur ses différents attributs.

Ajouter un champ

Si vous souhaitez ajouter un ou plusieurs champs à une table, indiquez le nombre de champs à ajouter dans le champ Ajouter ainsi que leur position dans la base par rapport aux champs actuels grâce à différentes options disponibles (voir figure 20-20). Vous accéderez alors à un formulaire semblable à celui de la création initiale d'une table, qu'il convient de valider après l'avoir renseigné.

Pour illustrer cette démarche, nous allons ajouter les deux champs des images qui devront illustrer les différentes randonnées dans la liste (champ vignette) et dans la fiche d'une randonnée (champ photo).

Figure 20-20
Ajout de champs dans la table

Depuis la page centrale du gestionnaire, cliquez sur l'icône Structure de la table randonnees, puis saisissez le chiffre 2 dans le champ Ajouter (voir repère ❶ de la figure 20-20) et cochez l'option En fin de table (voir repère ❷ de la figure 20-20) pour les ajouter à la suite des autres champs. Cliquez ensuite sur le bouton Exécuter (voir repère ❸ de la figure 20-20). Saisissez les informations relatives à ces deux nouveaux champs dans le formulaire qui s'affiche alors en vous aidant de la figure 20-21 (voir les repères ❶, ❷ et ❸ de la figure 20-21). Cliquez ensuite sur le bouton Sauvegarder. Pour ces deux champs, nous avons ajouté des valeurs par défaut (voir repère ❸ de la figure 20-21) de sorte qu'une image alternative s'affiche si l'un des champs n'était pas renseigné.

Figure 20-21
Ajout des champs vignette et photo dans la table randonnees

Une fois les deux nouveaux champs ajoutés, cliquez sur l'onglet Afficher depuis la page centrale du gestionnaire afin de modifier les noms des différentes images pour chaque randonnée. Pour cela, cochez tous les enregistrements de la table pour les sélectionner (voir repère ❶ de la figure 20-22) et cliquez sur l'icône Modifier, située sous le tableau (voir repère ❷ de la figure 20-22), afin de procéder à une modification groupée de tous les enregistrements. Indiquez ensuite pour chaque enregistrement le nom des images correspondantes (voir repère ❸ de la figure 20-22). Ces images devront évidemment être enregistrées dans l'un des répertoires du site et être nommées à l'identique dans le site Montagne-65. Cliquez sur Exécuter pour valider les modifications effectuées.

Figure 20-22
Renommage des images des champs vignette et photo

Configurer les droits d'un utilisateur

Pour accéder à la base de données, vos futures pages dynamiques devront envoyer un identifiant et son mot de passe pour attester que la requête vient bien d'une page du site Montagne-65. Vous devrez donc au préalable créer un nouvel utilisateur sur le serveur de base de données et paramétrer ses droits en configurant un compte utilisateur montagne qui permettra d'accéder exclusivement à la base montagne_db.

Comment choisir le compte utilisateur de la base de données ?

Si vous comptez ensuite mettre en place votre site sur un serveur distant, il est alors judicieux de créer un compte utilisateur sur votre serveur de base de données local identique à celui du serveur distant. Si vous utilisez un hébergement mutualisé, ces informations vous seront imposées par votre hébergeur. Nous vous conseillons donc de récupérer ces informations avant de créer votre compte utilisateur local, cela vous évitera de devoir modifier les paramètres du compte lors de sa mise en ligne.

En revanche, si vous réalisez ce site uniquement pour votre apprentissage et que vous ne désirez pas le transférer sur un serveur distant, nous vous conseillons alors d'utiliser les valeurs indiquées dans nos exemples, afin d'éviter toute erreur de configuration par la suite (les paramètres de ce compte seront repris pour configurer la connexion à la base utilisée dans les comportements serveur de Dreamweaver).

Le compte root

Si vous ne créez pas de compte utilisateur, vous pourrez quand même configurer une connexion à la base en utilisant le compte root préconfiguré par défaut dans MySQL (dans ce cas, il faut remplacer dans le fichier de connexion le nom de l'utilisateur par root et ne pas indiquer de mot de passe). À noter que l'utilisation de ce compte root sans mot de passe est évidemment limitée à un usage local. Vous devez impérativement vous assurer que tous les comptes MySQL possèdent bien un mot de passe si votre base de données doit être reliée à Internet.

---

1. Affichez la page d'accueil du gestionnaire en cliquant sur l'icône Accueil de php-MyAdmin (voir repère ❶ de la figure 20-23), puis cliquez sur le lien Privilèges (voir repère ❷ de la figure 20-23).

2. Dans l'écran suivant, cliquez sur le lien Ajouter un utilisateur situé sous le tableau des utilisateurs (voir figure 20-24).

Figure 20-23

Le lien Privilèges de l'écran d'accueil de phpMyAdmin permet d'accéder à l'assistant de création d'un utilisateur.

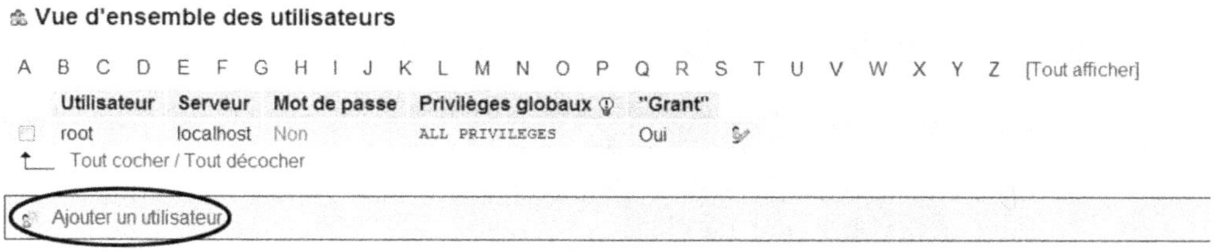

🔥 **Vue d'ensemble des utilisateurs**

A B C D E F G H I J K L M N O P Q R S T U V W X Y Z [Tout afficher]

Utilisateur	Serveur	Mot de passe	Privilèges globaux ⓘ	"Grant"	
☐ root	localhost	Non	ALL PRIVILEGES	Oui	⚡

↑__ Tout cocher / Tout décocher

⚡ Ajouter un utilisateur

Figure 20-24

Le lien Ajouter un utilisateur permettant d'accéder au formulaire d'ajout d'un nouvel utilisateur.

3. Dans le formulaire de l'écran suivant, saisissez montagne dans le champ Nom d'utilisateur et sélectionnez Local dans la liste déroulante Serveur (voir figure 20-25).

Figure 20-25

Ajout d'un nouvel utilisateur

Renseignez le mot de passe associé à cet utilisateur, soit 1234 pour notre exemple, et confirmez-le en le saisissant une seconde fois. Cliquez ensuite sur le bouton Exécuter situé en bas de l'écran sans valider d'autre option. À noter que si vous validez un droit à ce niveau (options de la zone Privilèges globaux), l'utilisateur pourrait alors l'exploiter sur toutes les bases du serveur MySQL et non exclusivement sur la base `montagne_db`.

4. Après validation, un écran vous informe que le nouvel utilisateur `montagne@localhost` (c'est-à-dire l'utilisateur `montagne` depuis un accès `localhost`) a bien été créé et vous propose de modifier éventuellement ses attributions. Dans le champ Ajouter des privilèges sur cette base de données, sélectionnez la base `montagne_db` dans la liste déroulante (voir figure 20-26) pour accéder automatiquement au formulaire d'ajout d'un privilège d'accès à la base `montagne_db`.

Figure 20-26

La zone Privilèges spécifiques à une base de données permet d'attribuer des privilèges spécifiques à un utilisateur d'une base existante

5. Cochez les droits que vous désirez attribuer à l'utilisateur pour la base concernée (nous vous conseillons d'autoriser tous les droits relatifs aux données et à la structure, mais pas ceux liés à l'administration), puis validez en cliquant sur le bouton Exécuter (voir figure 20-27).

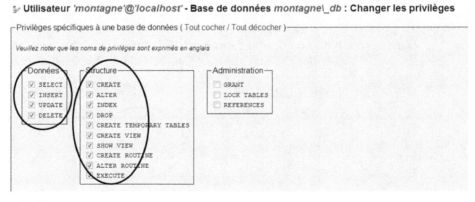

Figure 20-27

Attribution des droits relatifs aux données et à la structure de la base

Les droits de l'utilisateur `montagne` sont désormais configurés pour accéder exclusivement à la base `montagne_db`. Cliquez alors sur l'onglet Privilèges pour afficher la vue d'ensemble des utilisateurs de la base et vérifiez que l'utilisateur `montagne` apparaît bien dans la liste.

Sauvegarder et restaurer une base de données

Tout comme il est recommandé de faire des copies de secours de ses programmes, nous vous conseillons de créer des sauvegardes de vos bases de données. Dans ce cas, la démarche est quelque peu différente car vous devrez alors créer des copies des requêtes MySQL qui ont été utilisées pour créer la structure de la base et éventuellement de celles qui ont permis d'insérer des enregistrements dans les tables. Une fois enregistrées dans un fichier, ces requêtes pourront ensuite être utilisées dans phpMyAdmin pour recréer à l'identique la base sauvegardée.

Sauvegarder

Passons maintenant à la pratique. Pour cela, assurez-vous tout d'abord que la base à sauvegarder est bien sélectionnée dans le cadre gauche (voir repère ❶ de la figure 20-28).

Figure 20-28

Sélection de la base de données à sauvegarder

Dans la partie droite, cliquez sur l'onglet Exporter situé en haut de l'écran (voir repère ❷ de la figure 20-28). Un nouvel écran s'affiche alors présentant plusieurs zones.

- La zone Exporter permet de sélectionner les tables à exporter et le format d'exportation. Pour notre exemple, sélectionnez toutes les tables et conservez le format SQL coché par défaut (voir repères ❶ et ❷ de la figure 20-29).

- La zone Options vous permettra, par exemple, d'ajouter un DROP TABLE (cochez pour cela l'option Ajouter DROP TABLE/DROP VIEW, voir repère ❸ de la figure 20-29) qui supprimera automatiquement les anciennes tables de la base avant d'y inclure les nouvelles, évitant ainsi la génération d'un message d'erreur si une table de même nom existe déjà. C'est aussi dans cette zone que vous pourrez choisir d'exporter la structure de la table, ses données ou encore les deux (pour notre exemple, exportez les deux en cochant les cases Structure et Données).

- La zone Transmettre vous permettra d'indiquer que vous désirez générer un fichier (cochez pour cela la case Transmettre, voir repère ❹ de la figure 20-29) et de choisir le type de compression à utiliser (pour notre exemple, sélectionnez aucune).

Cliquez ensuite sur le bouton Exécuter (voir repère ❺ de la figure 20-29). Une première boîte de dialogue apparaît vous demandant de confirmer l'enregistrement du fichier sur votre ordinateur. Validez et sélectionnez le répertoire de sauvegarde souhaité dans la fenêtre suivante (prenez soin de vérifier l'emplacement du répertoire qui vous est proposé par défaut ou de choisir un répertoire dédié aux archives de votre projet, afin de savoir où retrouver votre fichier lors de la restauration !).

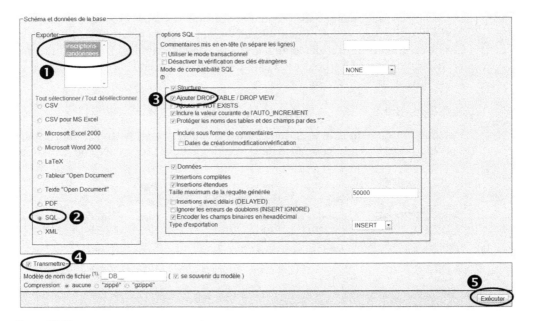

Figure 20-29

Paramétrage de l'exportation de la base

Restaurer

Pour restaurer une base, assurez-vous tout d'abord que celle-ci est déjà créée (voir la section précédente « Créer la base de données avec phpMyAdmin »). Dans le cadre de gauche de phpMyAdmin, cliquez ensuite sur le nom de la base à restaurer, soit montagne_db pour notre exemple. À noter que la base doit être créée mais qu'elle peut être vide de toute table. Pour bien comprendre la procédure de restauration, nous vous invitons à supprimer les tables de la base montagne_db. Pour cela, cliquez sur l'icône Supprimer associée à chaque table de la base.

Cliquez ensuite sur l'onglet Importer (voir repère ❶ de la figure 20-30). Dans l'écran qui s'affiche alors, cliquez sur le bouton Parcourir ? (voir repère ❷ de la figure 20-30) pour sélectionner l'emplacement du fichier à importer, c'est-à-dire le fichier précédemment sauvegardé. Dans l'explorateur, sélectionnez ensuite le fichier précédemment sauvegardé et cliquez sur Ouvrir pour valider votre choix (voir repère ❸ de la figure 20-30). Le chemin du fichier est alors copié dans le champ Emplacement du fichier texte. Cliquez sur le bouton Exécuter pour démarrer la restauration. Toutes les requêtes du fichier s'exécutent alors et s'affichent en haut de l'écran. Au terme de la restauration, les tables de la base sont de nouveau visibles dans le gestionnaire.

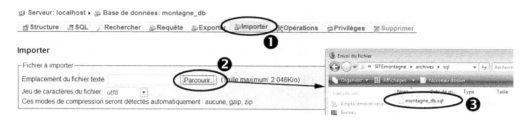

Figure 20-30

Restauration d'une base de données

Interface des fonctions dynamiques dans Dreamweaver

Pour utiliser les différentes fonctionnalités dynamiques de Dreamweaver, vous devrez créer une connexion à la base de données puis des jeux d'enregistrements. Pour cela, Dreamweaver met à votre disposition plusieurs panneaux ou catégories, détaillées dans les sections suivantes avant de passer à la pratique.

Les panneaux des fonctions dynamiques

Pour ouvrir les panneaux comportements de serveur, sélectionnez le menu Fenêtre> Comportements de serveur. Trois panneaux seront alors disponibles : Bases de données, Liaisons et Comportements de serveur. Ces trois panneaux sont décrits ci-après.

Le panneau Bases de données

Le panneau Bases de données permet de configurer les différents paramètres d'une connexion à une base de données. Il affiche la structure de la base de données en détaillant ses différentes tables et les champs qui la constituent (voir figure 20-31).

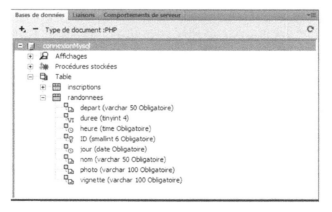

Figure 20-31

Le panneau Bases de données

Le panneau Liaisons

Le panneau Liaisons permet d'ajouter un élément dynamique directement dans votre page par un simple glisser-déplacer. Pour que des éléments dynamiques soient disponibles dans ce panneau, vous devez définir le moyen d'accéder aux sources des données en cliquant sur le bouton + (voir figure 20-32). Si vous désirez accéder à des données stockées dans une base de données, vous devez créer un jeu d'enregistrements, appelé aussi requête SQL. Vous pourrez aussi être amené à utiliser des données issues d'autres sources (formulaire, URL, session, cookie, variables de serveur ou encore variables d'environnement) et il faudra alors créer une liaison adaptée à chacune de ces sources.

Figure 20-32

Le panneau Liaisons

Le panneau Comportements de serveur

Un comportement de serveur est un script placé côté serveur (en PHP dans le cadre de cet ouvrage) qui réalise une action définie. Le panneau Comportements de serveur permet d'insérer un comportement côté serveur aussi simplement que si vous ajoutiez un comportement JavaScript classique côté client. Vous n'avez absolument pas besoin de connaître des instructions PHP pour intégrer un comportement dans votre page, car il suffit de compléter un simple formulaire pour le configurer. Notez que vous retrouvez des comportements semblables, voire identiques, dans la catégorie Données du panneau Insertion. Pour afficher les comportements disponibles, cliquez sur le bouton + et choisissez l'une des options suivantes (voir figure 20-33) :

- Jeu d'enregistrements – Permet de configurer un jeu d'enregistrements qui stocke des données issues d'une requête envoyée au serveur MySQL et permet d'en disposer dans le panneau Liaisons. Ce script de requête SQL est identique à celui qui est disponible dans le panneau Liaisons ou qui est créé en cliquant sur l'icône Jeu d'enregistrements de la catégorie Données du panneau Insertion.

- Région répétée – Permet de répéter une zone définie autant de fois qu'il y a de données répondant à la requête demandée. Cette fonction est identique à celle de l'icône Région répétée de la catégorie Données du panneau Insertion.

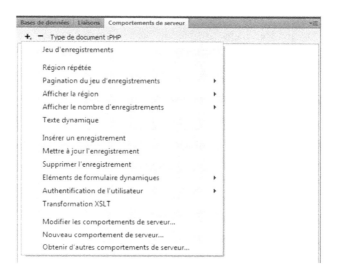

Figure 20-33
Le panneau Comportements de serveur permet d'intégrer des scripts serveur en mode Création sans avoir à saisir une seule instruction PHP

- Pagination du jeu d'enregistrements – Permet d'afficher les résultats d'une requête avec un nombre défini de données par page (plusieurs options possibles).

- Afficher la région – Permet d'afficher ou de masquer une région définie d'une page selon les résultats d'une requête (plusieurs options possibles).

- Afficher le nombre d'enregistrements – Permet d'afficher le nombre de données issues d'une requête (plusieurs options possibles).

- Texte dynamique – Permet d'afficher des données issues d'une requête en un endroit défini de la page. Cette fonction est identique à celle de l'icône Données dynamiques> Texte dynamique de la catégorie Données du panneau Insertion ou par glisser-déplacer depuis le panneau Liaisons.

- Insérer un enregistrement – Permet de créer le script complémentaire à un formulaire d'ajout d'un nouvel enregistrement (le formulaire doit être créé au préalable).

- Mettre à jour l'enregistrement – Permet de créer le script complémentaire à un formulaire de modification d'un enregistrement préalablement sélectionné (le formulaire doit déjà être créé).

- Supprimer l'enregistrement – Permet de créer un script de suppression d'un enregistrement préalablement sélectionné.

- Éléments de formulaire dynamiques – Permet d'intégrer dans un formulaire des éléments dynamiques (champ, case à cocher, bouton, liste, menu) qui seront initialisés par des valeurs issues du panneau Liaisons (jeu d'enregistrements, variable de sessions, variable de serveur, paramètres d'URL…).

- Authentification de l'utilisateur – Permet de configurer différents scripts pour gérer l'authentification d'un utilisateur. Vous pourrez ainsi configurer les applications : Connecter l'utilisateur (script de vérification du login et du mot de passe de l'utilisateur dans la base de données, si le résultat est positif, l'utilisateur pourra accéder aux pages protégées, sinon il sera redirigé vers une page d'erreur) ; Déconnecter l'utilisateur (script à insérer dans les pages protégées qui permettra à l'utilisateur de se déconnecter par un simple clic sur un lien ou lors du chargement d'une page spécifique) ; Restreindre l'accès à la page (script à intégrer dans les pages que l'on désire protéger afin de vérifier si l'utilisateur a bien été préalablement authentifié) ou encore Vérifier le nouveau nom d'utilisateur (script qui vérifiera que le login à créer n'existe pas déjà dans la base de données lors de la création d'un nouveau compte utilisateur).

- Transformation XSLT – Permet de configurer un formulaire afin de créer une page XSLT côté serveur.

Le panneau Insertion

Ce panneau comporte huit catégories qui permettent d'activer chacun une série d'actions différentes. Chaque catégorie (Commun, Mise en forme, Formulaire…) comporte des boutons classés par thème permettant d'insérer des éléments dans la page. L'insertion peut être effectuée par un simple bouton placé dans le panneau ou à l'aide d'un deuxième menu déroulant correspondant à une sous-catégorie (dans ce cas, la présence d'un menu déroulant est signalée par une petite flèche située à côté du bouton).

Une catégorie Favoris permet de rassembler les éléments fréquemment utilisés. Pour accéder à la configuration de cette catégorie Favoris, il suffit de faire un clic droit dans le panneau Favoris et de choisir la dernière option, Personnaliser les favoris.

Dans cette section, nous n'aborderons que les catégories permettant d'accéder aux outils de création des objets dynamiques, à savoir la catégorie PHP et la catégorie Données.

La catégorie PHP

La catégorie PHP regroupe les outils spécifiques au langage PHP. Toutes ces commandes peuvent être utilisées directement dans le code source en complétant manuellement leurs attributs. Cette catégorie est dédiée aux pages PHP et n'est visible que si le fichier de votre page a été enregistré avec l'extension `.php` ou si vous avez précisé qu'il s'agissait d'un document dynamique PHP lors de sa création.

Dans la mesure où, dans cet ouvrage, nous nous limitons à l'utilisation des comportements de serveur (et non à la programmation PHP en mode Code), nous n'utiliserons pas cette catégorie dans nos exemples car certaines de ces fonctions nécessitent d'être complétées directement dans l'éditeur de code et sont donc destinées à des utilisateurs avertis connaissant les bases du code PHP.

La catégorie Données

Cette catégorie regroupe des comportements de serveur et des composants Spry qui permettent d'insérer des données dans une page Web. On retrouve ainsi de nombreuses similitudes avec les comportements de serveur (disponibles depuis le panneau Comportements de serveur), voire des fonctions strictement identiques, hormis le fait que certaines seront déclenchées en cliquant sur une icône du panneau Insertion alors que d'autres le seront à l'aide d'un menu local du panneau Comportements de serveur.

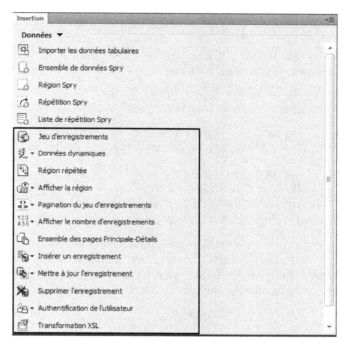

Figure 20-34

Comportements de serveur de la catégorie Données du panneau Insertion

---

Boutons Spry de la catégorie Données

La catégorie Données comporte cinq composants Spry, identiques à ceux de la catégorie Spry que nous présenterons par la suite au chapitre 22.

Contrairement aux outils de la catégorie PHP (qui impliquent de travailler en mode Code), ceux de la catégorie Données peuvent être exploités en mode Création et ne nécessitent donc aucune connaissance du code PHP pour être utilisés. Ils vous permettront de créer des scripts dynamiques en mode Création en complétant un simple formulaire de paramétrages. Voici un bref descriptif des différents comportements de serveur disponibles depuis la catégorie Données du panneau Insertion (voir figure 20-34) :

- Icône Jeu d'enregistrements – Permet de configurer un jeu d'enregistrements. Cette fonction est identique à celle disponible depuis le panneau Comportements de serveur ou depuis le panneau Liaisons.

- Icône Données dynamiques – Permet d'insérer des données dynamiques. Plusieurs types de données sont possibles :

  – Tableau dynamique – Tableau HTML qui contient toutes les données d'un jeu d'enregistrements.

  – Texte dynamique – Variable dynamique disponible depuis le panneau Liaisons. Elle peut être la valeur d'un champ particulier d'un jeu d'enregistrements ou une variable préalablement déclarée dans le panneau Liaisons. À noter qu'on obtient le même résultat par un simple glisser-déplacer dans la fenêtre Document d'une donnée située dans le panneau Liaisons.

  – Élément de formulaire dynamique – Champ de texte, case à cocher, groupe de boutons radio ou encore liste de sélection dynamique.

- Icône Région répétée – Permet de répéter une série de données dans un tableau autant de fois qu'il y a de données répondant à la requête demandée.

- Icône Afficher la région – Permet d'accéder à un menu déroulant afin de rendre conditionnel l'affichage d'une région selon l'état d'un jeu d'enregistrements (vide ou non vide) ou selon la position de la page affichée dans le cas d'une gestion de données paginées (s'il s'agit ou non de la première ou de la dernière page).

- Icône Pagination du jeu d'enregistrements – Permet d'insérer une barre de navigation complète du jeu d'enregistrements (au format texte ou graphique) afin de gérer la pagination des données issues d'un jeu d'enregistrements ou différents éléments de pagination utilisables individuellement. Plusieurs actions sont possibles :

  – Déplacer vers la première page ;

  – Déplacer vers la page précédente ;

  – Déplacer vers la page suivante ;

  – Déplacer vers la dernière page.

- Icône Afficher le nombre d'enregistrements – Permet d'insérer une barre d'état de navigation (texte dynamique qui indique les numéros des enregistrements affichés, par exemple, Enregistrement X à Y sur Z) ou chacun de ses éléments individuellement. Plusieurs options sont possibles :

  – Enregistrement de début ;

  – Enregistrement de fin ;

  – Nombre total d'enregistrements.

- Icône Ensemble des pages Principale-Détails – Permet de configurer rapidement un ensemble de pages afin d'afficher dans un premier temps la liste des résultats d'une requête, puis chacune des fiches détaillées correspondantes à chaque résultat.

- Icône Insérer un enregistrement – Permet d'ajouter un enregistrement dans la base à l'aide d'un assistant. Deux options sont proposées :

- Assistant de formulaire d'insertion d'enregistrement – La procédure d'insertion est alors entièrement automatisée et permet d'intégrer très rapidement un formulaire d'insertion adapté à la structure du jeu concerné.
- Insérer un enregistrement – Fonction identique à celle présente dans le panneau Comportements de serveur. Elle nécessite la création préalable d'un formulaire avant d'intégrer le script d'insertion dans la base.

- Icône Mettre à jour l'enregistrement – Permet de mettre à jour un enregistrement de la base. Deux options sont disponibles :
  - Assistant de formulaire de mise à jour des enregistrements – La mise à jour est alors entièrement automatisée et permet d'intégrer très rapidement un formulaire de mise à jour adapté à la structure du jeu concerné.
  - Mettre à jour l'enregistrement – Fonction identique à celle du panneau Comportements de serveur. Elle nécessite la création préalable d'un formulaire avant d'intégrer le script de mise à jour de la base.

- Icône Supprimer l'enregistrement – Permet d'intégrer dans la page le code nécessaire pour supprimer un enregistrement spécifique dans la base de données (fonction également disponible depuis le panneau Comportements de serveur).

- Icône Authentification de l'utilisateur – Permet de configurer différents scripts pour gérer l'authentification d'un utilisateur. Plusieurs choix sont proposés :
  - Connecter l'utilisateur – Script de vérification du login et du mot de passe de l'utilisateur dans la base de données. Si le résultat est positif, l'utilisateur pourra accéder aux pages protégées, sinon il sera redirigé vers une page d'erreur.
  - Déconnecter l'utilisateur – Script à insérer dans les pages protégées qui permettra à l'utilisateur de se déconnecter par un simple clic sur un lien ou lors du chargement d'une page spécifique.
  - Restreindre l'accès à la page – Script à intégrer dans les pages que l'on désire protéger afin de vérifier si l'utilisateur a bien été préalablement authentifié.
  - Vérifier le nouveau nom d'utilisateur – Script qui permet de vérifier que le login nécessaire lors de la création d'un nouveau compte utilisateur n'existe pas déjà dans la base de données.

  Toutes ces fonctions sont aussi disponibles depuis le panneau Comportements de serveur.

- Transformation XSL – Permet d'accéder à un formulaire de configuration permettant de créer une page XSLT côté serveur (fonction également disponible depuis le panneau Comportements de serveur).

Configurer un site dynamique dans Dreamweaver

Avant même de créer votre première page dynamique avec Dreamweaver, vous devez configurer le site dans lequel elle se trouvera. Pour cela, vous devez définir l'emplacement de vos fichiers sur votre serveur local, la technologie serveur employée (PHP dans notre cas), la manière dont vous allez accéder au serveur d'évaluation ou encore si vous désirez partager votre serveur distant et comment vous comptez y transférer vos fichiers.

Sélectionnez le menu Site>Gérer les sites... Dans la boîte de dialogue qui s'ouvre alors, cliquez sur le bouton Nouveau... et choisissez Site. La fenêtre Définition du site s'affiche alors à l'écran. Si vous souhaitez utiliser l'assistant, cliquez sur l'onglet Elémentaire, sinon sur l'onglet Avancé. Pour notre exemple, nous sélectionnerons l'onglet Elémentaire.

Définir un nouveau site à l'aide de l'assistant

Modifier les fichiers (étape 1)

Cette première étape va vous permettre d'attribuer un nom à votre futur site dynamique et de renseigner son adresse HTTP.

1. Saisissez le nom du site, soit SITEmontagne pour notre exemple, dans le premier champ de la fenêtre Définition du site (voir repère ❶ de la figure 20-35).

2. Renseignez ensuite l'URL qui permettra d'accéder à la racine du site Montagne-65, soit http://localhost/SITEmontagne/ pour notre exemple (voir repère ❷ de la figure 20-35). Cliquez sur Suivant >.

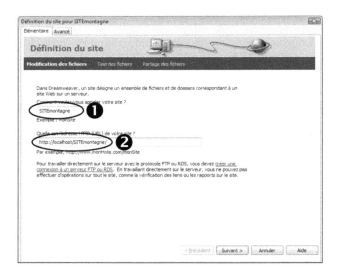

Figure 20-35

La première étape de configuration d'un site consiste à lui attribuer un nom et une URL

3. L'écran suivant vous demande si vous désirez utiliser une technologie de serveur. Cochez l'option Oui, je veux utiliser une technologie de serveur (voir repère ❶ de la figure 20-36) et sélectionnez PHP MySQL dans la liste déroulante qui s'affiche alors (voir repère ❷ de la figure 20-36). Cliquez sur Suivant > pour valider vos choix.

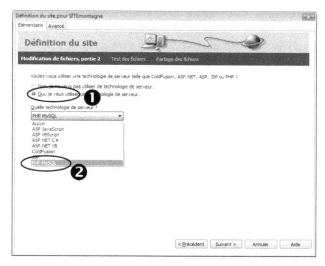

Figure 20-36

Sélection de la technologie de serveur

4. Vous devez ensuite choisir comment vous allez travailler sur vos fichiers pendant le développement. Plusieurs choix sont possibles :

– Modifier et tester localement (mon serveur d'évaluation est situé sur cet ordinateur) ;

– Modifier localement, puis télécharger vers le serveur distant d'évaluation ;

– Modifier directement sur le serveur distant d'évaluation à l'aide du réseau local.

5. Cochez la première option (voir repère ❶ de la figure 20-37) puisque vous comptez travailler avec la suite WampServer 2 installée sur votre ordinateur. Vous pourrez ainsi tester localement vos fichiers dynamiques avant de les transférer vers le serveur distant.

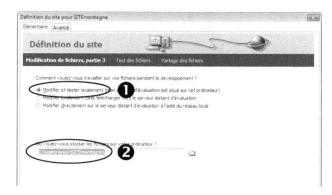

Figure 20-37

Sélection du mode de travail en développement et du répertoire de stockage des fichiers

Cliquez ensuite sur l'icône représentant un dossier pour sélectionner le répertoire dans lequel seront stockés les fichiers sur votre ordinateur. Pour notre exemple, choisissez le répertoire SITEmontagne créé précédemment et situé à la racine de votre serveur Web C:\wamp\www\ (voir repère ❷ de la figure 20-37). À noter que si le répertoire du site n'existe pas encore, vous pouvez le créer à ce niveau en cliquant sur l'icône Créer un nouveau dossier située en haut à droite de la fenêtre de l'explorateur. Cliquez sur le bouton Suivant >.

Tester les fichiers (étape 2)

Dreamweaver utilise le protocole HTTP pour communiquer avec votre serveur d'évaluation local et c'est la raison pour laquelle il a besoin de connaître l'URL que vous utiliserez pour tester votre site. Suite aux précédents paramétrages, http://localhost/ est ici automatiquement renseigné. Il ne vous reste plus qu'à ajouter le nom du répertoire correspondant à votre nouveau site, vous obtenez alors http://localhost/SITEmontagne/ (voir repère ❶ de la figure 20-38). Si WampServer 2 est actif, cliquez sur le bouton Test de l'URL afin de vous assurer que tout fonctionne correctement (voir repère ❷ de la figure 20-38). Un message vous indique alors que le test du préfixe de l'URL s'est déroulé avec succès. Dans le cas contraire, vérifiez que WampServer 2 est actif et que le répertoire sélectionné a bien été créé. Cliquez ensuite sur Suivant > pour confirmer votre choix.

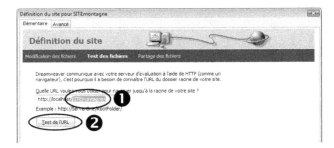

Figure 20-38

Deuxième étape de la configuration d'un site, le test des fichiers

Partager les fichiers (étape 3)

Le dernier écran de configuration vous demande si vous désirez copier les modifications de vos fichiers sur un serveur de production (ou un serveur de test partagé avec d'autres personnes). Sélectionnez Non, puis cliquez sur le bouton Suivant >. Vous pourrez évidemment configurer ultérieurement les paramètres de votre serveur distant lorsque vous transférerez votre site chez votre hébergeur.

Résumé

Une fois la procédure de configuration du site terminée, un récapitulatif des choix effectués pour les infos locales ainsi que le serveur d'évaluation s'affiche (voir les repères ❶ et ❷ de la figure 20-39). Vérifiez l'exactitude de ces informations et cliquez sur le bouton

Terminé pour valider. La boîte de dialogue Gérer les sites s'affiche alors. Cliquez une nouvelle fois sur le bouton Terminé. Dreamweaver enregistre alors tous les paramètres dans le cache et retourne à l'espace de travail. Vous constatez que la fenêtre Fichiers est ouverte sur le répertoire local SITEmontagne (voir figure 20-40).

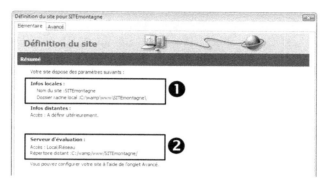

Figure 20-39

Récapitulatif des paramètres du nouveau site

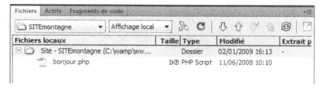

Figure 20-40

Le contenu du nouveau site s'affiche automatiquement dans la fenêtre Fichiers

Créer une connexion à une base de données

Le concept de la connexion à la base

Les paramètres du site étant définis et la base de données montagne_db étant créée, vous allez à présent pouvoir configurer la connexion à cette base afin d'accéder aux données depuis les pages PHP du site. Pour bien comprendre le concept de la connexion à la base, nous allons la comparer à l'ouverture d'un « canal » entre la base et les pages dynamiques du site. Ce canal permettra par la suite d'accéder aux différents champs qui constituent les tables de la base et de créer des requêtes SQL pour exploiter une sélection d'enregistrements (se reporter à la section « Créer des jeux d'enregistrements »). Cependant, l'activation de ce canal ne peut être effectuée qu'après une identification de l'utilisateur qui en fait la demande. Dans la section « Configurer les droits d'un utilisateur », vous avez créé un compte utilisateur montagne et lui avez attribué les privilèges spécifiques à la base montagne_db. Ce sont ces paramètres qui vont être employés dans le cadre du paramétrage suivant afin que l'utilisateur montagne puisse être reconnu par le serveur MySQL comme un utilisateur de la base montagne_db.

Créer une connexion

Voici la marche à suivre pour créer une connexion à la base de données dans Dreamweaver.

1. Sélectionnez le menu Fichier>Nouveau… et choisissez Page vierge>PHP afin de créer une nouvelle page PHP. Cliquez ensuite sur le bouton Créer.

2. Cliquez sur le panneau Bases de données afin d'afficher le contenu de sa fenêtre si celui-ci est visible, sinon sélectionnez le menu Fenêtre>Bases de données.

3. Cliquez sur le bouton + (voir repère ❶ de la figure 20-41), puis sur Connexion MySQL (voir repère ❷ de la figure 20-41).

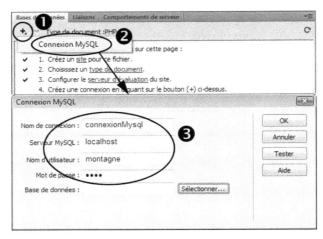

Figure 20-41
Création d'une connexion MySQL

4. La boîte de dialogue Connexion MySQL s'affiche alors (voir repère ❸ de la figure 20-41). Saisissez un nom pour la connexion que vous allez créer, soit `connexionMysql` pour notre exemple.

5. Dans le champ Serveur MySQL, indiquez l'ordinateur sur lequel est installé le serveur MySQL (une adresse IP ou un nom de serveur). Pour notre exemple, le serveur MySQL étant installé sur la même machine que le serveur Apache (avec son module PHP), saisissez `localhost`.

6. Saisissez ensuite le nom de l'utilisateur (`montagne`) et le mot de passe qui lui est associé (`1234`). Si vous n'avez pas créé l'utilisateur `montagne`, comme que nous l'avons fait à la section précédente « Configurer les droits d'un utilisateur », vous pouvez saisir provisoirement l'utilisateur installé par défaut sur la base MySQL (nom de l'utilisateur : `root`, pas de mot de passe).

7. Cliquez ensuite sur le bouton Sélectionner… pour afficher toutes les bases de données disponibles sur votre serveur d'évaluation (voir repère ❶ de la figure 20-42).

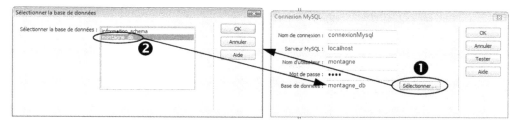

Figure 20-42

Sélection de la base de données sur le serveur MySQL

Choisissez la base montagne_db (voir repère ❷ de la figure 20-42) et cliquez sur OK pour valider vos choix.

8. La base sélectionnée s'affiche alors dans le champ Base de données. Cliquez sur le bouton Tester pour vérifier que la connexion fonctionne correctement. Si tous les paramètres sont corrects, un message vous informe que la connexion est établie. Dans le cas contraire, vérifiez de nouveau les paramètres et assurez-vous que Wamp-Server 2 est bien actif.

9. Validez le message précédent et cliquez sur OK pour confirmer la création de la connexion.

La connexion à la base de données est désormais établie et les informations correspondantes apparaissent dans la fenêtre Bases de données. Cliquez successivement sur les signes + situés devant connexionMysql, puis Table, puis inscriptions, par exemple, pour afficher les différents champs de la table (voir figure 20-43).

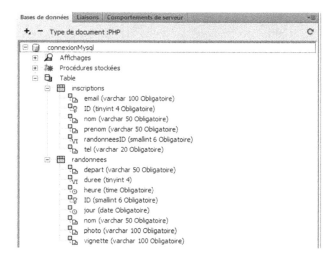

Figure 20-43

Une fois la connexion établie, vous pouvez consulter tous les champs disponibles dans chacune des tables de la base de données.

Le répertoire Connections

Après la création d'une connexion, le répertoire `Connections` est automatiquement créé dans l'arborescence du site (dans `C:\wamp\www\SITEmontagne` pour notre exemple). Il contient un fichier PHP portant le nom de la connexion qui vient d'être configurée (voir le repère ❶ de la figure 20-44). Ce fichier regroupe tous les paramètres de votre connexion (nom du serveur MySQL, login du compte, mot de passe, nom de la base de données) et doit être transféré sur le serveur distant lors de la publication du site. Ce répertoire et le fichier qu'il contient ne doivent en aucun cas être supprimés, au risque d'interrompre toutes les interactions entre la base de données et les pages dynamiques du serveur.

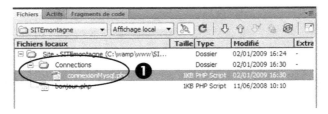

Figure 20-44
Le répertoire Connections automatiquement créé

Créer un jeu d'enregistrements

Le concept du jeu d'enregistrements

Comme nous l'avons vu précédemment (voir section « Structure de la base de données montagne_db » dans ce chapitre), une base de données est composée d'enregistrements. Pour pouvoir exploiter ces enregistrements, vous allez devoir extraire un sous-ensemble de données d'une ou plusieurs tables de la base. Cet ensemble d'enregistrements s'appelle un *jeu d'enregistrements* et forme à son tour une nouvelle table puisqu'il est formé de champs et d'enregistrements selon la requête d'extraction employée. Pour créer un jeu d'enregistrements, vous allez donc devoir élaborer une requête de base de données, qui se caractérisera par les critères de sélection des enregistrements et par les champs demandés. Les requêtes de base de données sont écrites en SQL (*Structured Query Language*), langage structuré permettant de récupérer les données d'une base. Si vos connaissances dans ce langage sont limitées, voire inexistantes, rassurez-vous, Dreamweaver CS4 permet de créer des requêtes basiques en mode assisté grâce à un simple formulaire. Cependant, si vous désirez créer des requêtes SQL élaborées, vous devrez utiliser le mode Avancé et les saisir manuellement.

Pour transmettre la requête SQL à la base de données, il est indispensable qu'une connexion soit préalablement établie avec le serveur MySQL (dans le cas contraire, reportez-vous à la section « Créer une connexion à une base de données »). La requête et le jeu d'enregistrements emprunteront le « canal » de la connexion `connexionMysql` précédemment configurée. Les différentes informations qui constituent une requête permettent de sélectionner la table (ou les tables) de la base à laquelle la connexion vous donne accès et de définir les critères de sélection des enregistrements et les noms des champs que vous souhaitez exploiter dans la page dynamique du site (voir figure 20-45). En réponse, le serveur MySQL renvoie un jeu d'enregistrements en rapport qui seront ensuite utilisés comme éléments dynamiques dans la page PHP qui a provoqué la requête.

Paramétrage d'un jeu d'enregistrements

Pour paramétrer un jeu d'enregistrements, Dreamweaver propose deux modes : Simple et Avancé. Dans cet ouvrage, seul le mode Simple sera détaillé. Pour plus d'informations sur le mode Avancé, nous vous invitons à consulter l'ouvrage *PHP/MySQL avec Dreamweaver*, paru aux éditions Eyrolles, qui détaille la saisie des requêtes SQL et leur utilisation pour la création d'un jeu d'enregistrements en mode Avancé.

La fenêtre Jeu d'enregistrements

Il existe deux modes de fenêtre d'enregistrements : le mode Simple pour créer des requêtes, monotables limitées à un seul filtre, et le mode Avancé pour créer tous les types de requêtes qui ne peuvent pas être réalisées avec le mode Simple.

Pour accéder à la fenêtre Jeu d'enregistrements, il faut cliquer sur le bouton + du panneau Liaisons puis sélectionner Jeu d'enregistrements (voir les repères ❶ et ❷ de la figure 20-45). La fenêtre Jeu d'enregistrements s'ouvre par défaut en mode Simple.

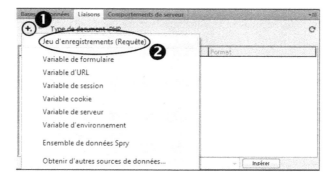

Figure 20-45

Pour ouvrir la fenêtre de paramétrage d'un jeu d'enregistrements, il faut cliquer sur le bouton + du panneau Liaisons, puis sélectionner Jeu d'enregistrements.

Si toutefois elle s'affiche en mode Avancé, il suffit de cliquer sur le bouton Simple… (situé à droite de la boîte de dialogue) pour revenir en mode Simple. Elle est composée de deux parties (voir figure 20-46) :

- la partie supérieure concerne les informations indispensables qui définissent le jeu ;

- la partie inférieure permet de structurer la requête pour sélectionner tout ou partie des champs de la table, définir un filtre de sélection des enregistrements ou encore préciser dans quel ordre seront triés les enregistrements retournés par le serveur MySQL.

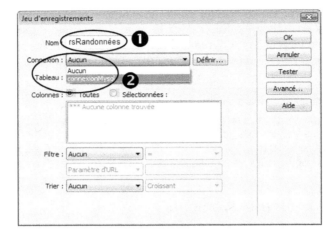

Figure 20-46

Nommage du jeu d'enregistrements et sélection de la connexion à utiliser

Voici un descriptif des différents paramètres de la fenêtre Jeu d'enregistrements :

• Champ Nom – Permet d'attribuer un nom au nouveau jeu d'enregistrements.

• Liste déroulante Connexion – Permet de sélectionner la connexion à la base utilisée pour transférer la requête au serveur MySQL et pour récupérer les enregistrements renvoyés.

• Liste déroulante Table – Permet de sélectionner la table dans laquelle seront extraits les enregistrements.

• Champ Colonnes – L'option Toutes permet d'extraire l'ensemble des champs alors que l'option Sélectionnées permet d'extraire uniquement les champs sélectionnés dans le cadre.

• Liste déroulante Filtre – Permet de paramétrer une sélection d'enregistrements selon un critère défini.

• Liste déroulante Trier – Permet de trier les enregistrements retournés par le serveur MySQL.

Paramétrer un jeu d'enregistrements

1. Assurez-vous que WampServer 2 est bien actif et qu'une connexion à la base a déjà été créée en cliquant sur le panneau Bases de données (dans le cas contraire, reportez-vous à la section précédente « Créer une connexion »).

2. Ouvrez une nouvelle page PHP via le menu Fichier>Nouveau…>Page vierge>PHP et cliquez sur le panneau Liaisons.

3. Cliquez sur le bouton + et sélectionnez Jeu d'enregistrements (Requête) afin d'afficher la fenêtre Jeu d'enregistrements (voir figure 20-46).

4. Nommez le nouveau jeu d'enregistrements (utilisez des lettres, des chiffres ou encore le caractère de soulignement (_), sans espace ni caractères spéciaux). Il est d'usage de faire précéder le nom du jeu du préfixe rs pour *RecordSet*. Pour notre exemple, saisissez rsRandonnees, nom qui représente un jeu d'enregistrements issu de la table randonnees précédemment créée (voir repère ❶ de la figure 20-46).

5. Sélectionnez la connexion désirée dans la liste déroulante du même nom, soit connexionMysql pour notre exemple (voir repère ❷ de la figure 20-46). Dreamweaver récupère alors la liste des tables contenues dans la base de données afin d'actualiser les choix proposés par la liste déroulante Table dans laquelle vous sélectionnerez la table concernée par la requête, soit randonnees pour notre exemple (voir repère ❶ de la figure 20-47).

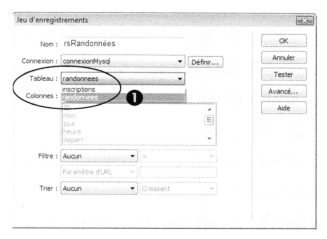

Figure 20-47
Sélection de la table dans laquelle la requête sera appliquée

6. Si vous spécifiez Toutes pour le paramètre Colonnes (voir repère ❶ de la figure 20-48), tous les champs de la table seront retournés dans le jeu d'enregistrements lors du test (voir les repères ❷ et ❸ de la figure 20-48). Si vous cochez l'option Sélectionnées (voir repère ❶ de la figure 20-49), vous devrez alors sélectionner les champs souhaités dans le cadre Colonnes (voir repère ❷ de la figure 20-49). Pour une sélection multiple de plusieurs colonnes, cliquez sur les champs tout en maintenant la touche Ctrl (Cmd sur Mac) enfoncée. Bien qu'il soit plus simple, et donc plus tentant, de sélectionner tous les champs, nous vous recommandons d'extraire uniquement les champs nécessaires à la requête, vous améliorerez ainsi les performances de votre site. Une fois les champs à extraire retenus, cliquez sur le bouton Tester pour vérifier le bon fonctionnement de la requête (voir les repères ❸ et ❹ de la figure 20-49). Les figures 20-48 et 20-49 présentent deux tests réalisés avec chacune de ces options.

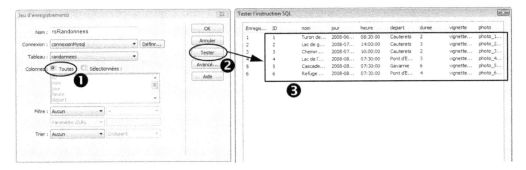

Figure 20-48

Résultat d'un test avec l'option « Toutes » validée. Les données issues de ce jeu représentent tous les champs et enregistrements de la table commerciaux.

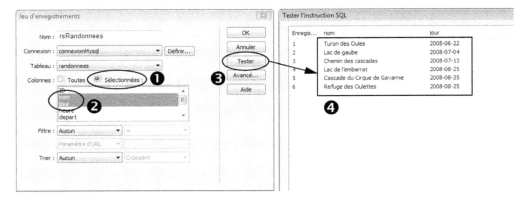

Figure 20-49

Résultat d'une requête avec l'option « Sélectionnés » validée, et les champs nom et jour cochés. Tous les enregistrements sont présents, mais seules les valeurs des colonnes nom et jour sont retournées.

7. La liste déroulante Filtre vous permet de définir des critères de sélection des enregistrements. Sa valeur par défaut est Aucun et, dans ce cas, tous les enregistrements de la table sont renvoyés par le serveur MySQL. Nous vous proposons de paramétrer un filtre qui extrait les enregistrements de la table selon la valeur du champ duree (voir figure 20-50). Pour cela, configurez les différents champs du filtre de la manière suivante :

   – Sur la première ligne du filtre, sélectionnez le champ duree, puis l'opérateur > (voir repère ❶ de la figure 20-50).

   – Sur la deuxième ligne, sélectionnez Paramètre d'URL et saisissez dans la zone de droite le nom de la variable d'URL (voir repère ❶ de la figure 20-50). Pour notre exemple, la variable duree est automatiquement renseignée par Dreamweaver. Cette variable pourra ensuite être envoyée à la page dynamique directement par l'URL (par exemple, nomdufichier.php?duree=2) ou à l'aide d'un formulaire configuré en méthode GET.

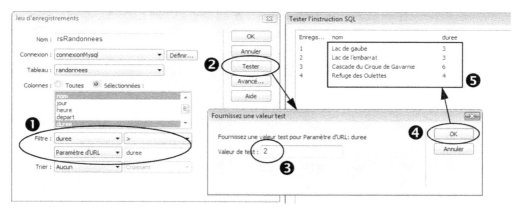

Figure 20-50

Après avoir cliqué sur le bouton Tester, saisissez une valeur de test pour la variable duree (2 par exemple) afin de vérifier le bon fonctionnement de votre requête. Le résultat du test doit alors s'afficher dans une nouvelle fenêtre.

8. Cliquez ensuite sur le bouton Tester (voir repère **②** de la figure 20-50). Une boîte de dialogue s'affiche alors et vous demande de saisir une valeur test pour simuler le paramètre passé dans l'URL (voir repère **③** de la figure 20-50). Saisissez 2, par exemple, et cliquez sur OK pour valider (voir repère **④** de la figure 20-50). Les résultats du test s'affichent listant les enregistrements correspondant à la requête (voir repère **⑤** de la figure 20-50).

9. La liste déroulante Trier permet de classer les enregistrements retournés par le serveur MySQL selon un champ et un ordre définis. Pour illustrer cette option, nous allons configurer un jeu d'enregistrements qui affiche tous les champs et enregistrements de la table randonnees (sélectionnez le filtre de nouveau sur Aucun) triés selon le champ nom et par ordre croissant (voir figure 20-51). Pour cela, annulez tout d'abord le filtre précédent en sélectionnant Aucun dans la liste déroulante Filtre. 10.

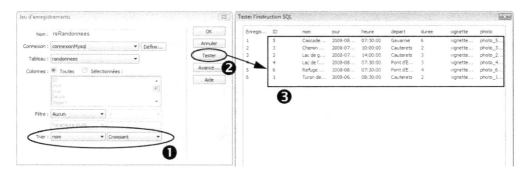

Figure 20-51

Résultat d'un test avec tri croissant sur le champ nom. Les enregistrements retournés sont classés selon l'ordre alphabétique des noms de chaque enregistrement.

10. Sélectionnez ensuite le champ nom dans la première liste déroulante Trier, puis Croissant (voir repère ❶ de la figure 20-51). Cliquez ensuite sur le bouton Tester (voir repère ❷ de la figure 20-51) pour afficher le résultat triés selon l'ordre alphabétique du champ nom (voir repère ❸ de la figure 20-51).

11. Cliquez enfin sur OK dans la boîte de dialogue du jeu d'enregistrements (voir repère ❶ de la figure 20-52). Le jeu d'enregistrements apparaît alors dans le panneau Liaisons (voir repère ❷ de la figure 20-52).

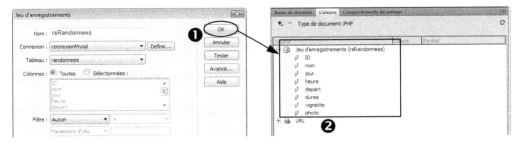

Figure 20-52

Après la création du jeu d'enregistrements, les champs sont disponibles depuis le panneau Liaisons.

Copier un jeu d'enregistrements d'une page à une autre

Contrairement aux définitions de connexion au serveur qui sont stockées dans un répertoire spécifique (voir l'encadré précédent « Le répertoire Connections ») et qui peuvent donc être utilisées dans toutes les pages d'un même site, les jeux d'enregistrements sont intégrés dans la page où l'on désire exploiter les champs et ne peuvent pas être utilisés dans une autre page. Cependant, il est souvent nécessaire de récupérer un jeu d'enregistrements déjà créé dans une page du site pour l'utiliser dans une autre page. Voici la procédure à suivre pour copier un jeu d'enregistrements d'une page à une autre :

1. Ouvrez la page dans laquelle se trouve le jeu d'enregistrements et activez le panneau Liaisons.

2. Cliquez droit sur le jeu désiré (voir repère ❶ de la figure 20-53) et choisissez Copier (voir repère ❷ de la figure 20-53).

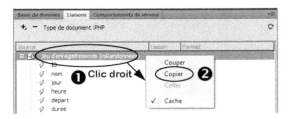

Figure 20-53

Copie d'un jeu d'enregistrements depuis le panneau Liaisons

3. Ouvrez la nouvelle page dans laquelle sera copié le jeu et activez également le panneau Liaisons. Cliquez droit dans ce panneau (dans la partie grisée en haut de la fenêtre) et choisissez cette fois Coller dans le menu contextuel. Le jeu d'enregistrements apparaît alors.

Modifier ou supprimer un jeu d'enregistrements

Par la suite, si vous désirez modifier les paramètres d'un jeu d'enregistrements, il suffira de double-cliquer sur son nom (attention, à droite de son icône et non sur l'icône) dans le panneau Liaisons. La fenêtre de paramétrage s'ouvrira alors de nouveau et vous pouvez ainsi y apporter les corrections désirées.

Pour supprimer définitivement un jeu d'enregistrements, il suffit de le sélectionner dans le panneau Liaisons et de cliquer sur le bouton -.

Utiliser un jeu d'enregistrements et le mode Affichage en direct

Au même titre que toutes les variables stockées dans le panneau Liaisons, les champs d'un jeu d'enregistrements peuvent facilement être insérés dans une page dynamique. Pour vous aider dans cette tâche, Dreamweaver a élaboré toute une série de fonctions et de comportements, disponibles depuis la catégorie Données du panneau Insertion et depuis le panneau Comportements de serveur. La section suivante est consacrée à l'utilisation de ces différents outils dans le cadre de la création de pages dynamiques utilisées.

En complément du mode Création, Dreamweaver permet d'afficher les données dynamiques d'une page grâce au mode Affichage en direct. Pour activer ce mode, cliquez sur l'icône Affichage en direct, située à droite du bouton Création dans la barre d'outils du document. Les noms des variables dynamiques insérées dans la page en cours sont alors remplacés par leur valeur issue de la base de données du serveur d'évaluation. L'affichage de ces données dans une page dynamique atteste du bon fonctionnement de la connexion serveur et des requêtes SQL utilisées. À noter que dans ce mode, les liens hypertextes ne fonctionnent pas et certaines pages dynamiques ne peuvent pas être testées par cette méthode (page d'insertion par exemple). Il est toutefois souvent intéressant d'utiliser le mode Affichage en direct lorsqu'on travaille sur la conception d'une page dynamique simple et que l'on désire avoir un aperçu de son fonctionnement dans Dreamweaver sans la consulter dans un navigateur.

Pour illustrer l'utilisation du mode Affichage en direct, créez au préalable un jeu d'enregistrements en utilisant un filtre sur la clé primaire de la table randonnees afin d'obtenir un enregistrement unique dans le résultat du jeu d'enregistrements (voir repère ❶ de la figure 20-54).

1. Dans la fenêtre Document, ajoutez une balise conteneur (<div> par exemple) et placez-y les variables du jeu d'enregistrements du panneau Liaisons par un simple glisser-déplacer (voir les repères ❷ et ❸ de la figure 20-54). Lorsque le mode Affichage en direct n'est pas activé, les variables sont représentées par leur nom encadré par des accolades (voir repère ❸ de la figure 20-54).

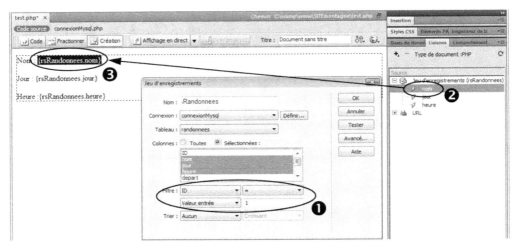

Figure 20-54

Les variables du jeu d'enregistrements peuvent facilement être intégrées dans la page par un simple glisser-déplacer.

2. Cliquez sur l'icône Affichage des données dynamiques (mode Affichage en direct, voir repère ❶ de la figure 20-55). Les données du premier enregistrement du jeu doivent maintenant remplacer les noms des variables dans la page (voir repère ❷ de la figure 20-55). À noter que depuis la version Dreamweaver CS4, il est désormais possible de visualiser le code source de la page en direct. Pour cela, il suffit de cliquer sur le bouton Code en direct situé à droite du bouton Affichage en direct (voir repère ❸ de la figure 20-55). La fenêtre du Document passera alors automatiquement en mode Fractionné et vous pourrez ainsi consulter le code source généré dynamiquement correspondant à la page active.

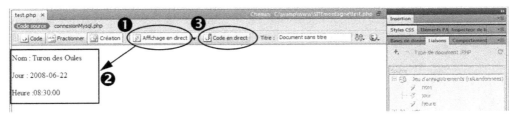

Figure 20-55

Dès que le mode Affichage en direct est activé, les données remplacent les variables dynamiques de la page.

Les liens hypertextes en mode Affichage en direct

Les liens hypertextes ne fonctionnent pas en mode Affichage en direct. Pour tester l'interaction entre vos pages, vous devrez utiliser la fonction Aperçu dans le navigateur, disponible depuis le menu Fichier ou la touche F12.

Test des paramètres HTTP en mode Affichage en direct

Grâce à la boîte de dialogue Paramètres d'affichage en direct, vous pouvez simuler le fonctionnement de la page en fonction de l'état de paramètres GET ou POST. Cette boîte est accessible en cliquant sur la petite flèche située à droite du bouton Affichage en direct, puis en sélectionnant l'option Paramètres de demande HTTP du menu. Par exemple, si vous désirez simuler les paramètres d'URL suivants ID= 2&cle=cascade, il suffit de cliquer sur le + en haut de la boîte de dialogue puis d'indiquer le nom du premier paramètre et sa valeur et recommencer la même démarche pour le second paramètre. Sélectionnez ensuite le type des paramètres dans le menu Méthode situé en bas de la boîte. Après validation de vos choix, vous pourrez ensuite simuler le fonctionnement de la page avec ces paramètres en activant le mode Affichage en direct dans la fenêtre Document (si le filtre du jeu d'enregistrements est programmé en conséquence évidemment).

Créer des pages dynamiques avec des comportements de serveur

Dans les sections précédentes, nous avons installé et configuré tous les éléments indispensables à la mise en œuvre d'une plateforme de développement de sites dynamiques. Nous sommes désormais en mesure d'exploiter les informations d'une base de données et nous allons pouvoir commencer à développer des pages dynamiques à l'aide de l'interface de Dreamweaver en mode Création.

Cette section détaillera les procédures de création des pages les plus courantes dans un site dynamique. Pour cela, nous exploiterons uniquement l'interface visuelle de Dreamweaver (mode Création), méthode qui présente l'avantage de vous permettre d'élaborer une page dynamique sans aucune connaissance préalable d'instructions PHP et de requêtes SQL. Pour ceux qui désirent concevoir des sites dynamiques plus élaborés, nous vous conseillons de consulter l'ouvrage *PHP/MySQL avec Dreamweaver* (paru aux éditions Eyrolles) afin de pouvoir intervenir directement dans le code des scripts PHP et élaborer des requêtes SQL avancées.

Pour illustrer le fonctionnement de chacune des créations courantes décrites dans cette section, nous appliquerons les différentes procédures à la rubrique Randonnées du site Montagne-65 et nous utiliserons la base de données montagne_db créée précédemment.

Aperçu dans un navigateur

Dreamweaver vous permet de tester vos pages depuis un navigateur de votre choix. Pour cela, vos pages doivent avoir été enregistrées au préalable (dans le cas contraire, une boîte de dialogue s'affichera). Pour tester une page en aperçu, sélectionnez le menu Fichier>Aperçu dans un navigateur et choisissez le navigateur souhaité (Internet Explorer ou Firefox par exemple). Vous pouvez également cliquer sur l'icône Aperçu/Débogage dans le navigateur située dans la barre d'outils du document, puis sélectionner l'aperçu dans le navigateur configuré par défaut ou mieux encore, appuyer sur la touche F12 de votre clavier.

Page d'affichage d'une liste d'enregistrements avec images

Une liste simple est matérialisée par un tableau (ou une mise en page alternative avec les CSS) affichant tous les champs et tous les enregistrements d'un jeu. Une colonne de tableau correspond à un champ du jeu et une ligne à un enregistrement. Il faut donc créer au préalable un jeu d'enregistrements qui va puiser dans une table les données à afficher dans le tableau. Après la création du jeu d'enregistrements, deux méthodes peuvent être utilisées pour réaliser une page contenant une liste simple :

- La première consiste à utiliser l'outil Tableau dynamique de la catégorie Données du panneau Insertion. Pour cela, cliquez sur l'icône Données dynamiques>Tableau dynamique et renseignez la boîte de dialogue qui s'ouvre alors afin d'indiquer le jeu d'enregistrements concerné et quelques paramètres de mise en forme. Dès la validation de vos choix, un tableau HTML sera créé selon la structure du jeu sélectionné et les variables y seront intégrées automatiquement.

- La seconde consiste à réaliser au préalable un tableau (icône Tableau de la catégorie Commun du panneau Insertion) de deux lignes et d'autant de colonnes que contient le jeu d'enregistrements. À noter qu'avec cette seconde méthode, vous pouvez aussi construire la structure de la liste à l'aide des CSS (en positionnant des balises conteneurs `<div>`, par exemple). Saisissez ensuite les titres des colonnes dans la première ligne avant d'ajouter, au cas par cas, les différents champs dynamiques du jeu dans les cellules de la seconde ligne du tableau. Pour terminer, vous devrez sélectionner la seconde ligne (ou un élément conteneur `<div>` si vous avez opté pour une mise en page CSS) et ajouter un comportement Région répétée afin que le tableau s'étende verticalement en fonction du nombre d'enregistrements qui doivent être affichés.

Pour illustrer la création d'une liste, nous vous proposons de créer la première page de la rubrique Randonnées qui affiche la liste des randonnées proposées par le site Montagne-65. Dans chaque élément de la liste, vous indiquerez la destination, le jour, la vignette illustrant la randonnée et un lien qui permettra ensuite de visualiser la fiche complète dans une autre page. Dans cette démonstration, nous avons choisi d'utiliser la seconde méthode présentée ci-dessus car nous désirons afficher chaque élément de la liste dans une balise conteneur `<div>` et non dans un tableau HTML.

1. Ouvrez le fichier `randonnees.php` du site Montagne-65 (situé dans le répertoire `SITEmontagne`) précédemment configuré ou la page initiale de la rubrique Randonnées, `page-randonnees_base.php`, disponible dans les fichiers sources de l'ouvrage. Enregistrez cette page sous le nom `page-randonnees.php`.

2. Vous allez à présent y insérer un nouveau jeu d'enregistrements. Pour cela, cliquez sur le bouton + du panneau Liaisons (voir repère ❶ de la figure 20-56) et choisissez Jeu d'enregistrements (Requête). Dans la boîte de dialogue qui s'ouvre alors, saisissez `rsRandonnees` dans le champ Nom, sélectionnez la connexion `connexionMysql` et la table `randonnees`. Cochez l'option Sélectionnées puis sélectionnez les champs `ID`, `nom`, `jour` et `vignette` dans la liste (voir repère ❷ de la figure 20-56). Avant de valider vos choix, vous pouvez cliquer sur le bouton Tester afin de vous assurer que les enregistrements sélectionnés correspondent à vos attentes (voir repère ❸ et ❹ de la

figure 20-56). Si besoin, modifiez les paramètres de la boîte de dialogue, puis confirmez la création du jeu d'enregistrements en cliquant sur le bouton OK.

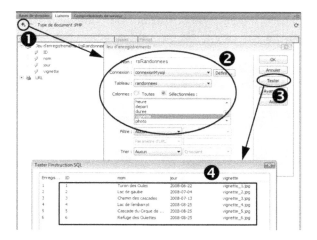

Figure 20-56

Création du jeu d'enregistrements rsRandonnees destiné à alimenter la liste des randonnées

3. Placez un conteneur `div` dans la page en dessous du titre Randonnées. Faites ensuite glisser les données dynamiques `nom` et `jour` (disponibles dans le jeu d'enregistrements `rsRandonnees`) dans ce conteneur (voir repère ❶ de la figure 20-57).

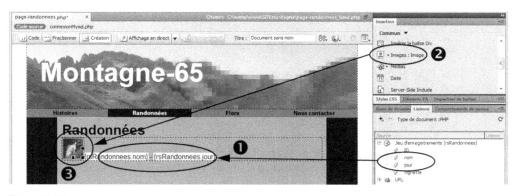

Figure 20-57

Positionnez les données dynamiques dans le conteneur à l'aide d'un simple glisser-déplacer depuis le panneau Liaisons

4. Ajoutez devant ces deux données dynamiques l'une des vignettes illustrant les randonnées situées dans le répertoire `photos`. Pour cela, placez votre curseur au point d'insertion et cliquez sur l'icône Images de la catégorie Commun du panneau Insertion (voir repère ❷ de la figure 20-57). Sélectionnez ensuite l'une des vignettes de ce

répertoire (vignette_1.jpg par exemple) et cliquez sur OK pour valider votre choix. La vignette doit ensuite prendra place devant les deux données dynamiques (voir repère ❸ de la figure 20-57).

5. Pour placer l'image dans la partie droite du conteneur, créez au préalable la classe .vignette qui sera configurée en positionnement relatif (voir repère ❶ de la figure 20-58 et revoir si besoin la section « Le positionnement relatif » au chapitre 10). Une fois la classe créée, sélectionnez la vignette et attribuez-lui la nouvelle classe depuis son panneau Propriétés (voir repère ❷ de la figure 20-58). La vignette doit alors apparaître à droite du conteneur.

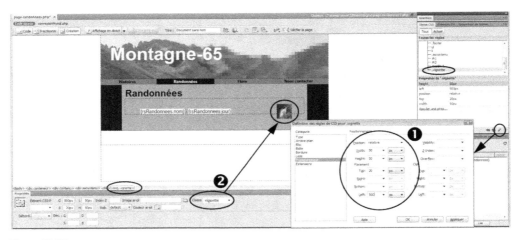

Figure 20-58

Placement de la vignette dans le conteneur à l'aide de la classe .vignette (positionnement relatif)

6. Pour transformer la vignette en image dynamique, vous devez à présent la lier avec la donnée dynamique vignette du jeu d'enregistrements qui contiendra les différents noms des vignettes de chaque randonnée. Pour cela, copiez le chemin du répertoire (photos/) qui précède le nom de l'image depuis le champ Scr du panneau Propriétés (sélectionnez le chemin puis copiez-le à l'aide du raccourci clavier Ctrl + C). Choisissez la vignette dans le document (voir repère ❶ de la figure 20-59) puis sélectionnez la donnée dynamique vignette dans le jeu d'enregistrements du panneau Liaisons (voir repère ❷ de la figure 20-59). Une fois les deux éléments sélectionnés, cliquez sur le bouton Lier situé en bas de la fenêtre (voir repère ❸ de la figure 20-59) pour transformer la vignette en image dynamique. L'information enregistrée dans le champ vignette de la table randonnees ne contenant que le nom du fichier (par exemple, vignette_1.jpg), sans le chemin qui permet d'y accéder, vous devez ajouter ce chemin devant la balise PHP qui a été ajoutée dans le champ Scr du panneau Propriétés. Pour cela, placez le curseur de la souris devant la première balise PHP dans ce champ et ajoutez-y le chemin que vous avez copié avant la transformation, soit photos/ (en utilisant le raccourci clavier Ctrl + V).

Figure 20-59

Liaison de la vignette et de la donnée dynamique issue du jeu d'enregistrements

Par la suite, vous allez ajouter une fiche qui permettra d'afficher toutes les informations de chaque randonnée. Pour préparer cette fonctionnalité, vous ajouterez un lien pointant vers le fichier `page-fiche.php` en dessous des deux données dynamiques du conteneur.

7. À ce stade, si vous activez le mode Affichage en direct, le nom, la date et la vignette de la première randonnée devraient remplacer les éléments dynamiques de la page. Cependant, si vous désirez afficher la liste de tous les enregistrements, vous devez ajouter un comportement de serveur Région répétée afin que le conteneur, et les informations qu'il contient, soit répété autant de fois qu'il y aura d'enregistrements. Pour cela, désactivez le mode Affichage en direct et sélectionnez le conteneur depuis le sélecteur de balise du document (voir repère ❶ de la figure 20-60).

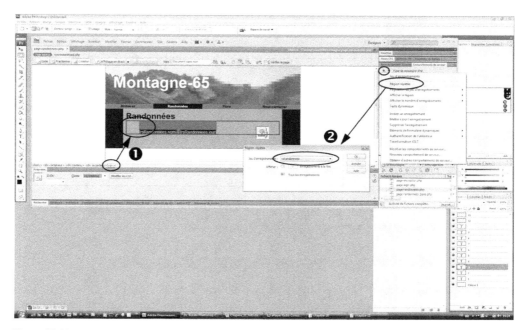

Figure 20-60

Ajout d'un comportement Région répétée

Ouvrez le panneau Comportements de serveur et cliquez sur le bouton + pour sélectionner le comportement Région répétée (voir repère ❷ de la figure 20-60). Dans la boîte de dialogue qui s'ouvre alors, choisissez rsRandonnees dans la liste déroulante Jeu d'enregistrements et cochez l'option Tous les enregistrements. Cliquez sur OK pour valider vos choix. Une étiquette Répéter doit alors apparaître autour du conteneur sélectionné.

8. Enregistrez votre page via le raccourci clavier Ctrl + S (Cmd + S sur Mac), puis appuyez sur la touche F12 (Option + F12 sur Mac) pour tester son fonctionnement dans un navigateur. La page doit alors afficher la liste des randonnées de la base de données en précisant leur nom et la date ainsi qu'une vignette d'illustration (voir figure 20-61).

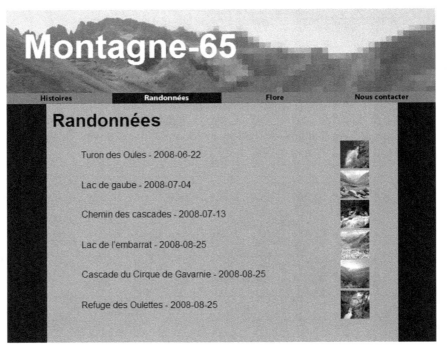

Figure 20-61

Test du fichier page-randonnees.php dans un navigateur

Page de liste avec barre et état de navigation

Lorsque vous avez créé la page randonnees.php, qui affiche la liste des randonnées enregistrées dans la base, vous avez indiqué dans le paramétrage du comportement Région répétée que vous désiriez afficher toutes les informations dans la même page (voir figure 20-60). Cependant, si cette liste devient trop importante, il est intéressant de pouvoir l'afficher sur plusieurs pages. Pour cela, Dreamweaver propose le comportement

Barre de navigation, qui réalise automatiquement le découpage de la liste selon le nombre d'enregistrements désirés par page et intègre une barre de navigation pour gérer le passage d'une page à l'autre. Dans le même registre, Dreamweaver propose aussi un autre comportement, nommé État de navigation, qui permet d'indiquer le numéro des enregistrements affichés et le nombre total d'enregistrements du jeu.

Nous allons employer ces deux applications en modifiant la page `randonnee.php` afin d'afficher la liste des randonnées sur plusieurs pages.

Procédure d'ajout d'une barre de navigation

1. Ouvrez la page `randonnee.php` créée précédemment.

2. Avant d'ajouter la barre de navigation, vous allez tout d'abord modifier le paramétrage de la région répétée afin de lui indiquer d'afficher seulement cinq enregistrements par page (nous prendrons cette valeur pour les tests ; par la suite, vous pourrez évidemment choisir le nombre d'enregistrements que vous désirez). Pour cela, cliquez sur le nom du comportement Région répétée dans le panneau Comportements de serveur (voir repère ❶ de la figure 20-62). Dans la boîte de dialogue qui s'ouvre alors, cochez l'option Afficher et saisissez 5 dans le champ Enregistrements à la fois (voir repère ❷ de la figure 20-62). Validez votre modification en cliquant sur le bouton OK.

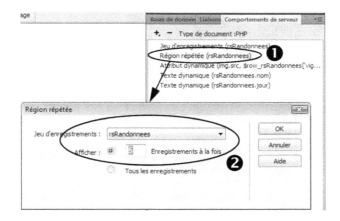

Figure 20-62

Avant d'ajouter un système de pagination des résultats, il convient de configurer le nombre de résultats désirés par page dans la boîte de dialogue Région répétée.

3. Placez ensuite le curseur de la souris sous la balise `<div>` du conteneur d'informations (voir repère ❶ de la figure 20-63). Cliquez sur l'icône Pagination du jeu d'enregistrements de la catégorie Données du panneau Insertion et choisissez Barre de navigation du jeu d'enregistrements (voir repère ❷ de la figure 20-63). Dans la boîte de dialogue qui s'ouvre alors, sélectionnez le jeu `rsRandonnees` et cochez l'option Images (voir repère ❸ de la figure 20-63). Cliquez sur OK pour valider vos choix.

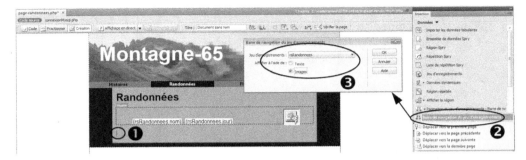

Figure 20-63

Ajout d'une barre de navigation dans Dreamweaver

4. La barre de navigation apparaît alors dans la page (voir figure 20-64). Au passage, ouvrez la fenêtre Fichiers et remarquez que Dreamweaver a ajouté la série d'icônes, utilisée dans la barre de navigation, directement dans le répertoire où se trouve la page courante. Ainsi, si vous désirez adapter ces icônes à la charte de votre site, vous n'aurez qu'à créer de nouveaux boutons et les sauvegarder sous le même nom dans ce répertoire. Enregistrez votre page et testez son fonctionnement dans le navigateur via la touche F12 (voir repère ❶ de la figure 20-65).

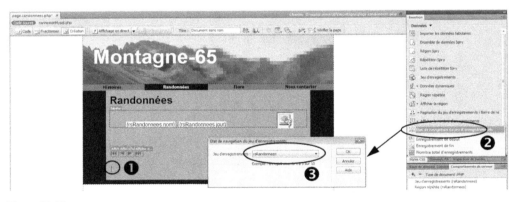

Figure 20-64

Ajout des états de navigation dans Dreamweaver

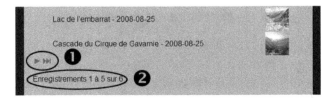

Figure 20-65

Test de la barre et des états de navigation dans le navigateur

Procédure d'ajout d'un état de navigation

1. Placez le curseur de la souris sous la barre de navigation précédemment créée (voir repère ❶ de la figure 20-64). Cliquez sur l'icône Afficher le nombre d'enregistrements de la catégorie Données du panneau Insertion et choisissez Etat de navigation du jeu d'enregistrements (voir repère ❷ de la figure 20-64). Dans la boîte de dialogue qui s'affiche, sélectionnez le jeu d'enregistrements rsRandonnees et validez (voir repère ❸ de la figure 20-64).

2. Une ligne de texte intégrant trois variables dynamiques apparaît alors sous la barre de navigation. Mettez en forme ce texte en lui appliquant la police de votre choix et en mettant les variables en gras, par exemple. Activez le mode Affichage en direct pour afficher les données de la première page, puis enregistrez votre page et testez son fonctionnement dans le navigateur (voir repère ❷ de la figure 20-65).

Autres comportements de pagination et d'affichage

Le panneau Comportements de serveur propose d'autres comportements qui permettent de réaliser des paginations et des affichages d'état sur mesure (voir figure 20-66 pour ceux concernant la pagination). Vous pouvez ainsi insérer ponctuellement, où vous le voulez dans votre page, un élément de pagination ou d'affichage d'état en référence à un jeu d'enregistrements préalablement créé.

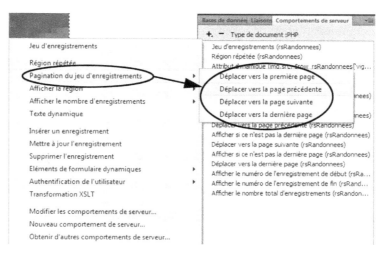

Figure 20-66

Les différents comportements de pagination disponibles

Accès aux comportements d'état et de navigation individuels par le panneau Insertion

Lorsque vous affichez le menu de la barre de navigation ou de la zone d'état dans le panneau Insertion (voir figures 20-63 et 20-64), vous pouvez aussi accéder individuellement aux mêmes comportements que ceux présentés à la figure 20-66.

Pages d'affichage Principale-Détails

Il est fréquent que l'affichage d'informations issues d'une base de données se fasse en deux étapes. Une première page (page Principale) affiche la liste des enregistrements disponibles et une seconde (page Détails) le détail de chaque enregistrement. Dans ce cas, chaque ligne de la première page contient un lien dynamique qui permet d'appeler la seconde page en passant l'identifiant de l'enregistrement concerné dans un paramètre d'URL. La page de détails peut évidemment comporter de nombreuses informations sur l'enregistrement, alors que la page principale affiche uniquement quelques informations nécessaires à son identification. Ce type de structure est très fréquemment utilisé dans les catalogues en ligne, par exemple, car elle permet d'afficher une liste de produits correspondants à la rubrique sélectionnée ou à la recherche réalisée sur critère, puis une fiche dynamique détaillée, qui est créée à la volée lorsque l'utilisateur clique sur le lien En savoir plus d'un produit.

Création automatique ou manuelle

Dreamweaver propose une application qui permet de créer automatiquement une structure de deux pages Principale-Détails. Cette application est accessible depuis l'icône Ensemble de pages Principale-Détails de la catégorie Données du panneau Insertion. Cependant, il est souvent plus intéressant en pratique (et guère beaucoup plus compliqué) de réaliser une structure Principale-Détails manuellement en créant séparément les pages Principale et Détails. Vous allez donc appliquer cette méthode à l'affichage de toutes les informations d'une randonnée particulière (sous forme de fiche individuelle d'informations) après un clic du visiteur sur un lien de la page principale. Pour cela, vous utiliserez la page `page-randonnees.php` précédemment créée et la page `page-fiche.php` que vous allez entièrement réaliser. La page `page-randonnees.php` affichera la liste des randonnées (page Principale) et `page-fiche.php` aura pour fonction d'afficher le détail de chaque randonnée (page Détails) sous forme de fiche.

Procédure de création manuelle de pages Principale-Détails

> **Remarque**
> Pour la page principale, reprenez la page `page-randonnees.php` précédemment créée. Vous n'aurez ainsi plus qu'à ajouter le lien En savoir plus qui permettra d'accéder à la page Détails correspondant à l'enregistrement désiré.

1. Ouvrez une nouvelle page (en prenant comme base la page initiale de la rubrique Randonnées, `page-randonnees_base.php`, disponible dans les fichiers sources de l'ouvrage) et enregistrez-la sous le nom `page-fiche.php`.

2. Cliquez sur le bouton + du panneau Liaisons pour créer un nouveau jeu d'enregistrements. Renseignez les champs selon les paramètres de la figure 20-67 puis validez. À noter que ce jeu d'enregistrements comporte un filtre qui permettra de sélectionner l'enregistrement de la randonnée sur laquelle nous allons cliquer dans la liste. Il vise à s'assurer que la valeur du champ ID de l'enregistrement correspond bien au paramètre

d'URL (qui porte le même nom, ce qui est conseillé mais pas obligatoire) envoyé à cette page lorsque l'utilisateur cliquera sur le lien En savoir plus. Pour vous assurer que le jeu fonctionne correctement, nous vous suggérons de cliquer sur le bouton Tester et de saisir un numéro d'identifiant existant, soit 2 pour notre exemple, dans le champ Valeur de test de la boîte de dialogue Fournissez une valeur test (voir repère ❷ de la figure 20-67). Si vous cliquez ensuite sur OK, l'enregistrement correspondant s'affiche alors dans une troisième fenêtre. Validez successivement les différentes fenêtres ouvertes (le nouveau jeu d'enregistrements doit ensuite apparaître dans le panneau Liaisons) et même si cette page n'est pas complètement terminée, nous vous suggérons de l'enregistrer, nous allons y revenir plus tard.

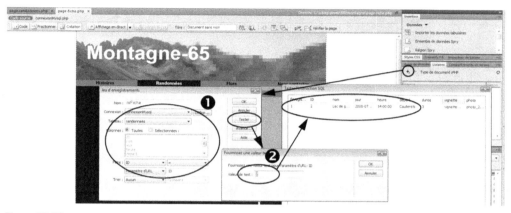

Figure 20-67

Jeu d'enregistrements rsFiche de la page page-fiche.php

3. Vous devez à présent créer et configurer le lien En savoir plus afin que le paramètre d'URL attendu soit correctement paramétré. Pour cela, ouvrez de nouveau le fichier page-randonnees.php, puis ajoutez un lien En savoir plus en dessous des deux valeurs dynamiques de la page et sélectionnez-le (voir repère ❶ de la figure 20-68). Cliquez sur l'icône Rechercher le fichier, située à droite du champ Lien dans le panneau Propriétés de l'objet (voir repère ❷ de la figure 20-68). Dans la boîte de dialogue qui s'ouvre alors, sélectionnez le fichier page-fiche.php que vous venez de créer (voir repère ❸ de la figure 20-68) et cliquez sur le bouton Paramètres… situé en bas de la boîte à droite du champ URL (voir repère ❹ de la figure 20-68).

4. Une fois la boîte de dialogue Paramètres ouverte, cliquez sur le bouton + et saisissez ID dans la colonne Nom, puis passez dans la cellule de droite nommée Valeur et cliquez sur l'icône Lier à la source dynamique, symbolisée par un éclair, située à droite de la zone de saisie (voir repère ❺ de la figure 20-68). La boîte de dialogue Données dynamiques s'ouvre alors. Sélectionnez le champ ID dans le jeu rsRandonnees (voir repère ❻ de la figure 20-68), puis validez toutes les boîtes successivement. Le champ Lien du panneau Propriétés doit alors être renseigné automatiquement avec la valeur page-fiche.php?ID=<?php echo $row_rsRandonnees['ID']; ?>.

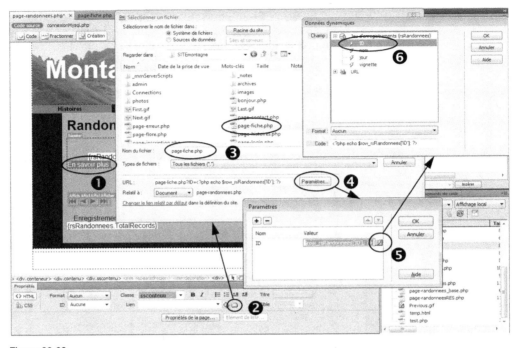

Figure 20-68

Paramétrage du lien d'appel de page-fiche.php

5. Enregistrez la page `page-randonnees.php` pour terminer cette modification de la page.

6. Retournez ensuite sur la page `page-fiche.php` et placez-y les différentes informations textuelles qui caractérisent une randonnée en utilisant la méthode de mise en forme de votre choix (les tableaux ou les CSS). Pour cela, faites simplement glisser les éléments dynamiques du jeu d'enregistrements (disponibles dans le panneau Liaisons) aux emplacements désirés dans la page (comme nous l'avons déjà fait dans la page de la liste). Vous pouvez également commencer par mettre en page des éléments statiques provisoires (appelés marqueurs) en leur attribuant un style adapté, puis les lier aux éléments dynamiques du jeu d'enregistrements avec le bouton Lier situé en bas du panneau Liaisons. Cette seconde méthode étant mieux adaptée à une mise en page CSS, nous allons l'utiliser pour disposer les informations de la randonnée dans la page.

7. Après avoir réalisé la mise en page désirée avec des règles CSS et intégré des marqueurs (prendre par exemple XX en guise de marqueur) à tous les endroits où devront prendre place les valeurs dynamiques, sélectionnez un marqueur spécifique (voir repère ❶ de la figure 20-69), puis l'élément correspondant du jeu d'enregistrements (voir repère ❷ de la figure 20-69) et cliquez sur le bouton Insérer (voir repère ❸ de la figure 20-69) pour que la donnée dynamique se substitue au marqueur. Procédez de la même manière pour tous les marqueurs de la page.

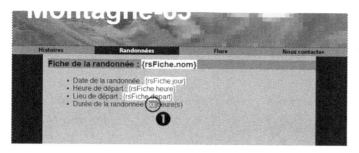
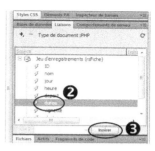

Figure 20-69

Liaison d'une donnée texte du jeu d'enregistrements avec un marqueur de la page page-fiche.php

8. Pour l'image, la démarche sera identique. Placez l'une des images de randonnée dans la page et attribuez-lui un style permettant de la positionner dans la zone de droite de la page. Sélectionnez l'image (voir repère ❶ de la figure 20-70) et copiez le chemin qui précède le nom de l'image dans le champ Src du panneau Propriétés. L'image étant toujours sélectionnée, cliquez sur le nom de la donnée photo dans le jeu d'enregistrements du panneau Liaisons, afin de le sélectionner à son tour (voir repère ❷ de la figure 20-70), puis cliquez sur le bouton Lier (voir repère ❸ de la figure 20-70). L'image se transforme alors en image dynamique (icône avec un arbre et un éclair) pour signaler que la liaison entre les deux éléments est effectuée. Retournez ensuite dans le champ Src du panneau Propriétés, placez le curseur de la souris devant la première balise PHP et collez le chemin que vous aviez copié précédemment, soit photos/ pour notre exemple. Validez ensuite l'insertion en appuyant sur la touche Entrée pour vous assurer que le chemin a bien été enregistré.

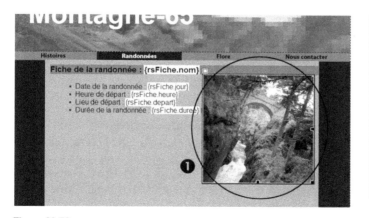
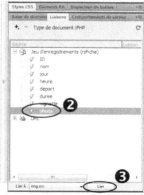

Figure 20-70

Liaison de la donnée photo du jeu d'enregistrements avec l'image placée dans la page page-fiche.php

9. Enregistrez la page page-fiche.php et ouvrez de nouveau la page page-randonnees.php. Appuyez ensuite sur la touche F12 pour la page de la liste des randonnées pour tester

le fonctionnement complet de la structure des pages Principale-Détails. Depuis le navigateur, sélectionnez une randonnée de votre choix dans la liste proposée en cliquant sur son lien En savoir plus. La page page-fiche.php doit alors s'afficher avec les informations et l'image en rapport avec la randonnée sélectionnée (voir figure 20-71).

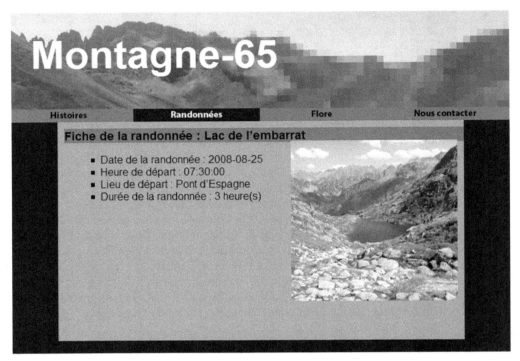

Figure 20-71

Test de la page page-fiche.php dans le navigateur

Pages de gestion des données

Jusqu'à présent, nous avons toujours géré les données de la base à l'aide du gestionnaire phpMyAdmin. Cependant, vous ne serez sûrement pas le seul en pratique à devoir intervenir dans la base de données car un site doit pouvoir être mis à jour par un public très varié. Dans ce cas, cette solution n'est plus envisageable et il faut concevoir des formulaires de gestion de la base adaptés et utilisables par tous. Vous allez donc créer différents formulaires selon la fonction à réaliser (ajout de données, modification, suppression…).

Création automatique ou manuelle

Pour chaque type de page de gestion des données, une création automatique ou manuelle est possible (les outils permettant la création des pages de gestion des données sont accessibles depuis la catégorie Données du panneau Insertion).

La création automatique fait appel à des assistants de création qui regroupent le comportement de gestion des données (ajout ou modification) et de génération de formulaire en une seule boîte de dialogue, alors que la création manuelle consiste à utiliser uniquement la boîte de dialogue qui correspond au comportement de gestion des données. L'utilisation des assistants est plus rapide, mais aussi plus contraignante car ils génèrent automatiquement une structure de formulaire standard qu'il faut souvent modifier dans un second temps. Travailler avec le comportement de gestion est évidemment plus long car il faudra construire au préalable les structures des formulaires. Cependant, le fait d'établir manuellement les formulaires permettra de les créer en adéquation avec les besoins de l'application et avec la méthode de mise en forme désirée (tableaux ou CSS), alors que l'assistant créera automatiquement des formulaires dont la mise en forme utilisera exclusivement les tableaux.

Page d'ajout de données

Pour illustrer la création d'un formulaire d'insertion de données, vous allez ajouter une page dans la partie publique du site qui permettra à tout visiteur de s'inscrire à l'une des randonnées proposées dans la liste. Pour accéder à cette page d'ajout, un lien S'inscrire à cette randonnée devra être créé et configuré en bas de la page `page-fiche.php`. Lorsque le visiteur cliquera sur ce lien, il sera redirigé vers une page `page-inscription.php` et un paramètre d'URL (`ID`) configuré dans le lien hypertexte permettra d'indiquer la randonnée à laquelle le visiteur désire s'inscrire.

1. Ouvrez une nouvelle page PHP à partir du fichier `page-randonnees_base.php` et enregistrez-la sous le nom `page-inscription.php`.

2. Cliquez sur l'icône Formulaire de la catégorie Formulaires du panneau Insertion pour ajouter un formulaire à la page.

3. En créant des styles adaptés, insérez quatre champs de saisie accompagnés de leur étiquette. À l'aide du panneau Propriétés de l'objet, nommez les différents champs `nom`, `prenom`, `tel` et `email`. Ajoutez ensuite un objet Bouton de soumission en bas du formulaire via l'icône Bouton de la catégorie Formulaires.

4. Les champs de saisie, qui permettront au visiteur de saisir ses coordonnées, sont désormais en place. Vous devez à présent ajouter un objet Champ masqué dans le formulaire, de manière à récupérer le paramètre d'URL porteur de l'identifiant de la randonnée à laquelle le visiteur désire s'inscrire. Pour ajouter ce champ masqué, placez votre curseur au point d'insertion et cliquez sur l'icône Champ masqué de la catégorie Formulaires du panneau Insertion (voir repère ❶ de la figure 20-72). Sélectionnez le champ masqué (voir repère ❷ de la figure 20-72) et renseignez son nom en saisissant `randonneesID` dans le panneau Propriétés (voir repère ❸ de la figure 20-72). Pour configurer la valeur initiale de ce champ masqué, vous allez devoir ajouter au préalable une variable d'URL dans le panneau Liaisons. Pour cela, cliquez sur le bouton + de ce panneau et sélectionnez Variable d'URL dans la liste proposée. Saisissez ensuite le nom de la variable à créer, soit `ID`, dans la boîte de dialogue Variable d'URL, puis validez (la nouvelle variable doit ensuite apparaître dans le panneau

Liaisons, voir repère ❹ de la figure 20-72). Sélectionnez de nouveau le champ masqué ajouté précédemment et cliquez sur l'icône Lier à la source dynamique, symbolisée par un éclair, dans le panneau Propriétés (voir repère ❺ de la figure 20-72). Sélectionnez ensuite la variable d'URL ID dans la boîte de dialogue Données dynamiques (voir repère ❻ de la figure 20-72), puis validez en cliquant sur OK.

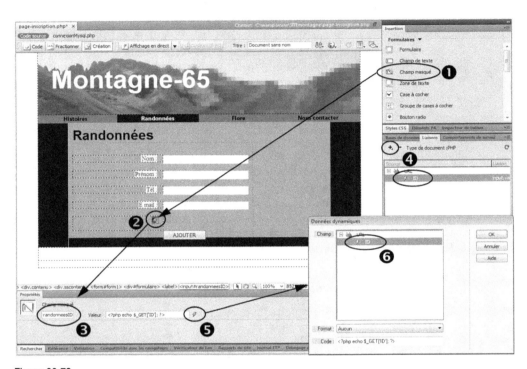

Figure 20-72

Configuration du champ masqué de l'identifiant de la randonnée sélectionnée par le visiteur

5. Le formulaire est terminé. Il ne vous reste plus qu'à ajouter le comportement de serveur d'insertion des données du formulaire dans la base. Pour cela, cliquez sur le bouton + du panneau Comportements de serveur et sélectionnez Insérer un enregistrement dans la liste proposée (voir repère ❶ de la figure 20-73). Dans la boîte de dialogue qui s'ouvre alors, sélectionnez le formulaire concerné, la connexion à la base de données et la table dans laquelle vous désirez enregistrer un nouvel enregistrement (voir repère ❷ de la figure 20-73). Si vous avez bien configuré chaque champ du formulaire avec les noms que nous vous avons suggéré (qui correspondent à ceux des colonnes de la table inscriptions), le cadre Colonnes de la boîte de dialogue doit indiquer la valeur obtenue, pour chacun de ces champs sauf pour la clé primaire ID qui sera attribuée automatiquement par la base, car nous l'avons configurée comme champ auto-incrémenté lorsque nous avons créé la table inscriptions. Si tout est correct (dans le cas contraire, cliquez sur Annuler et vérifiez les noms de vos

champs de formulaire), sélectionnez la page vers laquelle sera redirigé l'utilisateur après avoir validé son formulaire. Pour cela, cliquez sur le bouton Parcourir... et choisissez la page de la rubrique Randonnées (page-randonnees.php) puis validez vos choix en cliquant sur OK. Dans cet exemple, nous n'informons pas le visiteur que son message a bien été envoyé, cependant, cette option est très simple à mettre en œuvre car il s'agit simplement de rediriger le visiteur vers une page contenant un message de confirmation d'envoi.

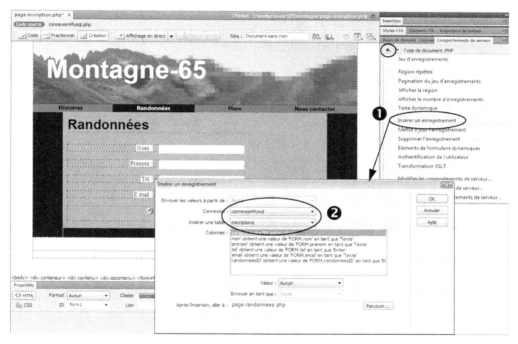

Figure 20-73

Création du comportement Insérer un enregistrement

6. Cette page étant terminée, vous pouvez l'enregistrer dès à présent. Cependant, pour que l'utilisateur puisse y accéder, il faut encore configurer le lien qui sera placé dans la page de la fiche d'une randonnée. Pour cela, ouvrez la page page-fiche.php et saisissez le texte S'inscrire à cette randonnée sous les informations de la randonnée. Sélectionnez ce texte (voir repère ❶ de la figure 20-74) et cliquez sur l'icône Rechercher le fichier, située à droite du champ Lien dans le panneau Propriétés (voir repère ❷ de la figure 20-74). Dans la fenêtre qui s'ouvre alors, sélectionnez le fichier page-inscription.php précédemment créé (voir repère ❸ de la figure 20-74) et cliquez sur le bouton Paramètres... (voir repère ❹ de la figure 20-74). Dans la boîte de dialogue Paramètres, saisissez ID dans la colonne Nom et placez le curseur de la souris dans la colonne Valeur. Cliquez sur l'icône représentant un éclair (voir

repère ➎ de la figure 20-74) et dans la boîte de dialogue qui s'ouvre alors, cliquez sur la donnée ID du jeu d'enregistrements de la randonnée (voir repère ➏ de la figure 20-74), puis validez successivement les différentes boîtes de dialogue en cliquant sur les boutons OK. Enregistrez cette page et appuyez sur la touche F12 pour tester son fonctionnement dans le navigateur.

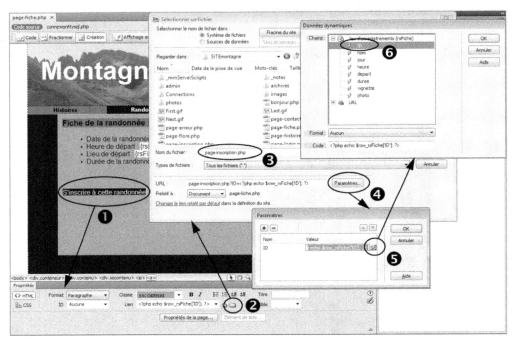

Figure 20-74
Configuration du lien S'inscrire à cette randonnée

7. Une fois la page affichée dans le navigateur, cliquez sur la rubrique Randonnées afin d'afficher la liste des randonnées proposées. Cliquez ensuite sur le lien En savoir plus d'une des randonnées pour visualiser sa fiche détaillée, puis sur le lien S'inscrire à cette randonnée afin d'accéder au formulaire d'inscription que vous venez de réaliser. Saisissez vos coordonnées dans le formulaire puis validez. Vous devez alors être redirigé vers la page de la rubrique Randonnées. Pour vérifier que votre inscription s'est déroulée correctement, ouvrez ensuite le gestionnaire phpMyAdmin et affichez le contenu de la table inscriptions.

Page de modification de données

Une fois les informations enregistrées dans la base de données, il est souvent nécessaire de les modifier ou de les actualiser. Pour cela, vous devrez utiliser le comportement de serveur Mettre à jour l'enregistrement présenté ci-après.

Comme pour la page d'ajout réalisée précédemment, si vous n'utilisez pas l'assistant de formulaire, la création d'une page de modification nécessite la mise en place préalable d'un formulaire avant de créer le comportement de mise à jour. Cependant, et contrairement à l'ajout, dans le cas d'une modification, les champs du formulaire devront être renseignés dès l'affichage de la page avec les informations actuellement enregistrées dans la base de données. Pour cela, vous devez créer un jeu d'enregistrements afin de disposer des données pour initialiser les valeurs de chacun des champs du formulaire. Une page de modification nécessite donc une sélection préalable de l'enregistrement à mettre à jour, ce qui peut être réalisé avec un menu déroulant dynamique (qui affiche automatiquement dans ses items tous les enregistrements d'une table) ou à l'aide d'une page de type liste dans laquelle un lien Modifier sera configuré pour appeler la page de modification en passant en paramètre l'identifiant de l'enregistrement à modifier. Pour notre exemple, nous utiliserons cette seconde méthode car elle permettra ensuite de mettre facilement en place l'application de suppression qui, elle aussi, nécessite une sélection préalable de l'enregistrement à supprimer.

Pour illustrer la création d'une page de mise à jour d'un enregistrement, nous vous proposons de créer un petit espace d'administration du site Montagne-65 dans lequel l'administrateur pourra modifier ou supprimer les inscriptions enregistrées dans la base de données. Cet espace sera composé de deux pages d'administration : `inscriptions-liste.php`, destinée à la sélection des randonnées à modifier (et par la suite à supprimer) et `inscriptions-modif.php`, qui contiendra le formulaire et le comportement de mise à jour. Ces pages d'administration seront regroupées dans un répertoire nommé `/admin/` afin de faciliter la mise en place ultérieure d'un contrôle d'accès.

1. Ouvrez une nouvelle page PHP et enregistrez-la sous le nom `inscriptions-liste.php`.

   La procédure de création d'une liste de données ayant déjà été présentée à la section précédente « Page d'affichage d'une liste d'enregistrements avec images », nous passerons rapidement sur ses étapes de construction (revoir si besoin la création de la page `page-randonnees.php`).

2. Créez un jeu d'enregistrements de toutes les inscriptions, nommé `rsInscriptions`. Dans la fenêtre Jeu d'enregistrements, sélectionnez la table `inscriptions`, la clé primaire `ID` et le nom du visiteur (voir repère ❶ de la figure 20-75). Validez vos choix en cliquant sur OK et placez dans la page un premier bloc d'informations destiné à contenir le nom du visiteur inscrit (utilisez un marqueur provisoire X), ainsi que deux liens nommés `modif` et `supp` (voir figure 20-75). Liez ensuite le marqueur du nom avec la donnée du jeu d'enregistrements correspondante (voir repère ❷ de la figure 20-75) en cliquant sur le bouton Lier, situé en bas du panneau Liaisons, après avoir sélectionné la donnée `nom`. Le marqueur du nom doit alors se transformer en donnée dynamique {} (voir repère ❸ de la figure 20-75). Sélectionnez le bloc conteneur puis cliquer sur le bouton + du panneau Comportements de serveur. Choisissez Région répétée dans la liste proposée puis sélectionnez Tous les enregistrements et validez votre choix. Une étiquette Répétée apparaît alors autour du conteneur, signalant ainsi que le comportement est opérationnel.

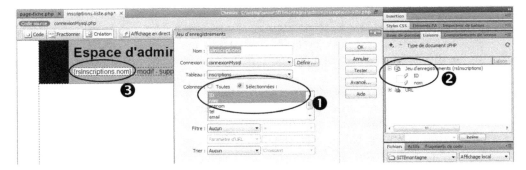

Figure 20-75

Création et configuration de la page inscriptions-liste.php

Il convient à présent de configurer le lien modif de cette page de manière que lorsque l'administrateur cliquera dessus, un paramètre d'URL (ID), initialisé avec la clé primaire de l'enregistrement concerné, soit envoyé avec l'appel à la page de modification. Avant de passer à la configuration de ce lien, vous allez tout d'abord créer la page de modification qui sera la cible du lien. Nous reviendrons ensuite à cette page pour terminer sa configuration.

1. Ouvrez une nouvelle page PHP et enregistrez-la sous le nom inscriptions-modif.php. Insérez ensuite sur cette page un formulaire semblable à celui que nous avons placé dans la page page-inscription.php. Assurez-vous que chaque champ est bien nommé de la même manière que les noms des colonnes de la table inscriptions auxquels il se rapporte (nom, prenom, tel et email).

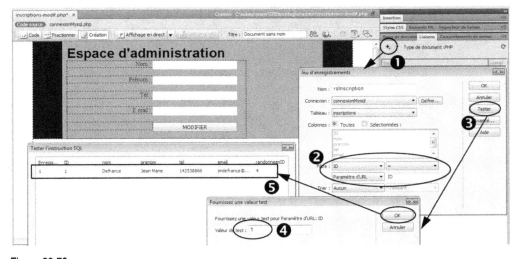

Figure 20-76

Création et test du jeu d'enregistrements de rappel des coordonnées du randonneur

2. Créez un jeu d'enregistrements afin de récupérer toutes les informations concernant la personne inscrite à la randonnée à partir de l'identifiant qui sera passé préalablement dans l'URL (ID) lors du clic sur le lien modif (voir figure 20-76). Pour cela, cliquez sur le bouton + du panneau Liaisons (voir repère ❶ de la figure 20-76), saisissez le nom du jeu d'enregistrements, sélectionnez sa connexion et la table inscriptions, ainsi que toutes les colonnes. Configurez le filtre pour sélectionner l'enregistrement correspondant à l'identifiant passé dans l'URL (ID, voir repère ❷ de la figure 20-76). Cliquez sur le bouton Tester (voir repère ❸ de la figure 20-76), puis saisissez l'identifiant de votre choix dans le champ de la boîte de dialogue. Fournissez une valeur test (voir repère ❹ de la figure 20-76). Cliquez ensuite sur le bouton OK de cette même boîte (voir repère ❺ de la figure 20-76) pour vérifier que votre requête fonctionne correctement et que vous obtenez bien la personne correspondante à l'identifiant.

3. Une fois le jeu d'enregistrements créé, sélectionnez chaque donnée dynamique du jeu du panneau Liaisons et faites-les glisser dans les champs de saisie du formulaire correspondants. Afin de disposer de l'identifiant de l'enregistrement lors de la mise à jour, vous allez ajouter un champ masqué qui mémorisera sa valeur. Pour cela, placez le curseur de la souris dans le formulaire (à gauche du bouton de validation par exemple) et cliquez sur l'icône Champ masqué de la catégorie Formulaires du panneau Insertion. Assurez-vous que le champ masqué qui a été ajouté dans le formulaire est bien sélectionné (voir repère ❶ de la figure 20-77) et nommez-le ID à l'aide du panneau Propriétés (voir repère ❷ de la figure 20-77). Cliquez ensuite sur l'icône Lier à la source dynamique, symbolisée par un éclair (voir repère ❸ de la figure 20-77), et sélectionnez la donnée dynamique ID du jeu d'enregistrements dans la boîte de dialogue (voir repère ❹ de la figure 20-77). Cliquez sur OK. Le champ Valeur est alors automatiquement renseigné.

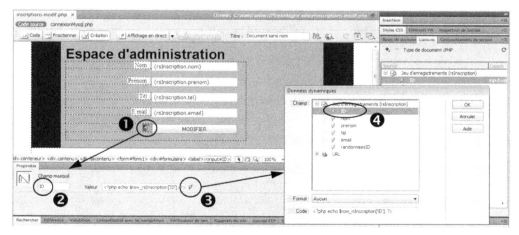

Figure 20-77

Configuration du champ masqué ID

4. La page peut désormais récupérer les informations relatives à un randonneur et initialiser les champs en rapport dans le formulaire de modification. Il convient à présent d'ajouter le comportement Mettre à jour. Pour cela, cliquez sur le bouton + du panneau Comportements de serveur (voir repère ❶ de la figure 20-78) et sélectionnez Mettre à jour l'enregistrement dans la liste. Choisissez la connexion `connexionMysql`, la table `inscriptions` et assurez-vous que toutes les informations du formulaire sont bien détectées dans le cadre Colonnes (sauf la colonne `randonnesID` qui ne sera pas modifiable). Sélectionnez ensuite la page vers laquelle sera redirigé l'administrateur après avoir validé sa mise à jour (voir repère ❷ de la figure 20-78) et cliquez sur le bouton OK pour confirmer vos choix.

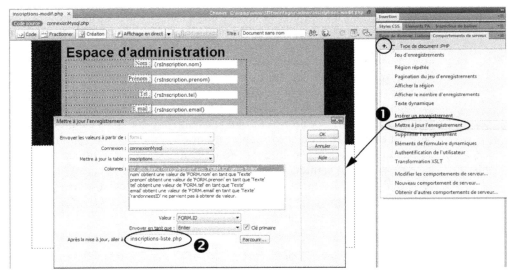

Figure 20-78
Création du comportement Mettre à jour l'enregistrement

5. La page `inscriptions-modif.php` est désormais terminée et vous pouvez la sauvegarder. Vous devez à présent réaliser la configuration du lien `modif` dans la page de la liste des randonneurs. Pour cela, ouvrez de nouveau la page `inscriptions-liste.php` et sélectionnez le lien `modif` (voir repère ❶ de la figure 20-79). Cliquez sur l'icône Rechercher le fichier située à droite du champ Lien dans le panneau Propriétés et sélectionnez la page `inscriptions-modif.php` (voir repère ❷ de la figure 20-79). Cliquez ensuite sur le bouton Paramètres... (voir repère ❸ de la figure 20-79) et saisissez `ID` dans la colonne Nom. Passez dans la colonne Valeur et cliquez sur l'icône représentant un éclair (voir repère ❹ de la figure 20-79). Sélectionnez la donnée `ID` dans la boîte de dialogue Données dynamiques (voir repère ❺ de la figure 20-79) et validez successivement toutes les boîtes de dialogue.

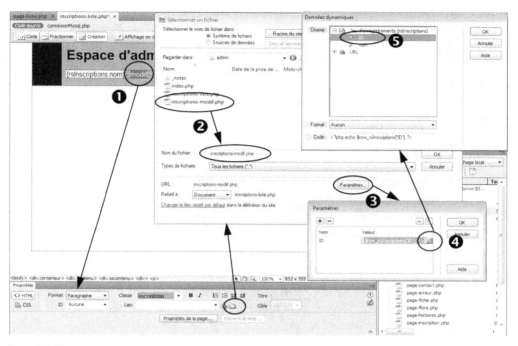

Figure 20-79

Configuration du lien modif

6. Enregistrez la page et appuyez sur la touche F12 pour tester le système de modification dans le navigateur. Si vous n'avez pas encore d'inscription, rendez-vous sur la page publique de la rubrique Randonnées et simulez plusieurs inscriptions avec des noms de votre choix. Revenez ensuite à la page `inscription-liste.php` et cliquez sur le lien `modif` du randonneur que vous désirez modifier. Le formulaire de modification doit alors s'afficher avec les informations saisies initialement dans les champs. Modifiez l'une de ces informations et validez la mise à jour en cliquant sur le bouton de soumission. Procédez de la même manière pour vous assurer que la modification a bien été prise en compte.

Page de suppression de données

Au cours de la vie d'une base de données, certains enregistrements sont amenés à disparaître. Il faut par conséquent préparer une fonctionnalité qui permettra de réaliser simplement cette action.

Pour illustrer ce comportement, vous allez ajouter cette fonctionnalité au système d'administration de la table `inscriptions`. Cependant, comme pour la page de modification, avant de supprimer un enregistrement il faut le sélectionner au préalable. Pour cela, vous utiliserez la page `inscriptions-liste.php` dans laquelle vous configurerez le lien `supp` qui permettra d'envoyer un ordre de suppression au comportement de serveur

Supprimer l'enregistrement. Vous ajouterez ensuite un comportement en rapport dans cette même page ; il sera configuré pour être déclenché par l'ordre de suppression précédemment créé. Ainsi, lorsque l'administrateur cliquera sur le lien supp correspondant à une inscription particulière, une requête de suppression sera envoyée à la base éliminant ainsi définitivement l'enregistrement préalablement sélectionné.

1. Ouvrez de nouveau la page inscriptions-liste.php.

2. Sélectionnez le texte supp dans la page (voir repère ❶ de la figure 20-80) et cliquez sur l'icône Rechercher le fichier située à droite du champ Lien (voir repère ❷ de la figure 20-80). Sélectionnez le fichier inscriptions-liste.php (voir repère ❸ de la figure 20-80) puis cliquez sur le bouton Paramètres... (voir repère ❹ de la figure 20-80). Dans la boîte de dialogue qui s'ouvre alors, saisissez ID dans la colonne Nom, passez dans la colonne Valeur, cliquez sur l'icône représentant un éclair à droite du champ (voir repère ❺ de la figure 20-80) et sélectionnez la donnée ID dans la boîte de dialogue Données dynamiques (voir repère ❻ de la figure 20-80). Cliquez ensuite sur le bouton + afin d'ajouter un second paramètre. Celui-ci s'appellera supp et sera utilisé par la suite dans la configuration du comportement de serveur pour éviter les suppressions intempestives qui pourraient être occasionnées par la présence accidentelle du paramètre ID dans l'URL. Saisissez donc supp dans la colonne Nom et ok dans la colonne Valeur (voir repère ❼ de la figure 20-80), puis validez successivement toutes les boîtes de dialogue.

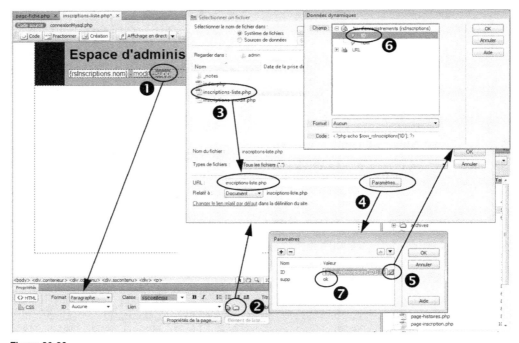

Figure 20-80

Configuration du lien supp

3. La commande de suppression est terminée. Vous devez à présent créer et configurer le comportement de serveur Supprimer l'enregistrement pour que le système soit complètement opérationnel. Pour cela, cliquez sur le bouton + du panneau Comportements de serveur et sélectionnez Supprimer l'enregistrement (voir repère ❶ de la figure 20-81). Dans la boîte de dialogue qui s'ouvre alors, sélectionnez Paramètre d'URL dans la première liste déroulante et saisissez, à droite, le nom du paramètre de sécurité précédemment ajouté dans l'URL du lien supp, soit supp pour notre exemple (voir repère ❷ de la figure 20-81). Choisissez ensuite la connexion connexionMysql et la table inscriptions, puis validez sans configurer d'adresse de page de redirection (car nous désirons que l'administrateur reste dans cette page une fois que la suppression sera effectuée).

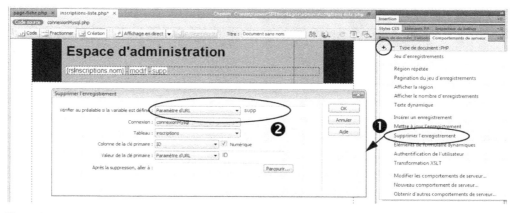

Figure 20-81

Création du comportement de serveur Supprimer l'enregistrement

4. Enregistrez la page inscriptions-liste.php et testez la fonctionnalité de suppression dans le navigateur en appuyant sur la touche F12 (voir figure 20-82).

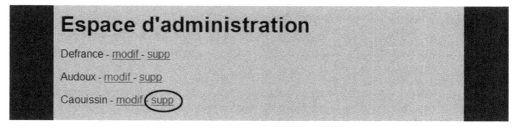

Figure 20-82

Test de la fonctionnalité de suppression de la page inscriptions-liste.php

---

Page de confirmation d'une suppression

Lors de la suppression, aucun message n'a informé l'utilisateur que l'enregistrement sélectionné allait être définitivement supprimé. Dans certains cas, il pourrait être judicieux d'ajouter une page supplémentaire afin d'informer l'utilisateur qu'une opération de suppression va être effectuée et de lui donner la possibilité d'annuler son action s'il s'agit d'une erreur de manipulation. Pour mettre en œuvre ce type de page, il suffit de déplacer le comportement de suppression dans une nouvelle page qui sera appelée lors du clic sur le lien de suppression. L'utilisateur aura ainsi la possibilité de confirmer ou d'annuler son action.

Pages d'authentification

Pour mettre en œuvre un système d'authentification, Dreamweaver propose trois comportements de serveur qui seront détaillés dans les sections suivantes.

- Le premier concerne le formulaire d'authentification qui, couplé à la base de données, permet de valider si le compte de l'utilisateur existe et si le mot de passe est correct.

- Le deuxième doit être ajouté dans chaque page de l'espace protégé et vérifie si l'utilisateur a bien été authentifié au préalable.

- Le troisième permet à l'utilisateur de se déconnecter.

Pour illustrer l'usage de ces trois comportements de serveur, nous allons créer un système d'authentification afin de protéger les deux pages d'administration du site Montagne-65 précédemment créées.

Créer la table utilisateurs

Pour mettre en place un système d'authentification, il convient au préalable de créer une table dans la base de données qui aura pour fonction de mémoriser les identifiants et mots de passe des personnes habilitées à accéder à l'espace protégé.

1. Ouvrez le gestionnaire phpMyAdmin depuis le manager de WampServer 2. Pour cela, cliquez sur l'icône du manager et sélectionnez phpMyAdmin.

2. Sélectionnez la base de données montagne_db dans le cadre de gauche et saisissez utilisateurs dans le champ Nom de la zone Créer une nouvelle table sur la base montagne_db. Indiquez le chiffre 2 dans le champ Nombre de champs, puis cliquez sur le bouton Exécuter.

3. Dans l'écran suivant, saisissez log et pass dans la colonne Champ. Conservez le type par défaut (VARCHAR) et précisez 20 dans la colonne Taille/Valeurs pour les deux lignes (voir repère ❶ de la figure 20-83).

4. Cochez le bouton radio Primaire pour le champ log afin d'indiquer qu'il fera office de clé primaire pour cette table (voir repère ❷ de la figure 20-83). Cliquez ensuite sur le bouton Sauvegarder.

Figure 20-83

Création de la table utilisateurs

5. La structure de la table `utilisateurs` est désormais créée. Il convient à présent d'y ajouter au moins un utilisateur avant de pouvoir commencer à développer le système d'authentification. Pour cela, cliquez sur l'onglet Insérer en haut de l'écran et saisissez le nom d'utilisateur `admin` et le mot de passe `1234` (voir repère ❶ de la figure 20-84), puis validez en cliquant sur le bouton Exécuter (voir repère ❷ de la figure 20-84).

Figure 20-84

Saisie d'un utilisateur et de son mot de passe dans la table utilisateurs

La table contenant les informations nécessaires à l'authentification est désormais créée. Vous allez maintenant pouvoir construire le formulaire d'authentification et configurer les comportements de serveur associés.

Le comportement Connecter l'utilisateur

1. Ouvrez une nouvelle page PHP dans l'espace public (prenez une page semblable à celle de la rubrique Randonnées par exemple). Saisissez le texte qui sera affiché en cas d'erreur de connexion et enregistrez la page à la racine du site sous le nom `page-erreur.php`.

2. Procédez de la même manière pour créer une seconde page dans l'espace public et enregistrez-la à la racine du site sous le nom `page-login.php`.

3. Placez dans cette page un formulaire composé de deux champs : `log` et `pass` (voir figure 20-85). Le fait de nommer les champs de ce formulaire de la même manière que les noms des colonnes de la table `utilisateurs` permettra ensuite au comportement de serveur de les associer automatiquement sans qu'il soit nécessaire d'effectuer des liaisons manuelles entre ces deux types d'éléments. Pour le champ du mot de passe, il est conseillé de cocher l'option Mot de passe du panneau Propriétés (après avoir

préalablement sélectionné le champ pass) afin que les caractères saisis dans ce champ soient remplacés par des étoiles.

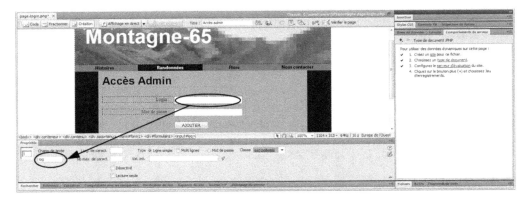

Figure 20-85

Création du formulaire d'authentification et configuration de son champ log

4. Placez ensuite un bouton de soumission en bas de l'écran, mais toujours à l'intérieur du formulaire.

5. Cliquez sur le bouton + du panneau Comportements de serveur et choisissez Authentification de l'utilisateur>Connecter l'utilisateur (voir repère ❶ de la figure 20-86). Dans la boîte de dialogue qui s'ouvre alors, vérifiez que les paramètres relatifs aux champs de formulaires sont correctement configurés par défaut (le formulaire de la page doit être sélectionné ainsi que ses deux champs log et pass, voir repère ❷ de la figure 20-86). Sélectionnez ensuite la connexion connexionMySql, la table utilisateurs ainsi que ses deux colonnes log et pass (qui devraient aussi être sélectionnées par défaut).

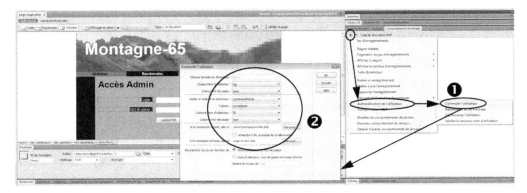

Figure 20-86

Configuration du comportement Connecter l'utilisateur

6. Cliquez sur le premier bouton Parcourir… pour indiquer la page vers laquelle sera redirigé l'utilisateur si l'authentification réussit, soit `/admin/inscription-liste.php` pour notre exemple. Cliquez sur le deuxième bouton Parcourir… pour sélectionner la page d'erreur, vers laquelle sera redirigé l'utilisateur en cas de problème, soit `page-erreur.php` pour notre exemple.

7. La dernière option de cette boîte de dialogue permet d'avoir plusieurs profils d'utilisateurs ayant chacun des droits d'accès différents aux pages protégées. Dans le cadre de cette démonstration, nous n'utiliserons pas cette option aussi, cochez l'option Nom d'utilisateur et mot de passe. Cliquez sur OK pour valider vos choix.

À ce stade de la procédure vous pouvez, si vous le désirez, tester le fonctionnement du formulaire d'authentification en utilisant la touche F12 pour vous assurer qu'il fonctionne correctement. Dans ce cas, si vous saisissez un mauvais login ou mot de passe, vous devriez être redirigé vers la page d'erreur. Si vous faites ensuite une seconde tentative avec les bons paramètres (`admin` et `1234`), vous devriez être redirigé vers la page de la liste des inscriptions.

Si le comportement de vérification du login et du mot de passe fonctionne correctement, le système d'authentification n'en est pas pour autant terminé. En effet, en l'état actuel, n'importe quelle personne non authentifiée peut accéder à la page de la liste des inscriptions s'il en connaît l'adresse. Il faut donc ajouter un autre comportement dans chaque page dont l'accès doit être protégé.

Le comportement Restreindre l'accès à la page

1. Ouvrez la page `inscriptions-liste.php` située dans le répertoire `/admin/` précédemment créé.

2. Cliquez sur le bouton + du panneau Comportements de serveur et choisissez Authentification de l'utilisateur>Restreindre l'accès à la page (voir repère ❶ de la figure 20-87). Dans la boîte de dialogue qui s'ouvre alors, assurez-vous que l'option Nom d'utilisateur et mot de passe est bien cochée puis cliquez sur le bouton Parcourir… pour sélectionner le fichier `page-login.php` (voir repère ❷ de la figure 20-87).

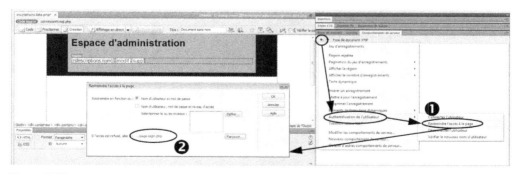

Figure 20-87

Configuration du comportement Restreindre l'accès à la page.

Cliquez ensuite sur OK pour valider vos choix. Le nouveau comportement apparaît alors dans le panneau Comportements de serveur.

3. Répétez cette opération pour l'autre page de l'espace d'administration, soit inscriptions-modif.php. À noter que si vous aviez d'autres pages à protéger, il faudrait répéter cette même procédure sur toutes les pages.

Le système est désormais opérationnel et pourrait être utilisé en l'état. Cependant, en pratique, il est fortement recommandé de se déconnecter dès que vous avez terminé votre intervention dans l'espace sécurisé car votre authentification persistera tant que vous n'aurez pas fermé le navigateur.

Le troisième comportement d'authentification répond à cette demande car il permet d'intégrer très facilement un lien de déconnexion qui mettra fin à votre authentification et vous redirigera vers le formulaire de login. Là aussi, le comportement de déconnexion doit être ajouté dans chacune des pages protégées. Nous allons illustrer sa création dans la page inscriptions-liste.php, mais il faudra ensuite suivre la même procédure dans l'autre page si vous désirez aussi y disposer de la même fonctionnalité.

Le comportement Déconnecter l'utilisateur

1. Placez-vous dans la page inscription-liste.php et saisissez le texte Déconnexion dans une balise div placée en dessous du titre de la page. Sélectionnez-le (voir repère ❶ de la figure 20-88) et ajoutez le caractère # dans le champ Lien du panneau Propriétés. Le texte sera ainsi automatiquement transformé en lien hypertexte.

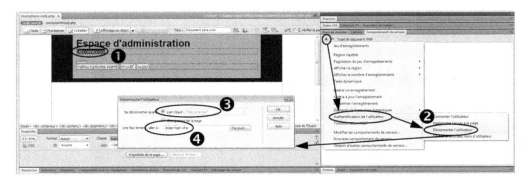

Figure 20-88

Configuration du comportement Déconnecter l'utilisateur

2. Cliquez ensuite sur le bouton + du panneau Comportements de serveur et choisissez Authentification de l'utilisateur>Déconnecter l'utilisateur (voir repère ❷ de la figure 20-88).

3. Dans la boîte de dialogue qui s'ouvre alors, sélectionnez le lien Déconnexion précédemment créé (voir repère ❸ de la figure 20-88). Cliquez ensuite sur le bouton Parcourir... et sélectionnez le fichier page-login.php vers lequel l'utilisateur sera

redirigé après avoir été déconnecté (voir repère ❹ de la figure 20-88). Cliquez sur OK pour valider vos choix.

4. Enregistrez la page et procédez de la même manière pour la page `inscriptions-modif.php`.

5. Le système d'authentification est terminé. Appuyez sur la touche F12 pour tester son fonctionnement dans le navigateur. Connectez-vous de nouveau à la page `inscriptions-liste.php` en vous identifiant à partir de l'écran `page-login.php` (si cela n'est pas déjà fait), puis cliquez sur le lien Déconnexion. Si le système fonctionne correctement, vous devez alors être redirigé vers la page `page-login.php`.

Le quatrième comportement d'authentification

Vous avez certainement remarqué un quatrième comportement (Vérifier le nouveau nom d'utilisateur) dans la liste des comportements d'authentification proposés. Ce dernier est destiné à un éventuel formulaire de création de compte utilisateur. Il permet en effet de vérifier si le login que vous désirez ajouter n'est pas déjà enregistré. Si tel est le cas, vous serez alors redirigé vers une page d'erreur spécifique.

Conclusion

Nous venons de vous démontrer qu'il était très facile d'intégrer des applications serveur PHP dans vos pages en restant en mode Création, et cela sans saisir une ligne de code. Toutefois, ces démonstrations ne sont pas exhaustives car Dreamweaver CS4 propose d'autres comportements de ce type : par exemple, il est possible de réaliser des jeux d'enregistrements en mode Avancé pour interroger plusieurs tables à la fois ou utiliser plusieurs filtres. Malheureusement, nous ne pouvons pas traiter ici tous ces comportements de serveur car il faudrait y consacrer un ouvrage entier. Aussi, si vous désirez en savoir plus sur les comportements de serveur, nous vous suggérons de vous référer à un autre ouvrage, paru dans la même collection, intitulé *PHP/MySQL avec Dreamweaver*.

21

Gestion de données XML
avec Spry

Nous avons déjà eu l'occasion d'utiliser des outils Spry pour créer des effets visuels avancés, valider des formulaires ou encore créer des widgets de mise en forme (barres de menus déroulants, panneaux à onglet, zones rétractables, etc.). Nous allons maintenant utiliser les outils Spry pour intégrer des données dynamiques au format XML dans des pages Web et gérer leur affichage d'une manière interactive.

Gestion Spry de données dynamiques avec IE 7

Pour exploiter les fonctionnalités Spry de gestion de données dynamiques en local avec Internet Explorer 7, il est nécessaire de disposer d'un serveur d'évaluation correctement configuré. Pour effectuer nos essais, nous utiliserons donc le site SITEmontagne que nous avons configuré avec le serveur d'évaluation WampServer 2 lors de nos créations de pages dynamiques avec PHP/MySQL (voir chapitre 20).

Présentation du XML

Les outils Spry que nous allons utiliser dans ce chapitre exploitent des fichiers XML externes dans lesquels ils puisent les données à afficher dans la page. Nous allons donc vous rappeler dans cette partie les caractéristiques du XML afin que vous puissiez élaborer vous-même vos propres fichiers sources de données dynamiques.

Définition du XML

XML est l'acronyme de *eXtensible Markup Language*. Comme le HTML, le XML est une norme SGML (*Standard Generalized Markup Language*) mais elle a été développée bien plus tard (en 1998 alors que le HTML était défini par le consortium W3C depuis 1990).

Bien que l'on a tendance à le présenter comme le successeur du HTML, le XML se caractérise par le fait qu'il contient uniquement des données structurées, sans aucune indication quant à leur présentation. Ainsi, si vous ouvrez un document XML dans un navigateur, il n'affiche que la structure des données sous forme d'arborescence, contrairement au document HTML qui affiche la traditionnelle page Web car il contient à la fois les données et toutes les indications nécessaires à leur mise en forme.

XML est donc particulièrement bien adapté pour structurer, enregistrer et transmettre des données.

Avantages du XML

Les avantages du XML sont multiples. En voici quelques-uns qui devraient vous convaincre de son intérêt :

* Simple : comme son cousin le document HTML, le document XML est un simple document texte construit à partir de balises qui contiennent des informations. Il est donc lisible et interprétable par tous sans outil spécifique et avec peu de connaissances préalables.

* Souple : s'il le désire, l'utilisateur peut structurer les données et nommer librement chaque balise et attribut du document (contrairement au HTML pour lequel les noms des balises et des attributs sont prédéfinis).

* Extensible : le nombre de balises n'est pas limité (comme c'est le cas pour le HTML) et peut donc être étendu à volonté.

* Indépendant : grâce à son contenu basé sur un document texte et donc universel, il peut être utilisé sur tout type de plateforme (PC, Mac, Unix...), mais également avec tout type de langage de programmation (PHP, JavaScript...).

* Interopérabilité : le fait que le XML soit un langage universel favorise l'interopérabilité des applications et permet de réaliser rapidement et simplement des échanges de données.

* Gratuit : le XML est développé par le consortium W3C. Son utilisation est donc libre et ne nécessite pas l'achat d'une licence commerciale.

Structure d'un document XML

Comme une page HTML, un document XML contient un en-tête suivi de blocs de construction semblables à ceux d4un document HTML pour structurer son contenu (éléments, attributs, valeurs et commentaires). L'exemple de document XML ci-après permet de stocker de manière structurée différentes informations sur la flore des Pyrénées :

```
<?xml version="1.0" encoding="UTF-8"?>
<!DOCTYPE  info SYSTEM "http://adressedusite.com/info.dtd">
  <flores>
    <flore>
        <nomfrancais>Linaigrette</nomfrancais>
        <nomlatin>Eriophorum </nomlatin>
        <caracteristiques>Les linaigrettes se rencontrent particulièrement
        ➡ dans les endroits humides</ caracteristiques>
    </flore>
    <flore>
        <nomfrancais>Orchis</nomfrancais>
        <nomlatin/>
        <caracteristiques>L'orchis tacheté est assez commune en France,
        ➡ elle est répartie sur tout le territoire</ caracteristiques>
    </flore>
  </flores>
```

L'en-tête

Le document commence par un en-tête (facultatif) qui contient des informations sur la version XML utilisée (version="1.0"), le jeu de caractères (encoding="UTF-8") et l'autonomie du document (standalone="no"). Seule la mention de la version est obligatoire. Si aucun type de codage n'est défini, l'UTF-8 est utilisé par défaut :

```
<?xml version="1.0" encoding="UTF-8"? standalone="no" >
```

L'en-tête peut aussi faire référence à une déclaration du type de document – la DTD, pour Document Type Definition – qui permet de valider la conformité du document en se référant à l'URL d'un document en ligne ou en local (par exemple, http://adressedusite.com/info.dtd).

```
<!DOCTYPE  info SYSTEM "http://adressedusite.com/info.dtd">
```

Si l'en-tête se réfère à une DTD externe (comme c'est le cas dans l'exemple ci-dessus), le document n'est pas autonome et l'attribut standlone doit être configuré avec la valeur "no". Dans le cas contraire (s'il n'y a pas de DTD ou si elle est interne), le document est autonome et la valeur de l'attribut standalone doit être définie à "yes". Si l'attribut standlone est absent, la valeur par défaut est "no".

L'élément

Un élément (appelé aussi nœud) est l'entité de base du document XML. Il peut contenir d'autres éléments et tout type de contenu (chaîne de caractères, autres éléments, etc.). Le contenu d'un élément est encadré par une balise ouvrante (par exemple, <flore>) et une balise fermante (une balise fermante contient le même nom que la balise ouvrante précédé d'un slash, par exemple, </flore>).

Si l'élément ne possède pas de contenu, les balises ouvrante et fermante sont remplacées par une seule et unique balise comportant un slash après le nom de l'élément (par exemple, `<nomlatin/>`).

Le nom indiqué entre ces deux balises doit décrire le contenu de l'élément, mais il n'est pas prédéfini comme en HTML (`<body>`, `<table>`, `<form>`, etc.). Si le nom de l'élément est libre, il doit cependant utiliser uniquement des lettres de l'alphabet, des chiffres ou les caractères « - » et « _ ». Il ne doit jamais contenir d'espace ou commencer par un chiffre.

L'attribut

Il est possible d'ajouter des attributs à la balise ouvrante d'un élément (par exemple, `<flore nom="oxalis">`). Les noms des attributs contenus dans une balise sont couplés avec une valeur encadrée par des guillemets (par exemple, `nom="oxalis"`). Un attribut doit toujours avoir une valeur et leur nombre par élément n'est pas limité, à condition que chaque nom d'attribut soit différent. Si un élément comporte plusieurs attributs, ceux-ci doivent être séparés par des espaces (par exemple, `<flore nomlatin="Oxalis acetosella" nomfrancais="oxalis">`).

Les valeurs

Dans un document XML, les valeurs peuvent correspondre à des valeurs d'attribut (par exemple, `nom="oxalis"`) ou à des valeurs d'élément (par exemple, `<nom>oxalis</nom>`).

Si les valeurs d'élément contiennent des caractères spéciaux (comme des chevrons ou autres caractères utilisés dans la structure d'un document XML), elles doivent être alors encadrées par un délimiteur spécial (`![DATA[ … ] ]`) qui permet d'intégrer des balises HTML en tant que valeur d'un élément XML.

Dans l'exemple ci-après, nous avons intégré une liste à puces HTML pour énumérer les caractéristiques d'une fleur en guise de valeur de l'élément `<caracteristiques>`.

```
<caracteristiques>
    <![CDATA[
      <ul>
      <li>Couleur : Bleu</li>
      <li>Taille moyenne : 5 cm</li>
      <li>Catégorie : Fleur d'altitude</li>
      </ul>
    ]]>
</caracteristiques>
```

Les commentaires

Comme pour le HTML, des commentaires peuvent être ajoutés dans un document XML. La syntaxe est d'ailleurs identique à celle utilisée pour intégrer des commentaires dans une page HTML (par exemple, `<!--Ceci est un commentaire XML-->`). À l'intérieur d'un commentaire, vous pouvez utiliser tout type de symbole sauf les doubles tirets « -- ». Les commentaires sont utilisés pour annoter les documents XML afin de vous souvenir de l'utilité de certains blocs d'éléments ou pour détailler la structure du document. Ils peuvent également servir à déboguer le code en neutralisant une partie du document afin qu'il ne soit pas visible par l'analyseur XML.

Règles d'écriture d'un document XML bien formé

Même si les documents XML sont simples et extensibles, ils n'en sont pas pour autant dépourvus de règles. On appelle « document bien formé » un document qui respecte les règles suivantes :

* Un seul élément racine – Chaque document XML doit posséder un seul élément racine, lequel contient tous les autres éléments du document. Cet élément particulier s'appelle « nœud racine » ou « root ». Exemple :

```
<flores><flore>oxalis</flore><flore>chardon</flore><flores>
```

Ici, la balise `<flores>` est le nœud racine du document XML.

* Balises de fermeture obligatoires – Comme nous l'avons vu précédemment, chaque élément doit être encadré par des balises ouvrante et fermante. Contrairement au HTML (dans lequel la balise `<hr>`, par exemple, est une balise inhérente sans balise de fermeture), le XML ne supporte pas l'absence de balises fermantes. Il faudra donc veiller à toujours ajouter une balise de fermeture à tous les éléments d'un document XML. Si le document possède un élément vide, utilisez une balise unique avec un slash avant le signe > final (par exemple, `<nomlatin/>`).

* Respecter l'imbrication des éléments – Lorsque vous ouvrez un premier élément puis un second, insérez la balise de fermeture du second avant celle du premier. Ainsi, le code `<a><b>contenu</a></b>` est incorrect, alors que `<a><b>contenu</b></a>` est correct.

* Respecter la casse – Le XML est sensible à la casse. Ainsi, les noms d'éléments `flore`, `Flore` et `FLORE` sont considérés comme différents en XML. Par ailleurs, les noms des éléments et des attributs doivent être saisis en minuscules.

* Mettre les valeurs des attributs entre guillemets – Si une balise contient un couple nom d'attribut/valeur, cette dernière doit toujours figurer entre guillemets simples ou doubles (par exemple, `<flore nom="oxalis">`).

* Utiliser les entités prédéfinies pour les caractères réservés – Comme en HTML, il existe des caractères réservés dont l'usage est interdit (`<`, `>`, `&`, `'` et `"`). Pour chacun de ces caractères, utilisez l'entité prédéfinie correspondante (`&lt;`, `&gt;`, `&amp;`, `&quot;`, `&apos;`).

* Utiliser une section CDATA pour échapper un bloc de texte complet – Afin d'éviter d'utiliser des entités pour des longs blocs de texte comportant des caractères réservés, vous pouvez ajouter une section CDATA en respectant la syntaxe suivante : `<![CDATA[bloc de texte]]>`.

Vérification

Pour savoir si un document est bien formé, une méthode simple consiste à l'appeler avec un navigateur Internet récent (possédant un interpréteur XML intégré, comme les navigateurs ultérieurs à IE 5 ou à Netscape 6, voir figure 21-1).

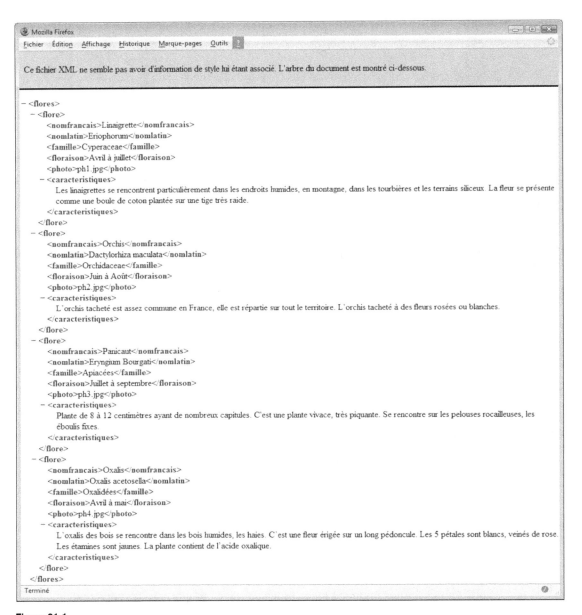

Figure 21-1

Affichage d'un document XML bien formé dans un navigateur Internet

Créer un schéma de données Spry

Avant de créer une application de gestion de données Spry, commencez toujours par définir la source des données XML qui sera utilisée dans l'application. Pour cela, il convient de créer et de configurer un schéma de données Spry dans Dreamweaver. Une fois cette opération effectuée, vous disposerez de la structure de données correspondant au fichier source dans le panneau Liaisons (cette représentation est semblable à celle d'un jeu d'enregistrements en PHP). Ce schéma vous permettra ensuite de placer très facilement les informations dynamiques désirées dans la page Web active.

Pour illustrer la création d'un schéma de données XML Spry, nous allons utiliser un fichier XML qui contient différentes flores des Pyrénées mais sachez que nous pourrions aussi utiliser un fichier HTML si celui-ci est correctement structuré. Ce fichier est identique à celui qui est affiché dans le navigateur à la figure 21-1, mais vous pouvez le récupérer dans les fichiers source disponibles en téléchargement sur le serveur de l'éditeur (www.editions-eyrolles.com).

1. Ouvrez le fichier page-flore_base1.html et enregistrez-le sous le nom page-flore1.html.

2. Depuis le panneau Liaisons, cliquez sur l'icône Ensemble de données Spry depuis les catégories Spry ou Données du panneau Insertion (voir repère ❶ de la figure 21-2). Vous pouvez également accéder à la fenêtre Ensemble de données Spry en cliquant sur le bouton + pour sélectionner l'option Ensemble de données Spry.

3. La première fenêtre Ensemble de données Spry est consacrée à la définition de la source des données (étape 1/3). Commencez par sélectionner le type de données (dans notre exemple, nous choisirons l'option XML, voir repère ❷ de la figure 21-2) et modifiez éventuellement le nom du schéma (dans notre exemple, nous avons conservé le nom par défaut, soit ds1, voir repère ❸ de la figure 21-2).

4. Cliquez sur le bouton Parcourir... pour localiser le fichier XML qui sera utilisé pour créer le schéma puis validez votre choix en cliquant sur OK. Le nom du fichier XML doit ensuite s'inscrire dans le champ Source XML (voir repère ❹ de la figure 21-2).

5. Dès le fichier XML analysé, le schéma en rapport doit apparaître dans le cadre Elément de lignes situé en dessous du champ du fichier de données.

6. Sélectionnez l'entrée répétitive flore du schéma dans le cadre (une entrée répétitive est repérée par un signe + à droite du symbole, voir repère ❺ de la figure 21-2).

7. Un aperçu (voir repère ❻ de la figure 21-2) des données correspondantes à la source de données XML doit alors apparaître dans la fenêtre Aperçu des données situées en bas de la boîte de dialogue.

8. Cliquez ensuite sur le bouton Suivant pour passer à l'étape 2/3 ; Définir les options des données. Pour les données affichées, vérifiez la cohérence de leur type (voir repère ❼ de la figure 21-2) en sélectionnant successivement les colonnes des données dans le menu Nom de la colonne (voir repère ❽ de la figure 21-2). Par défaut, le type des données est chaîne (de caractères) mais Dreamweaver propose aussi d'autres types de données qui peuvent être plus appropriés (nombre, date, html).

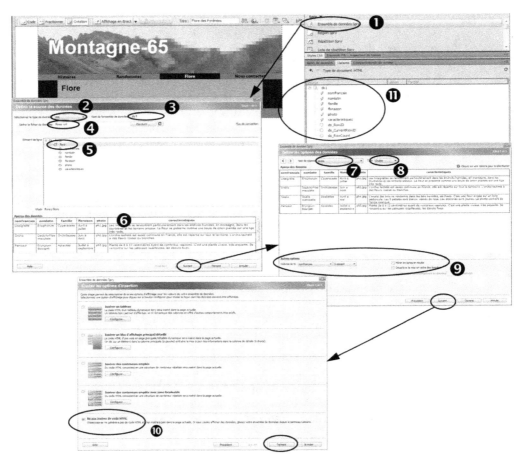

Figure 21-2
Création d'un schéma XML Spry

Pour l'ensemble des données de ce schéma, le type chaîne convient à toutes les colonnes de données. Toutefois, si vous deviez le modifier, il suffit alors de sélectionner le nom de la colonne (ou de cliquer dans la tête de la colonne en rapport) et de choisir le type approprié dans le menu Type situé à sa droite. En bas de cette fenêtre, vous pouvez activer d'autres options, comme le tri des données selon l'une des colonnes, le filtrage des lignes en double ou encore la désactivation de la mise en cache des données, cette dernière option permettant d'activer l'actualisation automatique des données par rapport au fichier source XML (voir repère ❾ de la figure 21-2). Pour notre exemple, nous opterons uniquement pour un tri alphabétique par rapport au nom en français.

9. Cliquez de nouveau sur le bouton Suivant pour accéder à l'étape 3/3, Choisir les options d'insertion. Cette dernière étape permet de choisir différents types d'affichage

des données pré-créés. Pour ce premier schéma, nous ne choisirons pas d'affichage prédéfini et nous cliquerons sur le bouton Terminé pour valider nos choix (voir repère ❿ de la figure 21-2). Le schéma apparaît alors dans le panneau Liaisons (voir repère ⓫ de la figure 21-2).

Deux méthodes pour créer des structures de données dynamiques Spry

Pour afficher des données dynamiques Spry, vous pouvez utiliser des structures HTML générées automatiquement qu'il conviendra de configurer lors de l'étape 3/3 de la création d'un schéma de données Spry ou créer un schéma sans option d'affichage (comme nous l'avons fait dans l'exemple précédent), puis exploiter les outils Spry disponibles dans la catégorie Spry du panneau Insertion pour les mettre en forme manuellement. Nous vous proposons ci-après de vous présenter ces deux méthodes en les appliquant à l'affichage des données du fichier flore.xml.

Créer une structure de données avec les outils Spry

La série de créations de structure de données présentée dans cette section illustre la méthode qui consiste à créer un schéma de données sans option d'insertion, qui sera ensuite mis en forme manuellement grâce aux outils Spry.

Afficher une simple donnée dynamique Spry

Pour commencer votre apprentissage des données dynamiques, nous vous proposons de détailler la procédure permettant d'afficher une simple et unique donnée issue d'un schéma Spry qui devra être réalisé au préalable (revoir si besoin la procédure précédente pour créer un schéma de données).

Boutons de gestion de données Spry

Pour accéder aux différents boutons de gestion de données Spry utilisés dans ce chapitre, vous pouvez utiliser la catégorie Spry du panneau Insertion ou la catégorie Données de ce même panneau Insertion. Quelle que soit la méthode utilisée, la boîte de dialogue sera la même. Dans les démonstrations de ce chapitre, nous utiliserons la catégorie Spry.

---

1. Ouvrez le fichier `page-flore_base1.html` et enregistrez-le sous le nom `page-flore1.html`.

2. En vous référant à la procédure précédente, créez le schéma de données Spry correspondant au fichier XML `flores.xml`.

3. Avant toute insertion de données dynamiques Spry, vous devez créer une région Spry afin d'accueillir les informations. Pour cela, placez le curseur de la souris au point d'insertion de la future donnée dans la page Web (voir repère ❶ de la figure 21-3) puis cliquez sur l'icône Région Spry (voir repère ❷ de la figure 21-3) depuis la catégorie Spry (ou Données) du panneau Insertion.

4. Dans la boîte de dialogue Insérer une région Spry qui s'ouvre alors, conservez les options par défaut (Conteneur : DIV et Type : Région) et assurez-vous que le schéma `ds1`

précédemment créé est bien sélectionné dans la liste Ensemble de données Spry (voir repère ❸ de la figure 21-3). Cliquez sur OK pour valider vos choix.

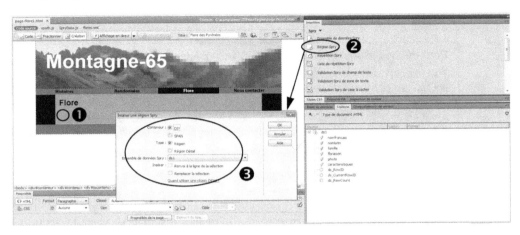

Figure 21-3

Création d'une région Spry

5. Une zone délimitée par des pointillés et contenant le texte « Placez ici le conteneur de la région Spry » apparaît alors au point d'insertion. Assurez-vous que ce texte est sélectionné (voir repère ❶ de la figure 21-4), puis dans le panneau Liaisons, sélectionnez la donnée dynamique Spry que vous désirez insérer (soit nomfrancais pour notre exemple, voir repère ❷ de la figure 21-4). Cliquez sur le bouton Insérer situé en bas du panneau Liaisons (voir repère ❸ de la figure 21-4). Le texte sélectionné est alors remplacé par le marqueur {nomfrancais} (voir repère ❹ de la figure 21-4). À noter que pour insérer la donnée dynamique dans la région Spry, une autre alternative consiste à faire glisser la donnée depuis le panneau Liaisons directement dans la région Spry sans utiliser le bouton Insérer.

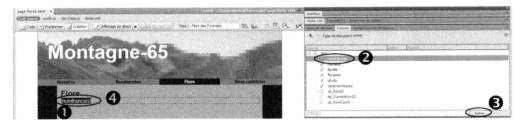

Figure 21-4

Insertion d'une donnée dynamique Spry

6. Enregistrez la page et appuyez sur la touche F12 pour la tester dans le navigateur. Le contenu de la balise nomfrancais du premier nœud flore doit alors apparaître au point d'insertion (voir repère ❶ de la figure 21-5).

Figure 21-5

Test de l'affichage d'une simple donnée dynamique Spry dans un navigateur

Afficher une région répétée en bloc de données dynamiques Spry

Les outils Spry permettent également d'afficher des séries de données dynamiques. Pour cela, la manière la plus simple consiste à utiliser l'outil Répétition Spry. Deux types de conteneur peuvent être configurés pour une Répétition Spry : le conteneur DIV, qui permet de générer une série de données dynamiques dans des blocs différents, et le conteneur SPAN, qui permet de générer une série de données dynamiques au sein d'un même bloc (inline). Dans l'exemple qui suit, nous désirons générer la liste de tous les noms français des fleurs du fichier `flores.xml` sur des lignes différentes. Nous utiliserons donc un conteneur de type DIV (nous verrons ensuite un second exemple d'application qui utilise un conteneur de type SPAN).

1. Ouvrez le fichier `page-flore_base1.html` et enregistrez-le sous le nom `page-flore2.html`.

2. En vous référant à la procédure précédente (voir section « Créer un schéma de données Spry »), créez le schéma de données Spry correspondant au fichier XML `flores.xml`.

3. Placez le curseur de la souris au point d'insertion dans la page Web (revoir repère ❶ de la figure 21-3) et cliquez sur l'icône Région Spry (revoir repère ❷ de la figure 21-3) de la catégorie Spry (ou Données) du panneau Insertion. Validez la boîte de dialogue Région Spry en conservant les options par défaut. La région Spry apparaît alors avec son texte provisoire.

4. Sélectionnez le texte provisoire et cliquez sur la donnée dynamique `nomfrancais` dans le panneau Liaisons. Cliquez ensuite sur le bouton Insérer situé en bas de ce panneau. Le texte provisoire remplace alors le marqueur de la donnée sélectionnée dans la page active.

5. Sélectionnez le marqueur `{nomfrancais}` (voir repère ❶ de la figure 21-6) et cliquez ensuite sur l'icône Répétition Spry de la catégorie Spry (voir repère ❷ de la figure 21-6).

6. Dans la boîte de dialogue qui s'ouvre alors, assurez-vous que le conteneur DIV est bien sélectionné (voir repère ❸ de la figure 21-6) et validez la boîte de dialogue avec les autres options par défaut.

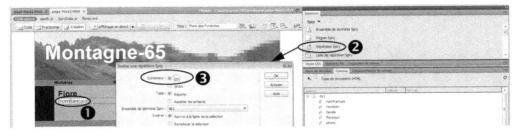

Figure 21-6

Création d'une région répétée de blocs Spry

7. Enregistrez la page et appuyez sur la touche F12 pour tester l'application dans le navigateur. Les différents contenus des balises `nomfrancais` de chaque nœud `flore` doivent alors s'afficher sur des lignes différentes (voir repère ❶ de la figure 21-7).

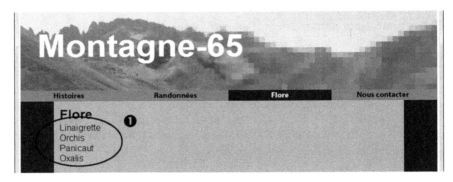

Figure 21-7

Test d'une région répétée de blocs Spry dans le navigateur

Afficher une région répétée inline de données dynamiques Spry

Pour illustrer l'insertion inline de données dynamiques Spry, nous allons maintenant afficher les différentes photos de fleur sur une même ligne dans un bloc commun (l'URL des photos étant contenue dans la balise `photo` de chaque nœud `flore`).

1. Ouvrez le fichier `page-flore_base1.html` et enregistrez-le sous le nom `page-flore3.html`.

2. En vous référant à la procédure précédente, créez le schéma de données Spry correspondant au fichier XML `flores.xml`.

3. Insérez de nouveau une région Spry en vous référant à la procédure de l'exemple précédent.

4. Sélectionnez le texte provisoire et supprimez-le. Laissez le curseur de la souris en place (voir repère ❶ de la figure 21-8) et cliquez sur l'icône Images de la catégorie Commun du panneau Insertion (voir repère ❷ de la figure 21-8).

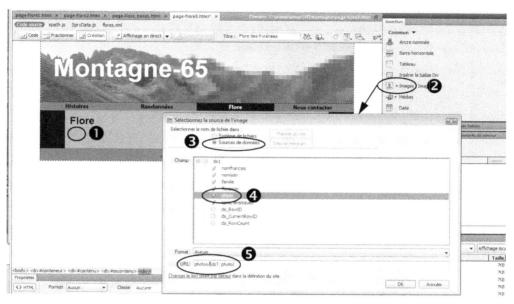

Figure 21-8

Configuration d'un champ de type Lien d'image

5. Dans la fenêtre qui s'ouvre alors, cochez l'option Source de données (voir repère ❸ de la figure 21-8) puis sélectionnez photo dans le cadre Champ (voir repère ❹ de la figure 21-8). Dans le champ URL, ajoutez devant le marqueur {ds1::photo} le nom du répertoire où se trouvent les photos, soit photos/ pour notre exemple (voir repère ❺ de la figure 21-8). Validez vos choix en cliquant sur OK.

6. Sélectionnez ensuite l'image dynamique dans la page (voir repère ❶ de la figure 21-9) puis cliquez sur l'icône Répétition Spry de la catégorie Spry (voir repère ❷ de la figure 21-9) du panneau Insertion.

Figure 21-9

Création d'une région répétée inline Spry

7. Dans la boîte de dialogue qui s'ouvre alors, sélectionnez cette fois le conteneur SPAN (voir repère ❸ de la figure 21-9) et validez la boîte de dialogue avec les autres options par défaut.

8. Enregistrez la page et appuyez sur la touche F12 pour tester l'application dans le navigateur. Les différentes photos des fleurs doivent alors s'afficher sur une même ligne (voir figure 21-10).

Figure 21-10

Test d'une région répétée inline Spry dans le navigateur

Afficher une liste de données dynamiques Spry

Pour faciliter l'affichage de séries de données dynamiques, Dreamweaver met à votre disposition des outils Spry qui permettent d'afficher rapidement différents types de liste (liste déroulante, ordonnée ou à puces).

L'exemple ci-après présente la mise en œuvre d'une liste déroulante de données dynamiques Spry. En pratique, cette liste déroulante pourra évidemment être intégrée de manière avantageuse dans un formulaire si l'on désire l'exploiter pour sélectionner une option.

1. Ouvrez le fichier `page-flore_base1.html` et enregistrez-le sous le nom `page-flore4.html`.

2. En vous référant à la procédure précédente, créez le schéma de données Spry correspondant au fichier XML `flores.xml`.

3. Insérez de nouveau une région Spry en vous référant à la procédure du premier exemple.

4. Sélectionnez le texte provisoire (voir repère ❶ de la figure 21-11) et cliquez sur l'icône Liste de répétition Spry de la catégorie Spry de la barre Insertion (voir repère ❷ de la figure 21-11).

5. Dans la boîte de dialogue qui s'ouvre alors, sélectionnez le type de liste désiré. Il est ainsi possible d'obtenir une liste non ordonnée (à puces), une liste numérotée, une liste de définitions ou une liste déroulante. Dans le cadre de notre exemple, nous choisirons une liste déroulante (SELECT, voir repère ❸ de la figure 21-11). Choisissez ensuite l'étiquette que vous désirez voir apparaître dans le menu en la sélectionnant dans la liste Colonnes affichées, puis la valeur qui sera envoyée par ce menu déroulant en la sélectionnant dans la liste Colonne de valeur (voir repère ❹ de la figure 21-11). Validez vos choix en cliquant sur OK.

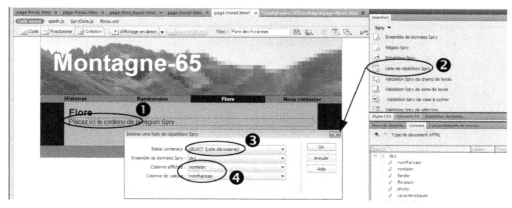

Figure 21-11

Configuration d'une liste déroulante Spry

6. Enregistrez la page et appuyez sur la touche F12 pour tester l'application dans le navigateur. La liste déroulante doit alors afficher les différents noms latins des fleurs du fichier `flores.xml` (voir figure 21-12).

Figure 21-12

Test d'une liste déroulante Spry dans le navigateur

Créer des structures de données avec les options d'affichage du schéma

La série de créations de structure de données présentée dans cette section illustre la méthode consistant à créer un schéma de données avec option d'insertion, ce qui générera automatiquement une structure de mise en forme des données XML.

Afficher un tableau de données dynamiques Spry

Nous allons maintenant mettre en œuvre un tableau de données dynamiques Spry généré automatiquement. Pour illustrer son utilisation, nous vous proposons d'afficher les contenus des balises `nomfrancais`, `nomlatin`, `famille` et `floraison` dans un tableau composé de quatre colonnes.

1. Ouvrez le fichier `page-flore_base1.html` et enregistrez-le sous le nom `page-flore5.html`.

2. Placez votre curseur au point d'insertion (voir repère ❶ de la figure 21-13) et cliquez sur l'icône Ensemble de données Spry (voir repère ❷ de la figure 21-13), puis en vous référant à la procédure du premier exemple, créez le schéma de données Spry correspondant au fichier XML `flores.xml` en suivant la même procédure pour les étapes 1 et 2.

3. Lors de l'étape 3/3, Choisir les options d'insertion, cochez l'option Insérer un tableau, puis cliquez sur le bouton Configurer... (voir repère ❸ de la figure 21-13).

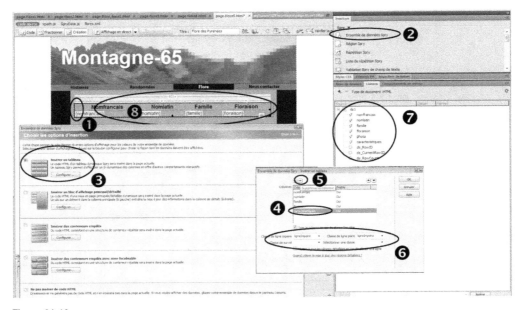

Figure 21-13

Configuration d'un tableau Spry

4. Dans la nouvelle boîte de dialogue, supprimez les colonnes photo et caractéristiques en les sélectionnant successivement (voir repère ❹ de la figure 21-13), puis en cliquant sur le bouton – situé en haut de la boîte (voir repère ❺ de la figure 21-13). En bas de cette même boîte, choisissez les classes ligneImpaire et lignePaire (voir repère ❻ de la figure 21-13) pour alterner la couleur des lignes des données dans tableau. Cliquez ensuite sur le bouton OK pour valider votre configuration.

5. De retour dans la fenêtre Ensemble de données Spry, cliquez sur le bouton Terminé. Le schéma de données XML doit apparaître dans le panneau Liaison (voir repère ❼ de la figure 21-13) ainsi que le tableau HTML affichant les données à l'endroit du point d'insertion (voir repère ❽ de la figure 21-13). Si besoin, dans la fenêtre Document, vous pouvez ajuster la largeur des colonnes du tableau et modifiez leur nom.

6. Enregistrez la page et appuyez sur la touche F12 pour tester l'application dans le navigateur. Un tableau avec des lignes de couleurs alternées contenant les différents noms français et latins, les familles et les floraisons de chaque fleur du fichier flores.xml doit alors s'afficher dans la page Web (voir figure 21-14). À noter que, par défaut, les enregistrements sont classés par ordre alphabétique du nom en français, mais vous pouvez modifier ce tri en cliquant sur la tête de colonne pour les classer en fonction de cette dernière.

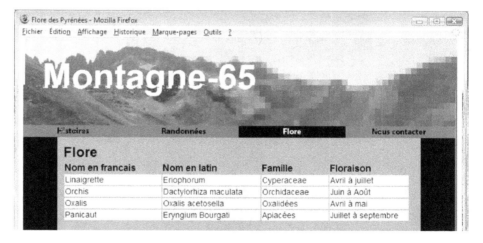

Figure 21-14

Test d'un tableau Spry dans le navigateur

Créer une liste-détails XML Spry

Créer un bloc d'affichage principal/détaillé

Un bloc principal/détaillé Spry est constitué d'un tableau contenant un nombre restreint d'informations issues d'un fichier XML qui permettront, lorsqu'elles seront cliquées, d'afficher dans une région-détails des informations complémentaires correspondantes au nœud concerné.

Pour illustrer l'usage d'un bloc principal-détaillé, nous allons réaliser un premier tableau contenant les noms français des fleurs et leur famille alors qu'un second tableau affichera le nom latin, la famille, les périodes de floraison et les caractéristiques de la fleur lorsque l'utilisateur cliquera sur l'une des lignes du premier tableau.

1. Ouvrez le fichier `page-flore_base1.html` et enregistrez-le sous le nom `page-flore6.html`.

2. Placez votre curseur au point d'insertion (voir repère ❶ de la figure 21-15) et cliquez sur l'icône Ensemble de données Spry (voir repère ❷ de la figure 21-15). Puis, en vous référant à la procédure du premier exemple, créez le schéma de données Spry correspondant au fichier XML `flores.xml` en suivant la même procédure pour les étapes 1 et 2.

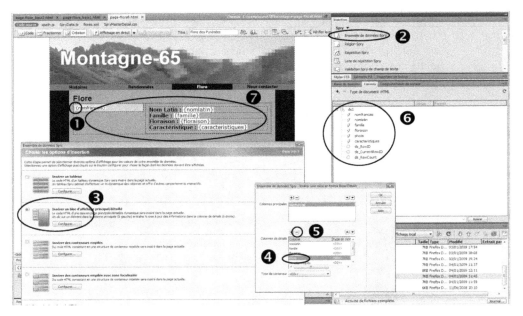

Figure 21-15

Configuration d'un bloc d'affichage principal/détaillé

3. Lors de l'étape 3/3, Choisir les options d'insertion, cochez l'option Insérer un bloc d'affichage principal/détaillé puis cliquez sur le bouton Configurer... (voir repère ❸ de la figure 21-15).

4. Dans la nouvelle boîte de dialogue, supprimez la colonne `photo` en la sélectionnant dans la liste des colonnes (voir repère ❹ de la figure 21-15) puis en cliquant sur le bouton – situé en haut de la boîte (voir repère ❺ de la figure 21-15). Cliquez ensuite sur le bouton OK pour valider votre configuration.

5. De retour dans la fenêtre Ensemble de données Spry, cliquez sur le bouton Terminé. Le schéma de données XML doit apparaître dans le panneau Liaison (voir repère ❻ de la figure 21-15) ainsi que la structure HTML affichant les données à l'endroit du point d'insertion (voir repère ❼ de la figure 21-15). Si besoin, dans la fenêtre Document, vous pouvez modifier la mise en forme des données. Dans notre exemple, nous avons ajouté des titres devant chaque donnée du tableau Détail.

6. Vous pouvez maintenant enregistrer votre page et la tester dans un navigateur. Vérifiez alors que tous les noms de fleurs s'affichent bien dans le tableau Principal de gauche et assurez-vous qu'en cliquant sur l'un d'entre eux, le contenu du tableau Détail de droite s'actualise en conséquence (voir figure 21-16).

Figure 21-16

Test d'un bloc d'affichage principal/détaillé

Créer des conteneurs empilés

La structure des conteneurs empilés Spry permet d'afficher les données des différents nœuds dans des tableaux d'informations séparés et empilés verticalement.

Pour illustrer l'usage des conteneurs empilés Spry, nous allons réaliser une page contenant un empilement de tableaux spécifiques à chaque fleur affichant le nom français, le nom latin, la famille, les périodes de floraison et ses caractéristiques.

1. Ouvrez le fichier `page-flore_base1.html` et enregistrez-le sous le nom `page-flore7.html`.

2. Placez votre curseur au point d'insertion (voir repère ❶ de la figure 21-17) et cliquez sur l'icône Ensemble de données Spry (voir repère ❷ de la figure 21-17)

puis en vous référant à la procédure du premier exemple, créez le schéma de données Spry correspondant au fichier XML `flores.xml` en suivant la même procédure pour les étapes 1 et 2.

3. Lors de l'étape 3/3, Choisir les options d'insertion, cochez l'option Insérer des conteneurs empilés puis cliquez sur le bouton Configurer... (voir repère ❸ de la figure 21-17).

4. Dans la nouvelle boîte de dialogue, supprimez la colonne `photo` en la sélectionnant dans la liste des colonnes (voir repère ❹ de la figure 21-17) puis en cliquant sur le bouton – situé en haut de la boîte (voir repère ❺ de la figure 21-17). Cliquez ensuite sur le bouton OK pour valider votre configuration.

5. De retour dans la fenêtre Ensemble de données Spry, cliquez sur le bouton Terminé. Le schéma de données XML doit apparaître dans le panneau Liaison (voir repère ❻ de la figure 21-17) ainsi que la structure HTML affichant les données à l'endroit du point d'insertion (voir repère ❼ de la figure 21-17). Si besoin, dans la fenêtre Document, vous pouvez modifier la mise en forme des données.

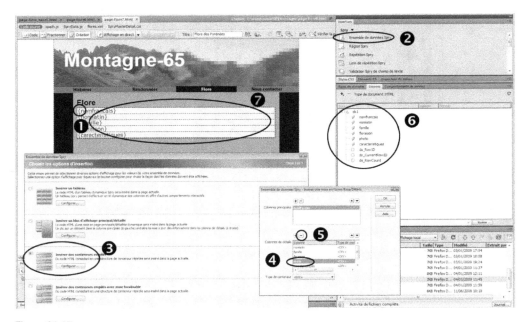

Figure 21-17
Configuration d'une série de conteneurs empilés

6. Vous pouvez maintenant enregistrer votre page et la tester dans un navigateur. Les informations de chaque fleur doivent s'afficher dans des tableaux différents empilés verticalement (voir figure 21-18).

Figure 21-18

Test de l'affichage d'une série de conteneurs empilés

Créer des conteneurs empilés avec zone focalisable

La structure des conteneurs empilés avec zone focalisable est semblable à la structure présentée précédemment hormis le fait qu'avec cette nouvelle structure nous avons la possibilité d'extraire certaines informations de chaque nœud pour les mettre en exergue dans une seconde colonne placée à droite de la précédente appelée colonne focalisable.

Pour illustrer l'usage des conteneurs empilés avec zone focalisable, nous allons réaliser une page contenant un empilement de tableaux spécifiques à chaque fleur affichant dans la colonne focalisable le nom français et dans la colonne empilée traditionnelle le nom latin, la famille, les périodes de floraison et ses caractéristiques.

1. Ouvrez le fichier `page-flore_base1.html` et enregistrez-le sous le nom `page-flore8.html`.

2. Placez votre curseur au point d'insertion (voir repère ❶ de la figure 21-19) et cliquez sur l'icône Ensemble de données Spry (voir repère ❷ de la figure 21-19) puis en vous référant à la procédure du premier exemple, créez le schéma de données Spry correspondant au fichier XML `flores.xml` en suivant la même procédure pour les étapes 1 et 2.

3. Lors de l'étape 3/3, Choisir les options d'insertion, cochez l'option Insérer des conteneurs empilés puis cliquez sur le bouton Configurer... (voir repère ❸ de la figure 21-19).

4. Dans la nouvelle boîte de dialogue, commencez par supprimer la colonne photo en la sélectionnant dans la liste des colonnes empilées (voir repère ❹ de la figure 21-17) puis en cliquant sur le bouton – situé en haut de la boîte (voir repère ❺ de la figure 21-17). Dans notre exemple, nous allons conserver la sélection de l'unique nom en français pour la colonne focalisable, mais vous pourriez facilement ajouter d'autres informations dans cette colonne en cliquant sur le bouton + situé au-dessus de la liste des colonnes focalisables (voir repère ❻ de la figure 21-19). Cliquez ensuite sur le bouton OK pour valider votre configuration.

5. De retour dans la fenêtre Ensemble de données Spry, cliquez sur le bouton Terminé. Le schéma de données XML doit apparaître dans le panneau Liaison (voir repère ❼ de la figure 21-19) ainsi que la structure HTML affichant les données à l'endroit du point d'insertion (voir repère ❽ de la figure 21-19). Si besoin, dans la fenêtre Document, vous pouvez modifier la mise en forme des données.

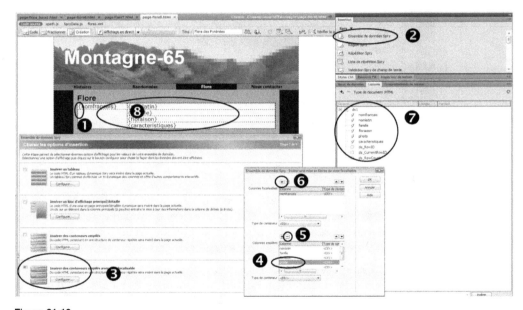

Figure 21-19

Configuration d'une série de conteneurs empilés avec zone focalisable

6. Vous pouvez maintenant enregistrer votre page et la tester dans un navigateur. Les informations de chaque fleur doivent s'afficher dans des tableaux différents de deux colonnes empilés verticalement. Dans la première colonne, vous devez retrouver les informations sélectionnées dans la liste des colonnes focalisables et dans la seconde colonne, celles de la liste des colonnes empilées (voir figure 21-20).

Figure 21-20

Test de l'affichage d'une série de conteneurs empilés avec zone focalisable

Conclusion

Avec les outils de gestion de données XML Spry, Dreamweaver CS4 permet désormais de récupérer très facilement des informations issues d'un fichier XML ou HTML et de les afficher dans la page Web. Cependant, les différents scripts nécessaires au fonctionnement des outils Spry étant regroupés dans un répertoire SpryAssets, il faut s'assurer de la présence de ce répertoire sur le serveur distant pour que vos applications fonctionnent de la même manière en ligne.

Annexe A
Préparer son site pour le référencement

Pour accéder à la page d'un site Web, l'internaute peut saisir directement son URL dans la barre d'adresse ou entrer des mots-clés pertinents dans un moteur de recherche. Cependant, pour que l'une des pages de votre site apparaisse dans la liste des résultats du moteur de recherche, il convient de bien configurer son contenu afin qu'elle soit bien référencée. Pour vous aider dans cette tâche, Dreamweaver CS4 propose plusieurs fonctionnalités que nous allons vous présenter dans cette annexe.

Arborescence et contenu des pages Web

Choisir l'arborescence et le nom des pages Web

Lors de l'indexation d'une page Web, les moteurs de recherche enregistrent de nombreuses informations qui serviront ensuite pour classer la page dans les résultats proposés à l'internaute selon les mots-clés qu'il aura saisis. Une fois toutes ces données mémorisées, le moteur applique un algorithme qui lui est propre afin de pondérer plus ou moins ces informations selon différents indices.

L'indice de popularité

Il existe bien d'autres indices que ceux présentés dans cette section et utilisés par les moteurs pour classer votre page en fonction des mots-clés saisis par l'internaute. Citons, par exemple, l'indice de popularité (PageRank de Google) qui tient compte du nombre de liens hypertextes placés dans des sites externes qui pointent sur la page concernée. Nous vous recommandons donc de créer de nombreux échanges de liens avec des sites partenaires afin d'augmenter cet indice de popularité et d'améliorer ainsi votre positionnement dans les moteurs de recherche.

Parmi ces indices, l'indice d'URL est celui qui tient compte de tous les mots-clés contenus dans le chemin absolu qui mène au fichier indexé. Ainsi, le nom de domaine, l'éventuel répertoire contenant la page Web et le nom même de cette dernière sont des informations qui auront une incidence sur le positionnement de la page dans les résultats du moteur de recherche.

S'il n'est pas toujours possible d'insérer des mots-clés dans le nom de domaine, il est en revanche très facile de construire le répertoire et les noms des pages Web en y ajoutant des mots pertinents en fonction du contenu de la page.

Pour illustrer cette technique, reprenons l'exemple du site Montagne-65 afin de promouvoir une page dont les mots-clés susceptibles d'être utilisés par les internautes seraient « flore », « Pyrénées », « Oxalis » et « Panicaut ».

Dans ce cas, il est déconseillé d'utiliser, par exemple, l'URL suivante : `http://www.montagne-65.com/page-html/fiche-456.html`. Cette page serait beaucoup mieux référencée et positionnée dans les résultats des moteurs de recherche lors de requêtes en rapport avec la montagne et la flore des Pyrénées si son URL était la suivante : `http://www.montagne-65.com/flore-pyrenees/oxalis-panicaut.html`.

Optimiser le contenu des pages

Un autre indice utilisé aussi par les moteurs de recherche pour pondérer les mots-clés est l'indice de densité. Il tient compte du nombre d'occurrences d'un même mot-clé dans le contenu d'une page. Cependant, cet indice présente certaines limites et il faut éviter de répéter un grand nombre de fois le même mot-clé surtout si ses différentes occurrences sont rapprochées au sein de la page.

La mise en forme appliquée au mot-clé est aussi importante. Ainsi, un mot encadré par une balise `<h1>` ou toutes autres balises destinées à mettre en évidence le mot (gras, italique...) influera sur sa pondération lors de son indexation par le moteur de recherche. Dans la même logique qui consiste à valoriser les mots qui sont mis en avant dans la page, le fait qu'un mot-clé soit utilisé dans le texte d'un lien hypertexte sera aussi apprécié par les moteurs car il est censé résumer le contenu de la page à laquelle il conduit.

Enfin, les images ne sont pas laissées pour compte et même si les moteurs ne peuvent pas détecter ce que représente l'illustration, ils prennent en considération la valeur de l'attribut `alt` de la balise `<img>` qui, rappelons-le, est destinée à se substituer à l'image dans le cas où l'utilisateur aurait désactivé leur affichage. Il est donc fortement recommandé de renseigner cet attribut en y insérant des mots-clés pertinents.

Configurer le titre et les métatags

Les métatags, ou balises de métadonnées, sont des informations contenues dans un document afin de le décrire. À l'origine, les balises métatags étaient destinées à renseigner les robots sur le contenu de la page sans que ces données soient pour autant visibles des internautes. Aussi, les métatags étaient placés dans l'en-tête de la page HTML (la balise

⟨head⟩) qui, contrairement à son contenu (la balise ⟨body⟩) contient des informations qui ne s'affichent pas dans la fenêtre du navigateur. Aujourd'hui, certains de ces métatags sont dépréciés par les moteurs de recherche (comme le métatag keywords) suite à des abus de certains webmasters voulant surclasser leur page en utilisant des mots-clés n'ayant aucun rapport avec le contenu réel de la page. Cependant, même si certaines de ces balises ont perdu de leur intérêt, il est toujours recommandé de les configurer avec beaucoup d'attention dans toutes vos pages.

La section suivante présente la manière de renseigner simplement ces métatags en mode Création sans avoir à saisir la moindre ligne de code.

Afficher les contenus de l'en-tête

Si par défaut, le panneau Insertion contient les différents outils permettant d'ajouter des balises d'en-tête (catégorie Commun, menu En-tête), il n'en est pas de même lorsque l'on est amené à les modifier. Pour accéder aux fonctionnalités de modification des métatags, il convient d'activer l'affichage d'une zone spécifique les regroupant. Pour cela, cliquez sur l'icône Options d'affichage de la barre d'outils de la fenêtre Document et cliquez sur Contenu d'en-tête (voir repère ❶ de la figure A-1). La zone permettant de contrôler la présence des en-têtes et de les modifier éventuellement apparaîtra alors en dessous de la barre d'outils Standard (voir repère ❷ de la figure A-1).

Figure A-1
Affichage de la zone de contrôle des balises d'en-tête

Configurer le titre de la page

La balise de titre ⟨title⟩ est aussi placée dans l'en-tête de la page, même si elle ne constitue pas un métatag. Elle contient néanmoins l'information la mieux considérée par les moteurs de recherche aujourd'hui, le titre.

Rappelons que si le contenu de la balise ⟨title⟩ n'apparaît pas dans la page du navigateur, il est cependant visible dans la barre de titre (barre bleue placée en haut de la fenêtre du navigateur) et que c'est ce même contenu qui apparaîtra par défaut dans les favoris du navigateur et dans le titre de chaque bloc de résultat d'un moteur de recherche (voir repères ❶a et ❶b de la figure A-3). Si on ajoute à cela le fait que les moteurs de recherche pondèrent fortement les mots-clés placés à cet endroit, on peut deviner qu'il est particulièrement important de bien choisir les mots-clés qui devront prendre place dans cette balise avant de les saisir dans Dreamweaver.

Même si le nom du site n'est pas un mot-clé très concurrentiel, il est néanmoins judicieux de l'ajouter au début du contenu de la balise de titre, ne serait-ce que pour rappeler dans la liste des favoris du navigateur le nom du site auquel appartient la page. En ce qui concerne sa taille, 6 à 8 mots-clés (soient 30 à 50 caractères) représentent en général un bon compromis.

Pour illustrer le choix d'un titre, reprenons l'exemple de la page du site Montagne-65 que nous avons déjà utilisée dans la partie concernant l'arborescence d'un site. Dans ce cas, il serait judicieux de commencer par le nom du site, suivi des mots-clés classés par ordre d'importance, soit par exemple : Montagne-65 : Flore des Pyrénées, Oxalis, Panicaut, Linaigrette.

Passons maintenant à la pratique et voyons comment ajouter ce titre à la page en cours de création avec les outils visuels de Dreamweaver. Deux méthodes permettent de réaliser cette action, la plus simple consistant à saisir simplement le contenu de la balise de titre dans le champ Titre situé en haut de la fenêtre Document (voir repère ❶ de la figure A-2). La seconde méthode fait appel à un outil de la zone du contenu d'en-tête mise en place précédemment.

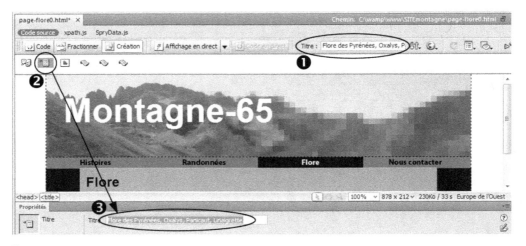

Figure A-2

Configuration du titre d'une page

Voici le détail de cette procédure.

1. Assurez-vous que la zone d'affichage du contenu de l'en-tête est bien activée (dans le cas contraire, reportez-vous à la section précédente « Afficher les contenus de l'en-tête », voir repère ❶ de la figure A-1).

2. Dans la zone d'affichage du contenu d'en-tête, cliquez sur la deuxième icône en partant de la gauche (voir repère ❷ de la figure A-2).

3. Le panneau Propriétés du titre affiche alors un champ nommé Titre dans lequel vous pouvez saisir les mots-clés souhaités pour votre site (voir repère ❸ de la figure A-2).

Configurer le métatag description

Le métatag `description` ne doit pas être négligé car il est souvent utilisé par les moteurs de recherche pour compléter le titre dans les blocs de résultats affichés (voir repères ❷a et ❷b de la figure A-3).

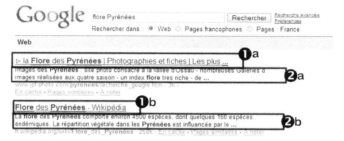

Figure A-3
Exemple de blocs de résultats affichés lors d'une recherche sur le moteur Google

Son contenu doit être constitué d'un texte descriptif de la page d'une quinzaine de mots (60 à 100 caractères environ) reprenant les principaux mots-clés choisis préalablement. Le texte ne doit surtout pas être une suite de mots-clés mais doit être structuré en phrases cohérentes décrivant le contenu de la page. Rappelez-vous que ce texte sera lu par les internautes dans les résultats du moteur de recherche et qu'il devra donc les inciter à se rendre sur votre site plutôt que sur ceux figurant dans les autres blocs de résultats.

En guise d'illustration, reprenons l'exemple de la page sur la flore des Pyrénées du site Montagne-65. Dans ce cas, le métatag `description` pourrait contenir le texte suivant :
`Découvrez la flore des Pyrénées avec de nombreuses photographies de Linaigrette, Oxalis, Pinacaut et Orchis.`

Voici la procédure à suivre pour ajouter un métatag `description` dans une page en mode Création :

1. Cliquez sur la catégorie Commun du panneau Insertion puis sur l'icône En-tête (voir repère ❶ de la figure A-4).

2. Sélectionnez l'option Description et saisissez le texte du descriptif du site dans le champ de la boîte de dialogue Description qui s'ouvre alors (voir repères ❷ et ❸ de la figure A-4). Cliquez ensuite sur OK pour valider votre saisie.

3. Une fois le métatag `description` inséré dans la page, il doit apparaître dans la zone d'affichage du contenu de l'en-tête (voir repère ❹ de la figure A-4).

4. Pour modifier son contenu, cliquez sur cette icône et corrigez le texte du champ Description du panneau Propriétés (voir repère ❺ de la figure A-4).

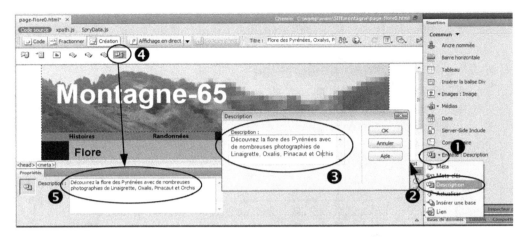

Figure A-4
Création et modification du métatag description

Configurer le métatag keywords

Le métatag keywords est aujourd'hui très peu exploité par les moteurs de recherche pour les raisons que nous avons évoquées au début de cette annexe. Cependant, il est quand même recommandé de le configurer en y ajoutant tous les mots-clés pressentis pour la page après les avoir classés par ordre de priorité. En termes de contenu, le métatag keywords peut comporter une centaine de mots-clés voire davantage. En pratique, une cinquantaine de mots-clés suffit en général et il faudra veiller à ne pas y répéter des déclinaisons d'un même mot plus de sept fois (dans ce cas, il faudra ventiler les différentes occurrences dans l'ensemble des mots-clés). En général, les mots-clés seuls ne sont pas assez sélectifs et il faut fréquemment faire appel à des paires de mots-clés (voire plus) qui seront ensuite séparées par une virgule dans la liste.

En guise d'illustration, reprenons l'exemple de la page sur la flore des Pyrénées du site Montagne-65. Dans ce cas, le contenu du métatag keywords pourrait être le suivant : flore pyrénées, oxadis, orchis, linaigrette, panicaut, fleurs pyrénées, fleurs montagne, flore, fleurs endémiques pyrénées, photos, fleurs blanches, fleurs rouges, fleurs bleues, fleurs violettes, fleurs jaunes, fleurs roses, flore sauvage, flore montagnes, plante endémique, flora, botany, Pyrénées, Flore, parc national pyrénées.

Voici la procédure à suivre pour ajouter un métatag keywords dans une page en mode Création :

1. Cliquez sur la catégorie Commun du panneau Insertion, puis sur l'icône En-tête (voir repère ❶ de la figure A-5).

2. Sélectionnez l'option Mots-clés et saisissez la liste des mots-clés dans le champ de la boîte de dialogue Mots-clés qui s'ouvre alors (voir repères ❷ et ❸ de la figure A-5). Cliquez ensuite sur OK pour valider votre saisie.

3. Une fois le métatag keywords inséré dans la page, il doit apparaître dans la zone d'affichage du contenu de l'en-tête (voir repère ❹ de la figure A-5).

4. Pour modifier son contenu, cliquez sur cette icône et corrigez le texte dans le champ Mots-clés du panneau Propriétés de la balise (voir repère ❺ de la figure A-5).

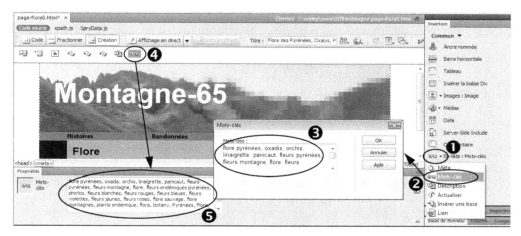

Figure A-5

Création et modification du métatag keywords

Configurer un métatag générique

Nous venons de vous présenter les métatags les plus couramment utilisés pour le référencement, mais il en existe de nombreux autres :

- expires qui indique au robot la date d'expiration de la page ;

- robots qui permet d'indiquer au robot si la page peut être indexée et si le robot est autorisé à suivre les liens hypertextes de la page ;

- revisit-after qui suggère au robot de revenir visiter la page après une période définie ;

- author qui indique le nom de l'auteur du site ;

- content-language qui indique la langue utilisée dans la page...

Ces balises sont classées en deux familles : les balises name (toutes celles que nous venons de citer sauf content-language) et les balises http-equiv. La syntaxe de l'attribut de la balise étant différente, il est important de savoir à quelle famille appartient le métatag que vous désirez ajouter.

Pour les créer en mode Création avec Dreamweaver, vous devez utiliser une boîte de dialogue générique qui vous permettra de configurer, à votre convenance, le nom du métatag.

Pour illustrer la création de ce type de métatag, nous vous proposons d'ajouter à la page de l'exemple précédent une balise revisit-after qui suggérera au robot une fréquence de visite de 15 jours, ce qui est intéressant si le contenu de votre page change fréquemment (attention, cette balise n'est pas interprétée par tous les moteurs de recherche).

1. Cliquez sur la catégorie Commun du panneau Insertion, puis sur l'icône En-tête (voir repère ❶ de la figure A-6).

2. Sélectionnez l'option Méta (voir repère ❷ de la figure A-6). Dans la boîte de dialogue Méta qui s'ouvre alors, choisissez l'attribut selon la famille à laquelle appartient le métatag (name ou http-equiv). Pour notre exemple, avec la balise revisit-after, il s'agit de l'attribut name et nous sélectionnerons la valeur Nom dans la liste déroulante Attribut (voir repère ❸ de la figure A-6). Saisissez ensuite le nom de la balise dans le champ Valeur, soit revisit-after (voir repère ❹ de la figure A-6) puis le paramètre qui la caractérise dans le champ Contenu, soit 15 days dans notre cas (voir repère ❺ de la figure A-6). Cliquez ensuite sur OK pour valider vos choix.

3. Une fois le métatag revisit-after inséré dans la page, il doit apparaître dans la zone d'affichage du contenu de l'en-tête (voir repère ❻ de la figure A-6).

4. Pour modifier son contenu, cliquez sur cette icône (voir repère ❻ de la figure A-6) et corrigez les paramètres dans les champs correspondants du panneau Propriétés de la balise (voir repère ❼ de la figure A-6).

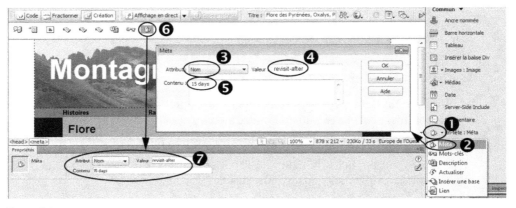

Figure A-6

Création et modification du métatag revisit-after

Cohérence verticale des mots-clés

Au cours de la création des différentes balises destinées au référencement, nous avons utilisé de nombreux mots-clés. Le choix de ces derniers est important et vous devez respecter une certaine cohérence entre tous les endroits où vous pouvez les placer (contenu de la page inclus). Ainsi, avant de commencer à optimiser votre page pour le référencement, nous vous conseillons de créer une liste de 30 à 50 paires de mots-clés classées par priorité et de venir puiser dans cette liste le nombre de mots nécessaires (en partant toujours du début de la liste). Vous obtiendrez ainsi une cohérence verticale de vos mots-clés (les mots-clés importants étant utilisés à différents endroits de la page) et améliorerez encore le positionnement de votre page dans les résultats des moteurs de recherche.

Annexe B
Mise en ligne d'un site

La finalité d'un projet de site Web est de permettre la consultation sur Internet des pages HTML réalisées sur votre ordinateur. Pour cela, vous devez disposer d'un serveur de production relié à Internet sur lequel vous allez publier vos différentes pages réalisées en local. La publication d'une page sur un site de production consiste à la télécharger selon un protocole dédié au transfert de fichiers (FTP, File Transfer Protocol) du site local (l'espace situé sur votre ordinateur que vous avez utilisé jusqu'à présent) vers le site distant (l'espace sur le serveur de production mis à votre disposition par votre hébergeur).

Pour vous assister dans cette tâche, une application de transfert est intégrée à Dreamweaver CS4. Au chapitre 2 (voir section « Définir un nouveau site avec l'onglet Avancé », sous-section « La catégorie Infos distantes »), nous avons présenté la fenêtre de configuration qui permet de paramétrer les informations pour se connecter au serveur distant et ainsi transférer les différents fichiers nécessaires à la consultation des pages du site depuis n'importe quel navigateur relié à Internet. Nous allons maintenant configurer les différents champs de cette même fenêtre pour illustrer la procédure de publication d'un site Web avec Dreamweaver CS4.

Définir les infos distantes d'un site

Pour illustrer la configuration des infos distantes dans Dreamweaver CS4, reprenons l'exemple du site SITEmontagne développé au chapitre 21. Ce site étant dynamique (il comprend des scripts PHP et une base de données MySQL), nous pourrons ainsi également illustrer l'installation de la base de données sur le serveur de production, mais sachez que la procédure de configuration et de publication est semblable qu'il s'agisse d'un site statique ou dynamique.

Pour la procédure détaillée ci-après, nous partons du principe que vous avez déjà configuré les paramètres de base du site à transférer (dans le cas contraire, revoir la section « Définir un site » du chapitre 2), que vous disposez des paramètres de connexion au serveur distant fournis par votre hébergeur (adresse de l'hôte FTP, nom d'utilisateur et mot de passe) et, évidemment, que votre ordinateur est bien relié à Internet.

1. Lancez Dreamweaver CS4 et sélectionnez le site à transférer dans le panneau Fichiers, soit SITEmontagne pour notre exemple (sélectionnez le menu Fenêtre>Fichiers si ce panneau n'est pas visible).

2. Sélectionnez ensuite le menu Site>Gérer les sites… (voir repère ❶ de la figure B-1).

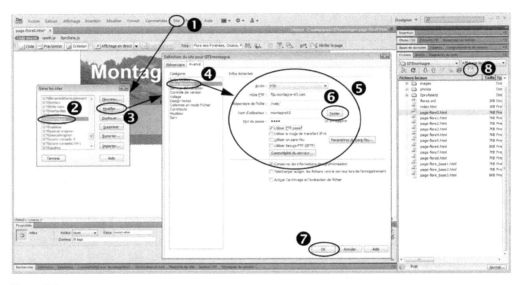

Figure B-1

Configuration des paramètres de la catégorie Infos distantes

3. La boîte de dialogue Gérer les sites s'ouvre alors. Assurez-vous que le site actif, soit SITEmontagne, est bien présélectionné dans la liste des sites proposée (voir repère ❷ de la figure B-1) et cliquez sur le bouton Modifier… (voir repère ❸ de la figure B-1). La fenêtre Définition du site pour SITEmontagne s'ouvre alors.

4. Cliquez sur l'onglet Avancé puis sélectionnez la catégorie Infos distantes (voir repère ❹ de la figure B-1). Choisissez FTP dans la liste déroulante Accès (voir repère ❺ de la figure B-1) si vous disposez d'un compte FTP pour accéder à votre serveur distant. Pour les autres types de serveurs distants, reportez-vous à l'encadré ci-dessous afin de choisir au mieux le type d'accès à sélectionner.

5. Dans le champ Hôte FTP, saisissez l'adresse communiquée par votre hébergeur (par exemple, ftp.montagne-65.com) et renseignez les champs Répertoire de l'hôte, Nom d'utilisateur et Mot de passe (informations également transmises par votre hébergeur,

voir repère ❺ de la figure B-1). Si vous ne souhaitez pas ressaisir votre mot de passe à chaque connexion, cochez l'option Enregistrer située à droite du champ Mot de passe. En ce qui concerne le répertoire distant (champ Répertoire de l'hôte), son nom a dû vous être communiqué par votre hébergeur avec les autres paramètres FTP. En cas de doute, vous pouvez laisser ce champ vide dans un premier temps afin de pouvoir vous connecter au serveur et ainsi noter le nom exact du répertoire dans lequel se trouve votre site. Une fois que vous disposerez de cette information, déconnectez-vous et renseignez le champ Répertoire de l'hôte de façon appropriée.

6. Cliquez sur le bouton Tester pour vérifier la bonne configuration des informations distantes (voir repère ❻ de la figure B-1). Dreamweaver tente alors de se connecter au serveur Web et affiche une boîte de dialogue vous indiquant que la connexion est établie. Cliquez sur OK pour fermer cette boîte de dialogue et faites de même pour fermer la fenêtre de définition du site et valider votre paramétrage (voir repère ❼ de la figure B-1).

Les différents types d'accès au serveur distant

- FTP (File Transfer Protocol) – Cette option correspond au type de connexion le plus couramment utilisé pour accéder à un serveur distant. Pour configurer une connexion de ce type, vous devez disposer des paramètres de votre compte FTP fournis par votre hébergeur.

- Local/Réseau – Cette option est à utiliser si vous désirez stocker et exécuter vos fichiers sur un serveur accessible par le biais d'un réseau local.

- WebDAV (Web-based Distributed Authoring and Versioning) – Ce type d'accès ne peut être utilisé que si vous disposez d'un serveur prenant en charge le protocole WebDAV , comme par exemple Microsoft Internet Information Server (IIS) 5.0 ou une installation du serveur Web Apache configurée de façon adéquate.

- RDS (Remote Development Services) – Ce type d'accès suppose que votre dossier distant se trouve sur un ordinateur exécutant Macromedia ColdFusion d'Adobe.

- Base de données SourceSafe® – Ce type d'accès est à utiliser si vous vous connectez à votre serveur Web via Microsoft Visual SourceSafe. Il n'est pris en charge que par Windows et vous devez avoir au préalable installé Microsoft Visual SourceSafe Client sur votre ordinateur.

Options de paramétrage des infos distantes

- Toutes les autres options de paramétrage des infos distantes de la fenêtre de définition du site sont facultatives et dépendent de la configuration de votre serveur.

- Utiliser FTP passif – Cette option doit être cochée si la configuration de votre pare-feu nécessite l'utilisation d'un FTP passif (si votre réseau local est équipé d'un pare-feu).

- Utiliser le mode de transfert IPv6 – Cette option permet de vous connecter à un serveur qui utilise le protocole IPv6.

- Utiliser un pare-feu – Cette option doit être cochée si vous utilisez un pare-feu. Si tel est le cas, cliquez sur le bouton Paramètres du pare-feu… pour ouvrir la fenêtre Préférences de Dreamweaver et configurer les champs Hôte du pare-feu et Port du pare-feu.

- Utiliser Secure FTP (SFTP) – Cette option vous permet de vous connecter en mode sécurisé codé si votre site distant a été configuré en conséquence.

- Conserver les informations de synchronisation – Cette option permet de synchroniser automatiquement les fichiers de votre site local et de votre site distant.
- Télécharger autom. les fichiers vers le serveur lors de l'enregistrement – Cette option permet de mettre automatiquement à jour vos fichiers sur le serveur distant lors de chaque enregistrement exécuté en local.
- Activer l'archivage et l'extraction de fichier – Cette option vous permet de travailler en équipe sur le même serveur distant. Dans ce cas, vous devez indiquer votre identifiant et votre e-mail dans les champs qui s'affichent une fois l'option activée.
- Le bouton Tester permet de vérifier la bonne configuration de vos paramètres. Toutefois, si vous rencontrez des problèmes pour vous connecter au serveur, nous vous suggérons de cliquer sur le bouton Compatibilité du serveur…, de décocher l'option Utiliser l'optimisation des performances FTP, puis de renouveler votre test.

Configurer les paramètres du site

Différents paramètres concernant le site et l'application de transfert de fichiers de Dreamweaver CS4 peuvent être configurés depuis la catégorie Site de la fenêtre Préférences (pour ouvrir la fenêtre Préférence, cliquez depuis le menu sur Edition puis sur Préférence en bas de la liste, voir figure B-2) en complément du paramétrage de la fenêtre Définition du site, catégorie Infos distantes, détaillé précédemment. Voici un bref descriptif des différents paramètres disponibles dans cette fenêtre et leur utilité.

- Toujours afficher – Cette option (voir repère ❷ de la figure B-2) permet de choisir de quel côté vous désirez afficher les fichiers locaux et distants dans la fenêtre de transfert de fichiers.

- Fichiers dépendants – Cette option (voir repère ❸ de la figure B-2) permet d'activer/désactiver l'affichage de la boîte de dialogue vous demandant si vous désirez transférer les fichiers distants lors d'une acquisition (du serveur distant vers l'espace local) ou d'un placement (de l'espace local vers le serveur distant).

- Connexion FTP – Cette option permet de spécifier un délai d'inactivité au-delà duquel la connexion avec le site distant sera automatiquement interrompue (voir repère ❹ de la figure B-2).

- Délai FTP – Cette option permet de limiter le laps de temps pendant lequel Dreamweaver tente d'établir une connexion avec le serveur (voir repère ❺ de la figure B-2). Si ce laps de temps est dépassé, une boîte de dialogue s'affichera pour vous en avertir.

- Options de transfert FTP – Cette option permet de valider la sélection automatique d'une option de transfert par défaut si l'utilisateur ne confirme pas la boîte de dialogue (voir repère ❻ de la figure B-2) après le délai indiqué dans le champ de cette option.

- Hôte du pare-feu – Cette option permet de préciser le serveur proxy utilisé si vous êtes protégé par un pare-feu. Si vous n'en avez pas, laissez ce champ vide (voir repère ❼ de la figure B-2).

- Port du pare-feu – Cette option permet de préciser le numéro de port utilisé par le pare-feu (21 par défaut, voir repère ❼ de la figure B-2).

- Options de placement – Cette option permet d'enregistrer automatiquement les fichiers avant qu'ils ne soient placés sur le serveur distant (voir repère ❽ de la figure B-2).

- Options de déplacement – Cette option permet d'afficher une boîte de dialogue pour demander la confirmation avant d'effectuer un transfert (voir repère ❾ de la figure B-2).

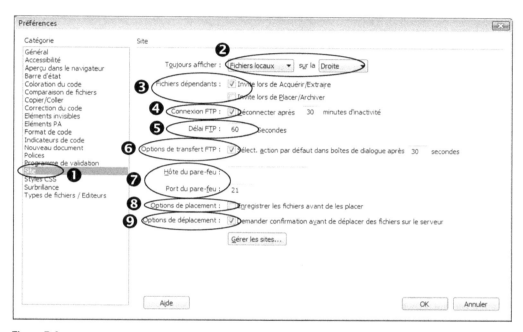

Figure B-2

Paramétrage de la catégorie Site de la fenêtre Préférences

Publier un site sur Internet

Une fois la configuration des infos distantes effectuée, vous allez pouvoir publier tous les fichiers placés sur votre ordinateur de développement sur votre site de production (site distant). Plusieurs alternatives s'offrent alors à vous, celles-ci étant détaillées ci-après.

Publier la page active

Si vous désirez transférer rapidement la page active dans laquelle vous travaillez sur le serveur distant, la solution la plus simple consiste à cliquer sur l'icône Gestion des fichiers (voir repère ❶ de la figure B-3) et à sélectionner l'entrée Placer (voir repère ❷ de la figure B-3). Vous pouvez également sélectionner directement le menu Site>Placer ou encore utiliser le raccourci clavier Ctrl + Maj + U.

Une boîte de dialogue s'ouvre alors vous demandant si les fichiers dépendants des fichiers à transférer doivent être aussi transférés. S'ils ne le sont pas encore ou s'ils ont été modifiés, répondez positivement ; dans le cas contraire, cliquez sur le bouton Non afin de réduire le temps de transfert. Une nouvelle boîte de dialogue s'affiche alors en arrière-plan indiquant l'état d'avancement du transfert. Si le fichier actif est placé dans un répertoire spécifique dans l'espace local, celui-ci sera créé automatiquement sur l'espace distant par Dreamweaver CS4.

Figure B-3
Publication de la page active

Publier des pages depuis le panneau Fichiers

Pour publier plusieurs fichiers à la fois, ouvrez le panneau Fichiers via le menu Fenêtre> Fichiers et sélectionnez-les dans l'arborescence proposée (voir repère ❾ de la figure B-4). Le transfert de ces fichiers nécessitant une connexion active au serveur distant, nous vous suggérons de cliquer sur l'icône Connecter à un hôte distant (voir repère ❶ de la figure B-4) avant de cliquer sur l'icône Placer le(s) fichier(s) (voir repère ❹ de la figure B-4) afin de vous assurer que la connexion avec le serveur est disponible. Néanmoins, si vous lancez le transfert en cliquant directement sur l'icône Placer le(s) fichier(s), la connexion au serveur sera automatiquement activée. Une boîte de dialogue apparaîtra alors dans laquelle vous devrez indiquer, selon le contexte, si vous désirez ou pas que les fichiers dépendants soient transférés. Une boîte de dialogue s'ouvrira également en arrière-plan indiquant l'état d'avancement du transfert et les éventuels problèmes rencontrés ainsi que la liste des fichiers concernés.

Il est aussi possible de récupérer des fichiers situés sur le serveur distant et de les transférer vers l'espace local de votre ordinateur. Dans ce cas, la démarche est identique à la seule différence que vous devrez sélectionner au préalable le(s)fichier(s) dans l'espace distant (pour afficher les fichiers distants dans le panneau Fichiers, sélectionnez Affichage distant dans le menu local du panneau Fichiers situé à droite de celui-ci). Cliquez ensuite sur l'icône Acquérir le(s) fichier(s) (voir repère ❸ de la figure B-4).

Si vous avez ajouté ou supprimé un fichier sans passer par le panneau Fichiers (en utilisant le gestionnaire de fichiers Windows par exemple), vous devrez cliquer sur l'icône Actualiser (voir repère ❷ de la figure B-4) ou utiliser la touche F5 du clavier pour mettre à jour l'arborescence des fichiers. Pour synchroniser les fichiers entre l'espace local et distant, cliquez sur l'icône Synchroniser le(s) fichier(s) (voir repère ❼ de la figure B-4).

Les icônes Extraire le(s) fichier(s) (voir repère ❺ de la figure B-4) et Archiver (voir repère ❻ de la figure B-4) ne seront actives que si l'option Activer l'archivage et l'extraction de fichier est cochée dans la catégorie Infos distantes de la fenêtre de définition du site (voir section précédente « Définir les infos distantes d'un site »). L'icône Extraire le(s) fichier(s) permet de transférer une copie du fichier du serveur distant vers le site local et de lui attribuer l'état Extrait sur le serveur afin d'empêcher toute éventuelle modification de ce même fichier par un autre membre de l'équipe. L'icône Archiver permet de transférer une copie du fichier local (après modification) vers le serveur distant de manière qu'il puisse être de nouveau modifié par d'autres membres de l'équipe. Une fois le fichier archivé, sa version locale passe en lecture seule afin d'éviter les conflits de modification avec la version distante si cette dernière venait à être modifiée par un autre membre de l'équipe.

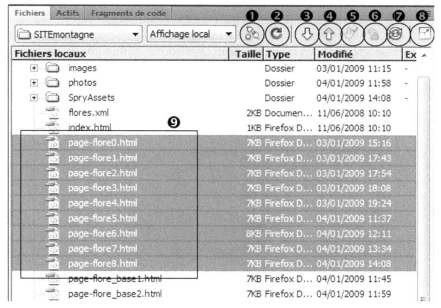

Figure B-4

Publication de plusieurs pages via le panneau Fichiers

Publier des pages depuis la fenêtre de transfert

Une autre solution pour transférer des fichiers entre le serveur distant et l'espace local consiste à développer le panneau Fichiers en pleine page afin d'obtenir une fenêtre de transfert (voir figure B-5) dans laquelle vous pourrez visualiser à la fois les fichiers situés sur l'espace local et ceux situés sur le serveur distant (voir repères ❻ et ❼ de la figure B-5). Cette représentation est souvent appréciée car elle permet d'avoir une vue d'ensemble des deux espaces et de vérifier que les fichiers présents de chaque côté sont bien en adéquation.

Pour afficher cette fenêtre de transfert, cliquez sur l'icône Développer pour afficher les sites locaux et distants (voir repère ❽ de la figure B-4) du panneau Fichiers. La fenêtre de transfert s'ouvre alors. Pour quitter ensuite cette fenêtre de transfert et revenir au panneau Fichier, il suffira de cliquer sur le bouton Réduire pour afficher uniquement le site local ou distant (voir repère ❺ de la figure B-4). Comme vous pouvez le constater, elle comporte les mêmes icônes que celles du panneau Fichiers décrites précédemment (voir figure B-5), ainsi que d'autres icônes permettant de choisir le contenu des informations affichées dans cette fenêtre.

- L'icône Fichiers du site (voir repère ❷ de la figure B-5) permet d'afficher dans la partie de gauche les fichiers présents sur le serveur distant et dans la partie de droite les fichiers de l'espace local. Cette configuration est la plus fréquente et correspond à la configuration par défaut lorsque vous ouvrez cette fenêtre.

- L'icône Serveur d'évaluation (voir repère ❸ de la figure B-5) permet d'afficher dans la partie gauche les fichiers présents dans l'espace du serveur d'évaluation (la localisation de cet espace doit être préalablement configurée dans la fenêtre Définition du site, catégorie Serveur d'évaluation). Dans notre configuration, le serveur d'évaluation correspond au serveur local et partage donc le même contenu que l'espace local, mais il pourrait en être autrement selon la configuration des paramètres de la fenêtre Définition du site.

- L'icône Fichiers du référentiel (voir repère ❹ de la figure B-5) permet d'afficher les fichiers du référentiel d'un serveur utilisant Subversion (SVN). SVN est un système de contrôle de version qui permet aux utilisateurs de comparer des fichiers afin de détecter leurs différences et de mettre en exergue les modifications apportées par d'autres utilisateurs.

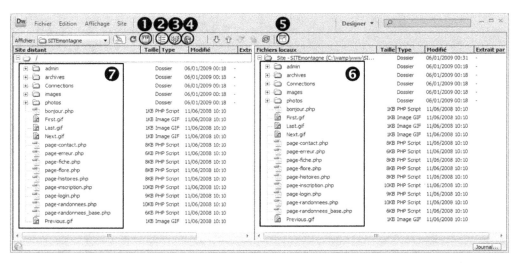

Figure B-5

Publication de fichiers à l'aide de la fenêtre de transfert

- L'icône Afficher le journal FTP du site (voir repère ❶ de la figure B-5) permet de consulter l'état actuel du transfert et son historique dans le panneau Résultats, onglet Journal FTP.

Voici la procédure à suivre pour réaliser un transfert de fichiers initialement placés dans votre espace local vers le serveur distant.

1. Cliquez sur l'icône Fichiers du site. Établissez ensuite une connexion avec le serveur en cliquant sur l'icône Connecter à un hôte distant. Une fois la connexion établie, le voyant vert de l'icône s'allume.

2. Sélectionnez ensuite les fichiers à transférer dans l'arborescence des fichiers locaux (voir repère ❻ de la figure B-5), puis cliquez sur l'icône Placer le(s) fichier(s). Vous pouvez également cliquer droit sur les fichiers et sélectionner l'option Placer. Il est aussi possible de déplacer directement les fichiers d'un espace à l'autre par un glisser-déposer, mais nous déconseillons cette méthode si vous désirez préserver la symétrie des deux espaces (voir encadré sur les particularités de Dreamweaver ci-après).

3. Une boîte de dialogue s'affiche alors et vous demande si vous désirez ou non transférer les fichiers dépendants. Une fois votre réponse enregistrée, les fichiers préalablement sélectionnés sont alors transférés successivement dans l'espace du serveur distant et une boîte de dialogue en arrière-plan vous indique l'état d'avancement de l'opération. À noter que vous pouvez, sans problème, continuer à travailler durant le transfert, ce qui est particulièrement appréciable si vous transférez de nombreux fichiers.

Particularités de l'application de transfert de fichiers de Dreamweaver CS4

Contrairement à la majorité des logiciels FTP autonomes, l'application de transfert de fichiers intégrée dans Dreamweaver CS4 facilite le maintien de la symétrie entre le site distant et le site local en plaçant automatiquement le fichier transféré dans le même répertoire cible que celui dans lequel il se trouvait dans l'espace source. Si ce répertoire n'existe pas, il sera alors créé à la volée avant que le fichier transféré n'y soit enregistré.

Cette particularité, très appréciable pour maintenir l'effet miroir recommandé entre l'espace local et distant d'un site, ne sera cependant pas possible si vous utilisez un glisser-déposer depuis la fenêtre de transfert pour transférer votre fichier. Aussi, nous vous recommandons d'utiliser exclusivement les icônes Placer le(s) fichier(s) ou Extraire le(s) fichier(s) pour effectuer votre transfert et de n'exploiter le glisser-déplacer que si cela est réellement indispensable en prenant conscience que vous risquez de casser l'effet miroir entre les deux espaces.

Une autre particularité de l'application de transfert intégrée est le fait que Dreamweaver CS4 contrôle le transfert des fichiers dépendants d'une page Web (cela peut être par exemple les images de la page, les animations Flash, les fichiers JavaScript ou encore les feuilles de style externes). Pour cela, il vous demandera lors d'un transfert si vous désirez également transférer les fichiers dépendants de la page. Lors d'un premier transfert d'une page, il est évidemment conseillé de répondre positivement afin que la page transférée puisse disposer de toutes ses ressources dans l'espace cible. Cependant, par la suite, si vous modifiez uniquement la structure de la page Web sans qu'il y ait d'incidence sur les autres fichiers, vous pourrez alors répondre négativement afin d'accélérer le transfert de cette seule page Web.

Installer la base de données sur le site distant

La migration d'un site dynamique (en interconnexion avec une base de données) depuis le serveur d'évaluation local vers le serveur de production distant ne se limite pas au seul transfert des fichiers. En effet, il faut dans ce cas installer la base de données sur le serveur distant de sorte que toutes les fonctionnalités dynamiques puissent fonctionner de la même manière que sur le serveur d'évaluation.

Pour cela, vous devez d'une part disposer d'une base de données distante et de ses paramètres d'accès (informations communiquées par votre hébergeur) et d'autre part, y installer le contenu de la base de données du serveur d'évaluation. Dans la suite de cette section, nous considérons que vous disposez d'une base de données distante et de ses paramètres d'accès.

Modifier les paramètres de connexion à la base de données

Si vous n'avez pas configuré initialement la connexion avec la base de données de votre serveur d'évaluation en utilisant les mêmes paramètres d'accès que ceux qui vous ont été communiqués par votre hébergeur pour votre base de données distante, il convient dans un premier temps de modifier ces informations avant de les télécharger par FTP sur le serveur Web distant. Pour cela, affichez l'onglet Base de données du panneau Application via le menu Fenêtre>Base de données (voir repère ❶ de la figure B-6) et double-cliquez sur le nom de la connexion (voir repère ❷ de la figure B-6) pour ouvrir la boîte de dialogue Connexion MySQL. Modifiez ensuite les différents paramètres de la boîte de dialogue afin qu'ils soient conformes avec les paramètres d'accès à la base de données distante (voir repère ❸ de la figure B-6). Validez vos choix en cliquant sur OK puis sélectionnez le répertoire Connection dans le panneau Fichiers et cliquez sur l'icône Placer le(s) fichier(s) afin de le télécharger sur le serveur Web distant.

Figure B-6

Modification des paramètres de connexion à la base de données

Transférer le contenu de la base de données

Le transfert du contenu de la base de données du serveur MySQL local vers le serveur MySQL distant consiste à suivre la même procédure que celle de la sauvegarde d'une base sur le serveur local (voir chapitre 21), puis à suivre celle de la restauration mais sur le serveur distant cette fois. Pour cela, vous devez disposer d'un gestionnaire de base de données phpMyAdmin sur les deux serveurs.

1. Ouvrez le gestionnaire phpMyAdmin du serveur local (si vous utilisez WampServer 2, ouvrez le manager WampServer 2 puis cliquez sur phpMyAdmin). Sélectionnez la base de données `montagne_db` dans le menu de gauche (voir repère ❶ de la figure B-7), puis cliquez sur l'onglet Exporter (voir repère ❷ de la figure B-7).

2. Sélectionnez toutes les tables situées dans le cadre Exporter (voir repère ❸ de la figure B-7), cochez l'option Transmettre (voir repère ❹ de la figure B-7) afin de générer un fichier SQL et cliquez sur le bouton Exécuter (voir repère ❺ de la figure B-7). Un fichier SQL est alors enregistré sur votre ordinateur. Celui-ci contient toutes les commandes SQL nécessaires à la création d'une structure et des contenus semblables à ceux de la base de données du serveur de base de données local.

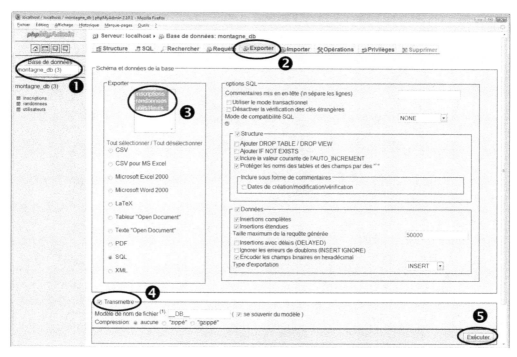

Figure B-7

Sauvegarde de la base de données à transférer

3. Ouvrez ensuite une seconde fenêtre dans votre navigateur et connectez-vous à l'adresse du gestionnaire phpMyAdmin de votre serveur distant. Si vous gérez plusieurs bases de données avec ce gestionnaire, assurez-vous que vous êtes bien sur la nouvelle base destinée à accueillir votre nouveau projet et, si besoin, sélectionnez-la dans le menu déroulant de gauche (si vous n'avez que des droits sur une seule base, le menu de sélection ne sera pas disponible dans votre gestionnaire).

4. Cliquez ensuite sur l'onglet Importer (selon la version du gestionnaire, il est possible que cet onglet ne soit pas disponible, cliquez alors sur l'onglet nommé SQL) et utilisez le bouton Parcourir... pour localiser le fichier SQL précédemment enregistré sur votre ordinateur. Cliquez sur Exécuter afin de commencer l'importation de la structure et du contenu de la base de données sur le serveur distant. Au terme de l'importation (qui peut être plus ou moins longue selon la taille de la base), les différentes tables de la base de données doivent apparaître dans la partie de gauche de l'écran.

5. Si votre fichier de connexion est correctement configuré et votre base de données complètement chargée sur le serveur distant, vous pouvez ensuite tester le bon fonctionnement des pages dynamiques de votre site pour vous assurer que tout fonctionne correctement.

Annexe C

Réaliser des éléments graphiques

Le graphisme des sites Web actuels a suivi l'évolution générale de l'Internet, à savoir une meilleure accessibilité, une mise en forme graphique plus simple et plus sobre, excluant l'usage des tableaux autres que ceux utilisés pour les données. Les outils utilisés pour la réalisation des éléments graphiques insérés dans une page HTML ou un site Web sont très variés. Dans cette annexe, nous nous attacherons à décrire les méthodes de création et de réalisation dans le logiciel Adobe Photoshop CS4. Nous y aborderons les points suivants :

- préparer une image pour le Web ;
- enregistrer pour le Web ;
- le découpage en tranches.

Préparer une image pour le Web

Une image destinée au Web doit avoir les caractéristiques suivantes :

- être en mode RVB (Rouge, Vert, Bleu) ;
- être enregistrée dans sa taille définitive ;
- être enregistrée dans l'un des formats reconnus par les navigateurs (.jpg, .gif ou .png).

Changer le mode couleur d'une image

Pour vérifier que le mode couleur d'une image est bien le mode RVB, observez l'indication présente entre parenthèses dans la barre de titre de l'image ouverte dans Photoshop CS4 ; elle doit spécifier RVB.

fleursCom_ok.psd @ 100% (Calque 1, RVB/8) * ×

Figure C-1

Barre de titre de l'image indiquant le mode couleur utilisé

Pour changer le mode couleur et passer en mode RVB, sélectionnez le menu Image>Mode>Couleurs RVB.

Changer la taille d'une image

Une image destinée au Web doit être enregistrée dans sa taille finale afin d'éviter un poids trop important et inutile.

Pour redimensionner une image dans Photoshop CS4, sélectionnez le menu Image>Taille de l'image. Une boîte de dialogue apparaît alors, divisée en deux parties : la zone Dimensions de pixel et la zone Taille du document.

• Les valeurs inscrites dans la zone Dimensions de pixel représentent le nombre total de pixels en largeur et en hauteur dans l'image. L'image de la figure C-2 est composée de 320 pixels en largeur et de 240 pixels en hauteur. Ces données représentent le potentiel qualité de l'image et les valeurs maximales de l'image originale. Si vous les modifiez et les augmentez, vous réaliserez alors un suréchantillonnage qui n'améliorera pas la qualité de l'image mais lui donnera un poids supplémentaire et inutile. La seule modification correcte est donc la réduction de l'image. C'est dans cette zone que vous redéfinirez la taille de l'image finale en nombre de pixels. Pour cela, saisissez en pixels les nouvelles valeurs des champs Largeur et Hauteur. Si vous le souhaitez, vous pouvez aussi spécifier 72 pixels/pouce dans la liste déroulante Résolution, mais ce paramètre n'est pas indispensable pour le Web.

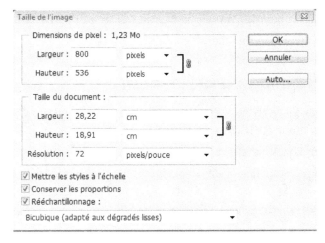

Figure C-2

La boîte de dialogue Taille de l'image de Photoshop CS4

- La zone Taille du document précise la taille du document imprimé. Cette zone n'est pas utile pour une image destinée au Web.

Pour modifier la taille d'une image, il est également possible de réaliser un recadrage, c'est-à-dire de la réduire en en supprimant une partie. Pour cela, utilisez l'outil Recadrage de la barre d'outils.

Figure C-3
L'outil Recadrage de Photoshop CS4

Voici la marche à suivre pour recadrer une image.

1. Sélectionnez l'outil Recadrage dans la barre d'outils (voir figure C-3).

2. Vérifiez qu'aucune valeur n'est spécifiée dans les champs Largeur et Hauteur de la barre d'options de l'outil.

3. Cliquez ensuite sur l'image et, tout en maintenant le bouton de la souris enfoncé, déplacez le curseur de la souris de manière à dessiner la zone de recadrage souhaitée. Relâchez ensuite le bouton de la souris, la zone de recadrage apparaît alors en pointillés et les parties de l'image qui seront supprimées sont plus sombres.

4. Validez le recadrage en double-cliquant dans la sélection ou en appuyant sur la touche Entrée du clavier.

L'outil Recadrage vous permettra également de déterminer la taille de l'image finale. Pour cela, spécifiez la largeur et la hauteur souhaitées (en pixels) pour l'image finale dans les champs Largeur et Hauteur de la barre d'options de l'outil (voir figure C-4). Cette technique est à utiliser avec prudence car le nombre de pixels sélectionnés pour le recadrage doit être supérieur au nombre de pixels désirés, autrement vous obtiendriez un suréchantillonnage de l'image. Vous devez donc sélectionner une zone contenant suffisamment de pixels pour le format final souhaité.

Figure C-4
La barre d'options de l'outil Recadrage

Enregistrer pour le Web

Les images destinées à une utilisation Web doivent impérativement être enregistrées depuis le menu Fichier>Enregistrer pour le Web… Vous pourrez alors enregistrer les images seules ou celles découpées en tranches.

La fenêtre Enregistrer pour le Web et les périphériques

Voici un descriptif de la barre d'outils de la fenêtre Enregistrer pour le Web et les périphériques (voir repère ❶ de la figure C-5) :

- l'outil Main permet de déplacer l'image lorsqu'elle est plus grande que la vignette ;
- l'outil Sélection de tranche permet de sélectionner une tranche ;
- l'outil Loupe permet d'augmenter ou de réduire l'affichage. Si quatre vignettes sont affichées, elles auront toutes le même taux d'affichage. Pour dézoomer, cliquez sur cet outil tout en appuyant sur la touche Alt du clavier ;
- l'outil Pipette permet de prélever un échantillon de couleur ;
- le rectangle de couleur permet de visualiser la couleur prélevée ;
- l'outil Afficher/masquer les tranches permet, comme son nom l'indique, d'afficher ou de masquer les tranches.

Vous pouvez choisir le nombre de vignettes à afficher dans cette fenêtre grâce aux différents onglets (voir repère ❷ de la figure C-5) :

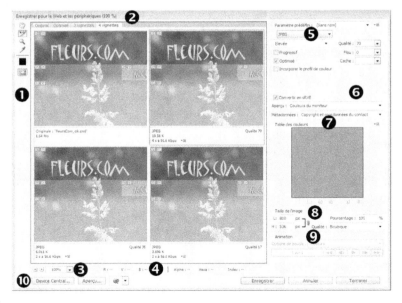

Figure C-5

La fenêtre Enregistrer pour le Web et les périphériques de Photoshop CS4

- l'onglet Originale correspond à l'image non modifiée ;

- l'onglet Optimisée correspond à la vignette active, c'est-à-dire à celle qui est encadrée par un filet bleu ;

- l'onglet 2 vignettes permet d'afficher simultanément deux vignettes : celle de gauche est généralement l'image originale et celle de droite une image optimisée ;

- l'onglet 4 vignettes affiche quatre images qui peuvent être optimisées dans des formats différents.

Pour augmenter ou réduire l'affichage des vignettes selon le même cadrage, modifiez la valeur indiquée de la liste déroulante située en bas à gauche de la fenêtre (voir repère ❸ de la figure C-5).

Les informations à droite de cette liste déroulante (voir repère ❹ de la figure C-5) concernent le pixel placé sous le curseur de la souris. Elles correspondent aux valeurs RVB, alpha, hexadécimales et à l'index des couleurs pour les images ayant une palette indexée.

Trois formats d'enregistrement pour le Web sont disponibles (voir repère ❺ de la figure C-5), avec plusieurs choix possibles pour le PNG. Le format WBMP est utilisé pour le Wap, il impose des images en noir et blanc, sans nuances de gris. Chacun des formats possède ses propres options.

Convertir en sRVB (repère ❻ de la figure C-5). Laissez cette option cochée car le Web travaille en sRVB.

Aperçu (repère ❻ de la figure C-5). Permet de visualiser l'image sous différents systèmes d'exploitation notamment les écrans Mac et Windows, ainsi que l'affichage avec le profil couleur du document. Les modifications relatives au réglage des couleurs des différentes plates-formes sont attribuées uniquement à la vignette sélectionnée, ce qui permet une meilleure comparaison entre les plates-formes. Prenez garde à maintenir une cohérence d'affichage entre chacune des vignettes car de mauvais réglages peuvent engendrer des erreurs importantes.

Métadonnées (repère ❻ de la figure C-5) permet d'inclure des métadonnées dans l'image. L'incorporation de métadonnées dans une image augmente son poids.

La zone Table des couleurs (voir repère ❼ de la figure C-5) présente la palette des couleurs pour les formats GIF et PNG en 8 bits.

La zone Taille de l'image (voir repère ❽ de la figure C-5) permet de modifier la taille de l'image qui sera enregistrée. Pour cela, saisissez la nouvelle taille (en pixels ou en pourcentage) en largeur et en hauteur. Ce panneau, similaire à la boîte de dialogue Taille de l'image, est accessible depuis le menu Image de l'interface de Photoshop CS4.

La zone Animation présente une barre de commandes (voir repère ❾ de la figure C-5) qui permet d'optimiser chacune des images d'un GIF animé.

Le bouton Device Central… (voir repère ❿ de la figure C-5) permet d'accéder à une application simulant l'aperçu de l'image sur l'écran d'un téléphone portable.

La liste déroulante située à droite du bouton Device Central... permet de sélectionner un navigateur dans lequel il est possible de prévisualiser l'image et de choisir d'autres navigateurs présents sur l'ordinateur de l'utilisateur.

Optimiser une image

Dans la fenêtre Enregistrer pour le Web et les périphériques, sélectionnez l'un des paramètres prédéfinis ou choisissez le format d'enregistrement de votre choix. Les paramètres prédéfinis proposent diverses combinaisons de réglages.

Figure C-6
Sélection d'un paramètre prédéfini

Si vous personnalisez ces paramètres, vous pourrez les conserver afin de les utiliser pour d'autres images. Pour cela, cliquez sur le menu local situé à droite de la liste déroulante Paramètre prédéfini et choisissez Enregistrer les paramètres...

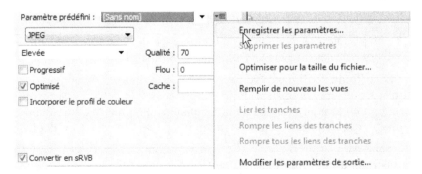

Figure C-7
Les options du menu local Paramètre prédéfini

Le menu local propose aussi une commande permettant d'optimiser l'image selon un poids ciblé. Cette commande sera utile si vous avez des impératifs de poids à respecter.

Figure C-8
La boîte de dialogue Optimiser pour la taille du fichier

Si vous ne souhaitez pas utiliser l'un des paramètres prédéfinis, cliquez alors sur le menu local des formats d'enregistrement des images, placé immédiatement dessous. Vous pourrez alors choisir parmi l'un des cinq formats d'enregistrement proposés pour lesquels vous modifierez les options.

Les options du format JPEG

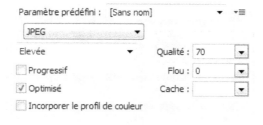

Figure C-9
Enregistrer en JPEG

Après avoir sélectionné le format JPEG, indiquez la qualité de l'image souhaitée en spécifiant la valeur correspondante dans la liste déroulante Qualité. Affinez la qualité en déplaçant le curseur vers la droite ou vers la gauche.

- Progressif – Permet d'afficher l'image progressivement dans un navigateur Web.

- Flou – Permet d'augmenter la compression et d'obtenir des images plus légères. Cette option est à utiliser modérément, de l'ordre de 0,1 à 0,3.

- Cache – Permet de déterminer la couleur remplaçant les pixels transparents et semi-transparents présents dans l'image. Le format JPEG n'acceptant pas la transparence, vous devez spécifier une couleur de remplacement pour les éventuelles zones transparentes de l'image. Si aucune couleur n'est choisie, la couleur blanche s'affiche par défaut.

- Incorporer le profil de couleur – Permet de conserver le profil ICC avec le fichier. Seuls les navigateurs Safari et Omniweb sont aujourd'hui capables de gérer les profils ICC.

Les options du format GIF

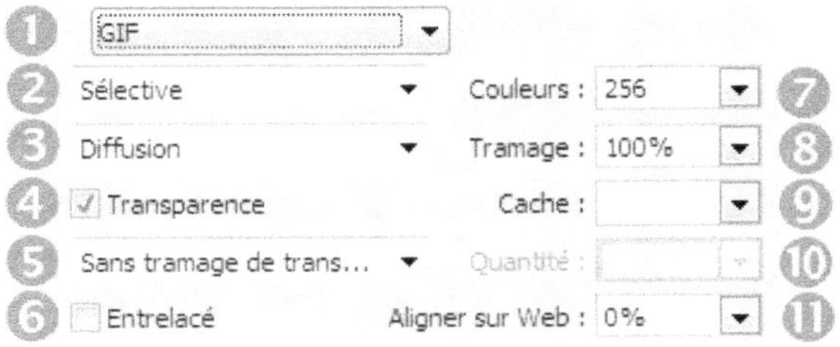

Figure C-10
Les options du format GIF

Après avoir sélectionné le format GIF (voir repère ❶ de la figure C-10), choisissez la palette la plus appropriée à l'image dans la liste déroulante située sous le format (voir repère ❷ de la figure C-10). Reportez-vous à la section suivante « Sélectionner une palette » pour plus d'informations sur les différentes palettes de couleurs proposées. Choisissez ensuite le nombre de couleurs que doit comporter la palette de l'image, grâce à la liste déroulante Couleurs (voir repère ❼ de la figure C-10).

Le mode de tramage (voir repère ❸ de la figure C-10) permet de simuler des couleurs absentes de la palette. Une couleur obtenue par tramage est créée par la juxtaposition de deux autres couleurs. Trois types de tramage sont proposés : Diffusion, Motifs et Bruit. Tester les différents types pour apprécier celui qui conviendra le mieux à l'image. Dans le cas de couleurs tramées, il est possible de définir le pourcentage de couleurs qui sera tramé.

L'option Transparence (voir repère ❹ de la figure C-10) permet de conserver les pixels transparents de l'image.

Le tramage de la transparence (voir repère ❺ de la figure C-10) permet de simuler les couleurs semi-transparentes de l'image. Vous devez alors choisir une couleur dans la liste déroulante Cache (voir repère ❾ de la figure C-10).

L'option Entrelacé (voir repère ❻ de la figure C-10) permet d'afficher l'image progressivement dans un navigateur. Cette option est parfois gourmande en termes de poids.

La liste déroulante Tramage (voir repère ❽ de la figure C-10) permet de choisir une option de tramage qui indique la proportion de couleurs tramées.

La liste déroulante Cache (voir repère ❾ de la figure C-10) permet de choisir la couleur des zones semi-transparentes. Les pixels de l'image semi-transparents peuvent simuler leur transparence par tramage (voir repère ❺ de la figure C-10). Il est alors nécessaire de choisir une couleur de cache, qui correspond généralement à la couleur d'arrière-plan de la page HTML.

La liste déroulante Quantité (voir repère ❿ de la figure C-10) permet de choisir le pourcentage de zones semi-transparentes à tramer.

La liste déroulante Aligner sur Web (voir repère ⓫ de la figure C-10) permet de choisir une proportion de couleurs de la palette devant être des couleurs Web.

Sélectionner une palette

Pour choisir la palette de couleurs associée à une image, choisissez l'une des palettes parmi celles proposées. Le choix de la palette s'effectue dans liste déroulante du repère ❷ de la figure C-10.

- Perception - Les couleurs auxquelles l'œil humain est le plus sensible seront privilégiées dans l'image.

- Sélective – Permet de créer une palette similaire à la palette perceptive privilégiant en plus les grandes zones de couleurs et conservant de nombreuses couleurs Web. Cette option donne généralement des couleurs proches de celles de l'image originale. C'est généralement l'option de palette avec laquelle vous obtiendrez le poids d'image le plus important.

- Adaptative – Permet de créer une palette avec les couleurs apparaissant le plus souvent dans l'image. C'est la palette qui est le plus souvent utilisée.

- Restrictive – Utilise les 216 couleurs Web communes aux Mac, aux PC et aux systèmes Unix.

- Noir et blanc – Crée une palette de deux couleurs, contenant uniquement du noir et du blanc.

- Niveau de gris – Crée une palette avec les couleurs de l'image traduites en niveaux de gris.

- Mac OS– Utilise la palette Macintosh de 256 couleurs.

- Windows – Utilise la palette Windows de 256 couleurs.

Le GIF est un format d'enregistrement qui permet la transparence d'une ou plusieurs couleurs lors de l'affichage dans un navigateur Web.

Pour rendre transparent l'arrière-plan d'une image, la solution la plus simple consiste à créer un document dans Photoshop avec un fond transparent. Lors de l'enregistrement pour le Web, vous n'aurez alors qu'à cocher l'option Transparence. Une couleur transparente supplémentaire sera alors automatiquement créée dans la palette.

Vous pouvez aussi attribuer de la transparence à une ou plusieurs couleurs présentes dans la palette. Pour cela, ouvrez la fenêtre Enregistrer pour le Web et les périphériques et procédez de la manière suivante.

1. Sélectionnez l'outil Pipette.

2. Cliquez sur une couleur de l'image.

3. Cliquez sur l'icône de transparence située en bas de la palette des couleurs.

Pour attribuer de la transparence à plusieurs couleurs, sélectionnez-les une à une avec la pipette et cliquez sur l'icône de transparence.

Figure C-11

L'icône de transparence

Les options du format PNG

Le format PNG existe sous deux résolutions : 8 bits et 24 bits.

- Le format PNG 8 bits crée une palette de 256 couleurs, semblable au GIF. Il offre les mêmes possibilités que ce format et il est souvent bien plus léger. Le PNG 8 bits, comme le GIF, accepte une ou plusieurs couleurs de transparence mais ne supporte pas les images animées.

- Le format PNG 24 bits crée des images en millions de couleurs et peut être assimilé au JPEG. Il est généralement beaucoup plus lourd que ce format mais souvent de meilleure qualité. Il est principalement utilisé avec les images 24 bits pour lesquelles de la transparence est nécessaire. Le PNG 24 bits avec de la transparence n'est pas supporté par les versions 5.5 et 6 d'Internet Explorer. Vous trouverez sur le Web des scripts qui utilisent un filtre propre au navigateur Internet Explorer et qui permettent l'affichage des fichiers PNG.

Le découpage en tranches

Les tranches de Photoshop constituent un élément essentiel dans la conception de sites Web. Elles permettent de découper facilement les images qui reconstitueront par la suite la page Web. Dans Photoshop CS4, deux outils permettent de créer et de sélectionner des tranches : l'outil Tranche et l'outil Sélection de tranche (voir figure C-12). Ils sont regroupés avec l'outil recadrage.

Figure C-12

Les deux outils de gestion des tranches

Créer des tranches depuis des repères

Pour créer des tranches depuis des repères, vous devez tout d'abord les placer.

1. Affichez les règles via le menu Affichage>Règles.

2. Cliquez dans la règle horizontale ou verticale et, tout en maintenant le bouton de la souris enfoncé, faites glisser le repère à l'endroit souhaité.

3. Sélectionnez l'outil Tranche.

4. Dans la barre d'options de l'outil, cliquez sur le bouton Tranches d'après les repères. Les tranches sont automatiquement créées.

Créer des tranches manuellement

1. Sélectionnez l'outil Tranche.

2. Cliquez sur l'image et dessinez la zone correspondant à la tranche. Il s'agit dans ce cas d'une tranche utilisateur. Si cela est nécessaire, Photoshop créera automatiquement d'autres tranches pour garder la cohérence de l'ensemble. Les tranches utilisateur sont indiquées par une icône bleue, les tranches automatiques par une icône grise.

Figure C-13

Exemple de découpage d'une image en tranches

Les options des tranches

L'accès aux options des tranches peut se faire depuis le document Photoshop ou depuis la fenêtre Enregistrer pour le Web et les périphériques. Les options des tranches concernent les tranches images et les tranches vides. Pour transformer une tranche image en tranche vide, cliquez sur le menu local situé en haut de la fenêtre.

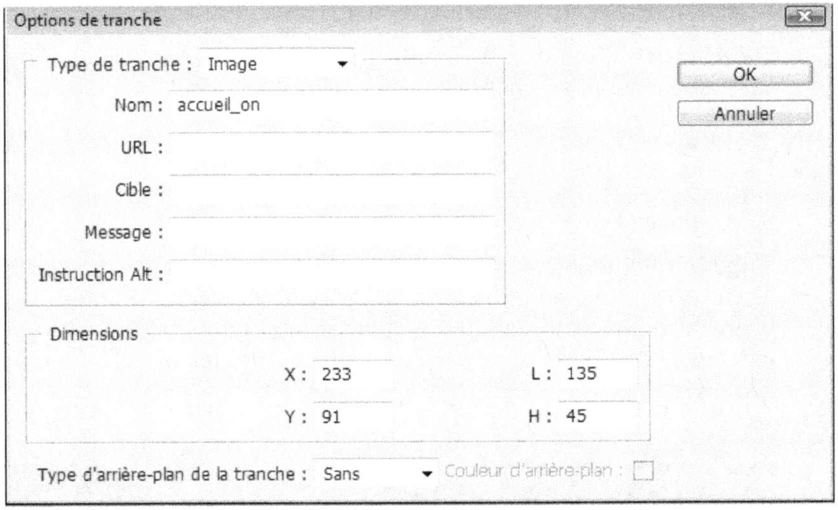

Figure C-14
La boîte de dialogue Options de tranche

Depuis le document Photoshop, sélectionnez l'outil Sélection de tranche, puis cliquez sur le bouton de définition des options de la tranche sélectionnée. Vous pouvez aussi double-cliquer sur la tranche.

Voici les différentes options de la boîte de dialogue Options de tranche.

- Liste déroulante Type de tranche – Permet de déterminer si la tranche est de type image ou non. Une tranche sans image est une tranche vide qui peut recevoir, par exemple, du texte construit avec des balises HTML.

- Champ Nom – Permet de nommer la tranche. Il est fortement conseillé de renommer chacune des tranches de façon à obtenir, par la suite, des images facilement identifiables. Cette option est également nécessaire pour des enregistrements multiples de la même tranche avec un contenu différent.

- Champ URL – Permet de créer un lien sur l'image de la tranche sélectionnée.

- Champ Cible – Permet de cibler l'ouverture d'une page.

- Champ Message – Permet de saisir un texte qui s'affichera en bas de la fenêtre du navigateur lorsque le curseur de la souris survolera la tranche.

- Champ Instruction Alt – Cette instruction est une alternative à l'affichage de l'image pour les navigateurs qui n'acceptent pas l'affichage des images. Cet attribut permet aussi, dans certains navigateurs, d'afficher une infobulle lorsque le curseur de la souris survole l'image.

- Champs X, Y, L et H de la zone Dimensions – Permettent de modifier la taille et l'emplacement de la tranche.

- Liste déroulante Type d'arrière-plan de la tranche – Permet de choisir la couleur d'arrière-plan de la cellule de tableau ou de la balise <div> dans laquelle sera placée cette portion d'image.

Optimiser les tranches

Après avoir créé des tranches, vous pourrez les optimiser séparément depuis la fenêtre Enregistrer pour le Web et les périphériques.

1. Sélectionnez menu Fichier>Enregistrer pour le Web...

2. Activez l'outil Sélection de tranche et cliquez sur l'une des tranches. Son contour devient marron et son contenu s'affiche avec une opacité de 100 %.

3. Choisissez l'un des formats d'enregistrement proposés GIF, JPEG ou PNG.

4. Optimisez la tranche pour obtenir le meilleur résultat.

Enregistrer les tranches

1. Une fois l'image ou les tranches optimisées, cliquez sur le bouton Enregistrer situé en bas de la fenêtre. La fenêtre présentée à la figure C-15 s'ouvre alors.

2. Choisissez l'emplacement souhaité dans la liste déroulante Enregistrer dans et indiquez le nom du fichier dans la liste déroulante du même nom. Si l'image comporte des tranches renommées, chaque image découpée sera enregistrée sous le nom de la tranche à laquelle elle correspond. Les tranches sans nom recevront le nom du fichier.

3. Choisissez Images dans la liste déroulante Type pour enregistrer uniquement les images ou HTML et images pour reconstituer la page Web complète. Cette dernière solution, bien qu'apparemment simple, reconstitue l'image découpée en tableaux ou en balises <div> avec des positions absolues. Ces deux méthodes sont relativement limitées par rapport à une intégration depuis Dreamweaver. Dans la majorité des cas, vous choisirez l'option Images.

4. Cliquez sur le bouton Enregistrer.

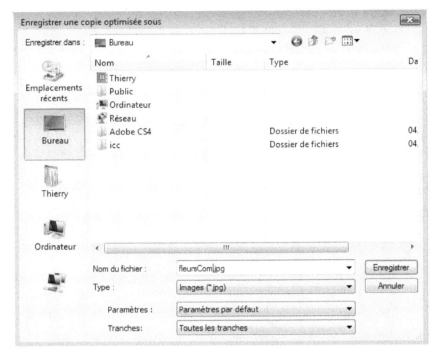

Figure C-15

La fenêtre Enregistrer une copie optimisée sous

Conclusion

La création de page dans Dreamweaver doit généralement s'accompagner d'icônes, d'images et de divers graphismes. La suite CS4, et particulièrement Photoshop CS4, vous permettra de réaliser de nombreux montages photographiques. Photoshop est un logiciel majeur dans tous les métiers de l'image et vous devriez en connaître les principales fonctions. L'utilisation des tranches améliorera votre productivité en découpant en une seule fois l'ensemble de votre composition. La boîte de dialogue Enregistrer pour le Web et les périphériques vous permettra une meilleure optimisation de toutes vos images.

Annexe D
Couleurs nominatives

Voici les différentes couleurs dont le nom commun est reconnu par les navigateurs, ainsi que leur notation en codes hexadécimal et RVB.

Tableau D-1 – Liste des couleurs nominatives HTML

Nom de la couleur	Code hexadécimal	Code RVB
aliceblue	#F0F8FF	240,248,255
antiquewhite	#FAEBD7	250,235,215
aqua	#00FFFF	0,255,255
aquamarine	#7FFFD4	127,255,212
azure	#F0FFFF	240,255,255
beige	#F5F5DC	245,245,220
bisque	#FFE4C4	255,228,196
black	#000000	0,0,0
blanchedalmond	#FFEBCD	255,235,205
blue	#0000FF	0,0,255
blueviolet	#8A2BE2	138,43,226
brown	#A52A2A	165,42,42
burlywood	#DEB887	222,184,135
cadetblue	#5F9EA0	95,158,160
chartreuse	#7FFF00	127,255,0

Tableau D-1 – Liste des couleurs nominatives HTML *(suite)*

Nom de la couleur	Code hexadécimal	Code RVB
chocolate	#D2691E	210,105,30
coral	#FF7F50	255,127,80
cornflowerblue	#6495ED	100,149,237
cornsilk	#FFF8DC	255,248,220
crimson	#DC143C	220,20,60
cyan	#00FFFF	0,255,255
darkblue	#00008B	0,0,139
darkcyan	#008B8B	0,139,139
darkgoldenrod	#B8860B	184,134,11
darkgray	#A9A9A9	169,169,169
darkgreen	#006400	0,100,0
darkgrey	#A9A9A9	169,169,169
darkkhaki	#BDB76B	189,183,107
darkmagenta	#8B008B	139,0,139
darkolivegreen	#556B2F	85,107,47
darkorange	#FF8C00	255,140,0
darkorchid	#9932CC	153,50,204
darkred	#8B0000	139,0,0
darksalmon	#E9967A	233,150,122
darkseagreen	#8FBC8F	143,188,143
darkslateblue	#483D8B	72,61,139
darkslategray	#2F4F4F	47,79,79
darkslategrey	#2F4F4F	47,79,79
darkturquoise	#00CED1	0,206,209
darkviolet	#9400D3	148,0,211
deeppink	#FF1493	255,20,147
deepskyblue	#00BFFF	0,191,255
dimgray	#696969	105,105,105
dimgrey	#696969	105,105,105
dodgerblue	#1E90FF	30,144,255
firebrick	#B22222	178,34,34
floralwhite	#FFFAF0	255,250,240

Tableau D-1 – Liste des couleurs nominatives HTML *(suite)*

Nom de la couleur	Code hexadécimal	Code RVB
forestgreen	#228B22	34,139,34
fuchsia	#FF00FF	255,0,255
gainsboro	#DCDCDC	220,220,220
ghostwhite	#F8F8FF	248,248,255
gold	#FFD700	255,215,0
goldenrod	#DAA520	218,165,32
gray	#808080	128,128,128
green	#008000	0,128,0
greenyellow	#ADFF2F	173,255,47
grey	#808080	128,128,128
honeydew	#F0FFF0	240,255,240
hotpink	#FF69B4	255,105,180
indianred	#CD5C5C	205,92,92
indigo	#4B0082	75,0,130
ivory	#FFFFF0	255,255,240
khaki	#F0E68C	240,230,140
lavender	#E6E6FA	230,230,250
lavenderblush	#FFF0F5	255,240,245
lawngreen	#7CFC00	124,252,0
lemonchiffon	#FFFACD	255,250,205
lightblue	#ADD8E6	173,216,230
lightcoral	#F08080	240,128,128
lightcyan	#E0FFFF	224,255,255
lightgoldenrodyellow	#FAFAD2	250,250,210
lightgray	#D3D3D3	211,211,211
lightgreen	#90EE90	144,238,144
lightgrey	#D3D3D3	211,211,211
lightpink	#FFB6C1	255,182,193
lightsalmon	#FFA07A	255,160,122
lightseagreen	#20B2AA	32,178,170
lightskyblue	#87CEFA	135,206,250
lightslategray	#778899	119,136,153

Tableau D-1 – Liste des couleurs nominatives HTML *(suite)*

Nom de la couleur	Code hexadécimal	Code RVB
lightslategrey	#778899	119,136,153
lightsteelblue	#B0C4DE	176,196,222
lightyellow	#FFFFE0	255,255,224
lime	#00FF00	0,255,0
limegreen	#32CD32	50,205,50
linen	#FAF0E6	250,240,230
magenta	#FF00FF	255,0,255
maroon	#800000	128,0,0
mediumaquamarine	#66CDAA	102,205,170
mediumblue	#0000CD	0,0,205
mediumorchid	#BA55D3	186,85,211
mediumpurple	#9370DB	147,112,219
mediumseagreen	#3CB371	60,179,113
mediumslateblue	#7B68EE	123,104,238
mediumspringgreen	#00FA9A	0,250,154
mediumturquoise	#48D1CC	72,209,204
mediumvioletred	#C71585	199,21,133
midnightblue	#191970	25,25,112
mintcream	#F5FFFA	245,255,250
mistyrose	#FFE4E1	255,228,225
moccasin	#FFE4B5	255,228,181
navajowhite	#FFDEAD	255,222,173
navy	#000080	0,0,128
oldlace	#FDF5E6	253,245,230
olive	#808000	128,128,0
olivedrab	#6B8E23	107,142,35
orange	#FFA500	255,165,0
orangered	#FF4500	255,69,0
orchid	#DA70D6	218,112,214
palegoldenrod	#EEE8AA	238,232,170
palegreen	#98FB98	152,251,152
paleturquoise	#AFEEEE	175,238,238

Tableau D-1 – Liste des couleurs nominatives HTML *(suite)*

Nom de la couleur	Code hexadécimal	Code RVB
palevioletred	#DB7093	219,112,147
papayawhip	#FFEFD5	255,239,213
peachpuff	#FFDAB9	255,218,185
peru	#CD853F	205,133,63
pink	#FFC0CB	255,192,203
plum	#DDA0DD	221,160,221
powderblue	#B0E0E6	176,224,230
purple	#800080	128,0,128
red	#FF0000	255,0,0
rosybrown	#BC8F8F	188,143,143
royalblue	#4169E1	65,105,225
saddlebrown	#8B4513	139,69,19
salmon	#FA8072	250,128,114
sandybrown	#F4A460	244,164,96
seagreen	#2E8B57	46,139,87
seashell	#FFF5EE	255,245,238
sienna	#A0522D	160,82,45
silver	#C0C0C0	192,192,192
skyblue	#87CEEB	135,206,235
slateblue	#6A5ACD	106,90,205
slategray	#708090	112,128,144
slategrey	#708090	112,128,144
snow	#FFFAFA	255,250,250
springgreen	#00FF7F	0,255,127
steelblue	#4682B4	70,130,180
tan	#D2B48C	210,180,140
teal	#008080	0,128,128
thistle	#D8BFD8	216,191,216
tomato	#FF6347	255,99,71
turquoise	#40E0D0	64,224,208
violet	#EE82EE	238,130,238
wheat	#F5DEB3	245,222,179

Tableau D-1 – Liste des couleurs nominatives HTML *(suite)*

Nom de la couleur	Code hexadécimal	Code RVB
white	#FFFFFF	255,255,255
whitesmoke	#F5F5F5	245,245,245
yellow	#FFFF00	255,255,0
yellowgreen	#9ACD32	154,205,50

Index

www.ingramcontent.com/pod-product-compliance
Lightning Source LLC
LaVergne TN
LVHW062258060326
832902LV00013B/1952

* 9 7 8 2 2 1 2 1 2 4 6 2 0 *